제4판

정부회계학

국가 및 지방의 세입세출회계와 재무회계

허 웅 · 윤성식

Government Accounting

法 文 社

제4판 머리말

2018년 제3판이 발행된 지 벌써 5년 이상이 흘렀다. 대한민국에서 가장 많이 사용되는 정부회계 교과서 TOP3에 선정(한국조세재정연구원, 2021)되는 등 과분한 관심을 보여 주셔서 너무 감사하다는 말씀을 먼저 전한다. 그동안 실무현장에서, 대학강단에서, 공무원 대상 온라인·오프라인 강의 등에서 다양한 정부회계 내용을 전달하며 정부회계 분야도 한 단계 더 도약할 필요가 있다는 생각을 가지게 되었다.

최근 몇 년 동안 국가회계기준이나 지방회계기준 자체의 중요한 변화는 없었다. 하지만 정부회계제도가 사회에 정착되는 과정에서 정부회계의 정체성 정립에 대한 요구는 더욱 늘어만 갔다. 또한, 의사결정에 유용하게 사용될 수 있는 데이터도 많이 축적되었으며, 그러한 정부회계정보를 어떻게 활용할지에 대한 고민도 더 깊어지고 있다. 이에 정부회계가 한층 더 큰 보폭의 성장이 필요하다는 판단 하에 정부회계 교과서에 포함되는 범위를 더 넓히고 정부회계 고유의 의미를 더욱 명확하게 할 필요가 있었다. 이에 따라 제4판은 기존에 포함되지 않았던 다음의 내용을 추가하였다.

첫째, 정부회계는 단식부기·현금주의 세입세출회계 또는 예산회계가 기반임에도 불구하고 본서를 비롯한 많은 정부회계 교과서에서 이를 소홀히 한 부분이 없지 않았다. 반대로 세입세출회계 또는 예산회계만 설명하고, 발생주의 재무회계 측면은 단순한 결과물로서만 취급하기도 하였다. 이에 개정판에서는 세입세출회계 또는 예산회계 부분을 많이 보강함과 동시에 발생주의 재무회계와 어떻게 연계되는지에 대한 부분을 강조하고자 하였다. 그 결과 개정판에서는 제4장(정부회계의 기본: 세출거래와 세입거래)을 새롭게 추가하였고, 제1장(재정: 정부예산과 정부회계)에서 예산과 재정에 관련한 기본적인 내용을 대폭 보강하였다.

둘째, 추가된 제4장에는 정부에서 이루어지는 거래 프로세스상 정부 고유의 특성인 조세제도(비교환수입), 보조금제도(비교환지출), 국가계약제도(교환지출)에 대해서도 정부회계 관점에서 많은 내용을 포함시켰다. 다만, 이들은 하나하나가 상당히 전문적인 분야이므로 심도있는 부분까지 접근하지는 않았으나, 정부회계제도를 이해하기에 필요한 수준의 내용은 포함되도록 하였다.

셋째, 정부회계정보가 가지는 고유의 특성을 반영할 수 있도록 정부자산, 정부부채 및 정부원가 의미에 대한 깊이 있는 해석을 추가하였다. 사실 지금까지 정부의 자산·부채·원가에 대한 개념은 너무 회계적인 관점에서만 접근함에 따라 일반적으로 많이 사용되는 정부재산, 국가채무, 예산집행 등의 용어와 많은 혼선이 있었다. 또한, 정부는 영원히 존재해야 하는 실체로서 세대 간의 효과에 대한 의미도 중요하게 부각되어야 하나, 이에 대한 설명도 많이 부족했던 것이 사실이었다. 따라서 좀 더 정책적인 관점에서 국민들에게 유용한 정보가 무엇인지에 대해 많은 내용을 담아내고자 하였고, 이에 제6장(정부재무제표의 특성: 정부자산, 정부부채, 정책사업원가, 비교환수익)의 내용이 대폭 보강되었다.

넷째, 정부의 경제규모는 대한민국 내 어떤 경제주체보다도 크며, 그만큼 국민에게 미치는 영향도 상당하다 할 것이다. 정부회계 관련 정보를 좀 더 생생하게 접근할 수 있도록 최대한 그리고 최신의 실제 수치를 많이 언급하였다. 이에 따라 정부회계의 이론적인 내용을 넘어서 우리나라 경제 전체에서 정부가 차지하는 비중과 영향을 생생하게 전달할 수 있도록 하였다.

다섯째, 정부회계감사의 실제와 정부회계정도의 활용 방안에 대한 내용을 추가하였다. 물론 발생주의 국가회계가 본격적으로 도입된 지 10년이 훌쩍 넘었고, 지방회계 역시 15년 이상 되었지만, 아직까지 규정화된 정부회계감사제도가 도입되지 않은 것은 안타까운 일이다. 그렇다고 그 동안 정부회계감사에 대한 발전이 없었던 것은 아니며 실무적인 감사사례는 많이 축적되었다고 볼 수 있다. 정부회계감사제도의 발전에 조금이라도 기여하고자 하는 심정으로 정부회계감사의 이론적 측면은 물론이고 실무적인 내용도 많이 보강하였다. 아울러 정부회계정보의 활용 방안과 관련해서도 그 동안의 연구결과를 쉽고 충분하게 설명하였다. 이에 제8장(정부회계감사와 정부회계정보 활용)의 내용이 상당 부분 보완되었다.

마지막으로 정부회계와 관련한 내용을 담담하게 전달하는 것으로 충분한 것인지 아니면 정부회계 관련 다양한 이슈를 포함하여 특히, 미래세대가 고민해야 할 문제를 적극 제기하는 것이 맞는지에 대한 많은 고민이 있었다. 최근 재정적자의 심화, 과도한 민간투자사업의 남발, 저출산·고령화 사회로의 급격한 변화와 이에 따른 국민연금 개혁방향의 혼선 등을 바라보면서 저자 스스로 내린 결론은 국민은 정부회계 정보의 이용자이자 권력자로서의 역할을 해야 하는 것이었다. 따라서 정부회계 관점에서 앞으로 고민하고 풀어가야 할 각종 이슈사항을 적극 제기하고자 하였다.

이상의 내용을 개정작업에 포함시키다 보니 예상 외로 많은 시간이 소요될 수밖에 없었고, 본서의 분량도 상당히 증가하게 되었다. 일반적인 국민들의 경제생활에서 정부가 차지하는 비중도 상당하고 알게 모르게 정부를 상대로 하는 거래도 많은 것도 사실이다. 앞으로도 계속하여 보완이 필요한 계기가 될 것이며, 더 많은 연구와 성과로 다음을 기약할 것을 약속한다.

어느덧 성인이 된 큰 딸 린에게 바쁜 아빠라 늘 미안한 마음이고, 항상 자랑스럽고 든든한 딸에게 고맙다는 말을 전한다. 착하고 성실한 율에게도 건강하게 성장해줘서 고맙고 원하는 대학에 들어갈 수 있도록 아빠가 응원한다는 말을 전한다. 심리상담 전문가로서 바쁜 활동 중에도 항상 가족이 화목할 수 있도록 노력하는 아내 김근아 님의 헌신에도 감사한 마음을 전한다. 마지막으로 이 작은 결실이 아버지·어머니께 기쁨을 주고 어머니의 건강회복에도 도움이 되었으면 하는 바람을 갖는다.

2024년 2월 새로운 서재에서

제3판 머리말

개정판이 발행된 이후 4년간 한국의 정부회계는 많은 발전과 변화가 있었다. 우선 국가자산 2,000조원 시대가 시작되었다. 발생주의 정부회계제도에 근거한 연금충당부채의 인식은 공무원연금 개혁을 촉발시키는 계기를 가져 왔다. 국가회계예규의 전면적인 개편에 따라 문단식 회계규정으로 개선이 이루어졌다. 지방회계법 제정으로 인해 지방회계제도의 전반적인 정비가 이루어졌다. 정권교체에 따른 정부조직법 개정으로 인한 중앙관서의 신설, 통합, 폐지 역시 정부회계 관점에서는 중요한 사건이었다. 국제공공부문회계기준위원회(IPSASB)에 처음으로 한국인 위원이 선정되어 한국의 정부회계 위상이 높아졌다. 무엇보다도 정보이용자인 국민에게 좀 더 쉬운 방법으로 국가회계 및 지방회계 정보를 제공할 수 있도록 공시시스템이 상당히 개선되었다.

이러한 많은 제도적인 변화를 반영하기 위해 제3판에서는 다음과 같은 사항을 수정·보완하였다.

첫째, 정부조직법 및 회계·기금별 설치 법령의 개정, 국가회계예규의 전면적인 개편 및 지방회계법 제정으로 인한 지방회계제도의 전면적인 정비 등 정부회계 관련 제도적인 변화 내용을 전부 반영하였다.

둘째, 국가회계에서의 관리전환 회계처리 개정, 지방회계에서의 사용수익권 개념 도입 등 현재까지 적용되는 회계기준 내용으로 전부 수정하였다.

셋째, 국가회계기준과 지방회계기준을 부록으로 실어서 언제라도 참고할 수 있도록 하였다.

넷째, 제2판의 오류 사항을 수정하고, 과거 사례를 최신 사례로 보완하였다.

국가회계제도와 지방회계제도가 안정적으로 정착되는 모습을 보면서 정부회계를 연구하는 자로서 너무나 자랑스럽게 생각한다. 하지만, 정부회계정보의 활용과 관련하여 앞으로 해결해야 할 숙제를 생각하면 더욱 연구에 매진해야겠다는 스스로의 부담감 역시 떨쳐 버릴 수 없는 것도 사실이다. 한층 더 발전될 정부회계제도를 위해 조금이라도 기여할 수 있는 연구성과물을 가지고 독자 여러분들께 다가갈 수 있도록 다짐을 해 본다.

2018년 정말 뜨거운 여름에

허 웅·윤성식

제2판 머리말

3년 전 초판이 발행된 이후 한국의 정부회계는 많은 발전이 있었다. 국가회계 측면에서는 2011회계연도부터 복식부기·발생주의 국가재무제표가 감사원의 검사를 받아 국회에 제출되고 있고, 공무원 및 군인연금과 관련한 충당부채가 인식되어 국민들에게 부채의 심각성을 부각시켰으며, 미래창조과학부 신설 등 정부조직의 개편과 관련한 복잡한 회계사건도 경험하였다. 지방회계 측면에서는 복식부기·발생주의 지방회계제도가 안정화 단계에 들어감과 동시에 정책사업별 원가정보의 산출, 출납폐쇄기한의 폐지, 결산서 구조의 변화 및 재정건전화를 위한 제도적 보완 등 크고 작은 발전이 진행되고 있다.

또한, 환경적인 측면에서는 많은 대학에서 정부회계 관련 과목이 개설되고 있고, 공인회계사 시험에는 정부회계 분야를 포함시키고 있으며, 국회, 현업 공무원 및 공인회계사들의 관심도 점점 넓어지고 있다. 게다가 한국의 IT기술력과 접목하여 정부회계정보의 산출을 위한 시스템적인 발전도 괄목할만한 성장을 이루었다. 이러한 모든 제반 여건과 노력이 전 세계적으로 한국이 정부회계제도의 선진국으로서 인정받는 결과를 가져오게 하였다.

이에 저자들은 정부회계제도의 발전에 보조를 맞추어 정부회계학의 개정이 필요한 시점이라 판단하였고, 개정의 방향은 다음과 같이 이루어졌다.

첫째, 정부회계를 행정학, 회계학, 재정학의 융합학문으로 발전시켜야 한다는 생각에 정부회계의 고유성과 정부회계사건의 특성을 더욱 부각시키고, 자산·부채·원가·수익 등 기존 기업회계적 관점에 치중된 개념에 대한 재해석을 시도하였다.

둘째, 아직까지도 정부회계와 관련한 기본적인 개념이 부족한 이들이 정부회계에 좀 더 친숙해 질 수 있도록 초판에서는 부록으로 있던 복식부기·발생주의 정부회계와 원가계산의 기초를 제2장으로 옮겨 내용을 한층 보완하였다.

셋째, 방대한 양의 정부회계의 내용을 쉽게 이해할 수 있고, 전개 방식의 일관성을 제고할 수 있도록 너무 실무적이거나 지엽적인 내용은 각 장의 말미에 첨부하거나 과감히 삭제하였다. 그럼에도 불구하고 공부하는 학생은 물론이고 현업 공무원, 정치가, 심지어 학자들도 충분히 활용할 수 있도록 중요한 내용은 빠짐없이 망라하도록 노력했다.

넷째, 독자들이 일상생활에서 일어나는 각종 정부회계 관련 사항들을 고민하고 스스로 해답을 찾아갈 수 있도록 각 장 마지막에 생각해 볼 주제를 추가하였다.

다섯째, 그 동안의 국가회계 및 지방회계의 실질적인 사례를 보완하고, 법령 및 제도의 개정사항 및 초판의 일부 오류사항을 수정·반영하였다.

기업회계가 발전할 수 있었던 것은 기업의 회계정보가 의사결정에 유용하게 활용되었기 때문이다. 정부회계의 발전도 마찬가지이다. 한국의 정부회계제도가 더욱 발전하기 위해서는 정보를 생산하는 정부의 노력은 물론이고, 정보를 이용하는 국민과 의회가 의사결정과정에 정부회계정보를 충분히 활용하며 또한 부족한 부분에 대해서는 적극적으로 정부에 보완을 요구해야 할 것이다. 아무쪼록 본서가 그러한 역할에 조금이라도 일조할 수 있다면 더한 기쁨이 아닐 수 없다.

2014년 9월

허 웅·윤성식

머리말

회계는 예산의 또 다른 측면이다. 한국에서는 오랫동안 회계의 중요성을 인식하지 못했다. 예산은 원래 회계에서 유래되었다. 그러나 정부부문의 특성으로 인하여 예산은 항상 회계를 압도하였다. 민간기업에서 회계가 예산을 압도한 것과는 정반대의 현상이다. 다행히 많은 선진국들이 최근에 회계의 중요성을 인식하고 정부부문 회계를 혁신하였다.

한국도 정부회계의 중요성을 늦게나마 인식하고 중앙부처를 중심으로 한 국가회계제도와 지방자치단체를 중심으로 한 지방자치단체회계제도가 구축되었다. 회계기준이 제정되고, 이제 정부부문도 재무제표를 작성하여 공시한다. 공인회계사시험에 정부회계가 포함되고 회계직 공무원을 채용하게 된다.

정부회계는 성과지표를 매개로 예산과 연계되어야 한다. 성과주의예산은 예산과 회계를 연결시켜주는 가장 중요한 수단이다. 국회에서의 예산심의, 결산과 국정감사는 성과지표를 중심으로 한 예산과 회계의 긴밀한 연계에 초점을 맞추어야 한다.

이 책은 정부부문 예산과 성과평가에 근거하여 정부회계를 설명한 최초의 시도이다. 부디 이 책이 한국의 정부부문의 예산과 회계를 발전시키는데 많은 기여를 했으면 하는 소망이다.

2011년 11월

허 웅 · 윤성식

차례

제1장 재정: 정부예산과 정부회계

제1절 재정과 예산 그리고 정부회계의 관계 ······ 2

1. 재정의 의의 2
2. 예산의 이해: 의미, 기능, 편성과 집행, 주요 용어, 예산제도 6
3. 재정개혁과 정부회계제도개혁의 배경 및 과정 28

제2절 정부회계의 개요 ······ 35

1. 회계의 개요 35
2. 정부회계의 특성 42
3. 한국 정부회계의 특징 50
4. 한국 정부회계 재무제표의 개요 54

정부회계 전문가 과정 1-① 복식부기 · 발생주의 정부회계의 기초 ······ 58

1. 미국연방정부 국가회계제도 58
2. 미국 지방정부회계기준(GASB No.34) 60
3. 뉴질랜드 정부회계제도 60
4. 국제공공부문회계기준(IPSAS: International Public Sector Accounting Standards) 61
5. 국제회계기준(IFRS: International Financial Accounting Standards) 61

정부회계 전문가 과정 1-② 복식부기 · 발생주의 정부회계정보 필요성의 이론적 접근 ··· 63

1. 대리인이론 관점에서 정보비대칭 해소를 위한 정부회계정보 필요성 63
2. 재산권이론 관점에서 직접적 재산권으로서의 정부회계정보 필요성 67

3. 재산권이론 관점에서 니스카넨 모형과 소비자잉여(간접적 재산권) 측면에서의 정부회계정보 필요성 70
4. 거래비용이론 관점에서 정부회계정보 필요성 73

제2장 복식부기·발생주의 정부회계와 원가계산의 기초

제1절 복식부기 · 발생주의 정부회계의 기초 ···· 79
1. 단식부기와 복식부기 79
2. 발생주의 회계처리 91

제2절 정부회계 원가계산의 기초 ···· 102
1. 프로그램(사업)예산제도와 프로그램(사업)원가의 관계 102
2. 프로그램(사업)원가의 집계 109

제3장 한국 정부회계제도의 환경

제 1 절 한국의 국가회계 환경의 이해 ···· 118
1. 국가회계와 국가회계실체 118
2. 국가회계 관련 법령의 이해 132

제 2 절 한국의 지방회계 환경의 이해 ···· 141
1. 지방회계와 지방회계실체 141
2. 지방회계 관련 법령의 이해 144

정부회계 전문가 과정 3-① 각종 정부회계시스템의 이해 ···· 150
1. 중앙정부 통합재정정보시스템: 디지털예산·회계시스템(dBrain) 150
2. 지방정부 지방재정관리시스템: e-호조 151
3. 중앙정부 재정정보공개시스템: 열린재정 152
4. 지방정부 지방재정통합공개시스템: 지방행정365 153
5. 지방교육재정알리미 154

제4장 정부회계의 기본: 세출거래(국가계약과 보조금 포함) 및 세입거래(국세·지방세 포함)

제 1 절 한국의 국가회계 세출 · 세입거래와 재무제표 변환 ········ 156

1. 총지출, 총수입, 재정수지 156
2. 세출거래와 교환거래·비교환거래 162
3. 세출거래 중 교환거래의 대표 행위: 국가계약 201
4. 세출거래 중 비교환거래의 대표 행위: 보조금과 출연금 207
5. 세입거래: 세출거래의 재원 217
6. 세입거래의 대표 행위: 조세행정 관점에서 조세의 특성과 정부회계 영향 245
7. 단식부기·현금주의 세출·세입거래의 복식부기·발생주의 국가재무제표 변환 265

제 2 절 한국의 지방회계 세출 · 세입거래 ········ 270

1. 총지출·총수입과 통합재정지출·통합재정수입 270
2. 지방회계의 세출거래 273
3. 지방회계의 세입거래 280

제5장 정부회계의 결산절차와 정부결산보고서

제 1 절 국가의 결산절차와 결산보고서 ········ 294

1. 국가의 결산절차 294
2. 국가회계 결산보고서의 이해 297
3. 국가회계 재무제표의 이해 304

제 2 절 지방자치단체의 결산절차와 결산서 ········ 323

1. 지방자치단체의 결산절차 323
2. 지방회계 결산서 및 재무제표의 이해 326

정부회계 전문가 과정 5–① 총잉여금 · 재정운영결과조정표(국가회계) ········ 340

1. 국가회계에서의 총잉여금·재정운영결과조정표의 이해 340

2. 기업회계에서의 현금흐름표와 비교 342

정부회계 전문가 과정 5-② 차이조정명세서(지방회계) 344

1. 지방회계에서의 차이조정명세서의 개요 344
2. 차이조정명세서의 분석 344

제6장 정부재무제표의 특성: 정부자산, 정부부채, 정책사업원가, 비교환수익

제 1 절 정부자산의 특성 348

1. 정부자산의 개념과 특성 348
2. 정부자산과 채권·국(공)유재산·물품·군수품의 관계 352
3. 발생주의 국가재무제표에서의 자산 분류 및 평가 358
4. 발생주의 지방재무제표에서의 자산 분류 및 평가 361
5. 국가회계·지방회계 자산의 비교, 정부회계와 기업회계의 비교 등 365

제 2 절 정부부채의 특성 368

1. 정부부채의 개념과 주요 이슈사항 368
2. 국가회계 부채의 이해 382
3. 지방회계 부채의 이해 388
4. 정부부채 범위에서 제외되는 부채 390

제 3 절 정책사업(프로그램(국가회계), 사업(지방회계)) 원가의 특성 391

1. 정부회계에서의 원가계산 391
2. 프로그램세출 정보와 프로그램원가 정보의 차이 399
3. 발생주의 프로그램원가의 구성 406
4. 국가회계와 지방회계 원가계산구조의 비교 411

제 4 절 국세 · 지방세수익과 기타비교환수익의 특성 416

1. 국세수익과 지방세수익의 재무제표 공시의 특성 416
2. 국세수익과 국세징수활동표(국가회계) 417
3. 지방세수익(지방회계) 426

4. 기타비교환수익 427
5. 세계잉여금(歲計剩餘金) 433

제7장 정부재무제표의 주요세부항목별 해설과 회계처리

제 1 절 국고금과 국고금회계 ········ 440
1. 국고금과 국고금회계의 개요(국가회계) 440
2. 국고금회계처리의 이해(국가회계) 443

제 2 절 재정자금과 결산상 잉여금 ········ 446

제 3 절 채권(債權) 평가: 대손충당금과 융자보조원가충당금 ········ 447
1. 대손충당금(국가회계 · 지방회계) 447
2. 융자보조원가충당금(국가회계) 449

제 4 절 유가증권의 평가 ········ 454
1. 유가증권의 취득 및 분류(국가회계 · 지방회계) 454
2. 유가증권의 평가와 회계처리(국가회계 · 지방회계) 455

제 5 절 일반유형자산 · 사회기반시설 · 주민편의시설의 취득 및 평가 ········ 460
1. 일반유형자산 · 사회기반시설 · 주민편의시설 취득 및 표시(국가회계 · 지방회계) 460
2. 일반유형자산 등에 대한 감가상각(국가회계 · 지방회계) 468
3. 일반유형자산 등에 대한 자산재평가(국가회계) 471
4. 감액손실 · 손상차손(Impairment)(국가회계 · 지방회계) 474

제 6 절 일반유형자산 등 관련 특수 회계처리(관리전환 및 민간투자사업) ········ 476
1. 관리전환(국가회계 · 지방회계) 476
2. 민간투자사업(BTO · BTL) 회계처리(국가회계 · 지방회계) 479

제 7 절 리스 ········ 484
1. 리스거래의 이해 및 분류(국가회계 · 지방회계) 484
2. 리스거래 회계처리(국가회계 · 지방회계) 486

제 8 절 국채 · 공채 및 지방채의 발행 및 회계처리 ········ 489
1. 국채·공채 및 지방채의 발행(국가회계·지방회계) 489
2. 국채(공채·지방채)할인·할증발행차금 관리 및 회계처리 (국가회계·지방회계) 490

제 9 절 연금충당부채 및 연금회계처리 ········ 493
1. 공적연금과 연금충당부채(국가회계) 493
2. 연금충당부채 관련 회계이론(국가회계) 495
3. 연금회계의 특성 및 회계처리(국가회계) 498

제10절 퇴직급여충당부채, 기타충당부채 및 우발부채 ········ 505
1. 퇴직급여충당부채(국가회계·지방회계) 505
2. 충당부채(provisions)와 우발부채(contingent liability)(국가회계·지방회계) 508

제11절 발생주의 기간손익 회계처리(미수수익, 선급비용, 미지급비용, 선수수익) ········ 510
1. 발생주의 기간손익 관련 자산·부채(국가회계·지방회계) 510
2. 미수수익·선급비용·미지급비용·선수수익 개념 및 특성(국가회계·지방회계) 511

제12절 통합재무제표의 작성 ········ 513
1. 통합재무제표의 개요(국가회계·지방회계) 513
2. 내부거래의 제거(국가회계·지방회계) 515
3. 국가통합 재무제표 작성시 추가 회계처리 사항(국가회계) 518

제13절 회계변경과 오류수정 ········ 520
1. 회계변경(국가회계·지방회계) 520
2. 오류수정(국가회계·지방회계) 522

제14절 정부조직개편(정부결합거래) 회계처리 ········ 524
1. 정부조직개편(국가회계) 524
2. 정부조직개편(정부결합거래) 회계처리(국가회계) 524

제8장 정부회계감사와 정부회계정보 활용

제1절 정부회계감사이론 및 실제 …… 530

1. 정부회계감사의 개요 530
2. 회계감사의 종류 532

제2절 한국의 정부회계감사제도 …… 535

1. 정부회계제도의 변화에 따른 감사제도의 변화 535
2. 정부회계감사의 이론적 모형과 세부감사절차 536
3. 국가회계 및 지방회계에서의 대체적 감사제도 현황 547

제3절 정부회계정보의 활용방안과 성과평가 · 성과감사 …… 562

1. 정부회계정보의 활용과 성과평가 562
2. 향후 성과감사의 방향(이론적 접근) 570

■ 참고문헌 …… 579

CHAPTER

1

재정: 정부예산과 정부회계

제1절 재정과 예산 그리고 정부회계의 관계
제2절 정부회계의 개요
정부회계 전문가 과정 1-① 해외 정부회계제도의 이해
정부회계 전문가 과정 1-② 복식부기·발생주의 정부회계정보 필요성의 이론적 접근

CHAPTER

1

재정: 정부예산과 정부회계

제 1 절 재정과 예산 그리고 정부회계의 관계

1. 재정의 의의

(1) 재정(財政)의 정의

국민경제를 운용하고 있는 주체는 가계와 기업, 정부로 구분할 수 있다. 정부는 가계와 기업으로부터 징수한 조세수입 등을 기반으로 하여 공공재와 공공서비스의 제공을 위해 지출하게 되는데, 이러한 정부부문의 경제활동을 통칭하여 재정이라고 한다. 즉, 재정활동은 화폐단위로 표시될 수 있는 정부의 수입·지출활동을 의미한다. 구체적으로 정부는 조세(국세와 지방세)·부담금·벌과금 등의 징수, 보유자산(주식, 부동산 등)의 매각, 국채·공채·지방채 발행 등으로 조성한 재원을 바탕으로 국방·외교·치안 등 국가의 유지, 경제성장 기반조성, 교육 및 사회복지 수요의 충족 등 공공부문의 역할을 수행하기 위해 지출하는데, 이러한 수입활동과 지출활동을 모두 포괄하는 개념이 재정활동이라 할 수 있다(국회예산정책처, 2023). 대한민국 경제실체를 민간부문과 공공부문으로 세분화하면 다음과 같이 도식화할 수 있다.

그림 1-1 대한민국 경제실체

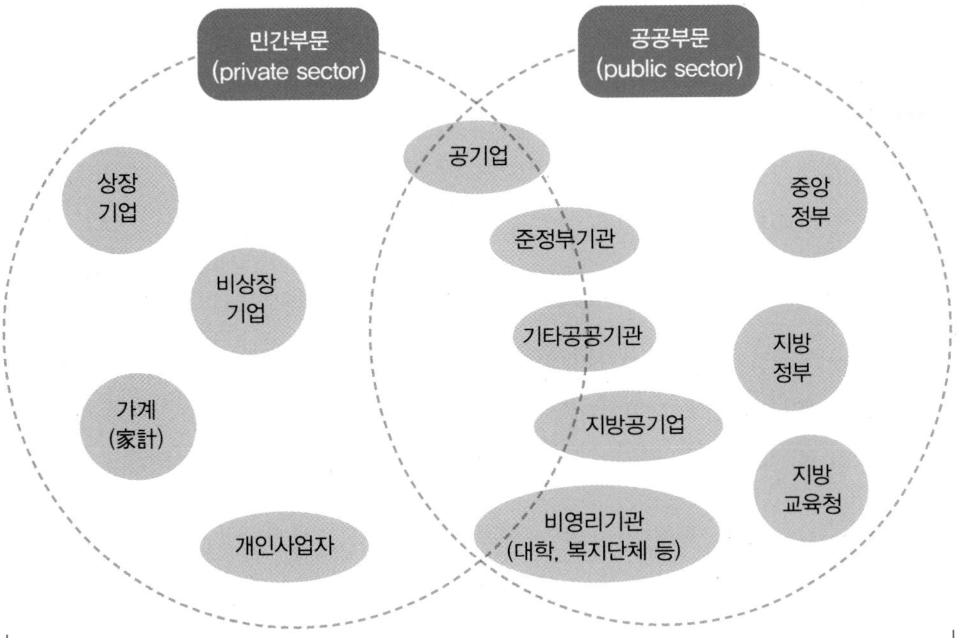

재정은 국가재정과 지방재정으로 구분된다. 국가재정은 중앙정부가 관할하는 국고재정을 의미하며, 지방재정은 지방자치단체가 관할하는 재정을 말한다. 국가재정이 국민경제의 발전과 번영을 이룩하는 것이라면, 지방재정은 지역경제발전이나 지역주민의 복지증진에 주된 목적을 두고 있다. 국가재정과 지방재정은 상호 긴밀하게 연계될 필요가 있는데(이청수, 2010), 지방재정조정제도는 이러한 관점에서 운영되는 제도이다.

- 지방재정조정제도는 자치단체 간 경제력의 차이 등으로 재정상 불균형을 완화하기 위해 재원을 재분배하여 자치단체 간 재정력 격차를 시정하고 모든 자치단체가 일정 수준의 공공서비스를 균등하게 유지하기 위한 제도로서 지방교부세, 지방소비세, 조정교부금, 국고보조금, 시·도비보조금 등의 제도를 의미한다. 본서 제4장제2절에서 자세히 설명한다.

- 우리나라에서 일반적으로 지방정부라고 하면 지방자치단체를 의미하며, 협의의 지방재정이라고 하면 자치단체의 재정으로 이해하는 것이 일반적이다. 이에 비해, 광의의 지방재정은 지방교육재정을 포함하지만, 이를 담당하는 지방교육청은 자치단체 소속은 아니다. 그러나 지방교육청의 예산 및 결산은 자치단체와 같이 지방의회의 승인을 받아야 한다.

(2) 재정의 기능

재정은 자원배분(효율성), 소득분배(형평성), 그리고 경제안정 및 성장(안정적 경제 성장) 등 3가지 기능을 수행한다. 재정의 기능은 국민경제에서 재정이 수행하는 역할을 보여주고 있을 뿐만 아니라, 재정활동의 총체적 성과를 평가하는 기준이 됨은 물론 개별적인 조세정책과 재정지출의 타당성을 판단하는 준거가 되기도 한다(국회예산정책처, 2023).

㉠ 자원배분-효율성(efficiency): 정부는 공공재, 외부효과 등 시장실패가 존재하는 경우 시장에 개입하여 자원의 효율적 배분을 위한 조정역할을 수행한다. 국방 등의 공공재를 생산·제공하거나 세금의 부과, 보조금의 지급을 통해 사회적으로 바람직한 수준으로 시장 활동을 조정하기도 한다.

㉡ 소득분배-형평성(equity): 정부는 조세제도, 사회보장지출 등을 통해 소득재분배 기능을 수행한다. 누진적 소득세제의 운영과 저소득층에 대한 보조금 지급 및 공영주택과 같은 공공서비스 제공 등은 소득재분배를 통해 형평성을 증진하는 역할을 한다.

㉢ 경제안정 및 성장(economic stabilization and growth): 정부는 조세와 재정지출을 통해서 경기를 조절하고 고용·물가·국제수지 등을 안정적으로 유지하는 역할을 수행한다. 또한, 인적자원·R&D·사회기반시설 투자 등을 통해 장기적인 국가의 성장 동력을 확충하기도 한다.

(3) 대한민국 재정체계

대한민국의 재정체계를 정리하면 다음과 같다(국회예산정책처, 2023 참고). 중앙재정은 중앙정부가 담당하지만, 지방재정의 경우 일반재정은 지방정부인 지방자치단체가 담당하고 지방교육재정은 별도로 각 지방교육청이 담당한다.

➡ 재정은 운용수단에 따라 예산과 기금으로 구분되며, 이 중 예산은 일반회계와 특별회계로 구성된다. 예산의 실질적인 의미는 정부의 재정수요와 이를 충당하는 재원을 추정하여 작성한 특정 회계연도의 세입·세출에 대한 예정적 계산을 의미한다. 형식적 의미로는 법령에 근거하여 정부가 일정한 형식에 따라 편성하고 의회의 심의·의결을 거쳐 확정된 한 회계연도의 정부재정 계획을 의미한다. 이에 비해 기금은

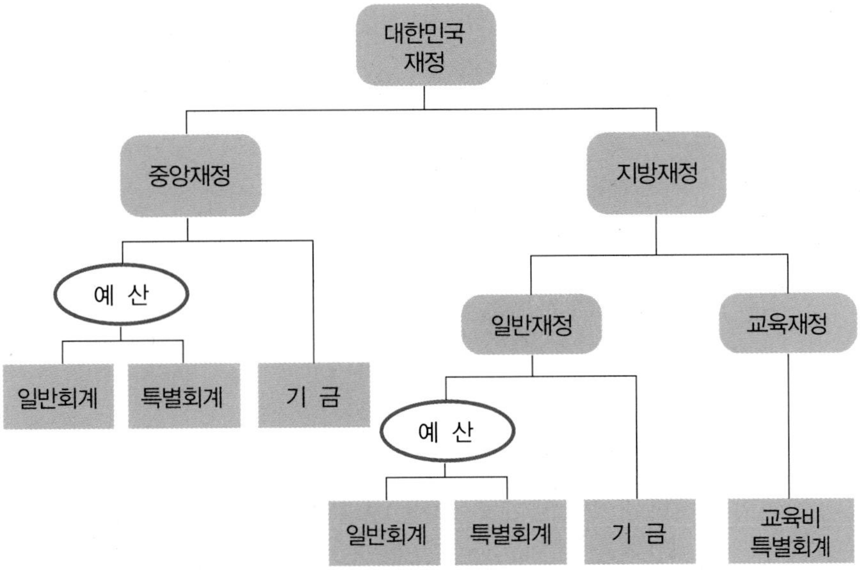

예산과는 구분되는 재정수단으로서 과거에는 의회의 심의·의결 대상에서 제외되어 있어 예산과 확연히 구분되었었다. 그러나 현재는 기금 역시 기금운용계획안 및 기금결산의 형태로 예산안 및 결산과 동일하게 국회의 심의·의결을 거쳐 확정함으로써 재정운용 수단으로서 둘 간의 본질적 차이는 점차 사라지고 있다(국회예산정책처(2023) 참고). 최근에는 예산과 기금을 합친 통합재정 관점(총지출, 총수입)에서 접근하는 것이 일반적이다.

(4) 재정절차 및 재정의 순환

재정절차는 예산절차와 결산절차로 구분된다. 예산절차는 '㉠ 정부의 예산안 편성→㉡ 의회의 예산안 심의·확정→㉢ 정부의 집행' 순으로 이루어지고, 결산절차는 '㉠ 정부의 결산서 작성→㉡ 감사원(국가) 또는 검사위원(지방자치단체)의 결산검사→㉢ 의회의 결산심의·승인'으로 이루어진다. 일반적으로 재정절차는 3년의 기간에 걸쳐 예산편성, 예산집행 및 결산이 행해지는데, 특정연도를 기준으로 보면 전년도 결산, 당년도 예산의 집행, 차년도 예산안의 편성·심의의 세가지 과정이 한 회계연도에 이루어지게 된다. 2023년 재정절차를 예로 들면, 2022회계연도 결산, 2023회계연도 예산집행, 2024회계연도 예산안의 편성·심의가 이루어지게 된다(국회예산정책처, 2023 참고). 예산안의 편성부터 결산의 확정까지 3회계연도가 소요되므로 회계정보 활용의 적시성에 대한 문제가 제기되기도 한다.

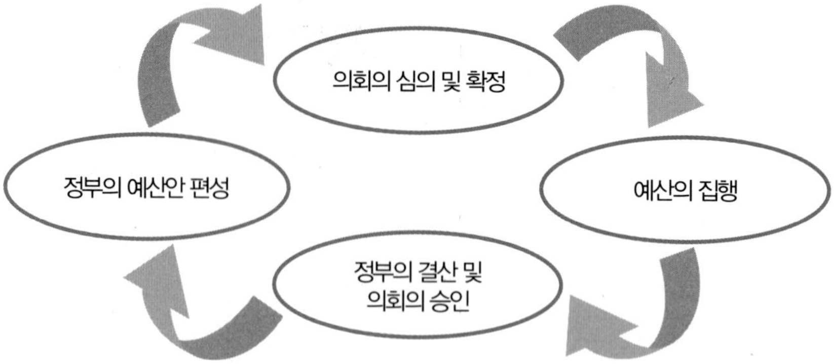

(5) 재정과 정부회계

기업은 재화와 용역의 제공이라는 경영활동을 통해 이윤을 추구한다. 즉, 거래의 기본은 매매를 통한 교환거래(exchange transaction)이며, 이윤을 의미하는 당기순이익에 대한 정보가 중요하게 요구된다. 이에 비해, 정부의 재정활동은 조세수입을 기반으로 하여 공공재나 행정서비스를 제공하는 것인데, 조세수입(歲入)과 예산집행(歲出)은 직접적으로 연결되지 않는다. 특정 국민이 세금을 납부하지 않는다고 해서 국방·치안·복지 등의 행정서비스를 받지 못하는 것도 아니고 세금을 많이 납부했다고 해서 더 많은 행정서비스를 받는 것도 아니다. 이는 공공재의 특성인 비배재성과도 관련된다. 회계학적으로는 이를 비교환거래(non-exchange transaction)라고 한다. 이로 인해 재정활동에서는 손익정보(즉, 재정수지 정보)보다는 세금이 얼마나 효율적으로 행정서비스 제공에 사용되었는가 하는 정보가 더 중요하게 된다. 당기손익의 정보가 중요한 기업의 경영활동과 비교하여 명백한 차이를 보이고 있으며, 이 차이는 정책사업별 원가정보를 강조하는 정부회계의 특성으로 반영된다.

2. 예산의 이해: 의미, 기능, 편성과 집행, 주요 용어, 예산제도

(1) 예산, 기금, 총수입·총지출, 통합재정수지

일반적으로 정부의 예산이라고 할 때, 국가 및 지방자치단체의 일반회계, 특별회계 및 기금의 예산을 모두 포괄하는 것으로 이해하는 경우가 많다. 그러나 엄밀히 말하면 예산이라는 용어는 일반회계와 특별회계에서만 사용된다. 기금은 예산이라는 용어를 사용하지 않고 기금운용계획이라고 한다. 그러나 실질적인 의미는 예산과 거의 유사하다.

예산과 기금운용계획을 더한 전체적인 개념으로 세입과 세출이 아닌 "총수입" 및 "총지출"이라는 표현을 사용한다. 총수입은 일반회계·특별회계의 세입(歲入)에 기금의 수입(收入)을 더한 것이며, 총지출은 일반회계·특별회계의 세출(歲出)에 기금의 지출(支出)을 더한 것이다(단, 내부거래와 보전거래 등은 제외한다). 총수입에서 총지출을 차감한 것을 "통합재정수지"라고 한다. 이후의 내용에서는 법령상 용어의 구분이 필요한 상황을 제외하고는 예산, 세입, 세출의 용어를 일반적으로 사용하기로 한다.

(2) 예산의 원칙 및 기능

정부에서의 예산이란 세입 및 세출에 관한 예정적 계획이며, 그 실질적 내용은 회계연도에 있어서 정부의 정책이념과 사업계획을 구체화하는 일련의 과정을 말한다. 정부는 예산을 편성하고 집행하는데 있어 다음의 원칙을 준수하여야 한다(김인철, 2007 참고).

➡ 여기서 설명하는 예산의 원칙은 중앙정부에 적용되는 「국가재정법」 제16조에서 규정되어 있는 것을 의미한다. 이에 비해 지방정부와 관련해서는 「지방재정법」 제3조에서 지방재정운용의 기본원칙이 규정되어 있는데, ㉠ 지방자치단체는 주민의 복리증진을 위하여 그 재정을 건전하고 효율적으로 운용하여야 하고, ㉡ 국가의 정책에 반하거나 국가 또는 다른 지방자치단체의 재정에 부당한 영향을 미치게 하여서는 아니 되며, ㉢ 예산이 여성과 남성에게 미치는 효과를 평가하고, 그 결과를 지방자치단체의 예산에 반영하기 위하여 노력해야 한다는 것이다. 이를 제외하고 「지방재정법」에서는 「국가재정법」에 비해 별도의 예산의 원칙에 대해 규정하고 있지는 않다.

㉠ 재정건전성의 원칙: 재정건전성의 원칙은 「국가재정법」 제18조에서 국가의 세출은 국채·차입금 이외의 세입을 그 재원으로 하며, 부득이한 경우에 국회의 의결을 얻은 금액의 범위 안에서 국채 또는 차입금으로 충당할 수 있다고 규정하고 있는 것과 관련이 깊다. 그 밖에 ⓐ 초과 조세수입이 있는 경우 국채상환 우선 처리(「국가재정법」 제90조①), ⓑ 지방교부세 정산 및 공적자금상환기금 우선 출연액을 제외한 세계잉여금은 30%를 국가채무 상환에 우선 사용하고 그 나머지를 추가경정예산의 재원으로 사용(「국가재정법」 제90조④), ⓒ 재정부담을 수반하는 다른 법률의 제정 및 개정 시 기획재정부장관의 협의(「국가재정법」 제87조), ⓓ 조세지출예산서의 작성(「국가재정법」 제34조제10호) 및 국세감면(조세지

출)의 제한(「국가재정법」 제88조), ⓔ 국가채무관리계획의 수립(「국가재정법」 제91조제1항) 등 역시 재정건전성의 원칙에 입각한 것으로 볼 수 있다.

ㄴ 국민부담 최소화의 원칙: 국민부담 최소화의 원칙은 「국가재정법」 전체를 관통하는 기본적인 원칙이라 할 수 있다.

ㄷ 재정지출(조세지출 포함) 성과 제고의 원칙: 정부가 재정을 운용함에 있어 재정지출의 성과를 제고하도록 하는 원칙은 「국가재정법」 제85조2 내지 제85조의12의 성과중심의 재정운용 및 동법 제38조의 예비타당성조사에서 구체화되고 있다. 성과중심의 재정운용은 재정운용방식을 '투입중심'에서 '성과중심'으로 전환하여 재정의 효율성을 제고하고, 총액배분·자율편성 예산제도의 도입으로 각 부처의 자율권이 확대됨에 따라 이에 상응하는 각 부처의 책임성(accountability)을 확보하기 위한 취지이다. 또한, 예비타당성조사를 강화함으로써 대규모 투자사업의 효율적 추진을 보강하는 것도 성과 제고의 원칙에 따른 것이다.

ㄹ 예산과정의 투명성과 국민참여 제고의 원칙: 정부는 예산과정의 투명성과 국민참여를 제고하기 위하여 노력하여야 한다. 이러한 예산과정에의 국민참여 제고의 원칙은 「국가재정법」 제10조 재정운용에 대한 의견수렴 및 동법 제100조 예산·기금의 불법지출에 대한 국민감시에서 구체화되고 있다.

ㅁ 성인지(性認知)의 원칙: 정부는 예산이 여성과 남성에게 미치는 효과를 평가하고 이 평가를 정부의 예산편성에 반영하기 위해 노력하여야 한다. 이는 「대한민국 헌법」 제11조 평등원칙을 구체화한 것으로 「국가재정법」 제26조 성인지 예산서 작성 및 동법 제57조 성인지 결산서의 작성에서 자세히 언급하고 있다.

ㅂ 온실가스감축인지의 원칙: 정부는 예산집행 결과 온실가스 감축에 미치는 효과를 평가하고, 그 결과를 정부의 예산편성에 반영하기 위해 노력한다. 이는 「국가재정법」 제27조 온실가스감축인지 예산서의 작성과 관련된다.

이러한 예산의 기능은 다음과 같이 정리할 수 있는데(윤성식, 2003), 이를 예산 프로세스의 흐름과 연계하여 살펴보면 조금 더 이해를 쉽게 할 수 있다. 즉, ㉠ 예산안

편성과 관련되는 경제적 기능→㉡ 예산의 심의와 관련되는 정치적 기능→㉢ 확정된 예산의 대국민 공표와 관련되는 커뮤니케이션 기능→㉣ 정부의 예산집행과 관련되는 통제 기능→㉤ 예산의 목표와 예산집행의 결과를 바탕으로 정책수행을 평가하는 것과 관련되는 관리 기능으로 나누어 볼 수 있다.

㉠ 경제적 기능: 예산은 자원배분, 재원조달, 경기조절, 경제성장, 경제안정, 경제계획과 경제발전 기능을 수행한다. 복지예산 같은 항목은 소득재분배 기능을 담당하는데 정부지출을 통해 불평등한 소득격차를 해소하여 형평성을 달성하고자 한다. 예산은 재정정책의 도구로 사용되기 때문에 경제전반에 걸쳐 미치는 영향이 중요하다.

㉡ 정치적 기능: 예산은 다양한 이익을 추구하는 집단의 자원 확보의 장소이며, 토론과 갈등의 장소이다.

㉢ 커뮤니케이션 기능: 예산은 정부가 어떤 정책과 사업을 추구하는가를 알 수 있는 정치적인 문서로서 정부의 미래행위를 객관적으로 정확하게 전달하는 매개수단이라 할 수 있다

㉣ 통제 기능: 예산은 부정, 오류, 낭비의 방지와 규정, 법규, 절차의 준수를 확인하는 기능을 가지고 있다. 예산은 사업의 집행을 감독하며, 지출의 상한선을 준수하는지 감시한다. 이는 예산의 전통적인 통제개념이다.

㉤ 관리 기능: 예산은 효과성과 효율성의 달성에 대한 책임추궁의 수단이며, 정책목표달성의 도구이다. 그러므로 예산은 관리의 도구로서 역할을 수행하며 관리의 두 가지 핵심기능인 기획 및 통제와 불가분의 관계를 갖는다.

(3) 예산편성 및 예산집행

① 국가의 예산편성 및 의회심의 과정

국가의 예산편성 절차는 ㉠ 각 중앙관서의 중기사업계획서 제출→㉡ 기획재정부의 예산안편성지침의 통보 및 국회 보고→㉢ 각 중앙관서 예산요구서의 제출→㉣ 기획재정부의 예산안 편성 및 국회 제출→㉤ 국회에서의 예산안 심사·심의·의결로

마무리된다(「국가재정법」 제28조~제33조). 국가의 예산안 편성 및 국회 심의 과정을 정리하면 다음과 같다(국회예산정책처, 2023).

과정	내용	제출시한	근거규정
중기사업 계획서 제출	• 각 중앙관서의 장은 당해 회계연도부터 5회계연도 이상 기간 동안의 신규사업 및 기획재정부장관이 정하는 주요 계속사업에 대한 중기사업계획서를 작성하여 기획재정부장관에게 제출	매년 1월 31일	국가재정법 제28조
예산안편성 지침 통보	• 기획재정부장관은 국무회의의 심의를 거쳐 대통령 승인을 얻은 다음 연도의 예산안 편성지침을 각 중앙관서의 장에게 통보	매년 3월 31일	국가재정법 제29조
예산요구서 작성 및 제출	• 각 중앙관서의 장은 예산안편성지침에 따라 그 소관에 속하는 다음 연도의 예산요구서를 작성하여 기획재정부장관에게 제출 ➡ 예산요구서: 세입세출예산·계속비·명시이월비·국고채무부담행위 요구서(예산요구서에는 예산의 편성 및 예산관리기법 적용에 필요한 서류를 첨부해야 함)	매년 5월 31일	국가재정법 제31조
정부예산안 편성	• 기획재정부장관은 예산요구서에 따라 예산안을 편성하여 국무회의의 심의를 거친 후 대통령이 승인	명시적인 기한 없음	국가재정법 제32조
예산안 국회보고	• 정부는 대통령의 승인을 얻은 예산안을 회계연도 개시 120일 전까지 국회 제출	회계연도 개시 120일 이전	국가재정법 제33조
예산안 본회의 보고	• 결산과 달리 예산안에 대하여는 본회의에서 정부는 시정연설을 해야 함	명시적인 기한 없음	국회법 제84조
상임위원회 예비심사	• 국회는 각 상임위원회에 정부의 예산안을 회부하여 예비심사를 하고 그 결과를 의장에게 보고 • 의장은 예산안에 각 상임위원회의 예비심사 결과보고서를 첨부하여 예산결산특별위원회에 회부	의장이 심사기한을 정할 수 있음	국회법 제84조
예산결산특별 위원회(예결위) 종합심사	• 예결위는 상임위원회의 심사결과를 참고하여 예산안을 종합심사하고 본회의에 상정 • 예결위 심사절차: 제안설명(기획재정부장관) → 전문위원검토보고 → 종합정책질의 → 부별심사 또는 분과위원회심사 → 소위원회심사 → 토론및표결 → 심사보고 • 예산안(기금운용계획안, 임대형민자산업 한도액안 포함) 및 세입예산안 부수 법률안이 심사대상임	매년 11월 30일	국회법 제84조, 제85조의3
본회의 심의·확정	• 본회의 부의 → 예결위원장 보고 → 토론 → 표결및확정 • 예결위가 11월 30일까지 예산안 심사를 마치지 아니하면 그 다음 날 예산안 자동부의(12월1일)	회계연도 개시 30일 이전	헌법 제54조, 국회법 제85조의3

(주1) 기금운용계획안도 상기 예산편성절차와 동일하며, 예산안과 함께 국회심의 과정을 거침

② 지방자치단체의 예산편성 및 의회심의 과정

지방자치단체의 예산안 편성절차도 국가와 거의 유사하다. 각 지방자치단체의 장은 중기사업계획을 수립하여 지방의회에 보고 및 행정안전부에 제출하고, 행정안전부장관은 각 지방자치단체에 예산안편성지침('지방자치단체 예산편성 운영기준')을 전달하며, 예산안은 지방자치단체가 편성하여 각 지방의회의 심사를 받는다. 다만, 중요한 차이는 자치단체의 장이 투자사업에 관한 예산을 편성하고자 하는 경우에는 예산안 편성 전에 사업의 필요성, 사업계획의 타당성 등에 대하여 투자심사를 거쳐야 한다. 이는 한정된 재원을 효율적으로 배분하고, 투자사업의 우선순위를 합리적으로 결정하기 위한 것이다. 지방자치단체의 예산안 편성 및 의회심의 과정은 다음과 같다.

과정	내용	제출시한	근거규정
중기지방 재정계획 수립	• 자치단체의 장은 중기지방재정계획(5년 이상) 수립하여 지방의회에 보고하고(예산안 제출 시점), • 행정안전부장관에게 이를 제출(회계연도 개시 30일 전) • 행정안전부장관은 매년 종합적인 중기지방재정계획을 수립하고 이를 국무회의에 보고	지방의회: 예산안제출시 행정안전부: 회계연도 개시 30일전	지방재정법 제33조
예산안 편성 및 지방의회 제출	• 자치단체의 장은 회계연도마다 예산안을 편성하여 • 시·도(광역)는 회계연도 시작 50일 전까지, • 시·군 및 자치구(기초)는 회계연도 시작 40일 전까지 지방의회에 제출	회계연도 개시 광역: 50일 이전 기초: 40일 이전	지방자치법 제142조
예산 의결	• 지방자치단체 예산안은 광역의 경우 회계연도 시작 15일 전까지, 기초의 경우 회계연도 시작 10일 전까지 지방의회에서 의결 • 지방의회 의장은 예산안이 의결된 때에는 3일 이내에 이를 지방자치단체의 장에게 이송하며, 이후 광역은 행정안전부장관에게, 기초는 시·도의 지사에게 각각 보고하고 이를 고시 • 예산안이 지방의회에 제출된 이후 자치단체의 장의 시정연설, 상임위원회 예비심사, 의장의 심사보고, 예산결산위원회 종합심사, 본회의 부의 및 의결의 일련 과정은 국회의 예산안 심의·확정과정과 유사	회계연도 개시 광역: 15일 이전 기초: 10일 이전	지방자치법 제142조, 제149조

(주1) 기금운용계획안도 상기 예산편성절차와 동일하며, 예산안과 함께 지방의회의 심의 과정을 거침

③ 세입세출예산과 예산총계주의

국가 및 지방자치단체는 그 목적을 수행하기 위하여 경비를 지출하고, 또 그 재원이 될 수입을 확보해야 한다. 이 수입과 지출을 회계연도별로 구분하여 세입(歲入) 및 세출(歲出)이라고 한다(일반회계 및 특별회계에서는 세입 및 세출이라는 표현을 사용하지

만, 기금은 수입(收入) 및 지출(支出)이라는 표현을 사용한다). 세입은 국가 및 지방자치단체의 제반 수요를 충족하기 위한 지출의 재원이 될 모든 현금의 수납을 의미하며, 세출은 제반 수요를 충족하기 위한 모든 현금의 지급을 의미한다. 이를 예산총계주의라고 한다. 1회계연도의 세입과 세출은 사전에 예산으로 수립되어 수납 및 지출행위가 이루어지도록 법으로 규정(「국가재정법」 제17조, 「지방재정법」 제34조)되어 있다.

세입세출예산은 먼저 중앙관서별 또는 자치단체별로 구분한 후 중앙관서 또는 자치단체 내에서 일반회계와 특별회계로 구분한다. 국가의 세입예산은 성질별로 '관·항'으로 구분하고, 세출예산은 그 내용을 기능별로 '장·관·항', 성질별로 '목·세목'으로 구분한다(「국가재정법」 제21조). 다만, 국가의 세출예산은 실무적으로 예산서에는 '분야·부문·프로그램'으로 구분되어 있는데, 이는 「국가재정법」상 '장·관·항'의 개념과 동일하다. 이에 비해, 지방자치단체에서의 세입예산은 성질별로 '장·관·항'으로 구분하고, 세출예산은 기능별로 '분야·부문·정책사업·단위사업·세부사업', 성질별로 '목(편성목)·세목(통계목)'으로 구분한다(「지방재정법」 제41조).

세입예산은 단순한 수입의 견적에 불과하다. 따라서 국회나 지방의회의 의결이 있다고 하더라도 수입 견적을 승인한다는 그 이상의 의미를 갖지 않으며, 결산액보다 많거나 적어도 상관없다. 이에 비해 세출예산은 지출의 목적·금액·시기에 관하여 국가 및 지방자치단체를 구속하며, 의결된 예산액 이하로는 지출할 수 있으나 초과지출은 허용되지 않는다(추가경정 과정이나 별도의 승인절차가 필요하다).

물론 예산총계주의에도 예외가 있다. 국가회계에서는 ㉠ 수입대체경비의 초과 수입과 관련되는 경비에 초과 지출하는 경우, ㉡ 국가가 현물로 출자하는 경우와 외국차관을 도입하여 전대하는 경우, ㉢ 전대차관을 상환할 때 환율 및 금리의 변동, 기한 전 상환으로 인하여 원리금상환액이 그 세출예산을 초과하게 되는 경우, ㉣ 차관물자대와 관련하여 세출예산을 초과하는 경우를 예산총계주의의 예외로 규정하고 있다(「국가재정법」 제53조). 이에 비해, 지방회계에서는 ㉠ 자치단체가 현물로 출자하는 경우, ㉡ 기금을 운용하는 경우, ㉢ 정당한 사유로 보관할 의무가 있는 현금·유가증권이 있는 경우를 예산총계주의의 예외로 규정하고 있다(「지방재정법」 제34조).

④ 예산집행

➡ 하기 내용은 주로 국가에서의 예산집행 과정을 언급한 것으로(국회예산정책처, 2023 참조) 지방자치단

체에서도 거의 유사하다고 볼 수 있다.

예산집행은 국회 또는 지방의회에서 확정된 예산에 따라 해당 회계연도 동안 수입재원을 조달하고 정책사업을 위하여 지출하는 재정활동을 의미한다. 이는 단순히 예산으로 정해진 금액을 수납하고 지출하는 것만이 아니라 수입의 조정, 예산 및 자금의 배정, 지출원인행위의 실행, 국채의 발행, 일시차입금의 차입, 세출예산의 이용·전용·이체, 계약의 체결 등을 모두 포함하는 활동이다.

예산집행은 예산배정으로부터 시작된다. 예산배정은 확정된 예산을 계획대로 집행할 수 있도록 예산집행기관에게 허용하는 일종의 승인절차라고 볼 수 있다. 기획재정부장관은 분기별 예산배정계획을 작성하여 국무회의 심의와 대통령 승인 후에 각 중앙관서의 장에게 예산을 배정하며, 중앙관서별로 배정된 예산은 다시 중앙관서 내에서 재배정된다. 예산배정은 국가의 예산을 회계체계에 따라 질서 있게 집행되도록 하기 위한 내부통제의 기능도 가지고 있다. 정부는 경기부양이나 경제안정화시책의 추진을 위해 예산의 배정시기를 조정하기도 한다. 지방자치단체는 국가에서와 같은 기획재정부가 중앙관서로 예산배정하는 절차는 없으므로 중앙관서 내에서의 예산재배정 절차와 유사하다고 볼 수 있다.

배정된 예산은 「국고금관리법」에 따라 기획재정부장관이 작성·통지한 월별 세부자금계획의 범위 안에서 그 정한 목적과 용도에 따라 소정의 과정에 의하여 집행된다. 예산의 집행은 각 수요부서에서 예산집행요구를 하면 재무관이 계약체결, 검수 등 지출원인행위를 한 후 관계서류를 지출관에게 송부하고, 지출관은 채권자 또는 국고금의 지급사무를 수탁하여 처리하는 자의 계좌로 이체하여 지급하는 과정을 거치게 된다.

(4) 예산관련 주요 용어의 이해

① 예산총칙

국가에서의 예산총칙은 세입세출예산, 계속비, 명시이월비 및 국고채무부담행위와 더불어 예산을 구성한다(「국가재정법」 제19조). 예산총칙은 세입세출예산, 계속비, 명시이월비 및 국고채무부담행위에 관한 총괄적 규정을 두는 것 외에 국채와 차입금의 한도액(이 경우 국채와 차입금은 중앙관서의 장이 관리하는 기금의 기금운용계획안에 계상된 국채발행 및 차입금의 한도액을 포함한다), 재정증권의 발행과 일시차입금의 최고액 및 이용의 범위, 예비비 용도제한 등 그 밖에 예산집행에 관하여 필요한 사항을 규정하고 있다. 한편, 기존 국채를 새로운 국채로 대체하기 위하여 필요한 경우에는 앞서 언급한 국채 한도액을 초과하여 발행할 수는 있으나, 이 경우 미리 국회에 이를 보고하여야 한다(「국가재정법」 제20조). 예산총칙은 당해 연도 예산에 관한 총괄적 규정으로 조문형식을 취하며, 해당 회계연도 내에서만 효력을 가지는데, 이는 추가경정예산으로 변경이 가능하다(김인철, 2007). 지방자치단체에 적용되는 「지방재정법」에 규정되어 있는 예산총칙 역시 거의 유사하다(「지방재정법」 제40조).

② 예산의 이용(移用), 전용(轉用), 이체(移替)

세출예산이 의회에서 의결된 대로 집행되지 못하고 다른 목적으로 사용될 때는 ㉠ 예산심의기관(의회)의 동의를 얻어야 하는 경우와 ㉡ 집행기관의 자유재량에 위임하는 경우가 있다. 입법과목인 '장, 관, 항', 즉 '분야, 부문, 프로그램'은 의회에서 의결하므로 이에 해당하는 예산항목의 액수나 내용을 변경하기 위해서는 의회의 의결을 거쳐야 하는데, 이를 '예산의 이용(移用)'이라 한다. 이에 비해 세항, 목 간의 액수나 내용의 변경은 집행기관의 자유재량으로 두고 있는데, 이를 '예산의 전용(轉用)'이라 한다(윤성식·이문영, 2002).

예산의 이용은 원래의 세출예산 편성내용을 변경하는 것으로 원칙적으로 허용되지 않는다. 그러나 다음의 경우에 미리 예산으로써 국회의 의결을 얻은 때에는 기획재정부장관의 승인을 얻어 이용하거나 기획재정부장관이 위임하는 범위 안에서 자체적으로 이용할 수 있다(「국가재정법」 제47조).

㉠ 법령상 지출의무의 이행을 위한 경비 및 기관운영을 위한 필수적 경비의 부족액이 발생하는 경우
㉡ 환율변동·유가변동 등 사전에 예측하기 어려운 불가피한 사정이 발생하는 경우
㉢ 재해대책 재원 등으로 사용할 시급한 필요가 있는 경우

예산의 전용은 지나치게 엄격한 예산심의와 구체적 항목까지 규정되는 예산의 확정이 갖는 단점을 해소하고 예산집행의 신축성을 유지하기 위해서 두고 있는 제도이다. 각 중앙관서의 장은 예산의 목적범위 안에서 재원의 효율적 운용을 위하여 대통

령령이 정하는 바에 따라 기획재정부장관의 승인을 얻어 각 세항 또는 목의 금액을 전용할 수 있다(「국가재정법」 제46조①). 실무적으로는 각 중앙관서의 장은 기획재정부장관의 승인 여부에 불구하고 회계연도마다 기획재정부장관이 위임하는 범위 안에서 각 세항 또는 목의 금액을 자체적으로 전용할 수 있다(「국가재정법」 제46조②).

세출결산서상에서 세출예산액에 전년도이월액, 초과지출승인액, 예비비, 예산의 이체 외에 예산의 이용과 예산의 전용을 더하면 세출예산현액이 산출된다. 예산의 이용 및 전용은 한 중앙관서 내에서 예산의 증감이 이루어지기 때문에 세출예산현액에 실질적으로 미치는 영향은 없다. 다만, 예산의 전용은 세항 및 목 간의 예산조정이므로 세출결산서상 같은 프로그램(항)에서 (+)조정금액과 (−)조정금액이 동일하지만, 예산의 이용은 장, 관, 항 간의 조정이기 때문에 서로 다른 프로그램(항) 간에 (+)조정금액과 (−)조정금액이 나타나게 된다(그러나 같은 중앙관서간 (+) 및 (−)조정금액의 순액은 0원이 된다).

➡ 실무적으로는 세출결산서에 예산의 이용과 예산의 이체가 하나의 항목으로 나타나므로 (+) 및 (−)조정금액의 순액이 0원이 아닌 경우가 있는데, 이는 예산의 이용 때문이 아닌 타 중앙관서간 예산조정인 예산의 이체로 인한 것이라고 보면 된다.

한편, 예산의 이용 및 전용과 비슷한 개념으로 예산의 이체가 있다. 회계연도 중에 정부조직, 직제 또는 정원에 관한 법령의 제·개정 및 폐지로 관계기관(중앙관서) 사이에 직무범위나 권한 등에 변동이 있는 경우에는 그 변경에 따라 실제 소요되는 기관이나 부서에서 당초 예산상의 금액을 넘지 않는 범위 안에서 예산의 과목과 예산금액을 이전하여 사용할 수 있는데 이를 예산의 이체(移替)라고 한다. 이는 어떤 과목의 예산부족을 다른 과목의 금액으로 보전하기 위하여 본래의 예산과목을 변경시키는 예산의 이용과는 다르다.

지방자치단체에서는 「지방재정법」 제47조의2와 제49조에서 예산의 이용, 전용 및 이체에 관한 내용이 규정되어 있는데, 그 의미는 국가회계의 내용과 거의 동일하다. 지방자치단체의 장은 세출예산에서 정한 각 정책사업 간에 서로 이용(移用)할 수 없으나, 예산 집행에 필요하여 미리 예산으로서 지방의회의 의결을 거쳤을 때에는 이용(移用)할 수 있다. 이에 비해 자치단체의 장은 단위사업(세항) 또는 목의 금액을 전용(轉用)할 수 있으나, ㉠ 인건비, ㉡ 시설비와 부대비, ㉢ 상환금(단, 원금과 이자는 상호 전용할 수 있다)은 다른 비목으로 전용할 수 없다. 또한, 회계연도가 경과된 후에는 예산 전용을 할 수 없으며, 업무추진비의 충당을 위하여 다른 비목에서 전용할 수 없다(「지방재정법시행령」 제55조).

발생주의 회계에서는 회계거래가 발생하여야 회계처리가 이루어지기 때문에 단순한 예산의 전용 및 이용이 발생하는 상황은 회계거래가 발생하였다고 볼 수 없다. 따라서 예산의 전용 및 이용이 발생주의 회계에 미치는 영향은 거의 없다. 다만, 국가나 지방자치단체 모두 예산의 집행비목과 재무계정과목이 밀접하게 연계되어 있으므로 예산의 전용 및 이용이 이루어진 후 정확한 집행비목에 따라 집행될 수 있도록 해야 한다.

③ 예산현액(세입예산현액, 세출예산현액)

예산현액이란 예산성립 후 증감사유를 모두 고려하여 수정된 예산액으로서 결산자료와 비교하는 대상이며, 세입예산현액과 세출예산현액으로 구분된다. 세입예산현액은 세입예산액에 '이체등증감액'을 가감하여 산출한다. 그러나 실무적으로 '이체등증감액'은 거의 없으며, 세입예산액과 세입예산현액이 동일한 것이 일반적이다.

세출예산현액은 세출예산액에 ㉠ 전년도이월액·초과지출승인액, ㉡ 예비비배정액, ㉢ 전용(증·감), ㉣ 이용및이체(증·감)를 가감하여 산출한다. 세출예산현액은 예산집행자가 사용할 수 있는 최대한도액수를 의미한다고 볼 수 있다. 세출결산서에서는 세출예산현액에서 세출(지출)액을 차감하여 미사용액을 산출하는데, 이는 명시이월비, 사고이월비 및 불용액으로 세분된다.

④ 명시이월비

세출예산 중 경비의 성질상 회계연도 내에 지출을 끝내지 못할 것이 예측되는 때에는 그 취지를 세입세출예산에 명시하여 미리 의회의 승인을 얻은 후 다음 회계연도에 이월하여 사용할 수 있는데, 이를 명시이월비라고 한다. 국가회계에서 각 중앙관서의 장은 명시이월비에 대하여 사항마다 사유와 금액을 명백히 하여 기획재정부장관의 승인을 얻은 범위 안에서 다음 연도에 걸쳐서 지출원인행위를 할 수 있다(「국가재정법」 제24조). 이는 회계연도 내 지출원인행위가 이루어졌으나, 불가피한 사유로 회계연도 내에 지출하지 못하는 경비 등을 다음 연도에 이월하여 사용하는 사고이월비와 대비된다. 지방회계에서의 명시이월비 제도는 「지방재정법」 제50조에서 규정하고 있으며, 국가회계의 명시이월비 개념과 거의 동일하다. 명시이월비는 사고이월비와 함께 세출예산이월액(세출예산이월액은 세계잉여금 산출과정에서 중요한 개념이다. 「국가재정법」 제90조②)을 구성한다.

명시이월비는 세입세출예산, 계속비, (국고)채무부담행위와 함께 예산을 구성하는 항목이다(「국가재정법」 제19조 및 「지방재정법」 제40조에서는 여기에 예산총칙을 더하여 '예산의 구성' 또는 '예산의 내용'이라 한다). 일반적으로 세출예산의 경우 다음 연도에 이월하여 사용할 수 없다. 그러나 한 회계연도 내에 모든 지출이 이루어지지 못할 것으로 예상되는 경우 효율적인 예산집행을 위하여 다양한 제도를 둘 필요가 있는데, 계속비 및 (국고)채무부담행위와 더불어 명시이월비 제도가 여기에 속한다. 명시이월비 집행명세서는 세입세출결산의 부속서류에 포함된다.

명시이월비는 예산통제를 위한 예산상의 개념으로서 지출원인행위조차 이루어지지 않았기 때문에 실제 회계사건이 발생되었다고는 보기 어렵다. 따라서 명시이월비가 설정되어 있다고 하더라도 발생주의 회계처리에 미치는 영향은 없다. 이에 비해, 지출원인행위가 이루어졌으나 지출되지 아니한 사고이월비의 경우 지출원인행위가 회계사건으로 볼 수 있는지의 여부에 따라 미지급금(또는 미지급비용)을 설정하는 회계처리를 판단해야 한다는 점에 주의를 할 필요가 있다.

➡ 명시이월비, 사고이월비, 계속비를 각 항목별로 비교하면 다음과 같다.

구분	명시이월비	사고이월비	계속비
예산의 이월 성격	○	○	○
의회사전승인	○	×	○
예산구성 여부	○	×	○
세입세출 별도 부속서류	○	×	○
지출원인행위	×	○	○
장기계속공사	×	×	○
국가채무 포함	×	×	×
미지급금 인식 가능(발생주의)	×	○	○

⑤ 사고이월비

일반적으로 세출예산의 경우 다음 연도에 이월하여 사용할 수 없다. 그러나 회계연도 내에 예측하지 못한 불가피한 사유로 동 회계연도에 지출하지 못하는 경비 등을 다음 연도에 이월하여 사용하는 것을 사고이월비라 한다. 이는 세출예산 중 경비의 성질상 회계연도 내에 지출을 끝내지 못할 것이 예측되는 때에 그 취지를 세입세출예산에 명시하여 미리 의회의 승인을 얻은 후 다음 회계연도에 이월하여 사용하는 명시이월비와 차이가 있다. 사고이월비는 명시이월비와 함께 세출예산이월액을 구성한다.

사고이월비는 ㉠ 연도 내에 지출원인행위를 하고 불가피한 사유로 인하여 연도 내에 지출하지 못한 경비와 ㉡ 지출원인행위를 하지 아니한 그 부대경비로 구성된다(「국가재정법」 제48조②제2호). 실무적으로 사고이월비가 발생하는 사유는 ㉠ 동절기 공사중지 및 절대공기의 부족, ㉡ 계약체결 및 설계의 지연, ㉢ 사업계획 변경 및 사업량 증가, ㉣ 용지매입지연 및 관계기관 협의지연, ㉤ 외자구매지연, ㉥ 세수부족 등으로 구분할 수 있다. 사고이월비는 다른 세출의 이월과 달리 재이월은 불가능하다(「국가재정법」 제48조②).

사고이월비는 예산상의 개념으로서 대부분 지출원인행위가 이루어지기 때문에 지출원인행위가 회계사건으로 볼 수 있는지의 여부에 따라 미지급금(또는 미지급비용)을 설정하는 회계처리가 필요할 수 있다. 특히, 지출원인행위가 발생하였으나 세수가 부족하여 예산이 집행되지 못하는 경우 단식부기·현금주의 세출결산의 관점에서는 단순한 사고이월비이지만, 복식부기·발생주의 정부회계 관점에서는 부채를 인식하여야 하는 상황이 발생할 수 있다. 이는 지출원인행위가 이루어지지 않는 명시이월비와 상이한 부분이다.

➡ 감사원의 '2018회계연도 결산검사보고'에서는 다음과 같은 고용노동부 감사지적사례가 있다. "2018회계연도 고용노동부 에너지및자원사업특별회계에서 광업에 종사하는 진폐근로자와 그 유족에 대한 진폐위로금의 지급과 관련하여 2018회계연도말 현재 지급이 결정되었으나 관련 예산의 조기 소진으로 지급되지 아니한 부분은 미지급금을 인식하여야 하는데도, 이를 인식하지 아니하여 기타의미지급금(유동부채)이 193억 원 과소 계상되었다." 이는 세수 부족에 따른 사고이월비가 발생한 경우로서 발생주의 관점에서도 반드시 회계처리가 필요한 상황이라고 볼 수 있다.

⑥ 계속비

계속비는 완성에 수년이 걸리는 공사나 제조 및 연구개발사업에 대해 총 투자할 금액과 매년 투자예정액(연부액(年賦額))을 미리 의회의 의결을 얻어 수년에 걸쳐 지출하는 제도를 말한다(「국가재정법」 제23조, 「지방재정법」 제42조). 헌법에서는 한 회계연도를 넘어 계속하여 지출할 필요가 있을 때 연한을 정하여 계속비로서 국회의 의결을 얻어야 한다고 규정하고 있다(「대한민국 헌법」 제55조①). 계속비는 회계연도 독립원칙에 대한 예외이며, 일반적으로 세입·세출을 동시에 고려하여 예산편성이 이루어지지만, 계속비는 사업비인 총세출 소요만을 고려하여 여러 회계연도의 세출금액을 결정한다. 계속비의 허용기간은 원칙적으로 당해 연도로부터 최장 5년까지이다(단, 국가회계에서는 사업규모 및 국가재원 여건을 고려하여 필요한 경우에는 예외적으로 10년 이내로 할 수 있다). 계속 필요하다고 인정되는 때에는 의회의 의결을 거쳐 다시 그 연한을 연장할 수 있으며, 당해 연도의 연부액(年賦額)은 세출예산에 계상하여야 한다.

계속비 제도가 복식부기·발생주의 정부회계제도에 직접적으로 미치는 영향은 거의 없다. 다만, 계속비 지출목적이 사회기반시설 등의 건설과 관련될 경우 건설중인 자산으로 관리되고 있는지 주의할 필요는 있을 것이다.

⑦ 예산의 불용(不用)

예산의 불용액은 승인된 예산에서 지출하거나 다음연도에 이월(명시이월, 사고이월)하지 아니한 예산상의 미집행금액을 말한다. 불용액이 발생하는 주요 원인은 다음과 같다. 첫째, 예산편성 및 운용상의 문제에서 발생한다. 이는 사업계획수립을 신중히 검토하지 못해 실제 집행할 예산보다 과다하게 예산을 편성하거나 예산편성 이후 상황이 호전되어 세출의 소요 자체가 감소함에 따라 그만큼 예산집행을 하지 않은 경우이다. 둘째, 예산미배정에 따른 불용액의 발생이다. 이는 당초에는 정부가 세출예산을 적정하게 편성하였으나, 정부의 의도적인 예산절감 노력으로 남게 된 경우를 말한다. 셋째, 특별회계의 경우 당초 일정 규모의 세입을 예상하고 세출예산을 설정하였으나, 그 후 여건이 변화함에 세입이 감소할 경우 그만큼 예산집행을 할 수 없는 경우가 발생한다. 넷째, 사업 착수 시점까지 관련 기관과의 절차상 협의지연 또는 주민들의 반대로 착공이 불가하여 불용액이 발생하는 경우가 있다. 예산상 불용된 부분은 낭비되는 것이 아니며, 결산상 잉여금에 포함되어 다음 연도의 세입 등에 반영된다(신해룡, 2012 참고).

불용액은 예산 및 예산에 대한 결산과 관련한 부분이므로 복식부기·발생주의 정부회계제도에 직접적으로 미치는 영향은 거의 없다. 다만, 경제적인 실질의 변동을 가져오는 원인행위가 발생하였으나 세수부족 등의 이유로 집행이 이루어지지 못한 경우 부채인식 회계처리가 발생할 수도 있다.

⑧ 예비비

정부의 세출예산은 아무리 정확하게 편성되고 의회의 심도 있는 심의와 의결을 거쳐서 확정된다고 할지라도 예산집행 과정에서 과부족이 발생하기 마련이다. 따라서 예비비는 ㉠ 긴급성 즉, 예산편성시 예측이 곤란한 긴급한 경비 소요와 ㉡ 불가피성 즉, 집행과정에서의 불가피한 초과지출 소요에 충당하기 위한 예비재원으로서 특성이 있는 경비이다. 이러한 예비비는 일반회계 예산총액의 1% 이내 금액을 세입세출예산에 편성할 수 있다. 예비비로 지출되는 경우에는 일반적인 세출집행과 동일하게 계정과목이 선택되기 때문에 예비비 제도가 복식부기·발생주의 회계제도에 직접적으로 미치는 영향은 없다. 또한, 예비비 제도는 국가회계와 지방회계가 거의 유사하지만, 지방자치단체의 경우 업무추진비·보조금(단, 긴급재해대책을 위한 보조금은 제외)에 대하여는 예비비를 계상할 수 없다(「지방재정법시행령」 제48조).

➡ 사용목적이 제한된 예비비인 목적예비비는 원칙적으로 인정하지 않지만, 예외적인 사항으로 예산총칙에서 이를 정한다면 인정하고 있으며, 이 경우에도 공무원의 보수 인상을 위한 인건비 충당과 관련해서는 예비비의 사용목적을 지정할 수 없다(「국가재정법」 제22조).

⑨ 추가경정예산(追加更正豫算; supplementary budget)

추가경정예산은 예산성립 후에 생긴 사유로 인하여 이미 성립된 예산에 변경을 가할 필요가 있을 때 의회에 제출하여 승인을 받는 것으로써 통상 증액·추가되는 것이 일반적이다. 예산이 예정적 계획의 산출이라는 점에서 실제 외부환경의 변화에 의하여 예산을 변경하는 점에서 그 타당성이 있다. 다만, 이를 느슨한 예산으로 요구하거나, 충분히 예측된 사항을 당해 중앙관서의 전체적인 예산한도액의 제한으로 우선 확보하기 어려운 부문(주로 소모성 경비)으로 편성한 후 다시 이를 확보하는 방편으로 이용되지 말아야 함에 주의하여야 한다. 「국가재정법」 제89조①에서는 추가경정예산을 편성할 수 있는 경우를 ㉠ 전쟁이나 대규모 재해가 발생한 경우, ㉡ 경기침체·대량실업·남북관계의 변화·경제협력과 같은 대내외 여건에 중대한 변화가 발생하였거나 발생할 우려가 있는 경우, ㉢ 법령에 따라 국가가 지급하여야 하는 지출이 발생하거나 증가하는 경우로 한정하고 있다.

한편, 추가경정예산에 비교되는 개념으로 당초의 예산을 본예산이라고 한다. 세입세출결산서상의 세입예산액 및 세출예산액에는 당초 본예산에 추가경정예산를 더하여 산출한다. 국가에서는 세계잉여금에서 「국가재정법」 제90조의 제2항 내지 제4항에서 규정하고 있는 금액(지방교부세 및 지방교육재정교부금 정산, 공적자금상환기금 출연, 국채 등의 국가채무 상환)을 제외하고 추가경정예산으로 편성하여 사용할 수 있다(「국가재정법」 제90조⑤). 그러나 「국가재정법」 제90조⑤는 세계잉여금의 일부를 추가경정예산으로 사용할 수 있다는 의미이지 세계잉여금의 범위 내로 추가경정예산의 재원을 한정한다는 의미는 아니다. 추가경정예산안을 통해 세입예산의 경정 또는 세출예산의 비목을 신설하거나 기존 비목의 금액을 변경할 수 있고 심지어 예산총칙 등도 수정할 수 있다(국회예산정책처, 2023). 따라서 추가경정예산 편성시 국채를 발행할 수도 있다. 다만, 정부는 국회에서 추가경정예산안이 확정되기 전에 이를 미리 배정하거나 집행할 수 없다(「국가재정법」 제89조②).

➡ 「국가재정법」 제89조②에서는 국회에서 추가경정예산안이 확정되기 전에 이를 배정·집행할 수 없다고 규정하고 있는 것에 비해, 「지방재정법」 제45조에서는 에서는 다음의 경비에 대해 추가경정예산의 성립 전에도 사용할 수 있다고 규정하고 있다. 다만, 이 경우 같은 회계연도의 차기 추가경정예산에 계상하여야 한다.

㉠ 광역의 경우 국가로부터, 기초의 경우 국가 또는 광역으로부터 그 용도가 지정되고 소요 전액이 교부된 경비

㉡ 광역의 경우 국가로부터, 기초의 경우 국가 또는 광역으로부터 재난구호 및 복구와 관련하여 복구계획이 확정·통보된 경우 그 소요 경비

➡ 참고로 2016년~2022년 추가경정예산안 규모 및 편성 내역은 다음과 같다(단위: 조원).

연도 차수	제출일 의결일	추경규모		편성내역	재원	
		정부안	국회확정			
2016년 제1회	7.26 9.2	11.0	10.9	•구조조정 지원(1.9) •일자리창출 및 민생안전(1.9) •지역경제 활성화(2.3) •지방재정 보강(3.7) •국가채무 상환(1.2)	세수실적 개선	9.8
					세계잉여금	1.2

연도 차수	제출일 의결일	추경규모		편성내역	재원	
		정부안	국회확정			
2017년 제1회	6.7 7.22	11.2	10.2	• 일자리 창출(4.2) • 일자리 여건 개선(1.2) • 일자리기반 서민생활 안정(2.3) • 지방재정 보강(3.5)	예상 초과세입	8.8
					세계잉여금	1.1
					기금 여유자금	1.3
2018년 제1회	4.6 5.21	3.9	3.8	• 청년 일자리 대책(2.9) • 구조조정지역·업종 대책(1.0)	세계잉여금	2.0
					한은잉여금	0.6
					기금 여유자금	1.3
2019년 제1회	4.25 8.2	6.7	5.8	• 미세먼지 대응 등 국민안전(2.2) • 경기회복·민생경제 지원(4.5)	세계잉여금	0.1
					한은잉여금	0.3
					특별회계 재원	0.4
					기금 재원	2.3
					국채 발행	3.6
2020년 제1회	3.4 3.17	8.5 (11.7)	10.9 (11.7)	• 감염병 대응체계 강화 등(2.3) • 중소기업·소상공인 회복지원(2.4) • 민생·고용안정 지원(3.0) • 지역경제 회복지원(0.8)	한은잉여금	0.7
					기금 여유자금	0.3
					기금 차입금	0.4
					국채 발행	10.3
					세입 결손	−3.2
2020년 제2회	4.16 4.30	4.0	8.0	• 긴급재난지원금 지원 사업(7.6) • 지출구조조정(−3.6)	기금 여유자금	1.2
					외평기금자산매입축소	2.8
2020년 제3회	6.3 7.3	23.9 (35.3)	23.7 (35.1)	• 금융지원 패키지(5.0) • 고용·사회안전망 확충 및 기타 경기보강 대책(18.9)	기금 재원	1.4
					국채 발행	23.8
					지출구조조정	10.1
					세입 결손	−11.4
2020년 제4회	9.11 9.22	7.8	7.8	• 소상공인 등 긴급 피해지원(3.8) • 긴급 고용안전 패키지(1.4) • 저소득층 긴급 생계지원(0.4) • 긴급돌봄 지원 등(2.2)	기금 차입금	0.3
					국채 발행	7.5
2021년 제1회	3.4 3.25	15.0	14.9	• 소상공인 등 긴급 피해지원(7.3) • 긴급 고용대책(2.5) • 고용취약계층 등 긴급피해지원(1.1) • 방역대책(4.1)	국채 발행	9.9
					세계잉여금	2.6
					한은잉여금	0.8
					기금재원 활용	1.7

<table>
<tr><th rowspan="2">연도
차수</th><th rowspan="2">제출일
의결일</th><th colspan="2">추경규모</th><th rowspan="2">편성내역</th><th colspan="2" rowspan="2">재원</th></tr>
<tr><th>정부안</th><th>국회확정</th></tr>
<tr><td rowspan="3">2021년
제2회</td><td rowspan="3">7.2
7.24</td><td rowspan="3">33.0</td><td rowspan="3">34.9</td><td rowspan="3">• 코로나19 피해지원(14.9)
• 백신·방역 보강(4.9)
• 고용 및 민생안정 지원(2.5)
• 지역경제 활성화(12.6)</td><td>초과세수</td><td>31.5</td></tr>
<tr><td>세계잉여금</td><td>1.7</td></tr>
<tr><td>기금재원 활용 등</td><td>1.7</td></tr>
<tr><td rowspan="3">2022년
제1회</td><td rowspan="3">1.24
2.21</td><td rowspan="3">14.0</td><td rowspan="3">16.9</td><td rowspan="3">• 소상공인(13.5)
• 백신·방역 보강(2.8)
• 예비비 보강(0.6)</td><td>국채 발행(초과세수)</td><td>11.3</td></tr>
<tr><td>공자기금 여유자금</td><td>2.7</td></tr>
<tr><td>특별회계 세계잉여금
및 기금 여유자금</td><td>2.9</td></tr>
<tr><td rowspan="3">2022년
제2회</td><td rowspan="3">5.13
5.29</td><td rowspan="3">59.4</td><td rowspan="3">62.0</td><td rowspan="3">• 소상공인·취약계층 지원(26.3)
• 방역 보강(6.0)
• 민생·물가안정(3.1)
• 예비비 보강(1.0)
• 법정 지방이전지출(23.0)</td><td>초과세수</td><td>44.3</td></tr>
<tr><td>지출구조조정</td><td>7.0</td></tr>
<tr><td>세계잉여금 및
기금 여유재원 등</td><td>8.1</td></tr>
</table>

(주1) 출처: 2023 대한민국 재정(국회예상정책처, 2023) 및 각 연도 추가경정예산안 관련 보도자료
(주2) 한국은행 잉여금(한은잉여금)은 한국은행의 당기순이익 중 법정적립금의 적립(30%) 및 기타 임의적립금 적립 후 정부에 세입으로 납부하는 잉여금을 의미함(「한국은행법」 제99조). 최근 정부세입 납부액은 추가경정예산의 재원으로 활용되기도 함

(5) 다양한 예산제도

현행 한국의 예산제도는 하나의 예산제도로 설명할 수 있는 것이 아니다. 품목별 예산제도, 성과주의 예산제도, 계획예산제도, 목표관리제도, 영기준 예산제도 등 그 동안 실무적으로 적용되었던 다양한 예산제도의 장점과 단점을 경험적으로 적절하게 반영한 결과라고 할 수 있다. 따라서 현행 예산제도를 이해하기 위해서는 이들 과거 예산제도의 경험에 대한 이해가 우선시 된다고 할 수 있겠다.

▶ 다양한 예산제도와 관련하여 품목별 예산제도부터 영기준 예산제도까지는 윤성식(2003) 및 강태혁(2010)을 참고하였으며, 발생주의 예산제도에 대해서는 윤재원(2011)을 참고하였다.

① 품목별 예산제도(Line-Item Budget)

품목별 예산제도는 지출 대상을 품목별로 분류하여 지출 대상과 그 한계를 명확히 규정하는 통제지향적 예산제도를 말한다. 즉 품목별 예산제도는 예산 계정을 정부의 개별적인 조직 또는 기능이나 사업에 사용되는 구체적인 지출 품목에 따라 분류하는 제도로, 예산에 대한 책임의 소재를 분명히 하고 예산집행시의 유용이나 부정을 방

지하기 위해 품목별로 예산액을 명시하고 그 집행을 결산으로 확인하는 제도다. 예를 들면, 지출 항목의 경우 인건비, 운영비, 이전지출, 자산취득 등 지출의 대상(objects)에 따라 분류된다. 지출 대상은 다시 품목으로 세분되는데, 인건비의 경우 세부적으로 보수, 상용임금, 연가보상비 등으로 구분된다. 품목별예산제도는 1900년 초반 탄생된 이후 많은 국가에서 가장 오랫동안 사용되어 왔다. 품목별 예산제도의 유용성은 다음과 같이 정리할 수 있다.

㉠ 예산책정 용도가 명료하기 때문에 집행결과에 대해 의회, 정부감사기관(감사원 등), 정부예산기관(기획재정부 등) 등의 통제가 용이하다.

㉡ 정부 각 부처가 구매하는 상품이나 서비스 가격의 표준화를 통해 조달·구매행정의 효율적 추진에 유리하다.

㉢ 특정 기능이나 사업과는 연계되지 않으므로 이익집단의 압력을 덜 받으면서 예산편성 또는 삭감이 가능하다.

㉣ 품목별 예산제도는 정부의 기능별, 집행부서별, 사업단위별 분류체계와 쉽게 결합하여 편제될 수 있어 지출통제의 목적으로 유용하게 활용될 수 있다.

그러나 품목별 예산제도는 예산이 추구하는 정책목적, 예산집행부서의 사업내용, 예산을 통해 달성하고자 하는 정책목표 등에 대한 정보가 반영되지 않으므로 성과나 정책의 분석·평가가 불가능하다는 단점이 있다. 더욱이 품목별예산은 지출용도별로 지출상한선이 설정되어 통제되기 때문에 행정부의 전문성과 환경변화에 시의적절한 예산집행 등 신축적인 재정운영을 저해한다는 단점이 있다.

② 성과주의 예산제도(Performance Budget)

성과주의 예산제도는 품목별 예산제도의 한계점을 극복하기 위한 예산제도 개혁의 산물이라고 할 수 있다. 성과주의 예산제도는 정부가 추진하는 사업단위로 예산을 편성하고 집행결과를 토대로 성과를 평가하도록 하되, 사업단위별 예산은 지출경비의 비목에 대한 통제 없이 총액으로 설정하여 구체적인 지출은 행정부의 재량에 의해 이루어지도록 하고, 행정부가 목표달성에 대한 책임을 지도록 하는 기본 시스템이라 할 수 있다. 이는 정부의 기능별·사업별·활동별로 예산을 분류한 후 세부 단위사업에 대한 업무측정단위를 설정하고, 이 업무측정단위별 단위원가를 적용하여 해당 단위사업에 대하여 예산을 편성한다. 성과주의 예산제도는 이론적으로 정부사업의 효율성(efficiency)을 제고하기 위해 고안된 훌륭한 장치라고 할 수 있었으나, 예산사업의 효과(effectiveness)를 실질적으로 측정하는 데는 한계를 가지고 있었다. 성과주의 예산제도는 1950년 미국의 예산회계절차법 제정을 통해 도입되었다가 1993년 GPRA법(정부성과및결과법)을 통해 재등장하였다.

③ 계획예산제도(PPBS; Planning Programming Budgeting System)

계획예산제도는 정부의 중장기 계획, 프로그램, 그리고 연도별 예산이 목적-수단의 관계를 형성하므로 예산사업에 대한 과학적인 분석이 필요하다는 점에 착안을 두고 개발된 예산제도로서 1960년대 미국의 국방부에서 시작되었다. 이는 중기계획에 의한 정책방향에 따라 구성된 프로그램체계에 맞추어 예산분류체제를 재편하는 방식으로서 기획과 예산이 서로 연계된 예산제도이다. 성과주의 예산제도가 특정 정책목적을 위해 추진되는 각각의 단위사업에 대한 원가정보 파악은 가능했으나 특정 정책에 대한 총체적인 원가정보는 체계적으로 제시하지 못했었다는 측면에서, 이에 계획예산제도는 한 단계 진보한 예산체계라고 할 수 있다. 그러나 심도 있는 계량적 분석이 요구되며, 대규모의 인력과 전문적 지식을 요구함에 따라 현실성이 부족하다는 단점이 있었다.

④ 목표관리제도(MBO; Management By Objectivities)

목표관리는 특정되고 제한된 목표의 달성을 위해 조직의 자원을 집중하기 위한 계획 및 점검 시스템을 말한다. 1970년대 미국연방정부의 OMB(Office of Management and Budget)는 목표에 의한 관리의 개발 및 사용을 강조하여 왔다. 이 개념은 기관의 계획, 예산 및 점검과정을 통합하는 것이다. MBO의 과정은 ㉠ 조직의 목표 및 성과측정을 선명히 정의, ㉡ 목표수립 회의, ㉢ 수립된 목표에 대한 수행성과의 환류(Feedback on performance against established milestones), ㉣ 목표의 재조명(Revision of Objectives), ㉤ 달성하기로 한 목표에 대한 결과의 정기적 재검토, ㉥ 차기계획의 최초 단계와 관련된 조직 성과의 전반적 재검토 등으로 구성된다. MBO는 그 자체를 예산제도라고 보기는 어렵고, 정부의 예산운영에 접목하여 재정의 효율성과 효과성을 향상시킬 수 있는 일종의 경영관리기법으로 보는 것이 적합하다.

⑤ 점증주의 예산제도(Incremental Budgeting)와 영기준 예산제도(ZBB; Zero Base Budgeting)

전통적으로 예산은 점증주의적 방식으로 편성되어 왔다. 점증주의 예산이란 전년도의 예산을 기초로 다음 연도의 예산을 편성하는 것을 말한다. 즉, 다음 연도 예산은 전년도부터 추진되어온 사업을 우선적으로 고려한 다음, 새로운 신규 사업을 추가적으로 검토하게 되고, 전년도부터 추진되어온 계속사업에 대한 예산액의 배분도 전년도의 예산배분액을 기초로 고려하게 된다. 점증주의 예산편성은 행정효율성을 높일 수 있다는 점에서 호응을 받고 있으나, 과거 답습적인 예산편성 행태가 타성화되어 합리성에 기초한 효율적 재원의 배분을 저해한다는 한계점을 안고 있다.

영기준 예산제도는 이러한 점증주의적 예산편성방식을 포기하고, 모든 예산사업을 대상으로 사업의 타당성부터 예산액 배분규모의 적정성을 총체적으로 재검토하는 예산편성방식이다. 따라서 영기준 예산제도는 정부예산의 외형적인 분류체제에 대한 변경을 가져오는 것은 아니며, 다만 예산편성과정에서 예산사업과 지출항목의 타당성을 근본적으로 재검토하기 위한 접근방식이라 할 수 있다. 영기준 예산제도는 1970년대 후반 미국 카터 정부에서 처음 적용되었다.

⑥ 발생주의 예산제도(Accrual Budgeting)

발생주의 예산(accrual budgeting)은 예산편성 과정에 발생주의 개념을 도입한 것으로 현금거래뿐만 아니라 경제적 실질의 변동까지 예산에 편성하고 결산하는 제도를 의미한다. 이는 발생주의 정부회계제도가 도입되면서 이를 예산편성에까지 확장하고자 하는 시도라고 할 수 있다. 다만, 어느 수준까지를 발생주의 예산편성이라고 해야 하는지에 대해서는 아직 학문적으로 널리 통용되는 일반적인 정의가 없어 먼저 그 의미를 명확히 하는 것이 필요하다. Lüder and Jones(2003)는 발생주의 예산의 개념을 발생주의 회계예측치가 예산과정에 사용되는 것으로 폭넓게 정의하고 있는 반면, Robinson(2009)은 행정부가 발생주의 회계예측 정보로 예산을 편성하고 의회가 이를 승인하는 제도로 한정하여 정의하고 있다.

전자의 경우 예산과정에서 발생주의 회계예측치가 의사결정과정에서 직·간접적으로 사용하기만 하면 발생주의 예산을 채택하고 있는 것으로 본다. 즉, 행정부가 발생주의 회계예측치를 산출하고 이를 예산수립과정에서 부분적으로 활용하기만 한다면, 최종적으로 현금주의 예산안을 편성하여 의회의 승인을 얻는다고 하더라도 발생주의 예산제도를 채택한 것으로 분류하는 것이다. 이는 발생주의 회계예측치를 예산결정에 있어 분석의 도구로 사용하는가에 초점을 맞추어 정의하는 것으로, 발생주의 예산제도는 발생주의 회계제도와 같이 의사결정에 유용한 정보를 제공하는 것을 주된 목적으로 한다. 이러한 관점에서 Lüder and Jones(2003)의 정의는 발생주의 정보제공 예산제도(accrual information informed budget)를 의미하는 것으로 볼 수 있다. 가장 단순하게는 재정정책수립에 도움을 줄 목적으로 발생주의 재정통계를 작성하는 수준으로 발생주의 예산제도를 적용할 수 있다. 이 경우에 정부가 편성하는 예산서와 특히 국회에 승인을 위해 작성하는 예산안은 현금기준에 따라 작성된다. 또는 특정 기관 또는 항목에 대하여만 발생기준의 예산을 수립하고, 정부 전체수준에서는 현금기준 예산을 편성하고 국회의 예산심의를 받는 경우도 이에 해당한다. 그러나 이는 현금주의 회계정보를 지배적으로 사용하는 과정에서 발생주의 회계정보를 보조적으로 사용한 것으로 발생주의 예산제도를 명시적으로 도입하였다고 평가하기는 어려울 것으로 판단된다.

이에 반해 후자의 경우는 발생주의 회계예측치를 예산과정에서 정보로 활용할 뿐 아니라 발생주의 회계예측치의 형태로 행정부의 예산서가 작성되고 국회의 예산승인(accrual appropriation)을 받는 경우에 발생주의 예산제도를 채택하는 것으로 해석한다. 즉, 발생주의 정보를 분석의 주된 도구로 활용할 뿐 아니라 발생주의 방식을 예산의 결정규칙으로 보는 견해이다. 이러한 관점에서 Robinson(2009)의 정의는 발생주의 예산승인제도(accrual budget and appropriation)로 재정의할 수 있다. 이 경우 중앙정부 전체와 각 부처별 예산은 발생주의 기준 회계예측치로 편성되고, 발생주의 예측재정운영표(Forecasted Operating Statement)와 예측재정상태표(Forecasted Balance Sheet) 등 예산재무제표가 작성된다. 또한 발생주의 총비용에 기초하여 국회에 예산안을 제출하여 승인받는다. 이 경우 총비용 항목에는 현금비용과 비현금비용이 모두 포함되며, 비현금비용이란 감가상각비, 연금충당부채전입액 등과 같이 당기에 현금유출이 발생하지 않는 발생비용을 말한다.

3. 재정개혁과 정부회계제도개혁의 배경 및 과정

(1) 주요 국가의 재정개혁과 정부회계제도개혁의 배경과 과정

미국, 영국, 뉴질랜드, 호주 등 많은 선진국들은 1970년대 이후 경제위기에 따른 세수입의 감소와 복지정책 확대 등으로 인한 정부지출 확대의 결과로 인해 심각한 재정적자와 외환위기 등과 같은 각종 외적인 충격을 복합적으로 경험하였다. 이에 따라 각 국가는 강력한 행정개혁을 요구받았으며, 그 중에서도 재정개혁(또는 예산개혁)이 핵심이었다. 정부의 재정제도를 행정개혁과 연계한 뉴질랜드와 호주는 물론 다른 선진국에서도 재정개혁은 행정개혁의 가장 중요한 수단이 되었다(윤성식, 1997). 이러한 재정개혁 중 중요한 부분이 바로 1980년대 후반 뉴질랜드를 필두로 하여 미국, 영국, 호주 등 국가에서 이루어진 정부회계제도개혁이었는데, 정부부문에 복식부기·발생주의 회계제도를 도입하는 것이었다.

정부회계제도개혁이 재정개혁의 일부분인 이유는 정부회계를 예산 및 재정과 분리하여 생각할 수 없었기 때문이다. 재원확충 방안이 국민들과의 비교환거래에서 발생하는 조세를 근거로 하고 있고, 조세의 규모는 정부의 세출예산 규모와 밀접하게 관련되므로(정책단위별 조세단가가 결정되는 것이 아니다) 세출에 대한 다양한 회계정보는 정책의사결정자나 국민들의 의사결정에 유용하게 활용된다. 특히, 정부의 자산 및 부채를 경제적 실질에 따라 평가하는 발생주의 회계정보는 재정관리 측면에서 더욱 의미가 부여되었다. 또한, 재정개혁에 필요한 성과평가를 위한 정보 산출이라는 측면에서도 정부회계제도개혁은 중요하게 여겨질 수밖에 없었다.

정부회계제도개혁의 성공 여부를 결정하는 요인은 충분한 정보의 제공과 이를 산출할 수 있는 정보시스템의 확충 여부에 달려 있다. 정부의 재정활동을 평가하는 국민들이나 정부내에서 정책의사결정에 수행하는 공무원들에게 필요한 각종 다양한 회계정보를 산출하기 위해서는 통제 목적의 예산 대비 결산이라는 단순한 개념 하에서의 정부회계제도로는 충분하지 않았다. 민간경영기법을 활용한 재정개혁을 단행했던 국가들이 민간기업에서 사용되어 온 복식부기·발생주의 회계제도를 도입한 것은 어찌 보면 당연한 일이었다. 이렇듯 각국의 정부회계제도개혁 과정을 살펴보면 이는 재정개혁의 중요한 과정으로 보조를 맞추어 왔다고 볼 수 있다.

미국연방정부는 재정개혁의 대표적 상징인 GPRA법의 제정과 동시에 회계, 감사, 내부통제에 대한 개혁도 꾸준히 단행하였는데, 1978년 Inspector General Act, 1982년 연방재무청렴법, 그리고 1990년 CFO(Chief Finance Officer)법 제정이 바로 그것이다. CFO법에 근거하여 연방정부회계기준자문위원회(FASAB)가 창설되었고 미국 연방정부회계기준(SFFAC, SFFAS)이 제정되었다. 이는 정부회계정보 권력에 대한 의회소속의 GAO와 행정부 소속의 OMB 간의 갈등 해소 과정의 산물이었다. 뉴질랜드의 경우에는 재정적자와 공공부채를 감소시키기 위하여 신뢰할 수 있는 재무정보가 절실히 요구되었는데, 기존 예산회계시스템은 이러한 요구에 충족할 수 없었다. 뉴질랜드의 정부회계에 대한 관심은 민간 회계전문가들의 주도적인 연구와 맞물려 전 세계적으로 유래가 없는 회계 중심의 개혁이 재정개혁을 이끌었다(윤성식, 2003).

(2) 한국의 재정개혁

한국의 중앙정부는 1990년대 말 외환위기 이후 국가재정의 효율적 운영과 관련하여 다양한 재정개혁 방안이 도입되었다. 특히, 정부가 재정정보에 대한 권력을 국민들에게 이전(power shift)하고 그 절차를 민주적으로 운영한다는 관점에서 재정개혁은 크게 ㉠ 중장기 국가재정운용계획의 수립, ㉡ 총액배분·자율편성 예산제도, ㉢ 성과관리제도, ㉣ 성인지 예·결산제도, ㉤ 프로그램예산제도의 도입 및 ㉥ 복식부기·발생주의 정부회계제도의 도입 등 6가지로 요약할 수 있다. 이들은 대부분 국가재정법 및 국가회계법의 제정으로 완성·정착되었다.

첫째, 중장기 국가재정운용계획의 수립은 그동안 재정의 운용이 단년도 위주로 이루어졌던 것에 비하여 5년 이상 재정수지·국가채무 등 총량목표와 구체적 재원배분 계획을 제시하고 이를 예산편성과 연계함으로써 중장기적 관점에서 국가재정을 운영할 수 있는 기틀을 마련하고자 한 제도이다. 이를 통해 단년도 재정활동의 한계를 해소하면서, 대내적으로 예산을 계획적·효율적으로 사용할 수 있는 기틀을 마련하고, 대외적으로 국민들에게 미래 예측이 가능한 정보를 제공할 수 있게 되었다. 「국가재정법」 제7조에 규정되어 있다.

둘째, 총액배분·자율편성 예산제도(Top-Down 예산제도)의 도입은 지출 총액과 분야별·중앙관서별 지출한도를 미리 정하고 이에 근거하여 사업별로 예산액을 배분하며, 정책과 우선순위에 입각한 전략적 재원배분에 초점을 맞출 수 있도록 하는 제도이다. 예산편성에 대한 권한을 기획재정부에서 정책을 수행하는 각 중앙관서의 집행 부서로 분산시키는 민주적 절차의 의의를 포함하고 있다. 「국가재정법」 제29조~제32조 및 제37조에 규정되어 있다.

셋째, 성과관리제도는 그동안 국가재정이 투입 위주로 운영되어 예산낭비, 재정의 효율성 저하, 환류 미흡의 문제점이 발생하는 등 예산집행의 목적인 성과를 관리하지 못하는 한계를 극복하기 위하여 도입된 제도이다. 재정운용체계를 투입중심에서 결과(성과)중심으로 전환하여 재정의 책임성과 효율성 제고를 목적으로 한다. 재정사업별로 성과목표를 설정하여 예산을 배분·집행하고 사후에 달성 여부를 측정·평가하여 재정운영에 환류하는 것을 의미한다. 「국가재정법」 제85조의2~제85조의12에 규정되어 있다.

넷째, 성인지(性認知) 예·결산제도란 예산이 여성과 남성에게 미칠 영향을 미리 분석하여 이를 예산편성에 반영·집행하고, 여성과 남성이 동등하게 예산의 수혜를 받고 예산이 성차별을 개선하는 방법으로 집행되었는지를 평가하는 제도를 말한다. 「국가재정법」 제26조 및 제57조에 규정되어 있다.

다섯째, 프로그램예산제도는 기존의 품목별 예산체계는 비목별 예산통제에는 적합하지만, 정책사업별 관리가 완전하게 이루어지지 아니함에 따라 성과관리 및 재정의 책임성 확보를 위하여 도입한 제도이다. 프로그램이란 동일한 정책을 수행하는 단위사업의 묶음으로서 '분야–부문–프로그램(정책사업)–단위사업–세부사업'의 체계를 가진다. 프로그램은 ㉠ 국가재정운용계획 수립시 분야·부문별 재원배분 방향 및 한도결정의 기준단위이며, ㉡ 총액배분·자율편성 예산편성시 중앙관서별 지출한도 설정을 위한 기획재정부와 각 중앙관서 간 협의·조정의 기준(프로그램 단위로 협의 조정하고 단위사업은 중앙관서 자율 관리)이자, ㉢ 각 중앙관서 예산집행상황 모니터링 및 성과관리의 기본 단위이고, ㉣ 예산서 및 결산서상 예산운용 계획 및 집행결과 보고의 핵심단위의 역할을 한다. 그러나 무엇보다도 프로그램(정책사업)별 예산을 편성하고 회계정보를 제공하게 되면, 정보이용자인 국민들이 정부가 무슨 정책을 수행하고 있는지 쉽게 파악할 수 있다는 측면이 가장 중요하다고 볼 수 있다. 프로그램예산제도는 「국가재정법」에는 명시적으로 규정하고 있지 아니하나, 현재 중앙정부의 예산안은 프로그램예산체계로 편성되어 있고 국회는 이 예산안을 승인하고 있으므로 일정 부분 법적인 효과를 가지고 있다고 볼 수 있다.

상기 재정개혁 관련 제도 중에서 프로그램예산제도의 도입은 복식부기·발생주의 정부회계제도에 가장 직접적인 영향을 미쳤으며(특히, 원가정보 관련), 성과관리제도는 현재 정부회계제도에 미치는 영향은 거의 없으나 향후 재무정보를 활용한 성과지표 개발이 이루어지게 되면 상당한 영향을 미칠 것으로 예상한다. 중장기 국가재정운용계획 수립, 총액배분·자율편성 예산제도, 성인지 예·결산제도는 복식부기·발생주의 정부회계제도에 직접적으로 영향을 미치는 제도는 아니지만, 예산과 결산을 포함하는 광의의 정부회계제도 관점에서 중요한 의미를 가질 수 있다. 복식부기·발생주의 정부회계제도를 위해 「국가회계법」이 2007년 제정되었다.

한편, 한국 지방정부도 중앙정부의 재정개혁과 유사한 제도가 도입되었다. 중기지방재정계획 수립(「지방재정법」 제33조), 성과중심 지방재정 운용(「지방재정법」 제5조), 성인지 예·결산제도(「지방재정법」 제36조의2), 사업예산제도의 도입(「지방재정법」 제41조에 규정되어 있는데, 중앙정부의 프로그램예산제도와 유사한 것으로 「지방재정법」에서는 이를 규정하고 있다), 복식부기·발생주의 정부회계제도의 도입(「지방회계법」 제12조) 등이 그것이다. 세부적인 내용에 있어서는 앞서 언급한 중앙정부에서 도입된 제도와 일부 상이한 부분은 있지만, 도입 취지는 동일하기 때문에 별도의 설명은 생략한다.

(3) 한국의 중앙정부 정부회계제도개혁의 배경과 과정

한국 중앙정부의 정부회계제도개혁이 본격적으로 공론화된 것은 1997년 외환위기를 극복하기 위한 정부의 재정개혁에서 비롯되었다. 그 핵심은 「국가재정법」, 「국가회계법」, 「국가회계기준에 관한 규칙」(국가회계기준) 제정으로 대변되는 제도의 정비와 이를 뒷받침할 수 있는 예산·회계시스템의 구축이었다.

1997년 외환위기 이후 1998년 5월 정부는 복식부기·발생주의 정부회계의 도입방침을 공식적으로 발표하였다. 곧이어 1998년 6월 기획예산위원회에서 복식부기 회계제도 도입을 국정과제로 확정하였고, 이어 '재정관리제도 혁신방안'이 발표되었다. 이후 舊재정경제부에서 2003년까지 정부회계에 복식부기·발생주의 회계제도를 확대 도입하겠다는 '정부회계제도 개편방향'이 마련되었다. 그러나 행정부 내부에서 제도의 정비 및 관련 시스템의 구축 등에 예상외로 많은 시간이 소요되었다. 노무현 정부인 2003년에 다시 정부혁신·지방분권위원회가 주도적으로 복식부기·발생주의 정부회계제도의 개혁을 주요 개혁과제의 하나로 삼아 추진하게 되었고, 舊재정경제부·

舊기획예산처·감사원 등 범(凡)정부가 적극적으로 참여하여 「국가재정법」(2006년) 및 「국가회계법」(2007년)의 제정, 「국가회계기준」(공식명칭은 「국가회계기준에 관한 규칙」임)의 마련(2009년) 및 디지털예산·회계시스템의 구축(2007년) 성과를 이루게 되었다. 이에 따라 한국의 중앙정부는 2009년부터 복식부기·발생주의 정부회계제도를 전면 도입하기에 이르렀다(다만, 실무적으로 2년간 유예되어 중앙관서 및 국가통합 재무제표는 2011회계연도부터 국회에 제출되었다).

한국 중앙정부의 복식부기·발생주의 정부회계제도의 법적 근간은 「국가재정법」과 「국가회계법」이다. 「국가재정법」은 과거 「예산회계법」과 「기금관리기본법」을 통합한 것으로 재정개혁을 반영한 국가재정운용의 새로운 틀을 마련하고, 재정의 효율성, 투명성 및 건전성을 확보하는 것을 목적으로 하면서 2006년에 제정되었다. 「국가회계법」은 국가회계의 투명성과 신뢰성을 높이고 재정에 관한 유용한 정보를 생산·제공하기 위하여 중앙관서 등에 복식부기 및 발생주의 기반의 회계방식을 도입하는 근거를 마련하고, 이와 관계되는 국가회계기준과 결산보고서의 작성 등에 관한 사항을 정하는 것을 목적으로 하면서 2007년에 제정되었다. 「국가재정법」이 예산편성, 집행, 결산절차 등 한국 중앙정부의 정부회계제도의 근간이라고 한다면, 「국가회계법」은 복식부기·발생주의 국가재무제표 작성을 포함한 결산보고서 작성의 근간이라 할 수 있다. 즉, 「국가재정법」과 「국가회계법」의 제정을 통해 한국 중앙정부의 정부회계제도에 관한 법체계가 완성되었다고 볼 수 있다. 한편, 국가재무제표의 작성 기준이 되는 「국가회계기준에 관한 규칙」(일명 「국가회계기준」)은 「국가회계법」의 부령(시행규칙)인 체계를 가진다.

한국의 중앙정부는 관련되는 법령을 정비한 후, 복식부기·발생주의 정부회계제도의 원활한 실행을 위하여 다음 사항을 중점적으로 추진하였다.

우선, 「국가회계기준」에 성과중심 재정체제에 부합될 수 있도록 하는 사항을 반영하였다. 이에 따라 발생주의 정부회계가 성과중심 재정운영을 지원할 수 있도록 프로그램예산제도 등 다른 재정혁신과제 도입과 연계하는 「국가회계기준」 및 세부 지침의 체계를 완성하였다. 한국 중앙정부가 산출하는 재정운영표에는 프로그램원가정보가 포함되어 있으며, 각 프로그램(정책사업)별로 실제 원가에 근접할 수 있도록 하는 원가관리체계를 바탕으로 하고 있다. 프로그램원가는 성과관리의 핵심지표가 될 수 있으며, 정책사업별로 비용절감 등 국가재원의 효율적 배분 및 관리에 중요한 정보로 활용될 수 있는 장점이 있다.

둘째, 발생주의·복식부기 국가회계제도를 실무적으로 원활하게 적용할 수 있도록 재무계정과목을 체계적으로 정비하고 정보관리항목을 표준화하였으며, 디지털예산·회계시스템을 통하여 단식부기 예산집행 내역이 복식부기 방식으로 자동 회계처리될 수 있는 자동분개시스템을 갖추었다. 발생주의·복식부기 국가회계제도의 가장 큰 목적 중의 하나가 유용하고 다양한 정부회계정보를 산출하는 것이므로 이에 부합될 수 있도록 계정과목별로 다양한 정보를 관리할 수 있는 체계를 구축할 필요가 있었는데, 계정과목별 관리항목의 표준화 방식으로 접근하였다. 또한, 기존의 단식부기 회계제도에 익숙한 현업 공무원들의 부담과 회계처리 과정의 오류를 최소화하기 위하여 기존 방식으로 예산을 집행하면 복식부기 회계처리는 자동으로 이루어질 수 있도록 하는 설계방안을 시스템으로 구현하였다.

마지막으로 다양한 국가의 자산 및 부채의 현실성 있는 평가를 위하여 자산 및 부채 과목별로 특수성을 감안한 평가체계를 구축하였다. 일반기업에는 없는 사회기반시설, 국고금, 융자금, 국채, 연금충당부채 등에 대해서 평가기준을 마련하였다. 추가로 이러한 발생주의 방식에 의한 감가상각비 산출, 사용수익권의 평가, 외화평가, 융자보조원가충당금의 평가, 미수수익·미지급비용 인식 등 결산조정분개의 상당 부분과 회계·기금간 및 중앙관서간 내부거래제거 역시 시스템에서 최대한 자동계산 되어 회계처리까지 자동으로 이루어질 수 있도록 하여 현업 공무원들의 부담과 평가의 오류를 최소화하였다.

이와 같은 철저한 후속작업을 통해 한국 중앙정부의 정부회계제도는 안정적으로 정착하기에 이르렀고, 2011회계연도부터 처음으로 중앙관서재무제표와 국가(통합)재무제표가 감사원의 결산검사를 거쳐 국회에 제출되었고, 현재까지 지속되고 있다.

이하 본서에서는 한국 중앙정부 정부회계제도를 '국가회계제도'라고 한다.

(4) 한국의 지방정부 회계제도개혁의 배경과 과정

한국에서는 중앙정부보다 지방정부에서 먼저 실질적으로 복식부기·발생주의 회계제도를 도입하는 준비를 진행하였다. 경제정의실천연합 등 시민단체들이 지방자치단체에 대해 발생주의 회계제도를 채택하여야 한다는 강력한 요구를 하였고, 이에 따라 舊행정자치부의 주도하에 몇몇 지방자치단체에서 먼저 시범적으로 도입하여 점차 그 대상을 넓혀 갔다. 1999년 최초로 선정된 지방자치단체는 서울시 강남구와 경기도 부천시였다. 곧이어 舊행정자치부 주관으로 '지방자치단체회계기준 시안'에 대해 전문가자문 작업이 이루어졌고, 이어서 공청회를 거쳐 2000년 7월 확정하여 발표하였다(편호범, 2010).

지방정부(지방자치단체)의 회계제도개혁의 과정에서는 무엇보다 중요한 부분이 舊행정자치부와 각 지방자치단체 간의 역할의 분담이었다. 우선 당시 舊행정자치부는 복식부기 관련 각종 제도를 추진하였다. 여기에는 회계기준, 회계처리지침 및 재무제표검토기준의 제정이 포함되었다. 또한, 복식부기·발생주의 회계 업무의 원활한 수행을 위한 업무지원이 이루어졌는데, 재정정보관리시스템(e-호조)의 개발, 각 지방자치단체에 대한 실무적인 질의응답, 복식부기담당자·간부공무원·지방의회의원에 대한 교육, 지역별 네트워크를 구성하여 복식부기 업무의 원활한 추진 등을 지원하였다. 반면, 지방자치단체에서는 복식부기 실무업무의 수행을 위하여 기초 자산·부채의 실사 및 평가를 통한 기초재정상태보고서의 작성, 세입부서 및 재산부서와의 연계를 통한 일상적인 회계처리 업무수행, 결산작업을 통한 재무제표 산출 등을 수행하였다. 또한, 소관 자치단체의 각 부서 직원에 대한 복식부기 교육과 관련 도서를 발행하는 역할을 담당하였다. 이렇게 舊행정자치부와 각 지방자치단체 간 원활한 관계를 기반으로 모든 지방자치단체에서 2007회계연도에 대한 재무보고서가 처음 산출되었고, 현재와 같이 정착되기에 이르렀다.

이하 본서에서는 한국 지방정부(지방자치단체) 정부회계제도를 '지방회계제도'라고 한다.

제 2 절 정부회계의 개요

1. 회계의 개요

(1) 회계와 회계정보

회계(會計; accounting)란 회계정보이용자의 의사결정 대상이 되는 경제적 실체(economic entity)의 재무상태와 재무성과를 측정하여 보고하기 위해 고안된 정보생산체계(information generating system)를 말한다(정운오 외, 2009). 회계는 단순히 자원의 획득, 사용, 배분에 대한 기록과정(bookkeeping process; 부기)이라는 과거의 개념에서 발전되어 현재는 의사결정에 유용한 정보의 산출이라는 부가가치가 부여된 체계로 인식되는 것이 일반적이다. 회계정보는 한정된 경제적 자원을 효율적으로 배분할 수 있도록 하는 기능을 수행하며, 정보이용자들이 합리적으로 경제적 의사결정을 할 수 있도록 한다(박상임·허웅, 2007).

➡ 일반적으로 부기(bookkeeping)와 회계(accounting)가 혼용해서 사용되는 경우가 많은데, 부기가 수치로 표현되는 자료를 생산하는 과정이라고 한다면, 회계는 그 자료 중 유용하고 목적적합한 자료를 정보로 승화시키는 하나의 체계라고 볼 수 있다. 부기와 회계는 경제적 자원을 측정하고 기록하여 산출한다는 측면에서는 동일한 개념일 수 있으나, 회계는 여기에 정보이용자의 의사결정에 유용하다는 부가가치 개념이 포함된 것이다. Shyam Sunder(1997)는 부기는 절차적이고 기계적인 것인 반면, 회계는 판단적이고 재량적인 것으로 보고 있다.

유용한 회계정보는 정보이용자의 의사결정과정에 유용하다는 것을 의미한다. 정보이용자는 경제적 실체의 외부정보이용자와 내부정보이용자로 구분되는데, 외부정보이용자는 해당 실체에 대한 경제적 자원의 유입대상(투자자, 채권자, 조세부담자 등), 유출대상(거래당사자 등), 외부규제기관(과세당국(정부) 등) 등을 말한다. 이들은 해당 경제적 실체가 재무정보를 얼마나 신뢰성 있고 유용하게 제시하여 동 실체에 대한 정확한 판단을 내리게 할 수 있는가에 관심을 가진다. 반면, 내부정보이용자는 경제적 실체의 경영자, 관리자 또는 직원 등으로서 경제적 실체가 자원의 배분을 효과적·효율적으로 수행할 수 있는가와 실체 구성원의 성과평가에 주목한다. 회계정보는 모든 정보이용자의 의사결정에 유용해야 하는 이유가 여기에 있다.

- 회계정보의 유용성은 가장 중요한 회계정보의 질적 특성으로서 목적적합성(relevance)과 신뢰성(reliability)이 있다. 목적적합성이란 의사결정을 함에 있어서 이와 같은 정보가 없는 경우와 비교하여 보다 유리한 차이를 낼 수 있다는 것을 의미하는데, 목적적합한 정보는 예측가치, 피드백가치, 적시성이 있는 정보를 의미한다(박상임·허웅, 2007). 신뢰성이란 정보가 합리적으로 오류(error)와 편의(bias)가 없으며, 표현하고자 의도하는 것을 충실하게 표현하고 있다는 것을 확신하는 정보의 특성을 의미한다(정종암, 2000).

- 외부정보이용자의 정보수요를 충족시키는 회계를 재무회계(financial accounting)라 하며, 내부정보이용자의 정보수요를 충족시키는 회계를 관리회계(managerial accounting)라 한다.

구체적으로 회계정보는 경제적 실체의 재무상태와 재무성과 등 수치화된 재무정보를 의미하는데, 크게 저량정보(stocks)와 유량정보(flows)로 구분된다. 경제적 실체가 보유하고 있는 자산(assets)의 현황, 미래 경제적 자원의 유출을 인식하는 부채(liabilities)의 규모 및 이에 따른 자본(equity) 또는 순자산(net assets)의 가치에 대한 정보는 저량정보로서 특정 시점의 회계정보를 의미한다. 일반적으로 회계연도말 현재의 잔액을 저량정보라고 보면 된다. 이에 비해 일정한 회계기간 동안의 재무성과 및 자원의 흐름에 대한 정보는 유량정보로 분류되는데, 수익과 비용에 대한 정보를 의미한다(따라서 세입·수입 또는 세출·지출 정보도 유량정보에 해당된다). 유량정보는 시작과 끝이 있는 기간을 전제로 하는 회계정보이다. 저량정보 또는 유량정보는 모두 측정가능하다는 것을 전제로 하여 산출되는 정보로서, 만약 측정이 불가능하거나 측정가능시점 이전에 발생한 사건에 대한 정보는 회계정보로 보지 않는다.

(2) 회계의 기록방법과 인식방법에 의한 분류

회계는 기록방식에 따라 단식부기(single entry bookkeeping)와 복식부기(double entry bookkeeping)로 구분되며, 회계사건의 인식방법에 따라 현금주의(cash basis)와 발생주의(accrual basis)로 구분된다. 이들에 대한 구분은 독립적이므로 이론적으로는 어떠한 조합도 가능하지만 일반적으로 단식부기·현금주의 회계와 복식부기·발생주의 회계로 조합이 이루어진다.

단식부기는 회계사건의 결과만을 표기하는 방법이다. 현금주의는 현금의 수입 시점과 지출 시점에만 회계처리를 하므로 현금거래가 없는 회계사건은 회계처리를 하지 않는다(따라서 현금의 흐름이 없는 자산·부채의 평가는 현금주의하에서의 회계사건이 아니다). 즉, 단식부기·현금주의 회계는 현금흐름이 발생하는 회계사건만을 기록하며,

현금의 증감만을 회계사건의 결과로 보는 방식을 말한다. 단식부기·현금주의 회계는 회계에 대한 전문적인 지식이 없더라도 이해가 쉽고, 무엇보다도 확실한 측정이 가능하며, 현금의 흐름에 대한 통제가 명확하다는 장점이 있다.

그러나 단식부기·현금주의 회계는 현금흐름 및 현금잔액에 대한 정보를 제외하고 경제적 실체의 자원배분 및 평가와 관련한 정보의 산출 측면에서는 한계를 가진다. 즉, 이론적으로 현금을 제외한 자산, 각종 부채 및 순자산에 대한 회계정보의 유기적인 산출이 어렵다. 또한, 현금흐름이 없는 권리·의무의 변동 및 실질적 경제적 가치의 변동 등에 대해서도 측정이 곤란하다. 이로 인해 다수의 정보이용자가 존재하는 경제적 실체에 적용하는데 한계를 가질 수밖에 없어 영리기업에서는 오래전부터 이 회계제도를 사용하지 않았다. 이에 비해 정부부문에서는 현금흐름 위주의 예산통제 특성에 따라 대부분 국가에서 사용하여 왔으나, 다양한 회계정보 제공의 제한, 특히, 세대별 정책효과 및 재원조달의 부담과 관련한 회계정보가 산출되지 못하는 한계가 심각하게 제기되었다.

복식부기는 회계사건의 원인과 결과를 차변(debit entry)과 대변(credit entry)에 동시에 기록하는 방식을 말한다. 이중기록 방식은 현금외 다른 자산의 인식 및 미래 경제적 자원의 유출을 의미하는 부채에 대한 관리가 가능하도록 하는 기본 틀을 마련하게 한다. 또한, 저량정보와 유량정보가 밀접하게 연계되는 과정을 나타낼 수 있어 다양한 회계정보의 산출이 가능하도록 하며, 대차평균원리에 따라 차변과 대변이 항상 동일하므로 거래기록 및 관리의 정확성을 높일 수 있다. 무엇보다도 현금 수입의 원인을 현재의 재원인 수익의 발생(현재세대 효과), 과거의 재원인 자산의 감소(과거세대 효과), 미래의 재원인 부채의 증가(미래세대 효과)로 구분할 수 있게 하며, 현금 지출의 원인 역시 현재 효익을 위한 비용의 발생(현재세대 효과), 미래 효익을 위한 자산의 증가(미래세대 효과), 과거 효익을 위한 부채의 감소(과거세대 효과)로 구분할 수 있도록 한다.

발생주의는 현금의 변동 외에 권리·의무의 변동을 포함한 경제적 실질이 변동하는 시점부터 회계사건으로 인식하여 회계처리를 하는 방식을 말한다. 이에 따라 현금의 유·출입이 없더라도 자산·부채에 대한 평가 등 경제적 자원의 변동이 발생한다면 회계처리가 이루어지는데, 이는 복식부기를 통해 나타나는 저량정보인 자산 및 부채의 개념을 전제로 한다. 발생주의 회계는 경제적 자원의 변동을 수익·비용의 발생, 자산의 증가·감소, 부채의 증가·감소 및 자본(순자산)의 증가·감소를 기본으로 한다. 현금주의 회계보다 복잡하지만 그만큼 많은 회계정보를 적시에 산출할 수 있는 장점이 있으며, 복식부기 방식과 조합되어 최적 효과가 나타나게 된다.

다만, 복식부기·발생주의 회계는 단식부기·현금주의 회계에 비해 복잡한 회계처리 과정으로 인한 제반 비용이 많이 소요되며, 정교한 회계정보시스템 및 숙련된 전문가가 필요하고, 복잡한 회계처리를 규정할 수 있는 회계기준(GAAP; Generally Accepted Accounting Principles)이 요구된다는 단점이 있다. 그럼에도 불구하고 이를 적용하는 이유는 다수 정보이용자들에게 충분한 회계정보를 적시에 제공하고, 복잡한 거래환경하에서 경제적 실질을 반영할 수 있는 장점이 있기 때문이라 할 수 있다. 복식부기·발생주의에 의한 다양한 회계정보는 기본적으로 재무상태표(정부회계에서는 재정상태표라고 한다)와 손익계산서(정부회계에서는 재정운영표라고 한다) 등의 재무제표를 통해 산출된다.

단식부기	복식부기
• 수입지출 사실만을 기록 (현금거래의 결과만 기록) – 자산·부채는 별도로 기록 – 연계정보 불일치 가능성 존재 – 세대간 정책효과, 재원조달 정보 제공에 한계가 있음 • 기록 과정에 어려움 적음	• 수입지출을 자산·부채·수익·비용과 연계 (현금거래의 결과와 원인을 동시에 기록) – 자산·부채의 변동을 동시 기록 – 대차평균원리에 따라 자동검증 – 재무제표 간 연계정보 일치 – 세대간 정책효과 및 재원조달 부담 정보 제공 • 기록 과정에 전문적인 지식 필요
현금주의	**발생주의**
• 현금출납시점에 기록 – 현금의 출납이 있어야 기록 – 취득원가로 기록 후 가액 불변 • 경제적 사건이 발생되어도 현금출납이 있어야 기록하므로 의사결정에 필요한 정보가 필요시점보다 늦게 산출 • 거래를 이해하는데 어려움 없음	• 거래 또는 사건의 발생시점에 기록 – 현금출납이 없어도 거래발생시 기록 – 경제적 실질 가치로 자산·부채 표시 • 경제적 실질이 변동할 때마다 회계처리를 수행하게 되므로 의사결정에 필요한 정보가 적시에 산출될 수 있음 • 거래를 이해하는데 전문적인 지식이 필요

(3) 복식부기·발생주의 정부회계제도 도입의 의미

단식부기·현금주의 정부회계제도는 현금의 유출입에 따라 세입(歲入)과 세출(歲出)을 나열하여 기록·보고하는 제도를 말한다. 한국 중앙정부의 경우 2010회계연도까지 일반회계·기타특별회계 결산서는 이 체계에 따라 작성되었다. 한국 지방정부의 경우 2006회계연도까지 결산서가 이에 해당한다(한국에서는 자치단체별로 1999년 이후 단계적으로 복식부기·발생주의 정부회계제도를 시범 적용하였고 2007년에 전면 시행되었다). 단식부기·현금주의 정부회계제도는 현행 한국의 예산제도와 같은 구조로 되어 있어 예산과 결산의 비교가 용이하고, 회계정보에 대한 이해가 쉬우며, 예산통제의 관점에서 그 의의를 찾을 수 있었다.

▶ 한국 중앙정부의 기업특별회계와 기금은 그 이전부터 「정부기업예산법(舊기업예산회계법)」, 「국가재정법(국가재정법 중 舊기금관리기본법 부분)」 등에 의해 복식부기·발생주의 회계처리 및 보고가 이루어져 왔는데, 이는 기업특별회계와 기금은 사업의 형태가 일반기업과 유사하였기 때문이다(물론 기업특별회계와 기금도 단식부기·현금주의 세입(수입)결산서와 세출(지출)결산서를 작성하기는 한다). 따라서 순수 단식부기·현금주의 회계는 일반회계와 기타특별회계에만 적용되었다고 볼 수 있다.

그러나 단식부기·현금주의 체계하에서는 정부의 재산·채무인 국가(미수)채권, 국(공)유재산, 물품, 채무의 현황이 세입세출결산과 연계되지 않고 별도의 법령(「국가채권관리법」, 「국유재산법」, 「물품관리법」, 「공유재산 및 물품 관리법」 등)에 따라 작성되었다. 재산 및 채무의 인식시점, 인식방법 및 평가방법 등은 각 법에서 규정되어 있는 바에 따라 이루어져 왔기 때문에 세입세출결산 과정과 직접적으로 연계되지 않았다. 법에 규정된 기준을 충족해야 재산 및 채무로 인식하였으므로 경제적 실질이 반영된 자산 및 부채라고는 할 수 없었으며, 개별 보고서별로 분산되어 있었기 때문에 통합단위(중앙관서단위, 국가통합단위, 자치단체단위)의 전체 내역을 파악하기도 어려웠다.

모든 현금유입을 세입으로 처리하였으므로 현재의 재원을 근간으로 하는 수익의 발생인지, 미래의 재원을 근간으로 하는(미래 자원의 유출이 예상되는) 부채의 발생인지, 과거의 재원을 근간으로 하는(과거의 자원으로 취득한) 자산의 감소인지 파악하기 어려웠다. 모든 현금유출을 세출로 처리하였으므로 현재의 효익과 관련되는(현재시점에 효익을 소비한) 비용의 발생인지, 미래의 효익과 관련되는(미래시점에 효익을 소비할) 자산의 증가인지, 과거의 효익과 관련되는(과거시점에 효익을 소비한) 부채의 감소인지 파악하기 어려웠다. 이는 세대간 연속성을 가정할 경우 그 효과와 부담이 어느 세대와 관련되는 것인지에 대한 정보의 산출은 거의 없었다는 것을 의미한다.

또한, 현금주의 예산통제 관점에서 회계정보를 산출하다 보니 실제 국민이 인식하는 정책효과 관점이 아닌 정부의 정책수행에 따른 자원의 사용(예산집행)에 초점이 맞춰질 수밖에 없었다. 정부의 자원 소비액과 국민의 효용 증가분은 일치하기도 하지만, 반대로 일치하지 않는 상황도 빈번하게 발생하는데 현금주의 회계정보는 국민의 입장이 아닌 정부의 입장에서만 회계정보를 산출하는 한계가 존재한다.

복식부기·발생주의 정부회계제도의 도입은 정부의 자산·부채·수익·비용에 관한 회계정보가 재무제표를 통해 체계적이고 종합적으로 제시될 수 있도록 하였다. 우선 현금의 유입은 수익의 발생, 자산의 감소, 부채의 증가로 구분되었고, 현금의 유출은 비용의 발생, 자산의 증가, 부채의 감소로 구분되었다. 이는 현금의 유입을 현재세대로부터 징수하는 조세로 인한 것인지, 미래세대로부터 당겨 사용하는 부채로 인한 것인지, 과거세대가 취득한 자산을 처분한 것인지 파악할 수 있게 되었다. 또한, 현금의 유출이 현재세대를 위한 정부자원의 소비(비용 또는 원가)인지, 미래세대를 위한 자산의 취득인지, 과거세대가 발생시킨 부채를 갚아가는 과정인지 파악할 수 있게 되었다.

현금의 유출입이 없더라도 경제적 자원의 변동이 발생할 경우에 자산 및 부채로 인식할 수 있게 되었으며, 실질적인 공정가액 평가가 이루어질 수 있게 되었다. 예를 들어 장기계속공사의 경우 공사비가 지출(또는 발생)될 때마다 자산으로 기록되며(건설중인자산 등), 유가증권·유형자산·채권·충당부채 등과 관련해서는 실제 현금의 흐름이 발생하지 않더라도 경제적 가치의 변동이 발생하는 경우 이를 적시에 인식할 수 있다. 또한, 수익·비용·자산·부채의 인식과 평가는 정부의 정책수행을 정부의 관점이 아닌 국민이 체감할 수 있는 관점의 정보로 변환하는 계기도 되었다. 예를 들어 정부가 국민에게 낮은 이자의 정책자금(융자금)을 지원하는 정책의 경우 정부는 지출된 융자금 전액을 국민을 위해 사용했다고 주장하지만, 융자금이라는 것은 나중에 회수되어야 하는 것으로 융자금 자체가 국민에게 정책의 혜택이 돌아갔다고는 볼 수 없다. 오히려 국민들이 느끼는 실질적인 정책의 혜택은 시장이자율과 낮은 정책이자율의 차이인 것이며, 이는 발생주의 자산 평가와 밀접하게 관련된다.

➡ 정보이용자 관점에서 보면, 단식부기·현금주의 정부회계제도는 정보이용자를 주로 정부로 보는 경향이 있는 반면, 복식부기·발생주의 정부회계제도는 정보이용자를 정부는 물론이고 국민들까지 확장하게 된다.

제도적인 측면에서도 정책사업에 집행된 원가(비용)는 정책사업별로 집계되어 성과평가 및 향후 피드백을 대비한 회계정보의 산출도 가능하게 되었다. 게다가 과거에는 회계정보가 회계·기금별로 집계되어 전체를 파악하기 어려웠으나 중앙관서단위 또는 국가단위 및 자치단체단위로 회계정보가 집계되어 제공될 수 있는 기반도 마련되었다. 과거에는 「국가재정법」, 「국유재산법」, 「정부기업예산법」(이상 국가회계), 「지방재정법」, 「공유재산 및 물품 관리법」(이상 지방회계) 등 다양한 법에서 관리되었던 결산서류가 국가회계 또는 지방회계라는 각각 하나의 체계에서 관리될 수 있게 된 것도 이러한 영향이라 할 수 있다.

물론 복식부기·발생주의 정부회계제도는 회계정보의 산출과정에서 많은 비용이 수반되며, 불명확한 추정방법으로 인해 오히려 왜곡된 정보가 산출될 수 있는 가능성도 없지 않다. 그럼에도 불구하고 복식부기·발생주의 정부회계제도가 필요시 되는 이유는 과거 단식부기·현금주의 정부회계제도가 가지고 있던 정보 제공의 한계를 극복함으로써 국민까지 확장된 정부회계정보이용자에게 의사결정에 유용하고 다양한 회계정보를 산출할 필요성이 있기 때문이다. 이는 회계정보의 주인이 누구인가와 관련된다고 할 수 있는데, 정부회계정보에 대한 권력(power)이 점차 정보의 생산자인 정부에서 정보의 이용자인 국민으로 이전(shift)되는 결과를 가져왔다는 것을 의미한다. 향후 지속적으로 복식부기·발생주의 정부회계제도가 발전하기 위하여 정부는 충분하고 신뢰성 있는 정부회계정보를 생산해야 하고, 국민은 정부가 생산한 정부회계정보를 잘 활용하여 최적의 의사결정을 내릴 수 있어야 한다. 정부가 생산한 정부회계정보에 대한 국민들의 지속적인 감시와 비판, 그리고 적극적인 활용은 더욱 바람직한 정부회계제도로 발전해 갈 수 있는 원동력이 될 것이다.

(4) 복식부기·발생주의 정부회계정보 필요성의 이론적 접근

복식부기·발생주의 정부회계정보가 필요한 이론적인 이유는 다음의 4가지 관점에서 설명될 수 있다. 이에 대한 상세한 설명은 본 장의 '정부회계 전문가 과정 1-②: 복식부기·발생주의 정부회계정보 필요성의 이론적 접근' 부분을 참고한다.

㉠ 대리인이론 관점에서 정보비대칭 해소를 위한 정부회계정보 필요성
㉡ 재산권이론 관점에서 직접적 재산권으로서의 정부회계정보 필요성
㉢ 재산권이론 관점에서 니스카넨모형과 소비자잉여(간접적 재산권) 측면에서의 정부회계정보 필요성
㉣ 거래비용이론 관점에서 정부회계정보 필요성

2. 정부회계의 특성

정부회계의 특성을 설명하기 위해 정부와 기업을 비교하는 방식으로 접근한다. 정부와 기업은 성격이 상반되고, 존재의 목적이 선명하게 차이가 나기 때문이다. 기업의 목적이 이윤추구라면, 정부의 목적은 국민(주민)의 삶의 질 향상이라 볼 수 있는데, 이 목적의 차이가 기업의 회계정보와 정부의 회계정보 성격의 차이를 가져오게 한다. 구체적으로 정부회계의 특성을 ㉠ 수익정보보다 더 중요한 원가정보, ㉡ 정부만이 소유할 수 있는 정부자산, ㉢ 차입자와 상환자가 다를 수 있는 정부부채의 측면으로 구분하여 살펴본다.

(1) 수익·비용 측면에서의 정부회계 특성: 수익정보보다는 원가정보가 중요

기업은 경영활동을 통해 이윤을 추구하는 것을 목적으로 하는데, 기업은 언제라도 파산할 수 있기 때문에 경영자는 지속적으로 이윤추구에 관심을 가져야 한다(회계학에서는 이를 '계속기업의 가정'이라고 한다). 문제는 경영자가 이윤을 창출하고 싶다고 해서 언제라도 원하는 만큼의 이윤이 창출할 수 있는 것은 아니라는 것이다. 기업이 이윤을 창출하기 위해서는 경쟁력 있는 제품과 서비스를 개발하여 생산해야 하는 것은 물론이고, 시장(market)에서 다른 업체와의 치열한 경쟁 속에서 생존해야 하기 때문에 적절한 마케팅 전략도 세워야 하며, 무엇보다도 소비자들의 효용에 맞는 재화의 가격이 책정되어야 한다. 기업의 제품과 서비스의 가격이 소비자의 효용가치에 부합된다면 기업의 제품과 서비스는 소비자의 돈과 교환되는데, 이러한 과정을 '교환거래(exchange transaction)'라고 하며, 이를 통해 기업은 이윤을 창출한다. 창출된 이윤은 회계학적으로는 '당기순이익'의 형태로 나타나므로 기업회계에서 가장 중요한 정보는 바로 기업의 존속과 관련되는 '당기순이익'과 그 당기순이익을 결정하는 '매출액(또는 영업수익)'이라고 볼 수 있다.

이에 비해 정부가 존재하는 이유는 무엇일까? 정부가 기업과 같이 이윤을 추구하기 위해 존재하는 실체가 아님은 당연할 것이다. 일반적으로 정부는 국민의 삶의 질을 향상시키기 위하여 존재한다고 알려져 있다. 국방, 외교, 치안, 사회복지, 문화, 교육, 경제정책, 국토개발, 환경 등과 관련한 모든 정책은 국민이 안정적인 생활을 영위하는 것을 목적으로 하고 있다(한국 중앙정부의 정책사업은 크게 16개 분야 75개 부문으로 구분되며, 지방정부는 국방, 외교·통일 분야 등을 제외한 13개 분야 52개 부문으로 구분된다). 정책을 수행하기 위해서는 정부는 재원이 필요하며, 정부는 이를 마련하기 위하여 국민들로부터 조세를 징수한다. 중요한 것은 국민들로부터 조세를 징수할 때, 시장에서 제품이 소비자의 돈과 교환되는 것과 같은 방식을 따르지 않는다는 것이다. 즉, 국방정책이나 문화정책 1단위를 제공한 대가에 따른 효용가치별로 조세를 징수하지 않는다. 오히려 교육정책이나 복지정책의 경우 대다수 수혜자는 영유아나 노인, 학생, 사회적 약자 등인데, 이들로부터 조세를 징수하는 것도 아니다. 이렇게 정부가 부과하는 조세가 국민들이 느끼는 개별적인 정책사업의 효용가치와 직접 연결되지 않는 것을 '비교환거래(non-exchange transaction)'라고 한다.

➡ 조세는 부과하는 기준에 따라 다음과 같이 분류될 수 있는데, 어떤 세목도 정부가 제공하는 정책사업의 효용가치에 대한 대가로 결정되는 것이 아님에 주목할 필요가 있다.

구분	조세의 종류
1) 거래를 기준으로 하는 과세	관세, 부가가치세, 개별소비세, 주세, 지방소비세 등
2) 소득을 기준으로 하는 과세	법인세, 소득세, 지방소득세 등
3) 재산을 기준으로 하는 과세	종합부동산세, 상속세·증여세, 재산세, 자동차세 등

비교환거래의 특성은 조세를 부담하지 않는 국민이라고 해서 행정서비스를 받지 못하는 것은 아니며, 반대로 많은 조세를 부담한다고 해서 더 많은 공공재의 효익을 누릴 수 있는 것도 아니다(재정학적인 관점에서 이를 공공재의 비배제성이라 한다). 이에 따라 국가의 재정활동에서는 기업과 같이 '당기순이익'이나 '매출액'과 같이 수익과 관련한 정보보다는 징수된 조세를 얼마나 효율적으로 필요한 정책사업에 사용하였는가에 대한 정보가 더 중요하게 된다. 즉, 정부회계에서는 정책사업별 '원가' 정보가 중요하게 된다. 특정 정책사업을 수행하는 과정에서 어느 정도의 경제적 자원이 소요되었는지, 혹시 비효율적인 요인은 없었는지, 한정된 예산 범위 내에서 다른 정책사업과의 배분은 적정하였는지 등에 대한 정보가 바로 정부의 정보이용자인 국민이 알고 싶어 하는 것이며, 정책의사결정자 역시 이 정보를 토대로 예산을 편성하고 집행하는 업무를 수행하는 것이다.

결국 기업의 경영활동과 정부의 재정활동은 그 존재 이유에 따라 수익에 중점을 두느냐 아니면 원가에 중점을 두느냐에 따라 차이를 보이는 것이며, 이 차이가 중요한 정부회계의 특성이 된다. 이로 인해 유량정보를 나타내는 기업회계의 손익계산서와 정부회계의 재정운영표의 형식에 있어서 큰 차이를 보이게 된다.

Notice

정부회계에서의 '수익비용대응의 원칙'

기업회계에서 제일 중요한 원칙 중의 하나가 '수익비용대응의 원칙'인데, 수익의 발생은 비용의 발생과 밀접하게 연관된다는 원칙이다. 이는 회계기간 관점과 개별 거래의 관점으로 나눠볼 수 있다. 회계기간 관점에서는 수익이 발생한 회계기간과 비용이 발생한 회계기간은 일치해야 한다는 것을 의미하며, 당기순이익이라는 경영성과 정보를 산출하는 근간이 된다. 개별 거래의 관점은 재화 · 용역의 매출은 이에 상응하는 경제적 자원의 소비(원가(비용)의 발생)의 발생과 밀접하게 연결되어 있다는 것을 의미하며, 교환거래의 근간이 된다.

이에 비해, 정부회계에서는 '수익비용대응의 원칙'이 일반적으로 적용되지 않는다고 알려져 있다. 기업의 성과정보인 당기순이익과 유사한 역할을 하는 정부회계에서의 재정운영결과는 정부의 성과를 의미하는 것이 아니라, 특정 회계 · 기금 · 중앙관서 관점에서 정책사업을 수행하고 조직을 운영하는데 필요한 재원이 얼마여야 하는가(즉, 조세를 얼마나 징수해야 하는가 또는 징수된 조세가 부족하다면 얼마의 국채를 발행해야 하는가)를 나타내는 것이므로 원가(비용) 위주로 정보가 제공되어야 한다. 또한, 정부가 국민들로부터 징수하는 조세 역시 정책사업에 대한 대가로 결정되는 것이 아니므로 개별 거래의 관점에서도 '수익비용대응의 원칙'은 적용될 여지가 없는 것은 당연하다.

그러나, 정부회계에서는 '수익비용대응의 원칙'과 관련하여 새로운 다른 해석이 필요할 수 있다. 바로 세대간의 관점이다. 정책사업에 대한 원가(비용)는 일반적으로 '현재세대의 국민들에게 영향을 끼치는 정책적 효과'로 정의될 수 있다. 또한, 정책사업에 필요한 재원도 현재세대의 국민들로부터 징수하는 것이며, 이는 조세수익이 된다. 가장 이상적인 상황은 정책사업원가를 조세수익으로 충당하여 미래세대에 부담을 주지 않는 상황일 것이다. 만약 정책사업원가가 조세수익 이상이라면 그 차이만큼 부채조달이 필요할 수밖에 없고, 이는 미래세대들에게는 부담이 된다. 결국 정부회계에서의 '수익비용대응의 원칙'이란 세대간 부담의 이전 여부와 관련하여 미래세대에게 최소한의 부담이 전가되도록 하는 원칙으로 새롭게 해석될 필요가 있다.

현재 한국 중앙정부의 국가통합단위 재정운영표는 정책사업순원가에서 비교환수익(국세수익 등)을 차감하여 재정운영결과를 산출한다(회계 · 기금 · 중앙관서단위 재정운영표와 형식이 다소 상이하며, 상세한 내용은 본서의 '제5장 제1절 3.국가회계 재무재표의 이해' 부분을 참고한다). 이 국가통합단위 재정운영표상 재정운영결과의 이상적인 수치는 바로 0원이 되어야 하는 것인데, 0원의 의미는 미래세대에 부담의 전가 없이 정책활동을 수행하였다는 것을 의미한다. 만약 '정책사업순원가 > 비교환수익'이라면 재정운영결과는 정(+)의 값을 가지며, 이는 미래세대의 부담이 된다. 결국 국가통합단위 재정운영표상 재정운영결과의 값은 정부회계에서의 세대간 부담의 이전 여부인 정부회계에서의 '수익비용대응의 원칙'과 관련된다고 할 수 있다. 다음은 2013년부터 2022년까지 10년간 국가통합단위 재정운영표상의 재정운영결과를 보여주는데, 설령 특정 회계연도에 재정운영결과가 커지는 상황이 발생하더라도 이후 중앙정부는 최대한 0원으로 수렴할 수 있도록 노력하는 모습을 보여준다고 할 수 있다.

(단위: 조원)

회계연도	13년	14년	15년	16년	17년	18년	19년	20년	21년	22년
재정운영순원가	275	265	247	363	345	343	395	448	476	513
비교환수익	246	257	274	305	324	351	352	348	413	465
재정운영결과	29	8	(27)	58	21	(8)	43	100	63	48

현행「지방회계기준」제4조제2항제2호에서는 당기의 수입이 당기의 서비스를 제공하기에 충분하였는지 또는 미래의 납세자가 과거에 제공된 서비스에 대한 부담을 지게 되는지에 대한 기간간 형평성에 관한 정보의 제공을 재무보고의 목적으로 규정하고 있는데, 상기 언급한 사항과 밀접하게 관련된다고 할 수 있다(이에 비해「국가회계기준」에서는 이와 관련한 내용을 규정하고 있지 않다. 기준을 보완할 필요가 있다고 본다).

(2) 자산 측면에서의 정부회계 특성: 정부만이 소유할 수 있는 정부자산

기업이 경영활동을 하고 수익을 창출하기 위해서는 반드시 자산이 필요하다. 자산은 현금이나 예금 등의 금융상품이나 유가증권(주식, 채권)도 있고, 신용거래를 통해 발생한 다른 실체로부터 받을 매출채권도 있으며, 판매(매출)를 위한 상품·제품 등의 재고자산이나, 제품생산이나 기업운영의 근간이 되는 토지·건물 등의 유형자산도 있다. 중요한 것은 기업회계에서 자산의 정의를 '미래 경제적 효익을 창출할 수 있는 자원'이라고 하는데, 여기서 '미래 경제적 효익'이라 함은 수익(현금)을 창출을 의미한다. 만약 기업이 자산을 보유하고 있으나, 수익 창출에 기여를 하지 못하는 상황을 '손상(Impairment)'이라고 하며 자산의 전부 또는 일부를 자산으로서 인정하지 않는 것을 말한다.

정부도 재정활동을 수행하기 위해서는 반드시 관련 자산이 필요한데, 현금이나 금융상품, 유가증권, 미수채권, 재고자산, 일반유형자산 등이 반드시 필요하다는 측면에서 기업과 유사한 부분이 많은 것이 사실이다(따라서 세부 자산의 최초인식 및 사후평가 방법에 있어 기업회계의 방법을 벤치마킹한 부분이 많다). 그런데 국가는 기업이 가지지 않는 또는 가질 수 없는 특수한 자산들을 보유하고 있는데, 이들 자산의 특성이 정부회계의 특성을 반영한다고 볼 수 있다. 이에 해당하는 자산으로서 ㉠ 사회기반시설, ㉡ 군사자산, ㉢ 사회적 약자에 대한 저리의 융자금, ㉣ 유산자산, ㉤ 천연자원 등이 있다.

첫째, 가장 대표적인 것으로 사회기반시설(소위 사회간접자본 또는 SOC자산이라고도 한다)이 있다. 사회기반시설은 국가 또는 지방자치단체의 기반을 형성하기 위하여 대규모로 투자하여 장기간 건설하며, 그 경제적 효과 역시 광범위하고 장기간에 걸쳐 나타나는 자산을 말하는 것으로 도로, 철도, 공항, 항만, 댐, 상수도시설 등이 이에 해당한다(지방자치단체의 경우 사회기반시설 외에 도서관, 공원, 동물원, 박물관, 체육시설, 사회복지시설 등과 같은 주민편의시설도 있다). 사회기반시설의 가장 큰 특징은 자산의 소유·운영만으로 경제적 효익을 충분히 창출하지 못한다는 점이다. 여기서 경제적 효익이란 추상적이고 간접적인 경제적 효과를 의미하는 것이 아니라 구체적이고 직접적인 수익 창출 등의 효익을 의미한다. 충분한 경제적 효익을 창출하지 못하기 때문에 기업은 사회기반시설을 소유할 유인이 없게 된다(물론 현행법으로 사회기반시설을 기업이 소유하는 것은 극히 제한적이기는 하다). 만약 기업이 이러한 사회기반시설을 보유하고 있다면 분명 자산손상 회계처리가 필요하게 될 것이다.

➡ 수익을 창출하지 않는 가장 대표적인 사회기반시설이 '국도'라고 할 수 있다. 국민들은 국도를 이용할 때 통행료를 지불하지 않는다. 이와 비교하여 '고속국도'는 이를 이용할 경우 일정한 요금을 징수하기 때문에 수익을 창출한다고 볼 수 있으나, 사실 그 징수금액은 고속도로를 건설하고 운영하는데 투입되는 전체 금액과 비교하면 상당히 미달한다고 볼 수 있는데(게다가 최근에는 명절이나 휴일 때 통행료 면제를 시행하기도 함), 이 미달액이 바로 회계이론적으로 손상(impairment) 처리 대상이 된다는 것을 의미한다. 동시에 이 미달액은 결국 정부가 징수한 세금으로써 보전한다.

이러한 관점에서 본다면 정부가 사회기반시설을 자산으로 인식하는 것은 문제가 될 수 있다. 그러나 정부의 존재 목적이 국민의 삶을 향상시키기 위한 것이고, 이를 위해서 각종 사회기반시설이 반드시 필요하므로 정부회계 차원에서는 이 사회기반시설을 자산으로 인식해야 한다. 게다가 사회기반시설은 장기간 사용되어야 하고 경제적 자원의 투입량도 상당히 많으므로 현재세대는 물론이고 미래세대도 잘 관리해야 하는 자산임에는 분명하다. 따라서 정부회계에서의 자산의 정의는 ㉠ 미래 경제적 효익의 창출이라는 개념 외에 ㉡ 공공서비스의 제공이라는 개념이 추가된다(「국가회계기준」 제9조①, 「지방회계기준」 제11조①). 참고로 사회기반시설은 국유(공유)재산의 공공용재산과 밀접하게 연관된다.

둘째, 기업에서 가질 수 없고 정부만이 가질 수 있는 자산으로 군사자산이 있다. 한국에서는 군사자산은 자치단체에서도 볼 수 없는 국가 고유의 자산이다. 기본적으로 군사자산은 「군수품관리법」을 적용을 받는 자산이라 볼 수 있는데, 전비품과 통상품으로 구분된다. 현행 국가회계기준에서는 전비품에 해당하는 부분은 일반유형자산으로 분류하며, 통상품은 상황에 따라 유동자산 또는 일반유형자산으로 분류한다(경찰청 등에서 사용하는 치안유지자산도 있는데, 「군수품관리법」의 적용을 받지는 않지만 전비품과 유사한 성격의 자산이라 할 수 있다). 군사자산은 미래 경제적 효익의 창출과는 상관이 없으나(여기서 말하는 군사자산은 국토의 방어력과 관련한 자산을 의미하며, 최근 전 세계적으로 호평을 받고 있는 한국의 방산산업과 관련한 K9 자주포, K2 전차, T-50 고등훈련기 등은 일종의 경제적 목적의 재고자산으로 군사자산은 아니다(물론 이들 재고자산을 국가가 자산으로 인식하는 것은 아님)), 국방·안보라는 공공서비스의 제공이라는 측면에서 정부회계에서 자산으로 인식되는 것이다. 한편, 일부 군사자산은 국가의 기밀일 수 있기 때문에 국가안보자산으로 하여 자산으로 인식하지 않을 수도 있다(「국가회계기준」 제10조제3항. 실무적으로 국가정보원은 이 조항을 근거로 보유하고 있는 군사자산을 국가재무제표에 공시하지 않는다).

셋째, 정부가 사회적 약자에게 시중 금리보다 낮은 금리 또는 무이자로 대여해 주는 저리의 융자금채권 형태의 자산이 있다. 기업에서는 이를 대여금이라고 하는데, 기업회계에서의 대여금과 정부회계에서의 저리의 융자금은 다소 차이가 있다. 기업은 아주 특수한 상황을 제외하고는 시중 금리 또는 법정 금리 이하로 제3자에게 대여해주는 경우가 거의 없다. 이 같은 상황이 발생하면 기업은 상당한 손실이 발생할 뿐만 아니라, 경우에 따라서는 많은 세금을 부담해야 할 수도 있기 때문이다(예를 들어 기업의 특수관계자에게 특별한 이유 없이 저리로 대여하는 경우가 이에 해당한다). 이에 비해 정부는 서민, 근로자, 농어민, 문화예술인, 중소기업, 비영리기관, 특수산업기업 등에 저리로 융자금을 지급한다. 이러한 저리의 융자금을 실제 현재가치로 평가하면, 융자금의 명목금액보다 훨씬 미치지 못하게 되는데(현재가치란 시간에 따른 현금흐름을 시장이자율(유효이자율)로 나누어서 산출하는 것을 말하는데, 분자인 현금흐름에 적용되는 이자율이 분모의 시장이자율(유효이자율)보다 작기 때문에 현재가치액은 명목가액보다 작게 계산된다), 정부는 이 차이만큼 손해를 볼 수밖에 없다(일종의 기회비용이라고 볼 수 있다). 그러나 이는 정부가 정책을 방만하게 수행하여 발생한 손실이 아니라 사회적 약자 지원이라는 정부 고유의 정상적인 정책활동의 일종이다. 현행 국가회계에서는 이 차이를 융자보조원가라고 하며, 이는 정상적인 정책사업의 원가로 인식한다(이에 비해, 현행 지방회계에서는 융자금 평가와 관련한 회계기준은 마련되어 있지 않다). 이러한 융자금은 정부이기 때문에 존재하는 자산이며, 기업회계와 다른 평가절차와 회계처리가 이루어진다.

넷째, 유산(遺産)자산이 있다. 유산자산은 보통 문화재보호법 등의 적용을 받는 유·무형문화재나 국립공원, 보호구역 등이라고 볼 수 있다. 유산자산은 유·무형적 형태로 존재하고, 정부가 소유·통제하고 있으며, 미래 경제적 효익의 창출도 유산자산의 성격에 따라 가능하기도 하지만, 최소한 교육이나 문화정책 측면에서 국민들에게 제공하는 공공서비스 성격이 더 강하다고 볼 수 있다. 따라서 정부회계상 자산의 정의 측면에서는 재무제표에 계상되어야 하는 자산임에는 분명하다. 그러나 문화재의 특성상 그 가치를 신뢰성 있게 측정하는 것은 쉽지 않다. 따라서 현행 「국가회계기준」 또는 「지방회계기준」에서는 유산자산을 재무제표의 자산으로 계상하지는 않으며, 다만 정보 제공 측면에서 필수보충정보에 그 관리내역을 기재하도록 하고 있다(국가회계에서는 유산자산, 지방회계에서는 관리책임자산이라고 한다).

다섯째, 천연자원이 있다. 여기서 천연자원이라 함은 아직 경제적 가치가 부여되기 이전의 자원이라 볼 수 있는데, 개발이 진행되지 않은 각종 지하자원, 생태계자원, 수(水)자원, 대기(大氣)자원 등이 이에 해당된다. 천연자원은 그 범위도 쉽게 파악하기 어렵고 그 가치도 신뢰성 있게 측정할 수 없으므로 현행 국가회계기준 및 지방회계기준 모두 자산으로 인식하지도 않고 필수보충정보 등에도 원칙적으로 기재하지 않는다. 다만, 독도나 제7광구의 경제적 가치에 대한 논란, 통신산업과 관련한 주파수이용권의 자산화 논란(2022년 기준으로 계약기간에 따라 향후 한국의 통신3社로부터 수령하게 될 주파수할당대가는 약 4조원에 이른다), 환경보전과 관련한 논란(예를 들어 현재세대가 대기를 심각하게 오염시킬 경우 미래세대는 대기 정화를 위한 불필요한 자원의 소비가 필요하게 된다), 통일시대를 대비한 북한 지역의 풍부한 천연자원의 관리 필요성 등을 고려할 때, 향후 천연자원 인식에 대한 정부회계적인 관점에서의 많은 연구가 필요할 것으로 보인다.

(3) 부채 측면에서의 정부회계 특성: 차입자와 상환자가 다를 수 있는 정부부채

기업회계에서는 기업의 자산보다 부채가 초과할 경우 이를 완전자본잠식이라고 해서 부도나 파산의 심각한 징후로 본다. 또한, 기업이 일정 규모 이상의 부채를 가지고 있는 경우(즉, 부채비율(=부채÷자본)이 높을 경우) 추가적인 부채를 발생시키기 어렵거나, 발생하더라도 막대한 거래비용(이자 등)이 발생하기도 한다(부채비율이 높아질수록 기업의 신용위험이 증가하는데, 이 위험은 이자율에 반영된다). 즉, 기업은 현재 재무구조의 제약을 받기 때문에 원하는 만큼 부채를 증가시킬 수 없다. 이는 개념적으로 부채를 발생시킨 자와 상환해야 하는 자가 일치한다는 것을 의미한다.

이에 비해, 정부의 부채는 기업의 부채와 달리 부채를 발생시킨 자와 부채를 상환해야 하는 자 사이에 세대간 차이가 존재한다. 개념적으로 정부는 현재 정부의 재무구조 제약하에서 부채를 발생시킨다고 보기보다는 미래세대의 조세부담능력을 담보로 부채를 발생시키는 것이라고 보는 것이 더 설득력이 있다. 문제는 현재세대에 의한 정부부채의 발생을 구조적으로 제약할 수 있는 장치가 없는 현실에서 무분별한 재정낭비는 점차 시간이 지날수록 미래세대들에게 엄청난 부담으로 작용하게 된다는 것이다. 2010년대 중반 남부 유럽의 심각한 재정위기도 이와 관련되며, 최근 미국의 연방정부 역시 급증하는 정부부채로 인한 재정위기 문제가 제기되는 것도 이와 관련된다. 특히, 현재 우리나라와 같이 저출산 고령화 사회가 급격하게 진전될수록 미래세대에 의한 재정부담은 더더욱 심각해질 수밖에 없다. 따라서 정부는 기업과 달리 재무구조라는 제약 장치가 거의 기능을 하지 못하는 상황에서 '재정건전성'에 대한 철학은 아주 중요하다고 볼 수 있다.

추가로 정부부채와 관련하여 정부회계가 지속적으로 관심을 가져야 하는 부분으로 정부부채 범위에 대한 개념의 정립 필요(비교환부채의 인식 여부), 사회연금부채에 대한 인식 여부(국민연금기금 등의 고갈), 정부의 재정범위와 관련한 부채범위의 결정(공공기관에 대한 보증채무) 등이 있다. 이들은 현 시점에서 당장 지급해야 하는 채무는 아니지만 미래세대에게 막중한 부담으로 작용할 수 있기 때문이다. 이러한 문제들은 하나하나가 회계적인 관점에서 문제인 것도 있고, 행정학·경제학 등 관점에서도 다각적인 연구를 통한 해결책의 모색이 필요할 수 있다. 이는 분명 기업회계에서의 부채에 대한 관점과 다른 정부회계 고유의 특성이라고 볼 수 있다.

➡ 정부부채의 문제를 단순히 정부가 갚아야 하는 '빚'이라는 측면에서만 보면, 현재 정책의사결정의 주도권을 가지고 있는 현재세대 입장에서는 문제의 심각성을 잘 인지하지 못하는 경향이 있다(현재세대가 갚을 빚이 아니기 때문이다). 그런데 부채라는 것이 미래세대의 정책수행 패턴을 변화시킨다고 한다면(과거에 발생한 부채를 먼저 갚아야 하므로 기본적인 정책도 수행하지 못할 만큼 예산이 부족한 상황이 발생할 수도 있다), 미래세대는 현재세대의 정책의사결정 과정에 적극 참여함으로써 이 문제에 대한 절실함을 제기할 수 있어야 한다. 특히, 앞으로 후술할 충당부채의 개념까지 고려할 경우 현재세대는 이 문제를 더더욱 외면하고자 할 것인데(충당부채를 비확정부채라고 하기도 하고 이론적으로 존재하는 개념이라고 하는 등 과소평가하는 경향이 있다), 미래세대는 부담으로 작용할 정부부채의 효과를 고민하고 이에 대한 문제를 더욱 적극적으로 현재세대에게 피력할 필요가 있다.

➡ 전 세계적으로 국가가 보유하는 자산에 비해 부채가 많은 사례는 심심찮게 찾아볼 수 있다. 미국연방정부는 2021년 9월 기준(20-21회계연도) 자산은 약 5조달러(4,894billion$)인데 비해, 부채는 약 35조달러(34,778billion$)로서 부채가 자산보다 7배 정도 많다. 영국중앙정부의 경우에도 2020년 3월 기준(19-20회계연도) 자산은 약 2.1조파운드(2,139십억파운드)인데 비해, 부채는 약 5조파운드(4,973십억파운드)로서 부채가 자산보다 2배 이상 많다. 호주중앙정부도 2020년 6월 기준(19-20회계연도) 자산은 약 8.4천억호주달러(839십억호주달러)인데 비해, 부채는 약 1조5천억호주달러(1,519십억호주달러)로서 부채가 자산의 2배 가까이 된다.

3. 한국 정부회계의 특징

(1) 한국 정부회계의 개요

한국의 정부회계는 중앙정부에서 적용하는 국가회계와 지방정부에서 적용하는 지방회계로 구분할 수 있다. 중앙정부와 지방정부의 성격의 차이로 인하여 양 회계제도는 다소 차이를 보이고 있기는 하지만, 국민 또는 주민에 대한 행정서비스를 제공한다는 큰 범주의 관점에서 상당 부분 공통점을 가진다. 한국에서의 정부회계의 특징은 다음과 같이 정리할 수 있다.

㉠ 한국의 정부회계는 법령을 근간으로 한다.

㉡ 한국의 정부회계는 예산집행과 관련한 단식부기·현금주의 성격의 세입세출회계가 중요한 역할을 한다.

㉢ 한국의 정부회계는 거래 형태, 비교환수익·비용 특성, 정부 고유의 자산·부채의 인식 및 평가 등 기업과 다른 정부만의 특성이 있다.

㉣ 한국의 정부회계는 국가회계와 지방회계로 구분되며, 두 제도는 상당히 유사하지만, 다른 부분도 적지 않다.

(2) 한국 정부회계의 특징: 법령 근간

정부회계와 비교되는 기업에서의 회계기준(기업회계기준)은 일반적인 법령의 체계를 가지는 것은 아니며, 이를 소위 '일반적으로 인정된 회계기준(GAAP; Generally Accepted Accounting Principles)'이라고 한다(최근에는 상장회사에 적용하는 국제회계기준(IFRS)과 비상장회사에 적용하는 일반기업회계기준으로 구분된다). 이에 비해 국가 및 지방자치단체에서의 거래의 발생 및 인식은 법에 규정된 바를 따르도록 하고 있으며, 정부회계기준 역시 일정한 법령 체계를 가지고 있다. 국가회계와 지방회계에서의 주요 법령은 다음과 같이 정리된다.

구분	국가회계	지방회계
1. 주관 중앙관서 (실무기관)	• 기획재정부 ➡ (실무관리·연구기관) 한국조세재정연구원 국가회계재정통계센터	• 행정안전부 ➡ (실무관리·연구기관) 한국지방재정공제회 지방회계통계본부
2. 법 및 시행령	• 국가재정법 및 시행령 • 국가회계법 및 시행령 • 정부기업예산법 및 시행령 • 국고금관리법, 국유재산법 등 재산관련 개별법 및 시행령	• 지방재정법 및 시행령 • 지방회계법 및 시행령 • 지방자치법, 지방공기업법, 지방자치단체 기금관리기본법 및 시행령 • 공유재산 및 물품관리법 등
3. 시행규칙	• 국가회계기준에 관한 규칙 (일명 국가회계기준) • 국고금관리법시행규칙 등 재산관련 개별법시행규칙 등	• 지방자치단체 회계기준에 관한 규칙(일명 지방회계기준) • 공유재산 및 물품관리법 시행규칙 등
4. 훈령·지침	• 22개 세부회계처리지침(예규)	• 지방자치단체 복식부기·재무회계 운영규정

(3) 한국 정부회계의 특징: 예산집행과 관련한 세입세출회계의 중요성

정부회계는 예산 및 예산에 대한 결산(세입세출결산)을 근간으로 하며, 예산에 대한 이해가 중요하다. 기업도 예산을 설정하지만, 외부적인 제약이 있는 것은 아니다. 기업은 시장에서 유사 재화(대체재)를 판매하는 다른 기업과 경쟁해야 하기 때문에 예산이 설정되었다고 해서 반드시 달성될 수 있는 것은 아니며, 기업에서의 예산은 일종의 경영상의 목표 역할을 한다. 이에 비해, 정부회계는 구조적으로 세출 규모에 따라 세입 규모가 결정되며, 사전에 설정되는 예산이 중요한 역할을 한다. 정부에서는 비교환거래가 기본이고 개별 정책사업을 제공한 대가로서 조세 등의 세입액을 징수하는 구조가 아니므로 차기 정책활동에 필요한 예산을 예측할 수 있어야 무분별한 예산집행을 방지할 수 있다. 예산편성 시점에 당년도 세입 예상액이 많이 부족하다면 세출액을 줄일 수도 있겠으나, 일반적으로 세출예산 집행이 반드시 필요하다면 미래세대로부터 차입(즉, 국채발행 등 부채를 발생시킴)하더라도 재원을 마련한다. 정부회계에서 예산은 정부조직에서의 내적인 통제 역할도 강력하지만(예산의 통제 기능, 관리 기능), 차기 정책방향을 결정한다는 측면에서 외부정보이용자를 위한 신뢰성 측면에서 외적인 통제(예산의 경제적 기능, 커뮤니케이션 기능, 정치적 기능)도 아주 중요하다.

➡ 예산의 기능을 예산 프로세스의 흐름과 연계할 수 있으며, 각 기능에 대한 상세한 설명은 본서의 '제1장 제1절 2. (2) 예산의 원칙과 기능' 부분을 참고한다.

따라서 한국의 정부회계를 이해하기 위해서는 예산제도 및 예산집행 프로세스에 대한 이해가 전제되어야 한다. ㉠ 예산과목과 재무계정과목이 유사하고, ㉡ 시스템(디지털예산·회계시스템, e-호조)적으로 예산집행 프로세스를 통해 재무정보가 산출되고 있으며, ㉢ 정책사업별 예산편성의 구조(프로그램예산제도)에 따라 재무정보(재정운영표)가 정책사업별로 산출되는 점이나, ㉣ 현금주의 예결산정보와 발생주의 회계정보를 연계하는 추가 정보의 산출(총잉여금·재정운영결과조정표(국가회계) 또는 차이조정명세서(지방회계)) 등은 예산구조(또는 세입세출회계)를 이해하지 못하면 정부회계에 대한 이해가 어렵다는 사실을 의미한다. 특히, 한국에서는 예산은 현금주의에 따라 편성하지만, 결산은 현금주의에 의한 결산뿐만 아니라 발생주의에 의한 재무정보도 산출되기 때문에 이에 대한 연계과정이 중요하다고 볼 수 있다.

(4) 한국 정부회계의 특징: 정부 고유의 특성 반영

정부회계의 가장 큰 특성은 거래의 대부분이 비교환거래를 근간으로 하므로, 손익정보가 상대적으로 중요하지 않다는 데 있다. 오히려 국민 또는 주민을 위한 행정서비스의 제공에 자원이 적절하고 효율적으로 배분되었는지와 관련한 원가정보가 더 유용하다(따라서 유량정보를 나타내는 재무제표(기업회계에서의 손익계산서와 정부회계에서의 재정운영표)의 양식이 많이 다르다). 또한, 정부에서의 자산은 미래 경제적 효익을 가져오지 않다고 하더라도 공공서비스를 제공할 수 있는 경우에도 자산으로 인식할 수 있는데, 대표적인 사례가 사회기반시설(SOC), 주민편의시설(도서관 등), 군사자산, 저리의 융자금 등이 있다. 한국 정부회계에서는 현재 부채에 대한 개념이 기업회계와 크게 다르지는 않지만, 사실 정부회계 부채는 재무구조적인 제약이 없기에 이론적으로 무한대로 발생시킬 수 있어 이를 적절하게 통제할 수 있도록 하는 철학인 재정건전성이 요구된다. 또한, 공무원·군인·국민·사학연금 등 공적연금에 대한 충당부채 인식 여부가 중요한 이슈로 제기되고 있으며, 재정범위에 따른 부채범위에 대한 논란도 충분히 제기될 수 있다. 한편, 한국의 중앙정부는 국고통일주의 원칙에 따라 각 중앙관서는 독자적인 자금운영·관리를 거의 하지 못하기 때문에 국고금의 관리와 운영에 관한 특수한 회계처리 방법이 발달한 상태이며(이를 국고금회계와 국고금회계처리라고 한다), 국세수익과 관련한 회계처리 역시 소수의 징수기관(국세청, 관세청, 기획재정부)의 실정으로 인해 재무제표가 아닌 국세징수활동표(필수보충정보)의 형태로 정보를 제공하고 있는 것도 특이한 점이라고 볼 수 있다.

(5) 한국 정부회계의 특징: 중앙정부와 지방정부의 2원화

한국의 정부회계는 중앙정부에 적용되는 국가회계(National Accounting)와 지방정부(지방자치단체)에 적용되는 지방회계(Local Government Accounting)가 각각 발달하였다. 미국도 중앙정부에는 연방회계기준(SFFAS; Statements of Federal Financial Accounting Standards), 주·지방정부에는 정부회계기준(GASB No.34; Government Accounting Standards Booad No.34)으로 2원화 되어 있는 등 중앙정부와 지방정부가 다른 회계제도를 운영하고 있는 국가가 많다. 그러나 두 제도 간의 차이는 중앙정부(다양한 성격을 가지는 중앙관서가 각 1개씩의 존재)와 지방정부(유사한 성격을 가지는 다수의 자치단체 존재)라는 특성으로 인한 차이가 있기는 하지만, 예산의 중요성이나 비교환거래의 특성, 자산·부채의 특수성 등에 대해서는 유사한 부분이 많다고 볼 수 있다.

4. 한국 정부회계 재무제표의 개요

(1) 정부회계 재무제표 구조

재무제표는 발생주의·복식부기 회계제도 하에서 회계실체가 정보이용자에게 재무정보를 전달하는 핵심적 수단이다. 재무제표는 크게 특정 시점의 자산·부채 등의 저량정보를 나타내는 재무상태표 또는 재정상태표와 특정 기간의 수익·비용 등의 유량정보를 나타내는 손익계산서 또는 재정운영표로 구성되며, 여기에 자본변동표 또는 순자산변동표와 현금흐름표, 그리고 주석까지 포함된다.

기업회계에서의 재무제표는 재무상태표(舊 대차대조표), 손익계산서, 자본변동표, 현금흐름표로 구성되며, 재무제표에 대한 주석을 포함한다. 국가회계와 지방회계 재무제표는 재정상태표, 재정운영표, 순자산변동표로 구성되며, 재무제표에 대한 주석을 포함한다. 이들을 비교하면 다음과 같으며, 같은 행에 있는 재무제표는 유사한 기능을 가진다고 보면 된다.

정보유형	기업회계(공공기관 포함)	국가회계	지방회계
저량정보	재무상태표	재정상태표	재정상태표
유량정보	손익계산서	재정운영표	재정운영표
유량정보의 저량정보 변환	자본변동표	순자산변동표	순자산변동표
재무제표 보충정보	주석	주석, 필수보충정보	주석, 필수보충정보

(주1) 「국가회계법」 제14조에서는 재무제표는 재정상태표, 재정운영표, 순자산변동표로 구성되나, 「국가회계기준」 제5조에서는 주석을 포함한다고 규정되어 있음. 이에 비해, 「지방회계법」 제15조에서는 재무제표는 재정상태표, 재정운영표, 순자산변동표로 구성되며 주석을 포함한다고 규정되어 있음

(주2) 「지방회계기준」 제8조에서는 재무제표에 현금흐름표도 포함된다고 규정되어 있으나, 부칙에서 작성을 계속 유예하고 있음. 「국가회계기준」에서는 현금흐름표와 관련하여 현재 규정되어 있지 않으나, 향후 도입을 계획하고 있음(국가회계법 개정안 입법예고(2023.8.14) 참조)

〈 기업회계 재무제표 〉

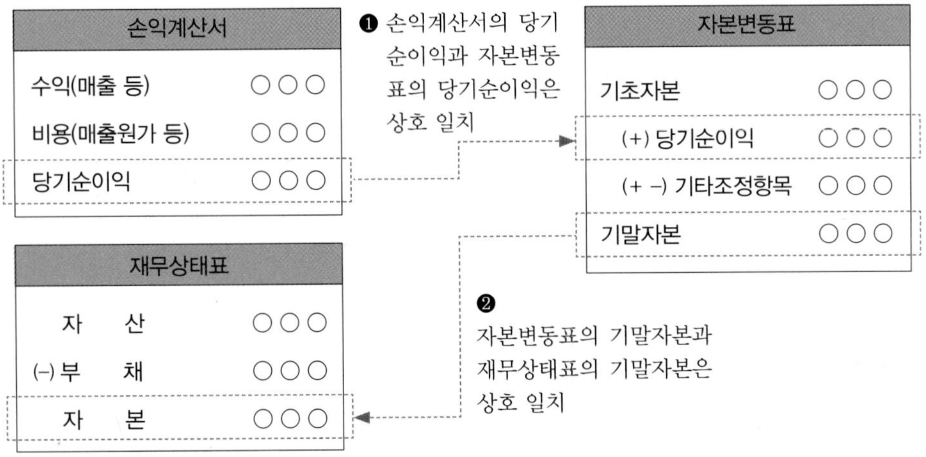

〈 정부회계 재무제표 〉

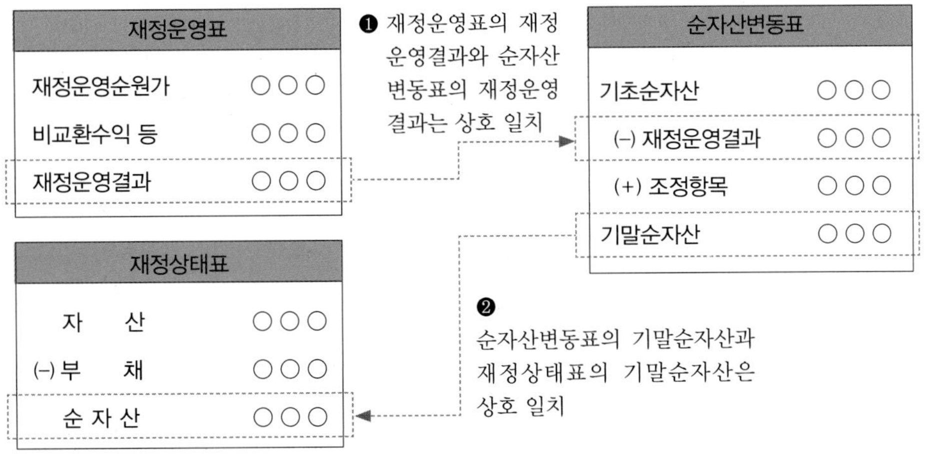

➡ 재무제표와 달리 세입세출결산상 세입결산서와 세출결산서는 서로 연계되어 있지 않음

재무제표는 서로 연계되는 특징을 가지고 있다. 예를 들어 기업회계의 손익계산서의 당기순이익은 자본변동표의 당기순이익과 동일하며, 자본변동표의 기말순자산은 재무상태표의 기말순자산과 동일하다. 정부회계도 유사하게 재정운영표의 재정운영결과는 순자산변동표의 재정운영결과와 연결되고, 순자산변동표의 기말순자산은 재정상태표의 기말순자산과 연결된다.

(2) 정부회계 재무제표의 부속서류

「국가회계기준」 제5조에서는 국가재무제표의 부속서류로서 필수보충정보와 부속명세서를 규정하고 있다. 또한, 「국가회계법」 제15조의2제4항 및 동법 시행령 제5조제6항에서는 국가재무제표의 부속서류로서 각 법령에 의한 국가채무관리보고서(국가채무 관련 규정은 「국가재정법」 제91조에서 규정), 국가채권현재액보고서(「국가채권관리법」 제36조), 국유재산관리운용보고서(「국유재산법」 제69조) 및 물품관리운용보고서(「물품관리법」 제21조)를 규정하고 있다. 따라서 국가재무제표의 부속서류는 이 모든 것을 포함하여야 한다고 보는 것이 타당할 것이다.

「지방회계기준」에서는 재무제표의 부속서류로서 필수보충정보와 부속명세서를 포함시키고 있다(「지방회계기준」 제8조). 이외에 국가회계와 유사하게 「지방회계법」 제17조에서는 첨부서류로서 공유재산 및 물품 관련 보고서, 채무관리 보고서, 채권현재액 보고서를 규정하고 있다.

국가회계 재무제표 부속서류		지방회계 재무제표 부속서류(첨부서류)	
「국가회계기준」 제5조	「국가회계법」 제15조의2	「지방회계기준」 제8조	「지방회계법」 제17조
필수보충정보	국가채무관리보고서	필수보충정보	채무관리 보고서
부속명세서	국가채권현재액보고서	부속명세서	채권현재액 보고서
	국유재산관리운용보고서		공유재산 및 물품 관련 보고서
	물품관리운용보고서		

(3) 정부회계 재무제표의 목적

정부의 재무제표는 국가 및 지방자치단체의 재정활동에 직·간접적으로 이해관계를 갖는 정보이용자가 재정활동 내용을 파악하고, 합리적으로 의사결정을 할 수 있도록 유용한 정보를 제공하는 것을 목적으로 한다. 즉, 국가회계 및 지방회계의 재무제표는 정보이용자인 국민에 대하여 공공회계책임을 적절히 이행하였는지를 평가할 수 있는 정보를 제공해야 한다.

국가회계(「국가회계기준」 제5조)	지방회계(「지방회계기준」 제4조)
• 국가의 재정상태 및 그 변동과 재정운영결과에 관한 정보의 제공	• 재정상태, 재정운영성과, 현금흐름 및 순자산 변동에 관한 정보
• 국가사업의 목적을 능률적, 효과적으로 달성하였는지에 관한 정보의 제공	• 당기(當期)의 수입이 당기(當期)의 서비스를 제공하기에 충분하였는지 또는 미래 납세자가 과거에 제공된 서비스에 대한 부담을 지게 되는지에 대한 기간간 형평성에 관한 정보
• 예산과 그 밖에 관련 법규의 준수에 관한 정보의 제공	• 예산과 그 밖의 관련 법규의 준수에 관한 정보

➡ 공공회계책임이란 정부가 공공(公共)의 자원을 정당한 정책목적에 능률적·효과적·규범적으로 사용할 책임을 가지고 있다는 것을 의미한다. 이는 건전한 민주주의의 실현을 위한 핵심적인 요인이자 정부회계가 궁극적으로 추구해야 하는 목적이라 할 수 있다. 정부회계는 정부가 이러한 공공회계책임을 완수하도록 도와주고, 정부회계정보의 이용자들이 정부의 공공회계책임의 수행정도를 평가할 수 있도록 하는 것에 1차적인 중요성을 두게 되는데, 이는 기업회계가 당기순이익 등 경영성과에 1차적인 중요성을 두는 것과 대조된다.

(4) 정부회계 재무제표의 작성원칙

「국가회계기준」 제6조 및 「지방회계기준」 제9조에서 규정하고 있는 재무제표의 작성원칙은 실질적으로 거의 동일하다. 요약하면 ㉠ 비교식 재무제표 작성, ㉡ 양 회계연도 계속성의 원칙 적용 및 회계정책 등 변경시 주석 공시, ㉢ 재무제표 통합시 내부거래 제거, ㉣ 출납정리(폐쇄)기한내 수입·지출거래의 해당 회계연도의 거래로 처리 등이 거의 유사하다고 볼 수 있다. 다만, 지방자치단체의 재무제표는 일반회계, 기타특별회계, 기금회계, 공기업특별회계의 유형별 재무제표를 통합하여 작성하는 것을 원칙으로 한다는 특성이 추가로 규정되어 있다. 지방회계의 재무제표는 해당 자치단체의 모든 개별 회계·기금을 4개의 유형별로 분류하여 유형별 재무제표가 작성되고, 다시 유형별로 구분된 재무정보를 나열한 후 내부거래를 제거하는 다열식 재무제표의 형식으로 보고된다. 이에 비해 국가회계에서의 중앙관서단위 재무제표는 소관 회계·기금을 합친 단열식 재무제표 형식으로 보고되고, 국가통합단위 재무제표 역시 모든 중앙관서의 재무정보를 모두 합친 단열식 재무제표 형식으로 보고된다.

➡ 지방회계의 다열식 재무제표 양식 사례

과 목	일반회계	기타특별회계	기금회계	공기업특별회계	내부거래	계
△△계정과목	xxx,xxx	xx,xxx	xx,xxx	x,xxx	(xx,xxx)	xxx,xxx

정부회계 전문가 과정 1-① 복식부기·발생주의 정부회계의 기초

1. 미국연방정부 국가회계제도

미국연방정부의 발생주의·복식부기 정부회계제도의 발전은 의회(의회 소속의 GAO)와 행정부(행정부 소속의 OMB)간의 1970~1980년대의 갈등심화 및 1990년 제정된 CFO법(Chief Financial Officers Act of 1990)으로 대표되는 해소과정에 기인한다. CFO법의 제정은 GAO, OMB 및 재무부(Treasury)에 의해 연방회계기준자문위원회(FASAB; Federal Accounting Standards Advisory Board)가 설립되는 기초가 되었다. 이에 따라 의회와 행정부가 연방회계기준과 관련된 서로의 갈등을 조율하고 긴밀히 협력하게 되었다. FASAB에서 제정된 회계기준은 GAO, OMB, 재무부가 90일 이내에 반대의사를 표명하지 않으면 자동적으로 공표된다. 이러한 과정을 거쳐 미국연방정부 재무회계기준인 SFFAC No.1 과 SFFAS No.1이 1993년 최초 제정되었다.

미국연방정부의 경우 하나의 기준으로 구성되는 것이 아니라 일정한 체계(hierarchy)를 가지고 있다. 가장 상위에 국가회계 관련법인 CFO법이 있으며, 미국 연방정부회계기준으로 연방정부회계개념서(Statements of Federal Financial Accounting Concept; SFFAC)와 연방정부회계기준서(tatements of Federal Financial Accounting Stadards; SFFAS)가 있다. 또한, 연방정부회계기준에 대한 각종 해석서(Interpretation) 및 기술적 지침서(Technical Bulletins, Technical Releases) 등이 있다. 2021년 6월 현재 FASAB가 제정한 연방정부회계기준은 9개의 연방재무회계개념서와 59개(일부 폐지 포함)의 연방재무회계기준서가 있다.

주요 개념서·기준서	주요내용
SFFAC No.1	연방정부기관이 수행하는 재무보고의 목적
SFFAC No.2	보고실체의 설정 기준 및 재무정보의 표시 방법
SFFAC No.4	통합재무보고서의 정보이용자의 특성
SFFAS No.1	일반적인 정부 자산 및 부채에 대한 정의, 인식·측정기준
SFFAS No.4	원가회계 및 원가정보
SFFAS No.5	연방정부의 부채회계(정의, 연금·보험·리스 등 특수부채)

주요 개념서 · 기준서	주요내용
SFFAS No.7	수익 및 기타재원조달 회계
SFFAS No.15	정책의사결정 및 분석에 필요한 정보(MD&A)
SFFAS No.17	사회보험회계

미국연방정부에서 산출하는 재무제표 및 내용은 다음과 같이 정리할 수 있다.

재무제표 종류	해당 재무제표의 의의 및 산출 재무정보
Statements of Net Cost (순원가표)	• 어떠한 정책을 어느 정도의 비용으로 집행하는지의 정보 산출 • 해당 정책사업에서 직접 발생된 수익을 차감함으로써 조세나 외부차입 등으로 재원을 어느 정도 조달해야 하는지의 정보 제공
Statements of Operations and Changes in Net Position (운영및순자산변동표)	• 유량(flow)의 거래를 저량(stock) 잔액으로 변환시키는 역할 • 외부로부터 비교환수익 외에 세출예산으로 배정받은 부분 등 정부간 거래에서 발생한 각종 비교환수익 포함(단, 통합단위에서는 정부간 재원 이전 거래는 내부거래로 자연스럽게 제거)
Reconciliations of Net Operating Cost and Unified Budget Deficit (순운영결과·결손금조정표) Statements of Changes in Cash Balance from Unified Budget and Other Activities (재정확충방안표)	• 정부통합단위는 2원화 재무제표 작성. 부처단위는 조정표(Statement of Financing)라는 단일 재무제표 작성 • 순운영결과·결손금조정표는 순운영결과→통합결손금 으로 조정 • 재정확충방안표는 통합결손금부터 시작하여 미국연방정부의 재정확충/재원조달 관련 현금 변동과정을 설명하고 기말현금잔액 산출 • 즉, 조정표는 현금흐름표 역할, 발생주의와 현금주의 비교 정보 제공, 재원을 당기 세수분과 미래 세수분으로 구분하여 정책의 효율적 집행여부 정보도 제공
Balance Sheets(재정상태표)	• 연방정부의 자산 및 부채의 현황을 나타냄
Statements of Social Insurance (사회보험표)	• 각종 사회보장사업의 추정 미래수익과 지출의 보험 통계적 현재가치를 나타냄

▶ 미국연방정부(통합단위)의 순운영결과·결손금조정표 및 재정확충방안표 양식 비교

〈순운영결과 · 결손금조정표〉	
재정운영순원가	XXX
결손금의 일부가 아닌 재정운영원가의 조정	
– 충당부채(퇴직군인연금, 공무원 및 군인 연금 등)의 증감	XXX
– 감가상각비	XXX
– 각종 채권/채무의 증감	XXX
– 기타 등	
재정운영원가 일부가 아닌 결손금의 조정	
– 유형자산의 취득 등	XXX
기타조정	XXX
통합결손금(또는 잉여금)	XXX

〈재정확충방안표〉	
통합결손금(또는 잉여금)	XXX
예산에 포함된 비현금 지출액에 대한 조정	XXX
예산에 포함되지 않은 현금흐름에 영향을 미치는 항목	
– 민간차입금(국채) 상환	XXX
– 민간차입금(국채) 차입(발행)	XXX
– 차입금(국채) 이자지급	XXX
– 자금의 대여	XXX
– 기타	XXX
현금변동액	XXX
기초현금	XXX
기말현금	XXX

2. 미국 지방정부회계기준(GASB No.34)

1999년 6월에 미국 정부회계기준위원회(GASB; Governmental Accounting Standards Board)는 GASB보고서 제34호(Statement No. 34)인 '주정부와 지방정부를 위한 기본 재무제표 및 MD&A(Basic Financial Statements and Management's Discussion and Analysis for State and Local Governments)'를 공포했다. 이것은 미국의 주와 지방정부를 위한 완전히 새로운 재무보고의 틀을 제공하고 있을 뿐만 아니라 미국 공공부문의 회계·재무보고의 역사상 가장 큰 변화로 받아들여지고 있다. 시행은 세입규모에 따라 2001~2003년에 걸쳐 도입되었으며, 재무제표 외에 MD&A(Management Discussion and Analysis) 정보를 추가로 공시할 수 있도록 하였다. 재무제표는 경제적 자원의 측정 및 발생주의에 입각하여 모든 자산(사회기반시설 포함), 부채, 수익, 경비, 손익 등을 측정하여 보고하는 내용을 포함한다. 활동보고서의 경우 기능별 순경비 산출(=기능별 경비-해당 수입)하도록 하였다.

3. 뉴질랜드 정부회계제도

뉴질랜드는 전 세계에서 정부부분에 가장 먼저 발생주의 정부회계제도를 도입한 국가이다. 뉴질랜드에서 발생주의 정부회계제도가 도입된 계기는 1980년대 초반 극심한 경제위기 및 재정적자를 극복하는 과정이었다. 뉴질랜드에서 복식부기·발생주의 정부회계제도가 정착되었던 가장 큰 이유는 첫째, 사무차관 제도로 인해 정권교체와 상관없이 지속적으로 정책을 유지할 수 있었다는 점과 둘째, 재무부의 강력한 의지에 따라 민간전문가의 활용에 적극적이었다는 점을 들 수 있다. 이로 인해 뉴질랜드는 정부회계제도 도입 초기부터 민간공인회계사회인 NZICA(뉴질랜드공인회계사회)가 개혁을 주도하였으며, 1987년 7월 최초의 정부회계기준을 제정하여 발표하기에 이르렀다.

뉴질랜드 중앙정부의 재무제표는 재무제표의 종류나 양식에 있어서 일반기업의 재무제표와 거의 유사하다. 이는 뉴질랜드의 정부회계제도는 정부가 아닌 민간부문에서 주도적으로 연구되었던 것에 기인한다. 현재 뉴질랜드 재무보고서의 회계기준은 원칙은 뉴질랜드채택국제회계기준(NZ-IFRS)이며, 이를 공공부문에 적합하게 조정하여 사용하고 있다. 따라서 미국연방정부와 달리 재정운영표는 기업의 손익계산서와 거의 유사하며, 현금주의·발생주의 조정표 대신에 현금흐름표를 작성한다. 다만, 일반 기업과 가장 큰 차이점은 정부회계의 가장 큰 특성인 예산과 관련하여 발생주의 예산정보와 발생주의 결산정보를 하나의 재무제표에 비교하면서 나타내고 있다는 점이다.

4. 국제공공부문회계기준(IPSAS: International Public Sector Accounting Standards)

기업에서는 전 세계적으로 회계기준을 통일하여 적용하고자 하였고, 그 일환으로 제정된 회계기준이 국제회계기준(IFRS)이다. 그러나 이는 비영리활동에 대해서는 적용하기 어려운 부분이 있어, 이의 대안으로 국제공인회계사연맹(IFAC; International Financial Accountants Committee) 산하 국제공공부문회계기준위원회(IPSASB; International Public Sector Accounting Standard Boards)에서는 공공부문에 적합한 국제공공부문회계기준(IPSAS; International Public Sector Accounting Standars)을 제정하였으며, 계속해서 정부부문의 특성이 반영된 회계기준을 업데이트하고 있다.

국제공공부문회계기준은 ㉠ 중앙정부(National Government), ㉡ 광역지방정부(Regional Government), ㉢ 기초지방정부(Local Government), ㉣ 부속기관(Component Government)에 적용될 수 있으나, 현재 이를 전적으로 도입한 국가는 거의 없고 각 국가에서 정부회계기준에 부분적으로 참고하고 있는 실정이다. 국제공공부문회계기준은 기본적으로 국제회계기준(IFRS)와 유사하지만, ㉠ 예산회계(budget accounting) 필요, ㉡ 현금주의회계(cash basis accounting) 강조, ㉢ 비교환거래(non-exchange transaction) 인식 등과 관련하여 차이가 있는 특성을 가지고 있다.

5. 국제회계기준(IFRS: International Financial Accounting Standards)

한국의 상장기업과 공공기관 운영에 관한 법률상의 공기업 및 준정부기관은 각각 2011년 및 2013년부터 국제회계기준(IFRS; International Financial Reporting Standards)를 도입하여 적용하고 있다. 국제회계기준이란 국제회계기준위원회(IASB)가 제정한

국제회계기준(IFRS)와 국제회계기준해석서(IFRIC)을 통칭하는 것으로 현재 전 세계 대다수의 국가에서 도입하고 있는 회계기준이다. 2023년 7월 현재 41개의 기준서와 19개의 기준해석서, 1개의 개념체계가 공표되어 있으며, 한국어로 번역된 것을 '한국채택국제회계기준(K-IFRS)'라고 한다. 국제회계기준은 기존의 회계기준에 비하여 ㉠ 원칙중심 회계(Principle-based Standards), ㉡ 연결재무제표(Consolidated Financial Statements) 중심, ㉢ 경제적 실질 반영(공정가치 정보 제공 확대), ㉣ 주석공시 확대로 그 특성을 요약할 수 있다.

정부회계 전문가 과정 1-② 복식부기·발생주의 정부회계정보 필요성의 이론적 접근

➡ 하기의 내용은 '신제도주의 관점에서의 복식부기·발생주의 정부회계제도 채택과정과 분화과정에 관한 연구(허웅, 2009)'의 내용을 정리한 것임

1. 대리인이론 관점에서 정보비대칭 해소를 위한 정부회계정보 필요성

회계는 거래에 대한 인식과정을 재무적인 수치로 표현하는 언어이자 방법이므로 회계정보는 거래의 과정 및 결과를 충분히 반영할 수 있어야 한다. 민간부문에서의 거래는 교환거래(exchange transaction)를 기본적으로 가정한다. 교환거래란 거래당사자들 간에 명시적 또는 암묵적으로 동일 또는 유사한 가치를 가지는 재화의 주고받음이 이루어지는 것을 말한다. 그 과정에서 가격이 형성되는데, 이 가격에는 거래당사자 간의 거래 물건에 대한 정보의 인지 정도가 반영되어 있다고 할 수 있다.

정보비대칭은 파레토 효율을 저하시켜 사회후생의 감소를 가져오는 요인이다. 완전경쟁시장에서의 거래는 거래당사자간 정보가 완전하다는 가정에서 이루어진다. 만일 거래 일방이 비대칭적인 정보를 가지고 있는 경우 그 거래는 불공정한 게임이 된다. 그러나 거래 일방이 충분한 정보를 가지고 있지 않는다고 할지라도 시장이라는 제도는 정보의 비대칭을 어느 정도 해소시켜 줄 수 있다. 생산자가 만드는 재화의 생산원가를 소비자가 정확히 파악하기는 어려우므로 생산자는 소비자로부터 일시적인 초과수익을 얻을 수 있다. 그러나 시간이 경과하면 대다수 시장참여자를 통해 그 재화의 가치는 정상수익 범위로 안정화되는데, 이 메커니즘이 바로 시장이라는 제도이다. 소비자 측면에서도 자기가 만족하는 가치만큼을 지불하고 재화를 취득하므로 그 생산원가를 정확히 모르더라도 정보비대칭은 자연스럽게 해결될 수 있는 것이다.

반면, 정부의 경우 공공재를 제공하거나 정책사업에 소요되는 원가와 이를 위하여 마련해야 하는 재원 즉, 조세 사이에는 직접적인 관계가 없다. 정부는 공공재를 국민에게 제공하지만 제공된 재화에 대한 직접 대가로 국민들로부터 세금 등을 징수하지 않는다. 국민들 역시 정부에 세금을 납부하지만 이는 법령 또는 행정적 제도로 인하

여 강제성을 띤 것이므로 그 재원이 어느 공공재에 얼마만큼 사용되는지 정확히 알지 못한다. 이를 비교환거래(non-exchange transactions)라 하는데, 이를 이해하기 위하여 우선 조세(tax)의 특성에 대하여 이해할 필요가 있다.

조세의 특성은 비교환성과 강제성이다. 비교환성이라는 것은 납세자 측면에서 조세의 납부가 특정한 보상과 연결되어 있지 않다는 것이다. 납세자는 세금을 납부함으로써 자신의 개인적인 후생의 감소를 경험하지만 동시에 정부로부터 어떠한 혜택을 받을 것을 기대할 수 있다. 그러나 그 수혜의 정도나 내용이 특정한 세금의 납부와 일반적으로 연결되어 있지는 않다(곽태원, 2000). 한편, 비교환성과 관련해서는 소득재분배라는 조세의 기능과 연관하여 좀 더 깊게 생각해 볼 필요가 있다. 조세는 개인적인 측면에서 후생의 감소와 이에 상응하는 후생의 증가가 동시에 trade-off 관계에 있지 않지만 총합(總合)적으로 보면 다른 동시대의 사람들에게 후생 증가의 형태로 나타난다. 이는 조세가 이전지출이나 공공재의 편익 등을 통해 소득재분배의 기능을 수행하는 것과 같은 맥락이다.

강제성이란 조세는 법령에 의하여 결정된다는 것을 의미한다. 차병권(1998)은 조세를 국가가 수입을 조달할 목적으로 특정한 개별적 보상을 급부하지 않고 사경제(국민)로부터 강제적으로 징수하는 재화라고 정의한다. 독일의 1919년 조세기본법(Abgabenordnung)에서는 조세란 특별한 납부에 대한 반대급부가 아닌 납부의무에 따라 법률이 정하는 요건에 해당하는 모든 사람들에게 공법상의 단체가 수입을 획득하기 위한 목적으로 부과하는 일회 또는 계속적인 금전적 급부를 말한다고 규정하고 있다(이만우, 2004). 미국 연방회계기준(SFFAS No.7)에서는 조세를 직접적으로 지칭하지는 않지만 조세를 포함한 비교환수익을 정부권력의 행사를 통하여 대중들로부터 지급을 요구하는 것으로 정의를 내리고 있다(Non-exchange revenues arise primarily from exercise of the Government's power to demand payments from the public(e.g., taxes, duties, fines, and penalties) but also include donations).

그러나 강제성 개념은 정부(국가)의 실체를 어떻게 인식하는가에 따라 차이가 있다. 정부의 존재가 절대적인 것이라면 국민은 정부가 요구하는 일을 해야 할 의무가 있는 것으로 본다. 상대적인 것이라면 정부는 각자 독립적인 개체들이 서로의 편의를 위해 기계적으로 연합한 것에 불과한 것이고, 모든 강제력의 원천은 궁극적으로 국민으로부터 나오는 것으로 본다. 이는 조세성립의 근거인 의무설과 이익설과도 밀접한 관계가 있다. 현대 민주국가에서 조세의 강제성이라는 것은 조세의 일반적 이익을 국민들이 공감하는 경우에만 정당하게 성립할 수 있는 것으로 보는 것이 일반적이며, 조세법률주의의 개념은 이를 뒷받침한다(곽태원, 2000). 즉, 정부란 국민의 정당성을 바탕으로 존재하는 것이며, 조세는 정부가 공공재를 공급하는 것이 더 효율적으로 자원을 배분한다고 국민이 공감하기 때문에 그 존재의 의의가 있는 것이라고 볼 수 있는 것이다.

이러한 관점에서 볼 때, 국민 스스로가 정당성을 부여한 정부가 국민들이 납부한 조세를 공공재의 공급에 얼마나 효율적으로 사용하고 있는지를 파악할 필요가 있다. 그러나 비교환거래의 성격으로 인해 정부가 정책사업마다 정확한 원가를 산출하여 그 정보를 제공하지 아니할 경우 국민들은 납부한 조세가 어떠한 근거에 기인하여 산출되었는지를 알 수가 없다. 완전시장에서처럼 가격이 대다수의 참여자 사이에서 자연스럽게 형성되는 것도 아니고, 독점시장처럼 누군가에 의하여 통제가 될 수 있는 것도 아니다. 더욱이 독점시장의 경우라도 소비자의 측면에서는 시간이 지나면서 생산자에 의한 정상수익과 초과수익의 차이를 어느 정도 알 수 있게 되어 비록 높은 가격이 형성된다고 할지라도 최소한 그 차이원인에 대한 정보를 얻을 수는 있다(정부가 독점시장에 개입하는 것은 그러한 차이 정보를 충분히 인지하기 때문이다). 그러나 정부와 국민간의 거래에서는 가격이 자연스럽게 형성되는 것도 아니고 최소한 정상수익과 초과수익의 차이를 인지하거나 이를 통제하는 실체도 존재하지 않는다. 국민의 입장에서는 오로지 재화를 생산하는 정부가 이에 대한 정확한 원가정보를 제공하여야 알 수 있으므로 정보비대칭이 민간부문보다도 더 중요한 문제로 등장하게 된다.

여기에서 국민과 정부 간에 위임자-대리인 관계가 중요한 문제로 등장한다. 국민은 정부에 정당성을 부여하고 조세를 부담하는 위임자이며, 정부는 이에 부응하여 효율적으로 자원이 배분될 수 있도록 공공재를 공급하는 대리인이라고 볼 수 있는 것이다. 이 경우 공공재의 생산원가 정보를 국민에게 알려주지 않는다면 정부만이 그 정보를 알게 되므로 대리인 문제의 원인인 정보비대칭이 존재하게 된다. 위임자인 국민에 비해 대리인인 정부는 더 많은 정보를 가지고 있기 때문이다. 만일 대리인과 위임자가 같은 정보를 소유하고 있다면 대리인 문제는 발생하지 않는다.

➡ 윤성식(1992)에 따르면, 기업에서의 주주와 경영자 관계에서 적용되는 대리인이론은 국민과 정부의 관계에서도 적용된다고 한다. 경영자가 업무수행을 할 때 주주의 지시를 받는다고 할 수 없고 일종의 위

임받은 한도 내에서 전권을 행사하는 것처럼 위임자인 국민도 주주처럼 사실상 대통령보다는 위에 위치하고 있지만 대통령의 업무수행에 감독과 지시를 내린다기 보다는 대통령에게 행정을 위임하고 폭넓은 자유재량을 부여하기 때문이다.

- 전형적인 대리인 문제는 위임자가 대리인의 행위를 관찰할 수 없으므로 발생하는 도덕적 해이(Moral Hazard)와 대리인이 가지고 있는 정보를 위임자가 가지고 있지 않기 때문에 발생하는 역선택(Adverse Selection)의 두 가지가 있다. 회계정보와 관련한 대리인 문제는 이 둘 모두를 포함하는 것으로 볼 수 있다.

조세와 공공재의 거래관계에서 대리인 문제를 해결하기 위하여 정보비대칭을 줄이는 가장 우선적인 방법은 충분한 회계정보가 공개되는 것이다. 문제는 어느 정도의 회계정보가 국민들에게 제공되어야 하는 것이다. 과거 단식부기·현금주의 회계제도에 의한 회계정보는 대부분의 국가에서 공개되고 있다. 그러나 이는 예산내역에 대한 결산과 관련한 정보에 불과하였는데, 편성된 예산의 범위 내에서 지출이 이루어졌다는 정보에 지나지 않는다. 국민이 정부에게 수탁한 자산을 얼마나 효율적으로 사용하였는지에 대한 정보도 제공하지 않았고, 미래세대에 얼마만큼의 부채를 짊어지게 할 것인가에 대한 정보도 충분하지 않았다. 즉, 회계정보가 정보비대칭을 해소할 정도의 정보가 되기 위해서는 정보는 부가가치(value-added)를 산출하여야 한다.

사실 국민과 정부 사이의 거래와 관련된 성과평가는 조세반발(tax revolt)과 민주주의 선거로 연결되어야 그 의의를 가질 수 있다. 지금까지 조세라는 것은 권위 있는 정부에 의하여 별도로 결정되어 왔다. 국민들에 의한 조세반발이 없지는 않았으나 이는 새로운 세금항목이 등장하거나(예를 들어 소비세 부과 등), 경기상황에 비추어 높은 세율에 대한 반발이지 국민이 납부한 세금이 어디에 어떻게 얼마나 효율적으로 사용했는지에 대한 반발은 아니었다. 왜냐하면 정부가 정확한 회계정보를 제공하지 않았기 때문이다. 시장에서처럼 국민이 생산자의 생산원가를 모른다고 할지라도 선택가능한 대안이 충분한 상태에서는 자연스럽게 가격의 균형이라는 것이 형성되기도 한다. 그러나 정부와의 거래는 국민이 선택할 수 있는 대상이 아니다. 예를 들어 국방이라는 공공재가 불만족스럽다고 해서 국민이 거주할 국가를 선택할 수 있는 것은 아니기 때문이다. 결국 국민과 정부 간의 거래에서 사회후생손실을 감소시키기 위해서는 국민들로 하여금 조세의 적정성에 대한 판단을 내릴 수 있어야 하고 민주주의 선거라는 방법을 통하여 정부를 평가할 수 있어야 한다. 이에 대한 기본적인 바탕이 되는 것이 충분한 회계정보의 제공이다.

복식부기·발생주의 회계정보가 이같이 정책의 평가가 가능할 정도의 충분한 회계정보인지에 대해서는 확신하기 어렵다. 그러나 기존의 통제목적의 단식부기·현금주의 회계정보에 비하여 더 많은 회계정보를 제공하는 것은 사실이다. 기존의 단식부기·현금주의 회계제도의 경우 지출과 수입의 결과만을 보여주는 것이기 때문에 지출 및 수입의 원인이 무엇인지는 알 수 없다. 정부의 자산을 취득하는 것은 지출이고, 자산을 매각하는 것은 수입이다. 정부가 타 실체로부터 자금을 차입하는 경우에도 수입이고, 정부가 자금을 타 실체에 빌려주는 것은 지출이다. 이러한 정보는 정부가 자산을 얼마나 효율적으로 활용하고 있으며, 재정운영성과를 위해 어떠한 노력을 하는지를 나타내는 것은 한계가 있다.

이에 비해 복식부기·발생주의 회계제도는 정부의 행정활동과 공공재의 공급을 효율적으로 하고 있는지에 대한 지표를 나타내는 정보의 산출이 가능하며, 자산의 활용이나 미래세대가 부담할 부채의 정도를 쉽고 정확하게 파악할 수 있게 한다. 기존 정책사업에 소요된 자원의 정도에 대한 경험을 바탕으로 향후 정책사업에 활용이 가능한 정보가 산출된다. 무엇보다도 정부가 공공재의 공급에 사용되는 재원이 얼마인지를 파악하여 조세로 충당하여야 하는 재원의 규모가 어느 정도여야 하는가에 대한 정보의 산출이 가능하다. 또한, 정부가 관리하는 자산 및 부채에 대한 실질적인 경제적 가치에 대한 파악도 가능하다. 이렇듯 복식부기·발생주의 회계제도는 국민들에게 정부의 재정상태와 재정운영의 결과에 대하여 정확하고 풍부한 회계정보를 제공할 수 있으며, 정보비대칭의 문제를 상당부분 해소할 수 있게 한다.

2. 재산권이론 관점에서 직접적 재산권으로서의 정부회계정보 필요성

정부회계에 복식부기·발생주의 회계제도 도입의 필요성을 재산권이론의 관점에서 보면 우선적으로 회계정보 소유권의 명확화 및 국민들에 의한 소유권 보장으로 해석할 수 있다. 정부와 국민 간의 정보비대칭은 사회후생을 감소시키는 요인이 된다. 정확한 정보가 부재하다면 국민은 부담하여야 할 조세의 정확한 범위를 파악하지 못하고 과대 또는 과소부담의 가능성이 존재한다. 과소부담은 부족한 재원에 대하여 정부가 외부 실체로부터 차입해야 하는 바, 이는 미래세대에 대한 부담으로 작용하므로 이 역시 거래당사자 간의 최적해라고는 볼 수 없다. 만일 충분한 회계정보를 하나의 재산권으로 보고 이에 대한 소유권이 명확하게 국민에게 있다는 것을 제도로 규정한다면 정보비대칭은 거래 과정에서 내재화될 수 있다. 문제는 회계정보를 하나의 재산권으로 볼 수 있는가에 대한 부분과 이를 측정할 수 있는지 대한 여부이다.

➡ 재산권은 경제학적으로 강제력이 수반되는 행동관계로서 모든 희소성있는 재화에 적용되는 개념인데, 물질적 재화뿐만 아니라 투표권, 저작권 등 비물질적 재화에도 해당되며, 일체의 희소성있는 재화와 개별 인간과의 사회경제적 관계의 총체를 의미한다(신형균, 2002).

재산권에 대한 개념을 정립한 코즈정리(Coase's theorem)는 완전경쟁, 완전정보의 상태 하에서 개인 간의 협상비용·거래비용이 무시할 정도로 적고, 협상으로 인한 소득재분배가 외부성에 관한 각 개인의 합계(비)효용에 영향을 미치지 않는다면 외부성(externality)에 관한 재산권이 어느 경제주체에 귀속되는가에 관계없이 협상을 통해 자원이 효율적으로 배분된다는 것이다. 중요한 것은 이러한 가정이 비현실적임에도 불구하고 코즈정리는 외부성의 문제를 법적·제도적 수단에 의해 당사자 간의 자발적 해결을 유도하여 내부화시킨다는 점에서 외부성의 문제를 법적·제도적 측면에서 접근한 시발점으로서 기여하고 있다(이만우, 2004). 즉, 외부성 등으로 인하여 최적의 사회후생이 달성되지 못하는 경우 재산권을 명확하게 함으로써 자연스럽게 거래 과정에서 최적화의 달성이 가능하다는 것이다.

만일 정부가 공공재를 생산하는 원가에 그 원가의 적절성을 나타낼 수 있는 정부회계정보를 생산하는 비용을 감안하여 이를 국민의 조세부담과의 거래 과정(즉, '공공재+회계정보'와 '조세'의 거래)에서 국민에게 제공한다면 국민은 더 정확한 조세부담의 수준을 파악할 수 있게 될 수 있다. 이러한 과정이 정부회계정보의 재산권을 인정하는 것이며, 궁극적으로 재산권의 소유는 국민에게 있다는 것을 나타내는 것이다. 특히, 정부재산을 국민이 정부에 효율적으로 관리하라고 위탁한 것이라고 본다면 그에 대한 성과정보는 국민에게 소유권이 있는 것이라고 볼 수 있다. 만일 정부회계정보에 대한 재산권의 개념이 모호하다면 정부는 굳이 충분한 정부회계정보를 산출할 필요가 없게 되고, 결국 정부와 국민 간의 정보불일치 거래가 발생하게 되는 것이다. 즉, 정부회계정보는 국민과 정부 간의 자원 배분의 효율성을 달성하는 일종의 무형의 재산권인 것이다. 이에 반해 과거에는 정부회계정보가 재산이라는 개념이 희박했을 뿐만 아니라 그 소유가 누구에 속하는 것인지도 분명하지 않았다. 정부의 관점에서는 회계정보라는 것이 정부 내부에서 예산을 얼마나 잘 집행하였는지에 불과한 정보에 불과하였으므로 하나의 재산이라는 생각을 미처 하지 못했고, 국민의 관점에서도 정부가 잘 알아서 예산을 집행할 것이라고 믿었기 때문에 정부회계정보 소유권의 요구에 대해서도 인식하지 못했었던 것이다.

물론, 정부회계정보가 재산권으로서 가치를 가지기 위해서는 두 가지의 전제조건이 필요하다. 첫째, 복식부기·발생주의 정부회계정보와 같은 복잡하고 다양한 회계정보가 산출될 수 있는가 하는 것이고, 둘째, 충분한 정부회계정보의 산출과정에서 비용보다 효익이 커야 재산권으로서의 가치가 있다는 것이다.

첫째, 복식부기·발생주의 정부회계정보와 같은 복잡하고 다양한 회계정보의 산출 가능성은 1970년대부터 각국의 재정개혁의 기반이었던 신공공관리론(NPM)의 도입과 관련이 있다. 신공공관리론은 공공분야에 경영의 논리와 관리기법을 도입하여 공공분야의 비능률을 제거하고 서비스를 획기적으로 개선하려는 데 목적을 두고 발달한 이론으로, 1970년대 각국의 경제가 스태그플레이션을 겪고, 관료제에 대한 인식이 부정적으로 전환되었으며, 무엇보다도 복지수요의 증가로 인한 재정적자가 심화되어 감에 따라 국민들의 수요를 충족시키기 위해서 행정서비스의 효율을 높이려고 하는 관리기법을 의미한다(이재은, 2003). 비능률의 여부를 파악하기 위해서는 정확한 정보의 산출이 우선시 되었으므로 정부회계정보의 관리가 절실히 요구되었다. 정부에서 산출되는 회계정보가 단순히 예산에 대한 결산정보라는 개념에서 탈피하여 정책사업에 효율적으로 적용 가능한 정부회계정보의 개념으로 발전하게 되었다. 즉, 관리자는 예산을 초과하지 않으면 충분하다는 마인드에서 지출은 새로운 가치를 창조한다는 경영자의 마인드로 전환되었던 것이다.

이 과정에서 정부회계정보도 하나의 재산이라는 의식이 등장하였던 것이다. 정부회계정보는 정책의사결정자에게 정확한 의사결정을 내릴 수 있는 바탕이 된다는 점과 동시에 국민이 정부의 정책사업을 평가하기 위한 중요한 기반이 된 것이다. 신공공관리론은 정부관리의 핵심으로서 정보관리의 중요성을 강조하였고, 그 중요성이 부각되면서 정부가 산출하는 회계정보는 국민의 재산이라는 개념이 발달하게 되었다. 마치 일반기업에서 기업의 주인은 주주이고, 기업이 산출한 회계정보를 바탕으로 배당금을 수령하거나 추가 투자 여부를 결정하므로 산출된 회계정보는 주주의 소유라는 것과 맥락을 같이 한다.

둘째, 국민의 소유로 재산권의 효용을 가지기 위해서는 재산권을 만들고 이전하는 데 소요되는 비용보다 그 효익이 커야 할 것이다. 만일 충분한 정부회계정보의 생산 및 이전에 따른 비용이 너무 커서 효익보다 크다면 그러한 정부회계정보의 재산권은 가치가 없기 때문이다. 과거 각 국가에서 단식부기·현금주의 회계정보만이 제공되었던 것은 그 당시의 비용·효익의 관점에서 재산권으로서 가치를 가진다고 여겼기 때문일 것이다. 1970년대 이후 민간부문에서 회계제도가 급격하게 발달하고 IT 및 정보시스템의 급격한 발달은 다양한 정부회계정보를 산출하는데 있어 비용·효익 관점에서 가치가 증가되어 재산권의 새로운 가치를 측정할 수 있는 외적 환경이 마련되었던 것으로 볼 수 있다.

3. 재산권이론 관점에서 니스카넨 모형과 소비자잉여(간접적 재산권) 측면에서의 정부회계정보 필요성

정부회계정보가 매개체로써 공공재 생산과정에서 발생하는 소비자잉여인 재산권을 정부(또는 관료)에게서 국민으로 소유권을 이전시키는 역할에 대하여 니스카넨 모형을 통해 설명할 수 있다. 니스카넨 모형이란 니스카넨(W. Niskanen)이 1971년에 발표한 관료제 모형으로서 관료들은 자신들이 속한 부서의 예산극대화에 목표를 두고 있다는 기본가정에서 출발한다. 예산의 크기는 공공재 생산의 크기와 정비례하므로, 예산극대화를 추구한다는 것은 바로 공공재 생산의 극대화를 추구한다는 것을 뜻한다고 볼 수 있다. 니스카넨은 관료들이 입법부의 절차를 통해 비용을 확보한다는 사실이 중요하다고 강조한다.

➡ 이하 니스카넨 모형의 이론적인 부분에 대해서는 '재정학(이준구, 2001)'을 참조하였다.

즉, 관료들이 생산물을 한 단위씩 판매하는 것이 아니라 전체 생산물을 예산과 교환하는 형식으로 비용을 조달한다는 점이 중요하다는 것이다. 관료들이 자신의 관료적 생산에서 나오는 총편익(TB; Total Benefit)이 총비용(TC; Total Cost)보다 크다는 사실을 입법부에 납득시키기만 하면 자신의 생산 활동이 타당하다는 인정을 받을 수 있고 이에 따라 그 총비용에 해당하는 예산을 배정받는다. 이와 같은 특성에 의해 관료들은 마치 제1급 가격차별독점자(first-degree price discrimination monopolist)와 같은 독점력을 갖게 된다는 것이다. 이에 따라 관료들은 일반적으로 생산 및 공급과정에서 나오게 되어 있는 소비자잉여를 국민들에게 전가시키지 않는 능력을 갖게 된다. 여기서의 소비자잉여가 바로 국민이 세금을 지불(납부)함으로써 획득되어야 하는 국민의 재산이 된다고 할 수 있다. 이는 다음의 니스카넨 모형을 보면 쉽게 이해할 수 있다.

➡ 제1급 가격차별이란 생산자가 상품에 대한 각 소비자의 보상수요곡선을 완전하게 알고 있다는 것을 의미한다. 이 경우 생산자는 소비자별로 상품의 가격을 차별적으로 부여함으로써 궁극적으로 모든 소비자잉여는 사라지게 되는 것이다(이준구, 2001).

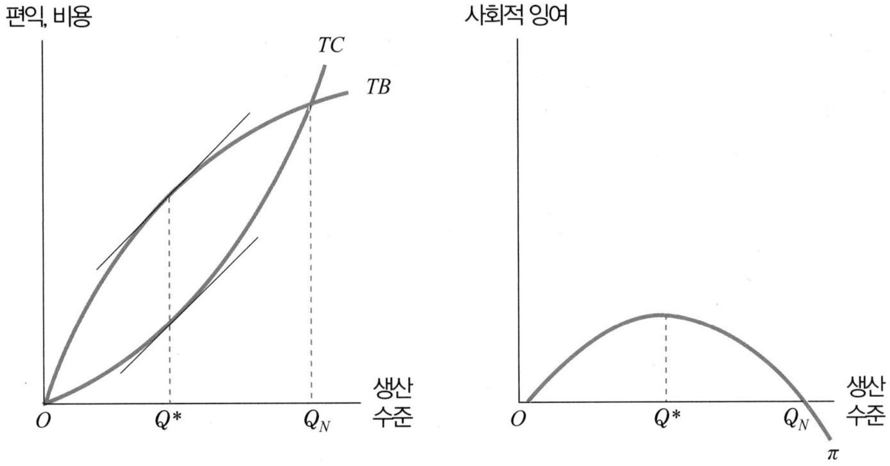

상기 좌측 그림은 공공재의 생산수준에 따라 총편익과 총비용이 어떻게 변화하는지를 보여주고 있다. 우측 그림은 각 생산수준에서의 총편익으로부터 총비용을 뺀 사회적 잉여(π)를 나타내는 곡선이다. 일반적인 관점에서 볼 때 한계편익(MB)과 한계비용(MC)이 동일한 Q^*의 생산수준에서 사회적 잉여가 가장 크며(소비자잉여도 가장 커진다는 것을 의미함), 이 생산수준이 바로 사회적 최적생산수준이라 할 수 있다. 그러나 니스카넨 모형에 따르면 입법부에서의 예산편성 절차상 총편익이 총비용을 초과하기만 하면 타당성을 인정받을 수 있고, 관료제의 특성상 가능한 가장 높은 생산수준을 선택할 것이므로 결국 Q_N의 생산수준이 선택된다. Q_N은 최적의 생산수준인 Q^*을 훨씬 초과하고 있으며, 이때 사회적 잉여는 0가 된다. 결국 제1급 가격차별독점자에 상응하는 독점력을 이용해 국민들에게 돌아갈 잉여를 관료적 생산의 확대(공공재

생산의 확대)에 사용한 결과로서 비효율적인 생산수준을 선택하게 되는 것이다.

실제로 관료들이 Q_N의 생산수준을 선택하는데 있어 이를 견제하기 어려운 이유는 Q^*이 비록 최적 생산수준이라고 할지라도 이를 알 수 있도록 하는 정보가 실질적으로 존재하기 어렵기 때문이다. 사실 제1급 가격차별이라는 것도 생산자는 생산물과 소비자의 행태에 대한 충분한 정보를 가지고 있는데 비하여 소비자는 이 생산물의 사용으로 해서 발생하는 잉여의 크기에 대하여 정확한 정보를 가지고 있지 못하기 때문에 결국 정보를 가진 자에 의하여 가격이 차별적으로 형성되는 것에 기인한다. 만일 입법부나 국민들이 공공재를 생산하여야 하는 최적 수준을 알고 이에 따른 사회적 잉여의 규모에 대한 것도 인지하게 된다면 관료들은 예산극대화를 추구하기 어려울 수 있다. 니스카넨도 처음에는 입법부가 관료들의 주장만을 듣고 순진하게 총편익 및 총비용만을 고려할 수 있겠으나 시간이 지나게 되면 과다생산의 문제를 알아차릴 수 있을 것이라고 주장하고 있다(이준구, 2001). 여기서 시간의 경과라는 것은 결국 정보비대칭의 해결요인이라 볼 수 있게 되는 것이다.

그렇다면 어떠한 정보가 관료들을 견제할 수 있는 정보인가에 대한 문제가 발생한다. 가장 바람직한 정보는 공공재화 1단위 생산 및 소비에 따른 사회적 원가와 사회적 편익에 대한 정보일 것이다. 그러나 현실적으로 이 같은 정보는 산출하기 어렵기 때문에 대체적인 것으로서 사업과 관련한 다양하고 정확한 정부회계정보를 생각해 볼 수 있다. 정부회계정보는 효용 등 비계량정보를 제공하지 못하는 한계가 있으나, 모든 형태 정보의 기초가 된다는 점에서 중요한 의미를 가진다. 정부회계정보에는 어떠한 정책에 어느 정도의 재원이 소요되며, 조세로서 충당할 수 없는 재원은 어느 정도인가에 대한 정보를 포함한다. 이를 재원소요와 재원확충 부분으로 나누어서 분석할 수 있다.

재원소요 부분과 관련해서는 정책별 집행원가 내역이 중요한 정보가 될 수 있다. 어떠한 정책에 얼마나 효율적으로 집행하였는가는 원가정보의 분석에서부터 출발한다. 단순히 세출예산대비 집행내역만을 나타내는 정보는 세출에 대한 통제성-얼마나 절약했는지 아니면 얼마나 낭비했는지에 대한 정보만을 나타낼 뿐이다. 관료들의 예산극대화를 견제하기 위해서는 정책별 원가집행의 효율성 평가, 원가의 구성요소 분석 등이 가능할 수 있어야 한다. 이는 다른 효익 측정정보와 함께 성과측정의 정보로 활용될 수 있다. 물론 회계정보가 예산극대화를 직접적으로 견제할 수 있는 정보라고는 할 수 없지만, 이러한 정보는 모든 정보의 기초가 된다는 점에서 중요하다.

재원확충 부분과 관련해서도 예산극대화의 현상이 발생하는 이유 중의 하나로서 세입 측면을 고려하지 않기 때문인 것도 생각해 볼 수 있다. 이는 실제 경제적 자원의 사용 및 예산요청부서(즉, 정책집행부서)와 세입관리 즉, 조세 및 전체 국가채무를 관리하는 부서(정책형성부서)가 상이함에 따라 개별 정책별 재원확충 부분에 둔감할 수밖에 없는 것에 기인한다. 예산이라는 것을 요청하고 승인만 받으면 충분하다고 생각할 경우 예산극대화의 현상은 두드러지게 된다. 중요한 것은 조세 등 동시대 세대들로부터 모든 재원을 확충할 수 있으면 상관이 없으나, 재정적자로 인한 채권발행이나 차입 등으로 미래세대들에게 그 책임을 전가(shift)시킬 경우 문제가 발생한다. 국공채나 차입금은 일종에 미래세대로부터 조세를 선(先)취득하는 것이므로 현재 세대의 관료들이 공공재를 과다생산 하는데 미래의 재원을 소비한다면 그에 대한 폐해는 미래세대들에게 고스란히 돌아가게 된다. 앞서 니스카넨 모형에서 관료들의 예산극대화 현상은 국민들에게 돌아가야 하는 사회적 잉여를 0으로 만드는 문제가 있다고 하였지만, 문제는 거기에서 그치지 않고 오히려 미래세대들에게는 잉여를 (−)로 만드는 결과를 가져올 수 있기 때문에 이에 대한 명확한 이해가 필요한 부분이다. 기존의 단식부기·현금주의 회계제도에서처럼 정부로 수입(收入)되는 자원을 세입(歲入)으로 하여 그 원천을 구분하지 않을 경우 심각성을 인지하는 것조차 어려울 수 있다. 당기 조세와 부채(즉, 미래세대들에게 부과되는 조세)를 명확히 구분하는 회계정보가 필요한 이유가 여기에 있으며, 이는 복식부기·발생주의 회계제도로서 가능해질 수 있다.

4. 거래비용이론 관점에서 정부회계정보 필요성

국민들이 조세를 부담하고 정부는 공공재를 제공하는 것을 정부와 국민 간의 주요 거래라고 한다면 동 거래는 비교환거래이므로 제공된 공공재의 원가 또는 가치를 파악하기 어려운 정보비대칭이 존재하게 된다. 거래비용이론의 관점에서 본다면 이러한 정보비대칭으로 인한 사회적 후생 감소의 대부분은 거래비용이 원인이 된다고 볼 수 있다. 거래비용을 줄여야 사회적 후생이 증가한다면 이를 최소화할 필요가 있다. 이 경우 가장 효과적인 방법이 바로 정보비대칭의 간격을 줄이는 정부회계정보의 산출 및 제공이다. 고려할 점은 어떠한 정부회계정보가 정부와 국민 간의 정보비대칭을 줄이는 회계정보인가 하는 것이며, 그러한 회계정보를 산출하는 비용이 어느 정도인가 하는 것이다. 이를 함수식으로 표현하면 다음과 같이 제시할 수 있다. 즉, 충분한 회계정보가 산출 및 전달될수록, 그러한 회계정보의 산출비용이 낮을수록 거래비용은 감소하게 되어 사회적 후생은 증가하게 되는 것이다.

- 거래비용=f{충분한 회계정보(−), 회계정보 산출비용(+), 기타통제변수}

충분한 정부회계정보와 관련하여 과거부터 지속적으로 제공되었던 단식부기·현금주의 회계정보가 거래비용을 감소시킬 수 있는지 검토할 필요가 있다. 단식부기·현금주의 회계정보는 우선적으로 예산에 대한 통제목적의 성격이 강했기 때문에 국민들에 대한 충분한 정부회계정보로 보기 어렵다. 정보비대칭을 감소시키는 정보는 정부가 공급하는 공공재의 가치와 국민들이 부담할 조세수준의 공공적 합의가 동일하여야 할 것이다. 그러나 단식부기·현금주의 회계정보는 국민이 수탁하고 정부가 관리하는 자산의 정확한 가치를 파악하기 어렵고, 미래세대들이 짊어지게 될 현재세대의 부채 역시 파악하기 어렵다. 또한, 국민들이 부담한 조세를 정책계획에 따라 효율적으로 집행하고 있는지, 정부가 일반기업과 시장에서 경쟁하는 경우 충분한 수익을 발생시켜 국민들의 조세부담을 경감시켰는지에 대한 성과를 산출하기에도 적합하다고는 볼 수 없다.

여기에서 복식부기·발생주의 정부회계제도의 유효성이 부각된다. 예산통제와 달리 복식부기·발생주의 정부회계제도는 정보이용자가 의사결정을 하는데 있어 유용한 정보를 제공한다. 이러한 정보는 정부 재정운영의 성과를 잘 파악할 수 있으며, 정부가 관리하여야 하는 자산 및 부채의 가치 파악이 가능하다. 자기검증기능으로 인하여 회계정보의 오류가능성도 충분히 제거될 수 있다. 정책사업과 관련한 원가의 산출이 가능함과 동시에 이에 필요한 자금수요가 얼마여야 하는지에 대한 정보의 제공도 가능하다. 1980년대 이후 미국 및 뉴질랜드를 포함한 주요 선진국에서 복식부기·발생주의 정부회계를 하나의 제도로 도입한 이유 중의 하나가 바로 각 국 정부가 거래비용을 감소시키기 위한 방편이었다는 점에 주목할 필요가 있다.

1960년대 후반 Ball & Brown(1968)의 연구 이후 회계정보의 효율성이 강조되면서 자본시장에서 회계제도가 급격하게 발달하게 되었고, 1970년 이후 주요 선진국에 불어 닥친 재정개혁으로 인해 제도 도입의 필요성이 가속화되었다. 여기에 복식부기·발생주의 회계제도는 거래의 인식부터 회계정보의 산출까지 복잡한 산출과정이 불가피할 수밖에 없는데 1980년대 이후 IT 및 정보시스템의 급속한 발달이 이 과정을 시스템적으로 해결될 수 있게 하였던 것이다. 즉, 상기 함수식에서 중요한 독립변수인 회계정보의 산출비용이 획기적으로 감소하게 되었다.

한편, 상기 함수식은 각 국가가 복식부기·발생주의 정부회계제도를 도입하는 과정에서 일시적으로 도입하지 않고, 시차(time gap)를 두고 도입하게 되었는지에 대한 근거도 제시한다고 볼 수 있다. 논리적으로 단식부기·현금주의 회계정보보다 복식부기·발생주의 회계정보가 의사결정자에게 유용한 부가가치적인 정보를 다양하게 제공할 수 있음에도 불구하고 국가별로 도입시점이 서로 차이가 있거나 아직까지 많은 국가에서 도입을 주저하는 이유는 각 국가별로 충분한 회계정보에 대한 효용성의 크기보다 회계정보 산출비용이 더 크기 때문이라는 해석이 가능하다.

회계정보 산출비용은 회계정보 산출 담당자에 대한 교육비용, 사회적 회계성숙비용, 정부회계정보시스템 구축 및 운영 등 시스템관련 비용 등이라 할 수 있다. 강인재·신종렬·배득종(2003)은 중앙정부는 아니지만 한국 지방정부의 복식부기·발생주의 정부회계제도의 도입과 관련하여 비용과 편익을 분석한 바 있다. 동 연구에서는 복식부기·발생주의 정부회계제도의 도입으로 인한 편익비용비율을 2.83~4.71로 예측하고 있는데, 이는 정부회계정보시스템으로 인한 효과가 상당하며 결국 회계정보 산출비용에 비하여 회계정보의 효용성의 크기가 크다는 것을 입증하고 있다. 여기에는 한국 지방정부의 경우 그 이전부터 시범적용을 위한 시스템 구축 경험을 충분히 가지고 있었고, 1990년대 후반 이후 한국의 IT분야에 대한 집중적 육성 및 발달과도 밀접한 관련이 있다고 볼 수 있다. 한국 중앙정부 경우에도 외환위기를 거치면서 회계에 대한 관심과 건전성이 향상되었고, 현재 한국의 정부회계시스템인 디지털예산·회계시스템(dBrain) 역시 1990년대 이후 살리미, NAFIS, FIMSYS라는 회계 및 예산시스템의 경험 위에 발달된 것이다. 이렇게 회계정보 산출비용이 감소되는 제반 환경적 요인으로 인한 거래비용의 감소가 한국의 복식부기·발생주의 정부회계제도 도입이라는 결과로 나타나게 되었던 것이다. 즉, 각 국가의 회계시장의 성숙도나 해당 국가의 전자정부 및 정보시스템의 발달 정도에 따른 산출비용의 크기는 결국 정부회계제도 채택과정의 차이를 가져오게 하는 원인이 되었다.

CHAPTER 2

복식부기·발생주의 정부회계와 원가계산의 기초

제1절 복식부기·발생주의 정부회계의 기초
제2절 정부회계 원가계산의 기초

CHAPTER

2

복식부기·발생주의 정부회계와 원가계산의 기초

본격적으로 정부회계에 대한 내용을 전개하기에 앞서 정부회계를 이해하기 위한 복식부기·발생주의 정부회계의 기초적인 사항을 살펴보도록 한다. 본 장에서는 기초적인 복식부기 회계처리에 대한 내용(차변과 대변으로 구분하는 회계처리), 현금주의와 발생주의 회계의 차이, 재무제표 작성과정, 정부회계에서의 원가계산의 개념 등이

본 장에서의 기본 가정

- 본 장에서는 리니 회계사와 유리 사무관이라는 가상의 인물을 등장시켜 복식부기·발생주의 정부회계제도와 정부회계 원가계산의 기초를 설명한다.
- 리니 회계사는 33세로서 공인회계사이자 행정학박사로서 정부회계 분야의 최고의 전문가이며, 현재 기획재정부 및 행정안전부의 정부회계제도 관련 프로젝트를 컨설팅 하고 있다. 그러나 본 프로젝트를 담당하는 기획재정부 사무관이 복식부기·발생주의 회계에 대한 지식이 없기 때문에 지식의 이전이 현재 당면한 숙제이다.
- 유리 사무관은 30세로서 기획재정부 회계결산과 담당 사무관으로 발령받았다. 대학에서 경제학을 전공하여 회계지식은 전무하다. 정부회계제도 관련 프로젝트 수행이 첫 번째 부여받은 과제로서 이를 성공적으로 진행하기 위하여 우선적으로 복식부기·발생주의 정부회계에 대한 지식을 쌓아가는 것이 1차적인 숙제임을 이해하고 있다.

포함된다. 복식부기·발생주의 회계에 대한 사전적인 이해가 부족하다고 하더라도 이를 쉽게 이해할 수 있도록 딱딱한 문어체의 설명보다는 익숙한 구어체 방식으로 설명하며, 기획재정부 사무관과 정부회계 전문 회계사의 대화 형식으로 진행한다.

제1절 복식부기·발생주의 정부회계의 기초

1. 단식부기와 복식부기

(1) 현금흐름과 회계기록

: 회계사님 반갑습니다. 김그나 재정관리국장님으로부터 정부회계 전문가라는 말씀을 많이 들었습니다. 이번 프로젝트는 정부회계가 한 단계 더 발전할 수 있는 계기가 되기 때문에 그 어느 때 보다 많은 신경을 써 주셨으면 합니다. 그런데 제가 처음 발령받다 보니 복식부기·발생주의 정부회계제도에 대해서 문외한입니다. 많이 도와주세요. 도대체 복식부기·발생주의 정부회계제도가 무엇인가요?

: 사무관님 반갑습니다. 열심히 수행해서 만족할 만한 성과가 산출될 수 있도록 최선을 다하겠습니다. 그리고 복식부기·발생주의 정부회계라, 글쎄요, 그렇게 말씀하시면 저도 한 마디로 말씀드리기가 어렵습니다. 일단, 복식부기·발생주의 정부회계제도를 설명하기에 앞서 정부의 세입세출결산 제도와 유사한 현금흐름에 따른 기록방식을 먼저 설명하기로 하지요.

: 정부에서 사용하는 세입세출결산이 현금흐름만 기록하는 것인가요?

: 반드시 그런 것만은 아니지만 일반적으로 현금의 유입을 세입으로 기록하고 현금의 유출을 세출로 기록하게 됩니다. 그래서 정부의 세입세출결산 제도는 아주 큰 가계의 금전출납부와 유사하다고 보시면 일단 이해하기가 편합니다.

: 정부와 일개 가계를 비교하는 것은 너무 심한 것 같은데요.

: 물론 정부의 일과 가계의 일을 비교할 수 없겠지요. 그러나 회계기록 방식의 측면에서 보면 큰 차이가 있는 것은 아닙니다. 사무관님 입장에서는 자존심 상할 수도 있겠으나 회계 관점에서 보면 유사하다는 것은 변함이 없습니다.

: 현금흐름의 기록이라는 것에 대해서 좀 더 자세히 설명해 주십시오.

: 일단 다음과 같은 상황에 대해서 현금의 유입과 현금의 유출을 어떻게 기록하는지 살펴보도록 하지요.

1. (3월 31일) 70,000천원의 국세가 수납되었다.
2. (4월 15일) 20,000천원이 공무원 급여로 지출되었다.
3. (4월 30일) 30,000천원의 교통신호위반 벌금수익이 수납되었다.
4. (7월 1일) 40,000천원의 국유재산(건물)을 구입하였다. 내용연수 10년. 정액법 상각을 가정한다. 잔존가액은 0원이다.
5. (7월 1일) 향후 대규모의 자금유출이 예상되어 80,000천원을 민간금융기관에서 차입하였다. 차입이자율은 시장이자율과 같은 5%이고, 만기는 2년(연 균등분할 상환), 이자는 매년 6월30일 지급한다.
6. (7월 1일) 서민 주택자금지원 정책과 관련하여 30,000천원을 주거복지지원금으로 무상 지출하고, 45,000천원은 5%의 이자로 융자하였다(시장이자율 5%, 이자는 1년에 한번씩 수납되는 것으로 가정한다).
7. (9월 30일) 6월 30일 구입한 국유재산에 대한 수선유지비 500천원이 지출되었다(수익적지출).
8. (10월 1일) 국외출장 여비로 800천원이 지출되었다.
9. (10월 15일) 비축양곡 10톤을 구입하면서 30,000천원이 지출되었다. 이 중 8톤을 11월 중에 20,000천원에 매각하였고 대금은 모두 수납되었다.
10. (12월 1일) 6월 30일 구입한 국유재산에 대한 1년치 보험료 1,200천원이 지출되었다.

(2) 단식부기·현금주의 기록방식 및 특성

: 상기 상황에 대하여 현금의 유입을 세입으로, 현금의 유출을 세출로 하여 세입과 세출을 기록한 장부를 작성해 보도록 하겠습니다.

세입거래(현금의 유입)		세출거래(현금의 유출)	
거래내역	금액	거래내역	금액
1. 국세수익 수납	70,000	2. 공무원 급여 지출	20,000
3. 벌금수익 수납	30,000	4. 국유재산(건물) 구입	40,000
5. 민간금융기관 차입 수납	80,000	6-1. 주거복지지원금 무상지출	30,000
9-2. 양곡 8톤 매각 수납	20,000	6-2. 서민 주택자금 대출	45,000
		7. 수선유지비 지출	500
		8. 국외출장 여비 지출	800
		9-1. 양곡 10톤 구입 지출	30,000
		10. 국유재산 보험료 지출	1,200
소계	200,000	소계	167,500
		차액(세입-세출)	32,500

: 상기 거래 결과에 따라 한국은행 국고에는 기말 시점에 32,500천원이 남게 됩니다. 거래과정 및 기록방식에 대해서 이해하시겠지요?

: 상기 설명은 쉽게 이해가 되네요. 마지막으로 잔액이 32,500천원이 남는 것도 충분히 확인이 가능합니다. 그런데 이것은 너무 당연한 것 아닌가요?

: 네. 이렇게 거래의 결과인 현금의 변동을 위주로 장부에 인식하는 방법을 단식부기라고 하구요, 현금흐름만을 위주로 기록한 것이기 때문에 현금주의 회계라고 합니다. 즉, 단식부기란 거래의 결과만 기록하는 것이고 보통 거래의 결과는 현금흐름과 밀접하게 관련되어 있어 보통 이를 합쳐 단식부기·현금주의 회계방식이라고 부르는 것입니다. 이 기록방식은 현금흐름의 유입 및 유출만을 기록하고 그 결과 현금의 잔액(또는 변동액)을 쉽게 파악할 수 있기 때문에 통제 측면에서 뛰어나다고 하겠습니다.

: 단순한 기록방식인 줄 알았는데, 회계 관점에서 볼 때는 깊은 의미를 가지고 있네요. 그럼 단식부기와 비교되는 용어가 복식부기이고 현금주의에 비교되는 용어가 발생주의 회계제도이겠네요?

: 네, 맞습니다. 단식부기와 복식부기는 기록방식의 차이이고, 현금주의와 발생주의는 인식기준의 차이입니다. 따라서 반드시 단식부기·현금주의 방식이 짝을 이루고, 복식부기·발생주의 방식이 짝을 이루는 것은 아닙니다. 복식부기·현금주의 방식도 가능합니다. 따라서 발생주의를 설명하기 전에 상기 현금흐름 거래를 기초로 복식부기 방식을 설명하겠습니다. 참 그전에 사무관님께서 소속된 기획재정부는 국가회계를 적용해야 합니다. 국가회계는 국고금회계에 대한 내용과 국세수익 회계처리가 조금 특수합니다. 일단 이 부분은 고려하지 않겠습니다. 또한, 국세수익은 벌금수익 등과 같은 일반적인 비교환수익 처리방식으로 진행하겠습니다. 제가 지금 다소 어려운 용어를 사용했는데요, 이는 진행하면서 자세히 설명해 드리도록 하지요.

: 그렇게 하시지요.

(3) 복식부기 기록방식 및 회계처리(현금주의)

: 복식부기를 이해하기 전에 먼저 현금의 유입과 현금의 유출을 좀 더 세부적으로 구분하여야 합니다. 현금 유입의 경우 상식적으로 보아도 국세수익과 민간금융기관 차입은 명백히 구분이 될 겁니다. 사무관님 이해하시겠습니까?

: 수익은 뭔가 열심히 해서 벌어들인 것 같고, 차입은 돈을 빌린 것 같은데. 아! 차입은 향후 다시 갚아야 하는 채무이고 수익은 현금의 유입으로 모든 것이 종료되는 것 같네요.

: 맞습니다. 현금의 유입은 ㉠ 현재의 재원을 근간으로 하는 수익의 발생, ㉡ 미래의 재원을 근간으로 하는 부채의 증가, ㉢ 과거의 재원을 근간으로 하는 자산의 처분(감소)으로 구분할 수 있습니다. 반대로 현금의 유출은 ㉠ 현재의 효익을 누리기 위해 지출하는 비용의 발생, ㉡ 미래에 효익을 누리기 위해 지출하는 자산의 취득(증가), ㉢ 과거에 누렸던 효익을 위해 지출하는 부채의 감소로 구분되지요. 여기에 순자산(기업에서는 자본)의 증가와 순자산의 감소를 포함하여 회계적

인 용어로 거래의 8요소라고 합니다. 수익과 순자산의 증가, 비용과 순자산의 감소의 구분은 회계기준에서 규정하고 차이이므로 지금은 그러한 것이 있다는 정도로만 이해하는 것으로 충분합니다. 결론적으로, 현금의 유입은 수익의 발생, 부채의 증가, 자산의 처분으로, 현금의 유출은 비용의 발생, 자산의 취득, 부채의 감소로 구분될 수 있다는 것만 확실히 이해하면 됩니다. 한편, 자산은 다소 차이가 있지만 내가 가지고 있는 것, 즉 재산이라고 이해해도 되구요. 부채는 내가 갚아야 하는 것, 즉, 채무라고 생각해도 일단은 무방합니다. 그렇다면 상기의 현금흐름을 다음과 같이 분류해 보도록 하지요. 참, 현금은 분명 재산(자산)이기는 하지만 모든 현금흐름 거래의 결과라는 점을 이해하고 현금의 유입 및 유출이 어떠한 거래의 원인으로 발생하였는지를 파악하면 됩니다.

거래의 구분	거래의 결과		거래의 원인							
	현금		수익 · 비용		자산		부채		순자산변동	
	유입	유출	수익	비용	증가	감소	증가	감소	증가	감소
1. 국세수익 수납	O								O	
2. 공무원 급여 지출		O		O						
3. 벌금수익 수납	O								O	
4. 국유재산(건물) 구입		O			O					
5. 민간금융기관 차입금 수납	O						O			
6-1. 주거복지지원금 지출		O		O						
6-2. 서민 주택자금 대출		O			O					
7. 수선유지비 지출		O		O						
8. 국외출장 여비 지출		O		O						
9-1. 양곡 10톤 구입 지출		O			O					
9-2. 양곡 8톤 매각 수납	O		O							
10. 국유재산 보험료 지출		O		O						

: 이렇게 매트릭스로 되어 있는 도표를 보니 단순한 현금의 유입 및 유출이 어떻게 구분되는지 대충 이해할 수 있을 것 같습니다. 근데 9-2번 항목의 양곡의 매각 수납은 수익이 아니라 자산의 감소가 아닌가요? 이해가 되질 않습니다. 또한,

국세수익과 벌금수익의 경우 분명 명칭상으로는 '수익'이라는 표현을 사용하고 있는데요, 거래의 원인이 수익이 아니라 순자산의 증가인가요?

: 이 부분부터 조금 복잡해지기 시작합니다. 우선 사무관님 말씀대로 양곡의 구입이 자산의 증가라면 양곡의 매각은 자산의 감소가 되어야 하겠지요. 그런데 상기 표에서는 양곡의 구입은 자산의 증가라고 하면서 양곡의 매각은 수익으로 구분하여 조금 혼란스러우실 겁니다. 세입세출결산 측면에서 양곡 매각의 활동은 세입항목 중 "양곡판매수입"으로 인식하게 될 것이기 때문에, 이를 수익이라고 표현했다는 정도만 먼저 이해하면 됩니다. 판매된 자산은 원가로 인식되어야 하는데, 이 부분은 발생주의 조정 부분에서 자세히 설명해 드리도록 하겠습니다. 참고로 정부의 역할이 재화를 판매하는 것을 주목적으로 하지는 않으나, 정부의 고유 활동 중 특정 재화의 가격안정 또는 유통물량의 조정도 있기 때문에 정부에서도 일부 자산의 경우 재고자산으로 분류하고 있습니다. 이러한 유형의 대표적인 자산으로 비축양곡 및 비축광물자원 등이 있습니다.

: 뭔가 복잡해 보이네요.

: 그리고 국세수익과 벌금수익은 분명 명칭도 수익이 맞고 실제 성격도 수익이 맞습니다. 만일 일반기업이었다면 수익으로 처리가 되었을 겁니다. 그러나 국가회계에서는 국세수익이나 벌과금수익을 비교환수익이라고 하는데 일반적으로 순자산변동 항목으로 처리하는 경우가 많습니다. 엄밀히 말하면 현행 국가회계기준에서는 국세수익은 회계처리가 조금 특이하지만, 앞서 벌금수익과 같은 방식으로 회계처리할 것이라고 가정하였습니다. 참고로 지방회계에서는 국세수익과 유사한 지방세수익, 벌금수익과 유사한 과태료수익 등은 모두 순자산변동이 아닌 수익항목(재정운영표상 계정과목)으로 처리합니다. 수익이나 순자산변동 항목은 유량(flows) 성격의 계정과목이라는 점에서 성격은 유사하다고 보면 됩니다.

: 쉽지만은 않네요. 일단 그 부분은 나중에 다시 설명을 듣기로 하겠습니다. 자, 이제 현금의 유입과 유출을 여러 거래의 원인에 따라 분류하였는데, 복식부기 기록방식과 어떻게 연결이 되나요?

리니회계사

: 거래의 결과인 현금의 변동만 기록하는 단식부기와 달리, 복식부기는 거래의 원인과 거래의 결과를 차변(왼쪽)과 대변(오른쪽)으로 구분하여 기록합니다. 거래의 결과를 기준으로 '나의 것-즉, 자산증가 또는 부채감소'가 발생하면 차변에 기록을 하고 그 거래의 원인을 대변으로 기록합니다. 반대로 거래의 결과를 기준으로 '남의 것-즉, 자산감소 또는 부채증가'가 발생하면 대변에 기록을 하고 그 거래의 원인을 차변으로 기록합니다. 복식부기·현금주의 체제 하에서는 현금의 변동이 거래의 결과가 되겠네요. 예를 들어 국세수익의 경우 거래의 결과는 현금이 증가하였으므로 차변에 '현금 70,000천원'을, 반대로 대변에 거래의 원인인 '국세수익 70,000천원'을 기록하게 되지요.

유리사무관

: 이러한 과정을 회계처리라고 하는 군요.

리니회계사

: 또는 분개라고도 하지요. 어찌하였든 상기의 모든 거래 내역을 회계처리하면 다음과 같습니다.

거래의 구분	차변			대변		
1. 국세수익 수납	차변)	현금	70,000	대변)	국세수익	70,000
2. 공무원 급여 지출	차변)	인건비(급여)	20,000	대변)	현금	20,000
3. 벌금수익 수납	차변)	현금	30,000	대변)	벌금수익	30,000
4. 국유재산(건물) 구입	차변)	건물	40,000	대변)	현금	40,000
5. 민간금융기관 차입금 수납	차변)	현금	80,000	대변)	장기차입금	80,000
6-1. 주거복지지원금 지출	차변)	이전지출(보조금)	30,000	대변)	현금	30,000
6-2. 서민 주택자금 대출	차변)	융자금	45,000	대변)	현금	45,000
7. 수선유지비 지출	차변)	수선유지비	500	대변)	현금	500
8. 국외출장 여비 지출	차변)	국외여비	800	대변)	현금	800
9-1. 양곡 10톤 구입 지출	차변)	재고자산(양곡)	30,000	대변)	현금	30,000
9-2. 양곡 8톤 매각 수납	차변)	현금	20,000	대변)	양곡판매수익	20,000
10. 국유재산 보험료 지출	차변)	보험료	1,200	대변)	현금	1,200

유리사무관: 단식부기에 비하여 뭔가 상당히 복잡해 진 것 같습니다. 그런데 현금흐름을 기준으로 하여 거래의 결과와 거래의 원인을 분석해서인지 상기 회계처리가 어느 정도 이해됩니다. 그런데 이렇게 복잡하게 회계처리를 하는 이유가 있나요?

리니회계사: 복식부기 방식의 회계처리를 하는 이유는 이러한 과정을 통해 재무제표를 산출하기 위해서입니다. 단식부기 방식에서 볼 수 있듯이 단식부기는 결국 현금 잔액이 얼마 남아 있는지(또는 어느 정도 변동하였는지)에 대한 회계정보만 산출할 수 있습니다. 이에 비해 복식부기 방식으로 회계처리를 하게 되면 현 시점에서 자산·부채의 내역을 알 수 있는 재정상태표(기업회계에서는 재무상태표)와 일정한 회계연도 기간동안 수익 및 비용의 흐름과 이에 따른 순자산의 증가액을 알 수 있는 재정운영표(기업회계에서는 손익계산서)가 산출될 수 있습니다. 그리고 한 가지 더 말씀드릴 사항이 있습니다. 상기 사례에서는 복식부기 방식의 회계처리를 하지 않았다면 놓치기 쉬운 회계정보가 숨겨져 있는데, 한 번 찾아보시겠어요?

유리사무관: 글쎄요. 현금의 유입과 유출을 복식부기 방식으로 정리한 것 같은데요. 제가 꼭 알아야 하는 사항이 있나요?

리니회계사: 상기 사례를 통해 연말에 현금이 32,500천원 남았는지는 알고 계시지요?

유리사무관: 네.

리니회계사: 그럼 이 32,500천원이 의미하는 것이 무엇일까요?

유리사무관: 1년 동안 정부에 유입된 현금 총액과 정부로부터 유출된 현금 총액의 차이 아닌가요? 결국 정부 입장에서는 32,500천원이 남아 있게 되고, 이는 차기 회계연도에 사용하게 될 금액이라고 생각합니다. 아! 정부는 균형재정을 추구하여야

하는데, 현금이 남아 있다는 것은 흑자재정이므로 필요한 정책사업을 정부가 덜 수행한 문제가 있었다고 보아야 하지 않을까 생각되네요.

: 한 회계연도의 현금유입(세입)에서 현금유출(세출)을 차감한 것을 세계잉여금(엄밀히 말하면 결산상 잉여금으로 여기에서 세출예산이월액 등을 차감한 것을 세계잉여금이라고 하는데, 본 사례에서는 세출예산이월액이 없음)이라고 합니다. 사무관님 말씀대로 정부가 1년동안 사용하고 남은 돈이지요. 기업의 관점에서는 순수익이라고 볼 수도 있겠네요. 그런데 여기에는 아주 주의하여야 하는 사항이 숨겨져 있습니다.

: 혹시 민간금융기관으로부터 차입한 80,000천원과 관련되는 것인가요?

: 맞습니다. 단식부기·현금주의 회계에서는 거래의 발생 원인의 파악이 중요하지 않으므로 거래 결과인 현금의 흐름만 중시하는 경향이 있습니다. 그런데 차입금은 현재 집행해야 하는 정책사업의 재원이 된다는 측면에서는 중요하지만, 언젠가 갚아야 하는 부채이기 때문에 반드시 좋은 것만은 아닙니다. 만일 상기 사례에서 차입금 80,000천원을 제외한다면, 실제 정부의 집행결과는 흑자재정이 아니라 (−)47,500천원의 적자재정이 됩니다. 현재의 정책사업 집행으로 인해 미래 세대들로부터 재원을 앞당겨 사용한 결과가 되지요. 이는 미래 세대들에게는 재정압박으로 영향을 미치게 될 것입니다. 즉, 총세입(수입) 200,000천원이라는 정보와 수익 120,000천원(국세수익 등 비교환수익 포함)이라는 정보는 분명명확히 구분해서 제공되어야 합니다.

: 복식부기 방식의 회계처리에 그러한 의미까지 내포되어 있는지 몰랐습니다. 저도 대학에서 균형재정이라는 것만 공부하였지, 실제 실무적으로 회계정보와 이렇게까지 연관된 수 있다는 것을 처음 이해하였습니다.

: 물론 제가 말씀드린 것은 현금의 유입 측면에서만 이야기 한 것이구요. 더 깊이 말씀드리면 현금의 유출 중 자산을 취득한 것도 있기 때문에 재정건전성을 이야기할 때는 이를 종합적으로 판단해야 하는 것이 타당할 것입니다.

: 어찌하였든, 복식부기 방식이 단식부기에 비하여 많은 회계정보가 산출될 수 있다는 의미이군요. 복식부기 개념이 도입되면 정책사업에 활용할 수 있는 재무정보가 많이 제공될 수 있다는 것이 이런 의미인줄 몰랐습니다. 그런데 이러한 회계처리만 가지고 어떻게 재무제표를 만들 수 있나요? 하나 더 있습니다. 계정과목이라는 명칭이 상당히 낯섭니다. 이 계정과목을 모두 외워야 하나요?

(4) 수정전시산표와 재무제표

: 우선 계정과목 명칭은 많이 익숙해져야 합니다. 다만, 국가회계에서는 현업 공무원들이 재무계정과목에 익숙하지 않기 때문에 예산과목으로 집행을 하면 자동적으로 계정과목이 생성되고 회계처리가 이루어지게 됩니다. 이를 자동분개라고 하지요. 지방회계에서는 자동분개까지는 아니지만 현업에서 쉽게 회계처리가 이루질 수 있도록 시스템이 구현되어 있습니다. 조금만 신경을 쓰면 그다지 어려운 것은 아닙니다.

: 그런 세심한 배려까지 감안해서 한국의 디지털예산·회계시스템과 e-호조가 개발되었는지 몰랐는데요.

: 회계처리가 완료되면 재무제표를 작성하기에 앞서 시산표라는 것을 먼저 만들어야 합니다. 시산표가 만들어져야 재무제표를 산출할 수 있습니다. 시산표는 모든 회계처리를 집계한 것으로 전체적으로 다음과 같이 구성됩니다. 참고로 시산표는 회계처리 내역을 집계하였기 때문에 차변 금액과 대변 금액이 일치하게 되며, '자산+순자산변동+비용=부채+순자산+순자산변동+수익'의 등식이 항상 성립하게 됩니다.

〈시산표의 구조〉

자산	부채
	순자산(자본)
순자산변동	순자산변동
비용	수익

시산표 양식에 따라 상기 회계처리를 기록해 보도록 하겠습니다.

차변 항목		금액	대변 항목		금액
자산	현금	32,500	부채	장기차입금	80,000
자산	융자금	45,000	순자산변동	국세수익	70,000
자산	재고자산	30,000	순자산변동	벌금수익	30,000
자산	건물	40,000	수익	양곡판매수익	20,000
비용	인건비	20,000			
비용	국외여비	800			
비용	수선유지비	500			
비용	보험료	1,200			
비용	이전지출(보조금)	30,000			
차변 합계		200,000	대변 합계		200,000

: 신기하게 좌, 우 양쪽의 금액이 같네요. 시산표의 계정과목 순서가 회계처리 순서는 아닌 것 같은데요. 상기와 같이 계정과목의 순서도 외어야 하나요?

: 물론 계정과목명칭 및 그 순서까지 알고 있어야 합니다만, 현재로서는 이해만 해도 충분합니다. 다만, 계정과목을 자산, 부채, 수익, 비용, 순자산변동으로 구분하는 것은 확실히 파악하여야 합니다. 이제 시산표가 작성되었으니 재무제표를 작성해 보도록 하겠습니다. 정부회계에서 재무제표는 무엇으로 구성되어 있는지 아시나요?

: 재정상태표, 재정운영표, 순자산변동표 맞나요?

: 그렇습니다. 근데 하나 더 중요한 사실이 있는데, 시산표에서 재무제표는 어떠한 순서대로 만들어지는지 아시나요?

: 그러한 순서도 있나요?

: 제일 먼저 수익과 비용항목을 가지고 재정운영표를 만듭니다. 그 다음으로 재정운영표상 재정운영결과와 기타 순자산변동 항목을 이용하여 순자산변동표를 작성합니다. 여기서 기말순자산 금액이 산출되는데, 자산 및 부채항목과 합하여 재정상태표가 작성되는 것입니다. 그러나 이 상태에서는 진정한 의미의 재무제표가 만들어지지 않습니다. 물론 현금주의에 기반한 재무제표가 없는 것은 아니지만, 재무제표는 발생주의 회계에 근거하여 작성되어야 더욱 유용하게 됩니다. 재무제표가 작성되는 순서는 다음의 그림을 참고하세요.

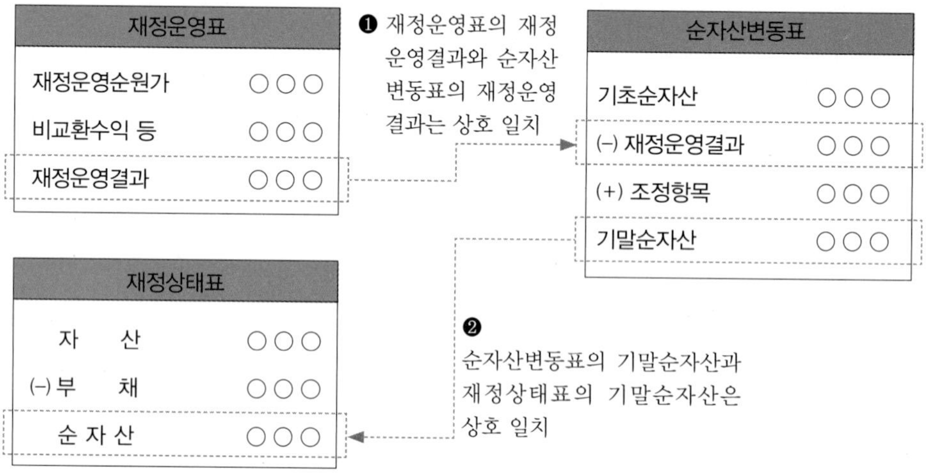

: 발생주의 회계요? 그럼 다른 거래가 또 추가되어야 하나요? 지금까지 사례에서도 현금주의 거래에 대해서만 언급된 것 같은데요.

: 하하. 이미 앞서 거래의 가정에서 이미 발생주의 거래 내역이 모두 포함되어 있습니다. 현금흐름에 기반한 단식부기와 복식부기에 대한 이해는 충분하신 것 같으니 이제부터는 발생주의 회계에 대하여 설명을 하도록 하겠습니다.

2. 발생주의 회계처리

(1) 발생주의 항목의 이해 및 회계처리

: 발생주의 항목은 크게 두 분류로 구분됩니다. 첫째는 비현금거래에 대한 부분이고, 둘째는 자산·부채 평가 등 발생주의 조정사항입니다. 우선 비현금거래에 대해서 설명하기로 하지요.

: 현금흐름이 없는 거래도 회계처리를 해야 하나요? 현금의 흐름이 없는데 회계처리를 해야 하는 거래인지 여부를 어떻게 아나요? 솔직히 너무 어려워지네요.

: 비현금거래를 이해하기 위해서는 어떠한 사건이 회계사건인지에 대한 이해가 먼저 필요합니다. 다음 사례를 보면서 회계처리를 하여야 하는 사건(거래)인지 그렇지 않은 사건인지 구분해 보도록 하겠습니다.

거래의 구분	회계사건	회계사건인 이유 또는 회계사건이 아닌 이유
1. 구매 또는 용역계약의 체결	X	계약의 체결만으로는 회계실체의 경제적 자원의 변동을 가져오지 않음
2. 물품의 구매 요청	X	물품의 구매 요청만으로는 회계실체의 경제적 자원의 변동을 가져오지 않음
3. 물품 또는 용역의 검수	O	물품 등의 검수완료는 취득이라는 회계실체의 경제적 사건의 변동을 의미하므로 현금 유출과 관계없이 회계처리 실시(단, 상대계정은 미지급금임)
4. 물품의 외상구매	O	물품의 외상구매는 취득이라는 회계실체의 경제적 사건의 변동을 의미하므로 현금 유출과 관계없이 회계처리 실시 (단, 상대계정은 미지급금임)
5. 예산의 배정	X	단순히 예산의 배정 행위만으로 회계실체의 경제적 자원의 변동을 가져왔다고 할 수 없으므로 회계사건으로 보지 아니함 ※ 단, 비교환거래 부채인식 여부는 논란의 소지가 있음
6. 배정된 예산의 불용처리 또는 이월	X	예산의 배정이 회계사건이 아니므로 배정된 예산이 불용처리되어도 회계사건으로 볼 수 없으며, 그러한 예산을 이월시키는 행위 역시 회계사건이 아님
7. 징수결정된 국세채권 등의 미회수	O	징수결정으로 인해 회계실체는 경제적 자원을 획득할 수 있는 권리가 발생하므로 회계사건임
8. 지출원인행위의 발생	O, X	일반적으로 지출원인행위는 채무가 발생하는 사건이므로 회계사건으로 볼 수 있음. 그러나 수 차례의 지출이 발생하는 계약의 경우 전체적 측면에서는 지출원인행위가 발생하였으나, 각 지출 건별로는 회계사건이라고 볼 수 없음

유리사무관 : 이건 너무 어려운데요. 어떠한 사건이 회계사건인지 아닌지는 상당한 전문적 판단이 요구될 것 같습니다. 발생주의 회계에 익숙하지 못한 현업 공무원들이 실무적으로 이해하기에는 쉽질 않겠네요. 상기와 같은 사건이 아주 다양한 사례로 발생할 텐데 그 때마다 회계처리를 할 것인지 여부를 판단해야 하는 것은 오히려 반대로 회계처리 하지 못하고 지나치는 경우도 많아질 것 같습니다. 중요한 비현금거래 회계사건이지만 회계처리를 하지 않을 경우 문제가 심각해지지 않을까요? 게다가 현금거래가 없어 그러한 회계사건을 파악하기가 쉽지는 않을 텐데요.

리니회계사 : 옳은 지적입니다. 그래서 사무관님을 비롯하여 정부회계와 관련되는 업무에 종사하는 공무원들은 항상 이러한 회계사건에 대해 주의하여야 합니다. 이를 위해서는 정부회계에 대한 지식 습득도 필요하고, 필요에 따라서는 민간전문가들의 도움도 많이 받으셔야 할 겁니다.

유리사무관 : 또 다른 발생주의 회계 관련 조정사항이라는 것은 무엇인가요?

리니회계사 : 현금주의 회계와 달리 발생주의 회계에서는 보유하고 있는 자산 및 부담하여야 하는 부채에 대한 평가가 무엇보다도 중요합니다. 사실 현금주의에 기반한 세입세출결산에서는 예산을 계획에 따라 사용했는가에 대한 통제 측면에 중점을 두었다면, 복식부기·발생주의 회계에서는 자산 및 부채가 경제적 실질을 잘 반영하고 있는지에 대한 평가와 원가의 분류가 무엇보다도 중요합니다. 이는 현재 및 미래 세대들의 예산편성 의사결정에 유용한 정보가 되기 때문입니다. 특히, 자산·부채 평가의 경우 자산·부채의 성격별로 평가방법이나 절차가 상이하기 때문에 발생주의 개념을 명확히 이해하고 있어야 합니다. 원가의 분류에 대해서는 나중에 자세히 설명하기로 하지요.

유리사무관 : 회계사님께서 너무 겁주시는 것 같네요. 하하.

리니회계사 : 일단 앞선 사례에서도 이미 발생주의에 대한 내용이 많이 포함되어 있습니다. 우선, 국유재산의 취득과 관련된 부분입니다. 정부회계에서는 이를 일반유형자산으로 분류하는데, 유형자산은 감가상각 방식의 평가가 수행되어야 합니다.

: 감가상각이요?

: 원래 감가상각의 정의는 원가의 배분인데, 이렇게 말씀드리면 이해하기가 어려우실 것입니다. 그래서 이렇게 생각하면 됩니다. 사무관님께서 데스크탑 컴퓨터를 구입하였다고 가정하지요. 또한, 컴퓨터의 실질적 사용기간을 감안하여 5년을 사용할 수 있다고 가정하겠습니다. 구입 직후의 컴퓨터의 가치와 2년을 사용한 컴퓨터의 가치는 분명 차이가 있을 겁니다. 따라서 컴퓨터의 사용 내용연수기간 동안 일정하게 가치가 감소(이를 정액법이라고 함)하게 될 것이라고 가정하는 것을 바로 감가상각이라 합니다. 앞선 사례에서 건물을 7월 1일에 40,000천원에 구입하였고, 10년의 사용을 가정하며, 정액법으로 상각한다면, 감가상각은 다음과 같이 기계적으로 산출됩니다.

✓ 당해연도 감가상각: 40,000천원÷10년×6개월÷12개월 = 2,000천원

즉, 이번 회계연도에는 총 40,000천원의 건물 가치 중 2,000천원의 가치가 감소된 것으로 이해하면 됩니다. 이는 다음과 같이 회계처리가 이루어집니다.

차변)	감가상각비	2,000	대변)	감가상각누계액	2,000

감가상각누계액은 재무제표에서 건물의 차감계정으로 표시(건물 금액에 차감형식으로 표시)하여 실제 건물의 가치가 감소한 것으로 나타내지게 됩니다. 앞서 복식부기 회계처리 사례를 고려하면, 회계사건의 결과인 건물가치의 감소를 대변항목으로 표시하고, 이에 대한 원인인 감가상각비(앞선 회계처리 사례에서 비용은 차변으로 표시)가 차변 항목으로 표시하는지 이해할 수 있을 겁니다.

: 상식적으로는 이해가 되는데, 회계처리 구조상으로는 조금 복잡하네요.

: 발생주의 조정사항은 또 있습니다. 기간수익·비용과 관련되는데, 민간금융기관에 대한 차입금과 서민 주택자금 융자금 및 보험료 부분입니다. 우선 차입금이 있다는 것은 앞으로 이자관련 지출이 발생할 것이라는 것은 이해할 수 있을 겁니다. 또한, 융자금이 있다는 것은 앞으로 이자관련 수입이 발생할 것이라는 것

도 충분히 인지할 수 있을 겁니다. 현금주의 회계에서는 실제 이자가 지급되는 시점에 현금이 유출되면서 이자비용을 인식하고, 반대로 이자를 수령하는 시점에 현금이 유입되면서 이자수익을 인식하게 됩니다.

: 당연히 그렇게 되겠지요.

: 그런데 앞선 사례에 차입금의 경우 이자는 매년 6월 30일에 지급되는데, 당해 회계연도말 시점에서는 차입 이후 6개월이 지났으나 현금의 유출이 없으니 회계처리를 해야 하는 사건인지를 인지하지 못할 가능성이 높습니다. 발생주의 회계에서는 설사 현금이 유출되지 않았다 할지라도 기간이 경과하고 이 경과된 기간분에 대하여 미래 회수할 권리 또는 미래 지급할 의무가 있다면 미수수익 또는 미지급비용을 인식해야 합니다. 따라서 사례에서 민간금융기관 차입금에 대한 6개월분의 미지급이자비용과 서민 주택자금 융자금에 대한 6개월분 미수이자수익에 대한 회계처리가 이루어져야 합니다.

✓ 당해연도 이자비용(미지급비용): 80,000천원×5%×6개월÷12개월 = 2,000천원
✓ 당해연도 이자수익(미수수익): 45,000천원×5%×6개월÷12개월 = 1,125천원

차변)	이자비용	2,000	대변)	미지급비용	2,000
차변)	미수이자수익	1,125	대변)	이자수익	1,125

: 그러면 다음 회계연도에 실제 이자를 지출하는 시점에서는 어떻게 회계처리를 하여야 하나요? 6개월분은 이미 당 회계연도에 비용으로 인식하였으니 다음 회계연도에는 6개월분만 인식하여야 할 것 같은데, 실제는 1년분이 모두 지출이 되지 않습니까?

: 맞습니다. 그래서 당 회계연도에 미지급비용이라는 것을 인식하게 되는 것이구요. 다음 회계연도에 이자를 지출하게 되면 그 금액은 당 회계연도의 미지급비용의 상환과 다음 회계연도 6개월분 이자비용으로 구성되는 것입니다. 다음 회계연도에 1년분의 이자가 지출된다면 회계처리는 다음과 같게 될 것입니다.

차변)	이자비용	2,000	대변)	현금	4,000
	미지급비용	2,000			

: 그러한 논리라면 이자수익 부분도 마찬가지겠네요.

: 맞습니다. 다음 회계연도에 유입된 현금은 당해연도에 설정한 미수이자수익의 회수와 다음 회계연도 이자수익으로 구성됩니다.

: 보험료와 관련한 발생주의 조정사항은 무엇인가요? 보험료는 현금이 지출되는 것이기 때문에 현금흐름이 발생한 거래이고 지출시점에 회계처리하면 끝나는 것이 아닌가요?

: 보험료는 일정한 기간에 걸쳐 누리는 권리라고 할 수 있습니다. 사례에서처럼 보험료는 12월 1일에 지출되었지만, 그 혜택은 다음 회계연도 11월 30일까지 지속됩니다. 즉, 당 회계연도말 시점에서는 다음 회계연도 1월 1일부터 11월 30일까지의 기간에 해당하는 보험료는 당 회계연도의 비용이 아니라 다음 회계연도에 인식해야 할 비용이 되는 셈입니다. 이를 회계적인 용어로 선급비용이라고 합니다. 따라서 앞선 회계처리에서 인식되었던 보험료(비용)는 다음과 같이 조정됩니다(이미 인식된 보험료(비용)의 일부를 취소해야 하기 때문에 보험료(비용)이 대변으로 인식됨). 또한, 이 선급비용은 다음 회계연도에 보험료(비용)로 인식됩니다.

✓ 당해 회계연도 보험료 선급비용: 1,200천원 × 11개월 ÷ 12개월 = 1,100천원

차변)	선급비용	1,100	대변)	보험료(비용)	1,100

: 일개 보험료같이 별로 중요하지 않는 항목도 이렇게 시시콜콜하게 모두 찾아서 발생주의 회계처리를 하는 것은 효익 대비 비용이 너무 크지 않나요? 그리고 보험료와 같은 것은 매년 일정 금액이 지출되는 것이기 때문에 굳이 번거롭게 회계처리만 복잡해 질 것 같습니다.

: 사무관님 말씀도 일리가 있습니다. 발생주의 회계처리라는 것이 무척 번거로운 작업인 것도 일면 타당합니다. 그러나 경제적 실질이 반영된 재무정보 산출을 바탕으로 정책사업에 대한 의사결정에 효율적으로 사용되어야 하며, 정부가 소유 또는 부담하는 자산 및 부채에 대한 정보를 정보이용자들에게 정확히 공시(公示)하여야 한다는 측면에서 이 같은 발생주의 회계처리가 번거롭다고 해서 무시되어야 할 사항은 아니라고 봅니다. 특히, 정부가 국민들로부터 징수하는 조세수익 등은 자발적인 가격결정이 아니라 법령 및 제도라는 강제성에 기반을 두고 있기 때문에(이를 비교환거래라고 함) 정부의 예산집행 및 자산·부채관리에 대한 정보는 비교환거래의 타당성을 확보할 수 있는 하나의 방안이 될 수 있다는 데에 그 의의가 있습니다. 게다가 최근에는 회계정보시스템의 발달로 인하여 회계처리 과정에서 시스템적인 도움을 받는 부분도 많기 때문에 비용이 많이 소요되는 것도 아닙니다.

: 솔직히 전부 이해가 되는 것은 아닙니다만, 예전에는 단지 설정된 예산에 대한 결산이 이루어진 것에 비해, 지금은 국민들에게 정부 재정에 대한 다양한 정보를 제공하고 있다는 측면에서 복식부기·발생주의 정부회계제도의 의의가 있다는 점은 이해할 수 있을 것 같습니다.

: 상기 발생주의 조정 회계처리 외에 두 가지 조정해야 하는 것이 또 있습니다. 먼저 유동성대체라고 하는 것입니다.

: 또 있나요? 하하. 여간 번잡스러운 일이 아니네요. 유동성대체라는 것은 무엇인가요?

: 유동성대체는 장기채권이나 장기채무의 경우 시간이 경과하여 만기가 1년 이내로 도래하였을 때 비유동자산 또는 비유동부채에서 유동자산 또는 유동부채로 재분류하는 것을 의미합니다. 특히, 부채의 경우 유동성대체를 통해 채무상환을 대비할 필요가 있다는 중요한 신호를 제공하게 되지요. 앞서 사례에서 민간금융기관 차입금은 차입 당시 2년 만기였기 때문에 장기차입금으로 계상하였으나, 연 분할상환으로 인해 다음 회계연도에 50%를 상환해야 하므로 이에 해당하는

금액인 40,000천원을 유동성 재분류하여야 합니다.

차변)	장기차입금	40,000	대변)	유동성장기차입금	40,000

: 마지막 하나는요?

: 이건 개념상 조금 어려울 수 있습니다. 재고자산의 매출원가 대체 조정사항입니다. 앞서 양곡을 구입하였을 때 재고자산을 인식하는 회계처리를 하였고, 동 양곡의 일부를 매각하였을 때는 수익을 인식하는 회계처리를 하였던 것을 기억하실 겁니다. 실제 회계연도말 시점에서는 재고자산은 당기 중 구입한 10톤에서 매각한 8톤을 제외한 2톤만이 남아 있게 될 것인데, 이에 대한 조정이 필요합니다.

✓ 당해 회계연도말 재고자산 조정: 30,000×8톤÷10톤 = 24,000천원

즉, 총 구입대금 30,000천원에서 실제 매각된 8톤의 양곡 구입가액은 24,000천원으로, 이는 수익에 대응되는 원가로 인식되어야 합니다. 이러한 과정을 통해 회계연도말 시점에 양곡 재고자산은 2톤의 6,000천원이 남게 됩니다. 정부의 양곡판매활동은 주된 행정활동이라 할 수 있으므로 수익과 원가는 서로 상계하지 않고 총액으로 표시하는 것이 정보의 왜곡을 최소화할 수 있습니다.

차변)	양곡판매원가	24,000	대변)	재고자산	24,000

: 앞으로 이러한 사항들만 유의해서 발생주의 회계처리를 수행하면 되나요? 실제 복잡한 정부 거래의 형태를 생각하면 이것만 있는 것은 아닐 텐데요.

: 맞습니다. 우리나라 정부회계에서는 대략 30여 가지의 발생주의 결산조정사항이 있습니다. 유가증권의 공정가치평가, 미수채권의 대손평가, 자산의 감액평가, 리스자산·부채의 평가, 퇴직급여충당부채 설정 등이 이에 해당합니다. 이상 사례에서 발생주의 조정사항을 요약하면 다음과 같습니다.

거래의 구분		차변			대변		
현금주의 회계처리	발생주의 조정항목						
4번	감가상각 인식	차변)	감가상각비	2,000	대변)	감가상각누계액	2,000
5번	이자비용의 기간비용 인식	차변)	이자비용	2,000	대변)	미지급비용	2,000
6-2번	이자수익의 기간수익 인식	차변)	미수이자수익	1,125	대변)	이자수익	1,125
10번	보험료의 기간비용 인식	차변)	선급비용	1,100	대변)	보험료(비용)	1,100
5번	장기차입금 유동성대체	차변)	장기차입금	40,000	대변)	유동성장기차입금	40,000
9번	매출원가 인식	차변)	매출원가	24,000	대변)	재고자산	24,000

(2) 수정후시산표 및 재무제표

: 이제 발생주의 조정 회계처리를 먼저 작성한 수정전시산표와 합치나요?

: 맞습니다. 이를 수정후시산표라고 합니다. 다만, 계정과목의 성격에 따라 기존 계정과목들 중간중간에 배열이 될 것이며, 필요한 경우에는 관련 계정과목 간에 차가감이 이루어집니다.

차변 항목		금액	대변 항목		금액
자산	현금	32,500	부채	미지급비용	2,000
자산	미수이자수익	1,125	부채	유동성장기차입금	40,000
자산	선급비용	1,100	부채	장기차입금	40,000
자산	재고자산	6,000	자산(차감)	감가상각누계액	2,000
자산	융자금	45,000	순자산변동	국세수익	70,000
자산	건물	40,000	순자산변동	벌금수익	30,000
비용	인건비	20,000	수익	양곡판매수익	20,000
비용	국외여비	800	수익	이자수익	1,125
비용	수선유지비	500			
비용	보험료	100			

차변 항목		금액	대변 항목		금액
비용	감가상각비	2,000			
비용	양곡판매원가	24,000			
비용	이전지출(보조금)	30,000			
비용	이자비용	2,000			
차변 합계		205,125	대변 합계		205,125

유리사무관

: 이제 앞서 재무제표 작성 순서에 따라 재무제표가 만들어 지겠군요. 재정운영표부터 작성되나요?

리니회계사

: 네. 시산표상의 수익 및 비용 부분을 가지고 재정운영표를 작성하게 됩니다. 원래 재정운영표를 작성하기 위해서는 프로그램(사업)별로 원가가 집계되어야 하는 과정이 필요하지만, 여기서는 그 과정은 생략하고 성질별로 나타내도록 하겠습니다. 그리고 편의상 비용을 먼저 나열하고 여기에서 수익을 차감하는 방법으로 작성하겠습니다. 재정운영표의 구조에 대해서는 다시 상세히 알려드리도록 하겠습니다. (성질별)재정운영표는 다음과 같이 작성됩니다.

계정과목	금액
Ⅰ. 비용	**79,400**
1. 인건비	20,000
2. 국외여비	800
3. 수선유지비	500
4. 보험료	100
5. 감가상각비	2,000
6. 양곡판매원가	24,000
7. 이전지출(보조금)	30,000
8. 이자비용	2,000
Ⅱ. 수익	**21,125**
1. 양곡판매수익	20,000
2. 이자수익	1,125
Ⅲ. 재정운영결과(Ⅰ－Ⅱ)	**58,275**

※ 국가회계기준이나 지방회계기준에서의 재정운영표는 비용항목은 프로그램(사업)총원가, 관리운영비, 비배분비용으로, 수익항목은 프로그램(사업)수익, 비배분수익, 비교환수익(일반수익)으로 구분하지만, 옆의 재정운영표에서는 편의상 이를 구분하지 않았음

※ 국세수익과 벌금수익 부분은 순자산변동항목으로 가정하였음

※ 정부회계에서는 비용항목 위주로 재정운영표가 표시되며, 수익은 차감하는 형식으로 나타냄. 또한, 재정운영결과가 정(+)의 값을 가지는 것은 순자산에는 부(−)의 효과를 가져오게 됨

이렇게 산출된 재정운영결과와 시산표상의 순자산변동항목을 활용하여 순자산변동표는 다음과 같이 작성됩니다.

계정과목	금액
I. 기초순자산	–
II. 재정운영 결과	**58,275**
III. 재원의 이전 및 조달	**100,000**
1. 국세수익	70,000
2. 벌금수익	30,000
IV. 기말순자산(I–II+III)	**41,725**

※ 기초순자산은 없는 것으로 가정

※ 재정운영표상 재정운영결과의 정(+)의 값은 순자산변동표상 부(–)의 효과를 가짐

※ 순자산변동표상 기말순자산은 재정상태표상 기말순자산 금액과 동일함

※ 순자산변동표는 비용, 수익, 순자산변동 등 flows(유량) 성격의 회계정보를 순자산이라는 stocks(저량) 성격의 회계정보로 변환하는 역할을 함

이제 마지막으로 재정상태표를 산출하겠습니다. 재정상태표는 시산표의 자산, 부채, 순자산 항목에 지금까지 산출한 순자산변동액을 반영하여 작성하게 됩니다. 여기서 재정상태표는 편의상 차변과 대변을 비교하는 방식으로 나타내도록 하겠습니다. 한편, 재정상태표를 작성하기에 앞서 한 가지 주의할 것은 시산표에서는 대변항목이지만 재정상태표에서는 해당 자산 또는 부채의 차감형식으로 표시되는 계정과목이 있다는 것입니다. 예를 들어 앞서 발생주의 조정 회계처리에서 감가상각누계액의 경우 시산표상 대변항목에 계상하였지만, 재정상태표 작성 시에는 건물의 차감형식으로 표시됩니다. 이렇게 특정 계정과목의 차감형식으로 표시되는 계정과목으로 감가상각누계액, 대손충당금, 현재가치할인차금, 융자보조원가충당금 등이 있습니다.

계정과목		금액	계정과목	금액
자산			**부채**	
현금		32,500	미지급비용	2,000
융자금		45,000	유동성장기차입금	40,000
미수이자수익		1,125	장기차입금	40,000
선급비용		1,100	부채 소계	82,000
재고자산		6,000	**순자산**	
건물	40,000		기말순자산	41,725
감가상각누계액	(2,000)	38,000	순자산 소계	41,725
자산 총계		123,725	**부채 및 순자산 총계**	123,725

: 회계사건의 인식부터 재무제표 작성까지 쉽게 설명해 주셔서 감사합니다. 사실 설명하신 대로 좇아가다 보니 이해할 수 있을 것 같기도 하고, 막상 혼자하려면 쉽지 않기도 할 것 같습니다. 앞으로도 배워야 할 정부회계 내용이 많을 것 같은데, 여기서부터 주저할 수는 없겠지요. 더 많은 공부가 필요할 것 같습니다.

: 사실 그렇습니다. 저희도 나태해지지 않기 위해 항상 연구하고 있답니다. 이상의 내용을 정리해 보도록 하겠습니다. 지금까지 사례를 바탕으로 해서 단식부기·현금주의 회계와 복식부기 회계처리를 살펴 보았습니다. 거기에 발생주의 회계에 대한 내용 및 실제 재무제표를 작성하는 과정도 살펴 보았습니다. 회계에서는 이를 회계순환과정이라 하는데, 다음의 그림을 통해 다시 정리해 보겠습니다.

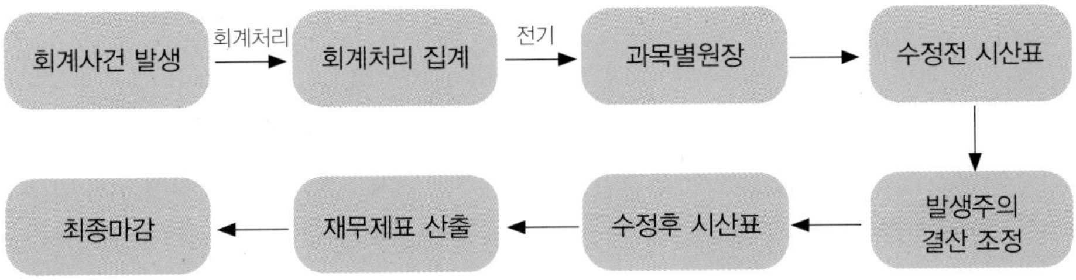

: 하나의 도표로 보니까 지금까지의 모든 과정이 체계적으로 정리되는 것 같습니다. 많은 시간을 내 주셔서 감사합니다.

: 당연히 제가 해야 할 일입니다. 다음에는 정부회계의 핵심인 원가계산에 대한 내용을 설명해 드리겠습니다. 수고 많이 하셨습니다.

제2절 정부회계 원가계산의 기초

1. 프로그램(사업)예산제도와 프로그램(사업)원가의 관계

: 회계사님 안녕하세요. 지난 번 설명 이후로 조금씩 정부회계를 이해할 수 있게 되었습니다. 물론 앞으로 가야할 길은 더 멀겠지만, 흥미를 붙이려고 노력하고 있는 중입니다. 김그나 국장님께도 회계사님의 노고에 대해 잘 보고하였습니다.

: 사무관님 안녕하세요. 사무관님께서 그렇게 말씀해 주시니 저도 보람을 느끼네요. 나중에 사무관님께서 너무 잘 알게 되어서 지금 진행되고 있는 프로젝트의 검수를 깐깐하게 하시면 어떻게 하죠? 제가 제 무덤을 파고 있는 것은 아닌가 싶네요. 하하.

: 오늘 주제는 무엇인가요?

: 오늘은 정부회계와 기업회계의 가장 큰 차이 부분이자 정부회계의 핵심인 프로그램(사업)원가에 대하여 설명을 드리도록 하겠습니다. 우선 프로그램(사업)예산제도에 대해서는 잘 알고 계시죠?

: 국가는 2007년, 지방자치단체는 2008년부터 도입된 예산제도라고 알고 있습니다. 정부에서 회계·기금별로 품목별 방식으로 편성하던 예산을 사업별 또는 기능별로 편성하는 것이라고 이해하고 있습니다. 이로 인해 회계·기금별로 각각 품목별 예산이 편성되던 것이 유사한 프로그램(사업)별로 집계되어 예산을 효율적으로 사용할 수 있도록 하는 제도가 아닙니까?

: 맞습니다. 사무관님께서 프로그램(사업)예산제도에 대해서는 충분히 이해하고 있으니 바로 프로그램(사업)원가 개념으로 넘어 가겠습니다. 정부회계의 재정운영표는 바로 이 프로그램(사업)원가를 산출하는 것을 주된 목적으로 합니다. 또한, 프로그램(사업)예산제도 및 결산제도와 비교하여 혼란을 최소화하기 위해 프

로그램(사업)원가는 바로 이 프로그램(사업)예결산제도를 근간으로 합니다.

: 프로그램(사업)예결산제도가 단식부기·현금주의 회계 방식으로 편성되는 반면, 프로그램(사업)원가는 복식부기·발생주의 회계 방식으로 산출되겠군요.

: 맞습니다. 우선 프로그램(사업)예결산제도와 프로그램(사업)원가와 가장 큰 차이는 바로 언급하신 단식부기·현금주의 회계와 복식부기·발생주의 회계의 차이에 기인합니다. 정책적 목적으로 서민에게 시중 금리보다 낮은 저리로 주택자금을 융자하는 융자사업으로 100,000천원이 지출된 것을 예로 들어 보겠습니다. 참고로 이 융자금은 다음과 같은 조건이 부여되어 있는 것을 가정합니다. 한편, 융자보조원가충당금 평가는 현재 국가회계에서만 도입되어 있구요, 지방회계에서는 아직 도입되지 않고 있는데, 여기서는 국가회계 관점에서 설명하도록 하겠습니다.

<table>
<tr><th colspan="2">구분(가정)</th><th colspan="5">내용(가정)</th></tr>
<tr><td colspan="2">융자금 지출액</td><td colspan="5">100,000천원</td></tr>
<tr><td colspan="2">융자금 지출시점</td><td colspan="5">20×1년 1월 1일</td></tr>
<tr><td colspan="2">융자금 만기</td><td colspan="5">20×5년 12월 31일(총 5년)</td></tr>
<tr><td colspan="2">융자금 회수방법</td><td colspan="5">만기 일시상환</td></tr>
<tr><td colspan="2">융자금 액면이자율</td><td colspan="5">연 2%</td></tr>
<tr><td colspan="2">융자금 이자 회수방법</td><td colspan="5">연 1회, 매년 12월 31일</td></tr>
<tr><td colspan="2">융자금 지출시점의 시장이자율</td><td colspan="5">연 5%</td></tr>
<tr><td rowspan="4">융자금 관련 현금흐름</td><td>연도</td><td>20×1</td><td>20×2</td><td>20×3</td><td>20×4</td><td>20×5</td></tr>
<tr><td>원금지출</td><td>(100,000)</td><td>–</td><td>–</td><td>–</td><td>–</td></tr>
<tr><td>원금수입</td><td>–</td><td>–</td><td>–</td><td>–</td><td>100,000</td></tr>
<tr><td>이자수입</td><td>2,000</td><td>2,000</td><td>2,000</td><td>2,000</td><td>2,000</td></tr>
<tr><td colspan="2">융자금의 현재가치 금액</td><td colspan="5">88,000천원(가정)</td></tr>
<tr><td colspan="2">융자보조원가</td><td colspan="5">12,000천원(가정)(=100,000−88,000)</td></tr>
<tr><td colspan="2">융자보조원가충당금 상각방법</td><td colspan="5">매년 정액법(가정)(5년간, 매년 2,400천원)</td></tr>
</table>

프로그램(사업)예결산제도에서는 융자사업으로 지출한 100,000천원이 20×1년 세출액으로 인식되며, 20×1년부터 20×5년까지 매년 이자수입액 2,000천원이 세입액으로 인식됩니다. 이를 정리하면 다음과 같습니다.

구분	세출	세입
분석	20×1년 서민 주택자금 융자사업 프로그램: 100,000천원	20×1년~20×5년 융자사업 이자수입: 매년 2,000천원 20×5년 융자사업 원금수입: 100,000천원
비고	프로그램(사업) 세출 인식	세입액은 프로그램별로 구분되지 않음

: 네, 충분히 이해가 갑니다. 그런데 세입액은 프로그램(사업)별로 집계가 되지 않나 보군요.

: 그 점이 현재 프로그램(사업)예산제도의 가장 큰 문제입니다. 세출액은 프로그램별(사업)로 구분되지만, 세입액은 프로그램(사업)별로 구분되지 않고 있습니다. 이에 비해 프로그램(사업)원가에서는 수익 역시 프로그램별로 구분되어야 합니다(프로그램(사업)과 관련한 수익의 경우). 그런데, 이 부분을 설명하기에 앞서 프로그램(사업)직접원가에 대해 좀 더 자세히 설명하도록 하지요. 만일 융자사업 정책이 상기 거래 한 건만 있다고 가정하면, 세입세출결산 관점에서는 20×1년도 한 번만 프로그램(사업)과 관련한 회계정보로 산출되고 그 이후에는 프로그램(사업) 사후관리와 전혀 상관없이 이자수입 및 융자원금회수가 다른 세입과 섞여서 보고되겠지요. 즉, 20×1년을 제외하고 융자사업과 관련한 프로그램(사업) 성과가 전혀 나타나지 않게 됩니다. 프로그램(사업)원가는 바로 이 점과 관련하여 지속적인 정보를 제공합니다. 프로그램(사업)원가에는 주택자금 융자액 전액이 아니라, 융자원금에서 융자금의 현재가치 차액인 융자보조원가가 인식됩니다. 같은 프로그램(사업)이라고 해서 세입세출결산과 재정운영표를 비교할 경우 금액적 차이가 상당하겠지요?

프로그램(사업)명	20×1년 세출결산서	20×1년 재정운영표
서민 주택자금 융자사업	세출액 100,000천원	프로그램(사업)총원가 12,000천원

: 분명 서민 주택자금 융자사업으로 100,000천원이 지출되었는데, 프로그램(사업)총원가로 12,000천원만 표시하는 것은 더 많은 혼란을 가져오지 않을까요?

: 그러한 측면에서 혼란스러운 부분은 분명 존재합니다. 물론 서민 주택자금 융자사업으로 100,000천원이 지출되고 동 금액을 채권으로 계상하는 정보도 중요하겠지만, 현금이 단지 채권으로 전환되었다는 사실을 제외하면 회계정보 관점에서는 중요한 것이 아닐 수 있습니다. 오히려 융자사업의 정책적 목적상 실제 정부가 저리융자사업(시장이자율 5%이나, 액면이자율 2%임)으로 어느 정도의 손실(비용)을 부담하고 있는지, 그리고 그 부담이 바로 국민을 위해 사용되는 진정한 의미의 정책원가라는 사실이 더 중요합니다. 상기 사례에서 융자보조원가인 12,000천원이 바로 그것입니다. 이차보전 정책이라고 들어 보셨는지요?

: 이자차액보전을 의미하시는 것인가요? 민간금융기관의 풍부한 자금을 활용하는 것으로 금융기관이 국민들에게 필요한 자금을 융자하되, 시장이자율보다 낮은 이자율로 융자가 이루어지게 하고 손실부분은 정부가 금융기관에 보전하는 정책인 것으로 알고 있습니다. 정부는 예산으로 이자차액 부분만 확보하면 되기 때문에 직접적으로 융자사업을 하는 것과 비교하여 실질적인 효과는 동일하지만 예산은 상당히 절감할 수 있는 방법인 것으로 이해하고 있습니다.

Notice

기획재정부 예산안 발췌

- 정부가 자금을 직접 조성해 융자하던 재정융자 사업 일부를 시중의 풍부한 민간자금을 활용한 이차(利差 · 이자차액)보전방식으로 바꿨습니다.
- 3조 5,000억원의 재정융자 사업이 민간융자로 전환되고, 정부는 민간융자 금리와 정책금리 간 차이를 이차보전형태로 지원합니다. 이와는 별도로 3조 2,000억원을 이차보전방식을 통해 새롭게 지원합니다.
- 재정운용방식을 개선해 늘어나는 6조 7,000억원을 지원함에 따라 실제 총지출 증가율은 5.3%에서 7.3%로 확대됩니다. 기존 융자지출의 이차보전 전환에 따른 가용재원 3조 5,000억원은 경기대응(1조 5,000억원), 민생안정(7,000억원), 지방지원(1조 3,000억원)에 활용합니다.

: 맞습니다. 융자보조원가의 개념은 바로 이차보전 정책과 유사한 개념으로 정부의 실질적인 부담이자, 반대로 국민들에게는 실질적인 혜택이라고 볼 수 있습니다. 프로그램(사업)원가는 정부가 정책사업을 수행하는데 있어 소요되는 자원의 사용액이지만, 반대로 국민이 혜택을 보는 효과도 의미한다는 점이 중요합니다. 세출결산서에 표시되는 세출액 100,000천원은 언뜻 보면 국민에게 혜택을 준 것처럼 보이지만, 엄밀히 말하면 나중에 정부가 회수할 것이기 때문에 진정한 의미로 정부가 국민을 위해 혜택을 준 효과라고는 볼 수 없겠지요.

: 프로그램(사업)원가라는 것이 그러한 의미까지 내포하고 있는지 몰랐습니다. 단순히 현금주의 세입세출결산의 프로그램(사업)별 세출액이 발생주의 재정운영표에 원가의 형식으로 표시되는 줄만 알았습니다. 실제 많은 사람들이 그렇게 이해하고 있는 것 같기도 하구요.

: 물론 집행에 소요된 지출액이 발생주의 원가와 동일한(또는 거의 유사한) 정책사업이 많은 것이 사실입니다. 그런데 현금주의 세출액과 발생주의 원가가 다른 정책사업도 많이 있습니다. 프로그램(사업)별 세출액과 프로그램(사업)원가의 관계는 다음의 세 가지로 분류될 수 있습니다. 이들은 프로그램(사업)의 성격과 밀접하게 관련됩니다.

구분	원인
프로그램(사업)세출액과 프로그램(사업)원가 차이가 거의 없는 경우	대부분 법적·제도적 근거에 의해 하위정부 또는 민간에 대한 지원사업과 관련
프로그램(사업)세출액과 프로그램(사업)원가 차이가 어느 정도 있는 경우	자산취득, 발생주의 조정, 간접원가 계상, 세입세출외 거래의 인식 등에 의해 차이가 존재
프로그램(사업)세출액과 프로그램(사업)원가 차이가 상당하거나 관련성이 거의 없는 경우	프로그램(사업) 성격이 대부분 자산취득(사회기반시설 투자 등) 또는 부채감소(국채 상환 등)와 밀접하게 관련되거나, 융자·연금관련 프로그램 관련

: 국민들에게 프로그램(사업)별로 세출결산액과 발생주의 원가를 비교하여 그 차이를 설명할 수 있는 정보는 추가로 산출되지 않나요? 하나의 프로그램(사업)에 현금주의 결산액 따로, 발생주의 원가 따로, 이렇게 정보를 공시하면 오히려 정보이용자에게 혼란만 가중시킬 수 있을 것 같은 생각이 듭니다. 또한, 정보의 신뢰성에도 문제가 있을 것 같구요.

: 저도 그렇다고 생각합니다. 프로그램(사업)별로 원가정보를 어떻게 활용할 것인가에 대한 방안을 모색하기에 앞서 현금주의 세출액과 발생주의 원가가 서로 밀접하게 연계되어 있고, 다양하고 신뢰성 있는 정보가 유용하게 사용될 수 있는 환경이 마련되어야 할 것으로 보입니다. 그런데 아직은 실무적으로 각각의 프로그램(사업)원가와 관련하여 현금주의 금액과 발생주의 금액의 차이를 설명하는 부분까지 고려하고 있는 것은 아닙니다.

: 앞으로 많은 개선이 필요한 부분인 것 같네요.

: 다시 앞의 사례로 돌아가 보도록 하지요. 프로그램(사업)원가가 산출되기 위해서는 세 가지 과정이 필요합니다. 첫째, 프로그램(사업)직접원가의 산출, 둘째, 프로그램수익의 파악, 셋째, 프로그램(사업)간접원가의 배분이 그것입니다. 이 중 프로그램(사업)직접원가와 관련한 사항은 말씀드렸습니다. 지금부터는 프로그램(사업)수익에 대해 설명하겠습니다. 앞서 언급하였지만, 세입은 프로그램(사업)별로 집계되지 않습니다. 이는 세입을 인식하는 과정에서 자동적으로 프로그램(사업)원가에서 차감되는 것이 아니라 업무처리 중간에 해당 프로그램(사업)을 선택하여야 하는 과정이 필요하다는 의미가 됩니다. 회계정보를 산출하는 공무원 입장에서는 많은 주의가 필요한 부분입니다.

: 왜 세입액은 프로그램(사업)별로 구분되지 않을까요?

: 글쎄요. 정부는 조세수입, 부담금수입, 제재금수입 등 비교환거래로 인한 세입이 전체 세입의 대부분을 차지하는데 이러한 비교환수입은 특정 프로그램(사업)에 한정할 수 없기 때문에 프로그램(사업)별 구분이 중요하게 고려되지 않았을 것입니다. 세입이라는 것이 정책사업을 수행하기 위한 재원 마련의 역할을 하는데 의의가 있기 때문에 정책사업의 목적에 따른 분류 자체가 의미가 없기 때문입니다. 또한, 세입결산서와 세출결산서가 분리되어 있는 상황에서 굳이 프로그램(사업)별로 세입액을 구분하는 것은 비용-효익 관점에서도 의미가 없다는 측면도 있습니다. 세입액을 프로그램(사업)별로 구분하지 않으니 발생주의 관점의 수익 역시 당연히 프로그램(사업)별로 자동적으로 산출되지 않는 것이지요.

: 그렇다면 재정운영표에서 굳이 프로그램(사업)별로 수익을 구분할 필요가 있을까요? 회계사님께서 말씀하신 사항이라면 세입액-즉, 수익을 프로그램(사업)별로 구분하는 것은 실익이 없을 텐데요.

: 지금까지의 세입세출결산은 예산대비 결산의 성격이 강했다고 볼 수 있습니다. 그런데 앞으로의 회계정보는 정부내 의사결정자에게는 정책의사결정에 유용한 정보로서의 역할을 해야 하고, 국민에게는 세금을 얼마나 효율적으로 사용했는지 그리고 앞으로 국민이 원하는 예산편성이 이루어지도록 정부에 요구할 수 있는 정보로서의 역할을 해야 합니다. 특정 프로그램(사업)의 수행 결과 직접적으로 발생한 수익은 해당 프로그램(사업)에서 직접 차감함으로써 실제 이 정책을 수행하는데 추가로 필요한 재원은 얼마인지(즉, 세금부담이 얼마나 되는지) 파악할 수 있게 하는데 중요한 의의가 있다고 하겠습니다. 특정 정책사업을 수행하는데 수익자부담원칙이 적용가능하다면 최대한 해당 예산을 절감하는 것이 중요하기 때문입니다.

: 앞으로 정책을 수립하고 예산을 편성하는데 정부회계정보가 유용하게 사용될 수 있도록 제도가 발전하고, 신뢰성 있는 정보가 산출될 수 있도록 하는 것이 중요하겠군요.

: 상기 사례에서는 매년 융자사업을 통한 이자수익은 해당 프로그램원가에서 차감하게 됩니다. 이자수익은 실제 현금으로 들어오는 이자관련 세입과 시간의 경과에 따라 인식하게 되는 상각관련 수익으로 구성됩니다. 상각관련 수익은 융자채권의 평가와 관련되는 것으로 발생주의 수익입니다.

구분	프로그램(사업) 총원가	프로그램(사업) 수익
내역	융자보조원가(20×1년): 12,000천원	서민 주택자금 융자사업 이자수입 (20×1년~20×5년): 매년 2,000천원
		서민 주택자금 융자보조원가충당금 상각 (정액법상각 가정, 20×1년~20×5년): 매년 2,400천원(=12,000천원÷5년)

이를 20×1년 재정운영표 형식으로 나타내면 다음과 같습니다.

프로그램	프로그램(사업)총원가	프로그램(사업)수익	프로그램(사업)순원가
서민 주택자금 융자사업	12,000	(4,400)	7,600

: 복식부기·발생주의 정부회계제도가 정보이용자에게 다양하고 충분한 정보를 제공할 수 있다는 점이 좀 더 명확해지는 것 같습니다. 반면, 이 정보를 산출해야 하는 현업 공무원들의 업무는 상당히 가중될 것으로 예상됩니다.

: 그러한 어려움을 조금이라도 덜기 위해 디지털예산·회계시스템이나 e-호조 등이 개발된 것이 아니겠습니까? 그리고 앞으로도 계속적으로 보완해 가야 하겠지요.

: 지금까지의 내용이 프로그램(사업)원가의 전부는 아닌 것 같습니다만.

: 맞습니다. 지금까지 프로그램(사업)예결산제도와 프로그램(사업)원가의 차이를 설명하였습니다. 지금부터는 프로그램(사업)원가에 대하여 본격적으로 설명해 드리겠습니다. 이 때 프로그램(사업)간접원가에 대해서도 설명하겠습니다.

2. 프로그램(사업)원가의 집계

: 우선 프로그램(사업)원가를 좀 더 자세히 이해하기 위해서는 원가의 분류방법을 이해해야 합니다. 보통 원가는 분류방법에 따라 성질별(품목별) 분류와 기능별(목적별) 분류로 구분될 수 있습니다. 성질별 분류는 비용의 성격에 따라 분류하는 것을 말합니다. 보통 인건비, 운영비, 여비, 업무추진비, 공공요금, 이전경비, 출연금, 이자비용 등으로 구분하는 것으로 비용 발생항목으로 관리되는 것을 말합니다. 예산편성과정에서 '목-세목'별로 관리하는 것이 바로 이 성질별 분류를 의미합니다. 이에 비해 기능별 분류는 비용이 집행되는 목적에 따라 분류하는 것입니다. 프로그램(사업)에 따라 'A프로그램(사업)', 'B프로그램(사업)' 등으로 구분되는 것이지요.

: 이해가 쉽지는 않은데요. 이 부분은 여러 이야기를 들었지만, 사실 이해하기는 쉽지 않더라구요. 프로그램은 '단위사업–세부사업'으로 분류한다고 하지만, 막상 예산편성지침에서는 '목–세목'별로 구분하고 있구요.

: 일단 아래 그림을 보시지요. 조금은 쉽게 이해될 수 있을 겁니다.

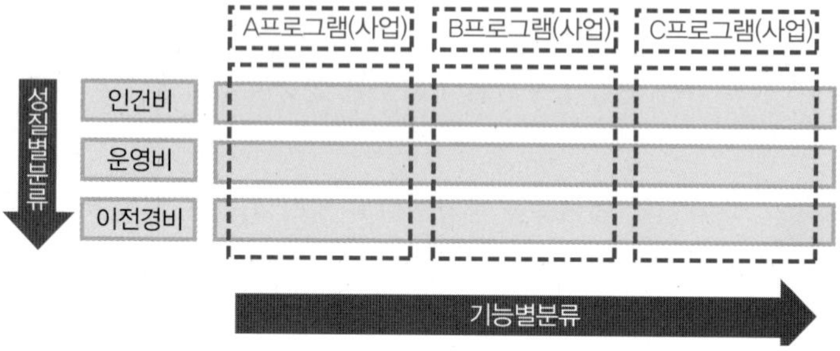

: 지금까지 원가계산이라고 하면 제품의 원가를 산출하는 것만 생각했는데, 회계사님 말씀을 들어보니 집행된 내역의 기능별 분류가 바로 정부에서의 원가계산이라고 이해될 수 있겠네요. 맞나요?

: 물론 더 복잡한 과정이 없는 것은 아니지만, 사무관님께서 말씀하신대로 집행내역의 기능별 분류 과정이 정부회계 원가계산의 중요한 부분을 차지한다고 보면 이해하기 쉬울 겁니다. 구체적인 이해를 위하여 사례(문화체육관광부를 사례로 들며, 해당 프로그램 명칭과 개수는 가정임)를 들어 보도록 하겠습니다(금액단위: 천원). 다만, 좀 더 쉽게 접근하기 위하여 단순히 현금지출이 이루어지는 비용항목 만을 고려하도록 하겠으며, 생활체육육성 프로그램과 관련하여 별도로 수수료수익 300천원이 있다고 가정하겠습니다(기금에서 발생). 또한, 기금의 경우 기금운영비의 50%는 간접원가라고 가정합니다.

계정과목	일반회계				기금		
	일반회계 계	예술 산업화	생활체육 육성	행정지원 프로그램	기금 계	생활체육 육성	기금 운영비
인건비	2,300	300	–	2,000	700	–	700
복리후생비	900	100	–	800	100	–	100
민간보조비	4,000	1,500	2,500	–	1,200	1,200	–
보상비	600	–	600	–	250	250	–
지급수수료	200	150	50	–	–	–	–
계	8,000	2,050	3,150	2,800	2,250	1,450	800

상기 사례를 바탕으로 프로그램(사업) 세출결산서, (수익·비용)성질별 재정운영표(필수보충정보임) 및 재정운영표를 하나씩 설명해 보도록 하겠습니다. 우선 세출결산서입니다. 세출결산서는 일반회계·특별회계와 기금에서 별도로 작성됩니다. 세출결산서는 세입 내역은 포함되어 있지 않으며, 현금지출액을 기준으로 작성됩니다. 국가회계에서는 참고목적으로 중앙관서 소관 회계·기금의 프로그램별 세출결산액을 추가로 제공합니다. 상기 사례에 대한 세출결산서를 요약하면 다음과 같습니다.

문화부 프로그램(사업)세출결산서(편의상 일반회계와 기금을 하나의 표에 표시함)			
계정과목	금액	계정과목	금액
〈일반회계〉		〈기금〉	
예술산업화	2,050	생활체육육성	1,450
생활체육육성	3,150	기금운영	800
행정지원	2,800		
계	**8,000**	**계**	**2,250**

: 지금까지 많이 보는 세출결산서 양식이네요. 그런데 프로그램(사업)예산제도가 도입되면서 동일 프로그램(사업)일 경우 관련되는 모든 회계·기금의 예산 및 결산자료가 종합되어 산출되는 줄만 알았는데, 단지 참고목적으로만 제공한다고 하니 조금은 의외입니다.

: 두 번째로 (수익·비용)성질별 재정운영표를 작성해 보도록 하겠습니다. 성질별 재정운영표는 재무제표가 아니라 필수보충정보입니다. 그럼에도 재무제표인 재정운영표보다 먼저 설명하는 이유는 성질별 재정운영표가 작성하기도 쉽고 이해하기도 쉽기 때문입니다. 우선 성질별로 구분된 계정과목에서 프로그램(사업) 부분과 관리운영비를 구별하여 계정과목별로 합계합니다. 프로그램(사업)과 관련된 수익이 있는 경우 프로그램(사업)원가에서 차감하여 나타내야 합니다. 상기 사례에서는 모든 항목이 비용항목이고 별도의 발생주의 조정 과정도 없으며, 소관 회계·기금간 내부거래도 없기 때문에 쉽게 작성할 수 있을 겁니다.

(수익 · 비용) 성질별 재정운영표					
일반회계		기금		합계	
계정과목	금액	계정과목	금액	계정과목	금액
프로그램순원가		**프로그램순원가**		**프로그램순원가**	
인건비	300	인건비	350	인건비	650
복리후생비	100	복리후생비	50	복리후생비	150
민간보조비	4,000	민간보조비	1,200	민간보조비	5,200
보상비	600	보상비	250	보상비	850
지급수수료	200	지급수수료	–	지급수수료	200
수수료수익	–	수수료수익	(300)	수수료수익	(300)
계	**5,200**	**계**	**1,550**	**계**	**6,750**
관리운영비		**관리운영비**		**관리운영비**	
인건비	2,000	인건비	350	인건비	2,350
복리후생비	800	복리후생비	50	복리후생비	850
계	**2,800**	**계**	**400**	**계**	**3,200**
재정운영결과	**8,000**	**재정운영결과**	**1,950**	**재정운영결과**	**9,950**

유리사무관

: 국가회계에서는 행정형회계의 행정운영성경비는 관리운영비가 되는 것 같은데, 기금의 경우에는 간접원가 배부 여부를 고려해야 하는 것 같네요.

리니회계사

: 맞습니다. 국가회계에서는 행정형회계인 일반회계는 행정지원프로그램(사업)에서 발생하는 행정운영성경비 금액 전액을 관리운영비로 인식하지만, 기금 및 기업특별회계와 같은 사업형회계에서는 행정운영성경비에서 간접원가를 추출 및 배부해야 합니다. 여기서는 기금운영비상 인건비(700천원)와 복리후생비(100천원) 발생액의 50%를 간접원가로 가정하였으므로 각각 350천원 및 50천원을 프로그램(사례에서는 '생활체육육성' 프로그램)에 가산하게 되는 것입니다.

유리사무관

: 국가회계에서는 왜 행정형회계인 일반회계와 기타특별회계에서는 간접원가 배부를 고려하지 않나요?

리니회계사

: 현재 국가회계와 관련하여 행정형회계에서 간접원가를 별도로 고려하지 않는 이유는 개별 정책사업이 아닌 해당 소관의 순수 행정활동에서 발생한 비용을 다른 사업에 배부하지 않고 총괄적으로 관리하는 정보가 더 유용하다고 판단하기 때

문입니다. 즉, 일반행정에 소요되는 비용과 관련한 효율성도 평가 지표가 될 수 있습니다. 예를 들어 개별 프로그램(사업)이 소수이거나 1개인 중앙관서의 경우 오히려 일반적인 행정업무에 얼마나 효율적으로 지출이 이루어졌는가가 오히려 더 중요한 회계정보가 되며, 다른 중앙관서와 비교가 될 수 있는 지표도 됩니다.

: 회계사님 말씀은 충분히 이해가 되지만, 동일한 프로그램(사업)을 일반회계에서도 수행하고 기금에서도 수행할 때, 이에 대한 집행결과를 합한 금액은 일부는 간접원가가 포함되어 있고 일부는 포함되어 있지 않다면 과연 그 프로그램(사업) 원가를 신뢰할 수 있을까요? 회계·기금간 형평성의 문제도 발생하구요.

: 사무관님께서 정확하게 지적하여 주셨습니다. 사실 간접원가의 배부 문제는 정부회계에서 원가계산의 핵심이자 앞으로 계속 개선해야할 과제입니다. 기업회계에서 발달한 원가계산 역시 간접원가를 어떻게 배부하는가에 따라 다양한 방법이 있습니다. 제 생각엔 지금까지는 복식부기·발생주의 정부회계제도가 정착되는 시점에서 너무 많은 것을 시도하면 실무적으로 많은 혼란을 가져올 수 있어 일단 보류했던 부분이 아니었나 생각합니다. 이제 복식부기·발생주의 정부회계제도도 어느 정도 정착되었기 때문에 앞으로 모든 회계·기금에서 개별 정책사업에도 정확하게 관련 간접원가를 배부할 수 있도록 많은 연구와 노력이 있어야 할 것입니다.

: 정부회계는 보면 볼수록 어렵기도 하지만, 재정의 전반적인 이슈를 모두 다루고 있는 것 같아 재미있습니다.

: 이제 마지막으로 (기능별)재정운영표를 만들어 보도록 하겠습니다.

재정운영표			
계정과목	프로그램총원가	프로그램수익	프로그램순원가
프로그램순원가			
예술산업화(일반회계)	2,050	–	2,050
생활체육육성(일반회계+기금)	5,000	(300)	4,700
계			**6,750**
관리운영비			
인건비			2,350
복리후생비			850
계			**3,200**
재정운영 결과			**9,950**

(주) 생활체육육성 프로그램 총원가의 경우 일반회계 지출액 3,150천원과 기금 지출액 1,450천원 및 기금의 간접원가 배분액 400천원으로 이루어짐

기본적으로 성질별 재정운영표와 유사하지만, 프로그램(사업)순원가 부분은 프로그램(사업)별로 원가가 산출되어야 합니다. 이를 위해서는 성질별 계정과목이 해당 프로그램(사업)별로 먼저 파악되어 있어야 하는데, 사례에서는 이미 주어졌기 때문에 이를 활용하겠습니다. 실무적으로는 시스템에 예산집행결과를 입력할 때, 이미 사용자의 로그인 정보와 해당 프로그램(사업)의 선정을 통해 프로그램(사업)의 결정이 자연스럽게 이루어지게 됩니다. 한편, 성질별 재정운영표와 재정운영표는 프로그램(사업)순원가를 산출하는 과정상에서만 차이가 발생할 뿐이며, 그 외의 부분에 대해서는 동일합니다.

: 재무제표인 재정운영표와 필수보충정보인 성질별 재정운영표는 서로 상호보완적인 관계를 가지게 되는군요. 또한, 자연스럽게 비교를 통해 양 정보간의 검증도 이루어질 수 있을 것 같습니다.

: 맞습니다. 이상 세출결산서, (수익·비용)성질별 재정운영표 및 재정운영표를 다시 한 번 비교해 보도록 하겠습니다.

세출결산서	
계정과목	금액
〈일반회계〉	
예술산업화	2,050
생활체육육성	3,150
행정지원	2,800
계	**8,000**
〈기금〉	
생활체육육성	1,450
기금운영	800
계	**2,250**

성질별 재정운영표	
계정과목	금액
프로그램순원가	
인건비	650
복리후생비	150
민간보조비	5,200
보상비	850
지급수수료	200
수수료수익	(300)
계	**6,750**
관리운영비	
인건비	2,350
복리후생비	850
계	**3,200**
재정운영결과	**9,950**

재정운영표			
계정과목	프로그램 총원가	프로그램 수익	프로그램 순원가
프로그램순원가			
예술산업화	2,050	–	2,050
생활체육육성	5,000	(300)	4,700
계			**6,750**
관리운영비			
인건비			2,350
복리후생비			850
계			**3,200**
재정운영결과			**9,950**

(주) 지방회계의 경우 상기 재정운영표 양식이 약간 다른데, 의미적으로는 큰 차이 없다.

: 복식부기·발생주의 정부회계제도가 잘 정착될 경우 여러 분야에 상당한 영향을 미칠 것으로 보입니다. 프로그램(사업)원가계산 과정을 보면서 정부회계에서는 단순히 세출내역을 프로그램(사업)에 따라 집계한다는 수동적인 측면보다는 체계적인 정보를 산출하는 능동적인 프로세스라는 점이 상당히 인상적입니다. 또한, 회계사님께서 말씀하신 앞으로의 연구과제들도 계속 고민해야 할 것 같습니다. 많이 도와주시기 바라며, 오늘 설명 너무 감사드립니다.

: 별 말씀을요. 궁금하신 사항이 있으시면 언제라도 도와드리겠습니다. 감사합니다.

CHAPTER

3

한국 정부회계제도의 환경

제1절 한국의 국가회계 환경의 이해
제2절 한국의 지방회계 환경의 이해
정부회계 전문가 과정 3-① 각종 정부회계시스템의 이해

CHAPTER

3

한국 정부회계제도의 환경

제 1 절 한국의 국가회계 환경의 이해

1. 국가회계와 국가회계실체

(1) 국가회계의 개념

국가회계(national government accounting)란 국가(중앙정부)의 재정활동에서 발생하는 경제적 거래를 통한 자원의 변동을 화폐로 측정하여 이를 기록·보고하는 일련의 과정(프로세스)을 말한다. 일반적으로 영리기업에 적용되는 기업회계, 지방자치단체에 적용되는 지방회계, 사립대학교에 적용되는 학교회계, 병원에 적용되는 의료기관회계 등과 대응되는 개념이다. 국가회계는 한국의 중앙정부(기획재정부·국토교통부 등 19부, 법제처 등 5처, 국세청·경찰청 등 17청, 감사원 등 2원, 대통령비서실및국가안보실 등 2실, 금융위원회 등 11위원회, 국회·대법원 등 5헌법기관을 의미한다(2022.12 기준이나, 2023년 6월에 이루어진 국가보훈부 승격은 반영하여 부로 분류한다))인 「국가재정법」상의 일반회계·특별회계·기금 및 중앙관서와 국가(통합)에서 적용되는 회계시스템이다. 국가회계는 협의의 관점에서 복식부기·발생주의 회계제도만을 의미한다고 볼 수도 있으나, 실질적으로는 예산의 편성·집행·결산의 일련의 모든 과정을 의미한다고 보는 것이 더 타당하다. 따라서 단식부기·현금주의 방식에 의한 예산·결산 과정 역시 국가회계의 범주에 당연히 포함된다.

➡ Accounting과 Accounts의 구분: 「국가재정법」 제4조에서는 국가의 회계를 일반회계와 특별회계로 구분한다고 규정하고 있는데, 이 때의 '회계' 개념과 일반적인 '국가회계'라는 용어에서의 '회계' 개념이 다소 혼란스럽게 보일 수 있다. 엄밀히 말하면 국가회계나 기업회계에서의 '회계'는 영어로 accounting을 의미하며, 일반회계·특별회계에서의 '회계'는 accounts를 의미한다. Accounting이란 일련의 행위과정(process)인데 비하여 accounts는 행위가 이루어지는 실체를 의미한다고 보는 것이 타당하다. 따라서 일반회계·특별회계 용어에서의 '회계'는 '계정'이라는 표현이 더 적합할 수 있다. 그러나 '계정'이라는 용어는 또 다른 의미로 재정 분야에서 오랫동안 사용되고 있는 용어이므로 명칭의 변경은 쉽지 않을 것으로 보인다. 국가회계·기업회계 등에서의 '회계' 개념과 일반회계·특별회계에서의 '회계' 개념은 명백히 차이가 있다는 점을 이해할 필요가 있다.

(2) 국가회계실체의 개념

「국가회계기준」에서는 국가회계실체(national government accounting entity)를 「국가재정법」 제4조에 따른 일반회계, 특별회계 및 「국가재정법」 제5조에 따른 기금으로서 중앙관서별로 구분된 것을 말한다고 규정하고 있다(「국가회계기준」 제2조제1호). 즉, 현행 「국가회계기준」에서의 국가회계실체는 중앙관서나 국가(통합)단위는 제외하고 각 중앙관서 소관 회계·기금을 의미하고 있는 실정이다. 회계·기금은 중앙관서별로 구분된 것을 의미하므로 일반회계의 경우 모든 중앙관서(단, 일반회계가 없는 조달청과 특허청 제외)에 1개씩 있는 것으로 봐야 한다. 일부 기타특별회계의 경우 여러 중앙관서에서 관리되고 있는데(예를 들어 국가균형발전특별회계, 에너지및자원사업특별회계 등), 이 역시 각 중앙관서별로 1개의 회계로 간주한다. 따라서 일반적으로 대한민국의 재정(중앙정부)과 관련하여 일반회계 1개, 기타특별회계 16개, 기업특별회계 5개, 기금 68개라고 이야기할 때와 실제 국가회계실체의 개수는 차이가 있다(당연히 국가회계실체 개념으로 볼 때의 개수가 훨씬 더 많다).

한편, 현행 「국가회계기준」에서는 중앙관서와 국가(통합) 자체는 국가회계실체로 간주하지 않고 있어 다소 문제가 있다. 중앙관서와 국가(통합)의 단위로 재무제표가 산출되고 국회에 보고되고 있어 일종의 국가보고실체(reporting entity)임에도 불구하고(「국가회계법」 제13조) 국가회계실체가 아니라고 하는 것은 논란이 될 수 있다. 따라서 「국가회계기준」에 규정되어 있는 중앙관서 소관 회계·기금 외에 중앙관서 및 국가(통합) 자체도 국가회계실체로 간주해야 할 것으로 보인다.

➡ 「국가회계기준」에 규정된 국가회계실체의 개념과 관련하여 세부 「국가회계예규」에서도 「국가회계기준」과 동일하게 규정하고 있다. 따라서 공식적으로 국가회계실체를 논의할 때는 중앙관서 소관 회계·기금만을 의미하는 것이 타당할 것이다. 이에 비해 「지방회계기준」 제3조제4호에서는 회계실체를 개별 회계실체, 유형별 회계실체, 통합 회계실체로 구분하고 있어 소관 회계·기금 외에 지방자치단체 자체도 회계실체로 인정하고 있다. 본서에서는 논의의 편의를 위하여 국가회계실체를 중앙관서와 국가(통합)까지 확대하여 설명하지만, 공식적으로 국가회계실체는 「국가회계기준」 제2조에서 규정된 것에 한정된다는 점에 주의한다.

국가회계실체와 유사한 용어인 국가보고실체는 「국가회계법」에 따라 독자적으로 결산보고서를 작성하는 국가회계실체를 의미한다(「국가회계법」이나 「국가회계기준」에는 국가보고실체라는 용어를 사용하지는 않는다). 「국가회계법」 제13조에 따르면 국가보고실체는 중앙관서의 장이 관리하지 않는 기금, 중앙관서, 국가(통합)로서 앞서 언급한 국가회계실체의 범위와 상이하다. 이들이 작성하는 보고서를 각각 기금결산보고서, 중앙관서결산보고서, 국가결산보고서라고 하며, 각 결산보고서에는 세입세출결산, 재무제표 및 성과보고서가 포함된다.

2022년말 현재 대한민국의 국가회계실체(국가통합, 중앙관서, 중앙관서 내 소관 회계·기금)는 다음과 같다.

대한민국 중앙정부					
No.	중앙관서	회계 · 기금	No.	중앙관서	회계 · 기금
1	대통령비서실및국가안보실	일반회계	2	대통령경호처	일반회계
3	국회	일반회계	4	대법원(법원행정처)	일반회계
					등기특별회계
					사법서비스진흥기금
5	헌법재판소	일반회계	6	중앙선거관리위원회	일반회계
7	민주평화통일자문회의	일반회계	8	감사원	일반회계
			10	국무조정실및국무총리비서실	일반회계
9	국가정보원	일반회계			에너지및자원사업특별회계

대한민국 중앙정부		
No.	중앙관서	회계 · 기금
11	기획재정부	일반회계
		국가균형발전특별회계
		국유재산관리기금
		대외경제협력기금
		공공자금관리기금
		외국환평형기금
		복권기금
		산업기반신용보증기금
		기후대응기금
		국고금회계 ➡ 기획재정부에 공식적으로 포함되는 회계는 아니지만, 기획재정부가 관리하는 회계
12	교육부	일반회계
		국가균형발전특별회계
		유아교육지원특별회계
		고등 · 평생교육지원특별회계 ➡ 2023년 신설
		사학진흥기금
		사립학교교직원연금기금
17	국방부	일반회계
		주한미군기지이전특별회계
		국방 · 군사시설이전특별회계
		군인연금기금
		군인복지기금
13	과학기술정보통신부	일반회계
		에너지및자원사업특별회계
		우체국보험특별회계
		국가균형발전특별회계
		소재부품장비경쟁력강화특별회계
		우편사업특별회계
		우체국예금특별회계
		국립중앙과학관(책특기관)
		국립과천과학관(책특기관)
		과학기술진흥기금
		정보통신진흥기금
		원자력기금
		방송통신발전기금
14	외교부	일반회계
		국제질병퇴치기금
		국제교류기금
15	통일부	일반회계
		남북협력기금
16	법무부	일반회계
		교도작업특별회계
		범죄피해자보호기금
18	행정안전부	일반회계
		국가균형발전특별회계

대한민국 중앙정부

No.	중앙관서	회계 · 기금
19	문화체육관광부	일반회계
		아시아문화중심도시조성특별회계
		국가균형발전특별회계
		관광진흥개발기금
		국민체육진흥기금
		문화예술진흥기금
		지역신문발전기금
		언론진흥기금
		영화발전기금
21	산업통상자원부	일반회계
		에너지및자원사업특별회계
		국가균형발전특별회계
		소재부품장비경쟁력강화특별회계
		전력산업기반기금
		무역보험기금
		방사성폐기물관리기금
		산업기술진흥및사업화촉진기금
22	보건복지부	일반회계
		농어촌구조개선특별회계
		국가균형발전특별회계
		국립재활원(책특기관)
		국립정신건강센터(책특기관)
		국립나주병원(책특기관)
		국립부곡병원(책특기관)
		국립춘천병원(책특기관)
		국립공주병원(책특기관)
		국민연금기금
		국민건강증진기금
		응급의료기금

No.	중앙관서	회계 · 기금
20	농림축산식품부	일반회계
		농어촌구조개선특별회계
		에너지및자원사업특별회계
		국가균형발전특별회계
		양곡관리특별회계
		양곡증권정리기금
		농산물가격안정기금
		농지관리기금
		축산발전기금
		농업농촌공익기능증진직접직불기금
		자유무역협정이행지원기금
		농어업재해재보험기금
23	환경부	일반회계
		농어촌구조개선특별회계
		국가균형발전특별회계
		환경개선특별회계
		국가균형발전특별회계
		석면피해구제기금
		한강수계관리기금
		낙동강수계관리기금
		금강수계관리기금
		영산강·섬진강수계관리기금
24	고용노동부	일반회계
		에너지및자원사업특별회계
		국가균형발전특별회계
		산업재해보상보험및예방기금
		장애인고용촉진및직업재활기금
		고용보험기금
		임금채권보장기금
		근로복지진흥기금

대한민국 중앙정부

No.	중앙관서	회계 · 기금
25	여성가족부	일반회계
		국가균형발전특별회계
		청소년육성기금
		양성평등기금
26	국토교통부	일반회계
		교통시설특별회계
		에너지및자원사업특별회계
		혁신도시건설특별회계
		국가균형발전특별회계
		자동차사고피해지원기금
		주택도시기금
30	인사혁신처	일반회계
		공무원연금기금
31	법제처	일반회계
32	식품의약품 안전처	일반회계
		농어촌구조개선특별회계
		국가균형발전특별회계
33	국가인권위원회	일반회계
34	방송통신위원회	일반회계
35	공정거래위원회	일반회계
37	국민권익위원회	일반회계
38	원자력안전 위원회	일반회계
40	국세청	일반회계
42	조달청	조달특별회계

No.	중앙관서	회계 · 기금
27	해양수산부	일반회계
		농어촌구조개선특별회계
		교통시설특별회계
		에너지및자원사업특별회계
		국가균형발전특별회계
		수산발전기금
28	중소벤처기업부	일반회계
		국가균형발전특별회계
		소재부품장비경쟁력강화특별회계
		소상공인시장진흥기금
		중소기업창업및진흥기금
		기술보증기금
29	국가보훈부 (➡ 2023년 승격)	일반회계
		에너지및자원사업특별회계
		국가균형발전특별회계
		순국선열애국지사사업기금
		보훈기금
36	금융위원회	일반회계
		농어가목돈마련저축장려기금
		농림수산업자신용보증기금
		신용보증기금
		주택금융신용보증기금
		공적자금상환기금
		예금보험기금채권상환기금
39	개인정보 보호위원회	일반회계
41	관세청	일반회계
43	통계청	일반회계

대한민국 중앙정부					
No.	중앙관서	회계 · 기금	No.	중앙관서	회계 · 기금
44	병무청	일반회계	45	방위사업청	일반회계
46	경찰청	일반회계	47	소방청	일반회계
		국가균형발전특별회계	48	문화재청	일반회계
		경찰병원(책특기관)			국가균형발전특별회계
50	산림청	일반회계			문화재보호기금
		농어촌구조개선특별회계	49	농촌진흥청	일반회계
		국가균형발전특별회계			농어촌구조개선특별회계
		국립자연휴양림관리소(책특기관)			국가균형발전특별회계
52	질병관리청	일반회계	51	특허청	특허청(책특기관)
		국립마산병원(책특기관)	53	기상청	일반회계
		국립목포병원(책특기관)			혁신도시건설특별회계
54	행정중심복합도시건설청	일반회계	55	새만금건설청	일반회계
		행정중심복합도시건설특별회계	56	해양경찰청	일반회계
57	가습기살균제사건과4·16세월호참사특별조사위원회	일반회계	58	5·18민주화운동진상규명조사위원회	일반회계
59	진실·화해를위한과거사정리위원회	일반회계	60	고위공작자범죄수사처	일반회계
			61	국가교육위원회	일반회계

(3) 일반회계

일반회계(general accounts)는 특정 정책사업이 아닌 정부의 기본적인 기능을 수행하는 계정으로 정부회계의 근간이 되는 회계(계정)이다. 일반회계에서는 행정, 국방, 치안, 사회복지, 경제개발 등 정부 고유기능을 수행하기 위하여 세입 및 세출을 인식한다. 세입은 주로 조세수입으로 구성되어 있고, 세출은 일반적인 정책사업을 수행하기 위한 지출과 행정기관을 유지하기 위한 기본적인 경비로 구성된다(윤성식·권수영, 1998 참고).

지방회계의 경우 각 자치단체별로 하나의 일반회계가 존재한다. 국가회계의 경우 일반회계는 전체적으로 하나이지만, 실질적으로는 각 중앙관서별로 하나씩 일반회계를 가지고 있고 이러한 중앙관서별 일반회계가 각각 재무제표를 산출하기 때문에 각 중앙관서별 일반회계를 독자적인 국가회계실체로 보아야 한다. 다만, 일반회계 자체만으로는 독자적인 국가보고실체는 되지 아니한다(따라서 특정 중앙관서의 일반회계만으로 재무제표가 작성되지만 외부에 공시하지는 않는다. 또한, 모든 중앙관서의 일반회계가 집계된 전체 일반회계의 재무제표도 작성되지 않는다). 한편, 한국의 중앙정부에서 조달청과 특허청은 원칙적으로 일반회계는 존재하지 않고(즉, 조세수입을 근간으로 하는 지원 없이 정책사업을 수행할 수 있다) 특별회계만 존재하는 특성을 가지고 있다(2022년 국가결산보고서를 참고하면 조달청과 특허청도 일반회계에서 발생한 결산금액이 있으나, 예산액부터 편성된 것은 아니며. 이용·전용·이체 등 과정에서 발생한 것이다).

(4) 특별회계

특별회계(special accounts)는 ㉠ 정부가 특정한 사업을 운영하거나(기업특별회계), ㉡ 특정한 자금을 보유하여 운영할 때(자금특별회계), ③ 특정한 세입으로 특정한 세출에 충당함으로써 일반회계의 세입·세출과 구분하여 경리할 필요가 있을 때(기타특별회계) 법률로 설치되는 계정을 말한다. 특별회계는 특정 정책사업을 위한 세입·세출을 관리하기 때문에 세입과 세출이 연계되어 있어 그 사업의 재정수지 파악이 용이하고 행정적 자율성을 높일 수 있다는 특징이 있다. 한편, 자금특별회계는 과거 재정융자특별회계가 있었으나 현재는 폐지된 상태이므로, 현행 특별회계는 기업특별회계와 기타특별회계로 이루어져 있다.

기업특별회계에 해당하는 우편사업특별회계, 우체국예금특별회계, 양곡관리특별회계 및 조달특별회계는 정부기업이라고 해서 우정, 양곡, 조달이라는 특수한 사업을 수행하도록 하고 있으며, 「정부기업예산법」의 적용을 받는다. 또한, 「정부기업예산법」에서는 규정하고 있지 않으나, 「책임운영기간의 설치·운영에 관한 법률」에 의한 책임운영기관(단, 특별회계로 운영되는 경우에 한함)의 경우 각각 책임운영기관특별회계(특허청, 국립재활원, 국립중앙과학관 등)라고 해서 「정부기업예산법」을 적용하도록 하고 있다(「책임운영기간의 설치·운영에 관한 법률」 제30조②).

➡ 책임운영기관이란 정부가 수행하는 사무 중 공공성(公共性)을 유지하면서도 경쟁 원리에 따라 운영하는 것이 바람직하거나 전문성이 있어 성과관리를 강화할 필요가 있는 사무에 대하여 행정 및 재정상의 자율성을 부여하고 그 운영 성과에 대하여 책임을 지도록 하는 행정기관을 의미한다. 「책임운영기관의

설치·운영에 관한 법률」에서는 책임운영기관의 성격에 따라 조사연구형·교육훈련형·문화형·의료형·시설관리형·기타로 구분하고 있는데, 동법 제27조 및 동법 시행령 별표4에서는 필요한 경우 책임운영기관을 특별회계로 운영할 수 있도록 하고 있다. 특별회계의 형태로 운영 중인 책임운영기관은 2022년 12월 현재 총 13개이다(국립중앙과학관, 국립과천과학관(이상 과학기술정보통신부 소관), 국립재활원, 국립정신건강센터, 국립공주병원, 국립나주병원, 국립부곡병원, 국립춘천병원(이상 보건복지부 소관), 국립마산병원, 국립목포병원(이상 질병관리청 소관), 경찰병원(이상 경찰청 소관), 국립자연휴양림관리소(이상 산림청 소관), 특허청(이상 특허청 소관)). 참고로 특별회계의 형태로 이루어지지 않은 책임운영기관으로는 국립과학수사연구원, 국립현대미술관, 국방홍보원, 항공교통본부, 국립종자원 등이 있다.

➡ 대한민국 중앙정부가 수행하는 특수한 사업으로 우정(郵政)사업이 있으며, 특별회계 방식으로 운영되고 있다. 우정사업은 우편·우체국예금·우체국보험 사업으로 구분되는데, 이 중 우편사업과 우체국예금사업은 각각 기업특별회계로 분류되나, 우체국보험사업은 기타특별회계로 분류된다. 우정사업을 관장하는 중앙관서는 과학기술정보통신부이다.

기타특별회계는 특정한 목적 수행을 위하여 특정 세입으로 특정 세출을 충당하고 일반회계, 다른 특별회계 및 기금과 구분하여 관리할 필요가 있을 때 법률에 근거하여 설치된다. 최근 '소재부품장비경쟁력강화특별회계'는 2019년 일본의 소재·부품·장비사업 수출규제에 대응하기 위한 목적으로 설치되었다. 또한 2023년부터 대학의 자율적 혁신을 촉진하고 지방대학을 지역 혁신의 허브로 집중 육성하는 등의 목적으로 '고등·평생교육지원특별회계'가 설치되었다. 기타특별회계는 기업특별회계나 기금과 달리 특정 기타특별회계가 특정 중앙관서에만 존재하는 것이 아니다. 물론 우체국보험특별회계(과학기술정보통신부), 주한미군기지이전특별회계(국방부), 유아교육지원특별회계(교육부) 등과 같이 특정 기타특별회계가 특정 중앙관서 소관인 경우도 있으나, 국가균형발전특별회계, 농어촌구조개선특별회계, 에너지및자원사업특별회계 등과 같이 여러 중앙관서에 설치되어 있는 경우도 있다. 2023년 현재 16개의 기타특별회계(단, 여러 중앙관서에서 설치되어 있는 경우라도 1개로 간주)가 운영 중에 있다.

➡ 2022회계연도까지 국가균형발전, 농어촌구조개선, 교통시설, 등기, 교도작업, 에너지및자원사업, 환경개선, 우체국보험, 주한미군기지이전, 행정중심복합도시건설, 국방·군사시설이전, 혁신도시건설, 아시아문화중심조성, 유아교육지원, 소재부품장비경쟁력강화 등 총 15개 기타특별회계가 설치되었으며, 2023회계연도부터 고등·평생교육특별회계가 추가 설치되었다.

(5) 기금(「국가재정법」상 기금)

① 「국가재정법」상 기금의 개요

기금은 국가가 특정한 목적을 위하여 특정한 자금을 신축적으로 운용할 필요가 있을 때에 한하여 법률로써 설치하는 것으로 세입세출예산에 의하지 아니하고 운용할 수 있다(「국가재정법」 제5조). 기금은 조세수입이 아닌 출연금·부담금 등을 주요 재원으로 하여 특정 목적의 사업을 추진하므로 특별회계와 유사하게 볼 수도 있다. 다만, 기금은 기금운용계획 중 주요항목 지출금액의 20%(금융성기금의 경우 30%) 이내에서 변경하고자 하는 경우 기금운용계획변경안을 국회에 제출하지 않고 자체변경이 가능하다는 점에서 일반회계·특별회계와 비교할 때 운용방식에 차이가 있다(「국가재정법」 제70조③).

➡ 일반회계와 특별회계의 경우 예산의 변동은 추가경정예산 또는 예산의 이용·전용·이체의 과정이 수행되어야 한다.

국가회계에서의 기금의 범위는 기금의 명칭을 가지고 있다고 해서 기금에 해당하는 것이 아니라 「국가재정법」 별표2에서 규정하고 있는 기금만 국가회계의 적용을 받는 기금이다(예를 들어, 사내근로복지기금(각 공공기관 등), 예금보험기금(예금보험공사, 단, 예금보험공사가 관리하는 예금보험기금채권상환기금은 「국가재정법」상 기금이다), 국민행복기금(한국자산관리공사), 새출발기금(한국자산관리공사) 등은 「국가재정법」에서 규정하고 있지 않기 때문에 국가회계의 적용을 받는 기금이 아니다). 기금은 세입세출예산에 포함되지 않기 때문에 세입세출결산에는 포함되지 않지만(대신 기금운용계획안 및 기금결산이라고 한다), 국가회계실체에 포함되므로 중앙관서 및 국가통합 재무제표에는 포함된다. 기금은 중앙관서의 장이 관리하는 기금(일명 '공공기금' 또는 '정부기금'이라고도 함)과 중앙관서의 장이 관리하지 않는 기금(일명 '민간기금'이라고도 함)으로 크게 나눌 수 있다. 또는 기금의 성격에 따라 금융성기금, 사회보장성기금, 사업성기금, 계정성기금 등으로 분류되기도 한다.

➡ 지방자치단체에서도 「국가재정법」상 기금이 아닌 별도의 기금회계를 운영한다. 이들 기금은 「지방자치단체 기금관리기본법」의 적용을 받는다.

② 일반회계 및 특별회계와의 비교

기금은 일반회계 및 특별회계와 같이 국가회계법상 국가회계실체에 해당되지만 다음과 같은 차이가 있다.

구분	일반회계	특별회계(기업 · 기타)	기금
1. 특정 설치법률	없음	각각 설치법률 존재	각각 설치법률 존재
2. 특정목적	해당하지 않음 (일반적 재정활동)	해당 (특정목적, 특정사업)	해당 (특정목적을 위해 특정 자금 운용)
3. 재원조달	조세수입, 세외수입	일반회계와 기금 방식 혼용	부담금, 출연금, 운영수익 등
4. 집행절차	통제(이용,전용,이체)	통제(이용,전용,이체)	합목적성 차원에서 상대적으로 자율성·탄력성 보장 ➡ 주요항목 지출금액의 20% 이하 변경은 국회승인 없어도 가능함
5. 자금운용	제한적	제한적	신축적
6. 예산안	포함	포함	포함하지 않음 ➡ 기금운용계획안 대체
7. 세입세출결산	해당	해당	해당하지 않음 ➡ 수입지출결산 대체
8. 국회심의·의결	해당	해당	해당
9. 통합재정수지	포함	포함	포함
10. 국가회계 재무제표	작성	작성	작성
11. 중앙관서 통합대상	포함	포함	포함
12. 국고금 여부	국고금	국고금	중앙관서의 장이 관리하는 기금은 국고금 해당
13. 국고금 회계처리	수행	원칙적으로 수행 ➡ 기업특별회계와 우체국보험특별회계는 국고금 회계처리 계정과목이 재무제표에 미표시	수행하지 않음 ➡ 중앙관서의 장이 관리하는 기금은 국고금 계정과목을 사용하지만, 국고금 회계처리는 수행하지 않음
14. 개수(2023년)	1개	21개(책특기관 1개 간주)	68개(공공 47개, 민간 21개)

③ 국가회계실체로서의 기금의 특성

기금은 기업특별회계와 같이 「국가회계법」이 제정되기 이전부터 복식부기·발생주의에 의한 회계결산을 수행하고 있었다(기업회계기준 준용). 「국가회계법」이 제정된 이후에는 「국가회계기준」에 의한 결산서(재무제표 포함)를 작성하고 있으며, 기금 중 중앙관서의 장이 관리하지 않는 기금은 「국가회계법」 제13조제2항에 의거 기금결산보고서를 작성하여 소관 중앙관서의 장에게 제출하여야 한다. 이 때, 중앙관서의 장이 관리하지 않는 기금 중 직전 회계연도 기금운용규모가 5,000억원 이상인 기금은 회계법인에 의한 회계감사를 받아야 한다(「국가회계법시행령」 제3조).

기금은 국가회계 적용과 관련하여 두 가지 주의할 사항이 있다. 첫째, 일부 기금은 실무적으로 기중 회계거래를 기업회계기준 등을 준용하여 기록 및 인식하기 때문에 기말 시점에 「국가회계기준」에 따라 재무제표로 변환하여 산출해야 한다. 이 과정에서 기존 기업회계기준 등의 규정과 「국가회계기준」 규정의 차이 조정이 필요하게 된다. 대표적인 것으로 손익계산서 및 자본변동표에서 재정운영표 및 순자산변동표로의 양식 변환, 「국가회계기준」에 부합되는 계정과목 사용, 지분법평가·이연법인세·금융비용자본화 등의 회계처리 취소(「국가회계기준」에서는 이들에 대하여 평가방법이 규정되어 있지 않다), 유가증권평가손익 회계처리의 조정(「국가회계기준」에서는 순자산변동표 항목으로만 인식), 출연금이나 부담금의 수익 계상 조정(출연금 등의 성격에 따라 재정운영표 또는 순자산변동표에서 인식) 등이 이에 해당한다.

둘째, 중앙관서의 장이 관리하지 않는 기금의 경우 그 운영을 많은 부분 공공기관(준정부기관이 많다)이 운영하고 있는데, 기금과 공공기관이 적용하여야 하는 회계기준이 다르다는 점이다. 기금은 「국가회계기준」을 적용하여야 하지만, 기금이 아닌 순수 공공기관(준정부기관의 경우) 부분은 「공기업·준정부기관 회계사무규칙」을 적용하여야 한다. 만일 기금과 일체형(또는 거의 일체형)인 공공기관(신용보증기금, 기술보증기금, 무역보험기금, 공무원연금기금, 중소벤처기업창업및진흥기금 등)의 경우에는 전체적으로 국가회계기준을 우선 적용하여야 한다(「국가회계법」 제10조).

- 회계법인에 의한 법정 감사대상인 기금은 ㉠ 중앙관서의 장이 관리하지 않아야 하고, ㉡ 직전 회계연도 기금운용규모가 5,000억원 이상이어야 하는 조건이 동시에 충족되어야 한다. 그러나 조건 중 일부(전부)가 해당되지 않더라도 실무적으로 회계법인에 의한 회계감사를 받기도 한다.

- 「공공기관의 운영에 관한 법률」에 따른 공기업 및 준정부기관은 2011년(공기업) 및 2013년(준정부기관)부터 「공기업·준정부기관 회계사무규칙」에서 특별히 규정하고 있는 사항을 제외하고 국제회계기준(IFRS)를 적용하고 있다.

④ 한국 중앙정부의 기금의 현황

한국 중앙정부의 기금 현황(2023년 기준)은 다음과 같다.

구분		기금명	근거법률	소관 중앙관서
관리주체	금융성			
중앙관서장	–	고용보험기금	고용보험법	고용노동부
중앙관서장	–	산업재해보상보험및예방기금	산업재해보상보험법	
중앙관서장	–	임금채권보장기금	임금채권보장법	
중앙관서장	–	장애인고용촉진및직업재활기금	장애인고용촉진및직업재활법	
중앙관서장	–	국민연금기금	국민연금법	보건복지부
중앙관서장	–	국민건강증진기금	국민건강증진법	
중앙관서장	–	응급의료기금	응급의료에 관한 법률	
중앙관서장	–	군인연금기금	군인연금법	국방부
중앙관서장	–	군인복지기금	군인복지기금법	
중앙관서장	–	공공자금관리기금	공공자금관리기금법	기획재정부
중앙관서장	–	대외경제협력기금	대외경제협력기금법	
중앙관서장	–	복권기금	복권 및 복권기금법	
중앙관서장	–	외국환평형기금	외국환거래법	
중앙관서장	–	국유재산관리기금	국유재산법	
중앙관서장	–	기후대응기금	기후위기대응을위한탄소중립·녹색성장기본법	
중앙관서장	–	공적자금상환기금	공적자금상환기금법	금융위원회
중앙관서장	금융성	농어가목돈마련저축장려기금	농어가목돈마련저축에 관한 법률	
중앙관서장	–	과학기술진흥기금	과학기술기본법	미래창조과학부
중앙관서장	–	원자력기금	원자력법	
중앙관서장	–	정보통신진흥기금	정보통신산업진흥법	
중앙관서장	–	방송통신발전기금	방송통신발전기본법	
중앙관서장	–	관광진흥개발기금	관광진흥개발기금법	문화체육관광부
중앙관서장	–	지역신문발전기금	지역신문발전지원특별법	
중앙관서장	–	수산발전기금	수산업법	해양수산부
중앙관서장	–	양성평등기금	양성평등기본법	여성가족부
중앙관서장	–	청소년육성기금	청소년기본법	
중앙관서장	–	전력산업기반기금	전기사업법	산업통상자원부
중앙관서장	–	방사성폐기물관리기금	방사성폐기물관리법	
중앙관서장	–	산업기술진흥및사업화촉진기금	산업기술혁신촉진법	

구분		기금명	근거법률	소관 중앙관서
관리주체	금융성			
중앙관서장	–	농산물가격안정기금	농수산물유통및가격안정에관한법률	농림축산식품부
중앙관서장	–	농어업재해재보험기금	농작물재해재보험법	
중앙관서장	–	농지관리기금	한국농촌공사 및 농지관리기금법	
중앙관서장	–	농업농촌공익기능증진직접직불기금	농업·농촌공익기능증진직접직불제도운영에관한법률	
중앙관서장	–	양곡증권정리기금	양곡관리법	
중앙관서장	–	자유무역협정이행지원기금	자유무역협정체결에따른농어업인등의지원에관한특별법	
중앙관서장	–	축산발전기금	축산법	
중앙관서장	–	보훈기금	보훈기금법	국가보훈처
중앙관서장	–	순국선열애국지사사업기금	독립유공자예우에관한법률	
중앙관서장	–	국민주택기금	주택법	국토교통부
중앙관서장	–	자동차사고피해지원기금	자동차손해배상보장법	
중앙관서장	–	남북협력기금	남북협력기금법	통일부
중앙관서장	–	문화재보호기금	문화재보호기금법	문화재청
중앙관서장	–	범죄피해자보호기금	범죄피해자보호기금법	법무부
중앙관서장	–	석면피해구제기금	석면피해구제법	환경부
중앙관서장	–	소상공인시장진흥기금	소상공인보호및지원에관한법률	중소벤처기업부
중앙관서장	–	사법서비스진흥기금	공탁법	대법원
중앙관서장	–	국제질병퇴치기금	국제질병퇴치기금법	외교부
민간	금융성	기술보증기금	기술보증기금법	중소벤처기업부
민간	–	중소기업창업및진흥기금	중소기업진흥에관한법률	
민간	금융성	농림수산업자신용보증기금	농림수산업자신용보증법	금융위원회
민간	금융성	신용보증기금	신용보증기금법	
민간	금융성	예금보험기금채권상환기금	예금자보호법	
민간	금융성	주택금융신용보증기금	한국주택금융공사법	
민간	–	국민체육진흥기금	국민체육진흥법	문화체육관광부
민간	–	문화예술진흥기금	문화예술진흥법	
민간	–	언론진흥기금	신문등의진흥에관한법률	
민간	–	영화발전기금	영화및비디오물의진흥에관한법률	
민간	–	사학진흥기금	한국사학진흥재단법	교육부
민간	–	사립학교교직원연금기금	사립학교교직원 연금법	

구분		기금명	근거법률	소관 중앙관서
관리주체	금융성			
민간	금융성	무역보험기금	무역보험법	산업통상자원부
민간	–	국제교류기금	한국국제교류재단법	외교부
민간	–	공무원연금기금	공무원연금법	인사혁신처
민간	–	근로복지진흥기금	근로자복지기본법	고용노동부
민간	금융성	산업기반신용보증기금	사회기반시설에대한민간투자법	기획재정부
민간	–	금강수계관리기금	금강수계물관리및주민지원에관한법률	환경부
민간	–	낙동강수계관리기금	낙동강수계물관리및주민지원에관한법률	
민간	–	영산강섬진강수계관리기금	영산강·섬진강물관리및주민지원등에관한법률	
민간	–	한강수계관리기금	한강수계상수원수질개선및주민지원에관한법률	
정부(47) 민간(21)	금융성 (8)	기금총계(68)		

2. 국가회계 관련 법령의 이해

(1) 국가회계 관련 법령의 개요

국가회계 관련 법령은 크게 ㉠ 예산 및 세입세출결산 관련 법령, ㉡ 재산 및 채무 관련 법령, ㉢ 복식부기·발생주의 회계 관련 법령, ㉣ 기타 법령으로 범주화 될 수 있다. 이러한 법령들은 국가회계를 이해하는 주요 기반이 된다. 국가회계 관련 법령을 지방회계 관련 법령과 비교하면 다음과 같다.

구분	국가회계 관련 법령	지방회계 관련 법령
1. 예산 및 세입세출결산	국가재정법 국가회계법	지방재정법 지방회계법
2. 재산 및 채무 관련	국고금관리법 국가채권관리법 국유재산법 물품관리법 군수품관리법 국가재정법(국가채무 부분) 등	공유재산 및 물품 관리법 지방재정법(채권 및 채무 부분)

구분	국가회계 관련 법령	지방회계 관련 법령
3. 복식부기·발생주의 회계	국가회계법 국가회계기준에 관한 규칙 (국가회계법의 부령이며, 일명 국가회계기준) 22개 세부 국가회계예규	지방회계법 지방자치단체 회계기준에 관한 규칙(지방재정법의 부령이며, 일명 지방회계기준) 지방자치단체 복식부기·재무회계 운영규정
4. 기타	정부기업예산법 각종 특별회계 및 기금 설치법	지방자치법 지방자치단체 기금관리기본법 지방공기업법

국가회계실체가 적용해야 하는 국가회계 관련 법령을 좀 더 구체적으로 살펴본다.

No.	법령명	법체계	주요 내용
1	국가재정법	법, 시행령	•국가 재정운용에 대한 기본내용 규정 •예산·결산절차, 기금운용, 국가채무관리 등
2	국가회계법 (국가회계기준 제외)	법, 시행령	•복식부기·발생주의 회계제도 적용 •결산서류, 내부통제, 회계책임관 등
3	국고금관리법	법, 시행령, 시행규칙	•국고금관리 및 운용, 한국은행 역할 •수입 및 지출에 대한 내부통제절차 •재정증권, 일시차입금, 통합계정 등
4	국가채권관리법	법, 시행령, 시행규칙	•국가채권의 종류 및 관리 •채권현재액보고서 작성
5	국유재산법	법, 시행령, 시행규칙	•국유재산의 종류, 취득, 관리, 처분 •국유재산관리운용보고서 작성
6	물품관리법	법, 시행령, 시행규칙	•물품의 종류, 취득, 관리, 처분 •물품관리운용보고서 작성
7	군수품관리법	법, 시행령, 시행규칙	•전비품 인식, 종류, 취득, 관리, 처분 •전비품결산보고서 작성
8	정부기업예산법	법, 시행령	•기업특별회계의 예산 및 결산 •회전자금, 수입금마련지출 등
9	국가회계기준에 관한 규칙 (국가회계기준)	시행규칙 (국가회계법)	•재무제표의 구성 및 작성 기준 규정 •회계의 일반원칙 및 재무제표 작성 •자산 부채 수익 비용의 인식기준 자산·부채 평가기준, 원가정보 산출 •주석 및 필수보충정보의 작성
10	22개 세부 국가회계예규	예규	•재무제표의 표시와 부속서류의 작성에 관한 지침 등 22개 지침

(2) 「국가재정법」의 이해

「국가재정법」은 ㉠ 「舊예산회계법」과 「舊기금관리기본법」을 통합하여 국가 재정운용의 기본법을 제정함으로써 새로운 재정운용의 틀을 마련하고, ㉡ 중장기 국가재정운용계획 수립, 총액배분·자율편성 예산제도(Top-Down 예산제도), 성과관리제도, 성인지예결산제도 도입 등을 통하여 재정의 효율성을 도모하며, ㉢ 재정정보의 공표 확대 및 조세지출예산제도의 도입 등에 의해 재정의 투명성을 제고하고, ㉣ 추경편성요건의 강화 및 국가채무관리계획의 수립 등을 통해 재정의 건전성을 확보하려는 것 등을 목적으로 하여 2006년 10월 제정되었다. 「국가재정법」은 총 7장 102조로 구성되어 있으며(실제는 다수의 가지번호를 사용하여 현재 123개 조문으로 구성되어 있다), 하위 법령으로 「국가재정법시행령」을 두고 있다.

국가회계 관점에서는 국가회계실체의 예산 및 결산과 관련하여 「국가재정법」과 「국가회계법」으로 이원화되어 있는데, 예산 및 결산절차에 대해서는 「국가재정법」에서 규정하고 있으며, 복식부기·발생주의 국가재무제표 및 결산보고서의 구성항목에 대해서는 「국가회계법」에서 규정하고 있다.

「국가재정법」의 제정은 대한민국 중앙정부가 IMF 외환위기를 극복하기 위하여 2000년대 초중반 이루어진 재정개혁의 산물이라고 평가할 수 있다. 특히, ㉠ 단년도 예산을 탈피한 중장기 국가재정운영계획의 의무적 운영, ㉡ 정성적인 정책사업 효과를 평가할 수 있도록 하는 성과관리제도(성과계획서와 성과보고서)의 도입, ㉢ 정책수행부서인 각 중앙관서의 예산 수립과 집행의 권한과 자율성을 보장하는 총액배분·자율편성 예산제도의 도입, ㉣ 정부의 정책이 여성과 남성에게 미치는 영향을 평가하고 정책사업이 성별 형평성을 담보할 수 있도록 하는 성인지(性認知) 예결산제도의 도입, ㉤ 정부의 예산집행을 정책사업별로 체계적으로 관리하여 국민들에게 사업별 예결산내역을 제공할 수 있도록 한 프로그램 예산제도의 도입, ㉥ 정부의 회계정보가 단순히 예산내역에 따른 결산이라는 관점을 극복하여 정부회계정보의 세대별 효과(부담과 혜택)를 파악하고 정부의 정책효과가 실질적으로 국민에게 미치는 영향이 어느 정도인지(프로그램원가), 그리고 정부가 관리하는 자산·부채의 효율적 관리에 대한 정보의 제공 역할을 할 수 있도록 하는 복식부기·발생주의 국가회계제도의 도입 등이 바로 「국가재정법」에 직·간접적으로 반영되어 있다.

이러한 재정개혁의 산물 등의 내용을 포함한 국가회계 관련 부분을 중심으로 한

「국가재정법」의 주요 조문별 핵심 내용은 다음과 같다.

주요 내용	조문	설명
회계구분 및 기금 설치	제4조, 제5조	• 국가의 회계는 일반회계와 특별회계로 구분하며, 특별회계는 법률로서 설치를 제한 • 기금은 특정한 목적을 위해 특정한 자금을 신축적으로 운용할 필요가 있을 때 법률로서 설치하며, 세입세출예산에 포함하지 않음
중장기 국가재정 운영계획 수립	제7조	• 정부는 재정운용 효율화와 건전화를 위하여 매년 당해연도를 포함한 5회계연도 이상 기간에 대해 국가재정운용계획을 수립하여 국회 제출
성과관리제도 도입	제85조의2~제85조의11	• 중앙관서의 장과 기금관리주체에게 성과계획서와 성과보고서의 제출을 의무화
재정정보 공표	제9조	• 예·결산, 통합재정수지 등 국가와 지방자치단체의 중요한 재정정보를 매년 1회 이상 공표하여 재정활동의 투명성 제고
성인지 예·결산서 작성	제16조, 제26조, 제57조 등	• 예산이 여성과 남성에게 미치는 효과를 평가하고, 예산편성에 반영하기 위하여 예산의 원칙을 명문화. 이에 따른 성인지 예산서와 성인지 결산서를 국회에 제출
조세지출예산서 국회 제출 의무화	제22조	• 조세감면 등 재정지원의 추정금액을 기능별·세목별로 작성한 조세지출예산서를 예산안과 함께 국회에 제출
총액배분·자율편성 예산제도	제28조~제32조	• 각 중앙관서의 장은 매년 1월 31일까지 중기사업계힉서 제출 • 각 중앙관서의 장은 매년 5월 31일까지 예산요구서 제출
결산의 국회제출	제56조~제61조	• 정부는 국가결산보고서를 다음연도 5월 31일까지 국회 제출(단, 세부 결산서류 내용은 「국가회계법」에서 규정)
재정건전화 추구	제86조~제88조	• 정부는 건전재정을 유지하고 국가채권을 효율적으로 관리하며, 국가채무를 적정수준으로 유지할 수 있도록 함 • 재정부담을 수반하는 법령의 제정 및 개정, 국세감면 제한 등 사유가 발생할 경우 기획재정부장관과 협의 필요
추가경정예산 편성 제한	제89조	• 국가재정의 건전성을 제고하기 위해 추경 편성사유를 ㉠ 전쟁이나 대규모 자연재해 발생, ㉡ 경기침체, 대량실업, 남북관계의 변화 등과 같은 대내·외 여건의 중대한 변화 발생 또는 발생 우려, ㉢ 법령에 따라 국가가 지급해야 하는 지출의 발생 또는 증가하는 경우로 한정
세계잉여금 사용순서 명문화	제90조	• 초과 조세수입이 있는 경우 최우선으로 국채 상환 가능 • 세계잉여금 사용순서를 ㉠ 지방교부세 및 지방교육재정교부금 정산, ㉡ 공적자금상환기금 출연, ㉢ 채무상환, ㉣ 추경편성 순으로 하고, 국가결산보고서에 대한 대통령 승인 이후 사용할 수 있음을 명문화
국가채무관리 및 국가보증채무부담	제91조, 제92조	• 국채, 차입금 등에 대해 차입과 상환 관리 및 향후 관리계획 수립 필요 • 국가의 보증채무 부담과 관련하여 국회 동의 및 관리계획 수립

➡ 대한민국 중앙정부의 재정개혁 중 하나인 프로그램 예산제도와 관련한 '분야–부문–프로그램–단위사업–세부사업'의 5단계 세출예산의 목적별(기능별) 구분 체계는 현행 「국가재정법」에서는 규정되어 있지 않은데, 이는 「국가재정법」 제정 과정에서 프로그램 예산제도 용어에 외래어가 포함되어 있고 기존의

'장–관–항' 체계와 프로그램 예산체계가 거의 동일하다고 보았기 때문이다. 대신 정부가 국회에 제출하는 예산안에 '장(분야)–관(부문)–항(프로그램)–세항(단위사업)'으로 표기하고 이를 국회가 승인함으로써 준법률적인 용어로 사용되고 있다.

- 최근에는 정부의 정책이 기후변화에 대응할 수 있는지를 평가할 수 있도록 하는 '온실가스감축인지 결산서'를 작성하도록 하는 규정을 「국가재정법」 제57조의2에 포함시켰다.

(3) 「국가회계법」의 이해

「국가회계법」은 국가회계의 투명성과 신뢰성을 높이고 재정 관련 유용한 정보를 생산·제공하기 위해 중앙관서 등에 복식부기 및 발생주의 기반의 회계방식을 도입하는 근거를 마련하고, 이와 관계되는 「국가회계처리기준」과 결산보고서의 작성 등에 관한 사항을 정하는 것을 목적으로 2007년 9월 제정되었다. 「국가회계법」은 국가재정운용의 기본을 규정하고 있는 「국가재정법」과 더불어 한국 중앙정부의 재정·결산체계를 규정하고 있으며, 복식부기·발생주의 국가회계제도의 근간이다. 「국가회계법」은 총 28조(단, 제8조, 제9조, 제12조, 제17조~제23조는 삭제되어 있다)로 구성되며, 하위 법령으로 「국가회계법시행령」과 「국가회계기준에 관한 규칙(국가회계기준)」의 체계를 가지고 있다. 「국가회계법」의 주요 조문별 핵심 내용은 다음과 같다.

주요 내용	조문	설명
회계책임관(CFO)	제7조	•회계책임관의 임명 및 수행 업무
다른 법률 우선 적용	제10조	•일부 기금의 경우 「공공기관의 운영에 관한 법률」과 중복 적용될 때 「국가회계법」 우선 적용
국가회계기준	제11조	•복식부기·발생주의 회계처리 근거 규정 •국가회계기준 업무 민간기관 위탁(2023년 현재 한국조세재정연구원 국가회계재정통계센터)
결산의 수행	제13조	•국가회계보고실체: 중앙관서의 장이 관리하지 않는 기금, 중앙관서, 국가통합(기획재정부) •기금결산보고서에는 공인회계사 감사보고서 첨부하며, 동법 시행령 제3조에서 회계감사 관련 세부내용 규정
결산보고서의 구성	제14조	•결산개요, 세입세출결산, 재무제표, 성과보고서
결산보고서 부속서류	제15조의2	•대부분 기존 세입세출결산시 각종 서류(「국가재정법」이 개정되면서 「국가회계법」으로 이관) •동 조문 및 동법 시행령 제5조에서는 국가채무, 국가채권, 국유재산, 물품에 관한 추가 제출 서류 규정
내부통제	제24조	•회계책임관에 의한 내부통제업무 실시 •중앙관서의 장은 내부통제와 관련한 규정을 정함

➡ 회계책임관(CFO) 제도는 복식부기·발생주의 국가회계제도의 도입에 따라 복잡한 중앙관서의 회계업무를 총괄적으로 수행하도록 하기 위하여 「국가회계법」 제7조에 따라 마련된 제도로서 미국의 CFO(Chief Financial Officer) 제도와 유사하다. 회계책임관은 ㉠ 「국가회계법」 제24조에 따른 내부통제 등 회계업무에 관한 사항, ㉡ 회계·결산 및 분석에 관한 사항, ㉢ 회계업무와 관련된 공무원에 대한 지도·감독 등의 업무를 수행함. 지방회계에서도 「지방회계법」 제10조에 근거하여 회계책임관 제도를 시행하고 있으며, 그 업무는 국가회계와 유사하다.

(4) 「국가회계기준」(「국가회계법」의 시행규칙)의 이해

「국가회계기준」은 국가의 재정활동에서 발생하는 경제적 거래 등을 발생 사실에 따라 복식부기 방식으로 회계처리하는 데에 필요한 기준으로서 2009년 3월 제정되었다. 「국가회계기준」은 「국가회계법」의 부령(시행규칙)의 형식을 띠고 있으며, 이에 따라 공식적인 법률상의 명칭은 「국가회계기준에 관한 규칙」이나, 통상 '국가회계기준'으로 불린다. 「국가회계기준」은 회계업무 처리의 적정을 기하고 재정상태 및 재정운영의 내용을 명백하게 하기 위해 객관성과 통일성이 확보될 수 있도록 하는 것을 목적으로 한다.

「국가회계기준」은 국가회계실체에 대하여 적용한다. 국가회계실체는 「국가재정법」 및 「국가회계법」상 회계(일반·특별) 및 기금(중앙관서의 장이 관리하는 기금 및 중앙관서의 장이 관리하지 않는 기금 모두 해당)이 이에 해당되나, 해석상으로는 소관 회계·기금을 통합한 중앙관서 및 모든 중앙관서를 통합한 국가(통합)도 해당된다고 보아야 할 것이다. 그래야 통합과정에서 필요한 각종 통합회계처리(내부거래제거, 재무제표 표시, 자기국공채 처리 등) 및 공시사항 등과 관련하여 「국가회계기준」을 적용할 수 있게 된다.

한편, 일부 기금의 경우 기금 자체와 그 기금을 운영하는 공공기관과의 구분이 모호한 경우가 있는데, 기금에 해당하는 부분은 「국가회계법」 제10조에 근거하여 다른 법률에서 규정하고 있는 바와 상관없이 「국가회계기준」을 우선 적용해야 한다. 이들 공공기관의 경우 기금 부분은 「국가회계기준」을, 기금을 제외한 나머지 부분은 해당 공공기관에 적용되는 회계기준을 적용해야 한다.

➡ 신용보증기금(신용보증기금), 기술보증기금(기술보증기금), 공무원연금기금(공무원연금공단), 무역보험기금(한국무역보험공사) 등이 기금과 공공기관이 일치하는 대표적인 사례이다. 이들 공공기관은 현행법상으로 「국가회계기준」을 우선 적용한다.

「국가회계기준」은 총 7장 58조로 구성되며, 그 구조는 다음과 같다.

제1장 총칙
적용범위, 용어정의, 일반원칙 등

재무제표(제2장, 제3장, 제5장)	
(재정상태표)	작성기준, 자산·부채의 정의 및 인식기준 규정
(재정운영표)	수익·비용의 정의, 표시방법, 작성기준 등
(순자산변동표)	작성방법 및 작성기준 등

자산·부채 평가(제4장)
개별 자산·부채의 평가방법(대손충당금, 감가상각, 현재가치평가, 시가평가 등) 및 리스·파생상품·오류수정 등 규정

제6장 필수보충정보, 주석 및 부속명세서 등
제7장 보칙

한편, 국가회계기준의 하위 규정으로 22개의 「국가회계예규」가 「국가회계기준」을 보완하고 있다.

▶ 초창기 국가회계기준 세부 예규들은 준칙·지침 등 명칭으로 다양하였고, 그 형식도 조문식, 설명식, 문단식 등 통일화되지 못했다. 2013년~2014년 기획재정부와 국가회계기준센터(당시 한국공인회계사회 소속)가 주관하고 안진회계법인(연구실무책임자: 허웅)과 삼일회계법인이 참여해 문단식 형식의 22개 지침(일종의 국가회계기준서 역할)으로 재편하였고, 그 결과 2015년부터 현재와 같은 체계를 가지게 되었다. 이러한 체제 개편을 통해 ㉠ 통일된 체계 마련, ㉡ 사용자의 활용편의성 제고, ㉢ 중복·상충·미흡한 부분에 대한 보완, ㉣ 적용사례·문단제정근거·실무해설을 추가하여 해설서 역할 등의 기능이 수행될 수 있었다.

국가회계예규	주요 내용
1. 재무제표의 표시와 부속서류의 작성에 관한 지침	• 각 재무제표별 표시방법에 대한 원칙 제시 • 주석, 필수보충정보 등 부속서류 작성 원칙
2. 재무제표의 통합에 관한 지침	• 중앙관서 재무제표와 국가(통합) 재무제표 작성을 위한 재무제표 통합에 관한 사항
3. 금융자산과 금융부채 회계처리지침	• 금융자산과 금융부채의 분류, 최초 인식, 인식 후 평가, 제거 등 회계처리에 관한 사항
4. 일반유형자산과 사회기반시설 회계처리지침	• 일반유형자산 및 사회기반시설의 분류, 최초인식(다양한 취득유형), 감가상각, 재평가, 취득후지출 등
5. 무형자산 회계처리지침	• 무형자산의 분류, 최초인식, 상각 등
6. 기타의 자산과 기타의 부채 회계처리지침	• 재고자산, 저장품, 선급금, 선급비용, 선수금, 선수수익, 퇴직급여충당부채 등의 회계처리

국가회계예규	주요 내용
7. 리스 회계처리지침	• 리스의 분류기준 및 세부 회계처리
8. 충당부채, 우발부채, 우발자산 회계처리지침	• 충당부채, 우발부채, 우발자산의 회계처리 및 주석공시
9. 교환수익 회계처리지침	• 교환수익의 종류 및 인식, 회계처리 및 재무제표 표시
10. 비교환수익 회계처리지침	• 국세수익의 인식, 회계처리 및 재무제표 표시 • 국세수익 이외 비교환수익 종류 및 인식, 회계처리 및 재무제표 표시
11. 비용 회계처리지침	• 성질별 비용항목의 인식, 회계처리 및 재무제표 표시
12. 연금 회계처리지침	• 공무원·군인연금: 보험수리적 가정, 연금충당부채 인식 및 측정, 연금비용과 연금수익 회계처리, 필수보충정보 공시 • 국민연금·사학연금: 회계처리 및 필수보충정보 공시
13. 보험 회계처리지침	• 보험사업: 보험충당부채 인식, 평가, 회계처리, 공시 • 사회보험사업: 사회보험수익·비용의 인식, 측정, 공시
14. 보증 회계처리지침	• 보증충당부채의 인식 및 평가, 회계처리, 공시
15. 융자 회계처리지침	• 융자보조원가충당금의 최초인식, 상각, 평가, 회계처리 • 융자금의 조정, 매각, 대손 처리
16. 민간투자사업(BTO·BTL) 회계처리지침	• 수익형 민자사업(BTO)의 인식, 사용수익권 평가, 회계처리 • 임대형 민자사업(BTL)의 인식, 장기부채 상각, 회계처리
17. 국유재산위탁개발사업 회계처리지침	• 국유재산위탁개발사업의 개념 및 정의, 위탁자의 준공 전·후의 회계처리 및 공시
18. 원가계산에 관한 지침	• 원가계산 목적 및 원칙, 원가계산 절차, 행정운영성경비 구분, 간접원가 배부, 재정운영순원가 산출 등
19. 국고금 회계처리지침	• 국고금과 국고금회계의 정의 및 적용범위, 국고금회계의 수납 및 지출 회계처리, 수입금의 반환(국세환급금, 과오납금반환, 수입금환급), 국고금 운용, 한국은행일시차입
20. 세입·세출외거래 회계처리지침	• 세입·세출외거래의 종류, 회계처리, 재무제표 표시
21. 회계정책·회계추정의 변경과 오류수정에 관한 지침	• 회계정책의 변경·회계추정의 변경·오류수정 구분 및 회계처리, 공시
22. 정부조직개편 회계처리지침	• 정부조직개편시 자산·부채·순자산 이관 회계처리, 정부조직개편 유형별 결산에 관한 사항

➡ 현재 한국에서 회계실체별로 적용하고 있는 회계기준을 비교하면 다음과 같다.

구분	일반기업		공공기관(중앙정부)		정부	
	상장기업	비상장기업	기타 공공기관	공기업·준정부기관	지방정부	중앙정부
회계기준	국제회계기준 (IFRS)	일반기업 회계기준	(주2)	국제회계기준 (IFRS)	지방회계기준	국가회계기준
적용시기	2011년	2011년	–	2011년(공기업) 2013년(준정부)	2007년	2011년
비고	기존 기업회계기준 폐지		–	공기업·준정부기관회계사무규칙 우선 적용. IFRS는 보완	99년부터 시범 07년부터 확대	09년부터 기금, 기업특별회계 우선 적용

(주1) 공기업·준정부기관에 대한 IFRS 도입은 기획재정부와 안진회계법인의 연구(2010)(연구실무책임자: 허웅)) 결과에 의한 것으로 공기업은 상장기업의 IFRS 도입 시점과 일치시키고, 준정부기관은 2년의 준비기간을 거쳐 2013년부터 도입되었음

(주2) 기타공공기관의 경우 특별히 정해진 회계기준은 존재하지 않음. 기타공공기관 중 공익법인의 경우 대부분 「공익법인회계기준(기획재정부 고시)」을 적용하고 있으며, 의료기관인 경우 「의료기관 회계기준 규칙(보건복지부령)」을, 사학기관인 경우 「사학기관 재무·회계 규칙(교육부령)」을, 정부출연연구기관의 경우 「과학기술분야 정부출연연구기관 회계기준」(과학기술정보통신부 산하 국가과학기술연구회에서 제정하고 과학기술분야 정부출연연구기관에서 자발적 적용))이나 「경제인문분야 정부출연연구기관 회계기준」(국무총리실 산하 경제·인문사회연구회에서 제정하고 경제인문분야 정부출연연구기관에서 자발적 적용)을 적용하고 있는 실정임. 이외에 일반기업회계기준, 국제회계기준(IFRS)를 적용하고 있는 기관도 있음

제 2 절 한국의 지방회계 환경의 이해

1. 지방회계와 지방회계실체

(1) 지방회계의 개념

지방회계(local government accounting)란 지방자치단체(지방정부)의 재정활동에서 발생하는 경제적 거래를 통한 자원의 변동을 화폐로 측정하여 이를 기록·보고하는 일련의 과정(프로세스)을 말한다. 일반적으로 영리기업에 적용되는 기업회계, 국가실체에 적용되는 국가회계 등과 대응되는 개념으로서 지방회계라고 통칭한다. 지방회계는 「지방자치법」상 지방자치단체의 일반회계, 기타특별회계, 기금회계, (지방)공기업특별회계 및 지방자치단체(회계·기금 통합)에서 적용되는 회계시스템이다. 지방회계는 협의의 관점에서 복식부기·발생주의 회계제도만을 의미한다고 볼 수도 있으나, 실질적으로는 예산의 편성·집행·결산의 일련의 모든 과정을 의미한다고 보는 것이 더 타당하다. 따라서 단식부기·현금주의 방식에 의한 예산·결산 과정 역시 지방회계의 범주에 당연히 포함된다.

한국의 지방자치단체는 광역자치단체(특별시·광역시·특별자치시·도·특별자치도)와 기초자치단체(시·군·구)로 구분되는데, 각각 별도의 회계실체이다. 2022년말 현재 서울특별시·경기도·강원특별자치도·세종특별자치시 등 광역자치단체 17개, 강남구·수원시·가평군 등 기초자치단체 226개로 총 243개 지방자치단체의 세입세출결산 및 복식부기·발생주의 재무제표가 만들어지고 있다.

(2) 지방회계실체의 개념

지방회계실체(local government accounting entity)는 크게 ㉠ 개별 회계실체, ㉡ 유형별 회계실체, ㉢ 통합 회계실체로 구분된다. 개별 회계실체는 일반회계(자치단체별 각 1개), 각 기타특별회계, 각 기금회계(「지방자치단체 기금관리기본법」의 적용을 받는 기금) 및 각 (지방)공기업특별회계(「지방재정법」 제9조②)를 말하며, 지방재무제표를 작성하는 최소 단위를 의미한다, 유형별 회계실체는 일반회계, 기타특별회계, 기금회계 및 공기업특별회계를 의미하는데, 각 개별 회계실체를 유형별로 합하여 지방재무제표에 재무정보를 표시하는 회계실체를 의미한다(「지방회계기준」 제6조①). 통합 회계실체는 유형별 회계실체의 지방재무제표를 모두 통합하여 재무제표를 작성하는 단위로서 지방자치단체를 말한다.

일반회계, 기타특별회계, 기금회계의 경우 국가회계 부분에서 설명하였던 부분과 내용 및 특성이 거의 유사하기 때문에 구체적인 설명은 국가회계실체 부분을 참고한다. 관련 법령은 「지방자치법」, 「지방재정법」, 「지방회계법」, 「지방자치단체 기금관리기본법」 및 특정 법령(「도시교통정비촉진법」 등)과 조례이다.

국가회계와 비교하여 회계실체 개념에서 명백히 차이가 나는 부분은 (지방)공기업특별회계이다. 이는 지방회계실체이고 해당 지방자치단체 재무제표 작성시 통합 대상이나, 「지방공기업법」에서 회계기준을 따로 정한 경우 「지방회계기준」을 적용하지 않는다는 특성을 가지고 있다(「지방회계기준」 제6조③). 실제 (지방)공기업특별회계는 지방공기업법령 및 기업회계기준을 준용하고 있다. 다만, 지방자치단체 통합 지방재무제표를 작성할 때는 「지방회계기준」의 체계에 맞춰 계정과목 재분류의 과정을 거치게 된다. (지방)공기업특별회계는 국가회계에서의 기업특별회계와 유사하다고 보면 된다.

➡ (지방)공기업특별회계의 재무상태표와 손익계산서는 각각 지방회계기준에 의한 재정상태표와 재정운영표에 대응되는 것이며, 통합 재무제표 작성시 「지방공기업」 관련 법령에 따른 과목체계와 「지방회계기준」의 과목체계상의 차이점만 조정하고, 회계기준 적용상 차이에 따른 재정운영결과((지방)공기업특별회계의 당기순이익) 및 순자산((지방)기업특별회계의 자본)의 차이는 조정하지 않는다.

(3) 지방공기업과 지방회계실체

「지방공기업법」상 지방공기업은 지방직영기업, 지방공사, 지방공단을 의미하지만, 지방회계실체로서 지방재무제표에 포함되는 지방공기업은 지방직영기업만 해당된다(즉, 지방직영기업만이 지방회계실체이다). 각 지방직영기업은 지방자치단체의 특별회계로 운영되며, 관리자는 당해 지방자치단체 공무원 중 자치단체의 장이 임명한다.

이에 비해 지방공사 및 지방공단은 지방회계실체가 아니므로 이들에 대한 재무제표는 당연히 지방재무제표에 포함되지 않는다. 지방공사 및 지방공단은 법인의 형태를 가지며(법인의 사장 및 이사장은 자치단체의 장이 임명한다), 지방자치단체가 전액 출자(현금·현물)하여 설립된다. 당해 자치단체는 지방공사 및 지방공단에 대한 출자금을 장기투자증권으로 계상한다.

▶ 공기업은 크게 「공공기관의 운영에 관한 법률」의 적용을 받는 (국가)공공기관과 「지방공기업법」의 적용을 받는 지방공기업으로 구분된다. 한국전력공사, 한국철도공사, 한국도로공사, LH한국토지주택공사 등은 「공공기관의 운영에 관한 법률」에 따라 기획재정부 및 해당 중앙관서의 일정 부분 통제를 받는 공공기관이며, 이는 규모, 인원, 자립성 등에 따라 공기업, 준정부기관, 기타공공기관으로 분류된다. 이에 비해 서울교통공사, 서울특별시농수산식품공사, SH서울주택도시공사 등은 「지방공기업법」에 따라 해당 지방자치단체의 통제를 받는 공기업이다.

(4) 지방회계실체 사례

지방회계실체는 지방재무제표를 작성하는 단위로서 개별 회계실체(각 회계별), 유형별 회계실체(일반회계, 기타특별회계, 기금회계, 공기업특별회계), 통합 회계실체(지방자치단체 자체)로 구분한다. 자치단체별로 일반회계, 기타특별회계, 기금회계, 공기업특별회계의 유형은 모두 존재하지만, 각 유형에 속하는 개별 회계실체는 자치단체마다 다를 수 있다. 기초자치단체인 천안시의 2022회계연도 지방회계실체 사례는 다음과 같으며, 이를 통해 지방회계실체 현황 및 어떠한 정책사업을 특별히 관리하고 있는지를 이해할 수 있을 것이다.

2022회계연도 천안시 지방회계실체 실제 사례

구분	회계실체명
일반회계(1개)	일반회계
기타특별회계(11개)	의료급여기금특별회계
	발전소주변지역지원사업특별회계
	토지구획정리사업특별회계
	도시재생특별회계
	주택사업특별회계
	농공지구조성및관리사업특별회계
	산업단지조성사업특별회계
	도시교통사업특별회계
	도시개발사업특별회계
	경영수익사업특별회계
	축구종합센터도시개발사업특별회계
공기업 특별회계(3개)	상수도사업특별회계
	공영개발사업특별회계
	하수도사업특별회계

구분	회계실체명
기금회계(18개)	자활기금
	노인복지기금
	양성평등기금
	청년기금
	식품진흥기금
	농업경영인육성기금
	농업진흥기금
	농업전문인력육성기금
	중소기업경영안정기금
	재난관리기금
	폐기물처리시설주민지원기금
	폐기물처리시설설치기금
	통합재정안정화기금(통합계정)
	옥외광고물발전기금
	장애인복지기금
	도시주거환경정비기금
	추모공원관련지역발전기금
	기업유치진흥기금

2. 지방회계 관련 법령의 이해

(1) 지방회계 관련 법령의 종류

지방회계실체가 적용해야 하는 지방회계 관련 법령은 다음과 같다.

No.	법령	법체계	주요 내용
1	지방자치법	법, 시행령	• 회계연도 규정, 결산절차 및 결산검사
2	지방재정법	법, 시행령	• 지방자치단체 재정운용에 대한 기본내용 규정 • 예산에 대한 전반적인 내용 • 성과보고서 • 채권의 관리(채권현재액보고서) • 부채의 관리(채무관리보고서)
3	지방회계법 (지방회계기준 제외)	법, 시행령	• 결산에 대한 전반적인 내용(결산서 작성 등) • 지방회계기준 제정 • 수입, 지출, 현금, 금고 관련 규정
4	공유재산 및 물품관리법	법, 시행령	• 공유재산 및 물품의 종류, 취득, 관리, 처분 • 공유재산(물품)증감및현재액보고서 등
5	지방자치단체 기금관리 기본법	법, 시행령	• 기금의 설치, 운용, 관리, 결산 • (여유자금에 대한)통합재정안정화기금 설치 및 운용
6	지방공기업법	법, 시행령, 시행규칙	• 공기업특별회계의 운용, 관리 • 기업회계기준에 따른 회계처리 및 공인회계사의 회계감사보고서 첨부
7	지방자치단체 회계기준에 관한 규칙 (지방회계기준)	시행규칙	• 재무제표의 구성 및 작성 기준 규정 • 회계의 일반원칙 및 재무제표 작성 • 자산, 부채, 수익, 비용의 인식기준 및 평가기준 • 주석 및 필수보충정보의 작성
8	지방자치단체 복식부기·재무회계 운영규정	훈령	• 세부 계정과목별 회계처리지침 성격 • 결산 및 재무제표 작성 시 주의사항 • 사업원가 산출을 위한 지방회계의 원가계산 • 공인회계사에 의한 재무제표 검토기준

출처: 지방자치단체 복식부기·재무회계 운영규정(2023, 행정안전부)

(2) 「지방재정법」의 이해

중앙정부의 재정 및 예·결산에 대한 총괄적인 법령이 「국가재정법」과 「국가회계법」이듯이 지방정부의 재정 및 예·결산에 대한 총괄적인 법령은 「지방재정법」과 「지방회계법」이다. 따라서 「국가재정법」 및 「국가회계법」의 비교 대상으로서 「지방재정법」 및 「지방회계법」을 이해하는 것이 접근하기 쉬운 방법이다.

「지방재정법」은 지방자치단체의 재정 및 회계에 관한 기본원칙을 정함으로써 지방재정의 건전하고 투명한 운용과 자율성을 보장함을 목적으로 한다(「지방재정법」 제1조). 재정에 대한 일반론 및 예산 절차에 대한 내용 등 「지방재정법」과 「국가재정법」은 많은 부분 유사하지만, 「지방재정법」에는 ㉠ 지방채 발행 사항(국가에서는 국채 발행과 관련한 사항은 「국채법」에 규정되어 있다), ㉡ 세입거래 관점에서 지방재정의 주요한 재원인 보조금 및 조정교부금과 관련한 사항(보조금 및 조정교부금은 지방정부 재원 특성과 관련되므로 「국가재정법」에는 규정되어 있지 않다. 단, 지방보조금 관리와 관련한 조항은 「지방보조금법」 제정(2021년)과 동시에 「지방재정법」에서 삭제되었다), ㉢ 재정위기단체 및 긴급재정관리단체의 관리(지방정부의 특성과 관련되므로 「국가재정법」에는 해당사항이 없다), ㉣ 채권 및 부채(채무)의 관리(국가의 채무와 관련한 사항은 「국가재정법」 제91조~제92조에서도 규정되어 있으나, 채권과 관련한 사항은 「국가채권관리법」에 규정되어 있다) 등이 「국가재정법」과 달리 규정되어 있다. 반면, 「국가재정법」에서 규정하고 있는 기금과 관련한 사항은 「지방재정법」에는 규정되어 있지 않은데, 지방회계에서 기금에 관한 사항은 「지방자치단체 기금관리기본법」에 규정되어 있기 때문이다.

➡ 중앙정부에서는 세출거래 관점에서 지방자치단체 또는 민간실체 등에 교부하는 보조금 관련 전반적인 사항을 규정하고 있는 「보조금 관리에 관한 법률(일명 보조금법)」(2016년 전면 개정 효력 발생)이 있다(보조금법은 2016년 1월 1일을 기준으로 이전 보조금법과 그 이후 보조금법의 체계가 완전히 변화하였음). 이와 비교하여 지방정부에서도 지방보조금과 관련하여 「지방자치단체 보조금 관리에 관한 법률(일명 지방보조금법)」이 2021년 제정되었다. 2021년 지방보조금법의 제정으로 인하여 기존 「지방재정법」 제32조의2~제32조의11(기존 제2장의2 지방보조금의 관리)의 조문은 삭제되었다.

「지방재정법」의 주요 조문별 핵심 내용은 다음과 같다(지방회계 관련 중심).

주요 내용	조문	내용
회계의 구분	제9조	• 지방자치단체 회계는 일반회계와 특별회계로 구분하며, 특별회계에는 (지방)공기업특별회계를 포함
지방채의 발행	제11조~ 제12조	• 지방채 발행 근거, 발행 제한 및 발행 절차

주요 내용	조문	내용
보조금 및 조정교부금	제21조~ 제29조의4	• 지방자치단체의 재원 조달과 관련한 국가보조금, 시·도비보조금, 조정교부금, 각종 부담금 등 인식 ➡ 지방보조금의 관리(교부관리, 심의, 집행, 정산, 평가 등) 규정은 「지방보조금법」 제정으로 삭제됨
예산편성 및 예산집행 관련 총괄 규정	제33조~ 제50조	• 중기지방재정계획, 예산의 각종 원칙, 예산편성, 재정투·융자사업 심사, 예산내용, 예산과목, 계속비, 추가경정예산, 예산이·전용, 세출예산이월 등 예산관련 총괄적인 내용 규정
재정위기단체 및 긴급재정관리단체 관리	제55조의2~ 제56조, 제60조의3~ 제60조의9	• 재정위기단체 및 재정주의단체의 지정, 의무 • 긴급재정관리단체의 지정, 긴급재정관리계획의 수립 및 이행, 예산안 편성 및 지방채 발행 제한 등 • 지방재정위기관리위원회의 설치 및 운영
채권 및 부채의 관리	제85조~ 제87조의3	• 지방자치단체의 채권 및 부채의 관리, 채권의 보전 및 소멸시효, 지방재정건전성 관리 등에 관한 내용 규정

(3) 「지방회계법」의 이해

「지방회계법」은 자치단체의 예산·회계·결산·자금관리·채권 등 다양한 분야를 포괄하고 있던 「舊지방재정법」에서 자치단체의 결산·회계·수입·지출·현금 등 자치단체의 회계 및 자금관리에 관한 사항을 따로 분리하여 지방회계제도의 특수성을 반영하도록 2016년 5월 제정되었다. 「지방회계법」은 복식부기·발생주의 지방회계제도의 근간이 되는 법이며, 지방회계의 투명성을 강화하고 회계 부정을 예방하기 위하여 회계책임관제도 및 내부통제제도를 도입하는 등 지방회계를 투명하게 처리하고 자금을 효율적으로 관리하는 것을 목적으로 한다. 중앙정부의 「국가회계법」과 대응된다고 할 수 있다. 「지방회계법」은 총 55조로 구성되어 있는데, 「국가회계법」과 달리 ㉠ 세입(수입) 및 세출(지출) 절차에 관한 사항, ㉡ 현금관리 및 금고(金庫) 설치에 관한 사항, ㉢ 회계관계공무원의 책임·지위·역할에 관한 사항이 포함되어 있다(국가에서는 이러한 내용을 「국고금관리법」에서 규정하고 있음). 하위 법령으로 「지방회계법시행령」과 「지방자치단체 회계기준에 관한 규칙(지방회계기준)」이 있다.

「지방회계법」의 주요 조문별 핵심 내용은 다음과 같다.

주요 내용	조문	설명
출납폐쇄기한	제7조	• 출납폐쇄기한(회계연도말) 및 출납사무완결기한(익년 1월 20일) 규정
회계책임관(CFO)	제10조	• 회계책임관의 임명 및 수행 업무
지방회계기준	제12조~ 제13조	• 복식부기·발생주의 회계처리 근거 규정 • 지방국가회계기준 업무 민간기관 위탁(현재 한국지방재정공제회의 지방회계통계센터)
결산의 수행	제14조	• 지방자치단체의 장은 통합결산서를 작성하여 지방의회가 선임한 검사위원에 검사 의뢰 • 지방의회에 결산 승인을 요청한 날부터 5일 이내에 결산서를 행정안전부에 제출
결산서의 구성	제15조~ 제16조	• 결산개요, 세입·세출결산, 재무제표, 성과보고서 • 재무제표는 공인회계사의 검토의견 첨부
결산서 첨부서류	제17조	• 세입·세출결산 관련 각종 서류(계속비결산서, 이월명세서, 지방채 발행 보고서, 보조금 반납명세서, 지방공기업 출자보고서, 공유재산 및 물품 관련 보고서 등) • 재무제표 부속명세서(성질별 재정운영, 유형자산 등)
세입(수입) 및 세출(지출) 절차	제20조~ 제37조	• 세입 관련 징수·수납·과오납반환 절차 등 • 세출 관련 지출원인행위, 지출절차, 관서운영경비 등
현금과 유가증권	제38조~ 제43조	• 금고의 설치 및 관리, 세계현금(세계잉여금)의 사용 등
회계관계공무원	제44조~ 제50조	• 회계관계공무원의 구분, 임명, 책임 등에 대한 사항

(4) 「지방회계기준」(「지방회계법」의 시행규칙)의 이해

「지방회계기준」은 자치단체의 회계처리 및 재무보고의 통일성과 객관성을 확보함으로써 정보이용자에게 유용한 정보를 제공하고, 지방자치단체의 재정 투명성과 공공 책임성을 제고함을 목적으로 하는 기준으로서 2006년 10월 제정되었다. 지방회계기준은 「지방회계법」의 부령(시행규칙)이며(「지방회계법」이 제정되기 전에는 「지방재정법」의 시행규칙이었다), 이에 따라 공식적인 법률상의 명칭은 「지방자치단체 회계기준에 관한 규칙」이나, 통상 「지방회계기준」으로 불린다. 한편, 「지방회계기준」은 2012회계연도부터 성질별 비용·수익 정보 위주 재정운영표가 아닌, 회계실체가 수행한 사업의 원가(사업총원가, 관리운영비, 비배분비용)와 회수된 수익(사업수익, 비배분수익, (일반)수익) 정보를 포함한 재정운영결과를 나타내는 재정운영표를 작성하도록 개정되었다. 현재 「지방회계기준」은 총 8장 61조로 구성되어 있다. 또한, 「지방회계기준」의 하위 규정으로 세부 계정과목별 회계처리지침의 성격을 가지는 「지방자치단체 복식부기·재무회계 운영규정」이 행정안전부의 훈령으로 고시되어 지방회계기준을 실무적으로 보완하고 있다.

➡ 2021년부터 적용되고 있는 현행 「지방자치단체 복식부기·재무회계 운영규정」은 기존 지방회계 운영규정이 체계성 미흡, 내용의 중복과 상충, 활용편의성 저하 등 문제가 계속 제기되어 2017년 지방회계통계센터가 주관하고 이정회계법인(연구실무책임자: 허웅)이 연구한 결과에 따라 행정안전부에 의해 2020년 말 전면적으로 개편된 것이다(명칭도 변경). 기존의 지방회계 운영규정과 비교할 때, ㉠ 산만한 규정을 체계적으로 정리하여 관련 사항을 쉽게 파악할 수 있고, ㉡ 실제 업무흐름에 따라 정리되어 실무자가 필요한 부분을 쉽게 찾을 수 있으며, ㉢ 통일된 번호체계를 도입하여 문단식 회계규정의 효과를 가져왔다는 점에서 개편 의의가 있다.

➡ 지방회계기준 조문 체계는 다음과 같다.

제1장 총칙
적용범위, 용어정의, 재무보고 목적, 일반원칙 등

제2장 재무제표
재무제표의 구성 및 작성원칙

개별 재무제표(제3장~제6장)	
(재정상태표)	자산·부채 정의 및 인식기준, 재정상태표 작성기준, 자산·부채·순자산 종류
(재정운영표)	재정운영표 표시방법, 수익·비용 정의 및 인식기준, 원가계산 등
(순자산변동표)	작성방법 및 작성기준 등
(현금흐름표)	작성유예

자산·부채 평가(제8장)
자산과 부채의 일반적인 평가기준, 개별 자산·부채 평가방법(대손충당금, 감가상각, 현재가치평가, 외화평가 등) 및 리스·오류수정 등 규정

제7장 결산총평, 필수보충정보, 주석 및 부속명세서 등

➡ 지방자치단체 복식부기·재무회계 운영규정의 체계는 다음과 같다.

그림 3-1 지방자치단체 복식부기·재무회계 운영규정의 체계

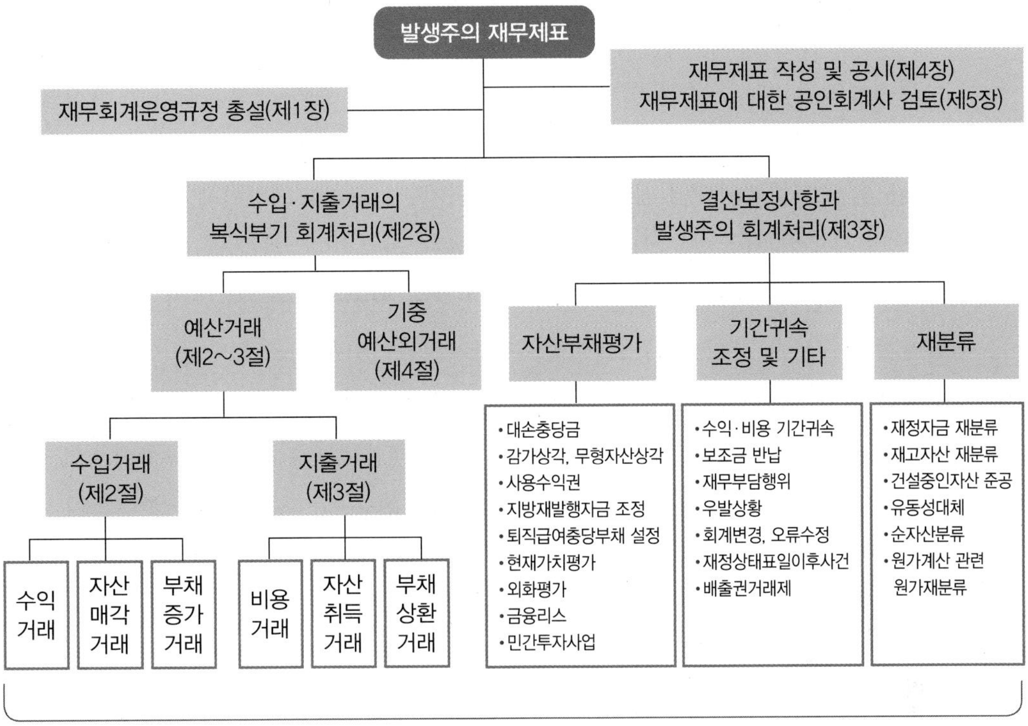

정부회계 전문가 과정 3-① **각종 정부회계시스템의 이해**

1. 중앙정부 통합재정정보시스템: 디지털예산·회계시스템(dBrain)

디지털예산·회계시스템(이하 'dBrain')은 한국 중앙정부 재정활동의 전과정을 온라인으로 처리하고, 재정 운영과 관련된 정보를 관리하는 통합재정정보시스템이다. dBrain은 국가회계실체에 적용하는 시스템이지만, database의 연계과정을 통해 지방정부 및 공공기관의 재무정보 관련 통계자료도 산출한다. 따라서 dBrain을 통해 국가 전체 재원의 효율적 배분을 위한 통합정보의 제공이 가능하다. dBrain은 예산과 회계결산 정보가 통합된 시스템이며, 지방재정관리시스템(e-호조)과 지방교육행·재정통합시스템(K-에듀파인)과도 연계되어 있다. 2004년부터 설계·구축되어 2007년부터 실무적으로 사용되었으며, 이를 통해 2011회계연도부터 복식부기·발생주의 국가재무제표가 공식적으로 산출되고 있다. 차세대 dBrain(dBrain+)이 2022년부터 전면 개통되었으며, ㉠ 국가재정계획수립(5개년 중기재정운용계획), ㉡ 예산편성(세입·세출예산편성), ㉢ 재정집행(국세 및 세외수입 고지·수납, 세출예산의 실시간 집행), ㉣ 자산·부채관리(국가자산 life-cycle 관리, 국가부채 건전성 관리), ㉤ 회계결산(현금주의 세입·세출결산, 발생주의 재무결산), ㉥ 성과평가(성과중심 효율적 사업추진, 단위사업별 성과관리)

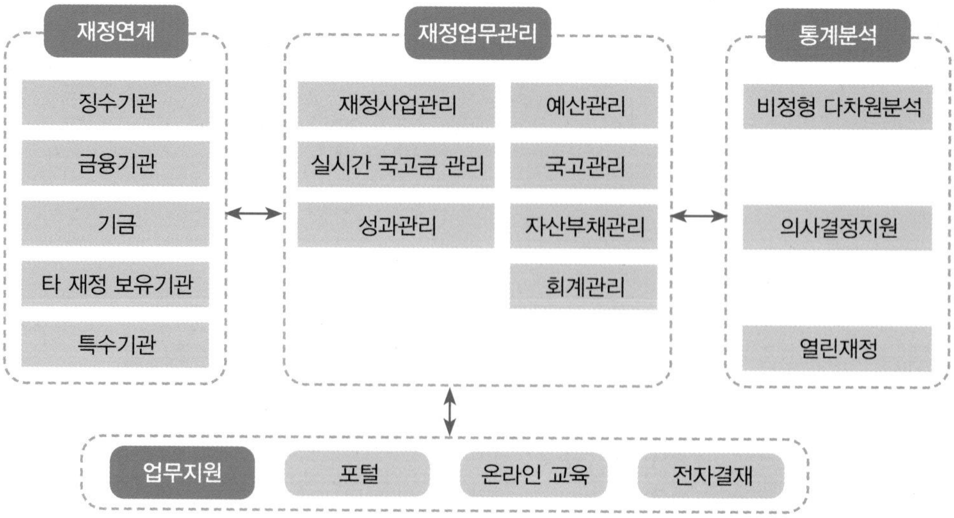

출처: 한국재정정보원 홈페이지(www.fis.kr)

등을 유기적으로 통합관리하고 있다.

2. 지방정부 지방재정관리시스템: e-호조

지방재정관리시스템(이하 'e-호조')은 한국 지방정부에서 재정계획, 예산관리, 계약관리, 자금관리 등의 재정활동 업무의 전 과정을 종합적으로 처리하며, 복식부기·발생주의 지방회계제도와 사업예산제도를 모두 수용하는 시스템이다. 2003년부터 설계가 시작되어 단계적인 시스템개발과 지방자치단체 확산 보급과정, 고도화작업 및 지방재정 통합DB의 구축사업 과정을 통해 현재의 시스템으로 정착되었다. e-호조는 중앙정부에서 사용하는 dBrain, 조달청의 국가종합전자조달시스템(G2B), 감사원의 e-감사 등 시스템과 연계되어 있으며, 중앙과 지방간의 주요 재정집행상황을 파악할 수 있도록 자료를 공유하고 있다. 한편, 지방재정 운용과 지방보조금 교부·집행 등 지방행정 플랫폼 구현을 위한 차세대 지방재정관리시스템(e호조+)이 2023년 1월 개통되었다(지방보조금시스템인 '보탬e'와 동시에 개통되었다). e-호조에서 관리하는 주요 업무영역은 다음과 같다.

No	업무영역	주요기능
1	재정계획관리	사업관리, 중기재정계획관리, 투·융자심사관리, 기타심사관리
2	예산관리	예산기준정보·예산편성및배정 관리, 예산결산, 재정공시 및 분석, 사전위기관리 등
3	지출관리	지출원인행위관리, 일상경비관리, 전자자금이체관리, 지출결산관리
4	자금관리	자금계획관리, 자금배정관리, 자금운용관리, 자금조달관리 등
5	수입관리	보조금관리, 교부세관리, 채권관리, 기금수입관리, 수입대체경비관리 등
6	계약관리	계약요청관리, 입찰및낙찰관리, 대금지급, 검수관리, 결산관리, 공사하자관리 등
7	자산관리	고정자산관리, 결산관리, 공통관리
8	부채관리	지방채관리, 채무현황및채무통계, 세입세출외현금관리, 부채결산, 기준정보관리 등
9	재무결산관리	기준정보관리, 회계결의관리, 장부관리, 마감및결산관리, 이월관리 등
10	원가관리	원가기준정보·원가대상·사업수익·원가귀속사산 등 관리, 원가정보분석조회 등
11	상시모니터링	예산분야, 지출분야, 계약분야, 자금분야, 부채분야
12	통합재정통계	통합재정수지정보, GFS 통합재정통계, 예결산통계자료, 분석결과서식 등
13	재무통계분석	광역통계분석, 중앙통계분석
14	기준정보	코드및운영관리

출처: 한국지역정보개발원 홈페이지(www.klid.or.kr)

3. 중앙정부 재정정보공개시스템: 열린재정

기획재정부의 '열린재정'은 국가의 재정과 관련한 참고사항 및 각종 통계자료 등을 국민들이 쉽게 접근할 수 있도록 구축된 재정정보공개시스템이다. 열린재정 홈페이지는 ㉠ 재정관련 정보를 시각화된 자료와 함께 쉽고 흥미롭게 제공해 주는 '알기 쉬운재정', ㉡ 재정수입·재정지출·재정수지·국가채무 등 재정관련 데이터를 활용 및 분석할 수 있도록 다양한 통계 자료를 제공하는 '재정통계', ㉢ 생애주기별(연령대별)·분야별(정책사업별)·테마별(소득수준, 취업·직장, 생활지원, 교육지원 등) 국고보조금·융자금·출연금 등 각종 정책서비스 사항 및 기타 정보(국민참여예산, 정부구매예산, 조달 등)를 제공해 주는 '함께하는 재정', ㉣ 전문가 및 연구자에게 필요한 재정분석을 위한 각종 자료를 제공해 주는 '재정연구분석', ㉤ 기타 공지사항과 관련한 '알림마당'으로 구성되어 있다.

각 중앙관서 및 국가통합 재무제표는 이 '열린재정'에서 공시되고 있는데, 재무제표라고 해서 별도의 항목으로 찾을 수 있는 것이 아니라, "재정연구분석-재정자료실-재정보고서·문서"로 들어가면 회계연도별로 국가결산보고서와 중앙관서별 결산보고서를 다운받을 수 있으며, 결산보고서 안에서 재무제표를 찾을 수 있다.

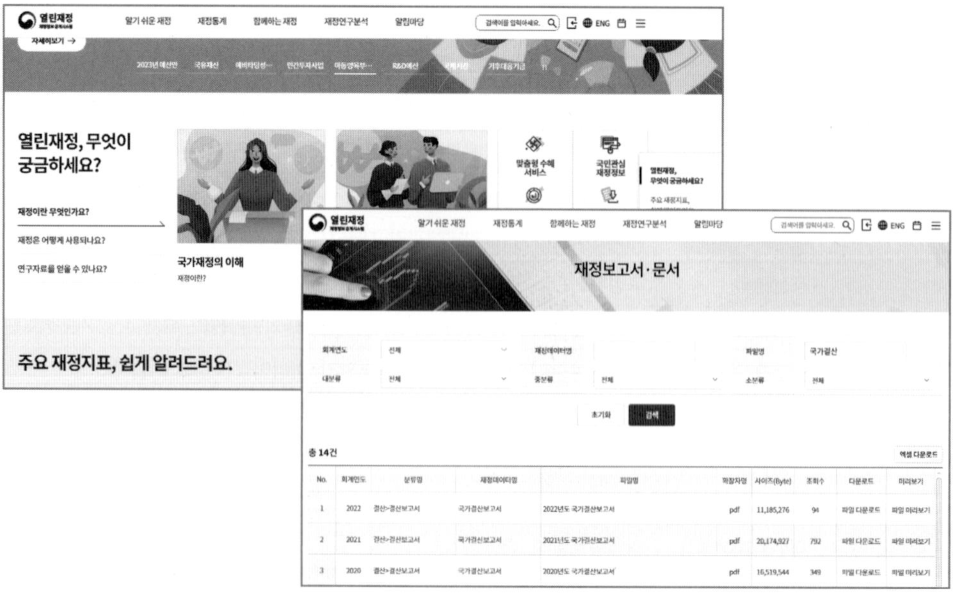

출처: 기획재정부 재정정보공개시스템(열린재정) 홈페이지(www.openfiscaldata.go.kr)

4. 지방정부 지방재정통합공개시스템: 지방행정365

행정안전부 '지방재정365'는 지방자치단체별 재정과 관련한 참고사항 및 각종 통계자료 등을 국민들이 쉽게 접근할 수 있도록 구축된 재정정보공개시스템이다. 지방재정365는 일반용 화면과 전문가용 화면으로 구분하여 일반용 화면은 지방자치단체, 지방공기업, 지방출자출연기관, 지방교육청의 각종 재무현황 정보를 시각화된 자료를 위주로 제공하고 있고, 전문가용 화면은 각종 재무현황과 관련한 실제 data 위주로 정보를 제공하고 있다.

자치단체별 예산서, 결산서 및 지방재무제표는 각 자치단체 홈페이지를 통해 파악할 수도 있으나, 번거롭기도 하고 자치단체별로 공시 위치가 각각 달라 자료를 취득하기가 쉽지 않다. 이러한 문제를 해소하기 위하여 지방재정365에서는 원하는 자치단체 재무정보를 쉽게 찾아 볼 수 있게 하였으며, 유사 자치단체별로 재무현황 비교도 가능하도록 설계되어 있다.

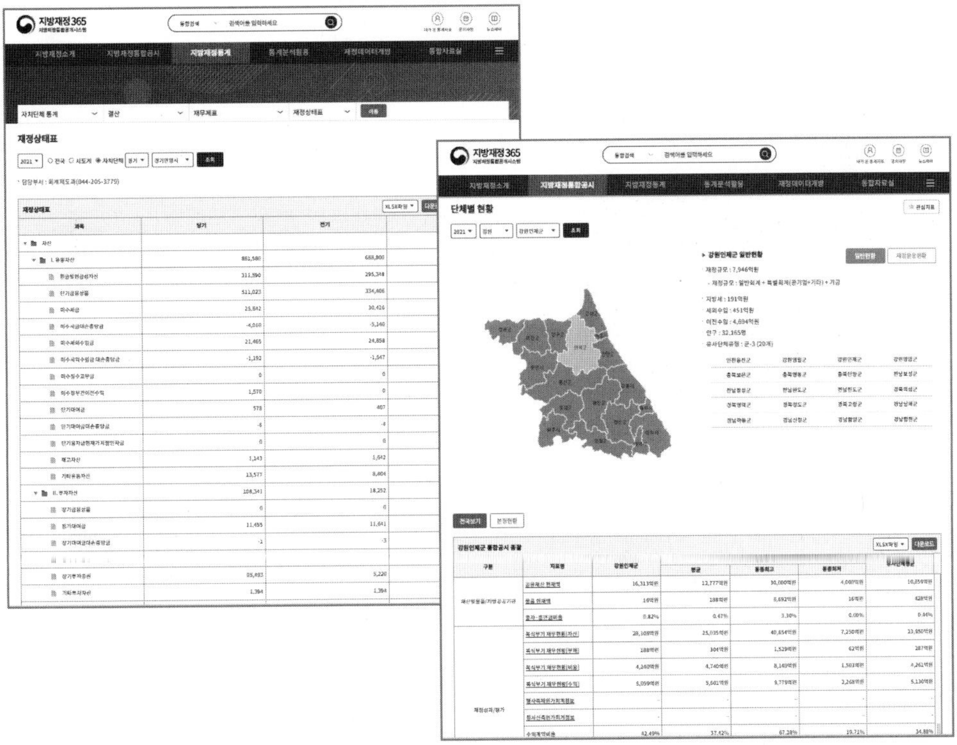

출처: 행정안전부 지방재정통합공개시스템(지방행정365) 홈페이지(www.lofin365.go.kr)

5. 지방교육재정알리미

지방교육재정알리미는 국민들이 지방교육재정의 쓰임새를 한 곳에서 한 눈에 쉽고 편리하게 파악할 수 있도록, 17개 시·도교육청의 재정정보와 자료를 통합 및 비교하여 제공하는 지방교육재정 공시포털 시스템으로서 교육부가 2015년에 구축하였다. 지방교육재정알리미 홈페이지는 각 시·도의 지방교육재정과 교육청재정, 각종 학교에 대한 정보, 신설예정학교와 폐교재산현황, 그리고 다양한 재정보고서를 공시하고 있다.

출처: 교육부 지방교육재정알리미 홈페이지(eduinfo.go.kr)

CHAPTER

4

정부회계의 기본: 세출 거래(국가계약과 보조금 포함) 및 세입거래(국세·지방세 포함)

제1절 한국의 국가회계 세출·세입거래와 재무제표 변환

제2절 한국의 지방회계 세출·세입거래

CHAPTER

4

정부회계의 기본: 세출 거래(국가계약과 보조금 포함) 및 세입거래(국세·지방세 포함)

제 1 절 한국의 국가회계 세출·세입거래와 재무제표 변환

1. 총지출, 총수입, 재정수지

(1) 총지출

총지출은 일반회계·특별회계의 세출에 기금의 지출을 더한 것을 말하며, 일반적으로 국가가 1년 동안 정책사업 등을 운용하는데 필요한 총지출액을 의미한다. 우리나라 총지출 규모의 이해를 위한 2023년 총지출 본예산(추경제외)은 다음과 같다.

출처: 2023 주요 재정통계(2023), 한국재정정보원
(주1) 기금 중 신용보증기금 등 8개 금융성기금과 계정성기금인 외국환평형기금 등 총 9개 기금은 제외함
(주2) 괄호안의 금액은 총계기준 예산액(내부거래 및 보전거래 제거 전)을 의미함

상기 표에서 볼 수 있듯이 2023년 본예산 기준 총지출 638.7조원 중 대략 70%인 441.0조원이 예산과 관련한 세출이고, 나머지 약 30%인 197.7조원이 기금과 관련한 지출이다. 세출은 다시 일반회계 세출이 약 84%를 차지하고 있으며, 특별회계(기타,

기업, 책임운영기관) 세출은 약 16%를 차지한다. 기금과 관련한 지출 중 가장 큰 규모는 국민연금, 사학연금, 고용보험, 산재보험, 공무원연금, 군인연금 등 6개 사회보험성기금으로서 약 50%를 차지한다.

한편, 총지출을 정책사업(분야)별로 구분하면, 사회복지 분야가 206.0조원으로 32%, 일반·지방행정 분야가 112.2조원으로 18%, 교육 분야가 96.3조원으로 15%, 국방 분야가 55.3조원으로 9%를 차지한다.

(금액단위: 조원)

주요 분야	2016 결산	2017 결산	2018 결산	2019 결산	2020 결산	2021 결산	2022 본예산	2023 본예산
사회복지	112.4	121.0	136.0	154.8	181.0	189.6	195.0	206.0
	29.2%	29.8%	31.3%	31.9%	32.9%	31.5%	32.1%	32.2%
일반및지방행정	60.9	64.3	68.4	75.4	93.1	98.2	98.1	112.2
	15.8%	15.8%	15.8%	15.5%	16.9%	16.3%	16.1%	17.6%
교육	55.4	59.2	64.3	70.5	70.9	77.4	84.2	96.3
	14.4%	14.6%	14.8%	14.5%	12.9%	12.9%	13.9%	15.1%
국방	36.8	37.9	41.2	44.9	46.3	49.3	53.0	55.3
	9.6%	9.3%	9.5%	9.3%	8.4%	8.2%	8.7%	8.7%
산업,중소기업, 에너지	18.5	19.0	18.8	20.6	37.2	46.2	31.3	26.0
	4.8%	4.7%	4.3%	4.2%	6.8%	7.7%	5.2%	4.1%
농림수산	18.7	19.4	19.6	20.4	21.7	22.9	23.7	24.4
	4.9%	4.8%	4.5%	4.2%	3.9%	3.8%	3.9%	3.8%
교통및물류	19.1	18.5	15.3	16.3	18.3	21.1	22.8	20.8
	5.0%	4.5%	3.5%	3.4%	3.3%	3.5%	3.8%	3.3%
기타	63.1	67.3	70.5	82.2	81.4	96.3	99.6	97.7
	16.4%	16.6%	16.2%	16.9%	14.8%	16.1%	16.4%	15.2%
합계	384.9	406.6	434.1	485.1	549.9	601.0	607.7	638.7

출처: 2023 주요 재정통계(2023), 한국재정정보원

(주1) 상기 표에서 세출 외1)은 자치단체교부금 정산 등을 의미함

(주2) 상기 16개 분야는 프로그램예산체계에 따른 구분을 의미하며, 이와는 별도로 국가재정운영계획상 12대 분야(보건·복지·고용, 교육, 국방, SOC, R&D 등)로 구분하기도 함

(2) 총수입

총수입은 일반회계와 특별회계의 세입에 기금의 수입을 더한 것을 말하며, 일반적으로 국가가 1년 동안 정책사업을 운용하는데 필요한 총지출액의 기본적인 재원으로서 총지출액이 총수입을 초과하는 경우 필요한 채무발생액을 제외한다. 우리나라 총수입 규모를 이해하기 위한 2023년 총수입 본예산(추경제외)은 다음과 같다.

출처: 2023 주요 재정통계(2023), 한국재정정보원
(주1) 기금 중 신용보증기금 등 8개 금융성기금과 계정성기금인 외국환평형기금 등 총 9개 기금은 제외함
(주2) 사회보험성기금은 국민연금, 사학연금, 고용보험, 산재보험, 공무원연금, 군인연금의 기금을 의미하는데, 이 중 공무원연금기금과 군인연금기금을 제외한 것을 4대 사회보험성기금이라고 하며, 통칭 사회보장성기금이라고도 함. 한편, 4대 사회보험성기금에 공무원연금과 군인연금, 건강보험(노인장기요양보험 포함)을 합한 것을 사회보장기여금이라고 함

상기 표에서 볼 수 있듯이 2023년 본예산 기준 총수입 625.7조원 중 대략 68%인 425.4조원이 예산과 관련한 세입이고, 나머지 32%인 200.3조원이 기금과 관련한 수

입이다. 세입은 다시 일반회계가 94% 차지하고 있으며, 특별회계는 6% 정도이다. 또한, 예산과 관련한 세입 중 약 94%가 국세수입으로서 기금을 제외한 국가재정의 거의 대부분은 국세로 조달한다고 볼 수 있다. 나머지 약 6%는 부담금, 벌금 및 과태료, 건물대여료 등 재산수입, 재화및용역판매수입으로 구성된다. 기금과 관련한 수입 중 가장 큰 규모는 약 43%를 차지하는 국민연금, 사학연금, 고용보험, 산재보험의 4대사회보험성기금 기여금수입(고용주부담금과 피고용자부담금)이다.

(3) 통합재정수지와 관리재정수지

지금까지 살펴본 총수입에서 총지출을 차감한 것을 재정수지라고 하며, 재정건전성을 측정하는 지표로서 많이 활용되고 있다. 그런데 실제로 재정수지를 이해하기에는 쉽지 않은 부분이 있는데, 어떻게 측정하는지에 따라 재정수지의 개념이 다양하기 때문이며, 계산하는 방식 역시 단순하지 않기 때문이다.

통합재정수지는 총수입에서 총지출을 차감한 것이다. 통합재정수지의 원래 의미는 당해연도의 일반회계, 특별회계, 기금을 포괄한 수지로서 회계-기금 간 내부거래와 차입·상환 등 보전거래를 제외한 순수한 재정수입에서 순수한 재정지출을 차감한 수치를 말한다. 여기서 순수한 재정수입, 순수한 재정지출이라는 것이 총수입, 총지출과 다소 차이가 있는데, 융자지출의 인식과 기업특별회계 집계 방식이 상이하기 때문이다. 총지출 기준은 융자지출 총계를 지출로 인식하는 반면, 통합재정은 융자회수를 차감한 순융자(=융자지출총액-융자회수총액)만을 지출로 인식한다. 기업특별회계와 관련해서는 총지출 기준에서는 영업지출 총계를 기준으로 계상하지만, 통합재정은 영업수익과 영업지출의 크기를 비교해 순계 금액만 인식한다. 그러나 수입 및 지출에서 동일한 액수의 융자회수액과 융자지출액, 기업특별회계의 수입액과 지출액을 상계하므로 총지출 기준과 통합재정 기준 재정수지는 동일하게 된다.

■ 정부지출의 다양한 개념의 비교: 통합재정기준, 총지출기준, 재정지출총계기준

구분	통합재정기준	총지출기준	재정지출총계기준
1. 포함 범위	전체 회계·기금 합계에서 9개 기금(금융성8개, 계정성 1개) 제외(주1)	전체 회계·기금 합계에서 9개 기금(금융성8개, 계정성 1개) 제외(주1)	전체 회계·기금 합계

구분	통합재정기준	총지출기준	재정지출총계기준
2. 내부거래(회계간, 회계·기금간, 기금간)	내부거래 제거	내부거래 제거	내부거래 제거하지 않음
3. 보전거래(차입·상환,여유자금운용)	보전거래 제거	보전거래 제거	보전거래 제거하지 않음
4. 융자거래	순융자지출액만 표시	융자지출총액 및 융자회수총액 모두 표시	융자지출총액 및 융자회수총액 모두 표시
5. 기업특별회계 영업수입·지출거래	영업수입액과 영업지출액 상계	영업수입액과 영업지출액 총액 표시	영업수입액과 영업지출액 총액 표시
6. 재정지출크기	2021년 통합재정기준 568조	2021년 총지출기준 601조	2021년 재정지출총계기준 1,333조
7. 사용용도	통합재정수지 산출	통합재정수지 산출, 일반적인 중앙정부 총지출액	비교목적

(주1) 통합재정기준 및 총지출기준에서 제외되는 기금은 신용보증기금, 주택금융신용보증기금, 예금보험기금채권상환기금, 무역보험기금, 기술보증기금, 농림수산업자신용보증기금, 산업기반신용보증기금, 농어가목돈마련저축장려기금 등 8개 금융성기금과 외국환평형기금 등 1개 계정성기금임

관리재정수지는 재정건전성의 여부를 명확히 판단하기 위하여 재정수지에서 사회보장성기금(=4대 사회보험성기금; 국민연금, 사학연금, 고용보험, 산재보험) 수지를 제외한 정부의 실질적인 재정상태를 의미한다. 이들 사회보장성기금의 경우 현재의 재정구조상 수지가 좋은 상태이고(즉, 사회보장성기금의 수입이 지출보다 큰 상태임), 이들 기금의 성격상 일반적인 재정과는 구분하여 별도로 관리될 필요가 있기 때문에 사회보장성기금을 제외해야 일반적인 재정의 정확한 수지(즉, 국가의 실질적인 나라살림) 상태를 파악할 수 있게 된다.

통합재정수지나 관리재정수지는 가장 널리 알려진 정부재정의 현황을 보여주는 지표이기는 하지만, 순전히 단식부기·현금주의 국가회계제도 하에서의 개념이며, 누적적인 개념이 아닌 당해연도에 발생한 순지출액의 개념이다. 이는 국가의 전반적인 재정상태(누적적 개념의 저량정보로서의 재정상태)를 나타내기보다는 현재 시점의 (국채발행 등을 고려하지 않은) 순현금유출액 정도를 나타내는 단년도 지표라고 할 수 있다. 이렇듯 순지출액이 발생하게 되면 그에 대한 재원을 마련하기 위해서라도 국가채무는 증가할 수밖에 없다. 그러나 일반적으로 알려진 국가채무와 관련되는 정보는 재정수지 정보와 유기적으로 연계되어 산출되지 않고 별도의 기준에 따라 산출되

는 정보라는 점에 주의할 필요가 있다. 정보 간의 유기적 연계의 미흡은 단식부기·현금주의 국가회계제도의 중요한 단점 중 하나가 된다.

(금액단위: 조원)

구분	2016년 결산	2017년 결산	2018년 결산	2019년 결산	2020년 결산	2021년 결산	2022년 결산	2023년 본예산
총수입	401.8	430.6	465.3	473.1	478.7	570.5	617.8	625.7
총지출	384.9	406.6	434.1	485.1	549.9	601.0	682.4	638.7
통합재정수지	16.9	24.0	31.2	−12.0	−71.2	−30.5	−64.6	−13.0
사회보장성기금수지	39.6	42.5	41.8	42.4	40.8	60.0	52.4	45.2
관리재정수지	−22.7	−18.5	−10.6	−54.4	−112.0	−90.5	−117.0	−58.2

출처: 2023 주요 재정통계(2023), 한국재정정보원 (단, 2022년 결산은 2022회계연도 국가결산보고서(2023; 기획재정부) 참조)

2. 세출거래와 교환거래·비교환거래

(1) 단식부기 세출거래와 복식부기 회계제도

세출(歲出)은 정부가 수행하는 한 회계연도의 모든 지출을 의미한다(「국가재정법」 제17조 등). 세출액(지출액)은 현금이 국가 외부로 유출되는 현재 행위의 결과를 의미하는데, 이러한 결과에 대한 원인은 크게 세 가지로 구분해 볼 수 있다. ㉠ 과거의 효용을 누렸던 원인에 대한 현재 시점의 지출, ㉡ 현재의 효용을 누리기 위한 현재 시점의 지출, ㉢ 미래의 효용을 누릴 것을 기대하는 현재 시점의 지출이 그것이다. 이렇게 행위의 결과를 원인에 따라 구분하는 이유는 다음과 같다.

첫째, 회계관점에서 보면, 결과에 따른 원인을 구분하는 이유는 복식부기 회계처리의 기초가 되기 때문이다. 단식부기는 지출이라는 회계사건의 결과만을 기록하는 것이지만, 복식부기는 지출이라는 회계사건의 결과와 그 원인을 동시에 기록하는 것을 의미한다. 정부회계에서 회계사건의 원인은 크게 세 가지로 구분될 수 있는데, 과거의 효용을 누렸던 원인에 대한 현재 시점의 지출은 '부채의 상환(감소)'이라 하며, 현재의 효용을 누리기 위한 현재 시점의 지출은 '비용의 발생'을 의미하고, 미래의 효용을 누릴 것으로 기대하는 현재 시점의 지출은 '자산의 취득(증가)'과 관련이 있다.

둘째, 지출이라는 행위의 결과의 원인을 과거, 현재, 미래의 관점으로 구분하는 것은 지출 대상을 세대별로 구분하는 것과도 관련이 있다. 특히, 이는 세입의 원인과 대비하면, 세대별 정책효과와 이에 상응하는 재원의 부담 정도를 파악할 수 있다. 과거에 효용을 누렸던 원인에 대해 지출한다는 것은 과거세대를 위한 지출이라 할 수 있고, 현재의 효용을 누리기 위하여 지출한다는 것은 현재세대를 위한 지출이라 할 수 있으며, 미래의 효용을 누릴 것으로 기대하는 현재 시점의 지출은 미래세대를 위한 지출이 된다고 할 수 있다. 여기서 현재의 효용을 누리기 위한 지출의 재원을 현재세대의 조세 등으로 마련하고, 미래의 효용을 누릴 것으로 기대하기 위한 지출의 재원을 미래세대가 부담할 부채를 발생시켜 마련한다면 세대별 부담이 이상적으로 보일 수 있다.

세출거래 회계사건의 결과와 원인 그리고 세대간 효과를 도식화하면 다음과 같다.

현금이 유출되었다는 것을 나타내는 세출액만 기록하는 것은 정부 입장에서 관리하기도 수월하고 무엇보다도 그 흐름을 이해하기가 쉽다는 장점이 있다. 세출거래의 원인을 파악하지 않아도 되고, 복잡한 복식부기 회계처리도 필요 없으며, 현금의 흐름만 통제하면 되기 때문이다. 그러나 세출거래의 결과인 세출액(지출액)만 기재하는 현행 단식부기·현금주의 세출결산서에서는 세대별 효과를 파악하기가 쉽지 않다. 게다가 세출액은 歲出이라는 한자의 뜻에서도 볼 수 있듯이 유량정보(flows)만 나타낸다고 할 수 있는데, 세출액은 국가의 결산 과정에서 저량정보(stocks)인 국가의 자산이나 부채의 변동과 직접적으로 연계되지 않는다는 것을 의미한다. 이는 비록 회계처리 과정이 복잡하더라도 세출거래의 결과와 원인을 동시에 기록하는 복식부기 국가회계제도가 필요할 수밖에 없는 배경이 되었다.

숫자로 표시되는 재무정보는 크게 저량정보(stocks)와 유량정보(flows)가 있다. 저량정보는 특정 시점의 자산(또는 재산) 및 부채(또는 채무)와 관련한 재무정보를 의미하며, 유량정보는 일정 기간의 수익(또는 수입) 및 비용(또는 지출)을 의미한다. 세입거래 또는 세출거래는 기본적으로 유량정보이므로 「국가재정법」상 세입세출결산에 포함된 정보는 모두 유량정보만을 나타낸다고 볼 수 있다. 물론 세입세출결산 체계 하에서도 국유재산, 물품, 국가채권, 국가채무, 국고금, 군수품 등 저량정보 성격의 재무정보를 제공하고 있기는 하지만, 이는 「국가재정법」상 결산과정에서 생성되는 재무정보가 아니라 각각 「국유재산법」, 「물품관리법」, 「국가채권관리법」, 「국가재정법(결산관련 부분이 아닌 별도 조항에서 규정)」, 「국고금관리법」, 「군수품관리법」 등에서 별도로 산출되는 정보이다. 즉, 세입세출결산체계와 밀접하게 연계되어 산출되는 재무정보가 아닌 별도의 법령과 기준에 따라 산출되는 추가적인 재무정보인 것이다.

구분	저량정보(stocks)	유량정보(flows)
정의	거래의 결과로서 특정 시점에 존재하는 자산이나 부채에 대한 재무정보	일정기간 동안 거래가 집계되는 세입 또는 수익이나 세출 또는 비용 관련 재무정보
특성	과거부터 계속 누적되는 특성을 가짐	매 회계기간 동안 새롭게 생성되고 회계기간이 종료하면 사라지는 특성을 가짐
세입세출결산	없음	세입액(수입액), 세출액(지출액)
재무제표	현금, 유가증권, 토지 등 각종 자산 및 국채, 연금충당부채 등 각종 부채	국세수익, 프로그램원가, 인건비, 운영비, 이자수익, 자산처분손익 등

➡ GFSM 2001(정부재정통계편람, IMF) 3.1에서는 저량정보와 유량정보의 개념을 다음과 같이 설명하고 있다. Flows are monetary expressions of economic actions engaged in by units and other events affecting the economic status of units that occur within an accounting period. Stocks refer to a unit's holdings of assets and liabilities at a specific time and the unit's resulting net worth, equal to total assets less total liabilities.

단식부기에 비해 복식부기 방식을 이해하기 위해서는 실무담당자의 회계학에 대한 기본적인 지식이 요구된다. 일반적으로 민간기업에서의 회계업무 담당자는 회계학을 전공하였거나, 기본적인 자격증을 소지하고 있는 경우가 많다. 그러나 정부에서의 공무원은 모든 업무에 대한 순환보직을 해야 하므로 기본적인 회계지식이 모든 공무원에게 요구되어야 하는 상황인데, 현실적으로 불가능에 가깝다. 이는 우리나라 정부에 복식부기 회계제도를 도입하는 과정에서 가장 큰 장애물이 되었다. 이러한 문제를 해결한 것이 중앙정부 회계시스템인 디지털예산·회계시스템(dBrain) 내의 자동분개시스템의 개발이었다. 자동분개시스템이란 복식부기 전표를 입력하지 않고도 기존의 예산집행 프로세스를 수행하기만 하면 시스템에서 자동으로 복식부기 회계처리가 이루어지는 시스템이다. 이를 통해 각 중앙관서에서는 세출(지출)담당자가 기본적인 회계지식이 없더라도 회계정보가 생성되어 기본적인 재무제표가 작성될 수 있게 되었다. 이로 인해 예산집행 거래는 한 번 이루어지지만, 단식부기 세입세출결산서는 물론이고 동시에 복식부기 재무제표도 산출될 수도 있게 되었다.

➡ 단식부기 세출거래는 거래의 결과인 현금의 변동 즉, 유출액만 표시하지만, 이를 복식부기 회계처리로 변환되면 현금의 유출액과 세출거래의 원인(비용, 자산증가, 부채감소)을 두 줄로 표시한다. 세출거래의 경우에는 거래의 결과인 현금의 유출액은 대변(오른쪽)에 먼저 기재하고, 반대쪽(차변)에 세출의 원인 중 하나를 기재함으로써 두 줄, 즉 복식으로 표시한다. 세출거래를 복식부기 회계처리로 표시하는 사례는 다음과 같다(국고금회계처리 생략).

단식부기 세출거래		복식부기 회계처리				거래원인
㉠ 인건비 지출액	1,000원	차변) 인건비	1,000	대변) 현금	1,000	비용발생
㉡ 소모품비 지출액	5,000원	차변) 소모품비	5,000	대변) 현금	5,000	비용발생
㉢ 경상보조금 지출액	2,000원	차변) 보조비	2,000	대변) 현금	2,000	비용발생
㉣ 연구출연비 지출액	50,000원	차변) 연구출연비	50,000	대변) 현금	50,000	비용발생
㉤ 이자비용 지출액	1,500원	차변) 이자비용	1,500	대변) 현금	1,500	비용발생
㉥ 건물구입 지출액	20,000원	차변) 건물	20,000	대변) 현금	20,000	자산증가
㉦ 융자금 지출액	30,000원	차변) 대여금	30,000	대변) 현금	30,000	자산증가
㉧ 정기예금 지출액	8,000원	차변) 금융상품	8,000	대변) 현금	8,000	자산증가
㉨ 주식취득 지출액	6,000원	차변) 투자증권	6,000	대변) 현금	6,000	자산증가
㉩ 공항건설 지출액	90,000원	차변) 건설중인자산	90,000	대변) 현금	90,000	자산증가
㉪ 국채상환 지출액	40,000원	차변) 국채	40,000	대변) 현금	40,000	부채감소
㉫ 미지급금 지출액	9,000원	차변) 미지급금	9,000	대변) 현금	9,000	부채감소
㉬ 미지급이자 지출액	3,000원	차변) 미지급이자	3,000	대변) 현금	3,000	부채감소
㉭ 소송충당부채 지출액	2,000원	차변) 소송충당부채	2,000	대변) 현금	2,000	부채감소

➡ 단식부기에 비해 복식부기가 이해하기가 쉽지 않은 이유는 두 가지로 정리할 수 있다. 첫째, 세출거래의 결과인 현금의 유출액이 발생하였다는 것은 이해가 쉬우나, 세출거래의 원인인 비용발생, 자산증가, 부채감소 중 하나를 선택하는 것은 쉽지 않다. 어떠한 거래가 비용이 발생한 것인지, 자산은 무엇을 의미하는 것인지, 비용과 자산은 어떻게 구분해야 하는지, 상환하여야 하는 부채는 이미 장부에 계상되어 있는지 등이 결정되어야 하는데, 이는 전문가적인 판단이 필요할 수 있기 때문이다. 둘째, 복식부기 회계처리를 하기 위해서는 계정과목 명칭을 이해하고 있어야 하는데, 계정과목 명칭이 전문적인 것이 많아 일반인들이 이해하기가 쉽지 않은 부분이 있다. 이는 복식부기·발생주의 국가회계제도를 도입하는 과정에서 실무적으로 가장 해결하기 어려웠던 부분이었다. 그런데, 디지털예산·회계시스템을 개발하는 과정에서 자동분개시스템을 도입함으로써 이를 모두 자연스럽게 해결되었다.

한편, dBrain의 자동분개시스템은 단식부기·현금주의 기반의 세출거래와 세입거래를 일종의 복식부기·현금주의 재무제표를 작성하는 역할을 하는 것이므로 복식부기·발생주의 국가재무제표가 산출되기 위해서는 발생주의 전환을 위한 결산조정 과정이 추가로 요구되는 프로세스 필요하게 된다.

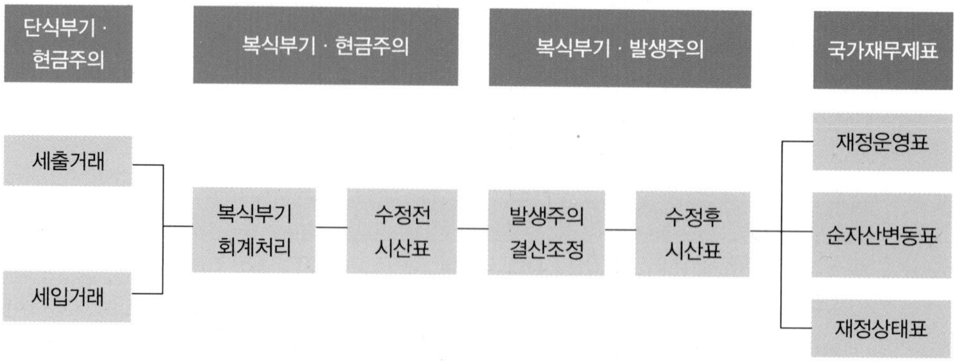

➡ 한국의 지방정부도 상기 프로세스와 유사하게 세입거래와 세출거래를 근간으로 세입세출결산(예산결산)과 재무제표(재무결산)가 작성된다. 다만, 지방정부 회계시스템인 'e-호조'에는 자동분개시스템은 도입되지 않았으며, 지출 또는 결산담당자가 재무계정과목을 선택해야 한다.

(2) 세출거래 프로세스의 이해 및 세출결산서 해석

세출거래의 프로세스는 일반적으로 '예산확정 및 배정 → 원인행위 발생 → 지출액(세출액) → 이월 및 불용'의 과정을 거치게 된다. 국가회계에서 '예산확정 및 배정(예산현액)'은 국회의 예산승인(추경포함)과 각 부처의 자율편성에 따른 예산배분 과정이라 할 수 있다. 아직 경제적 자원의 변동은 발생하지 않은, 일종의 정부가 예산을 집행하기 위한 최대한도를 부여받은 상태를 말한다. 이후 배정된 예산을 집행해야 하는 상황은 '원인행위'가 발생함으로써 이루어지는데, 대표적인 원인행위로는 '계약'과 '검수'가 있다. 그런데 계약이 중요한 원인행위이기는 하지만, 계약이 체결되었다고 해서 반드시 지출이 발생한다고 볼 수는 없으므로 계약 자체가 회계사건이라고 보기는 어렵다(물론 파생상품계약 등 일부 계약은 그 자체로 경제적 자원의 변동을 구속하는 경우도 있기는 하다). 이에 비해 검수는 교환거래가 발생하는 첫 단계로서 재화나 용역을 인수할 의사를 표시하는 것이기 때문에 경제적 실질의 변동을 가져오는 구속력을 가지게 된다. 따라서 원인행위 중에서 계약은 회계사건을 반드시 수반한다고 볼 수 없으나 검수는 회계사건을 수반하기 때문에, 원인행위 자체만으로는 회계사건이라고 보기 어렵다. 또한, 원인행위의 성격이 다양하기 때문에 세출결산서에도 '원인행위'라는 항목은 없다(이에 비해 세입과정에서의 '징수결의'는 현금을 수납하기 위하여 반드시 사전에 진행되어야 하는 행위이므로 세입결산서에 표시된다).

➡ 파생상품(선물, 옵션, 스왑 등)은 해당 계약에 따라 발생한 권리를 자산으로 계상하거나, 발생한 의무를 부채로 계상하여야 하며, 공정가액으로 평가한 금액을 재정상태표가액으로 한다. 파생상품자산 또는 파생상품부채에서 발생한 평가손익은 발생한 시점에 인식되는데, 미래예상거래의 공정가액변동위험(예: 고정금리 → 변동금리 변경 스왑계약)을 회피(hegde)하는 계약에서 발생하는 평가손익은 재정운영표에 반영하고, 현금흐름변동위험(변동금리 → 고정금리 변경 스왑계약)을 회피하는 계약에서 발생하는 평가손익은 순자산변동표의 조정항목 중 '파생상품평가손익'으로 표시된다(「금융자산과 금융부채 회계처리 지침」 문단24. 및 문단38.).

세출액 또는 지출액을 결정하는 것은 세출거래에서 가장 중요한 프로세스이므로 회계사건이 된다. '예산확정 및 배정(예산현액)'에서 지출하지 않고 남은 금액은 일반적으로 '불용'이라고 하는데, 예산미사용액을 의미한다. 다만, 예산미사용액이지만 법령이나 제도 등에 따라 차년도 이후 집행이 예정된 것은 '이월'로 표시한다. 불용이나 이월 모두 예산미사용액으로서 정부 입장에서는 경제적 자원의 변동이 있는 것은 아니기 때문에 회계사건은 아니다. 결국 세출거래 프로세스에서 회계사건이라고 할 수 있는 것은 '지출액(세출액)'만 해당된다. 이를 정리하면 다음과 같다.

세출결산서 표시	세출결산서 표시 안됨	세출결산서 표시	세출결산서 표시
예산확정 및 배정 (회계사건 아님)	원인행위 발생 (회계사건 아님)	지출액 (회계사건)	이월 및 불용 (회계사건 아님)

➡ 엄밀히 말하면, 이월 및 불용이 예산미사용액이기는 하지만, 경우에 따라서는 회계사건으로 인식하여야 하는 상황이 존재할 수 있다. 예를 들어, 지출되어야 하는 회계사건이 발생하였으나 세입예산이 부족하여 지출이 이루어지지 않은 경우에는 회계사건으로 인식하여 미지급금과 동시에 관련 프로그램원가(비용) 또는 자산을 인식할 필요가 있다. 즉, 예산미사용액이지만, 해당 정책사업 자체를 수행하지 못해 예산을 집행하지 못한 것이 아니라 세입예산이 부족하여 예산을 집행하지 못한 경우에는(이 경우 전형적인 비교환거래 성격의 사업이 많음) 미지급금을 인식해야 하는 회계사건이 된다고 할 수 있다.

이러한 세출거래 프로세스에 대한 이해를 바탕으로 실제 세출결산서 사례(2022회계연도 환경부 세출결산서 발췌)에 대한 분석과 세출결산서 각 항목에 대한 설명은 다음과 같다.

(단위: 백만원)

구 분	세출예산액	증감액(이월, 이체, 이용, 전용 등)	세출예산현액	지출액	다음연도 이월액	불용액
환경부	16,451,787	1,381,771	17,833,558	17,109,830	167,601	556,127
일반회계	6,418,988	1,114,224	7,533,212	7,440,916	76,786	15,510
환경개선특별회계	6,741,462	266,491	7,007,953	6,835,886	89,358	82,709
070장(분야) 환경	6,741,462	266,491	7,007,953	6,835,886	89,358	82,709
079관(부문) 기후대기및환경안전	1,238,558	(−)10,429	1,228,129	1,170,927	33,544	23,658
1600항(프로그램) 대기환경 보전	883,836	(−)14,552	869,284	838,735	18,716	11,833
1700항(프로그램) 기후변화대응	17,309	0	17,309	17,032	28	249
2200항(프로그램) 환경보건관리	192,344	2,028	194,372	183,972	8,517	1,883
XXX관(부문)	……	……	……	……	……	……

㉠ 세출예산액: 국회에서 통과된 세출예산액을 의미하며, 최초 국회를 통과한 본 예산은 물론이고, 회계연도 중 국회를 통과한 추가경정(추경)예산도 포함된다.

㉡ 증감액: 전년도이월액, 초과지출승인액, 예비비, 예산의 전용, 예산의 이용 및 이체를 의미하는 것으로 회계연도 중 전년도이월액이 있거나, 해당 중앙관서 내에서 예산이 변경되거나[예산의 전용 및 이용; 전용은 행정과목(세항·목)의 변경을 의미하며, 이용은 입법과목(장·관·항)의 변경을 의미한다], 조직 또는 사업 개편으로 중앙관서 간 예산 변경(예산의 이체) 등이 있는 경우 조정하는 항목을 의미한다.

㉢ 세출예산현액: 세출예산액에 증감액이 가감된 것으로 실질적으로 사용가능한 예산총액(즉, 예산사용한도액)을 의미한다.

㉣ 지출액: 국가가 실제로 지출한 금액을 의미하는데, 이 지출액이 세출(歲出)을 의미하게 된다. 지출액은 세출거래 프로세스의 제일 중요하고 반드시 발생하는 과정으로서 세출결산서에서 유일한 회계사건이 된다.

㉤ 다음연도이월액: 세출예산현액에 반영되어 있으나, 명시·사고이월 등의 사유로 다음연도에 지출이 이루어질 것으로 예상되는 금액을 말한다. 사용내역이 정해진 당해연도 예산미사용액이라고 할 수 있다.

ⓑ 불용액: 세출예산현액에 반영되었으나, 이월대상도 아닌 상태에서 사용하지 못한 예산미사용액을 의미한다. '세출예산현액－지출액＝다음연도이월액＋불용액'의 구조를 가지게 된다.

(3) 성질별 분류체계(품목별 예결산제도)와 목적별 분류체계(프로그램 예결산제도)

현행 국가의 세출거래는 세출의 성질별로 예·결산내역을 분류함과 동시에 목적(기능)별로 예·결산내역을 분류하고 있다. 세출의 성질별 분류라는 것은 지출의 성격에 따라 분류하는 것으로 지출의 직접적인 대상, 즉 구입하고자 하는 재화와 용역의 종류를 기준으로 세출을 분류하는 것을 의미한다(한국재정정보원, 2020). 세출을 크게 인건비(100목), 물건비(200목), 이전지출(300목), 자산취득 및 운용(400목), 상환지출(500목), 전출금등(600목), 예비비(700목)으로 구분하는 것이 성질별 분류이다. 이에 비해 세출의 목적(기능)별 분류라는 것은 정책사업별로 분류하는 것을 말하는데, '분야－부문－프로그램(정책사업)－단위사업－세부사업'의 5단계로 세분화된다.

▶ 국가의 일반회계를 기준으로 세목별 세출액의 구성은 보조금 등 이전지출이 약 60%, 인건비가 약 8%, 경상경비 등 물건비가 약 6%, 자산취득이 약 4%를 차지하고 있다(2022회계연도 국가결산보고서, 2023).

▶ 한국 중앙정부 재정사업체계는 2023년 본예산 기준으로 분야 16개(예비비 포함), 부문 75개(예비비 포함), 프로그램 580개, 단위사업 2,345개, 세부사업 약 8,500여 개로 구성되며, 매년 변동할 수 있다(2023 주요 재정통계, 한국재정정보원, 2023).

▶ 성질별 분류와 목적(기능)별 분류를 그림으로 나타내면 다음과 같다.

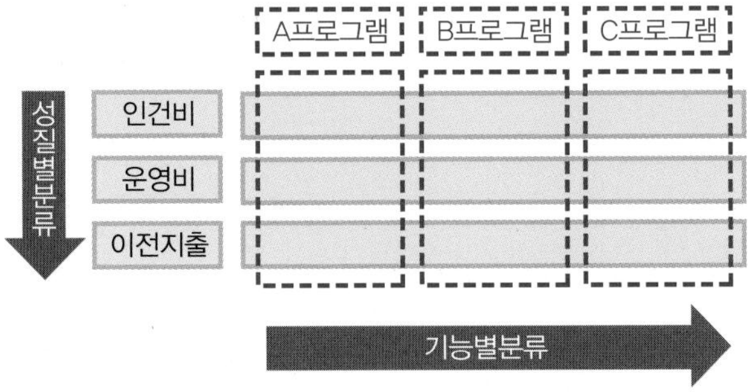

성질별 분류체계와 목적(기능)별 분류체계의 구분은 단순히 분류방법에만 차이가 있는 것이 아니다. 성질별 분류체계는 정부, 즉 예산집행자 또는 정보생산자 관점에

서 작성하기 쉽고, 이해하기도 쉬우며, 예산집행의 항목별 통제를 강화하기 위하여 적용되는 방법이다. 성질별 분류체계는 품목별 예산제도(line by items)와 밀접하게 연계되는데, 품목별 예산제도가 1900년대 초반 이론적으로 정립되어 가장 오랫동안 대부분의 국가에서 적용되었던 이유도 바로 작성하기 쉽고 통제목적이 강력한 장점에 기인한 것이었다. 그러나 성질별 분류체계에 따른 정보만으로는 예산집행이 추구하는 정책목표와 사업내용 등을 파악하기 어렵기 때문에 성과평가, 정책분석, 정책평가 등에 활용하기 어렵다는 한계가 존재한다. 무엇보다도 국민의 관점에서 국민에게 필요한 정보를 제공하는 것이 아닌, 정부의 관점에서 정부가 필요한 정보를 만들어 내는 분류체계인 것이다.

이에 비해 목적(기능)별 분류체계는 국민, 즉 정보이용자 관점에서 정부가 예산을 어떠한 정책사업에 집행하는지를 보여주는 방법이다. 국민의 입장에서는 데이터를 기반으로 정부의 국정운영 방향을 이해할 수 있고, 정부의 씀씀이가 비효율적인 것은 아닌지 또는 정책이 중복되어 예산낭비는 없는 것인지를 파악할 수 있는 기초 자료의 역할을 한다. 국민의 입장에서는 성질별 분류체계에 따라 산출된 정부운영에 필요한 인건비의 규모, 보조금의 규모 등의 정보도 물론 중요할 수 있다. 그러나 이것만으로는 정부가 어떠한 정책사업을 수행하는지 또는 어떠한 정책방향에 국력을 집중하는지 알기가 어렵다. 또한, 정부, 즉 정보생산자의 관점에서도 성질별 분류체계의 한계인 정책의 성과평가에 활용하기 어렵다는 문제를 해결하는 대안으로 정책에 대한 분석과 평가를 가능할 수 있도록 하는 기초 데이터가 필요할 수 있다. 이러한 목적(기능)별 분류체계를 '프로그램 예산제도'라고 한다.

그러나 목적(기능)별 분류체계인 프로그램 예산제도가 많은 장점이 있다고 하더라도 그동안 각 국가에서 적용하지 못했거나 실패했던 이유는 두 가지로 정리하여 볼 수 있다. 첫째, 목적별 분류체계는 성질별 분류체계 방식에 비하여 작성하기가 쉽지 않다는 점이다. 모든 예산집행의 내역에 정책사업을 하나하나 부여하여야 하는데, 실무적으로 이를 수행하기가 상당히 복잡하고 까다로운 측면이 있다. 둘째, 목적별 분류체계는 정부의 입장에서는 제공하고 싶지 않은 많은 정보를 제공해야 하는데, 정부가 정책사업에 대한 정보를 국민들에게 공개하려는 의지가 없이는 성공하기가 어려워지는 문제가 있다.

한국의 중앙정부는 2000년대 중반 프로그램 예산제도를 포함하여 중장기 재정운영계획의 수립, 총액배분·자율편성예산제도(Top-down), 성과관리제도의 도입, 성인지 예산제도의 마련, 복식부기·발생주의 국가회계제도 도입 등 국민들에게 많은 재정정보를 제공하고 국민들이 정부의 정책성과를 평가할 수 있도록 하는 강력한 재정개혁의 의지를 보였으며, 이를 수월하게 진행하기 위하여 최첨단의 IT기술을 활용한 디지털예산·회계시스템을 개발·운영함으로써 이러한 문제를 하나씩 해결하였다. 한국에서 프로그램 예산제도는 이러한 배경 및 과정에서 정착되었던 것이다.

Notice

한국 중앙정부의 프로그램 예결산제도의 이해

(※ 2023 주요 재정통계(한국재정정보원, 2023) 일부 참고)

㉠ 프로그램 예결산제도는 중앙정부의 목적(기능)을 중심으로 '분야-부문-프로그램-단위사업-세부사업'의 상하계층 구조에 따라 예산을 편성하는 것으로 2007년 도입되었다.

- [분야 · 부문] 정부 기능의 대분류 및 중분류
- [프로그램] 동일한 정책목표를 달성하기 위한 단위사업의 묶음으로서 정책적 독립성을 가진 일정규모의 사업을 의미하며, 성과보고서상의 성과목표와 연계됨. 중앙관서 내에서 특정 프로그램은 원칙적으로 1개만 존재하며(따라서 중앙관서단위의 사업이라고 볼 수 있음), 소관 회계 · 기금이 같은 프로그램을 운영할 경우 단위사업으로 구분됨. 프로그램은 일명 정책사업이라고도 함
- [단위사업] 원가가 집계되는 원가대상이자 중간 묶음이며, 정책목표 달성을 위한 수단으로서의 사업을 의미. 같은 프로그램이라도 관리하는 회계 · 기금이 다를 경우 단위사업으로 구분하므로 회계 · 기금단위의 사업이라고 볼 수 있음. 성과보고서상의 성과지표와 연계됨
- [세부사업] 투입 품목과 단가를 기준으로 편성되는 재정사업의 기초단위로서 단위사업을 구성하는 사업 내역을 의미함. 예산편성의 기준단위라고 볼 수 있음

㉡ 프로그램 예결산제도의 체계는 성과지표 체계와도 연계되는데, 2015년부터 성과관리체계상 '성과목표-성과지표'를 재정사업체계상 '프로그램-단위사업'과 연계하고 있다.

㉢ '분야-부문-프로그램-단위사업-세부사업' 용어는 「국가재정법」에서는 규정하지 않고 있으나, 대신 동 용어를 사용한 예산안이 국회의 심의를 받으므로 준법률용

어라고 할 수 있다.

국가재정법 체계	프로그램 예산제도
장	분야
관	부문
항	프로그램
세항	단위사업
세세항	세부사업

㉣ 프로그램 예결산제도상 각 프로그램별 이름은 복식부기 · 발생주의 국가재무제표의 재정운영표에서도 동일하게 사용된다. 다만, 프로그램결산 금액과 재정운영표상 프로그램원가는 단식부기 · 복식부기의 기록방식의 차이 및 현금주의 · 발생주의의 인식기준의 차이로 인하여 금액은 다르다(자세한 내용은 '제6장 제3절 1. (2) 현금주의 프로그램세출의 발생주의 프로그램원가로의 변환'을 참고한다).

㉤ 세출거래만 프로그램 체계를 운영하고 있으며, 세입거래는 프로그램 체계를 적용하지 않고 있다.

목적별 분류체계가 성질별 분류체계에 비해 많은 정점을 가지고 있다고 해서 목적별 분류체계가 더 바람직하고 성질별 분류체계는 덜 바람직하다는 의미는 아니다. 성질별 분류체계는 실제 지출업무를 수행하는 공무원 입장에서는 항목별 예산통제 기능과 기록의 편리성, 그리고 정부의 지출내역을 체계적으로 관리하기 위하여 반드시 필요하다. 또한, 국민 입장에서도 재정지출의 세부사항을 이해하기 위해서라도 반드시 성질별 분류체계에 따른 각 세목별 특성과 세출결산서 및 재무제표에 미치는 영향을 이해할 필요가 있다. 성질별 분류체계는 기획재정부의 "예산안 편성 및 기금운용계획안 작성 세부지침"에 구체적으로 기재되어 있으며, 이를 바탕으로 각 세목별 정의, 특성 및 복식부기 회계과목과의 연계 등에 대한 내용을 정리한 것은 본 장의 '제1절 2. (6) 개별 세출과목의 이해와 국가재무제표와의 관계'를 참고한다.

목적별 분류의 프로그램 예산제도는 정부의 정책사업의 분류체계와 밀접하게 관련된다. 중앙정부는 16개 분야 75개 부분으로 구성되며, 지방정부는 중앙정부만이 할 수 있는 일부 정책사업을 제외하고 13개 분야 52개 부문으로 구성된다.

➡ 프로그램 예산체계는 16개 분야로 구분하지만, 국민들이 쉽게 국가정책사업을 이해할 수 있도록 별도로 12대 분야별 예산내역을 공표하기도 한다. 16개 분야의 사회복지와 보건을 합하여 보건·복지·고용 분야로, 교통및물류와 국토및지역개발을 합하여 SOC로, 통신과 과학기술을 합하여 R&D로 조정한다(예비비 분야를 포함하여 각 분야별로 세부적으로 약간씩 조정됨). 12대 분야는 보건·복지·고용, 교육, 문화·체육·관광, 환경, R&D, SOC, 산업·중소기업·에너지, 농림·수산·식품, 국방, 외교·통일, 공공질서·안전, 일반·지방행정으로 구성된다.

한국정부의 정책사업(16분야 · 75부문(중앙정부), 13분야 · 52부문(지방정부))			
010. 일반·지방행정	**050. 교육**	088 주택	119 중소기업및소상공인육성
011 입법및선거관리	051 유아및초중등교육	089 사회복지일반	11A 지식재산일반
012 국정운영(*)	052 고등교육	08A 아동·보육	**120. 교통및물류**
013 지방행정·재정지원	053 평생·직업교육	08B 노인	121 도로
014 재정·금융	054 교육일반(*)	08C 여성·가족·청소년	122 철도
015 정부자원관리(*)	**060. 문화 및 관광**	08D 고용	124 해운·항만
016 일반행정	061 문화예술	08E 노동	125 항공·공항
020. 공공질서및안전	062 관광	08F 고용노동일반	126 물류등기타
021 법원및헌재(*)	063 체육	**090. 보건**	**130. 통신(*)**
022 법무및검찰(*)	064 문화재	091 보건의료	131 방송통신(*)
023 경찰	065 문화및관광일반	092 건강보험(*)	132 우정(*)
024 해경(*)	**070. 환경**	093 식품의약안전	133 정보통신(*)
025 재난관리	075 해양환경	**100. 농림수산**	**140. 국토및지역개발**
030. 외교·통일(*)	076 환경일반	101 농업·농촌	141 수자원
031 통일(*)	077 물환경	102 임업·산촌	142 지역및도시
032 외교·통상(*)	078 자원순환및환경경제	103 수산·어촌	143 산업단지
040. 국방(*)	079 기후대기및환경안전	104 식품업(*)	**150. 과학기술**
041 병력운영(*)	07A 자연환경	**110. 산업·중소기업및에너지**	152 과학기술연구지원
042 전력유지(*)	**080. 사회복지**	113 무역및투자유치	153 과학기술일반
043 방위력개선(*)	081 기초생활보장	115 에너지및자원개발	154 과학기술인력및문화
044 병무행정(*)	082 취약계층지원	116 산업·중소기업일반	155 과학기술연구개발
	083 공적연금(*)	117 산업혁신지원	**160. 예비비**
	087 보훈	118 창업및벤처	161 예비비

(주1) 2019년 분야 및 부문 예산과목구조개편 내용을 반영하였으며, 2023년 본예산에 설정된 분야 및 부문을 기준으로 작성됨

(주2) 상기 표에서 부문 옆에 (*)표시되어 있는 부분은 지방정부에는 없는 정책사업임

(주3) 현재 우리나라 자치단체의 분야·부문은 상기 2019년 개편 분야·부문 내용이 아닌 개편전 분야·부문의 형태를 가지고 있음. 상기 (주2)에서 언급된 (*)표시된 부분은 개편전이나 개편후에도 자치단체 부문에는 없는 것이기는 함. 세부 부문별로 현재 국가에서 사용하는 용어와 자치단체에서 사용하는 용어 및 코드가 다르며, 2022년말 기준 자치단체에서 사용되는 (개편전) 분야·부문은 총 13분야 52부문임

■ 현행 디지털예산·회계시스템에서는 하나의 프로그램 code가 10자리로 관리되는데, 이는 다음과 같이 해석할 수 있다.

프로그램코드 구조	013	-	1131	-	300
	분야(01) 부문(3)		프로그램(11) 단위사업(31)		세부사업(300)

(4) 교환지출·교환비용과 비교환지출·비교환비용

정부의 세출거래는 교환의 대가를 전제로 하는 교환지출과 교환의 대가를 전제로 하지 않는 비교환지출로 구분할 수 있다. 일반적인 기업에서의 거래는 대부분 교환거래를 전제로 한다는 측면에서 정부의 비교환 세출거래는 정부만이 가지는 특수한 거래의 형태이다. 세출거래 중 자산을 취득하거나 부채를 상환하기 위한 지출은 기본적으로 교환거래로 인한 지출임은 당연할 것이다. 이에 비해 비용의 발생과 관련한 세출거래는 교환대가가 있는지의 여부에 따라 교환비용과 비교환비용으로 구분된다.

기본적으로 교환비용에 속하는 거래는 인건비(100목), 물건비(200목), 상환지출(500목; 단, 원금상환이 아닌 이자지급 부분)에 속하는 세목의 상당 부분이 해당된다. 노동력이나 재화 및 용역 등을 제공 받으면서 비용 성격의 지출이 이루어지는 경우가 교환비용이라고 할 수 있다. 교환비용은 교환 대상이 되는 재화나 용역결과물 등을 검수하고 이를 수령하는 시점이 명확하므로 일반적으로 세출거래가 발생한 시점(즉, 국고지출시점)과 거래상대방이 대가를 인식하는 실집행시점은 동일하다(발생주의 관점에서는 교환 대상이 되는 물건이나 용역결과물을 검수하고 수령하는 시점에 비용과 미지급금을 인식하고 실제 대금을 지급하는 시점에 인식한 미지급금을 제거하지만, 실무적으로 그 기간이 짧으면 대금을 지급하는 시점이 비용을 인식하는 시점이다).

이에 비해, 비교환비용에 속하는 거래는 이전지출(300목), 전출금등(600목)에 속하는 세목의 상당 부분이 해당된다. 반대급부인 재화나 용역의 교환 없이, 법령이나 제도에 근거하여 정부가 일방적으로 지급하는 세출거래가 비교환비용이라고 할 수 있는데, 보조금, 교부금, 일반출연금, 연구개발출연금, 보상·배상·포상금, 회계·기금간 재원의 이전, 기타민간지원금 등이 전형적인 비교환거래에서 발생하는 비용이다. 비교환비용은 회계학적인 관점에서 몇 가지 논쟁거리가 존재한다.

첫째, 비교환비용은 비용을 인식해야 하는 시점이 명확하지 않은 경우가 있다. 교환대가가 없으므로 거래상대방이 법령이나 제도에 근거하여 청구 및 승인이 이루어지는 시점에 비용을 인식해야 하는데, 이 경우 청구 및 승인이라는 행위가 반드시 필요한지가 문제가 될 수 있다. 비록 청구 및 승인라는 행위가 없더라도 법령 등에 따라 반드시 지급을 해야 하는 상황이라면 부채를 인식함과 동시에 비용을 인식해야 한다는 주장이 있을 수 있다. 다만, 현행 「국가회계기준」 제30조②에서는 비교환비용을 '법령 등에 따라 지출에 대한 의무가 존재하고 그 금액을 합리적으로 측정할 수 있을 때' 인식한다고 규정하고 있는데, 실무적으로는 '지출에 대한 의무'를 상대방의 청구와 정부의 승인이 이루어진 시점에 발생한 것으로 해석하고 있기는 하다.

둘째, 비교환비용은 지출이 이루어지더라도 실제 그 효과가 국민들에게 바로 미치지 않는 거래가 존재할 수 있다. 보상·배상·포상금 등의 지출이나 국민들에게 직접 보조금을 지급하는 경우(코로나재난지원금, 기초노령연금, 기초생활수급자지원금, 공익직불금(농어업 등) 등 보조금수령금)는 정부의 지급시점에 바로 국민에 대한 효과로 이어진다. 그러나 중앙정부가 지방정부 재원의 일부로서 역할을 하는 지방교부금, 공공기관·비영리기관 등의 운영을 위한 일반출연금, 보조사업의 수행을 전제로 지급하는 보조금(보조사업비), 연구개발사업을 위하여 지급하는 연구개발출연금(연구개발사업비) 등은 정부의 지급시점에 바로 국민에 대한 효과로 이어지지 않는다. 해당 실체가 기관을 운영하던가 보조사업 또는 연구개발사업을 운영하는 과정에서 순차적으로 국민에게 효과를 발생시킨다고 보는 것이 타당할 것이다.

셋째, 비교환 세출거래에는 정부가 사후적으로 집행금액을 관리하지 않는 것도 있고, 반대로 이를 사후정산하여 미집행금액을 정부로 다시 반납하게 하는 것도 있다. 지방교부금이나 일반출연금, 보조금수령금, 보상·배상금 등은 정부의 지급과 동시에 사후관리의 책임이 없는 비교환비용이다. 이에 비해 보조사업비 관련 보조금이나 연구개발출연금(연구개발사업비)은 사후정산을 통해 사업에 투입되지 않은 미집행금액을 정부로 반납하게 하는 비교환비용이다. 회계학적으로 볼 때, 사후정산이 필요하지 않는 비교환비용은 지급받은 금액을 사용하는 실체에게 지출의 책임이 전적으로 있기 때문에 지급받는 시점에 상대 실체는 바로 '수익'을 인식한다. 사후정산이 필요한 비교환비용은 실질적인 사용의 전체 과정을 정부가 통제하기 때문에 미집행금액을 제외한 순집행금액만이 '수익'으로 인식되는 차이가 있다.

교환지출과 교환비용, 비교환지출과 비교환비용의 구조와 실집행시점과의 관련성을 정리하면 다음과 같다.

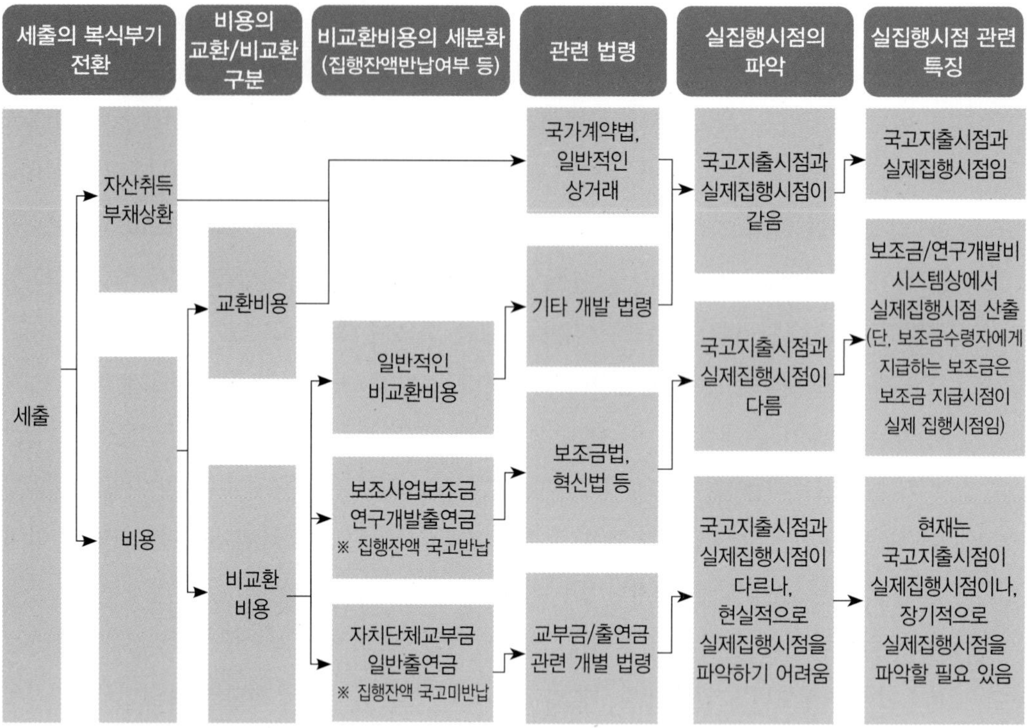

(주1) 상기 도해에서 '보조금법'은 「보조금 관리에 관한 법률」, '혁신법'은 「국가연구개발혁신법」을 의미함.

(5) 기타 정부에서 사용하는 세출 관련 주요 내용

① 총액인건비제도

총액인건비제도란 각 중앙관서(책임운영기관 포함)가 당해연도에 편성된 총액인건비 예산의 범위 내에서 조직·정원, 보수·예산의 운영에 관한 자율성을 가지되, 그 결과에 책임을 지는 제도를 말한다. 총액인건비라고 해서 인건비만을 의미하는 것은 아니고, 중앙관서(책임운영기관 포함)에 적용하는 인건비 및 기본경비가 이에 해당한다. 이는 세출목상의 100번목 인건비 및 200번목 물건비와는 개념이 조금 상이한데, 세출목상의 인건비 및 물건비는 총액인건비 대상 인건비 및 기본경비와 총액인건비 대상이 아닌(즉, 정책사업과 직접적으로 관련된 것을 의미한다) 인건비 및 기본경비로 구성된다. 총액인건비 내에서 인건비와 기본경비 간 자체 전용은 가능하지만, 사업비에서 총액인건비로의 이용·전용 등 총액인건비 규모의 확대는 엄격히 제한되는 특징을 가진다.

② 기본경비

기본경비는 조직 운영에 소요되는 기본적 경비 및 지속적인 소규모 운영경비를 의미한다. 조직 내 실·국·과 단위 기관운영에 소요되는 일반수용비, 공공요금, 특근매식비, 여비, 일용임금, 무기계약 인건비, 기본 연구용역비, 자산취득비(업무용차량, 사무용자산 등) 등 경상적 경비, 인원·직제 등에 따라 공통적으로 편성되는 직책수행경비, 과운영비, 급식비 등 기준성 경비, 공무원교육훈련에 소요되는 교육훈련경비, 맞춤형 복지 시행에 따른 경비 등 기본행정경비가 이에 해당한다. 또한, 소규모 전산운영경비(전산소모품, 임차료, 회선사용료, PC교체 등), 사회복무요원 운영비(관련 인건비, 피목비, 교통비 등)도 기본경비에 해당한다.

③ 수입대체경비

수입대체경비는 정부가 용역 또는 시설을 제공하여 발생하는 수입과 관련된 경비로서 수입이 예산을 초과하거나 초과할 것이 예상되는 때에 초과수입에 직접 관련되는 경비 및 이에 수반되는 경비에 초과지출 가능하다(「국가재정법」 제53조①). 초과수입에 직접 관련되는 경비 및 이에 수반되는 경비는 다음과 같다.

㉠ 업무수행과 직접 관련된 자산취득비, 국내여비, 국외여비(해외수탁사업에 한함), 시설유지비 및 보수비
㉡ 일시적인 업무 급증으로 사용한 일용직 임금
㉢ 초과수입 증대와 관련 있는 업무를 수행한 직원에게 지급하는 보상적 경비
㉣ 그 밖에 초과수입에 수반되는 경비로서 기획재정부장관이 정하는 경비(공무원 교육수료 증가로 인한 초빙강사료, 업무수행과 직접 관련된 운영비(단, 복리후생비는 제외), 업무수행과 직접 관련된 사업추진비)

새로운 수입대체경비를 추가로 지정받고자 하는 경우에는 '예산총계주의'의 예외인 점을 감안하여 ㉠ 공공서비스 향상효과가 기대되는 경우, ㉡ 세입의 성격상 정확한 수요예측이 어려워 세입의 초과 지출을 통하여 세출예산집행의 효율화를 기할 수 있는 경우의 요건을 갖추어야 한다. 수입대체경비의 예로는 외교부의 여권 발급 경비, 공무원교육원에서 교육생으로부처 징수하는 교육비 등이 있다.

④ 예비타당성분석(예타분석)

국고 지원으로 시행되는 대규모 투자사업은 예비타당성분석을 시작으로 총사업비를 엄격한 절차와 원칙하에 관리하여야 한다. 예비타당성분석은 대규모 재정사업에 대한 신규투자를 경제적, 정책적 우선순위에 입각해 타당성을 검증하고, 사업추진 여부를 투명하고 공정하게 결정하여 재정운영의 효율성을 제고하기 위해 1999년부터 실시되었다. 대상사업은 총사업비가 500억원 이상이면서 국가의 재정지원 규모가 300억원 이상인 신규사업으로서 건설공사가 포함된 사업, 정보화 사업, 국가연구개발사업을 말한다. 2015~2021년 기간 동안 예비타당성분석을 수행한 사업수와 사업비, 타당성판정을 받은 사업수와 사업비의 내역은 다음과 같다.

(사업수단위: 개, 사업비단위: 조원)

구분	2015년 결산	2016년 결산	2017년 결산	2018년 결산	2019년 결산	2020년 결산	2021년 결산
조사대상 사업수	34	39	40	29	33	24	19
타당성판정 사업수	25	26	20	20	25	18	15
비율	73.5%	66.7%	50.0%	69.0%	75.8%	75.0%	78.9%
조사대상 사업비	8.0	17.1	21.9	13.1	15.0	23.2	17.8
타당성판정 사업비	4.6	11.1	10.7	10.1	14.9	9.7	16.8
비율	57.5%	64.9%	48.9%	77.1%	99.3%	41.8%	94.4%

출처: 2022 주요 재정통계(2022), 한국재정정보원

민간투자사업(BTL)을 수행하는 경우에도 예비타당성분석과 유사한 타당성분석 및 민간투자적격성조사를 수행한다. 타당성분석은 비용편익분석(BC분석)에 근거한 경제적 타당성 판단과 정책적인 타당성 판단을 통해 사업 자체의 수행 여부를 결정하는 과정이며, 민간투자적격성조사는 국가가 직접 수행하는 재정사업으로의 추진할 것인지 아니면 민간자본을 활용한 민자사업으로 추진할 것인지를 결정하는 과정이라고 볼 수 있다.

예비타당성분석은 국가가 장기간 대규모의 예산이 투입되는 사업 또는 부채가 발생하는 민간투자사업을 수행하기에 앞서 비용편익분석 등의 방법을 통해 사업 수행의 여부를 결정하게 한다. 만일 예비타당성분석이 적정하게 이루어지지 않거나 못하

게 되는 경우 불필요한 사회기반시설 공사가 수행되어 미래세대에게 막대한 부담을 가져오게 할 수 있기 때문에 예산의 효율적 사용이라는 측면에서 예비타당성분석은 중요할 수밖에 없다. 또한, 정부의 정책적 의사결정은 기업과 달리 반드시 경제적인 판단에 의해서만 이루어지는 것이 아니므로 무분별한 대규모 예산집행 사업의 결정을 견제하는 수단이 되기도 한다.

예비타당성분석을 통과하여 대규모의 사회기반시설 등이 건설되었으나 활용성이 극히 낮은 상황이 발생할 경우, 예비타당성분석 과정에서 문제가 있었던 것은 아닌지 아니면 예비타당성분석의 결과는 좋지 않으나 다른 정책적인 판단에 의해 대규모 공사가 강행된 것은 아닌지 점검해 볼 수도 있다. 이때 사용 중인 사회기반시설 등에 대한 감액손실의 인식 여부를 결정하는 수단으로 예비타당성분석의 결과를 활용할 수 있는데, 예비타당성분석이 부실하거나 가정이 잘못되었을 경우 이를 수정·보완한 예비타당성분석 결과를 활용할 수도 있고, 다른 정책적 판단으로 공사가 강행된 것이라면 당초 예비타당성분석 결과값을 기준으로 처음부터 내재되어 있던 감액손실의 인식 여부를 결정할 수도 있을 것이다.

다만, 정책의사결정의 중요한 절차인 예비타당성분석은 실질적으로 적용하는 과정에서는 여러 가지 사항을 고려할 필요가 있다.

첫째, 비용편익분석에 따라 경제성 분석을 수행하는 경우 인구와 경제력이 밀집되어 있는 수도권과 관련되는 사회기반시설 확충 등의 정책사업 경제성은 타당할 가능성이 높으나, 수도권 이외의 지역에 건설되는 사회기반시설이나 사회복지시설 확충 등과 같은 정책사업은 좋은 결과가 나오지 않을 가능성이 높다. 즉, 비용편익분석이라는 경제성 분석만을 강조할 경우 지역적·경제적·정책목적적 불균형이 가속될 수 있는 상황이 발생할 수 있다.

둘째, 정책사업의 경우 편익 항목을 측정하기가 쉽지 않으며, 비용 역시 광범위하게 고려할 사항이 많게 된다. 매출의 증대, 고객만족도 향상, 시장점유율 확대 등의 측정가능한 계량지표를 활용할 수 있는 기업과 달리 정책사업은 정책적 편익을 계량화하기가 쉽지 않으며, 정책사업의 영향을 받는 대상이 불특정 다수인데다가 정책의사결정자의 정책수행 의지가 강할 경우 정책사업의 효과를 과대로 평가할 가능성도 배제할 수 없기 때문에 편익 항목을 정확하게 측정하기가 쉽지 않다. 또한, 비용 측면 역시 직접비용이나 간접비용은 추정할 수 있다고 하더라도 대체투자와 관련된 비용이나 특정 정책사업의 시행이 다른 정책사업의 편익을 감소시키는 경우(예를 들어 고속도로 신규 건설시 기존 고속도로의 통행량 감소가 발생할 수 있음) 등 기회비용의 측정이 쉽지 않을 수 있다.

이렇듯 예비타당성분석은 이론적이나 논리적으로 타당하고 중요한 절차이기는 하지만, 실무상 적용과정에서 발생할 수 있는 여러 가지 변수들에 대해서도 충분히 고려할 필요가 있게 된다.

➡ 예비타당성분석은 그 명칭인 '예비타당성분석'이라는 용어로 인하여, 그냥 간단하게 한 번 예비적으로 타당성분석을 수행하고 정확한 것은 '본타당성분석'이 필요하다고 잘못 이해하는 경우가 많이 있다. 그러나 '예비타당성분석'에서의 '예비'는 정책의사결정 전에 수행한다는 측면에서의 '예비'일 뿐이며, '예비타당성분석'의 결과는 정책의사결정의 가장 핵심이 된다. 오히려 '본타당성분석'이 정책의사결정 후에 이루어지는 실무적인 조정과정일 뿐이다.

⑤ 의무지출과 재량지출

의무지출(mandatory expenditure)이란 법령 등에 의해 국가의 지출의무가 명시된 지출로서 「국가재정법」 제7조②제4의2호에서는 재정지출 중 법령에 따라 지출의무의 발생과 지출규모가 결정되는 법정지출 및 이자지출이라고 규정하고 있으며, 구체적으로 ㉠ 「지방교부세법」에 따른 지방교부세 및 「지방교육재정교부금법」에 따른 지방교육재정교부금 등 법률에 따라 지출의무가 정하여지고 법령에 따라 지출규모가 결정되는 지출, ㉡ 외국 또는 국제기구와 체결한 국제조약 또는 일반적으로 승인된 국제법규에 따라 발생되는 지출, ㉢ 국채 및 차입금 등에 대한 이자지출을 말한다(「국가재정법시행령」 제2조③). 재정지출에서 의무지출을 제외한 것을 재량지출(discretionary expenditure)이라고 한다(「국가재정법」 제7조②제4의3호).

➡ 법률에 따라 지출의무와 지출규모가 결정되는 지출의 사례로서 지방교부세나 지방교육재정 교부금 등 지방이전 외에 육아보육 질의 제고를 위해 영유아보육료 지원, 농가소득 보전을 위한 공익기능증진직불, 참전유공자 및 무공수훈자에 대한 예우 강화를 위한 참전명예수당, 주한미군 방위비분담 군사시설 개선 등이 있다.

▶ 2019년~2023년 본예산 기준 의무지출 분야별 추이는 다음과 같다.

(단위: 조원)

구 분		2019년	2020년	2021년	2022년	2023년
법정지출(A)		223.4	238.7	247.7	284.4	317.4
	– 지방이전재원	111.5	112.3	109.8	134.9	155.4
	– 복지	106.7	119.7	131.3	140.0	154.7
	– 기타	5.2	6.7	6.6	9.5	7.3
이자지출(B)		15.9	17.0	18.4	18.9	22.9
의무지출(C=A+B)		239.3	255.7	266.1	303.3	340.3
재량지출(D)		230.3	256.6	291.9	304.4	298.4
총지출(C+D)		469.6	512.3	558.0	607.7	638.7

⑥ 내부거래와 보전거래

내부거래와 보전거래는 정부가 국민을 대상으로 정책을 집행하고 조직을 운영하기 위하여 경제적 자원을 소비하는 세출거래나 국민으로부터 징수하는 조세수입 및 부담금·제재금 등 비교환수입 등 세입거래가 아닌 정부조직간 경제적 자원의 이전거래(내부거래)와 정부가 재원이 부족하여 정부 외의 실체로부터 차입하거나 정부가 보유하고 있는 자산을 매각하는 거래(보전거래)를 말한다. 정부의 세출(지출)총계 또는 세입(수입)총계에서 내부거래를 차감한 것을 세출(지출)순계 또는 세입(수입)순계라고 하며, 이 순계 금액에서 보전거래를 차감한 것을 총지출 또는 총수입이라고 한다(총지출과 총수입 금액 산출시 8개 금융성기금과 외국환평형기금은 제외한다).

총지출과 총수입은 국민경제에 미치는 정부의 실질적인 재정활동을 파악하기 위하여 2005년(2006년 예산안)부터 도입되어 재정운용계획 수립 등에 있어 중앙정부의 재정규모를 파악하는 지표로 활용되고 있다(국회예산정책처, 2023). 따라서 정부가 재원이 부족하여 차입 또는 보유자산을 매각하는 보전거래를 고려하지 않는 것이다(보전거래를 고려하지 않아야 정확한 재정활동의 결과를 파악할 수 있으며, 총지출과 총수입 금액이 차이가 발생하게 되는 것이다). 또한, 내부거래를 고려하지 않아야 회계·기금의 지출과 수입을 합산하는 과정에서 중복으로 인한 과대계상 문제를 제거할 수 있다. 따라서 정부의 재정정보를 이해하는 과정에서 내부거래와 보전거래에 대한 이해는 반드시 필요하다고 볼 수 있다.

➡ 굳이 기업회계 관점에서 설명하자면, 모(母)회사와 자(子)회사를 연결하는 연결재무제표의 작성 및 해석(특히, 현금흐름 관점)과 비교할 수 있다. 연결재무제표 작성시 모회사와 자회사의 재무제표를 합산하는 과정에서 내부거래는 제거된다. 이렇게 작성된 연결재무제표상 현금흐름은 크게 영업활동, 투자활동, 재무활동으로 인한 현금흐름으로 구분할 수 있는데, 해당 기업의 영업(매출과 매출원가, 판매비와관리비)과 관련한 현금흐름을 파악하기 위해서는 투자활동과 재무활동으로 인한 현금흐름을 제거하고 분석해야 한다.

우선 내부거래는 정부 내 거래를 의미한다. 정부 내의 특별회계나 기금은 특정 사업수행 또는 자금 운영관리 목적으로 설치되므로 독립적으로 편성·운영되는 것이 원칙이다. 그러나 실제로는 정부내부거래를 통해 일반회계 및 다른 특별회계·기금 등과 긴밀하게 연계·운용되고 있다. 이러한 내부거래는 일반회계·특별회계·기금 또는 계정 간 부족한 자금을 보전하거나 여유재원을 통합적으로 활용하기 위해 이루어진다. 내부거래는 세입과목상 전입금, 예수금, 원금회수 및 이자수입 등으로, 세출과목상 전출금, 예탁금, 원금·이자 상환지출 등으로 편성된다(국회예산정책처, 2023).

전입금은 회계·기금 또는 계정이 다른 회계·기금 또는 계정으로부터 무상으로 제공받는 자금을 의미한다. 전입금을 제공하는 회계 또는 기금에서는 이를 세출과목 중 전출금으로 계상한다. 예수금은 전입금과 다르게 회계·기금 또는 계정이 다른 회계·기금 또는 계정으로부터 유상으로 빌려오는 자금을 의미하며, 예수금을 제공하는 회계·기금 또는 계정에서는 이를 세출과목 중 예탁금으로 계상한다. 예수금은 유상으로 빌려오는 자금이므로 이를 받은 회계·기금 또는 계정은 차후 그 원금 및 이자를 상환하여야 한다. 이러한 상환거래는 세입과목상 예탁원금회수·예탁이자수입, 세출과목상 예수금원금상환·예수금이자 등으로 계상된다. 전입금·전출금은 무상거래이므로 재무제표 관점에서 수익·비용과 관련되고, 예수금·예탁금은 유상거래이므로 부채·자산과 관련된다고 이해하면 된다.

다음의 표는 내부거래에서 이루어지는 세출과 세입의 항목을 서로 비교한 것으로서 내부거래 제거할 때 서로 어떠한 항목이 연계·제거되는지 파악할 수 있다.

세출		세입	
목	세목	항	목
610 전출금 등	610-01 일반회계전출금	91 전입금	911 일반회계전입금
	610-02 특별회계전출금		912 특별회계전입금
	610-03 기금전출금		913 기금전입금
	610-04 계정간전출금		915 계정간전입금
510 상환지출	510-04 예수금원금상환	92 예탁원금회수	921 일반회계예탁원금회수
			922 특별회계예탁원금회수
			923 기금예탁원금회수
			925 계정간예탁원금회수
	510-06 전대차관원금상환		926 타회계전대차관원금회수
			927 기금전대차관원금회수
480 예탁금	480-01 일반회계예탁금	94 예수금	941 일반회계예수금
	480-02 특별회계예탁금		942 특별회계예수금
	480-03 기금예탁금		943 기금예수금
	480-04 계정간예탁금		945 계정간예수금
510 상환지출	510-05 예수금이자	95 예탁이자수입	951 일반회계예탁이자수입
			952 특별회계예탁이자수입
			953 기금예탁이자수입
			955 계정간예탁이자수입
	510-07 전대차관이자		956 타회계전대차관이자수입
			957 기금전대차관이자수입

보전거래는 국채발행 또는 상환, 차입 또는 차입금상환(이상 부채 관련), 여유재원의 금융기관 예치(이상 자산 관련) 등 실질적 수입·지출의 확대보다는 재정수지를 보전해 주는 역할을 수행하는 것을 의미한다. 특정 회계나 기금이 자체수입이나 내부거래수입으로 조달하지 못해 그 밖의 방법으로 수입을 메워야 할 때 그 수입과 지출의 차(재정수지)를 보전하기 위하여 이루어진다(국회예산정책처, 2023). 대표적인 세입과목에는 국공채 발행이나 유가증권 매각대, 차입 등의 형태가 있다. 회계적 관점에서 보면, 국공채 발행이나 차입은 일종의 자금거래(유입)라고 볼 수 있고 유가증권 매각대는 자산거래(유입)의 일종이라고 보면 이해하기가 쉽다(복식부기 관점에서 보면 세입 중에서 수익을 제외한 자산의 감소 또는 부채의 증가(특히, 자금거래 관련)와 밀접하게 관

련된다). 대표적인 세출과목으로는 예치금 및 유가증권 매입, 상환지출 등이 있다. 역시 회계적 관점에서 보면, 예치금 및 유가증권 매입은 자산거래(유출)의 일종이고 상환지출은 차입금 상환 등 일종의 자금거래(유출)이다(복식부기 관점에서 보면 세출 중에서 비용을 제외한 자산의 증가 또는 부채(특히, 자금거래 관련)의 감소와 밀접하게 관련된다). 보전거래 관련 세출과목 및 세입과목은 다음과 같다.

구분	세출		세입	
	목	세목	항	목
자금거래	510 상환지출	510–01 국내차입금상환	31 차입금 및 여유자금 회수	811 국공채수입
				821~825 한은장기차입금,(비)통화금융기관차입금,기타민간차입금,한은일시차입금
		510–02 해외차입금상환	32 차관수입	861 차관현금수입
				862 차관물자용역대수입
자산거래 (여유자금)	470 예치금 및 유가증권 매입	470–01~04 한국은행,통화금융기관,비통화금융기관,기타민간예치금	31 차입금 및 여유자금 회수	851~854 한국은행,통화금융기관,비통화금융기관,기타인간예치금회수
		470–05~08 국채,공채,지방채,기타유가증권매입		842~845 지방채,기타유가증권,국채,공채애각대
정부내부 수입	610 전출금 등	610–05 기타전출금	91 전입금	916 기타전입금
	510 상환지출	510–08 민간예수금원금상환	94 예수금	946 기타민간예수금
이월금및 잉여금	710 예비비 및 기타	710–04 차기이월금	88 전년도 이월금	881 전년도이월금
			89 세계잉여금이입액	893 전년도세계잉여금

한편, 프로그램 예결산제도와 관련하여 내부거래와 보전거래는 프로그램 코드상으로도 구분된다. 우리나라 프로그램 예결산제도는 크게 4가지 범주로 나눠볼 수 있는데, 프로그램 코드가 8000번대부터 9600번대까지는 내부거래와 관련한 프로그램이고, 코드가 9700번대부터 9800번대까지는 보전거래와 관련한 프로그램이다.

프로그램 구분	내용 및 특성
개별 정책별 프로그램 (1000~6000번대)	국가회계실체가 수행하는 개별 정책사업 집행을 위한 프로그램으로 재정운영표에서는 프로그램총원가를 구성함
행정지원 프로그램 (7000번대)	국가회계실체의 행정운영(성)경비와 관련된 프로그램으로 재정운영표에 간접원가 또는 관리운영비의 형태로 나타남(일반회계의 'XX행정지원', 기금의 '기금운영비')
내부지출 프로그램 (8000~9600번대)	국가회계실체간 거래 관련 프로그램(일반회계→기금 지원, 기금↔기금 간 자금예탁 등)으로 일반적으로 중앙관서단위 또는 국가통합단위 재무제표에서 내부거래로서 제거됨
보전지출 프로그램 (9700~9800번대)	국가회계실체 외부(금융기관 등)와의 여유자금운용 및 차입금 상환 등의 거래와 관련된 프로그램으로 원금의 변동은 자산·부채거래이고, 이자비용·이자수익의 거래는 일반적으로 재정운영표의 비배분비용·수익에 나타남

(6) 개별 세출과목의 이해와 국가재무제표와의 관계

현행 국가회계제도 하에서 단식부기·현금주의 세입세출결산과 복식부기·발생주의 국가재무제표는 유사해 보이면서도 서로 다른 정보제공 형식으로 인해 전혀 다른 정보의 원천이 있는 것으로 보여질 수도 있다. 그러나 세입세출결산과 국가재무제표는 같은 회계시스템에서 산출되는 재무정보이고, 이는 자동분개시스템으로 밀접하게 연계되어 있다는 점을 감안하다면 개별 세입·세출과목에 대한 이해는 세입세출결산의 해석을 더욱 명확하게 할 뿐만 아니라 국가재무제표 해석의 선행작업이 될 수 있을 것이다. 성질별로 구분된 개별 세출과목을 상세히 파악해야 하는 이유는 다음과 같이 정리할 수 있다.

㉠ 단식부기·현금주의 세입결산에 익숙한 공무원 입장에서 세입과목이 어떻게 복식부기·발생주의 국가재무제표와 연결될 수 있는지 참고할 자료가 충분하지 않다. 이는 공무원의 입장에서 국가재무제표를 이해하는데 중요한 걸림돌이 되고 있는 실정이다.

㉡ 반대로 국가재무제표의 계정과목에 익숙한 정보이용자는 정부회계 환경을 이해하는데 많은 어려움을 가지고 있다. 가장 어렵게 느끼는 부문은 현행 세입세출과목의 용어가 익숙하지 않아 이해하기가 어렵고, 세입세출과목과 재무재표 계정과목이 어떻게 연계되는지도 명확하지 않기 때문이다.

㉢ 특히, 세출과목의 경우 세출과목별 성격에 따라 정부의 예산집행 효과가 바로

국민에게 나타날 수도 있고, 시간적인 간격을 두고 나타날 수도 있다. 즉, 집행시점과 실집행시점이 다를 수 있게 되는데, 이를 파악하기 위해서는 개별 세출과목에 대한 이해가 선행적으로 필요하게 된다.

이러한 이유를 바탕으로 개별 세출과목과 특성, 그리고 국가재무제표 계정과목으로서의 성격을 비교하면 다음과 같다.

목	세목	내역	세출과목 및 회계과목 성격
100 인건비			
인건비 (110)	보수(01)	•봉급, 정근수당, 성과상여금, 초과근무수당, 정액급식비, 명예퇴직수당, 직급보조비 등 •공무원연급법 적용 대상	•교환비용 •재정운영표상 인건비 (프로그램원가, 관리운영비)
인건비 (110)	기타직보수(02)	•전문임기제 공무원 보수, 시보공무원/사법연수생/청원경찰/공중보건의사 등 보수 •공무원연급법 미적용 대상	•교환비용 •재정운영표상 인건비 (프로그램원가, 관리운영비)
인건비 (110)	상용임금(03)	•무기계약직 및 기간제근로자 에 대한 보수 •강사, 교수, 사회복무요원, 전문연구요원, 별정우체국직원 등 보수 •공무원연급법 미적용 대상	•교환비용 •재정운영표상 인건비 (프로그램원가, 관리운영비)
인건비 (110)	일용임금(04)	•임시고용직 보수 •공무원연급법 미적용 대상	•교환비용 •재정운영표상 인건비 (프로그램원가, 관리운영비)
인건비 (110)	연가보상비(05)	•공무원에 대한 연가보상비	•교환비용 •재정운영표상 인건비 (프로그램원가, 관리운영비)
200 물건비			
운영비 (210)	일반수용비(01)	•사무용품비, 인쇄비, 광고료, 홍보물제작비, 소모품비(재물조사대상 제외), 간행물비, 비품수선비, 수수료/사용료 등 •전문가자문료, 회의사례비, 강사료 등 ➡ 강의회수에 비례하여 지급하는 강사료를 의미	•교환비용 •재정운영표상 각종 경비 (프로그램원가, 관리운영비) •단, 자산구입 또는 자산가치 증가 경비는 자산으로 처리

목	세목	내역	세출과목 및 회계과목 성격
운영비 (210)	공공요금및제세 (02)	• 공공요금(우편, 회선사용, 전기/가스료 등) • 제세(법령에 따른 제세, 협회비, 국내 부담금, 보험료) • 제세(공탁금 등) ➡ 무기계약직 대상 4대 보험은 고용부담금(320-09) 계상	• 전체적으로 교환비용으로서 재정운영표상 각종 경비 (프로그램원가, 관리운영비) • 단, 공탁금 지출의 경우 비유동자산 처리
운영비 (210)	피복비(03)	• 공무원, 군인에게 지급하는 피복비 ➡ 국가기관에 입원·수용·보호되고 있는 민간인에 대한 피복비는 구호및교정비(320-06) 계상	• 교환비용 • 재정운영표상 각종 경비 (프로그램원가, 관리운영비)
운영비 (210)	급식비(04)	• 공무원, 군인에게 직접 급여하는 주식·부식·제경비 ➡ 국가기관에 입원·수용·보호되고 있는 민간인에 대한 피복비는 구호및교정비(320-06) 계상	• 교환비용 • 재정운영표상 각종 경비 (프로그램원가, 관리운영비)
운영비 (210)	특근매식비(05)	• 경상사무 과정의 특근자, 을지연습 참여자 매식비	• 교환비용 • 재정운영표상 각종 경비 (프로그램원가, 관리운영비)
운영비 (210)	일·숙직비(06)	• 공무원 당직 등 일직,숙직비	• 교환비용 • 재정운영표상 각종 경비 (프로그램원가, 관리운영비)
운영비 (210)	임차료(07)	• 임대차계약에 의한 임차료, 리스료, 창고이용료, 차량임차료, 소프트웨어 임차료 등	• 전체적으로 교환비용으로서 재정운영표상 각종 경비 (프로그램원가, 관리운영비) • 단, 리스계약 중 금융리스에 해당하는 경우 관련 자산 및 부채 인식 필요
운영비 (210)	유류비(08)	• 청사 및 기계장치, 차량운반구에 필요한 모든 유류 ➡ 유류(LPG,LNG) 이외의 연료는 시설장비유지비로 처리 ➡ 비상상황을 대비해 비축하는 유류는 저장품매입비(430-02) 계상 처리 ➡ 도시가스비는 공공요금및제세(210-02)로 처리	• 교환비용 • 재정운영표상 각종 경비 (프로그램원가, 관리운영비)
운영비 (210)	시설장비 유지비 (09)	• 건물 및 건축설비, 통신시설, 차량운반구, 기타 시설물의 유지보수비 • 시설장비유비관리 용역비 ➡ 내용년수를 현저히 증가시키는 대규모 수리비는 공사비(420-03) 목으로 계상	• 전체적으로 교환비용으로서 재정운영표상 각종 경비 (프로그램원가, 관리운영비) • 단, 자산구입 또는 자산가치 증가 경비는 자산으로 처리

목	세목	내역	세출과목 및 회계과목 성격
운영비 (210)	학교운영비(10)	•국립초중등학교, 국립유치원 운영경비 (인건비/공사비 제외) •국립대학운영에 필요한 기존 기성회비에 해당하는 경비	•전체적으로 교환비용으로서 재정운영표상 각종 경비 (프로그램원가, 관리운영비) •단, 자산구입 또는 자산가치 증가 경비는 자산으로 처리
운영비 (210)	재료비(11)	•소모성재료비(실험기자재, 시약/시료 구입비, 기계장치/건물에 소요되는 재료비) ➡ 재물조사 대상은 자산취득비(430-01), 수선부속품은 시설장비유지비(210-09) 계상 •제품생산에 소요되는 재료비, 광물 및 특수물건 구입비, 동식물 구입비, 사료 구입비 등	•전체적으로 교환비용으로서 재정운영표상 각종 경비 (프로그램원가, 관리운영비) •단, 자산구입 또는 자산가치 증가 경비는 자산으로 처리
운영비 (210)	복리후생비(12)	•법정복리비, 복리후생비, 맞춤형복지제도 시행경비, 이주지원비 등	•교환비용 •재정운영표상 각종 경비 (프로그램원가, 관리운영비)
운영비 (210)	시험연구비(13)	•국가시험연구기관 및 방위력개선 사업 관련 시험연구에 관여되는 각종 경비	•교환비용 •재정운영표상 각종 경비 (프로그램원가, 관리운영비)
운영비 (210)	일반용역비(14)	•전문성이 필요한 행사운영, 채용, 영상자료 제작 등 일반업무를 용역계약을 통해 대행시키는 비용	•전체적으로 교환비용으로서 재정운영표상 각종 경비 (프로그램원가, 관리운영비) •단, 자산구입 또는 자산가치 증가 경비는 자산으로 처리
운영비 (210)	관리용역비(15)	•청사 시설관리, 장비 유지관리, 전산운영 등 기관운영에 필요한 유지관리업무를 용역계약을 통해 대행시키는 비용 ➡ 개별법령 등에 의해 정부의 주요 사무를 외부에 위탁하는 경우 민간위탁사업비(320-02) 처리	•전체적으로 교환비용으로서 재정운영표상 각종 경비 (프로그램원가, 관리운영비) •단, 자산구입 또는 자산가치 증가 경비는 자산으로 처리
운영비 (210)	기타운영비(16)	•기업특별회계의 물자 등 운송비, 외주가공비 등 비용 •기본적인 조직운영을 위하여 조직단위로 지급하는 운영비 •조직을 대표하여 행하는 각종 격려금	•전체적으로 교환비용으로서 재정운영표상 각종 경비 (프로그램원가, 관리운영비) •단, 자산구입 또는 자산가치 증가 경비는 자산으로 처리
여비 (220)	국내여비(01)	•공무원 국내출장여비, 공무원여비규정에 의한 공무원 아닌 자에 대한 국내출장여비 •월정액으로 지급되는 여비 •공무원 인사이동 이전여비	•교환비용 •재정운영표상 각종 경비 (프로그램원가, 관리운영비)

목	세목	내역	세출과목 및 회계과목 성격
여비(220)	국외업무여비(02)	•공무원 해외출장여비(특정업무, 외교활동, 국제행사 참석, 해외시찰/자료수집 등 •공무원여비규정에 의한 공무원 아닌 자에 대한 국외출장여비 •외빈초청에 따른 여비	•교환비용 •재정운영표상 각종 경비(프로그램원가, 관리운영비)
여비(220)	국외교육여비(03)	•공무원 교육훈련 등을 위한 국외훈련여비	•교환비용 •재정운영표상 각종 경비(프로그램원가, 관리운영비)
특수활동비(230)	특수활동비(00)	•기밀유지가 요구되는 정보 및 사건수사와 기타 이에 준하는 외교·안보, 경호 등 국정수행활동에 소요되는 경비	•교환비용 •재정운영표상 각종 경비(프로그램원가, 관리운영비)
업무추진비(240)	사업추진비(01)	•사업 추진에 특별히 소요되는 접대비, 연회비 등 제경비 •외빈초청경비, 해외출장지원 경비, 공식회의/행사 경비 등	•교환비용 •재정운영표상 각종 경비(프로그램원가, 관리운영비)
업무추진비(240)	관서업무추진비(02)	•기관 간 업무협의, 기관 내/외 간담회 등 기본적인 운영비, 기관의 공식업무 추진을 위해 소요되는 경비	•교환비용 •재정운영표상 각종 경비(프로그램원가, 관리운영비)
직무수행경비(250)	교수보직경비(01)	•대학보직을 수행하는 교수에게 지급되는 경비	•교환비용 •재정운영표상 각종 인건비 또는 경비(프로그램원가, 관리운영비)
직무수행경비(250)	직책수행경비(02)	•기관 운영을 위해 법령 또는 직제에 의한 직위를 보유한 자에게 지급하는 정액 경비	•교환비용 •재정운영표상 각종 인건비 또는 경비(프로그램원가, 관리운영비)
직무수행경비(250)	특정업무경비(03)	•예산, 감사, 수사, 조사 등 특정 업무수행을 위해 지급하는 경우	•교환비용 •재정운영표상 각종 경비(프로그램원가, 관리운영비)
연구용역비(260)	일반연구비(01)	•국가로부터 학술, 기술, 평가, 자문, 시운전, 실태조사, 전산개발, 임상연구 등 지식기반의 업무에 대한 용역비	•전체적으로 교환비용으로서 재정운영표상 각종 경비(프로그램원가, 관리운영비) •단, 자산구입 또는 자산가치 증가 경비는 자산으로 처리
연구용역비(260)	정책연구비(02)	•각 부처에서 정책 개발을 위해 추진하는 정책연구 용역 관련 비용(정책연구사업으로 통일)	•교환비용 •재정운영표상 각종 경비(프로그램원가, 관리운영비)

목	세목	내역	세출과목 및 회계과목 성격
안보비 (270)	안보비(00)	• 국가안전보장을 위한 정보활동 등에 소요되는 경비와 해당 기관 운영 비용	• 전체적으로 교환비용으로서 재정운영표상 각종 경비 (프로그램원가, 관리운영비) • 단, 자산구입 또는 자산가치 증가 경비는 자산으로 처리
300 이전지출			
보전금 (310)	손실보상금 (01)	• 국가가 적법하게 업무를 수행하는 과정에서 타인에게 손해나 손실을 가했을 경우 법률에 의거 지급하는 경비 (댐 건설로 인한 이주정착비, 적법한 업무수행 중 민간인에 대한 부상치료비, 징발보상금)	• 비교환비용 • 재정운영표상 관련 비용 (프로그램원가, 관리운영비) • 국고지출시점이 실제집행시점임
보전금 (310)	배상금(02)	• 국가가 고의 또는 과실로 법령을 위반하여 타인에게 손해를 가했을 경우 국가배상법 등 법령에 근거하여 지급하는 경비(손해배상금, 국가배상금)	• 비교환비용 • 재정운영표상 관련 비용 (프로그램원가, 관리운영비) • 국고지출시점이 실제집행시점임
보전금 (310)	포상금(03)	• 국가 및 사회의 공익을 위해 행위를 한 공무원 및 민간인(또는 기관)을 격려·포상하기 위해 지급하는 상금 등	• 비교환비용 • 재정운영표상 관련 비용 (프로그램원가, 관리운영비) • 국고지출시점이 실제집행시점임
보전금 (310)	기타보전금 (04)	• 법령에 의해 지급하는, 사회보장적수혜금, 장학금, 국가유공자 보상금, 증인 등 보상금, 국민건강보험공단 지원금, 기타 반대급부 없이 민간에 지원하는 경비	• 비교환비용 • 대부분 재정운영표상 비용 (프로그램원가, 관리운영비) • 국고지출시점이 실제집행시점임 • 단, 일부 비교환비용은 순자산변동표상 항목임
민간이전 (320)	민간경상보조 (01)	• 보조금법상 보조금 중 민간에 대한 경상적 지원비(물가안정 또는 기타 정책적 목적에 의한 원가 이하 판매에 따른 차액보상보조금 포함) • 복권및복권기금법에 의한 법정배분금 중 민간에 대한 경상적 지원	• 비교환비용 • 보조금수령자 보조금 경우 보조금수령자 보조금 지급시점이 실제집행시점임 • 보조사업자 보조금의 경우 e나라도움 시스템 활용하여 실제집행시점 파악 가능 ➡ 단, 비예치형 제외 • 거의 대부분 재정운영표상 프로그램원가 처리
민간이전 (320)	민간위탁사업비(02)	• 국가사무 중 일부를 지방자치단체가 아닌 법인이나 기관 등에게 맡겨 그 명의·책임 하에 행사는 경우의 비용	• 교환비용 • 재정운영표상 관련 비용 (프로그램원가)

목	세목	내역	세출과목 및 회계과목 성격
민간이전 (320)	연금지급금 (03)	• 공무원연금, 군인연금, 사학연금 등 연금 • 재해보상금 등 제급여	• 공무원연금과 군인연금은 부채상환과 관련 ➡ 공무원연금과 군인연금의 연금비용은 발생주의 조정항목임 • 사학연금은 교환비용과 관련되며, 재정운영표상 비용 인식(프로그램원가)
민간이전 (320)	보험금(04)	• 보험금, 제보험금 등 보험 지급금	• 사회보험(산재,고용)은 비교환비용으로 재정운영표상 비용 인식(프로그램원가) • 기타보험은 부채상환 ➡ 충당부채를 설정하는 기타보험의 경우 보험비용은 발생주의 조정항목임
민간이전 (320)	이차보전금 (05)	• (민간금융기관 등을 활용하여) 특정 목적을 위해 필요한 자금이 일반 대출/조달금리보다 낮은 금리로 조성될 수 있도록 지원되는 경비	• 비교환비용 • 재정운영표상 관련 비용 (프로그램원가) • 국고지출시점이 실제집행시점임
민간이전 (320)	구호및교정비 (06)	• 환자, 수용자, 요구호대상자, 기타민간인에 대한 주·부식물 제경비, 피복비, 외부의료비 등	• 비교환비용 • 재정운영표상 관련 비용 (프로그램원가) • 국고지출시점이 실제집행시점임
민간이전 (320)	민간자본보조 (07)	• 보조금법상 보조금 중 민간의 자본형성 또는 경제개발을 위한 지원비 • 복권및복권기금법에 의한 법정배분금 중 민간에 대한 자본형성적 지원	• 비교환비용 ➡ 민간자본보조는 국가의 자산취득과는 관련이 없으므로 비교환비용 처리 • 보조금수령자 보조금 경우 보조금수령자 보조금 지급시점이 실제집행시점임 • 보조사업자 보조금의 경우 e나라도움 시스템 활용하여 실제집행시점 파악 가능 ➡ 단, 비예치형 제외 • 거의 대부분 재정운영표상 프로그램원가 처리
민간이전 (320)	법정민간대행 사업비(08)	• 국가가 직접 추진해야 할 사업으로서 법령에 의해 민간에 대행시키는 사업의 사업비	• 자산취득적 성격의 대행사업비는 자산취득 처리 (일반유형자산 등) • 비용 성격의 대행사업비는 교환비용으로서 재정운영표상 프로그램원가 처리 • 국고지출시점이 실제집행시점임

목	세목	내역	세출과목 및 회계과목 성격
민간이전(320)	고용부담금(09)	•공무원연금법 적용받지 않는 기타직, 상용직, 일용직 대상 기관이 부담해야 하는 퇴직금 및 사회보험료 등 각종 법정부담금(퇴직연금납입금 포함) •공무원 및 사립학교교원 대상 건강보험 고용주(국가)부담금 ➡ 연금기금의 재원부족 등으로 인해 다른 국가회계실체로부터 보조받는 보전금은 기금전출금(610-03) 계상	•교환비용 •재정운영표상 관련 비용(프로그램원가, 관리운영비) •국고지출시점이 실제집행시점임
자치단체이전(330)	자치단체경상보조(01)	•보조금법상 보조금 중 지방자치단체에 대한 경상적 지원 •복권및복권기금법에 의한 법정배분금 중 지방자치단체에 대한 경상적 지원 •지방자치단체 통해 민간에게 지급하는 경상적 보조금	•비교환비용 •보조금수령자 보조금 경우 보조금수령자 보조금 지급시점이 실제집행시점임 •보조사업자 보조금의 경우 e나라도움 시스템 활용하여 실제집행시점 파악 가능 ➡ 단, 비예치형 제외 •거의 대부분 재정운영표상 프로그램원가 처리
자치단체이전(330)	자치단체교부금(02)	•지방교부세법에 의한 지방재정교부금 및 소방안전교부금 •지방교육재정교부금법에 의한 지방교육재정교부금	•비교환비용 •국고로부터 교부금 집행시점과 실제집행시점이 차이가 있음 ➡ 현행규정상 자치단체/교육청이 수령한 교부금의 실제집행을 국가가 관여하는 시스템은 구축되어 있지 않음 •재정운영표상 프로그램원가
자치단체이전(330)	자치단체자본보조(03)	•보조금법상 보조금 중 지방자치단체에 대한 자본형성 또는 경제개발 지원 •복권및복권기금법에 의한 법정배분금 중 지방자치단체에 대한 경상적 지원 •지방자치단체 통해 민간에게 지급하는 자본형성적 보조금	•비교환비용 ➡ 자치단체자본보조는 국가의 자산취득과는 관련이 없으므로 비교환비용 처리 •보조금수령자 보조금 경우 보조금수령자 보조금 지급시점이 실제집행시점임 •보조사업자 보조금의 경우 e나라도움 시스템 활용하여 실제집행시점 파악 가능 ➡ 단, 비예치형 제외 •거의 대부분 재정운영표상 프로그램원가 처리

목	세목	내역	세출과목 및 회계과목 성격
자치단체 이전(330)	자치단체대행 사업비(04)	• 국가가 직접 추진해야 할 사업으로서 법령에 의해 자치단체에 대행시키는 사업의 사업비	• 자산취득적 성격의 대행사업비는 자산취득 처리 (일반유형자산 등) • 비용 성격의 대행사업비는 교환비용으로서 재정운영표상 프로그램원가 처리
해외이전 (340)	해외경상이전 (01)	• 보조금법상 보조금 중 해외교포 또는 외국기관에 지급하는 경상보조금과 교포교육 경비	• 비교환비용 • 보조금수령자 보조금 경우 보조금수령자 보조금 지급시점이 실제집행시점임 • 보조사업자 보조금의 경우 e나라도움 시스템 활용 여부에 따라 실제집행시점 결정 ➡ 단, 비예치형 제외 • 거의 대부분 재정운영표상 프로그램원가 처리
해외이전 (340)	국제부담금 (02)	• 법령, 조약, 협정 등에 의해 설립된 외국기관, 국제기구 등에 대해 직접 지급할 국제부담금 • 조약 또는 협정에 의하여 정부가 부담하도록 규정된 부담금	• 비교환비용 • 재정운영표상 관련 비용 (프로그램원가) • 국고지출시점이 실제집행시점임
해외이전 (340)	해외자본이전 (03)	• 보조금법상 보조금 중 해외교포 또는 외국기관에 지급하는 자본형성 보조금, 해외출자금	• 비교환비용 • 보조금수령자 보조금 경우 보조금수령자 보조금 지급시점이 실제집행시점임 • 보조사업자 보조금의 경우 e나라도움 시스템 활용 여부에 따라 실제집행시점 결정 ➡ 단, 비예치형 제외 • 거의 대부분 재정운영표상 프로그램원가 처리 • 단, 자본형성 보조금 중 국가의 자산취득과 관련되는 경우 해당 자산취득 • 해외출자금은 회수가능성 여부에 따라 자산취득 판단(출자금 집행시점이 실제집행시점임)
일반출연금 (350)	기관운영출연금(01)	• 법령에 의한 정부출연금으로서, 기관운영에 기본적으로 소요되는 인건비 및 경비	• 비교환비용 • 출연금 국고집행시점과 실제집행시점이 차이가 있음 ➡ 출연기관이 수령한 출연금 실제집행을 국가가 관여하는 시스템은 현재 구축되어 있지 않음 • 재정운영표상 프로그램원가

목	세목	내역	세출과목 및 회계과목 성격
일반출연금(350)	사업출연금(02)	• 법령에 의한 정부출연금으로서, 출연기관 고유목적사업 수행을 위해 소요되는 비용	• 비교환비용 • 출연금 국고집행시점과 실제집행시점이 차이가 있음 ➡ 출연기관이 수령한 출연금 실제집행을 국가가 관여하는 시스템은 현재 구축되어 있지 않음 • 재정운영표상 프로그램원가
일반출연금(350)	금융성기금출연금(03)	• 일반회계 및 특별회계에서 국가재정법상 기금 중 금융성기금으로의 출연금 ➡ 금융성기금을 제외한 국가재정법상 기금으로의 전출금은 기금전출금(610-03) 계상	• 비교환비용 • 출연금 국고집행시점과 실제집행시점이 차이가 있음 ➡ 금융성기금 출연금은 통합재무제표 작성시 내부거래 제거 • 재정운영표상 프로그램원가
일반출연금(350)	민간기금출연금(04)	• 국가재정법 적용받지 않는 민간기금으로의 출연금 ➡ 국가재정법상 기금 중 민간이 관리주체인 기금으로의 출연금은 기금전출금(610-03) 계상	• 비교환비용 • 국고로부터 출연금 집행시점과 실제집행시점이 차이가 있음 ➡ 현재 출연기관이 수령한 출연금의 실제집행을 국가가 관여하는 시스템은 구축되어 있지 않음 • 재정운영표상 프로그램원가
연구개발출연금(360)	연구개발인건비(01)	• 정부출연기관의 인건비 지급을 위한 연구개발기관출연금(정규직 연구자, 연구지원인력 인건비 등) ➡ 국가연구개발사업 연구개발비 사용기준 제44조제1항제2호	• 비교환비용 • 연구개발출연금은 RCMS 등 시스템 활용이 가능하다면 실제집행시점 파악 가능 • 단, 시스템 활용이 가능하지 않다면 현실적으로 국고집행 시점과 실집행 시점은 차이가 있음 • 재정운영표상 프로그램원가
연구개발출연금(360)	연구개발경상경비(02)	• 정부출연기관의 운영을 위한 연구개발기관출연금(연구지원비 등 기관공통비용) ➡ 국가연구개발사업 연구개발비 사용기준 제44조제1항제3호	• 비교환비용 • 연구개발출연금은 RCMS 등 시스템 활용이 가능하다면 실제집행시점 파악 가능 • 단, 시스템 활용이 가능하지 않다면 현실적으로 국고집행 시점과 실집행 시점은 차이가 있음 • 재정운영표상 프로그램원가

목	세목	내역	세출과목 및 회계과목 성격
연구개발 출연금 (360)	연구개발건축비 (03)	•정부출연기관의 시설 구축, 유지, 보수를 위한 연구개발기관출연금 ➡ 국가연구개발사업 연구개발비 사용기준 제44조제1항제4호	•비교환비용 •연구개발출연금은 RCMS 등 시스템 활용이 가능하다면 실제집행시점 파악 가능 •단, 시스템 활용이 가능하지 않다면 현실적으로 국고집행 시점과 실집행 시점은 차이가 있음 •재정운영표상 프로그램원가
연구개발 출연금 (360)	연구개발장비· 시스템구축비 (04)	•정부출연기관의 기본사업 연구개발과제 수행을 위한 주요사업비(연구장비 구입 관련) ➡ 국가연구개발사업 연구개발비 사용기준 제44조제1항제1호	•비교환비용 •연구개발출연금은 RCMS 등 시스템 활용이 가능하다면 실제집행시점 파악 가능 •단, 시스템 활용이 가능하지 않다면 현실적으로 국고집행 시점과 실집행 시점은 차이가 있음 •재정운영표상 프로그램원가
연구개발 출연금 (360)	연구개발활동 비등(05)	•정부출연기관의 기본사업 연구개발과제 수행을 위한 주요사업비(연구장비 구입 제외 사업비) ➡ 국가연구개발사업 연구개발비 사용기준 제44조제1항제1호	•비교환비용 •연구개발출연금은 RCMS 등 시스템 활용이 가능하다면 실제집행시점 파악 가능 •단, 시스템 활용이 가능하지 않다면 현실적으로 국고집행 시점과 실집행 시점은 차이가 있음 •재정운영표상 프로그램원가
연구개발 출연금 (360)	연구개발기획 평가관리비(06)	•정부출연기관의 기본사업 연구개발과제 기획·평가·정산 등 관리비용	•비교환비용 •연구개발출연금은 RCMS 등 시스템 활용이 가능하다면 실제집행시점 파악 가능 •단, 시스템 활용이 가능하지 않다면 현실적으로 국고집행 시점과 실집행 시점은 차이가 있음 •재정운영표상 프로그램원가
400 자산취득 및 운용			
건설보상비 (410)	건설보상비(00)	•토지매입비 •토지 및 건설의 보상비 •공사로 인한 손실(경영권, 광업권, 어업권 등) 보상비 •토지매입비 및 보상비 부대경비	•자산취득(자산성 있는 경우) (사회기반시설,일반유형자산) •비교환비용(단순보상비 등) •비교환비용 부분은 재정운영표상 관련 경비 (프로그램원가, 관리운영비) •비교환비용은 국고지출시점이 실제집행시점임

목	세목	내역	세출과목 및 회계과목 성격
건설비 (420)	기본조사설계 비(01)	• 경제적 타당성, 환경영향평가 등 사업 기본계획 수립 경비 • 설계지침, 기본설계 및 개략공사비 산정 경비 • 일괄입찰 공사 발주에 따른 설계보상비 지급	• 자산취득(자산성 있는 경우) (사회기반시설,일반유형자산) • 교환비용 • 교환비용 부분은 재정운영표상 각종 경비 (프로그램원가, 관리운영비)
건설비 (420)	실시설계비 (02)	• 기본계획 및 기본설계를 바탕으로 하여 공사집행이 가능한 설계 작성에 소요되는 경비	• 거의 대부분 자산취득(사회기반시설, 일반유형자산)
건설비 (420)	공사비(03)	• 건물, 구축물, 기계장치, 전력장치 및 부대설비 등 공사비 • 토지정지공사비, 조림·육림비 • 직영공사의 경우 공사에 직접 소요되는 재료비, 노임 등 • 내용연수를 현저히 증가시키는 자본적지출	• 거의 대부분 자산취득(사회기반시설, 일반유형자산)
건설비 (420)	감리비(04)	• 사회기반시설 건설 및 청사 등 건축공사 현장관리와 품질향상관련 감리용역에 소요되는 경비	• 거의 대부분 자산취득(사회기반시설, 일반유형자산)
건설비 (420)	시설부대비 (05)	• 사회기반시설의 건설, 대수선 또는 재산취득 등에 직접 소요되는 부대경비(공공요금, 각종 수수료, 피복비, 준공식 경비, 경미한 보상비 등)	• 자산취득(자산성 있는 경우) (사회기반시설,일반유형자산) • 교환비용(수수료 등) • 비교환비용(보상비 등) • 교환비용, 비교환비용 부분은 재정운영표상 관련 경비 (프로그램원가, 관리운영비) • 비교환비용은 국고지출시점이 실제집행시점임
유형자산 (430)	자산취득비 (01)	• 건물 구축물, 기계장치, 차량운반구, 선박 등 취득비 ➡ 무형자산은 무형자산(440) 목에 계상 • 재물조사 대상이 되는 공구와 기구, 비품 등 구입비 • 자본형성적 도서구입비 • 방위력개선 무기 및 장비 구입 • 문화예술품 및 박물관보존물품	• 자산취득(자산성 있는 경우) (일반유형자산 등) • 교환비용(수수료 등) • 교환비용 부분은 재정운영표상 관련 경비 (프로그램원가, 관리운영비)
유형자산 (430)	저장품매입비 (02)	• 특별회계의 양곡, 석탄 등 저장품 매입비	• 자산취득(재고자산 등)

목	세목	내역	세출과목 및 회계과목 성격
무형자산(440)	무형자산(00)	• 법률상 권리(특허권, 실용신안권, 상표권, 전세보증금 등) • 법률상 권리가 아닌 영업권	• 자산취득(무형자산 또는 투자자산)
융자금(450)	비금융공기업 융자금(01)	• 특정정책 목적을 달성하기 위해 비금융공기업에 빌려주는 자금	• 자산취득(장·단기대여금)
융자금(450)	통화금융기관 융자금(02)	• 특정정책 목적을 달성하기 위해 통화금융기관(예금은행)에 빌려주는 자금	• 자산취득(장·단기대여금)
융자금(450)	비통화금융기관 융자금(03)	• 특정정책 목적을 달성하기 위해 비통화금융기관에 빌려주는 자금	• 자산취득(장·단기대여금)
융자금(450)	기타민간융자금(04)	• 특정정책 목적을 달성하기 위해 기타민간분야에 빌려주는 자금	• 자산취득(장·단기대여금, 각종채무증권)
융자금(450)	지방자치단체 융자금(05)	• 특정정책 목적을 달성하기 위해 지방자치단체에 빌려주는 자금	• 자산취득(장·단기대여금)
출자금 등(460)	일반출자금(01)	• 예금은행을 제외한 국유재산법에 따른 공공기관, 민간 등에 대한 정부출자금	• 자산취득(장기투자증권)
출자금 등(460)	통화금융기관 출자금(02)	• 예금은행에 대한 정부출자금	• 자산취득(장기투자증권)
예치금 및 유가증권 매입(470)	한국은행예치금(01)	• 여유자금운용 등의 목적으로 한국은행에 예치하는 자금 ➡ 회수시 한국은행예치금회수(851)목 세입	• 자산취득(금융상품)
예치금 및 유가증권 매입(470)	통화금융기관 예치금(02)	• 여유자금운용 등의 목적으로 통화금융기관에 예치하는 자금 ➡ 회수시 통화금융기관예치금회수(852)목 세입	• 자산취득(금융상품,투자증권)
예치금 및 유가증권 매입(470)	비통화금융기관 예치금(03)	• 여유자금운용 등 목적의 비통화금융기관 예치 자금 ➡ 회수시 비통화금융기관예치금회수(853)목 세입	• 자산취득(금융상품,투자증권)
예치금 및 유가증권 매입(470)	기타민간예치금(04)	• 여유자금운용 등 목적의 기타민간 예치 자금 ➡ 회수시 기타민간예치금회수(854)목 세입	• 자산취득(금융상품,투자증권)
예치금 및 유가증권 매입(470)	국채매입(05)	• 여유자금운용 등의 목적으로 국채를 매입하는 자금 ➡ 회수시 국채매각대(844)목 세입	• 자산취득(투자증권)

목	세목	내역	세출과목 및 회계과목 성격
예치금 및 유가증권 매입(470)	공채매입(06)	• 여유자금운용 등의 목적으로 공채를 매입하는 자금 ➡ 회수시 공채매각대(845)목 세입	• 자산취득(투자증권)
예치금 및 유가증권 매입(470)	지방채매입(07)	• 여유자금운용 등의 목적으로 지방채를 매입하는 자금 ➡ 회수시 지방채매각대(842)목으로 세입 계상	• 자산취득(투자증권)
예치금 및 유가증권 매입(470)	기타유가증권 매입(08)	• 여유자금운용 등의 목적으로 국채, 공채, 지방채를 제외한 기타유가증권을 매입하는 자금 ➡ 회수시 기타유가증권매각대(843)목으로 세입 계상	• 자산취득(투자증권)
예탁금 (480)	일반회계예탁금(01)	• 특별회계나 기금이 일반회계에 빌려주는 자금	• 자산취득(장·단기대여금) • 통합시 내부거래 제거
예탁금 (480)	특별회계예탁금(02)	• 특별회계에 빌려주는 자금	• 자산취득(장·단기대여금) • 통합시 내부거래 제거
예탁금 (480)	기금예탁금(03)	• 기금에 빌려주는 자금	• 자산취득(장·단기대여금) • 통합시 내부거래 제거
예탁금 (480)	계정간예탁금 (04)	• 동일한 회계 또는 기금 내 다른 계정으로 빌려주는 자금	• 자산취득(장·단기대여금) • 통합시 내부거래 제거
지분취득비 (490)	지분취득비(00)	• 토지에 대하여 국가가 사업비 지원액에 해당하는 지분을 재산으로 취득하고 자치단체 및 민간 등 지원대상자의 무상사용을 허용하는 방식으로 지원	• 자산취득 ➡ 국가가 토지의 지분을 취득한다는 측면에서 자치단체자본보조와는 다름
500 상환지출			
상환지출 (510)	국내차입금상환(01)	• 각종 국내차입금 원금상환 ➡ 한국은행, 통화·비통화금융기관, 비금융공기업, 기타민간 • 국공채 원금상환	• 부채상환
상환지출 (510)	해외차입금상환(02)	• 차관 원금 직접 상환 ➡ 공공자금관리기금이 해외차관선에 전대차관을 상환하는 경우 포함 ➡ 단, 전대차관의 공공자금관리기금으로의 상환은 전대차관원금상환(510-06)목 계상 • 기타 해외채무 원금상환	• 부채상환

목	세목	내역	세출과목 및 회계과목 성격
상환지출(510)	차입금이자(03)	• 각종 국내외차입금, 국공채 및 해외채무 이자 ➡ 단, 전대차관이자, 예수금이자, 민간예수금이자 제외	• 교환비용 • 재정운영표상 관련 경비(프로그램원가, 비배분비용)
상환지출(510)	예수금원금상환(04)	• 타 회계 또는 기금으로부터 예탁받은 예수금의 원금상환 • 동일한 회계 또는 기금 내 다른 계정으로부터 예탁받은 예수금의 원금상환	• 부채상환
상환지출(510)	예수금이자(05)	• 타 회계 또는 기금으로부터 예탁받은 예수금의 이자지급 • 동일한 회계 또는 기금 내 다른 계정으로부터 예탁받은 예수금의 이자지급	• 교환비용 • 재정운영표상 관련 경비(프로그램원가, 비배분비용)
상환지출(510)	전대차관원금상환(06)	• 공공자금관리기금 차관계정에 대한 전대차관원금상환 ➡ 국가회계실체가 공공자금관리기금에 상환하는 것을 의미	• 부채상환
상환지출(510)	전대차관이자(07)	• 전대차관원금에 대한 이자	• 교환비용 • 재정운영표상 관련 경비(프로그램원가, 비배분비용)
상환지출(510)	민간예수금원금상환(08)	• 주택청약저축 등 민간으로부터 받는 예수금 원금에 대한 원금상환	• 부채상환
상환지출(510)	민간예수금이자(09)	• 주택청약저축 등 민간으로부터 받는 예수금 원금에 대한 이자	• 교환비용 • 재정운영표상 관련 경비(프로그램원가, 비배분비용)
600 전출금 등			
전출금등(610)	일반회계전출금(01)	• 특별회계 및 기금이 일반회계에 무상으로 주는 자금	• 비교환비용 • 통합시 내부거래 제거 • 기업특별회계/기금의 경우 재정운영표상 비교환수익등 • 기타특별회계의 경우 순자산변동표상 재원의이전 • 국고지출시점이 실제집행시점임
전출금등(610)	특별회계전출금(02)	• 특별회계에 무상으로 주는 자금	• 비교환비용 • 통합시 내부거래 제거 • 기업특별회계/기금의 경우 재정운영표상 비교환수익등 • 일반회계/기타특별회계 경우 순자산변동표상 재원의이전 • 국고지출시점이 실제집행시점임

목	세목	내역	세출과목 및 회계과목 성격
전출금등(610)	기금전출금(03)	• 기금에 무상으로 주는 자금 • 공무원연금법 및 사립학교교직원연금법에 의한 보전금	• 비교환비용 • 통합시 내부거래 제거 • 기업특별회계/기금의 경우 재정운영표상 비교환수익등 • 일반회계/기타특별회계 경우 순자산변동표상 재원의이전 • 국고지출시점이 실제집행시점임
전출금등(610)	계정간전출금(04)	• 회계 또는 기금 내 다른 계정으로 무상 지원하는 자금	• 비교환비용 • 통합시 내부거래 제거 • 기업특별회계/기금의 경우 재정운영표상 비교환수익등 • 일반회계/기타특별회계 경우 순자산변동표상 재원의이전 • 국고지출시점이 실제집행시점임
전출금등(610)	기타전출금(05)	• 국가재정법 제95조에 따라 국가가 특별히 보유하는 자금으로의 전출금	• 비교환비용 • 기업특별회계/기금의 경우 재정운영표상 비교환수익등 • 일반회계/기타특별회계 경우 순자산변동표상 재원의이전 • 국고지출시점이 실제집행시점임
700 예비비 및 기타			
예비비및기타(710)	예비비(01)	• 국가재정법 제22조의 규정에 의해 예측할 수 없는 예산외의 지출 또는 예산 초과 지출액에 충당하기 위한 자금	• 원 해당 계정과목의 성격에 따라 처리
예비비및기타(710)	예비금(02)	• 국가재정법상 독립기관의 특수성을 감안하여 국회법 등의 개별법에 근거하여 편성 운용하는 경비	• 원 해당 계정과목의 성격에 따라 처리
예비비및기타(710)	반환금및손실금(03)	• 반환금: 과오납금, 반환금, 수표지출미청산금, 상환금 등 • 손실금: 유가증권손실금, 대손금, 기타 잡손실 등	• 반환금은 해당 수입금(수익)의 차감, 손실금은 해당 비용으로 인식 • 순수 비용은 교환비용이며, 재정운영표상 관련 경비 (프로그램원가,비배분비용) • 국고지출시점이 실제집행시점임

(주1) 세출과목 및 회계과목의 성격은 대표적인 것을 언급한 것으로 특별한 예외사항이 존재하거나 특별한 거래의 경우 변동될 수 있음

3. 세출거래 중 교환거래의 대표 행위: 국가계약

▶ 동 내용은 국가계약법(2020, 정택학외 3인), 공공계약 실무가이드(2019, 감사원)를 상당 부분 참고하였다.

(1) 국가계약과 국가계약법

국가에서 발생하는 교환거래의 대표적인 것으로서 계약을 통한 공사계약, 용역계약, 물품구입계약 등으로 인한 거래가 있다. 계약을 통해 거래하는 것을 전반적으로 규정하고 있는 법률을 「국가를 당사자로 하는 계약에 관한 법률」(이하 '「국가계약법」') 이라고 하며, 이는 국가를 당사자로 하는 계약에 관한 기본적인 사항을 정함으로써 계약업무를 원활하게 수행할 수 있도록 함을 목적으로 한다(「국가계약법」 제1조). 지방자치단체의 경우에는 「지방자치단체를 당사자로 하는 계약에 관한 법률」(이하 '「지방계약법」')이 적용된다.

▶ 「지방계약법」은 2005년 「국가계약법」(1995.1.제정)을 모태로 하여 제정(2006.1.1.시행)되어 「지방계약법」 제정 초기에는 「국가계약법」의 내용이 거의 동일하였고 현재도 대부분의 내용이 국가계약법령과 유사하나 법령 소관부처가 달라 지방계약법령 개정 과정에 주민참여 감독관제도, 재해복구공사 개산계약 제도 도입 등 지방의 특성이 반영되면서 일부 내용은 국가계약법령과 다르게 규정되어 있다(공공계약 실무가이드(2019), 감사원). 결국 「국가계약법」과 「지방계약법」은 실무적인 측면이나 용어에 있어 다소 차이가 있는 부분이 있으나, 정부계약에 대한 의미는 큰 차이가 없다고 볼 수 있다.

국가계약과 관련한 내용은 당초 「舊예산회계법」에 규정되어 있었는데, 소위 무역자유화 촉진의 계기가 되었던 우루과이라운드 출범 이후 1994년 정부조달협정이 체결되고 이에 따라 정부조달시장 개방을 대비하는 과정에서 국가계약과 관련한 내용이 「舊예산회계법」에서 분리되어 1995년 「국가계약법」이 제정되었다(국가계약법(2020), 정태학외 3인). 국가계약과 관련한 내용이 당초 「舊예산회계법」에 규정되어 있었다는 점은 국가회계의 일부분이라는 점을 의미하는 것이며, 이로 인해 국가회계를 이해하기 위하여 국가계약에 대한 기본적인 내용도 파악할 필요가 있다.

「국가계약법」은 국제입찰에 따른 정부조달계약과 국가가 대한민국 국민을 계약상대자로 하여 체결하는 계약 즉, 국고로부터의 세출과 관련한 계약 및 국고로의 세입의 원인이 되는 계약 등 국가를 당사자로 하는 계약에 적용된다(「국가계약법」 제2조).

「국가계약법」 자체는 제35조까지만 있으나, 「국가계약법」 하위 규정으로 「국가계약법시행령」 및 「국가계약법시행규칙」, 「국가계약법 시행 특별규칙」, 「특정조달을 위한 국가계약법시행령 특례규정」이 있고, 관련 기획재정부 계약예규로서 「정부 입찰·계약집행기준」, 「적격심사기준」, 「예정가격작성기준」, 「입찰참가자격사전심사요령」, 「협상에 의한 계약체결기준」 등이 있다. 또한, 실무적으로 공사계약일반조건, 용역계약일반조건, 물품구매(제조)계약일반조건도 중요하게 활용되고 있다(국가계약법(2020), 정태학 외 3인).

국가와 계약당사자는 서로 대등한 입장에서 상호 협의하여 국가계약을 체결하여야 하며(즉, 계약당사자간 서로 일정한 급부를 할 것을 약속하는 쌍무계약임), 국가가 私경제의 주체로서 상대방과 대등한 위치에서 체결하는 사법상의 법률행위라고 볼 수 있어 그 본질적인 내용은 사인 간의 계약과 크게 다르지 않다. 따라서 사법상의 계약인 국가계약은 기본적으로 민법상의 계약일반원칙인 계약자유의 원칙, 신의성실의 원칙, 사정변경의 원칙, 권리남용 금지의 원칙이 적용되고 분쟁이 발생하는 경우 민사소송에 의해 해결을 도모한다(단, 부정당업자 제재조치 및 과징금에 관한 사항은 행정처분으로 보아 행정소송의 대상이 됨)(공공계약 실무가이드(2019), 감사원).

다만, 국가계약은 국가가 공익을 실현하기 위해서 필요로 하는 공사, 용역 등과 관련된 계약이므로 공법적 성질 또한 지니고 있어 국가계약법령은 국가계약을 체결하기 위한 각종 절차 등을 정하고 있는 것이다. 이는 국민의 세금으로 집행되고 궁극적으로 공직에 사용되는 재화·용역의 공급을 위한 공공계약의 공법적 성격을 감안할 때 발주기관은 낙찰자 선정 등에 있어서 합법성, 공정성, 투명성 등이 담보될 수 있도록 하여야 하고, 나아가 계약을 체결함에 있어서 관련 법령에 규정된 계약당사자의 계약상 이익을 부당하게 제한하는 특약 또는 조건을 정하여서는 안된다는 것을 의미한다(공공계약 실무가이드(2019), 감사원).

즉, 국가계약은 내용적으로는 사인 간의 거래 및 계약의 원리가 적용된다고 할 수 있으며, 형식적으로는 공익을 실현하기 위한 절차가 요구된다고 정리할 수 있다. 여기서 사인 간의 거래 및 계약의 원리가 적용된다는 점은 회계학 관점에서 보면 전형적인 교환거래의 성격을 가지고 있다고 할 수 있다. 다만, 국가계약의 규모와 중요성의 측면에서 특정 집단에 대한 특혜 등 불평등 또는 불합리적인 상황이 발생할 가능성이 있어 모든 국민이 납득할 수 있는 엄격한 절차가 요구되는 것이다.

(2) 국가계약 업무의 흐름

국가계약 업무는 크게 ㉠ 계약준비 단계, ㉡ 입찰 및 계약체결 단계, ㉢ 계약이행 단계로 구성된다.

첫째, 계약준비 단계는 다시 '기본계획의 수립 → 사전절차의 이행 → 최종 계약방침의 수립 → 계약의뢰'의 과정을 거치게 되는데, 계약의 방법에 따라 이후 절차가 결정된다고 할 수 있다. 기본계획의 수립은 적용법령과 과업의 내용, 사업예산 등의 검토 및 추정가격의 결정으로 이루어지며, 사전절차의 이행은 계약심의위원회 진행과 원가심사 등 관련 사전절차를 의미한다. 최종 계약방침의 수립은 계약방법 및 낙찰자 결정방법 등을 확정하는 단계이다. 이때 계약의 방법으로는 크게 경쟁입찰과 관련한 일반경쟁입찰, 제한경쟁입찰, 지명경쟁입찰과 (경쟁입찰이 아닌) 수의계약으로 구분된다. 낙찰자 결정방법은 적격심사낙찰제를 원칙으로 하면서 그 외에도 종합심사낙찰제(지방계약은 종합평가낙찰제), 일괄입찰(턴키입찰), 협상에 의한 계약 등 계약의 특성을 고려한 다양한 낙찰자 결정방법을 규정하고 있다.

Notice

국가계약 관련 주요 용어의 정리(계약방법 및 낙찰자 결정방법)

㉠ 일반경쟁입찰: 일반경쟁입찰이란 복수의 참가자가 입찰공고의 내용에 따라 정해진 방법에 따라 경쟁하도록 하고 미리 정해둔 낙찰자 결정방법으로 낙찰자를 선정하여 계약을 체결하는 경쟁입찰의 일반적인 방식이다. 이와 같은 일반적인 방식에서 입찰참가자격에 일정한 제한을 부가하는 것이 제한경쟁입찰이고, 발주기관이 일정한 참가자를 지명하여 경쟁하게 하는 것이 지명경쟁입찰이다. 다만, 일반경쟁입찰이라고 하더라도 입찰참가자격에 아무런 제한이 없는 것은 아니고, 다른 법령에서 요구되는 허가, 인가, 면허의 여부 등에 따라 제한이 가능하다. (국가계약법(2020), 정태학 외 3인)

㉡ 제한경쟁입찰: 제한경쟁입찰은 일반경쟁에 부쳐야 하나, 계약의 목적, 성질, 규모 등을 고려하여 필요하다고 인정되면 법령에서 정하는 바에 따라 참가자의 자격을 제한할 수 있는 방식이다. 이는 능력이나 경험이 없는 자를 입찰에 참가하지 못하도록 하여 부실시공의 방지, 입찰업무의 효율성 등을 확보하는데 의의가 있다.

제한경쟁입찰이 인정되는 상황으로 ⓐ 기획재정부령이 정하는 금액(추정가격 30억원 이상의 건설(종합)공사, 추정가격 3억원 이상의 전문공사)의 공사계약, ⓑ 특수한 기술, 공법 등이 요구되는 공사 또는 용역계약, ⓒ 지역제한, ⓓ 중소기업제품 구매촉진 및 판로지원에 따른 제한, ⓔ 재무상태에 의한 제한(계약이행의 부실화 방지) 등이 있다(국가계약법시행령 제21조①). (국가계약법(2020), 정태학 외 3인)

㉢ 수의계약: 수의계약은 계약상대자를 결정함에 있어 경쟁입찰 방법에 의하지 않고 특정인을 선정하여 계약을 체결하는 것으로서, 경쟁계약의 원칙에 대한 예외적인 계약제도이므로 ⓐ 계약이행이 가능한 자가 1인뿐이거나, ⓑ 경쟁에 부칠 여우가 없는 긴급한 경우, ⓒ 소액이어서 경쟁계약이 비효율적인 경우 등 특수한 사정이 있는 경우에 한하여 허용된다. (공공계약 실무가이드(2019), 감사원)

㉣ 적격심사낙찰제 · 종합심사낙찰제 · 협상에의한계약: 적격심사낙찰제는 예정가격 이하로서 최저가격으로 입찰한 자의 순으로 당해 계약이행능력을 심사하여 낙찰자를 결정하는 제도로서 일반적으로 계약가액이 소액인 경우 많이 활용되는 방법이다. 종합심사(평가)낙찰제는 300억원 이상의 공사에 적용되는 방법으로 입찰자의 입찰가격, 공사수행능력 및 사회적 책임 등을 종합 심사하여 합산점수가 가장 높은 자를 낙찰자로 결정하는 제도이다. 협상에의한계약은 계약이행의 전문성 · 기술성 · 긴급성, 공공시설물의 안전성 및 기타 국가안보목적 등의 이유로 필요하다고 인정되는 경우 다수의 공급자들로부터 제안서를 제출받아 평가한 후 협상절차를 통하여 국가에 가장 율하다고 인정되는 자와 계약을 체결하는 제도를 의미한다. (공공계약 실무가이드(2019), 감사원)

둘째, 입찰 및 계약체결의 단계는 다시 경쟁입찰의 경우 '입찰공고 → 입찰참가신청 → 개찰 → 낙찰자 선정 → 계약체결'의 단계로 세분화되고, 수의계약의 경우 '가격협상(수의시담) 실시 → 계약수락'의 단계로 구분된다.

정부가 공사계약이나 물품구입, 용역계약 등을 경쟁입찰에 부치고자 할 때는 전자조달시스템(나라장터, 국방전자조달시스템 등)을 이용하여 공고하여야 하나, 보안유지에 필요한 경우에는 입찰공고하지 않고 공고내역을 입찰참가 적격자에게 통지하여 입찰참가신청을 하게 할 수 있다. 입찰공고는 입찰에 부치는 사항, 입찰참가자, 낙찰자 결정방법 등과 법령에서 규정하고 있는 일정한 공고 기간을 반드시 명시하여야 한다. 입찰참가신청은 입찰자의 입찰참가자격, 입찰보증금, 입찰서의 접수 등과 관련되며, 입찰의 성립(2인 이상의 유효한 입찰)과 입찰참가자격의 무효, 재공고 입찰이 중요한 이슈로 등장한다. 경쟁입찰이 성립되면 개찰과 동시에 사전에 결정된 낙찰자 결정방법과 절차에 따라 낙찰자가 선정된다. 낙찰자가 선정되면 계약담당공무원은 계약의 목적, 계약금액, 이행기간, 계약보증금, 지체상금 등을 명백하게 기재한 계약서를 작성하여야 하고, 계약담당공무원과 계약당사자가 계약서에 서명날인 또는 서명함으로써 확정된다. 계약문서에는 계약서뿐만 아니라 계약서에 첨부되는 입찰유의서, 계약일반조건, 계약특수조건, 산출내역서, 공사시방서 등이 모두 포함된다(공공계약 실무가이드(2019), 감사원).

셋째, 계약이행 단계는 계약금액의 조정, 검사(검수)와 대가지급, 선금지급, 계약의 해제 또는 해지 등 계약이행의 일반적인 절차와 관련되는 부분과 부정당업자의 제재의 부분으로 구분된다.

계약이 체결된 이후 물가변동, 설계변경, 그 밖의 계약내용이 변경되어 계약금액이 조정될 필요가 있는 때 계약금액이 조정될 수 있다. 계약상대방이 계약의 전부 또는 일부를 이행하면 계약담당공무원은 이를 확인하기 위하여 계약서, 설계서, 그 밖의 서류를 검사하고 검사결과 계약이행내용의 전부 또는 일부가 계약에 위반되거나 부당함을 발견한 때에는 지체없이 보완·대체·교환·재공사·추가공사 등 필요한 시정조치를 하여야 한다. 만약 검사결과 문제가 없다면 대가를 지급하게 되는데, 대가의 지급은 전체 검사를 완료한 후에 지급하는 경우(잔금)와 기성부분에 대하여 지급하는 경우(기성금 또는 중도금)로 구분할 수 있다. 그런데 기성부분에 대한 대가의 지급도 기성된 부분의 확인이 전제가 되기 때문에 대가의 지급은 검사가 전제가 된다고 봐도 무방하다고 할 수 있겠다. 한편, 공사, 물품제조, 용역계약의 대가로서 계약의 성질상 미리 지급하지 아니하면 사업에 지장을 가져올 우려가 있는 경우 선금을 지급할 수 있으며, 이 때 선금지급과 관련한 지급범위, 채권확보, 사용방법 및 정산 등의 규정이 법령에 규정되어 있다. 만약 국가계약에서 계약상대방이 계약상의 의무를 이행하지 않는 경우 계약담당공무원은 계약보증금을 국고에 귀속시키고 계약에 특별한 규정이 없는 한 당해 계약을 해제(당초부터 계약이 없었던 것으로 조치) 또는 해지(최초 계약의 효력은 인정하나 일정 시점부터 소멸시키는 행위)하며, 계약상 의무이행의 지체로 인한 지체상금(지연배상금)의 부과 여부를 판단해야 한다(공공계약 실무가이드(2019), 감사원).

부정당업자에 대한 제재란 국가계약에서 경쟁의 공정한 집행을 저해할 염려 또는 계약의 적정한 이행을 해칠 염려가 있거나 기타 입찰에 참가시키는 것이 적합하지 않는 것으로 인정되는 자(즉, 부정당업자)에 대하여 일정기간 입찰참가를 제한하는 것을 말한다. 구체적으로 부실설계·부실시공·부실감리를 한 자, 계약의 이행을 부실하게 한 자, 뇌물공여·담합·공정한 하도급거래 위반을 한 자, 타인의 입찰참가를 방해하거나 낙찰자의 계약체결을 방해한 자, 낙찰 후 정당한 이유 없이 계약체결을 하지 않은 자 등을 부정당업자라고 한다. 부정당업자의 입찰참가자격 제한기간은 1개월 이상 2년 이하의 범위 내에서 부실벌점, 하자비율, 부정행위 유형, 고의·과실 여부, 뇌물액수 및 국가에 손해를 끼친 정도를 고려하여 결정된다.

(3) 국가계약 과정과 회계사건 및 회계처리

국가계약의 흐름(일반유형자산 취득과 관련한 건설계약을 가정함)과 세출거래, 회계사건 여부 및 회계처리는 다음과 같이 정리할 수 있다.

국가계약흐름	세출거래	회계사건	회계처리
1) 입찰	X	X	없음
2) 계약체결	X	X	없음(계약체결은 원인행위지만, 회계사건은 아님)
3) 선금지급	O	O	차) 선급금 xxx / 대) 현금 xxx
4) 기성금지급	O	O	차) 건설중인자산 xxx / 대) 현금 xxx
5) 준공검사완료	X	O	차) 건설중인자산 xxx / 대) 미지급금 xxx
6) 잔금지급	O	O	차) 미지급금 xxx / 대) 현금 xxx
7) 본계정대체(*)	X	O	차) 해당유형자산 xxx / 대) 건설중인자산 xxx 선급금 xxx

(주1) 본계정대체는 건설중인자산에서 해당 개별 유형자산으로 계정재분류하는 과정을 의미하며, 감가상각을 시작함. 잔금청산일, 소유권이전일, 사용가능일 중 가장 빠른 날에 이루어짐
(주2) 국유재산은 등기 시점, 물품은 소유권 확정시점에 국유재산 또는 물품 대장에 기재해야 함

(4) 국가계약과 관련된 세출의 추이

국가계약은 전형적인 교환거래로서 특정 세출 항목 중 국가계약의 방식으로 이루어지는 거래가 많은 세목으로 물건비 중 운영비와 연구용역비 세목, 자산취득 및 운용 중 건설비, 유형자산, 무형자산 세목이 이에 해당한다고 볼 수 있다.

(금액단위: 조원)

구분	2015 결산	2016 결산	2017 결산	2018 결산	2019 결산	2020 결산	2021 본예산	2022 본예산
운영비(210)	18.0	18.2	18.7	18.8	19.3	20.3	22.0	26.7
연구용역비(260)	1.6	1.5	1.8	1.9	2.2	3.0	3.2	3.3
건설비(420)	13.4	13.1	12.3	11.7	12.9	13.0	15.3	16.3
유형자산(430)	11.2	11.8	12.1	13.8	16.1	15.9	16.9	15.5
무형자산(440)	0.1	0.0	0.1	0.1	0.1	0.0	0.1	0.1
소계	44.3	44.6	45.0	46.3	50.6	52.2	57.5	61.9
총지출차지비율	11.8%	11.6%	11.1%	10.7%	10.7%	9.5%	10.3%	10.2%

4. 세출거래 중 비교환거래의 대표 행위: 보조금과 출연금

(1) 보조금·출연금과 비교환거래

거래 과정에서 반대급부가 없는 정부 특유의 비교환거래 지출의 대표적인 성격으로 보조금과 출연금이 있다. 「보조금 관리에 관한 법률」상 보조금은 300목 이전지출 중 320목의 민간이전(경상보조·자본보조), 330목의 자치단체이전(경상보조·자본보조), 340목의 해외이전(경상보조·자본보조)이 이에 해당한다. 출연금은 350목의 일반출연금과 360목의 연구개발출연금으로 구분되는데, 350목 일반출연금은 법령에 따라 공공기관 또는 민간단체 등 출연기관의 운영 및 고유사업수행을 위해 지출되는 것을 말한다. 360목 연구개발출연금은 「국가연구개발혁신법」에 따라 정부출연연구기관 및 연구개발기관에게 연구개발사업을 위해 국가가 지원하는 출연금이다.

보조금과 출연금은 비교환지출 또는 비교환비용이므로 현행 규정상으로는 반대급부 없이 정부가 지급하는 시점에 세출결산서상 세출액 및 재무제표상 프로그램원가로 인식한다. 그러나 보조사업이나 출연사업 모두 실질적인 사업은 여러 단계를 통해 이루어지기 때문에 정부에서 집행되는 시점이 반드시 국민이 정책적 효과를 인식하는 시점이라고 보기는 어려울 수 있다. 예를 들어 국가가 자치단체에 자치단체보조금을 지급(이를 '교부'라고 함)하고, 자치단체는 이 보조금을 다시 실제 보조사업을 수행하는 민간단체에 지급(교부)하고, 이 민간단체가 보조금을 집행하는 보조사업을 수행하는 구조를 가정하면, 국가가 자치단체에 보조금을 지급(교부)하는 시점에 국가는 세출액 및 프로그램원가를 인식하지만, 이 시점을 국민을 대상으로 하는 실집행액이라고 보기는 어려울 것이다. 즉, 보조금과 출연금의 경우 예산집행률과 실집행률이 차이가 발생하게 되는 경우가 많은데, 이는 반대급부가 없는 비교환거래이기 때문에 발생하는 전형적인 특성이라고 할 수 있다.

그런데 실집행시점이나 실집행금액이라는 것이 관련 제도와 IT시스템의 도움이 없이는 파악하기 쉽지 않다는 것이 문제의 핵심이다. 과거에는 보조금이나 출연금 모두 사업기간 동안 공공기관이나 민간단체에서 집행된 내역이 사후정산되어야 비로소 집행규모를 파악할 수 있었다. 정부의 회계연도 중간에는 최초 지급(교부)된 시점과 금액만 파악이 가능하였고, 보조사업 및 출연사업의 결과는 회계연도말이나 그 다음 회계연도에나 파악이 가능할 수밖에 없었다(보조사업이나 연구개발사업의 경우 지원된 금액을 다 사용하지 못하는 경우 이를 정부에 반납해야 하는데, 이 반납금액을 확정하는 과정을 일반적으로 "회계정산" 또는 "사후정산"이라고 한다). 그러나 한국에서는 최근 10년 사이에 국고보조사업의 'e나라도움'이나 연구개발사업의 '통합EZbaro' 및 '통합RCMS' 같은 실시간 집행 시스템이 개발·적용됨으로써 보조금이나 연구개발출연금이 실질적으로 집행되는 시점과 금액 파악이 가능해졌는데, 전 세계 어디서도 이렇게 실시간으로 보조사업 및 연구개발사업 관련 정보제공 체계가 갖춰진 나라는 찾아보기 어려운 실정이다.

(2) 보조금과 보조사업(민간보조사업, 자치단체보조사업)

(국고)보조금이란 국가 외의 자가 수행하는 사무 또는 사업에 대하여 국가가 이를 조성하거나 재정상의 원조를 하기 위하여 교부하는 보조금, 부담금(국제조약에 따른 부담금은 제외), 그 밖에 상당한 반대급부를 받지 아니하고 교부하는 급부금(소득보조금)을 말하며, 이러한 보조금의 교부 대상이 되는 사무 또는 사업을 보조사업이라고 한다(「보조금 관리에 관한 법률」 제2조). 실무적으로는 예산 편성시 민간이전 중 민간경상보조(320-01)와 민간자본보조(320-07), 자치단체이전 중 자치단체경상보조(330-01)와 자치단체자본보조(330-03), 해외이전 중 해외경상보조(340-01)와 해외자본보조(340-03)의 항목으로 집행되는 것을 보조금이라고 하고, 이러한 교부 대상이 되는 사업을 보조사업이라고 한다. 보조금 및 보조사업은 크게 중앙정부인 국가에서 교부 및 관리하는 (국고)보조금 및 (국고)보조사업과 지방정부인 자치단체가 교부 및 관리

하는 지방보조금 및 지방보조사업이 있는데, 이를 정리하면 다음과 같다.

구분	관련 법령	시스템	보조금 · 보조사업 관련 프로세스	
보조금·보조사업	보조금관리에관한법률 (■ 전면개정: 2016.1), 국고보조금통합관리지침 등	e나라도움	민간	•공공기관 또는 민간단체 보조사업 수행 •개별보조금수령자 지원
			자치단체	•자치단체 직접 보조사업 수행 •자치단체 → 민간단체 하위교부하여 보조사업 수행
지방보조금·지방보조사업	지방보조금관리에관한법률 (■ 제정: 2021.1), 지방보조금관리기준 등	보탬e	각 자치단체 자체 예산으로 집행하는 지방보조사업 ■ 재원이 국고보조금인 경우 자치단체가 직접 수행하는 보조사업이나 민간단체 등에 교부한 보조사업의 경우에는 해당사항 없음(이 경우 e나라도움을 통해 보조사업 수행)	

(주1) (국고)보조금의 경우 관련 법령은 2016년 이전부터 존재하였으나, 2016년 전면 개정을 통해 현행과 같은 보조금관리제도와 e나라도움 시스템이 유지되고 있음. 지방보조금의 경우 2021년 이전에는 통일화된 법령이 없었으며, 이로 인해 2021년 「지방보조금관리에관한법률」이 제정되었음

(국고)보조금은 국가 예산의 약 15%~20%에 해당될 정도로 재정지출의 중요한 부분을 차지하고 있다(제도가 대대적으로 정비된 2015년 기준으로 약 60조원이었으며, 2022년 본예산 기준으로는 100조원 이상임). 중요한 재정지출임에도 지속적으로 중앙관서별 보조사업 예산의 중복, 비효율적인 집행관리, 만연한 부정수급, 통일화된 관리시스템의 부재, 적시적 통계지표의 미산출 등의 문제가 제기되었다. 이에 따라 2016년

(금액단위: 조원)

구분	2016년 결산	2017년 결산	2018년 결산	2019년 결산	2020년 결산	2021년 결산	2022년 본예산	2023년 본예산
민간경상보조	11.1	10.8	14.7	17.1	27.8	39.9	20.0	15.7
민간자본보조	1.8	1.7	1.9	1.7	2.0	2.4	2.8	3.5
민간보조금 소계	12.9	12.5	16.6	18.8	29.8	42.3	22.8	19.2
자치단체경상보조	31.5	33.0	36.3	44.2	68.9	67.6	59.6	65.6
자치단체자본보조	15.8	14.8	14.2	17.5	17.8	18.1	19.9	17.5
자치단체보조금 소계	47.3	47.8	50.5	61.7	86.7	85.7	79.5	83.1
국고보조금 계	60.2	60.3	67.2	80.5	116.5	128.0	102.3	102.3

(*) 출처: 2023 주요 재정통계(2023), 한국재정정보원
(주1) 상기 보조금 현황은 e나라도움에서 관리되는 민간보조금과 자치단체보조금을 대상으로 산출된 것이며, e나라도움에서 관리하지 않는 해외보조금은 제외되어 있음
(주2) 주요 사업분야별 보조금 현황은 다음과 같으며, 사회복지 관련 보조사업비 지출이 가장 많음

(금액단위: 조원)

구분(사업문야)	2016년 결산	2017년 결산	2018년 결산	2019년 결산	2020년 결산	2021년 결산	2022년 본예산	2023년 본예산
사회복지	29.5	31.3	38.1	47.4	61.0	58.8	55.7	59.3
농림수산	8.8	8.3	8.7	9.1	10.1	10.9	10.9	11.4
환경	4.7	4.7	4.6	5.7	5.9	6.4	7.9	8.4
산업·중소기업·에너지	3.3	3.0	3.3	3.9	9.2	22.1	7.6	5.1
문화 및 관광	4.5	4.6	4.1	4.7	5.1	5.5	5.5	5.3
기타	9.4	8.4	8.4	9.7	25.2	24.3	14.7	12.8
국고보조금 계	60.2	60.3	67.2	80.5	116.5	128.0	102.3	102.3

(*) 출처: 2023 주요 재정통계(2023), 한국재정정보원

1월 기존 「보조금관리에관한법률」의 대대적으로 개정되었고 새로이 「국고보조금통합관리지침」 등의 제정으로 인해 각 중앙관서에서 관리하던 보조금 체계가 기획재정부 중심으로 전면 정비되었고, e나라도움(시스템)도 개발되었다.

현재 (국고)보조금의 대부분은 e나라도움을 통해 교부, 집행, 정산, 검증, 관리되고 있다. 보조금을 교부하고 관리하는 중앙관서 또는 상위보조사업자는 물론이고 실제 보조금을 집행하는 하위보조사업자 역시 e나라도움(시스템)을 사용하고 있어 보조금 및 보조사업과 관련한 각종 통계자료의 취합도 가능해지고, 무엇보다도 하위보조사업자들의 실제 집행과정이 실시간으로 파악할 수 있게 되었다. 보조금의 교부는 전체 보조금을 한 번에 지급하는 것이 아니라 실제 보조사업에 사용된 금액만을 가상(예탁)계좌를 통해 지급되고 있으며, 거래내역과 특수관계자 현황 등의 데이터를 국세청 및 행정안전부로부터 전송받음으로써 부정수급이 최소화될 수 있게 하였다. 또한, 모든 중앙관서에서 보조사업 관련 서류와 진행 프로세스를 통일화하였으며, 부정수급자, 보조금 규모, 보조사업의 종류 등에 있어서도 모든 중앙관서가 정보를 공유할 수 있도록 하였다.

➡ 지방보조금도 2023년 1월 e나라도움 같은 지방보조금관리시스템(보탬e)을 개발 완료하여 개통하였다. 이로 인해 지방보조금도 (국고)보조금과 마찬가지로 건별 지급방식으로 전환하고, 집행상황 및 증빙자료를 실시간으로 수시 확인할 수 있게 되었다. 또한, 국세청 등과의 자료 공유로 부정수급으로 의심되는 사업을 확인하고 부정수급자에 대한 정보를 자치단체 간 공유할 수 있게 되었다.

(3) 연구개발출연금과 연구개발사업(R&D사업)

(국가)연구개발사업은 중앙관서가 법령에 근거하여 연구개발을 위하여 예산 또는 기금으로 지원하는 사업을 의미한다(「국가연구개발혁신법」 제2조). 실무적으로는 국가의 예산 또는 기금을 재원으로 하여 예산 편성시 프로그램예결산 체계상 세부사업 등으로 연구개발사업(R&D사업)으로 분류되는 사업이 연구개발사업에 해당한다고 보면 된다(일반적으로 세부사업명에 (R&D)라고 부기되어 있음).

그러나 예산 편성시 연구개발사업으로 분류된다는 것이 360목 연구개발출연금(연구개발연구활동비, 연구개발장비시스템구축비, 연구개발인건비 등) 만을 의미하는 것은 아니다. 사업의 전부 또는 일부가 보조금(민간경상보조(320-01) 등)으로 이루어진 연구개발사업도 이에 해당한다. 이 경우 보조금은 「보조금 관리에 관한 법률」을 적용하는 것이 아니라 「국가연구개발혁신법」을 적용해야 하며, e나라도움이 아닌 연구비통합관리시스템(통합EZbaro 또는 통합RCMS을 사용하여야 한다(「국가연구개발혁신법」 제13조)). 이렇게 연구개발사업비로 공표되는 금액은 360목의 연구개발출연금 결산액이 거의 대부분을 차지하고 있지만, 연구개발사업과 관련한 보조금 등으로 인하여 반드시 일치하지는 않는다는 점에 유의할 필요가 있다.

(금액단위: 조원)

구분	2016년 결산	2017년 결산	2018년 결산	2019년 결산	2020년 결산
연구개발출연금(360목)	17.3	17.8	18.1	19.2	22.6
연구개발사업비	19.0	19.4	19.8	20.6	23.9
연구개발사업수(개)	562	568	686	847	1,022
연구개발사업 과제수(개)	54,827	61,280	63,697	70,327	73,501

(*) 출처: 2022 주요 재정통계(2022), 한국재정정보원
(주1) 연구개발사업비 부분은 과학기술정보통신부·한국과학기술기획평가원의 2020년도 국가연구개발사업 조사·분석보고서의 내용을 한국재정정보원이 인용한 부분임
(주2) 기존의 출연금이 일반출연금(350목)과 연구개발출연금(360목)으로 구분하여 예산이 편성된 시점이 2016년부터이므로 상기 표도 2016년 결산액부터 연구개발출연금과 연구개발사업비를 비교한 것임

연구개발사업은 중앙관서에서 정부출연연구기관에 연구개발출연금을 출연하고 정부출연연구기관은 이 연구개발출연금을 근간으로 연구개발사업을 직·간접적으로 지원하거나 연구개발기관(주관, 공동, 위탁)에 지급한 연구개발사업비(주요사업비 등)를 관리한다. 이러한 연구개발사업비는 통합EZbaro 또는 통합RCMS를 통해 정부출

연연구기관과 연구개발기관에서 실질적인 집행 내역을 파악할 수 있다(물론 일부 예외적인 상황도 있다).

- 2020년 이전에는 국가연구개발 관련 규정이 중앙관서별로 다르게 운영되었으나, 2021년부터 새롭게 제정된 「국가연구개발혁신법」으로 인해 기존 규정들이 통합·체계화되었고, 연구개발사업 관리시스템 역시 통합EZbaro와 통합RCMS로 통합되어 운영되고 있다.

- 정부출연연구기관은 「정부출연연구기관 등의 설립·운영 및 육성에 관한 법률」상 정부출연연구기관과 연구회, 「과학기술분야 정부출연연구기관 등의 설립·운영 및 육성에 관한 법률」상 과학기술분야 정부출연연구기관과 연구회 및 기타 법률에서 규정하고 있는 특정연구기관 등을 의미한다. 이 정부출연연구기관은 연구개발사업에서 전문기관의 역할을 한다.

- 연구개발기관은 주관연구개발기관, 공동연구개발기관, 위탁연구개발기관의 세 가지 유형으로 구분된다. 주관연구개발기관은 연구개발과제를 주관하여 수행하는 연구개발기관이다. 공동연구개발기관은 주관연구개발기관과의 연구개발과제협약에 따라 연구개발과제를 분담하여 공동으로 수행하는 연구개발기관이다. 위탁연구개발기관은 주관연구개발기관으로부터 연구개발과제의 일부의 위탁을 소관 중앙관서의 승인을 받아 수행하는 연구개발기관을 말한다.

- 연구개발사업비와 관련하여 정부예산안편성지침의 세세목 명칭과 연구개발비사용기준의 명칭이 다소 차이가 있으나 다음과 같이 연계될 수 있다.

정부예산지침	연구개발비사용기준	연구개발비사용기준 관련 조항
1) 연구개발인건비	출연금인건비	(사용기준 제44조제1항제2호) 정부출연기관의 인건비 지급을 위한 연구개발기관출연금
2) 연구개발경상경비	출연금경상비	(사용기준 제44조제1항제3호) 정부출연기관의 운영을 위한 연구개발기관출연금
3) 연구개발건축비	출연금건축비	(사용기준 제44조제1항제4호) 정부출연기관의 시설 구축, 유지, 보수를 위한 연구개발기관출연금
4) 연구개발장비·시스템구축비	주요사업비	(사용기준 제44조제1항제1호) 기본사업의 연구개발과제 수행을 위한 연구개발기관출연금
5) 연구개발활동비	주요사업비	(사용기준 제44조제1항제1호) 기본사업의 연구개발과제 수행을 위한 연구개발기관출연금

(4) 일반출연금

일반출연금은 정부가 법령에 따라 기관 운영 등의 목적으로 출연기관에 지원하는 금액으로서 반대급부가 없는 전형적인 비교환거래로 인한 지출이다. 일반출연금은 공공기관 등에 지출하지만 반대급부가 없다는 측면에서 주식이라는 반대급부가 있는 출자금과 다르며, 특정 사업에 한정하여 지원하는 보조금이나 연구개발출연금과도 다르다. 일반출연금은 기관 운영에 기본적으로 소요되는 인건비 및 경비를 지원하는 기관운영출연금(350-01), 출연기관의 고유목적사업 수행을 위해 소요되는 사업출연금(350-02), 일반회계 및 특별회계에서 「국가재정법」상 기금 중 금융성기금으로 출연하는 금융성기금출연금(350-03) 및 「국가재정법」의 적용을 받지 않는 민간기금으로 출연하는 민간기금출연금(350-04)이 있다.

➡ 출자거래는 반대급부(출자주식)가 있는 거래이므로 정부가 출자를 하기 위해서 집행한 시점에 장기투자증권(출자금)을 인식하며, 출연거래는 반대급부가 없는 거래이므로 정부가 출연하는 시점에 프로그램총원가로 인식한다.

➡ 일반출연금 관련 대표적인 출연기관으로 중소벤처기업부 관련 신용보증재단중앙회(지역신용보증지원 목적 등), 산업통상자원부 관련 한국원자력환경공단(운영비, 방사성폐기물관리 목적 등), 고용노동부 관련 근로복지공단(운영비, 산재근로자재활복지지원 목적 등)이나 한국산업인력공단(산업현장일학습병행지원, 클린사업장조성지원 목적 등), 대한법률구조공단(무료법률구조지원 목적 등), 보건복지부 관련 국립중앙의료원(운영비 등) 등이 있다.

➡ 금융성기금출연금(350-03)은 「국가재정법」상 기금이므로 중앙관서통합 또는 국가통합 재무제표 작성 과정에서 내부거래로 제거된다.

➡ 금융성기금을 제외한 「국가재정법」상 기금(민간이 관리주체인 기금을 포함)으로의 출연금은 기금전출금(610-03)으로 계상한다. 기금전출금(610-03)은 중앙관서통합 또는 국가통합 재무제표 작성 과정에서 내부거래로 제거된다.

일반출연금은 반대급부가 없으므로 정부에서 지출이 이루어지는 시점에 세출결산서상 세출액(지출액)을 인식함과 동시에 재무제표상 프로그램총원가로 인식되는데, 이 집행시점을 국민들에게 정책적 효과를 미치는 실제집행시점이라고 볼 수 없다. 출연기관이 일반출연금을 실제로 집행하는 시점이 바로 실제집행시점이라고 볼 수 있는데, 문제는 출연기관의 실제집행시점을 국고보조금의 e나라도움이나 연구개발출연금의 통합EZbaro 및 통합RCMS와 같이 시스템상에서 바로 파악할 수 없다는 데 있다. 보조금이나 연구개발출연금의 경우 이를 실제 집행하는 모든 기관에서 동일한 시스템을 사용하도록 할 수 있으므로 통일된 시스템의 구축 및 운용이 가능하지만, 일반출연금은 출연기관의 특성에 따라 지출의 형태가 달라질 수 있어 통일된 시스템의 구축 및 운영이 쉽지 않다. 물론 각 출연기관이 실시간으로 실제집행내역을 정부의 회계시스템으로 데이터를 보낼 수 있도록 시스템을 개발할 수는 있겠으나, 상당한 사회적 비용이 소요될 것이므로 당장은 어려울 것으로 예상된다.

또한, 일반출연금은 출연기관의 운영 및 고유사업에 사용하도록 지원하는 것이므로 특정 목적의 달성과 연결되기 어렵고, 출연기관의 경영상의 독립성을 보장한다는 차원에서 집행잔액이 발생하더라도 이를 정부에 반납하지 않고 출연기관이 고유사업을 지속할 수 있도록 한다. 이는 보조금이나 연구개발출연금이 해당 사업이 종료되는 시점에 집행잔액을 반납하는 것과도 차이가 있다.

➡ 기업회계 관점에서 보면, 기업이 정부로부터 보조금(또는 연구개발출연금) 또는 일반출연금을 받을 때 회계처리는 집행잔액의 반납 여부에 따라 달라지고 있는 것을 볼 수 있다.

㉠ 보조사업 관련 보조금을 수령한 민간기업의 회계처리 사례(연구개발출연금도 동일)

〈보조금수령시〉	차변)	현금	1,000,000	대변)	현금의차감계정	1,000,000
〈실비용집행시〉	차변)	XX비용	800,000	대변)	현금	800,000
〈보조금수익인식 (결산조정)〉	차변)	현금의차감계정	800,000	대변)	보조금수익	800,000

〈재무상태표 표시〉		〈손익계산서 표시〉	
현금	200,000	보조금수익	800,000
현금의차감계정	(–)200,000	XX비용	800,000
소계	0	당기순이익	0

(*) 현금의차감계정 대신에 미지급금(부채)을 인식할 수도 있음

㉡ 일반출연금을 수령한 민간기업의 회계처리 사례

〈출연금수령시〉	차변)	현금	1,000,000	대변)	출연금수익	1,000,000
〈실비용집행시〉	차변)	XX비용	800,000	대변)	현금	800,000
〈결산조정〉	(회계처리 없음)					

〈재무상태표 표시〉		〈손익계산서 표시〉	
현금	200,000	출연금수익	1,000,000
		XX비용	800,000
자본(순자산)	200,000	당기순이익	200,000

(5) 자치단체교부금과 지방재정조정제도

자치단체교부금(지방재정교부금(지방교부세), 지방교육재정교부금)은 지방자치단체의 부족한 재원을 조달하기 위하여 국가가 지방자치단체 및 지방교육청에 교부하는 지원금을 말하며, 이렇게 지방재정을 지원하는 제도를 지방재정조정제도라고 한다. 지방재정조정제도는 국세와 지방세의 불균형, 지방자치단체 간 경제력 차이 등으로 재정상 불균형을 완화하기 위하여 재정의 원천을 재분배함으로써 자치단체 간 재정력 격차를 시정하고 모든 자치단체가 일정 수준의 공공서비스를 균등하게 유지하기 위한 제도이다. 현재 국가는 지방교부세, 지방교육재정교부금, 자치단체보조금의 항목으로 지방자치단체 및 지방교육청을 지원하고 있으며, 이는 2017년~2023년 기간 동안(2017~2021년은 결산, 2022~2023년은 본예산 기준) 국가 총지출액의 약 35% 전후를 차지하고 있다. 지방재정조정제도의 세부 내용은 다음과 같다.

구분	지방교부세(지방재정교부금)	지방교육재정교부금	자치단체보조금
㉠ 근거법령	• 지방교부세법	• 지방교육재정교부금법 • 유아교육지원특별회계법 • 고등·평생교육지원특별회계법	• 보조금 관리에 관한 법률
㉡ 재원구성	• (보통(97%)+특별(3%))교부세: 내국세의 19.24% • 부동산교부세: 종합부동산세 • 전액 • 소방안전교부세: 담배개별소비세의 45%	• (보통(97%)+특별(3%)) 교부금: 내국세의 20.79% • 고교무상교육: 무상교육에 필요한 비용 47.5% 교부 • 유아교육비보육: 교육세 중 해당 회계연도 예산으로 정한 금액 • 고등·평생교육지원: 교육세 중 유아교육비보육료 제외 금액의 50%	• 자치단체경상보조 및 자치단체자본보조
㉢ 용도	• 보통교부세, 부동산교부세: • 자치단체 일반예산으로 사용 • 특별교부세: 용도지정 가능 • 소방안전교부세: 소방 및 안전시설 확충 등	• 보통교부금: 교육청 일반예산으로 사용 • 특별교부금: 용도지정 • 고교무상교육: 무상교육에 수반되는 수업료 등 • 유아교육비보육: 누리과정 지원 • 고등·평생교육지원: 지방대학을 지역혁신 허브로 육성, 지역균형발전 등	• 용도와 조건이 지정되어 있음

(*) 출처: 2023 주요 재정통계(2023), 한국재정정보원

한편, 2017년부터 2023년까지의 지방재정조정제도로 인한 국가의 세출액과 국가의 총지출액에서 차지하는 비율은 다음과 같다.

(금액단위: 조원)

구분	2017년 결산	2018년 결산	2019년 결산	2020년 결산	2021년 결산	2022년 본예산	2023년 본예산
지방교부세	42.4	46.0	52.3	50.3	51.7	65.0	75.3
지방교육재정교부금	48.7	53.4	59.1	58.1	58.1	69.8	80.1
자치단체국고보조금	47.8	50.6	61.6	86.7	74.8	79.5	83.1
합계	138.9	150.0	173.0	195.1	184.6	214.3	238.5
총지출대비비율	34.5%	35.1%	36.5%	35.5%	33.1%	35.3%	37.3%

(*) 출처: 2023 주요 재정통계(2023), 한국재정정보원

국가회계 관점에서 지방재정조정제도를 통한 지방교부세(지방재정교부금) 및 지방교육재정교부금은 전형적인 비교환지출이며, 집행이 이루어지는 시점에서 세출액 및 프로그램원가로 처리한다. 다만, 두 가지 측면에서 추가로 고려할 사항이 있는데, 첫째는 지방재정조정제도와 관련한 세출거래는 집행시점과 실제집행시점의 차이가 발생한다는 점과 둘째는「국가재정법」제90조②에 근거한 세계잉여금의 처리와 관련하여 세입세출외거래인 세계잉여금 정산으로 지출되는 지방교부세 및 교육재정교부금은 어떻게 회계처리되어야 하는가 하는 논란이다.

첫째, 지방재정조정제도를 통해 국고에서 지방자치단체 또는 지방교육청으로 지출되면 지출되는 시점에 국가는 세출액을 인식하게 된다. 그러나 이렇게 지출된 지방교부세 등이 지출되는 시점에서는 실제 국민에게는 영향을 주지는 않는다, 즉, 집행시점과 실제집행시점의 차이가 발생하게 된다. 자치단체에 교부한 국고보조금은 실시간 보조금관리시스템인 e나라도움을 통해 자치단체가 실제 국민들에게 집행되는 시점을 파악할 수 있다. 이에 비해 지방교부세와 지방교육재정교부금은 대부분 자치단체 또는 지방교육청의 일반예산에 편입되어 집행되기 때문에 자치단체 등이 집행내역을 실시간으로 국가의 디지털예산·회계시스템에 전달하지 않는 이상 국민들에게 직접적으로 집행되는 시점을 적시에 파악한다는 것은 쉽지 않은 일이다. 다만, 지방보조금 부분에 대해서는 2023년부터 교부 및 집행관리를 '보탬e'라는 시스템을 통해 실시간으로 이루어지므로 지방보조금 집행부터 단계적으로 실제집행시점을 파악해 갈 수 있을 것으로 예상한다.

둘째,「국가재정법」제90조②에서는 일반회계에서 세계잉여금이 발생할 경우 지방교부세 및 교육재정교부금을 추가로 정산하여 사용할 수 있다. 문제는 세계잉여금의

처리를 통해 지방교부세 등이 집행되는 경우 세입세출외거래로 처리된다는 것이다. 그런데 이렇게 세입세출외거래로 지방교부세 등이 집행되어도 경제적 실질의 반영이 가장 중요한 원칙인 복식부기·발생주의 국가회계제도 하에서는 이를 재무제표에 반영해야 하므로 재정운영표상 프로그램원가에 포함되어야 한다. 즉, 세계잉여금 처리를 통한 지방재정조정제도의 집행은 세입세출외거래이지만, 재정운영표상 프로그램 원가로 인식되는 특징을 가진다.

5. 세입거래: 세출거래의 재원

(1) 단식부기 세입거래와 복식부기 회계제도

세입(歲入)은 정부로 유입되는 한 회계연도의 모든 수입을 의미한다(「국가재정법」 제17조). 다만, 「국가재정법」 제18조에서는 국가의 세출은 국채·차입금 이외의 세입을 그 재원으로 한다고 규정하고 있어, 예산안을 편성할 때의 총수입에는 국채 또는 차입금을 제외한다(따라서 총지출 예산액과 총수입 예산액은 차이가 발생한다). 그러나 「국가재정법」 제18조 후단에서는 부득이한 경우에는 국회의 의결을 얻은 금액의 범위 안에서 국채 또는 차입금으로서 충당할 수 있다고 규정함으로써 실제 결산과정에서는 국채 또는 차입금으로 인한 세입액이 포함된다.

➡ 「국가재정법」 제18조(국가의 세출재원): 국가의 세출은 국채·차입금(외국정부·국제협력기구 및 외국법인으로부터 도입되는 차입자금을 포함한다. 이하 같다) 외의 세입을 그 재원으로 한다. 다만, 부득이한 경우에는 국회의 의결을 얻은 금액의 범위 안에서 국채 또는 차입금으로써 충당할 수 있다. 이를 보전거래라고 한다.

세입액(수입액)은 현금이 국가의 외부에서 유입되는 현재 행위의 결과를 의미하는데, 이러한 결과의 원인도 세출거래와 마찬가지로 크게 세 가지로 구분해 볼 수 있다. ㉠ 과거의 재원을 근간으로 하는 현재 시점의 수입, ㉡ 현재의 재원을 근간으로 하는 현재 시점의 수입, ㉢ 미래의 재원을 근간으로 하는 현재 시점의 수입이 그것이다. 이렇게 세입거래의 결과를 원인에 따라 세 가지로 구분하는 이유는 다음과 같다.

첫째, 회계관점에서 보면, 결과에 따른 원인을 구분하는 이유는 복식부기 회계처리의 기초가 되기 때문이다. 단식부기는 수입이라는 회계사건의 결과만을 기록하는 것이지만, 복식부기는 수입이라는 회계사건의 결과와 그 원인을 동시에 기록하는 것을 의미한다. 정부회계에서 회계사건의 원인은 크게 세 가지로 구분될 수 있는데, 과거의 재원을 근간으로 하는 현재 시점의 수입은 '자산의 처분(감소)'이라 하며, 현재의 재원을 근간으로 하는 현재 시점의 수입은 '수익의 발생'을 의미하고, 미래의 재원을 근간으로 하는 현재 시점의 수입은 '부채의 증가'와 밀접하게 관련이 있다.

둘째, 수입이라는 행위의 원인을 과거, 현재, 미래의 관점으로 구분하는 것은 수입의 대상을 세대별로 구분하는 것과도 관련이 있다. 특히, 이는 세출의 원인과 대비하면, 세대별 정책효과와 이에 상응하는 재원의 부담 정도를 파악할 수 있다. 현재의 효용을 누리기 위한 지출(비용)의 재원은 현재세대 조세 등의 수익으로 마련하고, 미래의 효용을 누릴 것으로 기대하는 지출(자산)의 재원은 미래세대가 부담할 부채를 발생시켜 마련한다면 세대별 부담이 이상적으로 보일 수 있기 때문이다.

세입거래 회계사건의 결과와 원인 그리고 세대간 효과를 도식화하면 다음과 같다.

현금이 유입되었다는 것을 나타내는 세입액은 정부 입장에서 관리하기도 수월하고 무엇보다도 그 흐름을 이해하기가 쉽다는 장점이 있다. 세입거래의 원인을 파악하지 않아도 되고, 복잡한 복식부기 회계처리도 필요 없으며, 현금의 흐름만 통제하면 되기 때문이다. 그러나 세입거래의 결과인 세입액(수입액)만 기재하는 현행 단식부기·현금주의 세입결산서에서는 어느 세대로부터 재원이 마련된 것인지 파악하기가 쉽지 않다. 게다가 세입액은 歲入이라는 한자의 뜻에서도 볼 수 있듯이 유량정보(flows)만 나타낸다고 할 수 있는데, 세입액은 국가의 결산 과정에서 저량정보(stocks)인 국가의 자산이나 부채의 변동과 직접적으로 연계되지 않는다는 것을 의미한다. 이는 비록 회계처리 과정이 복잡하더라도 세입거래의 결과와 원인을 동시에 기록하는 복식부기 국가회계제도가 필요할 수밖에 없는 배경이 되었다. 다만, 복식부기 국가회계제도의 도입과정에서 실무담당자의 복식부기 회계처리에 대한 어려움이 제기되었고, 이를 해결하기 위해 실무담당자가 복식부기 회계처리에 익숙하지 않더라도 복식부기 회계처리를 할 수 있도록 디지털예산·회계시스템(dBrain) 내 자동분개시스템이 개발되었다.

➡ 저량정보(stocks)와 유량정보(flows)의 내용 및 특성, 자동분개시스템에 대한 상세한 내용은 "제1절 2. 세출거래와 교환거래·비교환거래"의 해당 부분 내용을 참고한다.

➡ 단식부기 세입거래는 거래의 결과인 현금의 변동 즉, 유입액만 표시하지만, 이를 복식부기 회계처리로 변환되면 현금의 유입액과 세입거래의 원인(수익, 자산감소, 부채증가)을 두 줄로 표시한다. 세입거래의 경우에는 거래의 결과인 현금의 유입액은 차변(왼쪽)에 먼저 기재하고, 반대쪽(대변)에 세입의 원인 중 하나를 기재함으로써 두 줄, 즉 복식으로 표시한다. 세입거래를 복식부기 회계처리로 표시하는 사례는 다음과 같다(국고금회계처리 생략).

단식부기 세출거래		복식부기 회계처리		거래원인
㉠ 법인세 수납	50,000원	차변) 현금 50,000	대변) 법인세수익 50,000	수익발생
㉡ 벌금 수납	10,000원	차변) 현금 10,000	대변) 벌금수익 10,000	수익발생
㉢ 입장료 수납	5,000원	차변) 현금 5,000	대변) 입장료수익 2,000	수익발생
㉣ 양곡판매액 수납	20,000원	차변) 현금 20,000	대변) 판매수익 20,000	수익발생
㉤ 이자수익 수납	3,000원	차변) 현금 3,000	대변) 이자수익 3,000	수익발생
㉥ 토지매각 수납 (장부가액 12,000원)	10,000원	차변) 현금 10,000 처분손실 2,000	대변) 토지 12,000	자산감소
㉦ 주식매각 수납 (장부가액 17,000원, 평가손익 없음)	20,000원	차변) 현금 20,000	대변) 투자증권 17,000 처분이익 3,000	자산감소
㉧ 융자금회수 수납	8,000원	차변) 현금 8,000	대변) 대여금(융자금) 8,000	자산감소
㉨ 전세보증금회수 수납	5,000원	차변) 현금 5,000	대변) 임차보증금 5,000 (전세보증금)	자산감소
㉩ 정기예금회수 수납	30,000원	차변) 현금 30,000	대변) 금융상품 30,000 (정기예금)	자산감소
㉪ 국채발행 (할인·할증발행차금 없음)	50,000원	차변) 현금 50,000	대변) 국채 50,000	부채증가
㉫ 장기차입금 차입	25,000원	차변) 현금 25,000	대변) 장기차입금 25,000	부채증가
㉬ 선수금 수납	4,000원	차변) 현금 4,000	대변) 선수금 4,000	부채증가

➡ 단식부기에 비해 복식부기가 이해하기 어려운 이유 및 현행 디지털예산·회계시스템상 세출거래·세입거래부터 출발하여 복식부기·발생주의 국가재무제표 산출까지의 프로세스에 대한 설명은 본서 "제1절 2. 세출거래와 교환거래·비교환거래" 부분을 참고한다.

(2) 세입거래 프로세스의 이해 및 세입결산서 해석

세입거래의 프로세스는 일반적으로 '징수결정(징수결의) → 수납 → 미수납액 및 불납결손액 확정'의 과정을 거치게 된다. 세출거래와 달리 세입거래에서는 예산설정 또는 예산편성은 상대적으로 중요하지 않은데, 이는 첫째, 세입액의 대부분은 조세로서 이는 국가경제 전반적인 상황과 국가경제실체(기업, 개인 등)의 경제활동 정도에 따라 결정되는 외생 변수이기 때문이고, 둘째, 국가회계의 특성상 세입은 세출 재원의 마련이라는 관점에서 만약 재원이 부족하더라도 이론적으로 부채증가를 통한 재원 마련에 제약이 있다고는 볼 수 없어 중요하게 여기지 않기 때문이다.

- 기업의 경우 보유하고 있는 자산을 초과하는 부채를 유지하는 것은 매우 어렵다. 이러한 상태를 '완전자본잠식'이라고 하는데, 기업이 정상적인 경영활동을 수행하기 어려운 상황이라고 보는 것이 일반적이다.

- 국가는 보유하고 있는 자산에 비해 부채가 많은 상황이 빈번하게 존재한다. 미국연방정부는 2021년 9월 기준 자산은 약 5조달러(4,894 billion$)이나, 부채는 약 35조달러(34,778 billion$)로서 부채가 자산보다 7배 정도 많다. 또한, 영국중앙정부의 경우에도 2020월 3월 기준 자산은 약 2.1조파운드인데 비해, 부채는 약 5조파운드로서 부채가 자산보다 2배 이상 많다. 호주중앙정부도 2020년 6월 기준 자산은 약 8.4천억호주달러인데 비해, 부채는 약 1조5천억호주달러로서 부채가 자산의 2배 가까이 되는 실정이다. 참고로 미국 연방정부의 2020-2021 회계연도(2020.10~2021.9) 재정상태표는 다음과 같다.

United States Government
Balance Sheets
as of September 30, 2021, and 2020

(In billions of dollars)	2021	Restated 2020
Assets:		
Cash and other monetary assets (Note 2)	475.0	1,926.9
Accounts receivable, net (Note 3)	401.0	321.2
Loans receivable, net (Note 4)	1,651.0	1,577.4
Inventory and related property, net (Note 5)	399.2	381.9
General property, plant and equipment, net (Note 6)	1,176.9	1,139.9
Investments (Note 7)	135.2	129.8
Investments in special purpose vehicles (Note 8)	26.4	108.4
Investments in government-sponsored enterprises (Note 9)	220.9	108.9
Advances and prepayments (Note 10)	369.3	218.6
Other assets (Note 11)	38.7	42.7
Total assets	4,893.6	5,955.7
Stewardship property, plant, and equipment (Note 27)		
Liabilities:		
Accounts payable (Note 12)	123.1	99.0
Federal debt and interest payable (Note 13)	22,344.8	21,082.9
Federal employee and veteran benefits payable (Note 14)	10,183.0	9,415.5
Environmental and disposal liabilities (Note 15)	613.3	602.7
Benefits due and payable (Note 16)	273.9	256.3
Loan guarantee liabilities (Note 4)	230.7	520.1
Insurance and guarantee program liabilities (Note 17)	129.8	199.3
Advances from others and deferred revenues (Note 18)	202.0	174.2
Other liabilities (Note 19)	677.1	394.0
Total liabilities	34,777.7	32,744.0
Commitments (Note 21) and Contingencies (Note 22)		
Unmatched transactions and balances (Note 1.U)	1.7	3.1
Net Position:		
Funds from Dedicated Collections (Note 23)	3,486.8	3,474.4
Funds other than those from Dedicated Collections	(33,372.6)	(30,265.8)
Total net position	(29,885.8)	(26,791.4)
Total liabilities and net position*	4,893.6	5,955.7

*Total liabilities and net position equals Total liabilities, Total net position and Unmatched transactions and balances.
The accompanying notes are an integral part of these financial statements.

세입거래 프로세스에서 제일 중요한 것은 세입액 또는 수입액을 확정하는 것이며, 당연히 이는 회계사건이다. 그런데 우리나라 중앙정부는 세입액 또는 수입액의 징수하기 위해서는 사전에 징수결정(또는 징수결의) 과정이 반드시 필요하다. 즉, 징수결정이 없는 수납액은 없다고 볼 수 있다. 이에 따라 징수결정은 당연히 회계사건이 되고, 징수결정이 이루어졌는데 수납되지 않은 미수납액 역시 회계사건이라고 할 수 있으며, 이는 국가의 미수채권이 된다. 세입거래의 경우 이러한 특성으로 인해 징수결정은 일종의 수익을 인식하는 발생주의 수익인식 시점과 밀접하게 연결된다고 할 수 있다. 다만, 당기 중 처음 인식된 징수결정분만 수익인식이 이루어지며, 전기 미수납으로 인해 당기에 다시 징수결정된 부분은 이미 수익이 전기 이전에 인식되었기 때문에 수익으로 인식되지 않는다.

- 수납후징수결정: 일반적으로 징수결정 후 수납정산이 이루어지는 것에 비해, 수납된 이후 수납시점에 동시에 징수결정이 있었다고 간주하는 것을 '수납후징수결정'이라고 한다. 이는 크게 두 가지 상황이 있다. 첫째, 납입자가 자진납부등 사유로 인하여 납입고지 이전에 한국은행 등에 납입한 경우에는 수입징수관은 한국은행 등으로부터 통보된 수납증빙서류에 의하여 사후 징수결정을 해야 한다(예를 들어 전년도에 고지서를 받았으나 이를 납부하지 않고, 다음연도에 새로운 고지서를 받기 전에 기존 고지서를 가지고 납입하는 경우 등을 말한다). 둘째, 벌금이나 범칙금, 과료, 몰수금의 경우 청구권이 확정되는 시점에 그 금액을 확정하기 어려운 상황이 발생하거나(예를 들어 벌금형과 신체형을 선택할 수 있는 경우 등), 몰수품 처분가액의 예측이 어려운 경우 납부 또는 처분시점에 징수결정이 동시에 이루어지는 경우가 있을 수 있는데, 이는 모든 중앙관서에서 동일하게 처리하는 것이 아니라 중앙관서 특성에 따라 '징수결의 → 수납' 프로세스가 이루어지는 경우도 있고, 수납후징수결정으로 처리하는 중앙관서도 있다.

- 세입결산과 관련하여 전기 이전에 징수결의 하였으나 수납되지 않은 경우 당기에 이를 징수(수납)하기 위해서는 다시 징수결의를 하여야 한다. 이는 정부의 회계연도가 기본적으로 단년도 예산편성과 결산의 구조로 이루어지기 때문이다. 따라서 세입결산서상 징수결정액은 순수 당기 발생분뿐만 아니라 전기 이전에 발생하였으나 미수납된 부분도 포함되어 있게 된다. 만약 일반적으로 징수결의 시점을 당기 수익인식 시점이라고 보고 세입결산서상 징수결정액 전체를 수익으로 인식하게 되면, 이는 심각한 오류가 되는 것이다. 세입결산서상 징수결정액 중에서 전기 이전까지 미수납되어, 당기에 다시 징수결의한 금액은 당기 수익으로 반영하지 않아야 한다.

이러한 세입거래 프로세스는 세출거래 프로세스와 비교하여 크게 세 가지 측면에서 차이가 있는데, 이는 세입결산서 및 세출결산서를 해석하고 회계사건과 연결시키는 것과 관련이 있다. 첫째, 세입거래 프로세스의 '징수결정 또는 징수결의'는 현금을 수납하기 위한 필수적인 사전 행위이므로 세입결산서에 표시되지만, 세출거래 프로세스에서 지출 시점에 앞서 이루어지는 '원인행위'는 지출과 밀접한 경우도 있고 아닌 경우도 있기 때문에 세출결산서에는 표시하지 않는다. 둘째, 세출거래는 정부가 세출이 이루어지는 것을 통제할 수 있고, 당초 국회 등에서 사전승인된 금액의 한도 내에서 지출이 이루어져야 하므로 예산편성 및 예산배정 과정이 중요하지만, 세입거래에서의 세입예산은 추정된 금액에 불과하다. 셋째, 세입거래에서는 징수결정과 수납액이 모두 회계사건이므로 미수납액(불납결손 포함) 역시 중요한 회계사건이지만, 세출거래에서는 예산 대비 미집행된 금액인 불용 또는 이월액은 예산액 자체가 회계사건이 아니기 때문에(예산편성 및 예산배정만으로 경제적 실질의 변동이 없기 때문임), 불용 또는 이월 역시 회계사건으로 보지 않는다(물론 상황에 따라서는 불용 또는 이월도 회계사건이 되는 경우도 있다).

이러한 세입거래 프로세스에 대한 이해를 바탕으로 실제 세입결산서 사례(2022회계연도 경찰청 세입결산서 발췌)에 대한 분석과 세입결산서 각 항목에 대한 설명은 다음과 같다.

(단위: 백만원)

구 분	세입예산액	이체등 증감액	세입예산 현액	징수결정액	수납액	불납 결손액	미수납액
경찰청	1,079,654	0	1,079,654	2,544,104	1,374,688	7,850	1,161,566
일반회계	997,070	0	997,070	2,446,641	1,277,253	7,850	1,161,537
12관 경상이전수입	982,969	0	982,969	2,433,413	1,264,601	7,850	1,160,962
56항 벌금,몰수금 및과태료	943,161	0	943,161	2,203,806	1,222,570	6,418	974,817
561목 벌금및과료	94,465	0	94,465	81,214	81,214	0	0
562목 과태료	848,674	0	848,674	2,122,089	1,141,266	6,418	974,404
564목 징계부가금	22	0	22	502	89	0	413
XX항	……	……	……		……	……	……

㉠ 세입예산액 : 국회에서 통과된 세입예산액을 의미하며, 최초 국회를 통과한 본예산은 물론이고, 회계연도 중 국회를 통과한 추가경정(추경)예산도 포함된다.

㉡ 이체등증감액: 회계연도 중 중앙관서 사이에 직무범위나 권한 등에 변동이 있는 경우 조정하는 항목(이체)으로서 조직개편 또는 업무개편이 없으면 거의 발생하지 않는다. 이는 세출예산과 달리 세입예산의 증감액에는 이월, 이용, 전용 등의 개념이 없기 때문이다.

㉢ 세입예산현액: 세입예산액에 이체등증감액이 조정된 실질 예산액을 의미한다. 세출예산과 달리 세입예산은 사용가능한 예산한도액의 개념이 아니라 세입액 추정치에 불과하다.

㉣ 징수결정액: 국가가 세입을 수납하기 위하여 징수결의한 금액을 의미하며(징수결의가 없으면 국가는 수납할 수 없다), 징수결정액은 반드시 이루어져야 하는 프로세스이므로 회계사건이라고 볼 수 있다. 다만, 당기 발생분에 대한 징수결정은 수익인식과 관련되는 회계사건이지만, 전기 이전 발생하였으나 수납되지 아니하여 다시 징수결정이 이루어진 부분은 수익인식과 관련 없는 회계사건이다.

➡ 상기 경찰청 세입결산서 사례에서 561목 벌금및과료의 경우 경찰청은 이를 수납후징수결정으

로 처리하였기 때문에 징수결정액과 수납액이 동일하다(벌금 및 과료, 범칙금은 납부하는 때 수익을 인식함(비교환수익 회계처리지침 문단24.)). 그러나 모든 중앙관서에서 561목 벌금및과료가 징수결정액과 수납액이 동일한 것은 아니다.

ⓜ 수납액: 국가가 실제로 징수한 금액을 의미하는데, 이 수납액이 세입(歲入)을 의미한다. 수납액은 세입거래 프로세스의 제일 중요하고 반드시 발생하는 과정이므로 회계사건이 된다.

ⓑ 불납결손액: 국가가 징수결의하였으나, 소멸시효 완성 등 사유로 징수하지 못할 것으로 확정된 금액을 말한다. 수납이 이루어지지 않으면 국가는 매 회계연도 징수결정을 수행하기 때문에 징수결정액에서 수납액을 차감한 금액의 일부를 구성하게 된다. 발생주의 회계 관점에서 보면, 일종의 대손이 확정되는 시점에 대손충당금과 상계처리하는 채권 금액이라고 볼 수 있다.

ⓢ 미수납액: 국가가 당 회계연도에 징수결정 하였으나, 불납결손 대상이 아니지만 수납하지 못한 금액을 말한다. 이 미수납액은 중앙관서가 다음연도에 다시 징수결정해야 하며, 수납될 때까지 관리해야 하는 국가채권이 된다. '징수결정액−수납액=불납결손액+미수납액'의 구조를 가지게 된다.

(3) 교환수익과 비교환수익 구분의 의미와 회계처리

세출거래 과정에서 발생하는 비용에서의 교환비용과 비교환비용의 구분은 정부가 집행하는 비용의 특성을 이해하고 그 과정에서 실집행율을 파악하기 위해 필요한 개념일 뿐 실제 회계처리에 미치는 영향은 거의 없다. 교환비용이든지 비교환비용이든지 정책사업별 프로그램예산에 편성되어 있으면 프로그램원가로 처리하고 그렇지 않으면 관리운영비 또는 비배분비용으로 처리한다(물론 상황에 따라 재정운영표의 '비교환수익등', 순자산변동표의 '재원의이전' 과목으로 처리되는 경우도 있으나 수익만큼 복잡하지는 않다). 이에 비해 세입거래 과정에서 발생하는 수익의 경우 교환수익과 비교환수익의 구분은 첫째, 개념적인 이해도 필요하고, 둘째, 계상되는 재무제표도 다양(재정운영표, 순자산변동표, 국세징수활동표)하며, 셋째, 세입은 프로그램예산이 편성되어 있지 않기 때문에 실무적으로 수익을 프로그램별로 구분하는 것도 쉽지 않는 등 비용보다는 많이 복잡하다.

교환수익과 비교환수익은 일반적으로 교환의 대가 여부와 관련된다. 교환거래를 통해 재화나 용역 제공의 대가로 국가의 순자산이 증가하는 경우를 교환수익이라고 하며(「교환수익 회계처리지침」 문단3.), 직접적인 반대급부 없이 법령에 따라 납부의무가 발생한 금품의 수납 또는 자발적인 기부금 수령 등에 따라 발생하는 순자산의 증가를 비교환수익이라고 한다(「비교환수익 회계처리지침」 문단3.). 그러나 이렇게 교환수익과 비교환수익의 단순한 구분만으로는 국가회계에서 복잡한 수익 관련 회계처리를 정확히 파악할 수 없다. 현행 수익 관련 회계처리를 이해하기 위해서는 ㉠ 세입은 세출 재원을 마련하는 역할을 한다는 점, ㉡ 정부회계에서는 수익보다 원가(비용)가 중요하다는 점, ㉢ 정부의 수익의 대부분이 효익의 대가가 아닌 법령에 따라 외생적으로 결정된다는 점 등이 수익의 회계처리 방식에 영향을 미친다는 것을 먼저 이해할 필요가 있다.

정부회계에서 수익의 역할은 정부가 정책사업을 수행하기 위하여 어느 정도의 조세를 징수해야 하는가와 관련이 있다. 재정운영표가 비용 위주로 재무정보가 제공되는 것도 그러한 이유인데, 회계·기금단위 및 중앙관서단위 재정운영표의 제일 마지막 항목(bottom line)인 '재정운영결과'는 해당 단위에서 정책사업 및 행정활동 과정에서 조세가 얼마가 필요한지를 나타낸다고 해석된다. 이는 원칙적으로 비교환수익은 재정운영표에 표시되지 않고, 순자산변동표에 표시되어야 하는 이유가 된다. 여기에 복잡한 현행 수익의 회계처리 규정을 이해하기 위해서는 몇 가지 사항을 더 고려해야 한다.

첫째, 정책사업을 수행하는 과정에서 일부 수익은 정책사업과 직접 연결되어 발생할 수 있다. 융자사업의 이자수익, 국립대학교운영사업의 수업료수익, 경찰병원·국립재활원 등 국립병원운영사업의 용역제공수익, 우정(郵政)사업과 관련한 운송료수익 및 금융수익, 국유재산 대여사업과 관련한 임대수익, 여권 등 각종 증명발급과 관련한 수수료수익, 양곡관리사업의 양곡판매수익 등이 이에 해당하는데, 정부가 제공하는 재화나 용역의 대가와 관련되므로 교환수익이라고 한다. 또한, 교환수익이 개별 프로그램사업과 직접적으로 관련되는 경우 재정운영표상 프로그램수익으로 분류하며, 직접적으로 관련되지 않으면 비배분수익으로 분류한다. 이러한 교환수익은 정책사업의 수행에 필요한 조세 징수액을 줄여주는 역할을 한다.

➡ 프로그램(정책사업)과 관련되는 수익이라고 해서 모두 프로그램수익으로 인식되는 것은 아니다. 기금이나 특별회계(기타, 기업)의 경우 프로그램과 관련된 수익은 프로그램수익으로 인식하나, 일반회계의 경

우 수입대체경비수입이 아닌 이상 프로그램수익으로 할 수 없고, 비배분수익으로 인식하여야 한다(「원가계산에 관한 지침」 문단12.).

둘째, 우리나라의 국세는 국세청, 관세청, 기획재정부 등 3개 중앙관서에서만 징수하는데, 우리나라 국가회계의 특성 중 하나인 국고통일주의 원칙과 관련이 있다. 법령과 제도에 따라 이들 3개 중앙관서만 국세를 징수할 수 있는 권한이 부여된 것이고, 국세를 징수하는 업무는 그 중앙관서의 고유 정책사업일 뿐이므로 징수기관에서 국가재무제표상 국세수익을 인식하는 것은 논리적인 문제가 발생한다. 이에 따라 우리나라 국가회계에서는 국세수익은 회계·기금단위 및 중앙관서단위에서는 재정상태표, 재정운영표, 순자산변동표의 3대 재무제표가 아닌 필수보충정보 중 하나인 국세징수활동표에 표시된다.

➡ 국고통일주의란 각 중앙관서의 장은 법률에 특별한 규정이 없는 한, 해당 중앙관서에서 발생하는 세입액을 직접 사용하지 못하고 국고에 납부해야 하며, 세출의 경우에도 예산배정에 의하여 통합 국고금에서 자금을 받아 집행해야 하는 것을 의미한다. 자세한 것은 '제7장 제1절 국고금과 국고금회계' 부분을 참고한다.

셋째, 재정운영표에 인식되는 교환수익과 국세징수활동표에 인식되는 국세수익을 제외한 나머지 비교환수익은 원칙적으로 순자산변동표에 인식된다. 법령 또는 제도에 따른 부담금수익, 제재금수익 및 기타비교환수익은 정책사업을 수행하는 원가와 직접적으로 관련이 없으며, 이론적으로도 정책사업에 소요되는 비용을 파악해야 비교환수익이 얼마나 필요한지 알 수 있기 때문이다. 그러나, 현행 「원가계산에 관한 지침」 문단12.에서는 기금과 기업특별회계(이들을 '사업형회계'라고 한다)에서 인식하는 비교환수익은 재정운영표상의 '비교환수익등'에 표시하도록 하고 있다. 이는 과거 복식부기·발생주의 국가회계제도 도입 당시 단식부기·현금주의 세입세출결산만 수행하였던 일반회계와 기타특별회계와 달리 기금과 기업특별회계는 개별 법령에 따라 기업회계방식의 회계기준을 적용하고 있었고, 그 당시만 하더라도 교환수익·비교환수익의 개념이 정립되지 않았기 때문에 교환수익이든지 비교환수익이든지 당시 기금과 기업특별회계는 대부분 손익계산서상의 영업수익으로 인식하고 있었다. 그런데 모든 국가회계실체에 복식부기·발생주의 국가회계제도가 도입되면서 비교환수익을 순자산변동표상 순자산증가(재원의이전) 항목으로 인식하면, 기금과 기업특별회계는 손익 실적이 갑작스럽게 악화될 것이기 때문에 불가피하게 비교환수익을 재정운영표상에서 인식하도록 용인해 주었던 것이다. 이로 인해 유사한 성격의 비교환수익이라고 하더라도 그것을 인식하는 국가회계실체에 따라 재정운영표 또는 순자산변동표에서 인식되는 일관성이 결여된 모습을 가지게 되었다. 예를 들어 같은 비교환수익이 일반회계에도 있고 기금에도 있다면, 일반회계와 기금을 합한 중앙관서단위 재무제표에서는 해당 비교환수익 과목이 재정운영표에도 나타나고 순자산변동표에도 나타나게 된다.

넷째, 수익이 재무제표에 인식되는 방식이 회계·기금·중앙관서단위 재무제표와 국가(통합)단위 재무제표가 서로 상이하다. 회계·기금·중앙관서단위에서는 필수보충정보로 인식한 국세수익과 순자산변동표에서 인식한 비교환수익을 국가단위에서는 재정운영표에서 인식하도록 하고 있다. 즉, 국가회계에서는 어떤 단위의 재무제표인가에 따라 수익과 관련한 회계처리가 달라지는 특성을 보이고 있다.

다섯째, 세출항목과 달리 세입항목은 성질별로만 분류하고 목적(기능)별로는 분류하지 않는다. 즉, 정책사업(프로그램)별로 세입내역을 관리하지 않는다. 세입거래의 대부분은 비교환수입이고 국세수입, 부담금수입, 제재금수입 등으로 구성되는데, 이들은 특정 정책사업에 한정되지 않는다. 세입은 정책사업을 수행하기 위한 재원 마련의 역할을 하므로 정책사업의 목적에 따른 분류 자체가 의미가 없다고 볼 수 있다. 또한, 세입세출결산 체계에서는 세입결산서와 세출결산서가 구분되어 작성되므로 프로그램 예산제도가 세출예산에만 적용되더라도 세입세출결산을 수행할 수 없는 것도 아니다. 이러한 이유가 복합적으로 작용하여 세입항목에는 프로그램 예산체계를 도입하지 않았던 것으로 추정된다. 그런데 정책사업과 직접적으로 관련되는 교환수익이 발생한 경우 이를 프로그램별로 관리해야 하는데, 세입항목에 프로그램 체계가 적용되지 아니함에 따라 자동분개시스템으로는 해결할 수 없고, 별도의 추가적인 조정사항이 필요한 상황이다.

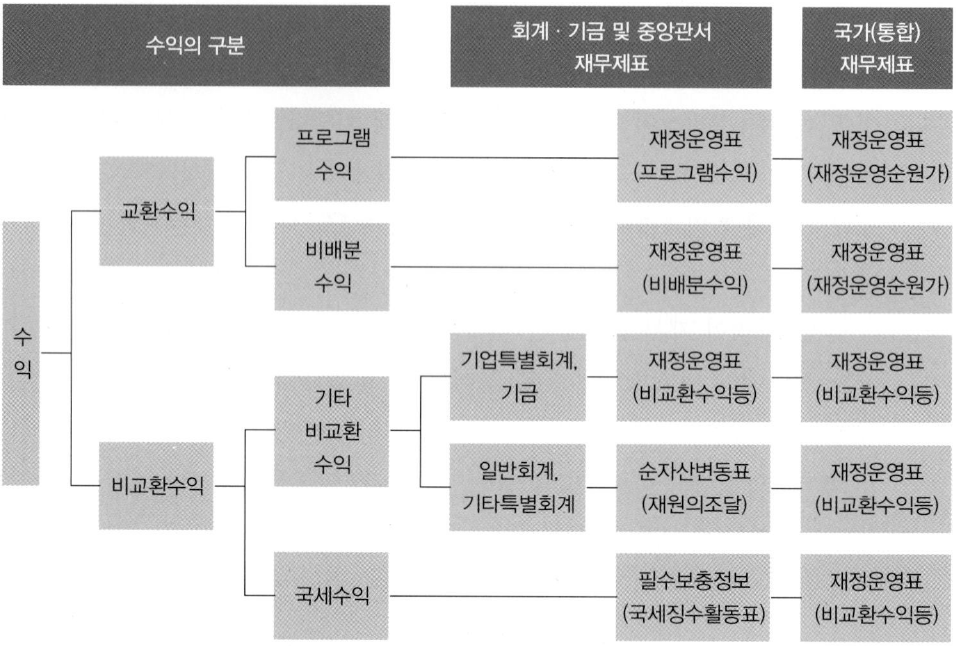

(4) 세입액(수입금)의 반환 및 세출액(지출금)의 반납

① 세입액(수입금)의 반환

국고로 수납된 세입액이 반환되는 경우는 크게 세 가지로 구분하여 볼 수 있는데, 각 상황에 따라 회계처리가 다소 상이하므로 주의할 필요가 있다. 첫째, 과오납금(過誤納金) 반환으로서 이는 징수결정과 수납업무의 착오 또는 중복 등의 사유로 수납하여야 할 금액을 초과하여 수납한 분에 대하여 「국고금관리법」 제15조 등에 따라 반환하는 것을 말한다. 당기 인식한 세입액의 과오납금을 반환하는 경우에는 별도의 비용으로 처리하지 않고 당해 연도 인식한 수익에서 직접 차감한다. 전기 이전에 인식한 세입액의 과오납금 반환하는 경우 '전기과오납반환금' 과목으로 기타비용을 인식한다.

둘째, 세입액의 환급(「국고금관리법」에서는 '수입금의 환급'이라고 함)으로서 수입으로서 납입된 금액 중 관련 법률에 따라 환급할 금액이 있는 경우 「국고금관리법」 제16조 등에 따라 환급하는 것을 말한다. 세입액의 환급은 오류로 인한 환급이 아닌 적법한 과정에 의한 환급이다. 과오납금 반환과 달리 수입금의 환급이 발생하면 해당 수익 계정과목의 차감계정인 'XX수익환급금'으로 처리한다.

셋째, 국세환급금으로서 납세의무자가 국세로 납부한 금액 중 잘못 납부한 금액의 반환, 초과하여 납부한 금액의 반환 또는 세법에 따라 환급하여야 할 환급세액을 말한다. 국세환급금은 앞서 언급한 과오납금의 반환(위법한 사항으로 인한 반환) 및 수입금의 환급(적법한 사항으로 인한 반환)의 성격을 모두 가지고 있다. 국세환급금이 발생하면 해당 국세수익 계정과목의 차감계정인 'XX세수익환급금'으로 처리한다. 세입액 반환의 상황 및 회계처리를 비교하면 다음과 같다.

구 분		과오납금의 반환 (위법한 상황)	수입금의 환급 (적법한 상황)	국세환급금 (위법 · 적법한 상황 혼재)
세입세출	당기 & 전기 발생	관련 현 수입과목 차감	관련 현 수입과목 차감	관련 현 수입과목 차감
재무제표	당기 발생	(–)XX수익(직접차감)	XX수익환급금 (수익차감계정)	XX세수익환급금 (수익차감계정)
	전기 발생	전기과오납금반환금 (기타비용)		

➡ 후술하겠지만, 국세인 부가가치세(10%)를 징수하는 과정에서 부가가치세율에 포함되어 있는 지방소비세의 경우(따라서 일반적으로 부가가치세 10%를 징수하는 경우 실질적인 부가가치세는 그 10%의 약 75%만 해당되고 약 25%는 지방소비세에 해당됨) 국세로 부가가치세 10%를 전액 인식한 후 국가가 수입금을 환급하거나 별도의 세출예산으로 집행하는 것이 아니라 아예 징수시점부터 별도로 관리한다(「국고금관리법」 제16조의2).

② 세출액(지출금)의 반환

국고에서 지출된 세출액이 반환(반납)되는 경우는 세출액이 언제 발생하였는지에 따라 회계처리 방식이 달라진다. 세출액이 반환(반납)되는 예시로서 관서운영경비 사용잔액의 반납, 국고보조금 사용잔액의 반납 등이 있다.

「국고금관리법」에서는 수입금의 당해 연도 발생 수입금은 물론이고 이전 연도 발생 수입금도 모두 당해 연도의 수입금으로 처리하도록 규정하고 있다. 따라서 수입금의 반환이 발생하면 당해 연도 수입금에서 차감한다. 그런데 지출금의 경우 당해 연도 지출금에서 반납되는 경우에는 해당 지출과목에서 반납처리 하지만(「국고금관리법」 제29조), 이전 연도 지출금이 반납되는 경우에는 수입(세입)으로 인식한다(「국고금관리법」 제29조). 이러한 관점에서 복식부기·발생주의 회계처리 역시 당해 연도 비용으로 인식한 금액이 반납되는 경우에는 해당 비용과목에서 차감하지만, 이전 연도 비용으로 인식한 금액이 반납되는 경우에는 기타수익("과오지급금회수금(과오로 인한 초과지급)" 또는 "지출금반납금(과오가 아닌 사유로 반납)")으로 처리한다.

(5) 개별 세입과목의 이해와 국가재무제표와의 관계

현행 국가회계제도하에서 단식부기·현금주의 세입세출결산과 복식부기·발생주의 국가재무제표는 유사해 보이면서도 서로 다른 정보제공 형식으로 인해 전혀 다른 정보의 원천이 있는 것으로 보여질 수 있다. 그러나 세입세출결산과 국가재무제표는 같은 회계시스템에서 산출되는 재무정보이고, 이는 자동분개시스템으로 밀접하게 연계되어 있다는 점을 감안하다면 개별 세입·세출과목에 대한 이해는 세입세출결산의 해석을 더욱 명확하게 할 뿐만 아니라 국가재무제표 해석의 선행작업이 될 수 있다. 성질별로 구분된 개별 세입과목을 상세히 파악해야 하는 이유는 다음과 같이 정리할 수 있다.

㉠ 단식부기·현금주의 세입결산에 익숙한 공무원 입장에서 세입과목이 어떻게 복식부기·발생주의 국가재무제표와 연결될 수 있는지 참고할 자료가 충분하지 않다. 이는 공무원의 입장에서 국가재무제표를 이해하는데 중요한 걸림돌이 되고 있는 실정이다.

㉡ 반대로 국가재무제표의 계정과목에 익숙한 정보이용자는 복잡한 정부회계 환경을 이해하는데 많은 어려움을 가지고 있다. 가장 어렵게 느끼는 부분은 현행 세입세출과목의 용어가 익숙하지 않아 이해하기가 어렵고, 세입세출과목과 재무재표 계정과목이 어떻게 연계되는지도 명확하지 않기 때문이다.

㉢ 특히, 세입과목은 세입과목별 성격에 따라 국가재무제표에서 표시되는 방법(재정운영표상의 프로그램수익, 재정운영표상의 비교환수익등, 순자산변동표의 재원의마련, 필수보충정보인 국세징수활동표)이 다양하기 때문에 국가재무제표상의 회계처리 및 표시방법을 좀 더 명확히 이해하기 위해서라도 세입과목별 성격의 파악이 무엇보다 중요하다고 할 수 있다.

이러한 이유를 바탕으로 개별 세입과목과 특성, 그리고 국가재무제표 계정과목으로서의 성격을 비교하면 다음과 같다.

항	목	내역	세입과목 및 회계과목 성격
01관 내국세 ~ 09관 종합부동산세 (단, 07관 사회보장기여금 제외)			
소득세(11)	신고분(111)	• 소득세법에 의한 국세세입 중 신고분	• 국세수익
	원천분(112)	• 소득세법에 의한 국세세입 중 원천분	• 국세수익
법인세(12)	법인세(121)	• 법인세법에 의한 국세세입	• 국세수익
상속세(15)	상속세(151)	• 상증법에 의한 상속세 세입	• 국세수익 ➡ 부과고지 전에 자진신고로 수납하는 상속세는 자진신고시점이 수익인식시점이 아니므로 선수수익 처리
상속세(15)	증여세(152)	• 상증법에 의한 증여세 세입	• 국세수익 ➡ 부과고지 전에 자진신고로 수납하는 증여세는 자진신고시점이 수익인식시점이 아니므로 선수수익 처리
부가가치세(21)	부가가치세(211)	• 부가가치세법에 의한 국세세입	• 국세수익
개별소비세(22)	개별소비세(221)	• 개별소비세법에 의한 국세세입	• 국세수익
개별소비세(22)	기타개별소비세(222)	• 개별소비세 과년도수입	• 자산감소
주세(23)	주세(231)	• 주세법에 의한 국세세입	• 국세수익
주세(23)	기타주세(232)	• 주세 과년도수입	• 자산감소
증권거래세(25)	증권거래세(251)	• 증권거래세법에 의한 국세세입	• 국세수익
인지세(26)	인지세(26)	• 인지세법에 의한 국세세입	• 국세수익
기타내국세(27)	과년도수입(271)	• 내국세 과년도수입	• 자산감소
기타내국세(27)	기타내국세(272)	• 세법개정으로 폐지된 세목의 세법개정 이전 과세대상 세입	• 국세수익
관세(31)	관세(311)	• 관세법에 의한 국세세입	• 국세수익
관세(31)	기타관세(312)	• 관세 과년도수입	• 자산감소
교통, 에너지, 환경세(33)	교통, 에너지, 환경세(331)	• 교통·에너지·환경세법에 의한 국세세입	• 국세수익

항	목	내역	세입과목 및 회계과목 성격
교통,에너지,환경세(33)	기타교통, 에너지, 환경세(332)	• 교통 · 에너지 · 환경세 과년도수입	• 자산감소
교통,에너지,환경세(33)	기타교통세(333)	• 교통세 과년도수입	• 자산감소
교육세(34)	교육세(341)	• 교육세법에 의한 국세세입	• 국세수익
교육세(34)	기타교육세(345)	• 교육세 과년도수입	• 자산감소
농어촌특별세(37)	농어촌특별세(371)	• 농어촌특별세법에 의한 국세세입	• 국세수익
농어촌특별세(37)	기타농어촌특별세(372)	• 농어촌특별세 과년도수입	• 자산감소
종합부동산세(39)	종합부동산세(391)	• 종합부동산세법에 의한 국세세입	• 국세수익 ➡ 일반적인 경우 부과고지시점이 수익인식시점임. 단, 납세자가 신고납부 방식을 선택할 경우 신고시점이 수익인식시점임
종합부동산세(39)	종합부동산세(392)	• 종합부동산세 과년도수입	• 자산감소
07관 사회보장기여금			
사회보장기여금(38)	고용주부담금(381)	• 사회보장보험 운영을 위한 고용주부담금(사용자부담금)	• 연금사업의 경우 교환수익(연금수익) ➡ 재정운영표상 프로그램원가 또는 비배분비용 • 사회보험사업(고용,산재)은 비교환수익(사회보험수익) ➡ 재정운영표상 비교환수익등
사회보장기여금(38)	피고용자분담금(382)	• 사회보장보험 운영을 위한 피고용자기여금(근로자부담금)	• 연금사업의 경우 연금수익 ➡ 재정운영표상 프로그램원가 또는 비배분비용 • 사회보험사업(고용,산재)은 비교환수익(사회보험수익) ➡ 재정운영표상 비교환수익등
10관 기업특별회계영업수입			
양곡사업수입(41)	미곡판매수입(411)	• 양곡관리특별회계의 미곡판매수입	• 교환수익
양곡사업수입(41)	잡곡판매수입(412)	• 양곡관리특별회계의 잡곡판매수입	• 교환수익

항	목	내역	세입과목 및 회계과목 성격
양곡사업 수입(41)	부산물, 기타판매수입 (413)	• 양곡관리특별회계의 부산물 및 기타 판매수입	• 교환수익
양곡사업 수입(41)	미곡판매장 기미납수입 (414)	• 양곡관리특별회계의 미곡판매장기미납수입	• 자산감소
우정사업 수입(43)	우편사업수입 (431)	• 우편사업특별회계의 우편영업수입	• 교환수익
우정사업 수입(43)	금융영업이자 수입(433)	• 우체국예금특별회계 금융영업 이자 수입	• 교환수익
우정사업 수입(43)	금융엽업이자 외수입(434)	• 우체국예금특별회계 금융영업 이자 외수입	• 교환수익
우정사업 수입(43)	수탁영업수입 (435)	• 우체국예금특별회계 수탁영업수입 등 기타수입	• 교환수익
조달사업 수입(45)	내자구매사업 수입(451)	• 조달특별회계의 내자구매사업 관련 수입 ➡ 내자구매대행수익 등	• 교환수익
조달사업 수입(45)	외자구매사업 수입(452)	• 조달특별회계의 외자구매사업 관련 수입 ➡ 외자구매대행수익 등	• 교환수익
조달사업 수입(45)	물류관리사업 수입(453)	• 조달특별회계의 물류관리사업 관련 수입(➡ 거의 발생하지 않음)	• 교환수익
조달사업 수입(45)	시설계약사업 수입(454)	• 조달특별회계의 시설계약사업 관련 수입 ➡ 시설계약대행수익 등	• 교환수익
조달사업 수입(45)	물자조정사업 수입(455)	• 조달특별회계의 물자조정사업 관련 수입(➡ 거의 발생하지 않음)	• 교환수익
조달사업 수입(45)	비축물자사업 수입(456)	• 조달특별회계의 비축물자사업 관련 수입 ➡ 비축물자판매수익 등	• 교환수익
책임운영기관 사업수입 (49)	책임운영기관사업수입 (491)	• 책임운영기관의 사업수입	• 교환수익
11관 재산수입			
관유물대여료 (51)	토지대여료 (511)	• 토지의 대여에 따른 수입	• 교환수익
관유물대여료 (51)	건물대여료 (512)	• 건물의 대여에 따른 수입	• 교환수익

항	목	내역	세입과목 및 회계과목 성격
관유물대여료(51)	기타관유물대여료(513)	•토지와 건물 이외의 관유물 대여 수입	•교환수익
정부출자수입(52)	정부출자수입(521)	•정부출자기업에 대한 이익배당 수입 및 관계법에 의한 출자기업체로부터의 수입	•배당수익은 교환수익 •출자금 감소(매각,청산 등)로 인한 수입은 자산감소
전대차관이자수입(53)	지방자치단체전대차관이자수입(531)	•지방자치단체로부터 받는 전대차관 이자수입	•교환수익
전대차관이자수입(53)	통화금융기관전대차관이자수입(532)	•통화금융기관으로부터 받는 전대차관 이자수입	•교환수익
전대차관이자수입(53)	비통화금융기관전대차관이자수입(533)	•비통화금융기관으로부터 받는 전대차관 이자수입	•교환수익
전대차관이자수입(53)	기타민간전대차관이자수입(534)	•기타 민간으로부터 받는 전대차관 이자수입	•교환수익
기타이자수입및재산수입(54)	지방자치단체이자수입(541)	•지방자치단체로부터 받는 융자금에 대한 이자수입	•교환수익
기타이자수입및재산수입(54)	통화금융기관이자수입(542)	•통화금융기관으로부터 받는 융자금에 대한 이자수입	•교환수익
기타이자수입및재산수입(54)	비통화금융기관이자수입(543)	•비통화금융기관으로부터 받는 융자금에 대한 이자수입	•교환수익
기타이자수입및재산수입(54)	기타민간이자수입(544)	•기타 민간으로부터 받는 융자금에 대한 이자수입	•교환수익
기타이자수입및재산수입(54)	기타재산이자수입(546)	•기타정부재산, 금융재산, 무형자산의 소유로 인한 이자수입 ➡ 국고보조금 예치 이자수입, 세입·세출액의 금융기관 예치에 따른 아자수입 등 ➡ 2021년까지 기타재산수입(545)으로 관리하였으나, 2022년부터 기타재산이자수입(546), 기타재산이자외수입(547), 한국은행잉여금(548)으로 세분화함	•교환수익

항	목	내역	세입과목 및 회계과목 성격
기타이자 수입및 재산수입(54)	기타재산이자 외수입(547)	• 기타 정부의 재산, 금융재산, 무형자산의 소유로 인한 이자외수입	• 교환수익
기타이자 수입및 재산수입(54)	한국은행잉여금(548)	• 한국은행 잉여금 ➡ 한국은행 이익잉여금 처분액	• 교환수익
12관 경상이전수입			
연금수입 (55)	연금기여금 (551)	• 일반회계, 기타특별회계, 기금의 연금부담금 ➡ 국가가 고용주로서의 부담금 관련 연금수익(공무원,군인)	• 교환수익(연금수익) ➡ 재정운영표상 프로그램수익 또는 비배분수익(공무원,군인)
연금수입 (55)	기업특별회계 연금부담금 (552)	• 기업특별회계 연금부담금 ➡ 국가가 고용주로서의 부담금 관련 연금수익(공무원,군인)	• 교환수익(연금수익) ➡ 재정운영표상 프로그램수익 또는 비배분수익(공무원,군인)
연금수입 (55)	자치단체연금 부담금(553)	• 자치단체 연금부담금 ➡ 자치단체가 고용주로서 부담금 관련 연금수익(공무원)	• 교환수익(연금수익) ➡ 재정운영표상 프로그램수익 또는 비배분수익(공무원,군인)
벌금,몰수금 및과태료 (56)	벌금및과료 (561)	• 법령에 의하여 국가가 수납할 벌금, 과료 및 즉결재판에 의한 벌금,과료	• 비교환수익 • 일반회계·기타특별회계는 순자산변동표상 재원의이전 • 기금·기업특별회계는 재정운영표상 비교환수익등 ➡ 벌금및과료는 중앙관서에 따라 수납후징수결정 방법으로 수익인식 가능
벌금,몰수금 및과태료 (56)	몰수금및추징금(562)	• 법령에 의하여 국가가 수납할 몰수금, 몰수물품, 압수물 공매대금 및 추징금	• 비교환수익 • 일반회계·기타특별회계는 순자산변동표상 재원의이전 • 기금·기업특별회계는 재정운영표상 비교환수익등 ➡ 몰수품은 중앙관서에 따라 처분시점에 수익인식 가능
벌금,몰수금 및과태료 (56)	과태료(563)	• 법령에 의하여 국가가 수납할 과태료 등(이행강제금 포함)	• 비교환수익 • 일반회계·기타특별회계는 순자산변동표상 재원의이전 • 기금·기업특별회계는 재정운영표상 비교환수익등 ➡ 자진신고 후 고지전 납부하는 경우 수납후징수결정 방법으로 수익인식 가능

항	목	내역	세입과목 및 회계과목 성격
벌금,몰수금 및과태료 (56)	징계부과금 (564)	•법령에 의하여 국가가 수납할 징계부과금 등	•비교환수익 •일반회계·기타특별회계는 순자산변동표상 재원의이전 •기금·기업특별회계는 재정운영표상 비교환수익등
벌금,몰수금 및과태료 (56)	과장금(565)	•법령에 의하여 국가가 수납할 과징금 등	•비교환수익 •일반회계·기타특별회계는 순자산변동표상 재원의이전 •기금·기업특별회계는 재정운영표상 비교환수익등
변상금및 위약금(57)	변상금(571)	•법령과 계약에 의하여 국가가 수납할 변상금	•비교환수익 •일반회계·기타특별회계는 순자산변동표상 재원의이전 •기금·기업특별회계는 재정운영표상 비교환수익등
변상금및 위약금(57)	위약금(572)	•법령과 계약에 의하여 국가가 수납할 위약금 ➡ 지체상금. 계약불이행위약금 등	•비교환수익 •일반회계·기타특별회계는 순자산변동표상 재원의이전 •기금·기업특별회계는 재정운영표상 비교환수익등
가산금(58)	가산금(581)	•법령과 계약에 의하여 국가가 수납할 가산금	•비교환수익 •일반회계·기타특별회계는 순자산변동표상 재원의이전 •기금·기업특별회계는 재정운영표상 비교환수익등 ➡ 납부기한 종료 후 고지하는 때 수익인식
기타경상이전 수입(59)	법정부담금 (593)	•법령에 의해 사업에 소요되는 경비의 전부 또는 일부를 부담시킴으로써 얻는 수입	•비교환수익 •일반회계·기타특별회계는 순자산변동표상 재원의이전 •기금·기업특별회계는 재정운영표상 비교환수익등
기타경상이전 수입(59)	민간출연금 (594)	•민간의 자발적, 임의적 출연에 의한 수입 ➡ 국민성금, 관련단체기부금 등	•비교환수익 •기부금일 경우 일반회계·기타특별회계는 순자산변동표상 재원의이전 •기부금일 경우 기금·기업특별회계는 재정운영표상 비교환수익등 •기금이 수령하는 출연금일 경우 원본이 유지되는 출연금은 순자산변동표상 기타순자산의증감으로, 조성된 재원이 소진되는 출연금은 재정운영표상 비교환수익등(무상이전수입)으로 처리

항	목	내역	세입과목 및 회계과목 성격
기타경상이전수입(59)	설비부담금(595)	•설비부담금수입 ➡ 수탁공사비 포함	•비교환수익 •일반회계·기타특별회계는 순자산변동표상 재원의이전 •기금·기업특별회계는 재정운영표상 비교환수익등
기타경상이전수입(59)	기타경상이전수입(596)	•연체료 •반환금(국고보조금반환금, 급여반환금, 국비훈련비정산금, 과오지급금회수, 전세보증금반환금 등)	•연체료는 비교환수익 처리 •반환금의 경우 당기 발생한 비용에 대한 반환금은 해당 비용 차감, 전기 이전에 발생한 비용에 대한 반환금은 교환수익(프로그램수익 또는 비배분수익)으로 처리
13관 재화및용역판매수입			
병원수입(62)	병원수입(621)	•병원(책임운영기관특별회계 등) 운영관련 재화및용역판매수입	•교환수익 ➡ 일반적으로 책임운영기관특별회계에서 대부분 발생하며, 이 경우 프로그램수익 처리
교도소수입(63)	교도소수입(631)	•교도소(법무부) 운영에 따른 재화및용역판매수입	•교환수익 ➡ 교도작업특별회계(법무부)에서 발생하며, 이 경우 프로그램수익 처리함
입장료수입(64)	입장료수입(641)	•궁능원, 전망대 등 각종 입장료수입(관람료수입 포함)	•교환수익 ➡ 수입대체경비수입이 아닌 이상 일반회계는 비배분수익으로만 처리
면허료및수수료(65)	면허료및수수료(651)	•면허, 허가, 인가 및 증명발급에 수반하는 수수료 •입학원서 및 고시수수료 •청원경찰수수료 등	•교환수익 ➡ 수입대체경비수입이 아닌 이상 일반회계는 비배분수익으로만 처리
입학금및수업료(66)	입학금(661)	•국립학교 입학금	•교환수익
입학금및수업료(66)	수업료(662)	•국립학교 수업료	•교환수익
항공,항만및용수수입(67)	항공항만수입(671)	•항공·항만시설의 이용에 따른 재화및용역판매수입	•교환수익
항공,항만및용수수입(67)	용수수입(672)	•공엽용수사용료 등 용수이용에 따른 수입	•교환수익

항	목	내역	세입과목 및 회계과목 성격
실습수입(68)	실습수입(681)	• 학교 및 단체의 실습연구시험에 따른 부산물 수입	• 교환수익
잡수입(69)	기타잡수입(691)	• 기타 재화 및 용역의 비기업적 판매에 다른 수입	• 교환수익
잡수입(69)	수탁사업예납금(693)	• 수탁사업을 위해 예치한 예납금	• 부채증가
잡수입(69)	유동자산매각익(694)	• 기금 및 기업특별회계의 유동자산 처분시 발생하는 처분가액과 장부가액의 차액	• 교환수익 ➡ 자산처분손익은 교환거래에서 발생하는 손익임 ➡ 기금 등에서는 유동자산은 미수채권, 유가증권, 금융상품 등을 의미
잡수입(69)	고정자산매각익(694)	• 기금 및 기업특별회계의 고정자산 처분시 발생하는 처분가액과 장부가액의 차액	• 교환수익 ➡ 자산처분손익은 교환거래에서 발생하는 손익임 ➡ 고정자산은 기금 등에서는 일반유형자산, 사회기반시설, 무형자산 등을 의미
잡수입(69)	기타영업외잡수익(697)	• 기업특별회계 기타 영업의 차액	• 교환수익
잡수입(69)	부가보험료(698)	• 우체국보험특별회계 운영경비로 사용되는 보험료수입 ➡ 우정사업본부의 우편사업특별회계와 우체국예금특별회계는 기업특별회계영업수입(10관)으로 인식	• 교환수익
14관 수입대체경비수입 • 「국가재정법」 제53조①에 의한 경비로 지출되는 수입으로서 항·목은 일반회계 세입코드와 동일하지만 14관 수입대체경비수입으로 별도로 편성되는 경우에만 수입대체경비수입으로 인정을 받음 • 일반회계의 경우 수입대체경비수입으로 예산이 편성된 경우에 한하여 프로그램수익으로 인식할 수 있음(수입대체경비수입이 아닌 일반회계의 교환수익은 모두 비배분수익으로 계상됨) • 수입대체경비수입이 예산을 초과 또는 초과예상 되는 경우 초과수입에 직접 관련되는 경비에 초과지출할 수 있음(예산총계주의 원칙의 예외)			
15관 관유물매각대			
고정자산매각대(71)	건물매각대(711)	• 국유재산 중 건물 매각수입	• 자산감소(장부가액 부분) • 교환수익(처분가액이 장부가액을 초과할 경우)
고정자산매각대(71)	기계기구매각대(712)	• 국유재산 중 기계기구 매각수입	• 자산감소(장부가액 부분) • 교환수익(처분가액이 장부가액을 초과할 경우)

항	목	내역	세입과목 및 회계과목 성격
고정자산 매각대(71)	기타고정자산 매각대(713)	• 국유재산 중 기타고정자산 매각수입	• 자산감소(장부가액 부분) • 교환수익(처분가액이 장부가액을 초과할 경우)
토지및무형자산매각대(72)	토지매각대(721)	• 국유재산 중 토지 매각수입	• 자산감소(장부가액 부분) • 교환수익(처분가액이 장부가액을 초과할 경우)
토지및무형자산매각대(72)	입목죽매각대(722)	• 국유재산 중 입목 등 매각수입	• 자산감소(장부가액 부분) • 교환수익(처분가액이 장부가액을 초과할 경우)
토지및무형자산매각대(72)	기타토지및무형자산매각대(723)	• 국유재산 중 임업권, 광업권, 특허권 등 기타 토지 및 무형자산 매각수입	• 자산감소(장부가액 부분) • 교환수익(처분가액이 장부가액을 초과할 경우)
재고자산매각대및유동자산(73)	재고자산매각대(731)	• 재고자산의 매각수입	• 재고자산 매각은 자산감소의 성격을 가지나, • 회계 관행상으로 재고자산매각대 전체를 수익으로, • 재고자산 구입가격을 원가로 인식함
재고자산매각대및유동자산(73)	유동자산매각대(732)	• 기타 내용연수 1년 이내의 불용품 등 유동자산 매각수입	• 자산감소(장부가액 부분) • 교환수익(처분가액이 장부가액을 초과할 경우) ➡ 불용품의 경우 장부가액은 거의 없거나, 0원임
재고자산매각대및유동자산(73)	국세물납주식매각대(732)	• 국세징수 대신 수납한 주식의 매각수입	• 자산감소(장부가액 부분) • 교환수익(처분가액이 장부가액을 초과할 경우)
20관 융자·출자 및 전대차관 원금회수			
융자원금회수(75)	지방자치단체융자원금회수(751)	• 지방자치단체로부터 받는 융자원금 회수금	• 자산감소
융자원금회수(75)	통화금융기관융자원금회수(752)	• 통화금융기관으로부터 받는 융자원금 회수금	• 자산감소
융자원금회수(75)	비통화금융기관융자원금회수(753)	• 비통화금융기관으로부터 받는 융자원금 회수금	• 자산감소
융자원금회수(75)	기타민간융자원금회수(754)	• 기타 민간으로부터 받는 융자원금 회수금 • 해외로부터의 융자 및 차관원금 회수금(전대차관 아님)	• 자산감소

항	목	내역	세입과목 및 회계과목 성격
전대차관원금회수(77)	지방자치단체전대차관원금회수(771)	• 공공자금관리기금이 지방자치단체로부터 받는 전대차관원금 회수금 ➡ 전대차관원금상환(세출)과 연결	• 자산감소
전대차관원금회수(77)	통화금융기관전대차관원금회수(772)	• 공공자금관리기금이 통화금융기관으로부터 받는 전대차관원금 회수금 ➡ 전대차관원금상환(세출)과 연결	• 자산감소
전대차관원금회수(77)	비통화금융기관전대차관원금회수(773)	• 공공자금관리기금이 비통화금융기관으로부터 받는 전대차관원금 회수금 ➡ 전대차관원금상환(세출)과 연결	• 자산감소
전대차관원금회수(77)	기타민간전대차관원금회수(774)	• 공공자금관리기금이 기타 민간으로부터 받는 전대차관원금 회수금 ➡ 전대차관원금상환(세출)과 연결	• 자산감소
정부출자주식매각대(78)	정부출자주식매각대(781)	• 정부가 보유하고 있는 공공기관 등에 대한 출자주식 매각수입	자산감소
31관 차입금 및 여유자금회수			
국공채수입(81)	국공채발행수입(811)	• 국공채의 최초 발행 수입 ➡ 유통되고 있어 보유하고 있는 국채 및 공채의 매각수입은 국채매각대(844목) 또는 공채매각대(845목) 계상 ➡ 국채는 기획재정부의 국고채와 외평채(외국환평형기금채권), 국토교통부의 국민주택채권을 의미 ➡ 공채는 중소벤처기업창업 및 진흥기금(민간기금)이 발행하는 중소기업진흥채권, 예금보험기금채권상환기금이 발행하는 예금보험기금채권상환기금채권을 의미	• 부채증가 ➡ '발행가액>액면가액'일 경우 국(공)채할증발행차금이 발생하며, 부채가액에 가산 ➡ '발행가액<액면가액'일 경우 국(공)채할인발행차금이 발생하며, 부채가액에서 차감 ➡ 국(공)채할인·할증발행차금은 '상각'의 과정을 통해 0으로 수렴하며, 이에 따라 만기에는 국공채 액면가액으로 상환
민간차입금(82)	한은장기차입금(821)	• 한국은행으로부터의 차입	• 부채증가
민간차입금(82)	통화금융기관장기차입금(822)	• 통화금융기관으로부터의 차입	• 부채증가
민간차입금(82)	비통화금융기관장기차입금(823)	• 비통화금융기관으로부터 차입	• 부채증가
민간차입금(82)	기타민간차입금(824)	• 기타 민간으로부터의 차입	• 부채증가

항	목	내역	세입과목 및 회계과목 성격
민간차입금(82)	한은일시차입금(825)	• 한국은행으로부터의 일시차입	• 부채증가 ➡ 일반적으로 결산시에는 일시차입금은 상환됨
유가증권 매각대(84)	지방채매각대(842)	• 여유자금운용 등의 목적으로 취득한 지방채의 매각수입	• 자산감소(장부가액 부분) • 교환수익(처분가액이 장부가액을 초과할 경우)
유가증권 매각대(84)	기타유가증권 매각대(843)	• 여유자금운용 등의 목적으로 취득한 유가증권의 매각수입 ➡ 비금융공기업주식, 정부투자기관 주식, 수익증권 등 주로 지분증권 성격의 유가증권이나, 회사채 등 일부 채무증권도 해당 ➡ 정부출자주식매각대는 781목	• 자산감소(장부가액 부분) • 교환수익(처분가액이 장부가액을 초과할 경우)
유가증권 매각대(84)	국채매각대(844)	• 여유자금운용 등의 목적으로 취득한 국채의 매각수입 ➡ 최초 발행을 통한 수입이 아닌 유통된 국채 보유 후 매각수입	• 자산감소(장부가액 부분) • 교환수익(처분가액이 장부가액을 초과할 경우)
유가증권 매각대(84)	공채매각대(845)	• 여유자금운용 등의 목적으로 취득한 공채의 매각수입 ➡ 최초 발행을 통한 수입이 아닌 유통된 공채 보유 후 매각수입	• 자산감소(장부가액 부분) • 교환수익(처분가액이 장부가액을 초과할 경우)
정부예금 회수(85)	한국은행예치금회수(851)	• 여유자금운용 등을 위해 한국은행에 예치한 원금의 회수 ➡ (통합)국고금 운용 등	• 자산감소
정부예금 회수(85)	통화금융기관 예치금회수(852)	• 여유자금운용 등을 위해 통화금융기관에 예치한 원금 회수 ➡ 일반적인 금융상품(예적금 등) ➡ 예치금 이자는 546목 기타재산이자수입으로 처리	• 자산감소
정부예금 회수(85)	비통화금융기관예치금회수(853)	• 여유자금운용 등 위해 비통화금융기관에 예치한 원금 회수 ➡ 일반적인 금융상품(예적금 등) ➡ 예치금 이자는 546목 기타재산이자수입으로 처리	• 자산감소
정부예금 회수(85)	기타민간예탁금회수(854)	• 여유자금운용 등 위해 기타 민간에 예치한 원금 회수 ➡ 예치금 이자는 546목 기타재산이자수입으로 처리	• 자산감소

항	목	내역	세입과목 및 회계과목 성격
32관 차관수입			
차관수입(86)	차관현금수입(861)	• 해외로부터 직접 도입한 차관수입(현금) ➡ 전대차관 상환을 위해 공공자금관리기금에서 회수하는 자금은 77항 전대차관원금회수 및 92항 예탁원금회수 계상	• 부채증가 ➡ 일종의 해외차입금임 ➡ 전대차관원금회수나 예탁원금회수는 자산감소와 관련
차관수입(86)	차관물자용역대수입(862)	• 해외의 실물자본을 사용함으로써 도입하는 차관수입	• 부채증가
33관 전년도이월금			
전년도이월금(88)	전년도이월금(881)	• 전년도로부터 이월된 금액의 세입 인식 ➡ 단년도 예산편성을 근간으로 함에 따라 당기 세출(지출)의 재원이 될 수 있는 전년도이월금은 세입(수입)처리해야 함	• 동일한 회계·기금 내에서의 전년도이월금은 복식부기 회계처리 없음 ➡ 동일한 회계·기금 내에서의 전년도이월금은 단년도 예산편성을 근간으로 하는 세입세출결산에만 있는 개념
34관 세계잉여금			
세계잉여금이입액(89)	세계잉여금이입액(기금)(892)	• 일반회계 세계잉여금 중 국가재정법 제90조에 의한 세계잉여금의 기금이입액 ➡ 공적자금상환기금 출연, 공공자금관리기금 원리금 상환	• 비교환수익 ➡ 일반회계 세계잉여금을 이전받은 기금에서는 비교환수익 처리
세계잉여금이입액(89)	전년도세계잉여금(893)	• 일반회계 세계잉여금 중 국가재정법 제90조 제8항에 의한 세계잉여금의 다음 연도 세입 이입액 ➡ 세입이입액 = 세계잉여금 − 교부세정산 − 공적자금상환기금출연 − 국채 등 채무상환 − 추가경정예산 • 특별회계 세계잉여금의 다음 연도 세입 이입액	• 기본적으로 복식부기 회계처리 없음 ➡ 세계잉여금이입액은 단년도 예산편성을 근간으로 하는 세입세출결산에만 있는 개념
40관 정부내부수입 및 기타			
전입금(91)	일반회계전입금(911)	• 정부내부거래로서 일반회계로부터 무상으로 받는 전입금 ➡ 일반회계 → 일반·특별회계, 기금	• 비교환수익 • 통합재무제표 작성시 내부거래제거
전입금(91)	특별회계전입금(912)	• 정부내부거래로서 특별회계로부터 무상으로 받는 전입금 ➡ 특별회계 → 일반·특별회계, 기금	• 비교환수익 • 통합재무제표 작성시 내부거래제거
전입금(91)	기금전입금(913)	• 정부내부거래로서 기금으로부터 무상으로 받는 전입금 ➡ 기금 → 일반·특별회계, 기금	• 비교환수익 • 통합재무제표 작성시 내부거래제거

항	목	내역	세입과목 및 회계과목 성격
전입금(91)	계정간전입금(915)	•정부내부거래로서 동일 회계·기금 내 타계정으로부터 무상으로 받는 전입금 ➡ XX특별회계 손익계정 → 자본계정	•비교환수익 •해당 회계·기금 재무제표 작성시 내부거래제거
전입금(91)	기타전입금(916)	•국가가 특별히 보유하고 있는 자금으로부터 무상으로 받는 진입금	•비교환수익 •해당 회계·기금 재무제표 작성시 내부거래제거
예탁원금회수(92)	일반회계예탁원금회수(921)	•정부내부거래로서 일반회계로부터 받는 예탁원금 회수금 ➡ 세출거래의 예수금원금상환(510-04)과 대응됨. 세출거래의 경우 예수금원금상환 계정과목은 1개이나, 세입거래의 경우 921목~925목을 사용	•자산감소 •통합재무제표 작성시 내부거래제거
예탁원금회수(92)	특별회계예탁원금회수(922)	•정부내부거래로서 특별회계로부터 받는 예탁원금 회수금 ➡ 세출거래의 예수금원금상환(510-04)과 대응됨. 이하 921목 참고	•자산감소 •통합재무제표 작성시 내부거래제거
예탁원금회수(92)	기금예탁원금회수(923)	•정부내부거래로서 기금으로부터 받는 예탁원금 회수금 ➡ 세출거래의 예수금원금상환(510-04)과 대응됨. 이하 921목 참고	•자산감소 •통합재무제표 작성시 내부거래제거
예탁원금회수(92)	계정간예탁원금회수(925)	•정부내부거래로서 동일 회계 또는 기금 내 타계정으로부터 받는 예탁원금 회수금 ➡ 세출거래의 예수금원금상환(510-04)과 대응됨. 이하 921목 참고	•자산감소 •통합재무제표 작성시 내부거래제거
예탁원금회수(92)	타회계전대차관원금회수(926)	•정부내부거래로서 공공자금관리기금이 타회계(일반·특별)로부터 전대차관의 상환을 위해 받는 원금회수 ➡ 세출거래의 전대차관원금상환(510-06))과 대응됨. 세출거래의 경우 전대차관원금상환 계정과목은 1개이나, 세입거래의 경우 정부내거래는 926목 또는 927목을 사용하며, 정부외거래는 771목~774목을 사용	•자산감소 •통합재무제표 작성시 내부거래제거

항	목	내역	세입과목 및 회계과목 성격
예탁원금회수(92)	기금전대차관원금회수(927)	• 정부내부거래로서 공공자금관리기금이 기금으로부터 전대차관의 상환을 위해 받는 원금회수 ➡ 세출거래의 전대차관원금상환(510-06))과 대응됨. 이하 926목 참고	• 자산감소 • 통합재무제표 작성시 내부거래제거
예수금(94)	일반회계예수금(941)	• 정부내부거래로서 일반회계로부터 받는 예수금 ➡ 세출거래의 일반회계예탁금(480-01)과 대응됨	• 부채증가 • 통합재무제표 작성시 내부거래제거
예수금(94)	특별회계예수금(942)	• 정부내부거래로서 특별회계로부터 받는 예수금 ➡ 세출거래의 특별회계예탁금(480-02)과 대응됨	• 부채증가 • 통합재무제표 작성시 내부거래제거
예수금(94)	기금예수금(943)	• 정부내부거래로서 기금으로부터 받는 예수금 ➡ 세출거래의 기금예탁금(480-03)과 대응됨	• 부채증가 • 통합재무제표 작성시 내부거래제거
예수금(94)	계정간예수금(945)	• 정부내부거래로서 동일 회계 또는 기금 내 타계정으로부터 받는 예수금 ➡ 세출거래의 계정간예탁금(480-04)과 대응됨	• 부채증가 • 통합재무제표 작성시 내부거래제거
예수금(94)	기타민간예수금(946)	• 주택청약저축 등 민간으로부터 받는 예수금 ➡ 국토교통부 주택도시기금의 기타민간예수금이 대표적임(주택청약저축)	• 부채증가
예탁이자수입(95)	일반회계예탁이자수입(951)	• 정부내부거래로서 일반회계에 예탁한 자금의 이자수입 ➡ 세출거래의 예수금이자(510-05)와 대응됨. 세출거래의 경우 예수금이자 계정과목은 1개이나, 세입거래의 경우 951목~955목을 사용	• 교환수익 • 통합재무제표 작성시 내부거래제거
예탁이자수입(95)	특별회계예탁이자수입(952)	• 정부내부거래로서 특별회계에 예탁한 자금의 이자수입 ➡ 세출거래의 예수금이(510-05)와 대응됨. 이하 952목 참고	• 교환수익 • 통합재무제표 작성시 내부거래제거
예탁이자수입(95)	기금예탁이자수입(953)	• 정부내부거래로서 기금에 예탁한 자금의 이자수입 ➡ 세출거래의 예수금이(510-05)와 대응됨. 이하 952목 참고	• 교환수익 • 통합재무제표 작성시 내부거래제거

항	목	내역	세입과목 및 회계과목 성격
예탁이자 수입(95)	계정간예탁이 자수입(955)	•정부내부거래로서 동일 회계 또는 기금 내 타계정에 예탁한 자금의 이자 수입 ➡ 세출거래의 예수금이(510-05)와 대응됨. 이하 952목 참고	•교환수익 •통합재무제표 작성시 내부거래제거
예탁이자 수입(95)	타회계전대차 관이자수입 (956)	•정부내부거래로서 공공자금관리지금이 타회계(일반·특별)로부터 받는 전대차관에 대한 이자수입 ➡ 세출거래의 전대차관이자(510-07)와 대응됨. 세출거래의 경우 전대차관이자 계정과목은 1개이나, 세입거래의 경우 956목 또는 925목을 사용	•교환수익 •통합재무제표 작성시 내부거래제거
예탁이자 수입(95)	기금전대차 관 이자수입 (957)	•정부내부거래로서 공공자금관리지금이 기금으로부터 받는 전대차관에 대한 이자수입 ➡ 세출거래의 전대차관이자(510-07)와 대응됨. 이하 956목 참고	•교환수익 •통합재무제표 작성시 내부거래제거

(주1) 세입과목 및 회계과목의 성격은 대표적인 것을 언급한 것으로 특별한 예외사항이 존재하거나 특별한 거래의 경우 변동될 수 있음

6. 세입거래의 대표 행위: 조세행정 관점에서 조세의 특성과 정부회계 영향

조세에 대한 일반적인 정의는 국가 또는 지방자치단체가 재정수입을 조달할 목적으로 과세요건을 충족하는 국민에게 개별적인 반대급부 없이 징수하는 금품이라 할 수 있다. 이를 세부적으로 살펴 보면 다음과 같다(이철재 외(2018) 참조).

㉠ 부과권자: 조세는 국가 또는 지방자치단체가 징수한다는 점에서 공공기관이 징수하는 공공요금(한국전력공사의 전기요금, 한국가스공사의 가스요금(도매), 한국수자원공사의 수도요금 등)과 다르다.

㉡ 징수목적: 조세의 주된 목적은 국가 또는 자지단체의 재정수입조달이지만, 이외에도 소득재분배나 부동산투기 억제 등의 부차적인 목적도 있다. 이러한 점에서 조세는 위법행위의 제재를 목적으로 하는 벌금과 다르다.

㉢ 발생근거: 조세는 법률에 의하여 발생한다는 점에서 계약에 의하여 발생하는

사업상의 채무와 다르다.

㉣ 비교환거래: 국가 또는 자치단체는 조세를 납부한 자에게 그에 상응하는 개별적인 반대급부를 제공하지 않는다. 정부는 다양한 정책사업을 국민에게 제공하지만 조세납부액과 개별적으로 대응되지 않는 전형적인 비교환거래의 특성을 가진다. 이러한 점에서 특정 용역 제공에 대한 대가인 수수료나 사용료와 다르다.

한편, 일반적으로 조세를 연구하고 이를 바라보는 관점은 크게 세가지 방향에서 접근이 가능하다. 첫째, 조세 부과의 타당성, 세법 체계의 정립과 조세법률주의(법률의 근거 없이는 국가는 조세를 부과·징수할 수 없고, 국민은 조세의 납부를 강요받지 않는다는 원칙(조세통람)), 조세범처벌, 조세소송 등 연구하는 법학적인 관점, 둘째, 납세의무자의 세액산출, 세금이 경영활동에 미치는 영향, 세법의 실무적 해석, 세금과 회계의 관계 등을 다루는 경영·회계학적인 관점, 마지막으로 조세의 정책적 효과, 국세·지방세의 불균형, 조세징수 절차, 조세수입의 관리 등 행정학적인 관점으로 구분할 수 있다. 본서에서는 이 중 행정학(특히, 정부회계)적인 관점에서 조세의 의미와 구분, 조세의 규모와 변화추이, 세부적인 주요 세금에 대한 이해를 살펴보도록 하며, 조세의 상당부분을 차지하는 국세를 위주로 설명한다.

(1) 조세의 구분: 국세와 지방세

정부재정의 근간이 되는 조세는 중앙정부(국가)가 징수하는 국세와 지방정부(지방자치단체)가 징수하는 지방세로 구분된다. 국가가 징수하는 국세는 소득세, 법인세, 부가가치세 등 14종의 세목(稅目)으로 구성되어 있으며, 지방세는 취득세, 재산세 등 11종의 세목으로 구성된다. 국세는 국세청(세무서), 관세청(세관), 기획재정부에서 징수하여 국고로 이전하고, 지방세는 각 지방자치단체가 직접 징수한다. 2015~2020년 결산액을 기준으로 볼 때, 국세수입과 지방세수입의 비율은 약 75:25로 불균형 상태인데, 이는 낮은 지방재정자립도의 중요한 원인이 된다고 볼 수 있다. 이를 해결하기 위하여 지방교부세((협의의)내국세의 19.24%, 종합부동산세의 100%, 담배개별소비세의 45%), 지방교육재정교부금((협의의)내국세의 20.79%) 등 지방재정조정제도가 마련되어 있으며, 최근 자치분권 2.0 시대를 대비하여 지방소비세율의 증가(2013년 5%→2023년 25.3%) 등 국세를 근간으로 하는 지방재원 확충 방안이 운영되고 있다.

(금액단위: 조원)

구분	2015년 결산	2016년 결산	2017년 결산	2018년 결산	2019년 결산	2020년 결산
국세	217.9 (75.4%)	242.6 (76.3%)	265.4 (76.7%)	293.6 (77.7%)	293.5 (76.4%)	285.5 (73.7%)
지방세	71.0 (24.6%)	75.5 (23.7%)	80.4 (23.3%)	84.3 (22.3%)	90.5 (23.6%)	102.0 (26.3%)
합계	288.9 (100%)	318.1 (100%)	345.8 (100%)	377.9 (100%)	384.0 (100%)	387.5 (100%)

(*) 출처: 2023 주요 재정통계(2023), 한국재정정보원

➡ 2017~2022년 광역자치단체별 재정자립도 변화는 다음과 같다. 전국 평균으로 재정자립도는 50%에 미달하는데, 서울특별시, 경기도 등 수도권 지역 재정자립도가 높으므로 그나마 45% 전후의 평균 재정자립도가 유지되는 것이다. 경기도를 제외한 "도"지역의 경우 재정자립도가 30% 전후인 것을 볼 수 있다.

(비율단위: %)

구분	2017년	2018년	2019년	2020년	2021년	2022년
전국	47.2	46.8	44.9	45.2	43.6	45.3
서울특별시	80.5	79.2	76.5	76.1	75.6	76.3
부산광역시	52.9	52.3	50.0	49.2	46.1	46.9
대구광역시	49.9	47.6	45.9	45.4	44.6	47.9
인천광역시	60.5	60.3	57.7	54.0	50.3	52.8
광주광역시	44.8	43.8	40.8	41.1	40.8	41.1
대전광역시	50.9	47.1	43.9	41.4	39.9	42.4
울산광역시	60.2	59.9	53.7	51.6	49.6	48.7
세종특별자치시	58.0	57.1	62.1	59.3	58.8	56.9
경기도	61.3	61.9	60.5	58.6	57.3	61.6
강원도	24.1	23.5	23.5	25.8	24.5	24.7
충청북도	30.0	29.6	28.7	30.1	28.3	30.2
충청남도	34.3	34.5	33.0	34.4	32.3	33.1
전라북도	22.3	21.5	20.4	24.9	23.1	23.8
전라남도	20.0	19.8	19.1	23.3	22.2	24.2
경상북도	26.2	26.2	24.9	27.1	24.9	25.6
경상남도	38.7	37.7	33.4	34.3	33.5	32.8
제주특별자치도	33.7	34.5	33.0	32.9	32.7	32.7

(*) 출처: KOSIS(국가통계포털) 2023.7.1. 현재

(주1) 상기 재정자립도는 2014년 지방자치단체 세입과목의 개편(잉여금, 이월금, 전입금, 예탁·예수금이 세외수입에서 제외)으로 인한 세입과목개편후를 기준으로 산출한 것임

(주2) 재정자립도 = [자체수입(지방세구입 + 세외수입 − 지방채) ÷ 자치단체 예산규모] × 100%

(2) 국세의 구분 ①: 내국세와 관세(※ 일반적인 개념과 법령상 개념의 차이)

국세를 구분하는 방법은 여러 가지가 있으나, 가장 일반적인 것은 국경을 기준으로 하여 국경 안에서 징수가 이루어지는(즉, 통관절차가 필요 없는) 내국세와 국경을 경계로 하여 징수가 이루어지는(즉, 통관절차가 필요한) 관세로 구분하는 것이다. 다만, 이러한 구분에서의 내국세는 일종의 광의의 내국세 개념이고, 실제 현행 법령에서 정의하고 있는 '내국세'는 「지방교부세법」 제4조에서 규정하고 있다(즉, 협의의 내국세). 「지방교부세법」에서 규정하고 있는 내국세는 소득세, 법인세, 부가가치세, 상속세·증여세, 인지세, 증권거래세, 개별소비세, 기타내국세(과년도수입 등)를 의미한다). 이외 법령상(즉, 협의의) 내국세에 포함되지 않는 (광의의) 내국세는 목적세(교통·에너지·환경세, 교육세, 농어촌특별세), 종합부동산세, 국가균형발전특별회계 재원의 세금인 주세가 있다.

➡ 내국세에 대한 법령상의 정의가 「지방교부세법」에 있는 이유는 우리나라에서는 국세의 비중이 지방세에 비해 현저하게 높아 국세의 일부를 지방자치단체의 세입 재원으로 지원하기 위해서인 바, 이렇게 국세의 일부를 법령에 따라 지방자치단체에 교부하는 것을 지방교부세라고 하고 이를 「지방교부세법」에서 규정하고 있기 때문이다. 지방교부세는 내국세의 19.24%(이 중 97%는 보통교부세이고 3%는 특별교부세임), 종합부동산세 100%(부동산교부세), 개별소비세 중 담배개별소비세의 45%(소방안전교부세)로 구성된다. 이때 내국세는 소득세, 법인세, 부가가치세, 상속세·증여세, 인지세, 증권거래세, 개별소비세(단, 담배개별소비세의 45%는 제외), 기타내국세(과년도수입 등 기타)를 의미한다(「지방교부세법」 제4조제1항제1호). 한편, 지방교육재정과 관련하여 「지방교육재정교부금법」에서도 상기와 같은 내국세에 대한 개념이 규정되어 있으며(「지방교부세법」상 내국세와 정의가 동일), 내국세의 20.79%를 교부하고 있다. 즉, 2023년 현재 법령상 내국세의 약 40%가 지방자치단체 및 지방교육청에 반드시 교부되고 있는 실정이다.

국가회계 관점에서 보면, 협의의(법령상) 내국세의 약 40%, 그리고 목적세·종합부동산세·주세 전액이 사용목적이 정해져 있다는 점은 현재 국가가 국가 고유의 정책활동에 사용할 수 있는 재원은 상당히 제한적이라는 것을 알 수 있다.

(3) 국세의 구분 ②: 보통세와 목적세(※ 일반 재정지출과 특정 재정지출 재원)

국세는 특정한 목적이 정해지지 않고 재정지출의 일반적인 재원이 되는 보통세와 특정한 지출목적을 가지는 목적세로 구분될 수도 있다. 일반적으로 「지방교부세법」 등 법령에 근거한 목적세로는 교통·에너지·환경세, 교육세, 농어촌특별세 등 3개가 있다고 알려져 있으나, 실질적으로 징수된 세수입 전액을 특정 목적에 사용되는 종합부동산세(일반회계에서 징수되지만, 지방교부세법에 따라 전액 지방자치단체 교부됨)와 주세(국가균형발전특별법에 따라 사용 목적이 정해져 있는 국가균형발전특별회계에서 사용)도 광의의 관점에서 보면 (유사)목적세라고 할 수 있다.

국가회계 관점에서 보면, 보통세는 국가의 일반적인 재정지출 전반의 재원이 되며, 목적세(유사 목적세 포함)는 특정한 목적 또는 특별회계의 재정지출의 재원이 된다고 볼 수 있다. 이는 일반회계에서 징수하는지 아니면 특별회계에서 징수하는지에 따라 국세수익 회계처리가 달라질 수 있는 부분과도 관련이 된다(특별회계에서 징수하는 농어촌특별세와 주세의 경우가 이에 해당됨).

(4) 국세의 구분 ③: 직접세와 간접세(※ 실질적인 조세부담자의 차이)

국세는 조세부담자(담세자)와 납세의무자(납세자)가 동일한 직접세와 다른 간접세로 구분하기도 한다(다만, 이론적인 조세부담자·납세의무자 개념과 법률적인 조세부담자·납세의무자 개념이 다를 수 있는데, 여기서는 이론적으로 접근한다). 소득세, 법인세, 상속세, 증여세, 종합부동산세, 증권거래세는 직접세이고, 부가가치세, 인지세, 개별소비세, 교통·에너지·환경세, 주세, 관세는 간접세에 해당한다. 직접세는 소득자 또는 재산소유자가 부담하는 세금의 성격을 가지며(소득기준과세 및 재산기준과세), 간접세는 거래의 과정에서 발생하는 세금의 성격을 가진다(거래기준과세). 본세(本稅)에 부가(附加)되는 농어촌특별세와 교육세는 본세의 성격에 따른다고 볼 수 있다(본세의 성격에 따라 직접세와 간접세 모두 해당된다).

국가회계 관점에서 보면, 직접세와 간접세 구분의 특징은 국세의 징수대상 성격에 따른 소득기준과세, 재산기준과세, 거래기준과세 구분과 밀접하게 연결되는데, '거래의 발생 → 소득의 증가 → 재산의 취득·보유'라는 일련의 흐름과 관련된다.

(5) 국세의 구분 ④: 거래기준과세, 소득기준과세, 재산기준과세(※ 비교환거래 특징)

국세는 징수대상의 성격에 따라 거래기준과세, 소득기준과세, 재산기준과세로 구분될 수 있다. 거래기준과세는 거래과정에서 발생하는 세금으로서 이론적으로 조세부담자와 납세의무자가 다른 간접세의 성격을 가지는데, 부가가치세, 인지세, 개별

소비세, 교통·에너지·환경세, 주세, 관세가 이에 해당한다. 소득기준과세는 조세부담자의 소득 또는 이익을 전제로 부과되는 세금으로서 개인의 소득에 대한 소득세(개인소득세), 법인의 이익에 대한 법인세(법인소득세)가 이에 해당한다. 재산기준과세는 재산의 취득·보유 과정에서 과세하는 것으로서 종합부동산세, 상속세·증여세, 증권거래세가 이에 해당한다(재산기준과세는 재산 보유기간 동안 매년 과세하는 세금과 재산이전과정에서 발생하는 세금으로 구분될 수 있다. 증권거래세는 주식의 양도시에만 발생하지만, 손실이 발생해도 납부해야 하므로 소득기준과세로 보기 어렵다). 본세에 부가(附加)되는 농어촌특별세와 교육세는 본세의 성격에 따른다.

국가회계 관점에서 보면, 국세는 '거래의 발생 → 소득(이익)의 증가 → 재산의 취득·보유'를 근간으로 징수된다는 측면에서 국가의 정책활동의 대가로 국민들이 지급하는 교환거래의 성격이 아니라는 것을 알 수 있다. 국세의 징수가 정책활동의 대가와는 직접적인 관련이 없다는 측면에서 국세징수와 정책활동의 관계는 전형적인 비교환거래의 특성을 보여준다고 할 수 있다.

➡ OECD도 조세의 원천에 따라 조세를 소비과세(consumption taxes), 소득과세(income and profit taxes), 재산과세(property taxes)로 분류하고 있다. 우리나라 명목 GDP 대비 조세수입 비율을 세원별로 살펴보면 2020년 소비과세 6.8%, 소득과세 8.6%, 재산과세 4.0%인데, 2020년 OECD 평균 명목 GDP 대비 조세수입의 비율은 소비과세 10.6%, 소득과세 10.9%, 재산과세 1.9%로서 우리나라의 소비과세 및 소득과세 비율은 OECD 평균에 미달하고 있다. 반면, 재산과세는 높은 것을 볼 수 있으며, 전체적으로 조세수입 비율은 OECD 평균에 약 4%p 정도 미치지 못하고 있다(2023 대한민국 재정(2023), 국회예산정책처).

(6) 국세의 구분 ⑤: 신고납부방식과 부과고지방식(※ 국세수익 인식시점 차이)

국세는 징수하는 방식에 따라 신고납부방식과 부과고지(부과징수)방식이 있다. 신고납부방식의 국세는 납세의무자가 자진하여 신고와 납부를 수행하는 방식을 말하며, 부과과세방식은 정부가 직접 과세대상에 대한 세액을 부과하여 고지하는 방식을 말한다. 신고납부방식이 원칙인 국세는 소득세, 법인세, 부가가치세, 개별소비세, 증권거래세, 교통·에너지·환경세, 주세 등이 있으며, 부과고지방식이 원칙인 국세는 상속세·증여세, 종합부동산세, 관세(일부 신고납부방식 적용) 등이 있다.

현금주의 국세수입의 관점에서는 국세의 징수가 신고납부방식인지 부과고지방식인지가 중요하지 않으나, 발생주의 국가수익의 관점에서는 어느 시점에 국세수익을 인식할 것인지를 결정하는 중요한 차이가 발생한다. 현행 「국가회계기준」 제29조 및 「비교환수익 회계처리지침」 문단15.에서는 신고납부방식의 국세는 납세의무자가 세액을 자진신고하는 때에 신고한 금액으로 수익을 인식하도록 하고 있다. 다만, 납세의무자가 원천징수, 중간예납 등으로 이미 국세 중 일부를 납부한 경우에는 일부 납부할 금액을 신고하는 시점(원천징수의무자가 신고납부하는 때, 납세의무자가 중간예납세액을 자진신고하는 때)에 수익으로 인식하고, 확정신고하는 때에 확정신고한 금액에서 일부 납부한 금액을 차감한 금액을 수익으로 인식하도록 규정하고 있다. 국가가 부과고지하는 방식의 국세는 국가가 고지하는 때에 고지한 금액을 수익으로 인식하며, 만일 국가가 고지하기 전에 납세의무자가 국세를 납부하는 경우에는 부채(기타의선수수익)로 인식하도록 하고 있다.

➡ 부과고지제도는 과세관청의 조사, 결정, 납세신고의 절차를 통해 세액이 확정되는 것으로 납세의무자가 신고를 하더라도 신고는 세액을 확정시키는 효력이 없으며, 단지 과세관청이 부과처분을 하는데 필요한 과세자료를 제출하는 협력의무의 이행효과만 있다.

(7) 국세의 구분 ⑥: 일반회계와 특별회계 관리 국세(※ 세입결산서 인식 중앙관서)

국세는 일반회계에서 관리되는 국세와 특별회계에서 관리되는 국세로도 구분할 수 있다. 농어촌특별세와 주세를 제외한 모든 국세는 일반회계에서 관리되지만, 농어촌특별세와 주세는 각각의 특별회계에서 관리된다.

국가회계 관점에서 보면, 일반회계에서 관리하는 국세수입은 단식부기·현금주의 세입세출결산 상에서는 모두 기획재정부 일반회계 세입결산서에 나타난다(그 이유는 바로 아래 '국세의 구분 ⑦'에서 언급함). 특별회계에서 관리하는 농어촌특별세는 농림축산식품부 소관 농어촌구조개선특별회계 세입결산서에 기재되고, 주세는 기획재정부 소관 국가균형발전특별회계 세입결산서에 기재된다. 즉, 세입세출결산 관점에서는 어떠한 세금인지에 따라 어느 세입결산서에서 국세수입 정보가 나타나는지 달라지는 것이며, 징수 중앙관서별 구분과도 밀접한 관련이 있다.

(8) 국세의 구분 ⑦: 징수 중앙관서별 구분(※ 세입결산서와 국가재무제표 공시 차이)

광의의 내국세는 대부분 국세청에서 징수하고, 관세는 관세청에서 징수한다. 다만, 관세를 부과하는 과정에서 부가가치세, 개별소비세, 교육세, 교통·에너지·환경세 등이 징수될 수도 있어 관세청에서도 이러한 세금을 징수한다. 또한, 국세청, 관세청 외에 기획재정부에서도 일부 국세를 징수하는데, 주로 농어촌특별세와 인지세 등이 이에 해당한다. 특히, 농어촌특별세는 본세에 대한 부가세(附加稅를 의미하며, 부가가치세가 아니다)인데, 이 중 취득세, 등록면허세 등 지방세와 관련한 농어촌특별세의 경우 기획재정부에서 징수한다.

국가회계 관점에서 보면, 국세를 징수하는 중앙관서가 국세청, 관세청, 기획재정부임에도 불구하고 단식부기·현금주의 세입결산서상의 국세수입은 거의 대부분 기획재정부 일반회계 세입결산서에 기록된다(즉, 국세청 및 관세청 세입결산서에는 국세수입 내역이 없다). 농어촌특별세수입과 주세수입의 경우에만 각각 농림축산식품부 소관 농어촌구조개선특별회계와 기획재정부 소관 국가균형발전특별회계의 세입결산서에 인식되고 있을 뿐이다.

이에 비해 복식부기·발생주의 회계 관점에서는 실제 징수기관별로 국세청, 관세청, 기획재정부의 국세징수활동표(필수보충정보)에 국세수익과 국세수입(국세징수활동표에는 '처분' 중 '총현금수입'으로 표시됨)을 계상하고 있다. 이렇듯 국가회계와 관련하여 현금주의 국세수입을 인식하는 중앙관서와 발생주의 국세수익을 인식하는 중앙관서가 상이하다.

추가로 농어촌특별세와 주세의 경우 징수하는 중앙관서와 세입을 인식하는 중앙관서가 차이가 존재하는데, 기획재정부, 국세청, 관세청에서 징수하는 농어촌특별세수입과 주세수입은 국세징수활동표상 '처분' 중 '타회계이전'에 계상하는 회계처리가 필요하게 된다.

(9) 국세별 규모(※ 현금주의 국세수입)

2022회계연도 및 2023회계연도 본예산 금액을 기준으로 국세수입을 회계별·성격별·개별국세별로 구분하면 다음과 같다. 하기 표에서 제시된 금액은 복식부기·발생주의 국세수익이 아닌 단식부기·현금주의에 의한 국세수입임에 주의한다.

(금액단위: 조원)

회계	성격구분	개별세명	징수 중앙관서	22년 본예산	23년 본예산
일반회계	내국세 (협의의 내국세)	소득세	국세청	105.8	131.9
		법인세	국세청	74.9	105.0
		부가가치세	국세청, 관세청	77.5	83.2
		상속세·증여세	국세청	13.1	17.1
		인지세	기재부, 국세청	0.9	0.8
		증권거래세	국세청	7.5	5.0
		개별소비세	관세청, 국세청	10.1	10.2
		기타과년도수입	국세청	6.3	4.8
	목적세 (광의의 내국세)	교통·에너지·환경세	국세청, 관세청	15.5	11.2
		교육세	국세청, 관세청	5.3	4.7
	종합부동산세 (광의의 내국세) (유사 목적세)	종합부동산세	국세청	7.4	5.7
	관세	관세	관세청	8.7	10.7
특별회계	목적세 (광의의 내국세)	농어촌특별세	기재부, 국세청, 관세청	6.7	7.0
	주세 (광의의 내국세) (유사 목적세)	주세	국세청, 관세청	3.7	3.2
합 계				343.4	400.5

(*) 출처: 2022 및 2023 주요 재정통계(2022, 2023), 한국재정정보원

➡ (참고) 조세부담률과 국민부담률: 정부가 국민들에게 제공하는 조세징수와 관련하여 정보 중에는 조세부담률과 국민부담률이 있음. 조세부담률은 국세뿐만 아니라 지방세까지 감안하여 총조세수입이 GDP에서 차지하는 비율을 의미하며, 국민부담률은 총조세수입에 사회보장기여금을 더한 것으로 여기서 사회보장기여금은 4대 사회보험성기금기여금(국민연금, 사학연금, 고용보험, 산재보험), 공무원연금기금기여금, 군인연금기금기여금, 건강보험재정기여금(건강보험, 노인장기요양보험)을 더한 것을 의미한다. 2020년 이후 조세부담률은 약 20%, 국민부담률은 약 29% 정도를 차지하고 있다. (2022 주요 재정통계(2022), 한국재정정보원)

(10) 주요 개별국세의 이해

➡ 아래 언급된 개별국세별 내용과 특성은 일반적인 관점에서 설명이 이루어진 것이며, 실제는 예외적인 사항과 정책적 목적으로 별도로 규정하고 있는 사항이 많다. 따라서 해당 국세의 내용을 실제 정확하게 파악하기 위해서는 개별법령을 상세히 살펴보아야 한다. 하기의 개별국세별 법령의 내용은 2023년 7월 1일을 기준으로 적용되고 있는 것이다.

➡ 국세와 관련한 법령은 아래의 개별국세법령 외에 국세총론과 징수절차와 관련한 사항을 규정하고 있는 법령이 있는데, 국세기본법(국세부과의 원칙, 납세의무, 과세원칙, 국세환급금, 조세구제제도, 납세자의 권리 등 총론적 관점에서 규정), 국세징수법(징수절차, 체납처분 등 규정), 국제조세조정에 관한 법률(국제거래에서 이전가격세제, 국외증여, 국가간 조세협력 등 규정), 조세범처벌법, 조세특례제한법(조세감면 등 규정) 등이 이에 해당된다.

① 부가가치세

구분	부가가치세 주요 세법 내용 및 특성	
세법명	부가가치세법(이하 2023년 7월 1일 기준 세법 규정임)	
정의	㉠ 재화나 용역의 제공 과정에서 발생한 부가가치에 대한 과세 ㉡ 사업자 납부 부가가치세＝매출세액(매출부가가치세)– 매입세액(매입부가가치세)	
납세의무자	영리목적의 유무에 불구하고 재화나 용역을 제공하는 모든 사업자(개인·법인)	
조세부담자	실질적인 조세부담자는 최종소비자임. 따라서 조세부담자≠납세의무자	
징수방법	신고납부방식(일반적인 경우 신고와 동시에 납부가 이루어지는 방식)	
구분의 성격	내국세(광의·협의), 보통세, 간접세, 거래기준과세, 일반회계, 국세청·관세청징수	
사업자종류	일반과세자	매출액에 대한 10%의 단일세율 적용, 매입부가가치세 대한 공제 가능, 세금계산서를 발급할 수 있음
	간이과세자	연매출 8,000만원 미만인 사업자이며, 연매출 4,800만원 이상 8,000만원 미만인 경우 매출액x업종별부가가치율에 10% 세율을 곱하여 부가가치세 납부(단, 4,800만원 미만일 경우 부가세납부 없음)
	면세사업자	면세사업(기초생활필수품, 국민후생용역, 문화관련 사업, 토지공급, 인적용역, 금융·보험용역 등)의 경우 매출부가가치세 없음. 매입부가가치세에 대한 공제 불가능. 세금계산서 대신 계산서 발급
과세기간·시점	㉠ 법인사업자는 1년을 6개월로 구분하여 상반기를 제1기, 하반기를 제2기 과세기간이라고 하며, 각 과세기간은 다시 先 3개월을 예정신고기간, 後 3개월을 확정신고기간이라고 함 ⓐ 제1기 예정신고(1.1～3.31): 4.25까지 신고납부 ⓑ 제1기 확정신고(4.1～6.30): 7.25까지 신고납부 ⓒ 제2기 예정신고(7.1～9.30): 10.25까지 신고납부 ⓓ 제2기 확정신고(10.1～12.31): 익년 1.25까지 신고납부 ㉡ 개인사업자는 예정신고 개념이 없으므로 1년에 2번 확정신고만 수행함 ⓐ 제1기 확정신고(1.1～6.30): 7.25까지 신고납부 ⓑ 제2기 확정신고(7.1～12.31): 익년 1.25까지 신고납부	
산출과정 및 특성	㉠ 부가가치세는 매출부가가치세에서 매입부가가치세를 차감하여 산출 ➡ 이를 '전단계세액공제법'이라고 함 ㉡ 재화나 용역의 제공하면서 발생하는 매출부가가치세는, ⓐ 일반과세자의 경우 매출액(공급가액)에 10%를 곱하여 산출 ⓑ 면세사업자는 매출부가가치세를 산출하지 않음 ㉢ 재화나 용역의 제공 이전단계에서 발생한 매입부가가치세를, ⓐ 일반과세자의 경우 세금계산서 수취분 매입부가가치세 및 기타매입부가가치세(신용카드전표 등, 의제매입세액 등) 공제	

구분	부가가치세 주요 세법 내용 및 특성
	ⓑ 면세사업자의 경우 매입부가가치세를 공제할 수 없음 ㉣ 사업자가 사업을 진행하면서 중요한 서류 또는 증빙인 사업자등록증, (전자)세금계산서, (전자)계산서 등은 모두 부가가치세법과 관련됨 ➡ 단, 면세사업자는 법인세법 또는 소득세법에 따라 사업자등록을 하고 계산서 발행 ㉤ 만일 내야하는 매출부가가치세 보다 공제받는 매입부가가치세가 더 큰 경우 (−)부가가치세(즉, 환급)가 발생 ㉥ 면세사업자는 매출부가가치세를 신고하지 않지만, 재화나 용역의 매입과정에서의 매입부가가치세를 공제받을 수 없어 일종의 불완전면세제도임. 이에 비해 영세율적용사업자(수출사업자 등)는 매출부가가치세율이 0%이고, 매입부가가치세를 공제받을 수 있어 부가가치세 부담률이 0%임(완전면세제도)
부가가치세 환급	㉠ 소득세와 법인세는 확정된 세액이 기납부한 세액(원천징수, 중간예납 등)에 미달하는 경우 환급이 있을 수 있으나, 세금 자체가 부(−)의 금액이 되지 않음(즉, 세액이 0보다 적지 않음. 단, 손실금액이 클 경우 이월되는 경우가 있음). 그러나 부가가치세는 매출부가가치세에 비해 매입부가가치세가 크다면 부가가치세 자체가 부(−)의 금액을 가지며, 국가는 납세의무자에게 이를 환급함 ㉡ 영세율적용사업자에 대해서도 국가는 매입부가가치세를 전액 환급해 줌
관세청의 부가가치세 징수	㉠ 국내사업자로부터 재화를 제공받는 경우 (전자)세금계산서 등 적격증빙을 수취할 수 있으나, 수입재화의 판매자는 해외에 있어 (전자)세금계산서를 발행할 수 없음. 따라서 세관장이 수입재화에 대해 세금계산서를 발행함으로써 국내에서 공급받는 사업자는 적격증빙을 수취하게 됨. 이러한 이유로 관세청에서도 부가가치세를 징수하게 되며, 이를 '소비지국 과세원칙'이라고 함 ➡ 소비지국 과세원칙이란 국제거래에 있어서 소비세는 소비지국에서 과세하고 생산지국에서는 과세하지 않는 원칙을 의미함. 우리나라에서 수출하는 재화에 대해서는 부가가치세율에 영(零)세율(zero tax rate)을 적용하는데, 이 역시 생산지국에서 부가가치세를 과세하지 않기 위함임 ㉡ 수입재화에 부가가치세를 더하여 국내에서 매출이 이루어지는 경우, 국세청이 징수하는 부가가치세는 매입세액공제로 인하여 오히려 관세청이 징수하는 부가가치세보다 적게 징수될 수 있음. 또한, 영세율적용사업자 경우에도 수입재화에 부과된 매입부가가치세 전액을 환급받으므로 실제 국세청이 징수하는 부가가치세는 더 적어질 수도 있음 ➡ 2022년의 경우 국세청이 인식한 부가가치세수익(발생주의 적용, 매입세액공제나 부가가치세환급금이 고려된 순금액)은 약 27조원이나, 관세청이 인식한 부가가치세수익은 약 62조원이었음(국세청·관세청 2022년도 결산보고서)
부가가치세와 지방소비세의 관계	㉠ 부가가치세는 국세청 등에서 징수하여 국고에 귀속되는 것이 원칙인데, 부가가치세율 10%는 2023년 기준 국세 부분 74.7%와 지방소비세 부분 25.3%로 구성됨 ㉡ 부가가치세율 10%를 국세 부분과 지방소비세 부분으로 구분하는 것이므로 국민이 추가로 부담하는 세금은 없으며, 징수된 부가가치세 중 일정액을 자치단체로 이전하는 것임(즉, 지방소비세의 명목으로 징수하는 것은 없음) ㉢ 따라서 현재 국세청 등이 인식하는 부가가치세수입·수익은 세율 10%가 아닌 자치단체로 이전된 지방소비세 부분이 차감된 것임

② 법인세

구분	법인세 주요 세법 내용 및 특성	
세법명	법인세법(이하 2023년 7월 1일 기준 세법 규정임)	
정의	법인의 소득에 대한 과세	
납세의무자	영리법인(내국법인, 국내소득이 있는 외국법인). 비영리법인은 수익사업에 대한 소득에 대해서만 납세의무를 짐	
조세부담자	납세의무자와 동일	
징수방법	신고납부방식(일반적인 경우 신고와 동시에 납부가 이루어지는 방식)	
구분의 성격	내국세(광의·협의), 보통세, 직접세, 소득기준과세, 일반회계, 국세청징수	
과세대상법인 종류	영리법인	비과세소득 제외한 모든 소득(각 사업연도 소득, 토지등 양도소득)
	비영리법인	수익사업에서 발생한 소득
	외국법인	국내소득. 단 비영리법인은 수익사업에 대한 국내소득
과세기간·시점	각 법인의 회계연도 종료 후 3개월 이내 법인소득에 대해 신고·납부 ※ 우리나라 기업의 대다수의 회계연도가 1.1~12.31이므로 기업을 포함한 법인 대부분은 익년 3월말까지 법인세를 신고·납부하고 있음	
산출과정 및 특성	㉠ 법인의 재무제표(손익계산서)상 당기순이익에서 출발하여 세무조정사항을 가감한 후 과세표준을 산출 ⓐ 익금산입·손금불산입: 과세표준을 증가시킴 ⓑ 손금산입·익금불산입: 과세표준을 감소시킴 ➡ 회계상 용어로 수익과 이익이 있는데, 수익은 벌어들인 총액(즉, 매출 등)을 의미하며, 이익은 매출 등과 관련한 비용(원가, 인건비, 운영비 등)을 차감한 순소득을 의미함. 법인세는 이익이 발생해야 과세하는 것이며, 손실이 발생하는 경우 과세하지 않음 ➡ 세무조정은 회계상의 인식기준과 세무상의 인식기준 차이를 조정하는 것임 ➡ 익금산입: 회계상 이익이 아니지만, 세무상 이익인 경우(예: 특수관계자인정이자 등) ➡ 손금불산입: 회계상 비용이지만, 세무상 비용이 아닌 경우(에: 벌과금, 한도초과된 접대비, 업무무관경비 등) ➡ 손금산입: 회계상 비용이 아니지만, 세무상 비용인 경우(예: 고유목적사업준비금 등) ➡ 익금불산입: 회계상 이익이지만, 세무상 이익이 아닌 경우(예: 당기발생 미수이자 등) ㉡ 세무조정이 발생하는 이유는 회계상 비용이나, 사회통념상 정상적인 비용으로 인정하기 어려운 경우(예: 벌금, 과도한 접대비, 업무와 관련이 없는 경비 등), 정책적으로 세금 감경을 목적으로 하는 경우(예: 준비금 등), 손익의 귀속시기가 회계와 세무가 서로 다른 경우 등이 있음 ㉢ 세율은 과세표준별 누진세율 적용(9%~24%) ➡ 2023년 7월 기준 과세표준 2억원 이하 9%, 2억원~200억원 19%, 200억원~3,000억원 21%, 3천억원 초과 24% (2022년말 세법 개정으로 1%p씩 세율 인하) ㉣ 법인의 분할·합병, 특수관계자에 대한 부당행위계산, 중소기업 여부, 기술연구개발·고용촉진·지방균형발전 등에 따른 각종 특례·감면 규정이 있음	

구분	법인세 주요 세법 내용 및 특성
중간예납	법인세는 한 회계연도(1년)의 이익(소득)에 대하여 과세하는 것이지만, 회계연도가 6개월을 초과하는 경우 6개월 이후 2개월 이내에 전년도 납부세액 등을 기준으로 법인세를 일부 납부하는데 이를 중간예납이라고 함. 이는 과세당국(국가) 입장에서는 국세수입을 조기에 확보하고 납세의무자 입장에서는 세금을 분할 납부하여 조세부담을 완화하는 효과가 있음. 우리나라 기업의 회계연도는 1.1~12.31인 경우가 거의 대다수이므로 8월말에 중간예납을 많이 납부함

③ 소득세

<table>
<tr><th>구분</th><th colspan="2">소득세 주요 세법 내용 및 특성</th></tr>
<tr><td>세법명</td><td colspan="2">소득세법(이하 2023년 7월 1일 기준 세법 규정임)</td></tr>
<tr><td>정의</td><td colspan="2">개인의 소득에 대한 과세</td></tr>
<tr><td>납세의무자</td><td colspan="2">개인(개인사업자의 경우 대표자 개인에게 사업소득세를 부과)</td></tr>
<tr><td>조세부담자</td><td colspan="2">납세의무자와 동일</td></tr>
<tr><td>징수방법</td><td colspan="2">신고납부방식 (일반적인 경우 신고와 동시에 납부가 이루어지는 방식)</td></tr>
<tr><td>구분의 성격</td><td colspan="2">내국세(광의·협의), 보통세, 직접세, 소득기준과세, 일반회계, 국세청징수</td></tr>
<tr><td rowspan="4">소득세
세부종류</td><td>종합소득세</td><td>이자·배당·사업·근로·연금·기타소득을 종합하여 과세</td></tr>
<tr><td>퇴직소득세</td><td>근로자의 퇴직소득에 대한 과세</td></tr>
<tr><td>양도소득세</td><td>부동산 등의 양도시 양도차익에 대한 과세</td></tr>
<tr><td colspan="2">➡ 2025년부터 금융투자소득세 신설 예정임</td></tr>
<tr><td>과세기간·시점</td><td colspan="2">원칙적으로 1.1~12.31 발생한 소득에 대해 익년 5월말까지 확정신고·납부</td></tr>
<tr><td>산출과정 및
특성</td><td colspan="2">㉠ 소득세를 과세하지 않는 소득인 비과세소득도 다양하게 있음
㉡ 소득세는 과세표준에 세율(누진세율)을 곱하여 산출됨
㉢ 종합소득세는 각 소득금액 합계액에서 종합소득공제를 차감하여 과세표준 산출
ⓐ 각 소득별 소득금액은 총수입금액에서 필요경비(사업, 기타) 또는 개별소득공제(근로, 연금, 퇴직)를 차감하여 산출
ⓑ 종합소득공제는 인적공제(기본,추가)와 기타공제(연금보험료 등)로 구성
㉣ 종합소득세율 및 퇴직소득세율은 과세표준별 누진세율 적용(6%~45%)
➡ 2누진세란 과세표준 초과분에 해당 세율을 적용하는 것으로, 예를 들어 종합소득 과세표준 10억원 초과시 적용세율은 45%인데, 전체가 아닌 10억원 초과분에 대해서만 45%를 적용하는 것이며, 나머지는 구간별 세율을 적용하는 것임
➡ 22022년 세법 개정으로 2023년 7월 기준 과세표준 1,400만원 이하 6%, 1,400만원~5,000만원 15%, 5,000만원~8,800만원 24%, 8,800만원~1억5천만원 35%, 1억5천만원~3억원 38%, 3억원~5억원 40%, 5억원~10억원 42%, 10억원초과 45%
㉤ 소득공제는 세액 산출 전에 공제하는 금액이며, 세액공제는 세액 산출 후에 공제하는 금액을 의미함. 세액공제는 배당세액공제, 근로소득세액공제, 자녀세액공제, 특별세액공제(보험료,의료비,교육비,기부금 등) 등이 있음
㉥ 근로·퇴직·공적연금소득만 있거나 분리과세 이자·배당·기타소득만 있는 경우 등은 과세표준 확정신고를 하지 않을 수 있음</td></tr>
</table>

구분	소득세 주요 세법 내용 및 특성
	㉦ 양도소득세의 경우 양도소득금액(=양도가액－취득가액－자본적지출 등 필요경비－장기보유특별공제)에서 양도소득기본공제를 차감하여 과세표준 산출 ◎ 양도소득세율은 기본적으로 종합소득세율 체계를 적용하지만, 보유기간이나 양도대상 자산(비사업용토지, 주식 등) 등에 따라 다양한 세율 체계가 적용 ㉧ 양도소득세는 일부 예외를 제외하고 양도일이 속하는 달의 말일부터 2개월 이내 예정신고·납부함. 단, 과세기간동안 누진세율 적용대상 자산에 대한 예정신고를 2회 이상 시행한 경우 익년 5월1일부터 5월31일까지 확정신고해야 함
원천징수	소득세(종합,퇴직)는 다른 개별세와 달리 원천징수라는 특수한 제도가 있음. 원천징수란 소득액을 지급하는 자(원천징수의무자)가 그 대가를 지급할 때, 상대방(원천납세의무자)이 내야할 세금을 미리 징수하여 국가에 납부하는 제도임. 과세당국(국가) 입장에서는 국세수입을 조기에 확보하고 납세의무자 입장에서는 세금을 분할 납부하여 조세부담을 완화하는 효과가 있음. 일반적으로 원천징수는 소득금액을 지급한 달의 다음 달 10일까지 신고 및 납부를 해야함. 원천징수와 동시에 소득세의 신고·납부 의무가 종료되는 완납적(完納的) 원천징수와 확정신고를 수행하여 기 납부된 원천징수 세액을 기납부세액으로 공제받는 예납적(豫納的) 원천징수로 구분됨
연말정산	개인이 근로소득이 있는 경우 매달 급여의 일정부분을 원천징수 납부한 후 다음 해 2월까지 실제 부담할 세액을 정산(추가징수 또는 환급)하는 제도임. 만일 1개 사업체에 대한 근로소득만 있는 경우에 연말정산을 수행하기만 하면, 종합소득세 확정신고는 하지 않아도 됨

④ 종합부동산세

구분	종합부동산세 주요 세법 내용 및 특성
세법명	종합부동산세법(이하 2023년 7월 1일 기준 세법 규정임)
정의 및 취지	㉠ 과세기준일(매년 6월 1일) 현재 국내 소재한 재산세 과세대상인 주택 및 토지를 유형별(주택, 토지종합합산, 토지별도합산)로 구분하여 인별로 공시가격을 합산한 후, 각 유형별 공제금액의 초과분에 대해 공정시장가액비율(60%～100%)을 곱한 금액에 세율을 곱하는 방식으로 과세 ㉡ 지방세가 해당 지역 내에서 과세되는 것에 비해(합산도 해당 지역 내에서만 수행), 종합부동산세는 전국에 보유한 부동산을 대상으로 인별로 합산과세됨 ㉢ 지방세의 경우 지방자치단체별 공시지가 등에 의해 징수 세액의 편차가 크지만, 종합부동산세는 지역과 상관없이 징수됨. 이렇게 징수된 종합부동산세는 전액 자치단체에 교부(「지방교부세법」 제4조, 제5조, 제9조의3)하여 지역간 지방재정 불균형을 해소하고자 하는데 과세 취지가 있음
납세의무자	㉠ 과세기준일 현재 주택분 재산세 의무자(개인은 9억원 초과(1세대 1주택자는 12억원 초과), 법인은 공제금액 없이 전부)는 종합부동산세 납부의무가 있음 ㉡ 과세기준일 현재 토지분 재산세 의무자(단, 종합합산과세대상인 경우 토지의 공시가격 합계액이 5억원을 초과하는 자, 별도합산과세대상인 경우 80억원을 초과하는 자)는 토지에 대한 종합부동산세 납부의무가 있음
조세부담자	납세의무자와 동일

<table>
<tr><th>구분</th><th>종합부동산세 주요 세법 내용 및 특성</th></tr>
<tr><td>과세대상 정의 및 구분</td><td>
㉠ 종합부동산세의 과세대상은 재산세(지방세)에서 규정하고 있는 과세대상과 밀접한 관련이 있음. 다만, 종합부동산세의 과세대상은 모두 재산세 과세대상이나, 재산세 과세대상이 모두 종합부동산세 대상은 아님
➡ 참고로 재산세에서 분리과세란 각각의 재산(토지는 개별 필지)에 과세하는 것으로 조세지원적 차원에서 낮은 세율로 과세 하거나(농지, 지방공장용지 등), 사치성재산에 대해 높은 세율로 과세 하는 경우(골프장 등)를 의미. 별도합산과세는 기준면적 이하의 일반건축물 부속토지를 합산하여 과세하는 것을 의미하는데, 일반적으로 사용되고 있는 토지이므로 종합합산과 비교하여 과세부담이 적음. 종합합산과세는 미사용 토지나 기준면적을 초과하는 토지로서 과세부담이 가장 큼
㉡ 종합부동산세는 주택, 종합합산토지, 별도합산토지에 대하여 과세를 하며 각 과세대상별 공제금액이 상이함(즉, 공제금액 이하인 경우 과세하지 않음)
ⓐ 주택: 9억원 (단, 1세대 1주택자는 12억원이며, 법인은 공제금액 없음)
ⓑ 종합합산토지: 5억원
ⓒ 별도합산토지: 80억원
㉢ 재산세와 비교하여 종합부동산세의 과세대상을 구분하면 다음과 같음
<table>
<tr><th colspan="2">구분</th><th>종부세 및 재산세 과세 세부대상</th><th>종부세</th><th>재산세</th></tr>
<tr><td colspan="2" rowspan="3">주택 및 건축물
(주택은 토지 포함)</td><td>주택(아파트,연립 등), 오피스텔(주거용)</td><td>과세</td><td>과세</td></tr>
<tr><td>주거용 중 별장, 임대/미분양/사원주택</td><td>X</td><td>과세</td></tr>
<tr><td>일반건축물(상가,사무실,공장,사업용건물)</td><td>X</td><td>과세</td></tr>
<tr><td rowspan="7">토지</td><td rowspan="3">종합합산</td><td>나대지, 잡종지</td><td>과세</td><td>과세</td></tr>
<tr><td>분리과세·별도합산 토지 중 기준초과 토지</td><td>과세</td><td>과세</td></tr>
<tr><td>주택건설업자의 일정한 주택신축용 토지</td><td>X</td><td>과세</td></tr>
<tr><td rowspan="2">별도합산</td><td>일반건축물의 부속토지(기준면적 범위내)</td><td>과세</td><td>과세</td></tr>
<tr><td>법령상 인·허가 받은 사업용토지</td><td>과세</td><td>과세</td></tr>
<tr><td rowspan="2">분리과세</td><td>일부 농지·임야·목장, 공장용지, 공급목적 토지</td><td>X</td><td>과세</td></tr>
<tr><td>골프장이나 고급오락장용 토지</td><td>X</td><td>과세</td></tr>
</table>
</td></tr>
<tr><td>과세방법</td><td>
㉠ 부과과세방식(해당연도 12월 1일부터 12월 15일까지 부과·징수)(단, 납세의무자는 신고납부방식을 선택할 수 있음)
㉡ 1차로 부동산 소재지 관할 시·군·구에서 관내 부동산 과세유형별로 구분하여 재산세를 부과하고, 2차로 각 유형별 공제액을 초과하는 부분에 대해 주소지(또는 본점 소재지) 관할세무서에서 종합부동산세 부과(단, 재산세 부과분 차감)
</td></tr>
<tr><td>구분의 성격</td><td>
내국세(광의), (유사)목적세, 직접세, 재산기준과세, 일반회계, 국세청징수
➡ 종합부동산세는 광의의 내국세이나, 지방교부세법에서 규정하고 있는 내국세는 아님
</td></tr>
</table>

구분	종합부동산세 주요 세법 내용 및 특성
산출과정 및 특성	㉠ 주택, 종합합산토지, 별도합산토지 모두 각각의 과세표준에 공정시장가액비율을 곱하고 여기에 세율을 곱한 후, 재산세로 부과된 세액을 차감하여 세액을 산출(재산세 이중과세 아님) ㉡ 주택, 종합합산토지, 별도합산토지의 과세표준 산출구조는 다음과 같음 ⓐ 주택분 과세표준 = Σ주택공시가격 – 개인 9억원(12억원)/법인 0원 ⓑ 종합합산토지분 과세표준 = Σ종합합산토지공시가격 – 5억원 ⓒ 별도합산토지분 과세표준 = Σ별도합산토지공시가격 – 80억원 ➡ 주택분의 경우 2021년 공정시장가액비율은 95%였고, 당초 2022년부터 100% 적용하려고 하였으나, 정부 성격의 변화 등으로 인해 2022~2023년 60% 적용 ㉢ 종합부동산세의 세율은, ⓐ 주택분: 개인 일반 0.5%~2.7% 누진, 개인 3주택등 0.5%~5.0% 누진, 법인 일반 2.7% 단일 세율, 법인 3주택 이상은 5.0% 단일 세율 ⓑ 종합합산토지: 1%~3% (개인, 법인 동일) ⓒ 별도합산토지: 0.5%~0.7% (개인, 법인 동일) ㉣ 과세표준에 세율을 곱하여 산출한 금액에서 기 부과된 재산세 상당액 차감
유사 목적세 및 과세취지	㉠ 종합부동산세는 법령상 규정되어 있는 목적세는 아니지만, 징수된 금액 전액 「지방교부세법」에 따라 지방자치단체에 교부하는 특정 목적(부동산교부세)에만 사용되므로(「지방교부세법」 제4조, 제9조의3) 유사 목적세라고 할 수 있음 ㉡ 종합부동산세를 지방세로 편성해야 한다는 주장이 일부 있으나, 이 경우 세수입 효과가 수도권 지역에만 심각하게 편중될 것이므로 국세로 편성하여 정책적 목적에 따라 전체 지방자치단체에 교부될 수 있도록 한 것임

⑤ 상속세와 증여세

구분	상속세와 증여세 주요 세법 내용 및 특성
세법명	상속세 및 증여세법(일명 '상증법')(이하 2023년 7월 1일 기준 세법 규정임) ➡ 상속세와 증여세는 재산 이전의 원인만 다르며, 과세취지, 과세대상, 적용세율 등이 거의 유사하고, 상속세와 증여세는 밀접하게 연결되어 있기 때문에 같은 법에서 규정
정의	㉠ 상속세는 사망으로 그 재산이 가족이나 친족 등에게 무상으로 이전되는 경우에 당해 상속재산에 대하여 과세 ㉡ 증여세는 타인(증여자)으로부터 재산을 증여받은 경우에 그 재산을 증여받은 자(수증자)에게 과세
납세의무자	㉠ 상속세의 경우 상속인(배우자, 직계존비속 등) 또는 수유자(유증받은 자 등) ➡ 수유자가 영리법인이면 상속세 면제(대신 법인세 과세됨). 단, 그 영리법인의 주주 중 상속인과 그 직계비속이 있는 경우에는 상속인 또는 직계비속이 상속세 납부 ㉡ 증여세의 경우 수증자이나, 수증자로부터 조세채권을 확보하기 곤란한 경우 증여자가 연대하여 납부할 의무가 있음 ➡ 수증자가 영리법인이면 법인세가 과세되어 증여세가 면제되며, 법인세율(최고세율 24%)과 증여세율(최고세율 50%)의 차이로 인해 영리법인을 통해 간접적으로 자녀 등에게 재산 또는 이익을 이전하는 사례가 증가

구분	상속세와 증여세 주요 세법 내용 및 특성
	ⓐ 본인(특수관계자)이 주주인 법인에게 특수관계에 있는 법인이 일감을 몰아주어 그 본인 등이 얻게 된 간접적인 이익에 대해 증여세 과세(일감몰아주기 증여의제) ⓑ 본인(특수관계자)이 주주인 법인에게 특수관계 법인이 수행하던 사업기회를 제공하여 얻게 된 간접적인 이익에 대해 증여세 과세(일감떼어주기 증여의제)
조세부담자	납세의무자와 동일 ➡ 단, 수증자가 비거주자(외국인)이고 거주자인 증여자로부터 증여받은 국외에 있는 증여재산의 경우 증여자가 납세의무자임. 이는 간접세처럼 조세부담자와 납세의무자가 다른 개념이라기보다는 원활한 조세채권 확보를 목적으로 하는 것임
상속·증여재산 및 평가	상속 및 증여대상 재산은 피상속인에게 귀속되는 토지·건물 등 부동산, 분양권 등 부동산 관련 권리, 주식·채권 등 유가증권, 현금·예금 등 금전으로 환가할 수 있는 모든 재산이며, 이들 증여재산의 평가는 증여일 현재의 시가임 ➡ 시가를 산정하기 어려운 경우 당해 재산의 종류·규모·거래상황 등을 감안한 보충적 평가방법 적용함. 예를 들어 토지는 개별공시지가, 건물은 기준시가, 비상장주식은 주당 순손익가치와 순자산가치를 각각 3과 2의 비율로 가중평균한 가액 ➡ 비상장주식에 대한 보충적 평가방법시 활용되는 순손익가치는 최근 3년간 순손익액의 가중평균액(=기준일 이전 1년 순손익은 3, 2년은 2, 3년은 1의 비율로 가중평균. 단, 음수인 경우 0으로 함)을 10%로 나눈 가액(영구성장 가정)임
징수방법 및 시점	㉠ 부과과세방식. 상속세나 증여세는 납세의무자가 신고하고 납부하기는 하지만, 이로써 확정되는 것이 아니라 과세당국이 과세표준과 세액을 최종적으로 결정 ㉡ 상속세는 상속개시일이 속하는 당의 말일부터 6개월 이내 신고·납부, 증여세는 증여일이 속하는 달의 말일부터 3개월 이내에 신고·납부. 그러나 이러한 신고는 확정신고가 아님
구분의 성격	내국세(광의/협의), 보통세, 직접세, 재산기준과세, 일반회계, 국세청징수
산출과정 및 특성	㉠ 상속세는 상속개시일 현재 피상속인의 상속재산을 기준으로 "상속재산가액+추정상속재산+사전증여재산−채무액−상속공제±기타조정"을 통해 상속세 과세표준을 산출한 후 세율을 곱해 세액을 계산함 ㉡ 상속세는 상속개시일 전 2년 이내에 재산처분, 예금인출이 있었으나, 사용처가 명확하지 않은 경우 상속인이 상속받은 것으로 추정(추정상속재산) ㉢ 상속세는 상속개시일 전 10년 이내 상속인에게 증여한 것 또는 5년 이내 상속인이 아닌 자에게 증여한 것은 상속세 과세가액에 가산(사전증여재산) ㉣ 상속세의 경우 상속공제는, ⓐ 기초공제(2억원), 자녀공제(자녀수×1인당 5천만원), 미성년자공제(미성년자수×1천만원×19세까지의 잔여연수), 기타인적공제 ⓑ 배우자상속공제: 배우자가 상속받은 재산이 5억원 미만일 경우 5억원, 그 이상일 경우 실제 상속받은 금액(단, 최대 30억원 한도) ⓒ 가업상속인 경우 가업상속 재산가액(200억원~500억원)을 한도로 추가공제 ㉤ 증여세는 증여일 현재 수증자의 증여재산을 기준으로 "증여재산가액+증여의제−증여공제±기타조정"으로 과세표준을 산출한 후 세율을 곱해 세액을 계산함 ㉥ 증여세의 경우 증여재산가액은 증여일 전 10년 이내에 동일인으로부터 받은 증여재산가액의 합계액이 1천만원 이상인 경우 그 가액을 합산 ㉦ 증여의제는 일감몰아주기 증여의제와 일감떼어주기 증여의제가 있음 ㉧ 증여재산공제는 배우자 6억원, 직계존속 5천만원(미성년자 2천만원), 직계비속 5천만원, 기타친족 1천만원

<table>
<tr><th>구분</th><th>상속세와 증여세 주요 세법 내용 및 특성</th></tr>
<tr><td></td><td>ⓙ 상속세 및 증여세 세율(상속세와 증여세 세율 구조 같음)
<table><tr><th>과세표준</th><th>1억원 이하</th><th>5억원 이하</th><th>10억원 이하</th><th>30억원 이하</th><th>30억원 초과</th></tr><tr><td>세 율</td><td>10%</td><td>20%</td><td>30%</td><td>40%</td><td>50%</td></tr></table>➡ 단, 최대주주 및 그와 특수관계에 있는 주주의 주식에 대해서는 20% 할증(단, 중소기업 제외)되므로 최대 60%까지 부과할 수 있음
ⓚ 상속세, 증여세는 상속인이 피상속인의 자녀가 아닌 직계비속은 30% 또는 40% 할증하여 계산함(단, 자녀가 사망한 상태인 경우 세대생략 할증과세 미적용함)
ⓛ 상속세는 상속세 과세표준에 가산된 증여재산의 증여세액은 산출세액에서 공제</td></tr>
<tr><td>물납제도</td><td>물납이란 상속세를 현금으로 납부하는 것이 원칙이나, 현금으로 납부하기 곤란한 경우 일정한 절차를 따르면 상속받은 재산으로 납부할 수 있는 것을 의미함. 단, 증여세는 물납을 인정하지 아니함</td></tr>
<tr><td>증여재산 합산</td><td>㉠ 증여세는 해당 증여재산에 증여 전 10년 이내의 증여재산가액을 합산
㉡ 상속세는 피상속인이 상속인에게 과거 10년간 증여한 재산의 가액을 합산</td></tr>
<tr><td>연대납부</td><td>㉠ 상속세는 상속세 전체에 대하여 피상속인이 연대하여 납부할 의무가 있음
㉡ 증여세는 재산을 증여받은 수증자가 납부하는 것이 원칙이지만, 수증자로부터 조세채권을 확보하기 어려운 경우 등은 증여자가 연대하여 납부</td></tr>
</table>

⑥ 주요 국세별 과세기간 및 수입·수익인식시기

세법이 개정되면, 그 효과가 바로 국가의 세수입 또는 국세수익에 바로 나타나게 될 것이라고 잘못 이해하는 경우가 많다. 세법은 정부 예산안의 부수법안인 경우가 일반적이므로 정부 예산안이 국회에서 의결되는 시점에 같이 개정된다(따라서 각 세법별 주요 개정사항은 12월에 이루어지는 것이 일반적이다). 그러나 각 국세별로 과세방법과 과세대상 기간이 서로 상이하여 국세별 세법 개정 효과가 발생하는 시점은 각기 다르다고 할 수 있다.

예를 들어 20×2년 12월 말에 법인세법이 개정되었다고 한다면, 실제 국세수입 및 국세수익에 영향을 미치는 시점은 1년 이상이 경과된 20×4년 3월말이 된다(단, 중간예납은 20×3년 중). 만일 20×2년 12월 말에 부가가치세법이 개정된다면, 20×3년 1기 예정 및 확정, 2기 예정분은 20×3년 중(각각 4월, 7월 10월)에 세법 개정 효과가 발생하며, 2기 확정분은 20×4년 1월에 발생한다(따라서 20×2년 2기 확정분인 20×3년 1월 부가가치세 수입 및 수익은 세법 개정전 규정에 따르므로 세법 개정 효과가 없음). 앞서 살펴본 소득세, 법인세, 부가가치세, 상속세및증여세, 종합부동산세별로 국세수입 및 국세수익이 언제 인식되는지, 그리고 세법이 개정된다면 그 효과가 언제 발생하는지를 정리하면 다음과 같다.

항목	부가가치세	법인세	소득세	상증세	종부세
과세대상 기간	당년 1.1~3.31 당년 4.1~6.30 당년 7.1~9.30 당년 10.1~12.31 (고정)	당년 1.1~12.31 (고정) ※ 일반적인 경우	당년 1.1~12.31 (고정)	거래발생시 (유동)	당년 6.1 현재 부동산 보유자 (고정)
현금주의 국세수입 인식	당년 4.25 당년 7.25 당년 10.25 익년 1.25	익년 3.31 단, 중간예납분은 당년 중간예납시 국세수입 인식	익년 5.31 단, 원천징수분은 당년 원천징수시 국세수입 인식	상속개시월 말일부터 6개월 (증여세는 3개월)	당년 12.15
발생주의 국세수익 인식	원칙적으로 현금주의 국세수입 인식 시점에 발생주의 국세수익도 인식. 단, 신고되었으나, 결산시점에 미회수 경우 국세수입은 회수시점에 인식하나 국세수익은 최초 신고시점에 인식함			신고시점에는 부채인식, 결정시점에 수익 인식	소득세 등과 유사
세법개정 효과	X2년12월 개정시 원칙적으로 X3년 중(단, X3년1월은 개정전, 2기확정은 X4년 중)	X2년12월 개정시 원칙적으로 X4년 3월, 중간예납은 X3년 중	X2년12월 개정시 원칙적으로 X4년 5월, 원천징수는 X3년 중	세법개정 이후 상속(증여)개시일 도래시 개정효과 발생	X2년12월 개정시 원칙적으로 X3년 중
	※ 세법 개정은 예산안의 부수법안으로서 예산안의 국회의결시 이루어지는 것이 일반적임				

(11) 조세지출과 재정지출

조세지출(tax expenditures)은 정부가 받아야 할 세금을 받지 않음으로써 간접적으로 지원해 주는 조세감면을 일컫는다. 정부가 조세를 통해 확보한 재원을 바탕으로 직접 지원해 주는 재정지출과 비교되는 개념이다. 조세지출은 동일한 액수만큼 보조금을 준 것과 같다는 의미에서 '숨은 보조금(hidden subsidies)'이라 부르기도 한다(행정학대사전, 2009). 「조세특례제한법」 제142조의2①에서는 조세지출을 조세감면, 비과세, 소득공제, 세액공제, 우대세율적용 또는 과세이연 등 조세특례에 따른 재정지원이라고 규정하고 있다.

조세지출은 정부가 징수하여야 하는 조세의 일부를 정책적 목적에 따라 징수하지 않음으로써 실질적인 정부의 재정지출 효과를 가져올 수 있다는 측면에서 간접적 재정지출이라 할 수 있다. 그러나 세출액 및 프로그램원가로 인식하는 직접적인 재정지출과 달리 조세지출은 세입액 및 비교환수익(국세수익) 자체를 인식하지 않으므로 정부의 결산보고서에는 나타나지 않게 되어 조세지출의 규모에 대한 회계정보가 제공되지 못하는 한계를 가진다. 조세의 징수가 반대급부가 없는 전형적인 비교환거래이기 때문에 정부가 정책적인 이유로 의도적으로 조세수익을 인식하지 않는 것도 가능하게 되는 것이다. 현재 조세지출의 규모와 관련한 보고서('조세지출예산서'라고 한다)는 「조세특례제한법」 제142조의2①의 규정에 따라 기획재정부가 별도로 작성하도록 하고 있고, 「국가재정법」 제34조에 따라 예산안에 첨부서류로 포함해야 한다. 그러나 예산안에는 포함되지만 결산보고서 첨부서류에는 포함하도록 하는 규정은 없다. 조세지출이 재정정책의 중요한 위치를 차지한다면 관련 회계정보가 결산보고서에 포함되도록 고려해야 할 것이다.

이와는 별도로 조세지출의 부정적인 효과를 주장하는 연구도 있다. 김성태(2019)는 일반적인 재정지출이 자원배분의 효율성 증대, 소득분배의 공평성 증대 및 경제의 안정화 측면에서 포괄적으로 정당화될 수 있는 반면, 조세지출은 특정 경제목표의 달성을 위하여 특정 집단의 경제활동을 독려하기 위한 조세유인을 제공하는 기능을 수행하기 때문에, 재정지출은 수혜집단이 명시적인데 비해 조세지출의 수혜집단은 확인이 쉽지 않아 묵시적이며, 사회후생분석을 어렵게 하는 요인이라고 주장한다. 또한, 이창희(2022)는 누진세 체제하에서는 조세지출은 불공정한 결과를 가져올 수 있는데, 비과세 부분 등의 증가는 높은 세율을 부담하고 있는 계층에 더 많은 이익을 가져올 수 있으며, 설령 누진세 체제가 아니라고 하더라도 당초부터 해당 비과세 소득이 있는 계층과 없는 계층 간에는 분명 혜택의 차이가 존재하기 때문에 조세가 보편적이고 일률적이지 못할 위험이 존재한다고 주장한다.

한편, 현행 「국가재정법」 제88조 및 동법시행령 제41조에서는 당해 국세감면율이 직전 3년간 평균 국세감면율에 0.5%p를 더한 국세감면한도율의 이하가 되도록 노력해야 한다고 규정하고 있어 무분별한 조세지출의 확대를 경계하고 있다.

7. 단식부기·현금주의 세출·세입거래의 복식부기·발생주의 국가재무제표 변환

(1) 재무제표 산출 과정의 개요

국가회계에서의 재무제표는 세출·세입거래의 복식부기 회계처리 집계(단식부기→복식부기로의 전환)와 발생주의 결산조정사항의 반영(현금주의→발생주의로 변환)을 통하여 모든 계정과목이 포함된 시산표가 작성된 후 각 재무제표가 산출되는 과정을 거친다. 이러한 산출 과정은 국가회계뿐만 아니라 지방회계에서도 유사하다.

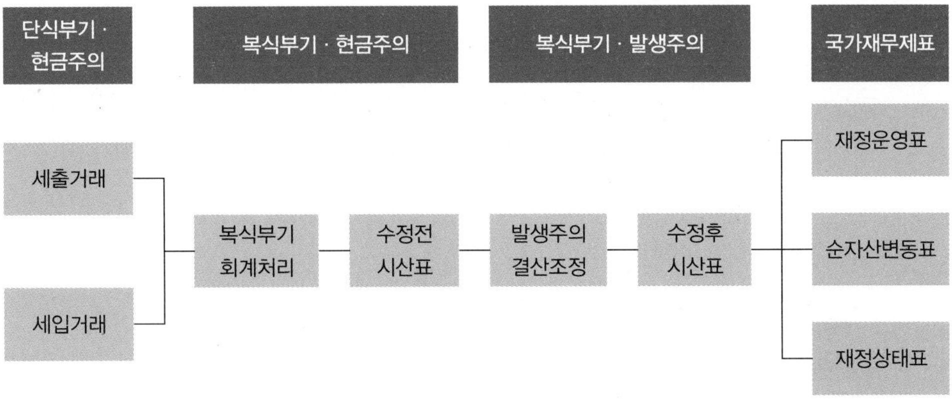

(2) 예산과목과 재무계정과목의 매핑(mapping) 및 자동분개

한국의 중앙정부는 복식부기·발생주의 회계제도를 도입하는 과정에서, 기존 단식부기·현금주의 예·결산에 익숙한 현업공무원들이나 국회의원들에 대해 복식부기 회계처리, 재무계정과목 및 재무제표를 이해를 제고시키고 원활하게 재무제표가 산출될 수 있도록 예산과목과 재무계정과목을 서로 연계하는 매핑(mapping)표를 개발하였고 이를 근간으로 디지털예산·회계시스템 내에서 '자동분개시스템'을 개발하여 적용해 오고 있다. 예산과목과 재무계정과목을 연계하는 매핑표를 시스템에 반영하여 현업공무원들이 복식부기 회계처리나 복잡한 재무계정과목에 대한 이해가 부족하더라도 예산집행 과정에서 예산과목만 정확하게 입력하면 자동적으로 재무계정과목이 선택되고 복식부기 회계처리가 이루어지도록 한 것이다. 이에 따라 복식부기 방식에 의한 회계전표를 별도로 입력하지 않더라도 기본적인 재무제표가 시스템에서 자동적으로 산출되고 있다(물론 정확한 재무제표를 산출하기 위해서는 일정한 결산조정회계처리가 추가적으로 필요한데, 이 역시 결산조정에 필요한 기본적인 정보 역시 시스템에서 산출된다). 이러한 과정을 통해 하나의 시스템에서 단식부기·현금주의 세입세출결산과 복식부기·발생주의 재무제표가 동시에 산출되는 것이다.

예산과목과 재무계정과목의 매핑과 자동분개는 한국 중앙정부가 어렵지 않게 복식부기·발생주의 국가회계제도가 정착될 수 있었던 핵심사항 중 하나라고 평가된다. 이와 동시에 국가회계제도를 이해하기 위해서는 먼저 예산회계 및 예산과목에 대한 사전적인 이해가 필요하다는 것도 의미한다. 이러한 기본적인 방향은 지방회계에서도 활용되고 있다.

한편, 세입세출결산과 재무제표를 연결하는 추가 정보의 필요성에 따라 총잉여금·재정운영결과조정표(필수보충정보)를 추가로 작성된다(자세한 내용은 제5장 '정부회계전문가 과정 5-①'을 참고한다. 지방회계에서는 '차이조정명세서'라고 하며, 역시 '정부회계전문가 과정 5-②'를 참고한다). 이는 재무제표에 대한 신뢰성을 제고하고 풍부한 회계정보를 산출하는 역할을 한다.

Notice

미국연방정부와 뉴질랜드의 예결산정보와 회계정보의 연계 사례

미국연방정부는 현금주의 예결산정보와 발생주의 회계정보를 연계하는 재무제표를 작성한다. Reconciliations of Net Operating Cost and Unified Budget Deficit(순운영결과 · 결손금조정표)와 Statements of Changes in Cash Balance from Unified Budget and Other Activities(재정확충방안표)가 그것이다. 미국연방정부는 이를 통해 현금주의와 발생주의를 조정하는 정보 외에 예산의 재원을 당기 세수분과 미래 세수분으로 구분하여 정책집행의 효율성을 추구하는 정보를 제공한다. 발생주의 예산제도를 사용하고 있는 뉴질랜드의 경우 미국연방정부와 같은 재무정보를 별도로 산출하지는 않지만, 재정상태표와 재정운영표에 발생주의 예산정보를 동시에 표시하여 발생주의 결산정보와 쉽게 비교할 수 있도록 하고 있다.

(3) 시산표

모든 세출·세입거래의 복식부기 회계처리를 집계하여 계정과목별로 정리하면, 시산표(trial balance)가 작성된다. 시산표는 모든 회계처리를 누락 없이 집계하여 재무제표 작성을 용이하게 하는 기능을 수행한다. 시산표는 발생주의 결산조정분개 반영 여부에 따라 '수정전시산표'와 '수정후시산표'로 불리기도 한다. 일반적으로 기업회계에서의 시산표는 잔액 기준으로 "자산+부(−)의자본변동+비용=부채+당기초자본+자본변동+수익"의 구조를 가지고 있는데, 국가회계 역시 시산표 등식이 "자산+부(−)의순자산변동+비용=부채+기초순자산+순자산변동+수익"의 구조를 가지고 있다(단, 국세징수활동이 이루어지는 국세청, 관세청, 기획재정부는 시산표의 구조가 다소 상이하다).

시산표가 작성되면, 재정운영표, 순자산변동표, 재정상태표가 순차적으로 산출된다. 시산표 구조로 보면, 시산표의 가장 밑에 있는 항목부터 시작하여 거꾸로 올라가면서 국가재무제표가 만들어지게 되는 것이다. 이러한 방식으로 인하여 유량정보가 저량정보로 변환되는 과정을 볼 수 있고(상식적으로 볼 때, 거래가 있어야 재산이 형성된다는 것을 생각하면 된다), 재정운영표의 재정운영결과가 순자산변동표로 이어지고 순자산변동표의 기말순자산이 재정상태표로 연결되는 일련의 체계적인 흐름도 완성된다. 시산표는 어떠한 회계실체에서도 외부에 공시되는 것은 아니지만, 재무제표를 산출하는 과정에서 반드시 작성된다는 점에 주의할 필요가 있다. 시산표는 단식부기 세출·세입거래를 를 복식부기 회계처리로 변환하는 과정에서 만들어지는 '수정전시산표'와 발생주의 결산조정이 반영된 이후 만들어지는 '수정후시산표'로 구분할 수 있다.

➡ 국가회계에서의 시산표 구조를 도식화하면 다음과 같다.

〈국가회계에서의 시산표 구조 도식화〉

차변	대변
자산	부채
	기초순자산
부(−)의순자산변동	순자산변동
비용	수익

➡ 국가재무제표 작성 순서에 따른 재무제표 간 유기적인 연계 관계는 다음과 같다.

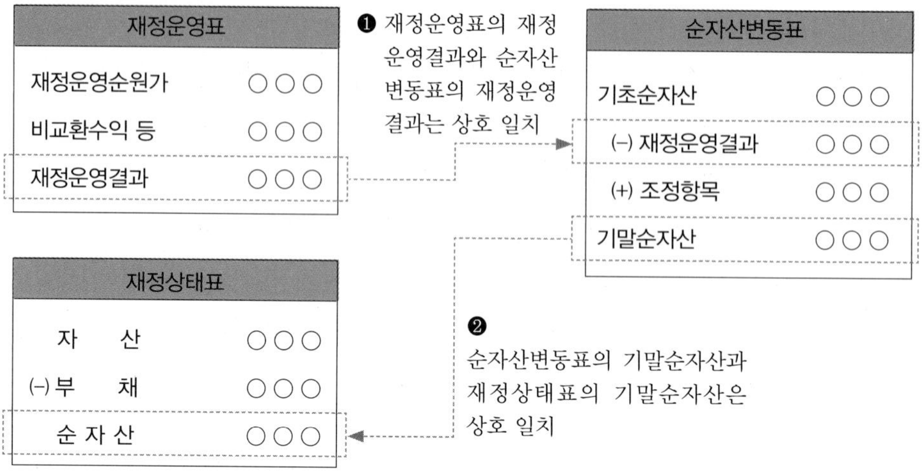

➡ 국가회계를 적용하는 국세청, 관세청, 기획재정부의 경우 시산표 등식의 특수한 상황이 발생한다. 이들 중앙관서는 국세징수와 관련한 회계거래가 발생함에 따라 시산표 잔액의 등식은 "자산+순자산변동+비용+국세징수활동=부채+순자산변동+수익+국세징수활동"라는 특수한 형태를 가지게 된다. 이러한 시산표를 통해 재무제표인 재정운영표, 순자산변동표, 재정상태표 외에 필수보충정보인 국세징수활동표가 추가로 산출된다. 국세징수활동표는 필수보충정보의 지위를 가지지만, 실질적으로는 재무제표의 일종으로 간주되는 이유가 여기에 있다.

(4) 발생주의 결산조정사항(결산조정회계처리)

결산조정회계처리(결산조정분개)란 국가회계실체의 재정상태나 재정운영성과 등을 경제적 실질에 따라 나타내기 위하여 해당 계정의 기말잔액을 결산시점에서 발생주의 회계원칙에 따라 수정하는 회계처리(분개)를 말한다. 국가회계에서 회계연도 중에 이루어지는 세입 및 세출거래에 대한 복식부기 방식의 기록은 현금주의 회계원칙에 기초하기 때문에 결산조정회계처리를 통해 발생주의 회계 개념으로 전환하게 된다. 국가회계에서 이루어지는 대표적인 결산조정회계처리는 다음과 같다. 이는 지방회계에서도 거의 유사하나, 국가회계에서만 존재하는 계정과목 또는 지방회계에서만 존재하는 계정과목의 특성으로 인해 약간이 차이만 있을 뿐이다.

결산조정회계처리 주요 유형	국가	지방	결산조정회계처리 주요 유형	국가	지방
01. 감가상각(일반유형자산, 주민편의시설, 사회기반시설, 무형자산)	O	O	15. 미수국세 및 미수국세대손충당금의 증감 처리	O	X
02. 자산의 감액조정	O	O	16. 퇴직급여충당부채 설정	O	O
03. 사용수익권 설정 및 상각	O	O	17. 재고자산의 평가(재분류)	O	O
04. 대손충당금 설정	O	O	18. 리스거래 처리	O	O
05. 미수수익 인식	O	O	19. 파생상품의 평가	O	X
06. 미지급비용 인식	O	O	20. 외국환평형기금 환산	O	X
07. 선급비용 인식	O	O	21. 현금및현금성자산 표시(자치단체는 재정자금 재분류)	O	O
08. 선수수익 인식	O	O	22. 유동성 대체	O	O
09. 외화자산·부채 평가	O	O	23. 채무부담행위 인식	O	O
10. 투자증권 평가	O	X	24. 연금·보증·보험충당부채 설정	O	X
11. 투자증권 감액조정	O	O	25. 건설중인자산 준공처리	O	O
12. 현재가치할인차금 상각	O	O	26. 배출권거래제 회계처리	X	O
13. 융자보조원가충당금 평가·상각	O	X	27. 지방자치단체 재무제표상 순자산 분류(고정, 특정, 일반)	X	O
14. 매출원가 인식	O	O			

- 지방회계기준에서는 투자증권, 융자보조원가충당금, 미수국세, 파생상품, 외국환평형기금, 연금충당부채, 보증·보험충당부채에 대한 평가기준이 존재하지 않는다. 반면, 지방회계기준에서만 존재하는 순자산 분류(고정순자산, 특정순자산, 일반순자산) 및 배출권거래제 회계처리는 국가회계기준에서는 규정이 없다. 또한, 지방회계기준에는 사회기반시설 외에 이와 유사한 주민편의시설도 감가상각 대상이다.

- 지방회계기준에서 규정하고 있는 발생주의 결산조정(보정)사항은 다음과 같다(「지방자치단체 복식부기·재무회계 운영규정」 제3장제2절 참고).

발생주의 결산조정

자산·부채평가
- 대손충당금
- 감가상각
- 무형자산상각
- 사용수익권 설정, 상각
- 자산감액평가
- 지방채발행차금 조정
- 퇴직급여충당부채 설정
- 채권·채무 현재가치평가
- 외화자산·부채 평가

기간귀속 조정
- 수익·비용 기간귀속
- 보조금 반납 확정액 계상
- 채무부담행위

재분류
- 재정자금 재분류
- 재고자산 재분류
- 금융리스 거래
- 민간투자사업 회계처리
- 건설중인자산 준공처리
- 지방채 유동성대체
- 배출권거래제 회계처리
- 순자산 재분류
- 원가 재분류

기타
- 우발자산·부채 회계처리
- 회계변경 및 오류수정
- 재정상태표보고일 이후 사건

제 2 절 한국의 지방회계 세출·세입거래

➡ 단식부기·현금주의 세출·세입거래에 대한 이론적인 사항 및 복식부기·발생주의 변환 의미와 과정은 "제1절 한국의 국가회계 세출·세입거래와 재무제표 변환"을 참고하며, 제2절에서는 지방회계의 세출·세입거래의 특성을 위주로 설명한다.

1. 총지출·총수입과 통합재정지출·통합재정수입

(1) 총지출·총수입 및 통합재정지출·통합재정수입의 개념

지방회계에서의 자치단체 총지출과 총수입은 예산(일반회계, 특별회계)과 기금을 통합한 순계기준의 규모로서 회계 간 내부거래와 자치단체 간 외부거래를 제외한 규모를 의미하며, 보전재원은 포함한다. 이와 비교하여 통합재정수입은 총수입에서 차입금(지방채)과 지난연도이월금 등 보전수입을 제외한 순수한 재정수입을 의미하며, 통합재정지출은 총지출에서 차입금 상환과 다음연도이월금 등 보전지출을 제외한 순수한 재정지출을 의미한다. 통합재정수입에서 통합재정지출을 차감한 것을 통합재정수지라고 한다.

➡ 통합재정지출 외에 통합재정규모라는 개념도 있는데, 통합재정지출이 "총세출−보전지출＝경상지출＋자본지출＋융자지출"으로 계산되는 것에 비해, 통합재정규모는 "경상지출＋자본지출＋순융자(＝융자지출−융자회수)＝통합재정지출−융자회수"를 의미한다. 용어가 비슷하여 실무적으로 많은 혼선을 가져올 수 있으므로 주의가 필요하다.

(2) 자치단체 총지출의 규모와 특성

전체 자치단체의 총지출의 규모(순계기준, 2022년 예산기준)는 다음과 같다.

(단위: 억원)

구분	정책사업		행정운영성 경비	재무활동	계
	보조사업	자체사업			
일반공공행정	14,262	137,553	0	214,586	366,401
공공질서및안전	23,333	27,986	0	16,293	67,612
교육	7,776	149,608	0	1,798	159,182

구분	정책사업		행정운영성 경비	재무활동	계
	보조사업	자체사업			
문화및관광	53,893	79,225	0	3,641	136,759
환경	111,555	155,654	0	13,323	280,532
사회복지	791,255	84,278	0	9,530	885,063
보건	43,520	15,436	0	1,118	60,074
농림해양수산	126,959	62,960	0	5,706	195,625
산업,중소기업및에너지	37,998	55,446	0	13,502	106,946
교통및물류	65,212	145,523	0	15,662	226,397
국토및지역개발	51,919	104,872	0	11,094	167,885
과학기술	919	3,046	0	24	3,989
예비비	164	37,076	0	185	37,425
인력운영비	0	0	347,215	0	347,215
기본경비등	0	82,048	22,699	12,003	116,750
합 계	1,328,765	1,140,711	369,914	318,465	3,157,855

우리나라 중앙정부의 프로그램 예산제도와 마찬가지로 지방정부도 2008년부터 사업예산제도가 도입되어 세출내역을 기존의 성질별 분류 방법에 추가하여 기능별(정책사업별)로도 분류하고 있다. 중앙정부는 16개 분야 75개 부문으로 구성되지만, 지방정부는 중앙정부만 수행할 수 있는 외교·통일, 국방, 통신 분야를 제외한 13개 분야로 구성되고 세부적으로 역시 중앙정부만 수행할 수 있는 국정운영, 법원및헌재, 법무및검찰, 해경, 공적연금, 건강보험 등의 부문를 제외한 52개 부문으로 구성된다. 여기에 행정운영성경비(인력운영비, 기본경비등)와 지방정부 재무활동의 예산을 합하여 2022년 순계기준 전체 자치단체 세출예산은 약 316조원에 이른다.

- 우라나라 중앙정부의 프로그램 예산제도는 일반적인 정책사업(일반적으로 1000~6000번대 프로그램)은 물론이고 행정운영성경비(행정운영 프로그램이라고 해서 보통 7000번대 프로그램이 해당되나, 일부 기금의 경우 3000번대 등의 프로그램 코드를 사용하기도 한다)나 내부거래, 보전지출(여유자금운용 및 차입금 상환 등) 등도 프로그램 체계로 운영되는 반면, 지방정부의 경우 일반적인 정책사업 부문만 기능별(정책사업별) 분류에 포함하고 있다.

- 우라나라 중앙정부는 2019년부터 개정된 분야·부문 체계를 운영하고 있으나, 지방정부는 기존의 개정 전 분야·부문 체계를 계속 사용하고 있다. 따라서 일부 명칭이 중앙정부와 지방정부가 다르게 사용되고 있는 현실이다. 예를 들어 환경 분야의 경우 중앙정부는 해양환경, 환경일반, 물환경, 자원순환및환경경

제, 기후대기및환경안전, 자연환경의 부문 명칭을 사용하고 있으나, 지방정부는 기존의 부문 명칭인 상하수도·수질(→물환경), 폐기물(→자원순환및환경경제), 대기(→기후대기및환경안전), 자연(→자연환경), 해양(→해양환경), 환경보호일반(→환경일반) 명칭을 사용하고 있어 중앙정부와 차이가 있다. 환경 분야와 같이 명칭만 변경된 것은 문제가 되지 않으나, 산업·중소기업·에너지 분야의 경우 기존 산업기술지원, 산업진흥 ·고도화 부문이 중소기업및소상공인육성, 산업혁신지원, 창업및벤처, 지식재산일반 부문으로 재편됨에 따라 1:1로 매칭되지 않는 경우가 발생하고 있어 중앙정부와 지방정부간 세출정보 해석의 문제가 발생할 수 있다. 이렇게 1:1 매칭이 되지 않은 부문으로서 기존 보육·가족·여성, 노인·청소년 부문이 노인, 아동·보육, 여성·가족·청소년 부문으로, 기존 노동 부문이 노동, 고용, 고용노동일반 부문으로, 기존 과학기술연구지원, 과학기술일반 부문이 과학기술연구지원, 과학기술일반, 과학기술인력및문화 부문으로 재편된 것이 대표적이다.

상기 표를 보면, 일반공공행정, 교육, 교통및물류, 국토및지역개발과 같은 분야는 자치단체 자체사업으로 진행하는 것이 훨씬 많으나, 사회복지, 보건, 농림해양수산 분야의 경우 보조사업 비중이 훨씬 높아서 국가의 정책사업 지원에 전적으로 의존하고 있는 경향을 볼 수 있다. 사회복지 분야 등의 정도는 아니더라도 문화및관광, 환경 분야 역시 상당 부분 의존하고 있는 것으로 보인다. 이러한 의존경향이 높은 정책사업은 지역경제나 지역발전 측면이 아닌 주민들에 대한 문화·복지 측면과 밀접한 관계가 있는 것으로서 국가의 지원이 줄어들거나 없는 경우 자치단체의 정책사업 수행에 상당한 영향을 미칠 것으로 예상할 수 있다.

➡ 상기 표는 순계기준이므로 상위자치단체가 하위자치단체에 지원하는 시도비보조사업 효과는 제거되어 있는데, 총계기준으로 보면 의존경향이 높은 정책사업의 보조사업과 자체사업의 차이는 더 크게 벌어진다(예를 들어 사회복지 분야의 경우 총계기준으로 하면, 보조사업은 127조 2,791억원, 자체사업은 14조 1,337억원으로 보조사업 지출액은 약 48조원 정도 증가하나, 자체사업은 6조원 증가함). 즉, 기초자치단체의 경우 의존경향이 높은 정책사업의 국가 및 상위자치단체에 대한 의존성이 더욱 크다고 할 수 있다.

(3) 자치단체 총수입의 규모와 변동추이

전체 자치단체의 총수입의 규모(순계기준, 결산기준)는 다음과 같다.

(단위: 억원)

구분	2015년	2016년	2017년	2018년	2019년	2020년
지방세수입	709,778	755,306	804,063	843,153	904,572	1,020,484
	30%	29%	29%	28%	27%	27%
세외수입	247,587	268,218	277,431	266,527	276,197	280,547
	10%	10%	10%	9%	8%	7%
지방교부세수입 (주2)	349,641	380,111	443,543	490,290	574,918	504,113
	15%	15%	16%	16%	17%	13%
보조금수입	440,313	455,976	473,952	504,830	614,060	858,977
	19%	18%	17%	17%	18%	23%
지방채	60,850	43,492	40,344	37,737	52,980	105,755
	3%	2%	1%	1%	2%	3%
보전수입등(주3)	550,490	670,928	752,040	846,729	925,375	976,256
	23%	26%	27%	28%	28%	26%
합계	2,358,659	2,574,031	2,791,373	2,989,266	3,348,102	3,746,132

(주1) 상기 자료는 '2020년 및 2022년 지방자치단체 통합재정개요(상)(행정안전부, 2020 및 2022)'을 참조하였음. 일반회계, 특별회계, 기금회계를 포함한 순계기준 지방재정 총수입 규모임

(주2) 순계기준 자료이므로 시군구조정교부금과 시도비보조금 등 자치단체간 거래는 제거되어 있음

(주3) 보전수입등(보전수입등및내부거래)은 기존 세외수입 과목 등을 개편하여 2014년부터 신설한 과목으로 '잉여금', '전년도이월금', '전입금', '예탁금 및 예수금', '융자금원금수입' 등을 포함함

2015~2020년 동안 지방재정의 수입은 연평균 10% 이상 증가하고 있다. 자체재원인 지방세수입과 세외수입은 2015년의 경우 총수입의 약 40%였으나, 최근은 약 35%를 차지하고 있으며, 의존재원인 지방교부세수입과 보조금수입도 약 35%를 차지하고 있다. 자체재원의 비중은 줄어들면서 의존재원의 비중은 조금씩 증가하는 추세인데, 총수입 규모가 증가하면서 의존재원수입의 비중이 증가하고 있다는 것은 의존재원수입의 증가폭이 자체재원수입의 증가폭보다 훨씬 높다는 것을 의미한다.

2. 지방회계의 세출거래

➡ 정부회계에서의 비교환거래 특성, 세출 프로세스의 이해, 단식부기와 복식부기의 변환 및 효과, 교환거래 관련 국가(지방)계약, 비교환거래 관련 보조금 및 출연금 등의 이론적인 내용은 국가회계 부분을 참고하도록 한다.

(1) 지방회계 세출거래의 분류 개요

우리나라 자치단체는 세출내역을 분류하는데 있어 다음의 체계에 따라 기능별로 분류(정책사업, 단위사업, 세부사업)하고 동시에 성질별로도 분류하고 있다. 정책사업은 각 자치단체 조직(실·과)별 업무와 밀접하게 연계되는데, 실제 각 회계·기금별 세출결산서나 재정운영표를 참고하면 각 정책사업을 수행하는 조직과 정책사업명을 병기하고 있는 것을 볼 수 있다.

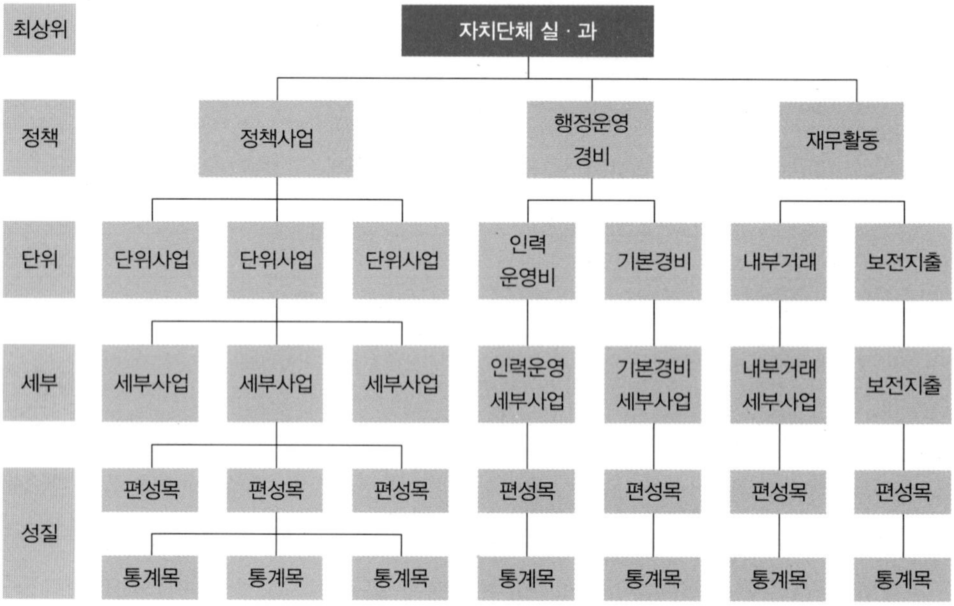

(2) 국가회계에서의 성질별 분류체계와 지방회계에서의 성질별 분류체계의 차이

앞서 세출거래의 기능별 분류와 관련하여 국가회계의 프로그램 예산체계와 지방회계의 사업예산체계의 차이를 설명하였으므로 여기서는 국가회계와 지방회계 세출거래의 성질별 분류체계 차이에 대하여 설명한다. 국가회계와 지방회계 세출거래의 성질별 분류체계 차이는 다음 네 가지 측면으로 설명할 수 있다.

첫째, 세목의 다양성 측면에서, 국가회계는 다양한 성격의 중앙관서가 존재함에 따라 특정 세목을 다른 중앙관서에서는 사용하지 않는 사례가 있다. 이에 비해 지방회계는 광역자치단체와 기초자치단체간 차이가 약간 있기는 하지만, 대다수 자치단체가 유사한 정책수행 및 조직관리를 수행하고 있어 자치단체별로 세목의 구성이 큰 차이가 없다. 한편, 실무적인 정책수행과 관련한 상세한 세목도 다수 존재한다.

- 국가회계의 경우 세목 중에서 학교운영비, 특수활동비, 교수보직경비, 안보비, 연금지급금, 자치단체교부금, 국제부담금, 금융성기금출연금, 한국은행예치금, 전대차관원금상환, 민간예수금원금상환 등의 경우 해당 세목을 주로 사용하는 중앙관서가 있는 반면, 대다수의 다른 중앙관서에서는 이러한 세목을 사용하지 않는다.

- 지방회계의 경우 실무적인 정책수행 관련 세목이 다수 존재하는데, 예를 들어, 의용소방대지원경비, 자율방범대실비지원, 통장·이장·반장활동보상금, 사회복무요원보상금, 예술단원·운동부등보상금, 운수업계보조금, 사회복지시설법정운영비보조, 사회복지사업보조, 예비군육성지원경상보조 등이 이에 해당한다.

둘째, 용어의 차이 측면에서, 국가회계에서는 '목-세목'이라는 용어를 사용하고 있으나, 지방회계에서는 '편성목-통계목'이라는 용어를 사용한다. 또한, 구체적인 세목 또는 통계목의 명칭 역시 국가와 자치단체라는 특성으로 인해 비슷한 용어도 있으나 서로 다른 용어도 다수 존재한다.

셋째, 목(편성목)을 구성하는 세목(통계목)의 유사 거래 또는 유사 성격의 범주화 측면에서, 국가회계와 지방회계의 '100 인건비'와 '200 물건비'는 분류체계가 유사하지만(물론 세부항목은 차이가 있음), 그 외의 목은 서로 다른 명칭과 성격을 가지고 있다. 국가회계에서 '300 민간이전'은 국가 이외 실체(민간, 자치단체)에 제공하는 비교환비용 성격의 거래에 중점을 두고 유사한 거래를 범주화하지만, 지방회계에서의 '300 경상이전'은 교환거래·비교환거래 성격을 구분하지 않고 경상적인 운영비 지원이라는 성격에 중점을 둔 거래로 범주화한다. 이는 국가회계에서의 '400 자산취득및운용'과 지방회계에서의 '400 자본지출' 및 '500 융자및출자'도 마찬가지이다. 국가회계에서의 '400 자산취득및운용'은 국가회계실체 자체의 자산취득 관련 지출을 범주화하는 목인 반면, 지방회계에서의 '400 자본지출' 및 '500 융자및출자'는 지방회계실체 자체의 자산취득 외에 민간, 하위자치단체, 지방공사·공단의 자본형성(자산취득)에 관련한 지출도 포함시킨다.

사실 정부회계학적인 관점에서 보면, 국가회계에서는 '300 민간이전'은 전형적인 비교환비용, '400 자산취득및운용'은 자산의 취득과 밀접한 관련이 있어 단식부기·현금주의 세출과목과 복식부기·발생주의 재무계정과목의 연계 과정을 쉽게 이해할 수 있다. 이에 비해 지방회계에서는 회계실체를 구분하지 않고 성격이 경상적 지출인지 자본적 지출인지에 따라 '300 경상이전', '400 자본지출', '500 융자및출자'를 구분하고 있어, 목의 성격만 가지고 연계되는 재무계정과목을 파악하기가 쉽지 않다. 즉, 해당 목을 구성하는 세부 내역이 실제로 어떠한 지출인지를 파악해야 관련되는 재무계정과목을 파악할 수 있다. 단식부기·현금주의 세입세출결산과 복식부기·발생주의 재무제표의 밀접한 관계를 볼 때, 국가회계보다 지방회계에서 프로세스의 개선이 조금 더 필요할 수 있을 것이다. 물론 반대의 경우도 존재하는데, 국가회계에서는 차입금 원금의 상환지출과 차입금 이자에 대한 지출이 '500 상환지출'에 포함되는 반면, 지방회계에서는 차입금 이자에 대한 지출은 '300 경상이전'에 포함되어 있고 차입금 원금에 대한 상환지출은 '600 보전재원'으로 구분되어 있어 지방회계가 좀 더 쉽게 이해될 수 있다.

➡ 사실 지방회계에서도 예수금은 원금상환과 이자지출 모두 '700 내부거래' 안에 포함되어 있는데, 회계적인 특성보다는 내부거래 특성을 좀 더 강조한 것 같다.

넷째, 기타적인 측면에서, 국가회계에서는 입법부(국회)와 사법부(대법원)도 행정부와 동일한 세목체계를 사용하고 있다. 이에 비해 지방회계에서는 지방의회가 사용하는 '205 의회비' 편성목이 아예 구분되어 있다. 또한, 지방회계에서는 국가회계에서는 없는 보조금 반환 관련 '802-01,02 국고·시도비보조금반환금'이나, 지방교육재정과 관련한 '703 교육비특별회계전출금' 편성목이 존재한다.

이같이 국가회계와 지방회계 세출거래의 성질별 차이를 정리하면 다음과 같다.

국가회계 세출목	지방회계 세출목	설명
100 인건비	100 인건비	• 유사 ➡ 단, 세부 항목 차이는 있음
200 물건비	200 물건비	• 유사 ➡ 단, 세부 항목 차이는 있음
300 민간이전	300 경상이전	• 비교환거래 분류(국가회계) vs 경상운영비 성격 분류(지방회계)로 요약 • 즉, 국가회계에서는 국가 이외 실체(민간, 자치단체)에 제공하는 비교환비용 성격의 거래에 중점을 두고 유사한 거래를 범주화한 것에 비하여, • 지방회계에서는 교환·비교환 성격 구분이 아닌 경상적인 운영비 성격에 중점을 둔 거래를 범주화함 • 이러한 성격의 차이로 인하여 국가회계에서는 모든 보조금지출이 '300 민간이전'으로 분류되지만, 지방회계에서는 경상보조금만 '300 경상이전(307 민간이전, 308 자치단체등이전, 310 국외이전)'에 포함되며, 자본보조금은 '400 자본지출'에 포함

국가회계 세출목	지방회계 세출목	설명
400 자산취득및운용	400 자본지출 500 융자및출자	• 국가회계실체 자체 자산취득 거래(국가회계) vs 지방회계실체 자체 및 외부 실체(민간, 하위자치단체, 공사·공단) 자본형성 관련 거래(지방회계) 요약 • 따라서 지방회계에서는 민간 및 하위자치단체 자본형성 성격의 보조금도 '400 자본지출 중 402 민간자본이전 또는 403 자치단체등자본이전'으로 분류 • 지방회계에서는 매 회계연도 지출하지만, 동 지출액이 지방공기업(공사·공단)의 자산취득과 관련되는 경우 404 공사공단자본전출금 으로 분류하는 것임. 이 때, 공사공단자본전출금이 해당기관의 재무제표상 자본으로 계상되면, 자치단체의 자산으로 인식하나, 그렇지 않은 경우에는 비용으로 인식 • 지방회계에서는 융자금 및 출자금은 별도 세목(500)으로 관리하고 있으나, 국가회계에서는 국가회계실체의 자산취득과 관련되므로 '400 자산취득및운용' 목으로 분류함
500 상환지출	600 보전재원	• 국가회계는 재원부족으로 인한 차입금 관련 모든 상환거래(원금 및 이자지출)를 '500 상환지출'로 범주화하고 있음 • 지방회계는 재원의 부족분(차입금) 또는 여유분(예치금) 등 재무활동 관련 원금 지출거래를 범주화함(차입금 이자지출은 '300 경상이전'으로 분류) • 예치금의 경우 국가회계에서는 자산거래이므로 '400 자산취득및운용' 목으로 분류되나, 지방회계에서는 재무활동으로 간주하여 '600 보전재원'으로 분류
600 전출금등	700 내부거래	• 내부거래로 제거가 되는 타 회계에 대한 전출금 부분은 유사함 • 그러나 지방회계에서는 지방교육재정에 대한 전출금이 포함됨('703 교육비특별회계전출금') • 또한, 지방회계에서는 타 회계에 대한 예탁금 원금 지출과 예수금 원금 및 이자의 상환 지출도 포함되어 있음(국가회계에서는 예탁금 원금 지출은 자산취득으로 보아 '400 자산취득및운용' 목에 포함되어 있으나, 예수금 원금 및 이자 상환 지출은 상환지출로 보아 '500 상환지출'에 포함되어 있음)
700 예비비및기타	800 예비비및기타	• 유사 ➡ 단, 세부 항목 차이는 있음 • 단, 지방회계에서는 국고·시도비보조금반환금이 '800 예비비및기타' 목에 포함되어 있음

(3) 지방회계의 개별 세출과목의 이해

자치단체 세출 목별 구조 및 편성목·통계목 내역은 다음과 같다(2021년 기준).

그룹(8개)	편성목(37개)	통계목(139개)
100 인건비	101 인건비	보수, 기타직보수, 공무직(무기계약)근로자보수, 기간제근로자보수
200 물건비	201 일반운영비	사무관리비, 공공운영비, 행사운영비, 맞춤형복지제도시행경비, 공립대학운영비
	202 여비	국내여비, 월액여비, 국외업무여비, 국제화여비, 공무원교육여비
	203 업무추진비	기관운영업무추진비, 정원가산업무추진비, 시책추진업무추진비, 부서운영업무추진비
	204 직무수행경비	직책급업무수행경비, 직급보조비, 특정업무경비
	205 의회비	의정활동비, 월정수당, 의원국내여비, 의원국외여비, 의정운영공통경비, 의회운영업무추진비, 의원역량개발비(공공위탁,자체교육), 의원역량개발비(민간위탁), 의원정책개발비, 의장협의체부담금, 의원국민연금부담금, 의원국민건강부담금
	206 재료비	재료비
	207 연구개발비	연구용역비, 전산개발비, 시험연구비
300 경상이전	301 일반보전금	사회보장적수혜금, 장학금및학자금, 의용소방대원지원경비, 자율방범대원실비지원, 통장·이장·반장활동보상금, 민간인국외여비, 외빈초정여비, 사회복무요원보상금, 행사실비보상금, 예술단원·운동부등보상금, 사회성과보상금, 기타보상금
	302 이주및재해보상금	민간인이주보상금, 민간인재해및복구활동보상금
	303 포상금	포상금, 성과상여금
	304 연금부담금등	연금부담금, 국민건강보험금, 의원상해부담금, 공무직(무기계약)근로자고용보험료부담금등
	305 배상금등	배상금등
	306 출연금	출연금
	307 민간이전	의료및구료비, 민간경상사업보조, 민간단체법정운영비보조, 민간행사사업보조, 민간위탁금, 보험금, 연금지급금, 이차보전금, 운수업계보조금, 사회복지시설법정운영비보조, 사회복지사업보조, 민간위탁교육비
	308 자치단체등이전	자치단체경상보조금, 징수교부금, 자치구조정교부금, 시군조정교부금, 자치구기타재원조정비, 시군기타재원조정비, 자치단체간부담금, 교육기관에대한보조금, 시군구교육비특별회계법정전출금, 예비군육성지원경상보조, 공기관등에대한경상적위탁사업비, 기타부담금, 공동재산세전출금(재정보전금재산세분)

그룹(8개)	편성목(37개)	통계목(139개)
	309 전출금	공사·공단경상전출금, 공무원연금관리공단경상전출금
	310 국외이전	국외경상이전, 국제부담금
	311 차입금이자상환	시군구지역개발기금차입금이자상환, 통합금융기관차입금이자상환, 중앙정부차입금이자상환, 지방채증권이자상환, 기타차입금이자상환
400 자본지출	401 시설비및부대비	시설비, 감리비, 시설부대비, 행사관련시설비
	402 민간자본이전	민간자본사업보조(자체재원), 민간자본사업보조(이전재원), 민간위탁사업비
	403 자치단체등 자본이전	자치단체자본보조, 공기관등에대한자본적위탁사업비, 예비군육성지원자본보조
	404 공사공단 자본전출금	공사·공단자본전출금
	405 자산취득비	자산및물품취득비, 도서구입비
	406 기타자본이전	기타자본이전
500 융자및출자	501 융자금	민간융자금, 통화금융기관융자금
	502 출자금	출자금
600 보전재원	601 차입금원금상환	시군구지역개발기금차입금원금상환, 통화금융기관차입금원금상환, 중앙정부차입금원금상환, 지방채증권원금상환, 기타국내차입금원금상환
	602 예치금	일반예치금, 의무예치금
700 내부거래	701 기타회계등전출금	기타회계전출금, 공기업특별회계경상전출금, 공기업특별회계자본전출금
	702 기금전출금	기금전출금
	703 교육비특별 회계전출금	법정전출금, 비법정전출금
	704 예탁금	예탁금, 시도지역지역개발기금예탁금(공제)
	705 예수금원리금상환	예수금원금상환, 예수금이자상환, 시도지역개발기금예수금원금상환, 지도지역개발기금예수금이자상환
	706 기타내부거래	감가상각비, 당기순이익, 적립금
800 예비비 및기타	801 예비비	일반예비비, 재해·재난목적예비비, 내부유보금
	802 반환금기타	국고보조금반환금, 시도비보조금반환금, 기타반환금, 잡손금

3. 지방회계의 세입거래

➡ 정부회계에서의 비교환거래 특성, 세입결산서의 해석, 단식부기와 복식부기의 변환 및 효과, 교환수익과 비교환수익, 조세의 의미 등 이론적인 내용은 국가회계 부분을 참고하도록 한다.

(1) 지방세수입과 지방세수익

지방세는 가장 대표적인 지방정부 자체재원수입으로서 총 11개 세목으로 구성된다. 이를 앞서 국세를 분류한 거래·소득·재산기준으로 구분하면, 거래기준 지방세는 지방소비세, 레저세, 담배소비세가 해당되고, 소득기준은 지방소득세와 주민세가 해당되며, 재산기준은 취득세, 재산세, 등록면허세, 자동차세, 지역자원시설세가 해당된다고 볼 수 있다. 지방교육세는 해당 지방세에 부가(附加)되어 과세된다. 지방세는 국세와 달리 11개 지방세 모두 「지방세법」에 규정되어 있으며, 이 외에 「지방세기본법」, 「지방세징수법」, 「지방세특례제한법」이 운용되고 있다.

우리나라 지방세는 재산기준과세가 50% 이상 차지하는 특성을 가지고 있는데, 가장 전통적인 지방세인 취득세, 재산세, 등록면허세 모두 재산기준과세의 성격을 가지고 있다. 이와 비교하여 대표적 거래기준 지방세인 지방소비세는 지방재정 분권의 목적으로 국세 중 부가가치세의 일정부분(2023년 기준 25.3%)을 자치단체에 이양한 것이고, 대표적 소득기준 지방세인 지방소득세는 국세인 법인세와 소득세에 부가(附加)하여 그 세액의 10%를 자치단체가 징수하도록 한 것이다. 지방소비세와 지방소득세 모두 지방세이지만 국세와 직·간접적으로 연관되어 있다.

지방세는 국세와 같이 전형적인 비교환거래이며, 각 자치단체가 해당 지방세를 직접 징수한다. 자치단체가 지방세를 징수하기 때문에 단식부기·현금주의 세입결산서상 징수결정액(과년도 및 현년도), 수납액, 미수납액이 각각 인식되며, 복식부기·발생주의 재정운영표에 "(일반)수익" 중 하나로 인식된다.

➡ 지방교부세는 지방세가 아니라, 국가가 지방정부에 교부하는 지방재정조정제도의 일종이다.

➡ 지방회계에서의 수익(수익과 사업수익은 다르며, 사업수익은 사업총원가에서 차감)은 재정운영표 구조상 재정운영순원가 바로 아래에 위치하는데, 국가회계 재정운영표에서의 '비교환수익등'과 유사한 항목이다. 수익은 자체조달수익(지방세수익, 세외수익 등), 정부간이전수익(지방교부세수익, 조정교부금수익 등), 기타수익(전입금수익, 기부금수익 등)으로 구성되어 있다. 당초 일반수익이라고 명명되었으나, 실무적으로 2019회계연도 재정운영표부터 수익이라고 표현되고 있다. 비교환수익 성격의 계정과목을 '수익'이라고만 명명할 경우 혼선을 가져올 수도 있기 때문에, 일반수익으로 다시 명명하는 것이 바람직해 보인다.

2015~2020년 전체 자치단체의 각 지방세 세목별 징수액(현금주의)은 다음과 같다.

(단위: 억원)

구분	2015년	2016년	2017년	2018년	2019년	2020년
〈거래기준과세〉						
지방소비세	60,027	64,011	72,738	74,624	113,455	165,692
레저세	10,889	10,602	10,510	10,164	9,705	1,686
담배소비세	30,350	37,440	36,026	34,776	33,577	35,777
소계	101,266	112,053	119,274	119,564	156,737	203,155
비율	14.3%	14.8%	14.8%	14.2%	17.3%	19.9%
〈소득기준과세〉						
지방소득세	127,844	130,946	144,395	167,057	174,259	169,411
주민세	15,015	17,548	18,632	19,948	21,296	21,239
소계	142,859	148,494	163,027	187,005	195,555	190,650
비율	20.1%	19.7%	20.3%	22.2%	21.6%	18.7%
〈재산기준과세〉						
취득세	208,103	217,016	234,867	238,135	239,147	295,363
재산세(주4)	92,937	99,299	106,618	115,321	126,771	137,731
등록면허세	18,313	17,083	16,077	17,182	18,374	20,529
자동차세	70,721	75,533	77,722	78,877	77,251	81,342
지역자원시설세	13,514	14,500	15,126	16,255	16,806	17,773
소계	403,588	423,431	450,410	465,770	478,349	552,738
비율	56.9%	56.1%	56.0%	55.2%	52.9%	54.2%
〈기타〉						
지방교육세	58,149	62,661	64,230	65,439	66,770	71,358
과년도수입 등	3,916	8,677	7,150	5,405	7,194	2,587
소계	62,065	71,338	71,380	70,844	73,964	73,945
비율	8.7%	9.4%	8.9%	8.4%	8.2%	7.2%
〈합계〉						
합계	709,778	755,316	804,091	843,183	904,605	1,020,488

(주1) 상기 자료는 '2021 지방세통계연감'과 지방재정론(라휘문, 2021)의 내용을 참고함

(주2) 상기 세목별 범주 구분(거래·소득·재산기준)은 지방재정론(라휘문, 2021)의 내용을 참고함

(주3) 앞서 총수입에서의 연도별 지방세수입액과 상기 표의 지방세징수 합계액이 약간 차이가를 보이고 있는데, 단수조정 및 폐지된 세목의 징수액 조정 등으로 인한 것이므로 중요하지 않음

(주4) 재산세에는 현재는 재산세로 통합되어 있는 도시계획세 경과조정분이 일부 포함되어 있음

주요 지방세 이해를 위하여 세법에 규정된 내용 및 특성은 다음과 같다.

<table>
<tr><th>구분</th><th>지방세 주요 세법 내용 및 특성</th></tr>
<tr><td>세법명</td><td>지방세법(이하 2023년 7월 1일 기준 세법 규정임)</td></tr>
<tr><td>정의 및 특성</td><td>㉠ 자치단체가 징수하는 각종 세금
㉡ 지방세는 법률 및 조례에 규정된 과세요건을 충족한 모든 자들이 지방정부의 재정조달을 위해 특별한 반대급부 없이 납부하는 세금임
㉢ 지방세의 세부 종류는 총 11개이며, 모두 지방세법 내에 규정되어 있음
➡ 국세의 경우 1개 세금마다 1개 법이 제정되어 있음
㉣ 동일한 세금의 종류라도 도, 시·군, 특별시·광역시, 구, 특별자치도·특별자치시 등 자치단체의 성격에 따라 징수하는 세금의 종류가 다름
㉤ 국세와 지방세 징수 불균형 및 자치단체간 지방세 징수규모의 불균형을 해소하기 위하여 '지방교부세' 등 지방재정조정제도가 운영되고 있음</td></tr>
<tr><td>지방세종류</td><td>㉠ 지방세는 총 11개의 세금(稅目)으로 구성되며, 자치단체의 성격에 따라 관리하는 지방세가 차이가 있음
<table>
<tr><th>도세</th><th>시·군세</th><th>특별시·
광역시세</th><th>구세</th><th>특별자치도·
특별자치시세</th></tr>
<tr><td>ⓐ 취득세
ⓑ 등록면허세
ⓒ 레저세
ⓓ 지방소비세
ⓔ 지역자원 시설세
ⓕ 지방교육세</td><td>ⓐ 주민세
ⓑ 재산세
ⓒ 자동차세
ⓓ 지방소득세
ⓔ 담배소비세</td><td>ⓐ 취득세
ⓑ 레저세
ⓒ 지방소득세
ⓓ 주민세
ⓔ 자동차세
ⓕ 지방소비세
ⓖ 담배소비세
ⓗ 지역자원 시설세
ⓘ 지방교육세</td><td>ⓐ 등록면허세
ⓑ 재산세</td><td>11개 모든 세금 해당
※ 제주특별자치도와 세종특별자치시가 해당
※ 강원특별자치도는 기존 도세, 시·군세 유지(2023년 현재)</td></tr>
</table>
➡ 도농복합 광역시의 경우(광역시에 군이 있는 경우로서 부산광역시의 기장군, 인천광역시의 강화군, 옹진군, 대구광역시의 달성군 등) '광역시세–구세'의 체계가 아닌 '도세–시·군세' 체계를 따라야 함. 예를 들어 부산광역시 기장군은 시·군세 5개의 세금을 관리하고, 도세 6개의 세금은 부산광역시가 갖게 되는 것임
㉡ 주요 지방세목별 정의, 납세의무 성립시기 등
<table>
<tr><th>세목명</th><th>정의 및 납세의무 성립시기, 징수방법 등</th></tr>
<tr><td>취득세</td><td>ⓐ 취득세는 부동산, 차량, 기계장치, 항공기, 선박, 입목, 광업권, 어업권, 각종 회원권을 취득(유상승계취득(매매 등), 무상승계취득(상속 등), 원시취득(건축물 신축, 차량 제조 등), 간주취득(토지 지목변경 등))한 자에게 부과하는 지방세임
ⓑ 2011년부터 취득세와 등록세를 통합 과세함에 따라 취득을 원인으로 하는 등록세(등록면허세)는 부과하지 않음</td></tr>
</table>
</td></tr>
</table>

구분	지방세 주요 세법 내용 및 특성
	ⓒ 납세의무자인 취득자가 과세대상을 취득하는 때에 납세의무가 성립하며, 과세표준은 취득 당시 신고한 가액으로 하나, 시가표준액에 미달할 경우 시가표준액으로 함 ⓓ 취득세 세율은 지방세법 제11조 및 제12조 표준세율을 적용 ➡ 각종 중과 및 특례규정이 다양함 ⓔ 취득세 징수방법은 신고납부방식임 ⓕ 2013년 취득세율 인하 방침으로 인해 지방소비세율 변화(즉, 국세인 부가가치세 일부를 지방소비세로 이전하는 비율이 증가하였는데, 2013년까지 5%→2014년부터 11% 인상이 이에 해당함. 이후 지방재정 확충 목적으로 2019년 15%, 2020년 21%, 2022년 23.7%, 2023년 이후 25.3%로 증가)
등록면허세	ⓐ 취득을 원인으로 하는 등기·등록은 취득세로 통합되었기 때문에 등록면허세가 부과되지 않음 ⓑ 등록면허세는 등록분 등록면허세와 면허분 등록면허세로 구분되는데, 등록분 등록면허세는 취득이 수반되지 않는 저당권, 전세권, 광업권 등의 등록시 부과하며, 면허분 등록면허세는 각종 면허사항에 부과함 ⓒ 납세의무자인 등록하는 자가 등기·등록할 때 또는 면허를 받는 자가 각종 면허를 받는 때에 납세의무가 성립함 ⓓ 등록면허세는 정률세와 정액세가 있으며, 정률세는 과세표준에 세율을 곱하여 산출하며, 정액세는 건당 고정된 세액을 징수 ⓔ 등록면허세 징수방법은 신고납부방식임
재산세	ⓐ 재산세는 과세기준일 현재(매년 6월 1일) 과새대상인 주택, 토지, 건축물, 선박, 항공기 등을 소유하고 있는 자에게 부과하는 지방세임 ⓑ 토지는 보유목적 등에 따라 분리과세, 별도합산과세, 종합합산과세 대상으로 구분하며, 각 구분에 따라 과세표준 구간 및 세율이 차이가 있음 ➡ 세부담의 정도는 분리과세 < 별도합산과세 < 종합합산과세 가 일반적이나, 재산세 중과 등의 상황이 발생할 수 있으므로 반드시 상기와 같은 세부담 크기가 일률적으로 적용되는 것은 아님 ⓒ 재산세 중 주택, 토지, 건축물의 과세표준은 시가표준액에 공정시장가액비율을 곱하여 산출함. 선박 및 항공기는 시가표준액으로 함. 세율은 재산의 종류, 중과대상 재산, 토지의 과세구분에 따라 다양하게 적용됨 ⓓ 재산세 징수방법은 보통징수방법(부과과세방식)임
지방소득세	ⓐ 지방소득세는 별도로 규정하고 있는 사항을 제외하고 일반적으로는 국세인 소득세 및 법인세 산출액의 10%에 해당함 ⓑ 개인지방소득세는 소득세 확정신고·납부 기한인 익년 5월말까지 신고·납부함(즉, 종합소득세 신고시 개인지방소득세도 같이 해당 자치단체에 신고·납부) ⓒ 법인지방소득세는 사업연도 종료일 이후 4개월 이내에 신고·납부해야 하므로 예를 들어 12월31일 사업연도가 종료되는 법인의 경우 3월말까지 법인세 신고·납부해야 하며, 4월30일까지 법인지방소득세를 신고·납부해야 함 ⓓ 지방소비세와 같이 국세와 밀접하게 연관되는 지방세이나, 지방소득세의 징수는 자치단체가 직접 수행

구분		지방세 주요 세법 내용 및 특성
	지방소비세	ⓐ 지방소비세는 다른 지방세와 달리 자치단체가 주민들로부터 징수하는 것이 아니라 국가(국세청, 관세청)가 징수하는 세금임 ⓑ 국세인 부가가치세(10%) 중 일정 부분(2023년 기준 25.3%)이 지방소비세이며, 국가가 대신 징수하여 자치단체에 이전하는 것임 ⓒ 지방소비세는 자치단체의 특성에 따라 소비지출 기준, 취득세감소분 기준, 국가균형발전특별회계 사업비보전 기준 등으로 안분함. 안분할 때는 비수도권 도 3, 비수도권 광역시 2, 수도권(서울,인천,경기) 1의 가중치를 적용함 ⓓ 지방소득세와 같이 국세와 밀접하게 연관되는 지방세이나, 지방소비세의 징수는 국세청·관세청이 수행(징수대행) ➡ 한편, 지방소비세를 도입하면 수도권 지방정부는 재정확충을 도모할 수 있으나, 비수도권 지방정부 재정확충은 상대적으로 미흡하여 지방정부 간 재정격차가 더욱 커질 수 있다는 우려가 있었음. 이로 인해 서울특별시, 인천광역시, 경기도의 수도권 지방정부가 일정 부분을 출연하는 지역상생발전기금을 도입하여 비수도권 지방정부와 재원을 공유하고자 하였음. 이러한 지역상생발전기금을 수평적 지방재정조정제도라고 함
	ⓕ 기타	기타 지방세로서 레저세, 주민세, 자동차세, 담배소비세, 지역자원시설세, 지방교육세가 있음 ➡ 담배 관련 세금은 국세인 담배개별소비세와 지방세인 담배소비세가 있음. 담배개별소비세는 개별소비세 중 하나로서 담배 자체에 부과하는 세금이나, 담배소비세는 담배의 반출행위 관련 담배제조자 또는 수입판매업자에게 부과하는 세금임. 레저세나 자동차세 역시 유사한 이유로 국세인 개별소비세와 지방세가 각각 과세됨 ➡ 지방교육세는 지방교육재정의 재원을 확보하기 위하여 취득세, 등록면허세, 재산세 등에 부가(附加)하여 과세되는 목적세임

(2) 세외수입

세외수입(稅外收入)은 자체재원수입 중 지방세수입을 제외한 수입으로서 일반회계의 경우 경상적세외수입, 임시적세외수입, 지방행정제재·부과금으로 구성된다. 기타특별회계는 일반회계의 세외수입과 동일한 항목체계를 따르며, 공기업특별회계의 경우 상수도사업·하수도사업·공영개발사업 등의 주요 사업수입은 경상적세외수입으로 처리하고 그 외의 사업외수입은 임시적세외수입으로 처리한다.

➡ 지방행정제재·부과금은 2021년부터 임시적세외수입에서 분리되어 별도의 관으로 관리함

➡ 2013년까지는 잉여금, 전년도이월금, 전입금, 예탁금·예수금, 융자금원금수입이 임시적세외수입에 포함되어 있었으나, 2014년부터 '보전수입등및내부거래' 항목으로 분리됨

실무적으로 각 세외수입에 대응되는 재정운영표상 수익은 세외수입의 세부항목에 따라 (정책)사업수익(사업총원가 차감), 비배분수익, (일반)수익으로 각각 표시될 수 있다. 경상적세외수입에 속하는 재산임대수입, 사업수입, 사용료수입, 수수료수입은 사업총원가에서 차감하는 정책사업수익으로 인식하며, 이자수입과 징수교부금수입은 비배분수익으로 분류한다. 임시적세외수입에 해당하는 재산매각수입의 경우 재산매각수입 전체가 아닌 재산매각수입에서 해당 자산의 장부가액을 차감한 자산매각수익이 비배분수익이 된다. 자치단체간부담금수입과 시도비보조금반환수입은 수익(정부간이전수익)으로 분류하며, 과징금·이행강제금·과태료·부담금 등 지방행정제재·부과금은 비교환거래의 성격을 가지고 있으므로 수익(자체조달수익)에 포함된다.

- 사업수입(익)은 자치단체가 수행하는 사업장의 생산물 및 부산물 매각, 주차요금, 도로통행료, 용지매각 등 사업적 활동에서 발생하는 수익을 의미한다. (지방)공기업특별회계와 관련되는 상수도사업, 하수도사업, 공영개발사업 등에서 발생한 수익도 사업수익으로 분류한다. 사업수익은 사용료수익, 수수료수익, 재산임대수익 등과 함께 사업총원가에서 차감되는 정책사업수익으로 계상한다.

- 징수교부금수입(익)은 기초자치단체가 광역자치단체의 지방세, 사용료, 부담금 등을 대신하여 징수한 금액 중 위임징수에 대한 대가로 수취한 것으로 정부간이전수익인 것처럼 보일 수 있으나, 대가의 교환으로 발생한 수익이므로 교환수익인 비배분수익(자체조달수익 중 경상세외수익)으로 계상한다.

- 부담금수입(익)은 자치단체의 재산 또는 공공시설 설치로 인하여 주민의 일부가 특별히 이익을 받을 때 그 비용의 일부를 부담시키기 위하여 그 이익을 받는 자로부터 수익의 정도에 따라 징수하는 일반부담금수익(개발이익환수금, 교통유발부담금 등)과 자치단체간 각종 부담금 징수에 따른 수익인 자치단체간부담금수익이 있다. 일반부담금수익은 지방행정제재·부과금으로서 재정운영표에는 수익 중 자체조달수익으로 계상하며, 자치단체간부담금수익은 임시적세외수입으로서 재정운영표에는 수익 중 정부간이전수익으로 계상한다.

(3) 지방교부세와 조정교부금

지방교부세는 국세수입의 일부를 자치단체의 행정운영에 필요한 재원으로 교부하여 지방행정의 건전한 발전을 기하는 제도를 말한다(지방세의 종류가 아님에 주의한다). 그런데 지방교부세를 이해하기 위해서는 먼저 지방재정조정제도에 대한 이해가 선행되어야 한다. 지방재정조정제도는 지방정부 간 경제력의 차이 등으로 인한 재정상의 불균형을 완화하여 국가 전체적으로 재정운영의 효율성을 제고하기 위해 국가나 상위 지방정부가 재정력이 취약한 지방정부로 재원을 이전하여 주는 제도이다(김동기, 2008). 현재 국가가 국세수입의 일부를 법령에 따라 재정이 취약한 자치단체에 세출의 방식으로 재원을 이전하는 것을 지방교부세라고 하고, 광역자치단체가 기초자치단체에게 재원을 이전하는 방식을 조정교부금이라고 한다. 지방교부세나 조정교부금의 이전은 전형적인 비교환거래이므로 이를 수령하는 자치단체는 재정운영표상 (일반)수익(정부간이전수익)으로 인식한다.

한편, 국가가 자치단체에 재정을 지원하는 방식은 지방교부세는 물론이고 뒤에서 설명할 국고보조금이 있으며, 앞서 설명한 지방소득세와 지방소비세도 국가의 재정지원과 밀접하게 관련된다. 이들은 모두 국가가 자치단체에 지원하는 방식인데, 성격 및 회계정보의 형태가 조금씩 다르므로 이를 정리할 필요가 있다.

구분	지방소득세	지방소비세	지방교부세	국고보조금
근거	지방세법	지방세법	지방교부세법 ※ 지방세법이 아님	보조금법
재원의 근거	법인세·소득세에 부가되는 지방세	부가가치세	내국세(법인세, 소득세,부가세등), 종부세,개별소비세	국가의 세입재원 전체(일반보조금), 주세(균특보조금)
최초재원 징수주체	각 자치단체	국가가 부가가치세 징수 후, 일정 비율을 자치단체로 이양	국가	국가
국가의 세출	자치단체가 직접 징수하므로 국가의 세출과 관련 없음	국가가 징수하나, 징수대행만 수행하므로 국가의 세출과 관련 없음	자치단체이전–자치단체교부금 (330–02)	자치단체경상·자본보조 (330–01,03)
자치단체의 세입	지방세수입	지방세수입	지방교부세수입 ※ 지방세수입 아님	국고보조금수입
자치단체의 수익	(일반)수익 (자체조달수익)	(일반)수익 (자체조달수익)	(일반)수익 (정부간이전수익)	사업수익 (사업총원가차감)
재정자립도 관련 자치단체 자체재원	포함	포함	불포함	불포함
자치단체 사용용도	제한없음	제한없음	제한없음+용도제한	특정 보조사업

지방교부세는 국가가 징수하는 내국세(법인세, 소득세, 부가가치세, 상속세및증여세, 인지세, 증권거래세, 개별소비세(단, 담배개별소비세의 45%는 제외), 기타내국세(과년도수입 등 기타)의 19.24%에 해당하는 금액과 종합부동산세의 100%, 개별소비세 중 담배개별소비세의 45%로 구성된다. 지방교부세는 내국세의 19.24%의 97%인 보통교부

세와 나머지 3%의 특별교부세, 그리고 부동산교부세와 소방안전교부세로 구분된다. 보통교부세와 부동산교부세는 자치단체가 사용하는데 있어 용도제한이 없는 반면, 특별교부세는 지역현안이나 재난·안전관리, 국가지방협력 수요사업에 대하여 사업의 타당성을 심사하여 사업별로 교부하고, 소방안전교부세는 소방·안전시설 현황과 투자소요, 재난예방 및 안전강화 노력 등에 따라 교부되기 때문에 용도가 지정되어 있다.

➡ 부동산교부세는 2005년 이후 취득세와 등록세의 통합, 취득세율 인하 및 감면폭 확대 등 자치단체 세수감소의 보전과 균형발전 지원을 위한 것이다. 소방안전교부세는 2015년 담배가격 인상시 신설된 담배개별소비세의 일부를 소방·안전시설 확충 등 지원을 목적으로 한다.

국가가 지원하는 지방교부세와는 별도로 기초자치단체 간 재정력의 불균형을 해소하기 위하여 광역자치단체가 지원하는 (시·군·구)조정교부금이 있다. 시·군조정교부금은 예전에는 재정보전금이라고 하였으나, 현재는 조정교부금이라는 용어로 통일되었다. 조정교부금은 광역자치단체가 기초자치단체에 지원하는 것이므로 전체 지방자치단체 재정규모 통계자료 작성시 총계기준에서는 나타나지만, 순계기준에서는 일종의 내부거래 제거로 나타나지 않는다. 또한, 광역자치단체가 기초자치단체에 지원하는 전형적인 비교환거래로서 (일반)수익(정부간이전수익)에 계상되는데, 이는 기초자치단체에서만 존재하며 광역자치단체에서는 나타나지 않는다. 2015~2020년 기간의 조정교부금의 규모(교부액)는 다음과 같다.

(단위: 억원)

구분	2015년	2016년	2017년	2018년	2019년	2020년
조정교부금	219,260	234,281	254,409	267,647	304,310	397,082

(*) 출처: 2022년 지방자치단체 통합재정개요(상)(2022), 행정안전부

참고로 지방교부세가 국가가 자치단체에 지원하는 것과 유사한 것으로 국가가 지방교육청에 지원하는 지방교육재정교부금이 있다. 이는 「지방교육재정교부금법」에 규정되어 있는 것으로 내국세의 20.79%를 교부하도록 하고 있다. 결국, 2022년 현재 법령상 국가가 징수하는 국세의 40% 이상이 자치단체 및 지방교육청에 반드시 교부되고 있는 실정이며, 국가의 세출구조가 경직적일 수밖에 없는 가장 중요한 원인이 된다.

(4) 국고보조금과 시도비보조금

보조금은 국가 또는 광역자치단체가 특정 공익사업 지원을 위해 반대급부 없이 교부하는 금전적 급부를 말한다(국회예산정책처, 2012). 보조금은 지방교부세와 함께 가장 보편적인 지방재정조정제도라고 볼 수 있으나, 지방교부세가 법령에 따라 일정 금액이 확정되어 자치단체별로 어떻게 배분할 것인가에 초점이 맞추어져 있다면, 보조금은 어떤 자치단체가 어떠한 정책사업을 수행하는가와 관련이 있다.

자치단체 입장에서는 국가로부터 직접 보조금을 수령하는 국고보조금과 광역자치단체로부터 보조금을 수령하는 시도비보조금이 있다. 또한, 국고보조금은 국가의 정책사업의 수행과 관련한 보조사업 관련 국고보조금과 국가균형발전특별회계에서 지원하는 포괄보조금으로 구분할 수 있다. 보조사업 관련 국고보조금은 국가의 각 중앙관서의 정책사업예산을 재원으로 하는 반면, 포괄보조금은 기존의 지방양여금제도를 대체한 것으로 주세의 100%를 재원으로 한다. 다만, 포괄보조금이라고 해서 자치단체가 완전히 자율적으로 정책사업을 선정하는 것은 아닌데, 포괄보조금 중 지역자율계정은 중앙관서가 지정한 18개 포괄보조금사업 내에서 자율적으로 사업을 선택하여 수행할 수 있고, 지역지원계정은 중앙관서가 직접 편성한 사업을 수행하는 것을 말한다.

➡ 국가균형발전특별회계의 지역자율계정 18개 포괄보조사업으로 국토교통부의 도시형교통모델, 주차환경개선사업, 문화체육관광부의 문화시설 확충 및 운영, 체육진흥기설지원, 폐산업기설 등 유휴공간 문화재생, 해양수산부의 해양 및 수자원 관리 등이 있다.

발생주의 재무제표상에서 자치단체의 보조금수익은 보조금의 성격(경상보조금, 자본보조금)과 관계없이 재정운영표상 보조금수익(국고, 시도비)으로 하여 사업총원가에서 차감되는 사업수익으로 처리한다.

➡ 국가회계에서 회계·기금·중앙관서단위 재정운영표상 프로그램순원가와 지방회계의 재정운영표상 사업순원가는 유사한 성격인 특정 경제실체가 해당 정책사업을 수행하는데 조세 등 비교환수익을 어느 정도로 필요로 하는지는 의미한다. 다만, 지방회계의 사업순원가는 자치단체가 지역주민을 위해 자발적으로 해당 정책사업을 수행할 수 있는가의 정보도 추가로 제공될 수 있는데, 보조사업과 관련하여 사업총원가 대비 사업순원가의 비율이 낮을수록 국가 또는 상위자치단체에 대한 의존도가 높고, 비율이 높을수록 그 의존도가 낮다고 볼 수 있다

➡ 자본보조금도 재정운영표상의 사업수익으로 인식되는데, 이는 기업에서 사용하는 국제회계기준에서 자

산취득 관련 정부보조금을 자산의 차감항목 또는 부채로 인식하도록 하는 것과 차이가 있다. 이러한 회계처리는 자치단체의 사회기반시설이나 주민편의시설 등이 낙후되어 국가 등으로부터 자본보조금을 많이 지원받을수록 자치단체의 재정구조는 더욱 좋아지는 아이러니한 상황이 발생할 수 있어 논란이 되기도 한다.

➡ 자치단체가 수령하는 보조금의 긍정적 효과(라휘문, 2021)는 다음과 같이 정리할 수 있다.

구분	내용
1) 지방재정의 주요 세입원	• 전체 지방재정의 25%를 차지하며, 최근 급격히 증가
2) 전국적으로 최소수준 이상의 표준화된 행정사비스 공급 기여	• 보조금제도가 없었다면 재정력이 취약하거나 특정 행정서비스에 관심을 두지 않은 지역에서는 해당 서비스가 공급되지 못함
3) 지방재정과 지역경제 성장에 다양한 파급효과 야기	• 소득효과(자치단체 실질소득 증가)와 가격효과(사업의 실질가격이 보조금만큼 감소)를 유발하여 지방재정과 지역경제에 기여
4) 국가의 재정자원을 사업별로 할당하고 관리하는 효과적인 수단	• 자치단체가 수행하는 보건·복지, 건설·교통·지역개발, 농림·수산 등의 행정서비스를 적극적으로 진작시키는 역할을 수행
5) 국가와 자치단체 간에 행정 및 재정 측면의 협력적 관계 형성	• 사업의 계획단계부터 집행, 사후관리단계까지 국가와 자치단체 간에 지속적인 업무협의, 자금이전, 모니터링, 사업조정, 성과가 이루어짐 • 이러한 관계 형성은 보조금이 단순한 정부간 자금 이전만이 아닌 자금과 사업, 운영주체가 동시에 관련되는 행정·재정운영시스템임을 시사

➡ 자치단체가 수령하는 보조금의 부정적 효과(라휘문, 2021)는 다음과 같이 정리할 수 있다.

구분	내용
1) 보조금의 외부성 문제	• 특정 행정서비스에 대해 파급효과 이상의 보조금이 교부될 경우 과도한 행정서비스가 제공되어 예산 낭비 • 반면,파급효과에 미치지 못하는 보조금이 교부된다면 과소한 행정서비스의 제공을 야기
2) 대리인 관계에서의 정보비대칭 문제와 도덕적해이 문제가 발생	• 정보의 비대칭상황에서 보조사업자를 선정하는 과정에서 역선택 발생 • 보조사업자가 선정된 이후에는 도덕적해이 문제 발생
3) 예산극대화와 연성예산제약의 문제가 발생	• 지방정부는 가능한 많은 보조사업을 수주하기 위하여 일단 보조사업을 신청해 보자는 관행이 만연 • 국고보조로 인해 지방정부의 재정통제를 약화시키는 연성예산제약 문제는 재정건전성을 위협 ➡ 연성예산제약이란 정부가 수입을 크게 신경쓰지 않고 예산을 집행하는 것을 의미하는데, 과도한 지방채 발행 및 중앙정부 지원에 의존한 자치단체의 방만한 재정운영의 이론적 바탕임

(5) 단식부기·현금주의 세입과 따른 복식부기·발생주의 재무제표 계상 연계

자치단체가 회계연도 중 인식한 세입(수입)을 발생주의 재무제표에 계상하는 과정을 정리하면 다음과 같다.

세입의 구분
구성항목
재무제표 계상
세입
지방세수입
11개 지방세
(일반)수익 (자체조달수익)
세외수입
경상적 세외수입
재산임대수입, 사업수입, 사용료수입, 수수료수입
사업수익 (사업총원가차감)
이자수입,징수교부금수입
비배분수익 (자체조달수익)
임시적 세외수입
재산매각수입 → 자산처분이익 (=매각수입-장부가액)
비배분수익 (자체조달수익)
자치단체간부담금수입, 시도비보조금반환수입
(일반)수익 (정부간이전수익)
지방행정제재·부과금
과징금, 이행강제금, 변상금, 과태료, 환수금, 부담금
(일반)수익 (자체조달수익)
지방교부세
보통교부세, 특별교부세, 부동산교부세, 소방안전교부세
(일반)수익 (정부간이전수익)
보조금수입 (국고, 시도비)
경상·자본 구분없이 특정 목적의 보조금
사업수익 (사업총원가차감)
두 가지 이상의 목적으로 사용할 수 있는 보조금
(일반)수익 (정부간이전수익)
지방채
부채증가
보전수입등 및 내부거래
전입금
(일반)수익 (정부간이전수익)
예탁금및예수금, 융자금원금수입
자산감소
잉여금, 전년도이월금
회계처리없음

Notice

국가회계 국세신고·납부시스템 - 국세청 홈택스(Hometax) 화면

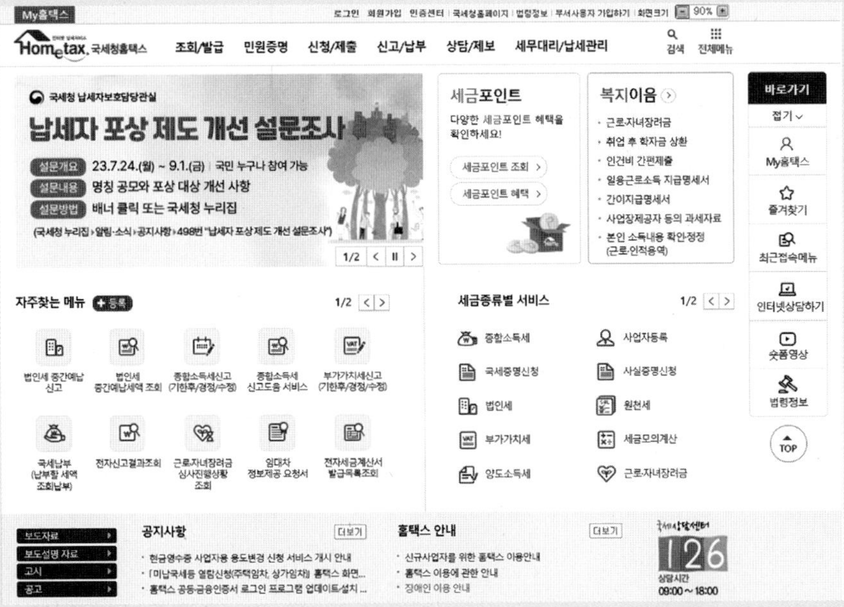

Notice

지방회계 지방세신고·납부시스템 - 행정안전부 위택스(wetax) 화면

CHAPTER

5

정부회계의 결산절차와 정부결산보고서

제1절 국가의 결산절차와 결산보고서
제2절 지방자치단체의 결산절차와 결산서
정부회계 전문가 과정 5-① 총잉여금·재정운영결과조정표(국가회계)
정부회계 전문가 과정 5-② 차이조정명세서(지방회계)

CHAPTER

5

정부회계의 결산절차와 정부결산보고서

제 1 절 국가의 결산절차와 결산보고서

1. 국가의 결산절차

(1) 중앙정부내 결산절차

국가회계에서의 결산은 한 회계연도의 각종 회계거래를 정리하여 세입세출결산, 재무제표 및 성과보고서를 산출하는 과정이다. 이는「국가재정법」에서 규정하고 있는 절차에 따라 이루어져야 하며,「국가회계법에」서 규정하고 있는 결산보고서가 작성되어야 한다. 결산은 회계연도가 종료된 이후 진행하는 절차로서 국가회계에서는 다음 회계연도 5월 31일 국회에 국가결산보고서를 제출함으로써 종료된다(예를 들어 2023회계연도 결산업무는 2024년 5월 31일에 종료된다).「국가재정법」에서 규정하고 있는 결산일정 및 절차는 다음과 같다.

구분	익년 1월~2월	익년 2월말	익년 4월 10일	익년 5월 20일	익년 5월 31일
결산수행 주체	각 중앙관서	각 중앙관서	기획재정부	감사원	기획재정부
결산절차	회계·기금별 결산수행	중앙관서결산 보고서 작성 및 기획재정부 제출	국가결산보고서 작성 및 감사원 제출	결산검사보고 기획재정부 송부	국가결산보고서 국회 제출

➡ 국가회계의 회계연도는 1월 1일부터 12월 31일까지이며(「국가회계법」 제5조), 이에 대한 총세입부와 총세출부는 다음 연도 2월 10일에 마감된다(「국고금관리법시행령」 제94조③).

① 회계·기금별 결산수행 및 보고(회계·기금별 결산부서 → 중앙관서 회계책임관)

회계·기금별 결산부서는 회계·기금별 결산서를 작성하여 해당 중앙관서 회계책임관에게 보고한다. 이 때, 중앙관서의 장이 아닌 기금관리주체는 '기금결산보고서'를 작성하여 소관 중앙관서의 장에게 제출한다(「국가회계법」 제13조②).

② 중앙관서결산보고서 작성 및 제출(중앙관서 → 기획재정부; 「국가재정법」 제58조)

중앙관서 총괄 결산부서는 소관 회계·기금의 세입세출(수입지출)결산을 통합하여 중앙관서의 세입세출결산을 작성한다. 동시에 중앙관서 총괄 결산부서는 ㉠ 소관 회계·기금별 재무제표를 통합하고, ㉡ 회계·기금간 내부거래를 제거하며, ㉢ 원가계산을 수행하여 중앙관서 재무제표를 작성한다. 여기에는 결산개요 및 해당 중앙관서의 성과보고서를 포함한다. 중앙관서 통합결산이 완료되면 중앙관서의 장은 결산개요, 세입세출결산, 재무제표, 성과보고서로 이루어진 중앙관서결산보고서를 익년 2월말까지 기획재정부에 제출한다(「국가재정법」 제58조).

③ 국가결산보고서 작성 및 제출(기획재정부 → 감사원)

기획재정부장관은 각 중앙관서의 장이 제출한 결산보고서를 통합하여 국가결산보고서를 작성한다. 특히 모든 중앙관서 재무제표를 통합한 국가단위 재무제표를 작성해야 하는데, 이 과정에서 필요한 중앙관서간 내부거래제거 및 통합 결산조정회계처리를 수행한다. 또한, 세입세출결산 뿐만 아니라 재무제표 부속서류인 국유재산관리운용보고서, 국가채권현재액보고서 등도 모든 중앙관서를 통합하여 작성한다. 국가결산보고서 작성이 완료되면 국무회의 심의 및 대통령의 승인을 얻어 익년 4월 10일까지 감사원에 제출한다(「국가재정법」 제59조).

④ 결산검사보고(서) 송부(감사원 → 기획재정부)

감사원은 기획재정부가 제출한 국가결산보고서를 검사한 후 결산검사보고(서)를 익년 5월 20일까지 기획재정부장관에게 송부한다(「국가재정법」 제60조).

⑤ 국가결산보고서 국회 제출(기획재정부 → 국회)

기획재정부는 감사원 결산검사 결과를 반영한 국가결산보고서를 익년 5월 31일까지 국회에 제출한다. 이후 국회는 국가결산보고서를 심의한다(「국가재정법」 제61조).

(2) 감사원의 결산검사

「대한민국 헌법」 제99조에서는 감사원은 세입·세출의 결산을 매년 검사하여 대통령과 다음연도 국회에 그 결과를 보고하여야 한다고 규정하고 있어 감사원이 결산검사의 주체라는 것을 알 수 있다. 결산검사는 협의의 관점에서 회계검사라고도 하며 수입과 지출, 재산(물품·유가증권·권리 등을 포함한다)의 취득·보관·관리 및 처분 등의 검사를 포함한다(「감사원법」 제22조②). 여기에는 복식부기·발생주의 국가회계제도에 따른 재무제표도 당연히 포함되는 것으로 해석된다. 감사원은 다음연도 4월 10일까지 제출받은 국가결산보고서를 5월 20일까지 검사하여 그 결과를 기획재정부에 송부해야 한다.

➡ 감사원은 결산검사 외에 직무감찰을 수행한다(「감사원법」 제24조).

(3) 국회의 결산심의

국가결산보고서가 익년 5월 31일까지 국회에 제출되면 국회는 본격적으로 결산심의를 수행한다. 우선 상임위원회에서 예비심사를 실시한다. 이 때 예산결산특별위원회(이하 '예결위'라고 한다) 종합심사 때와 마찬가지로 국회예산정책처는 결산분석 등 재정관련 의정활동을 지원한다. 예비심사에서는 ㉠ 제안설명, ㉡ 전문위원의 검토보고, ㉢ 소위원회의 심사보고, ㉣ 찬반토론 및 ㉤ 의결 과정을 거쳐 예결위에 회부한다. 예결위의 종합심사에서는 ㉠ 제안설명, ㉡ 전문위원의 검토보고, ㉢ 종합정책질의, ㉣ 결산심사소위원회의 심사·보고, ㉤ 찬반토론 및 ㉥ 의결을 거쳐 본회의에 상정한다. 본회의에서는 「국회법」 제128조의2에 따라 정기국회 개회 전까지 결산에 대한 심의·의결을 완료한다.

한국의 국회는 결산승인권을 갖고 있는데, 이는 재정집행에 대한 사후적 심의를 통하여 재정운용의 적법성과 타당성을 확인하고 재정집행을 최종 승인한다는 의미를 가진다. 그러나 결산은 사후적으로 이루어지는 것이기 때문에 국회가 결산승인권을 갖는다 해도 결산을 통한 재정통제는 한계가 있을 수밖에 없다(하연섭, 2010). 이러한 문제를 해결하기 위한 방편으로 「국회법」 제84조②에서는 결산의 심사결과 위법 또는 부당한 사항이 있는 경우에는 정부에 변상 및 징계조치 등 그 시정을 요구하고 정부는 시정요구를 받은 사항을 지체 없이 처리하여 그 결과를 국회에 보고하도록 하고 있다. 또한, 「국회법」 제127조의2에서는 특정 사안에 대하여 국회는 감사원에 감사를 요구할 수 있도록 하고 있다.

➡ 의회의 결산심의 의의는 본서의 '제5장 제2절 1. (3) 지방의회의 결산심의' 부분을 참고한다.

2. 국가회계 결산보고서의 이해

(1) 국가회계 결산보고서

국가회계에서의 결산보고서는 회계·기금단위, 중앙관서단위 및 국가(통합)단위에서 결산이 완료되고 대통령의 승인을 받은 후 국회에 제출하는 결산관련 각종 서류를 말한다. 결산보고서는 작성 주체별로 중앙관서의 장이 관리하지 않는 기금이 작성하는 기금결산보고서, 각 중앙관서가 작성하는 중앙관서결산보고서, 기획재정부가 작성하는 국가결산보고서로 구분된다. 「국가회계법」상 국가회계실체인 개별 회계·기금은 중앙관서의 장이 관리하지 않는 기금을 제외하고는 별도의 결산보고서를 따로 보고하지 않는다.

국가회계에서의 결산보고서는 크게 ㉠ 결산개요, ㉡ 단식부기·현금주의 예결산 방식에 의한 세입세출결산, ㉢ 복식부기·발생주의 재무제표 및 ㉣ 성과보고서로 구성된다. 「국가회계법」이 제정되기 이전에는 단식부기·현금주의 세입세출결산만 작성되었던 것에 비하여, 현재는 이에 추가하여 복식부기·발생주의 재무제표 및 성과보고서가 동시에 작성되는 점은 정보이용자에게 다양한 정부회계정보를 제공하고 있다는 것을 의미한다. 결산보고서에 포함되는 세부 내역은 다음과 같다.

분류의 기준	세부내역
1. 결산개요	• 일반현황(또는 기금개요), 세입세출(수입지출) 결산분석, 재무제표 분석
2. 세입세출결산	• 결산서: ㉠ 세입세출결산(일반·특별회계), ㉡ 수입지출결산(기금) • 부속서류: ㉠ 계속비 결산명세서(세입세출), ㉡ 세입세출결산 사업별명세서(세입세출), ㉢ 총액계상 사업집행명세서(세입세출), ㉣ 수입대체경비 사용명세서(세입세출), ㉤ 이월명세서(세입세출), ㉥ 명시이월비 집행명세서(세입세출), ㉦ 회전자금운용명세서(세입세출), ㉧ 성인지결산서(세입세출,기금), ㉨ 온실가스감축인지 결산서(세입세출,기금), ㉩ 예비금 사용명세서(세입세출), ㉪ 총사업비 관리대상 사업의 사업별 집행명세서(세입세출), ㉫ 현물출자명세서(세입세출), ㉬ 재정증권의 발행 및 한국은행 일시차입금의 운용명세서(세입세출), ㉭ 전년도 세계잉여금의 처리명세서(세입세출), ⓐ 세계잉여금의 처리명세서(세입세출), ⓑ 재원조성실적표(기금), ⓒ 기금운용계획의 변경내용설명서(기금), ⓓ 통합재정수지표(국가 추가), ⓔ 통합계정자금운용 및 수익금사용명세서(국가 추가), ⓕ 예비비 사용명세서(중앙관서,국가) ➡ 참고목적으로 연차별프로그램결산과 당연도프로그램결산, 결산부표 첨부
3. 재무제표	재무제표(공통; 재정상태표, 재정운영표, 순자산변동표) 주석(공통), 필수보충정보(공통), 부속명세서(공통) 부속서류(공통): ① 국가채무관리보고서, ② 국가채권현재액보고서, ③ 국유재산관리운용보고서, ④ 물품관리운용보고서 첨부서류(기금): 감사보고서(「국가회계법」에서 규정하고 있는 감사보고서 제출 대상 기금에 한함)
4. 성과보고서	성과보고서

➡ 근거규정: 「국가회계법」 제13조, 제14조, 제15조, 제15조의2, 제16조, 「국가회계법시행령」 제4조 및 제5조, 결산작성지침(기획재정부)

(2) 세출결산서·세입결산서의 이해

세출결산서와 세입결산서는 세출 또는 세입예산에 따른 집행결과를 집계한 각각의 결산서로서 단식부기·현금주의를 근간으로 하여 작성된다. 세출결산서는 세출예산액, 증감액(이월,이체,이용,전용 등), 세출예산현액, 지출액, 다음연도이월액, 불용액으로 구성된다. 세입결산서는 세입예산액, 이체등증감액, 세입예산현액, 징수결정액, 수납액, 불납결손액, 미수납액으로 구성된다. 세출·세입결산서의 의미 및 상세한 해석은 "제4장 제1절 2. 세출거래와 교환거래·비교환거래 및 5. 세입거래: 세출거래의 재원" 부분을 참고한다.

(3) 성과보고서의 이해

성과보고서는 재정활동의 성과관리체계와 관련하여 당년도 전략목표 및 성과목표

달성을 위해 수립한 계획의 수행 결과를 기록한 것으로서 성과계획서에 대한 결과물이다. 「국가회계법」 제14조에 따라 국가회계 결산보고서에 포함되어야 할 뿐만 아니라, 「국가재정법」 제8조에 따라 예산요구시 다음연도 성과계획서와 함께 제출된다. 성과보고서의 작성 주체는 중앙관서의 장과 기금관리주체이나, 기금의 성과내역은 해당 중앙관서의 성과보고서에 포함된다.

➡ 정부부문의 성과관리제도는 사업성과 개선을 위한 행정개혁의 일환으로 강조되었으며, 신공공관리론(New Public Management)을 이론적 기반으로 한다. 특히, 성과관리는 정부부문 정책에 대한 책임성을 확립하기 위해 중앙관서가 추진한 정책사업에 대한 결과지향(results-based)의 성과측정(Performance Measurement)과 이에 대한 평가(evaluation)를 주요 원리로 한다(Ospina et al., 2004). 우리나라 정부부문에 대한 성과관리는 「정부업무평가기본법」과 「국가재정법」에서 규정하고 있다. 「정부업무평가기본법」 제2조제6호에서 성과관리를 "정부업무를 추진함에 있어서 기관의 임무, 중·장기 목표, 연도별 목표 및 성과지표를 수립하고, 그 집행과정 및 결과를 경제성·능률성·효과성 등의 관점에서 관리하는 일련의 활동"으로 명시하여 성과관리가 정부추진 결과에 관한 것임을 명확히 한다. 「국가재정법」 제85조의2 내지 제85조의12 에서는 성과계획서 수립 및 성과보고서 작성, 재정사업 평가결과의 재정운용에 반영 등 성과정보를 적극적으로 활용할 것을 명시하고 있다. 이를 근거로 모든 중앙부처는 회계연도 1년 전, 사업목표와 목표달성 여부를 측정할 수 있는 성과지표를 설정한 성과계획서를 작성하고 회계연도가 종료한 후, 사업성과를 분석한 성과보고서를 국회에 제출한다. (박홍엽, 2012)

현행 성과관리체계는 임무(Mission)와 비전(Vision), 전략목표(Strategic Goals), 프로그램 목표(Program Goals), 성과지표(Performance Indicator)로 구성된다. 전략목표는 임무 수행을 위해 중장기적으로 추진하는 중점적인 정책방향을 의미한다. 프로그램 목표는 전략목표의 하위개념으로서 주요 사업 등 실제 행동을 통해 달성하려는 목표로서 프로그램 예산체계에서 '프로그램'과 동일하다. 성과지표는 성과목표 또는 관리과제가 추구하는 목적달성 여부를 측정하는 도구로서, 명확하고 구체적인 개념과 측정산식(측정방법)으로 표현된다. 예를 들어 경찰청의 성과보고서에 포함되는 각 구성항목의 사례는 다음과 같다.

- 전략목표: 범사회적 협력을 바탕으로 주민을 더욱 안전하게 보호한다
- 프로그램 목표: 범죄예방 및 사회적약자 보호활동을 강화한다.
- 성과지표①: 인구 10만명 당 4대범죄 발생건수 (하향지표)
  = 4대범죄 발생건수 / 인구 × 100,000 (➡ 4대범죄: 살인, 강도, 강단, 절도)
- 성과지표②: 청소년보호지원율 = 청소년 보호지원 수혜자수 / 전체 소년범 수 × 100

성과보고서는 당년도 성과목표관리체계, 당년도 성과보고 및 과제별 성과달성 현황 및 분석의 순서로 작성된다. '성과목표관리체계'는 성과계획의 근거가 되는 임무 및 비전, 전략목표의 핵심 사항의 요약과 당해 연도의 성과목표 등의 목표체계도와 관리과제 현황이 언급된다. '당년도 성과보고' 부분에서는 주요 재정사업의 성과 및 성과목표관리체계별 재원배분의 현황이 포함된다. '과제별 성과달성 현황 및 분석' 부분에서는 전략목표별·성과목표별 세부 성과목표의 개요, 성과지표의 달성 현황, 성과에 대한 분석결과와 향후 개선방향 등이 포함된다. 다음의 사례는 실제 2022년 경찰청 성과보고서의 일부분이다.

① 2022년 경찰청의 전략목표 및 프로그램 목표

(단위: 개수)

전략목표 (Strategic Goal)	프로그램 목표		
		단위사업	세부사업
3	11	27	45

프로그램명	프로그램 목표(Program Objectives)
전략목표 Ⅰ. 범사회적 협력을 바탕으로 주민을 더욱 안전하게 보호한다.	
Ⅰ-1. 범죄예방및사회적약자보호	범죄예방 및 사회적약자 보호활동을 강화한다.
Ⅰ-2. 교통안전·소통확보	교통사고를 감소시키고 교통안전을 확보한다.
Ⅰ-3. 치안상황대응강화	112시스템을 고도화하고 재난대응 역량을 강화하여 위험에 빠진 국민의 안전을 확보한다.
Ⅰ-4. 자치경찰지원	분권과 국민안전의 가치가 조화될 수 있는 자치경찰을 구현한다.
Ⅰ-5. 국가안보확보	글로벌·다문화 시대 선제적 치안활동으로 국민안전을 확보한다.
전략목표 Ⅱ. 공정한 법집행으로 보다 정의로운 사회를 구현한다.	
Ⅱ-1. 범죄수사활동	본래적 수사기관으로서 국민 생활을 위협하는 각종 범죄에 강력히 대처한다.
Ⅱ-2. 사회질서유지	인권을 보호하고 안전을 확보하면서, 불법행위에 대한 일관된 법집행으로 '법과 원칙'을 준수하는 선진문화를 정착한다.
전략목표 Ⅲ. 현장 자긍심 제고로 공감받는 경찰활동을 뒷받침한다.	
Ⅲ-1. 전문경찰양성	경찰교육을 강화하고 전문성을 높인다.
Ⅲ-2. 치안인프라구축	경찰장비와 정보화운영체계를 선진화한다.
Ⅲ-3. 경찰병원운영	경찰병원의 효율적 경영으로 의료서비스를 향상시킨다.
Ⅲ-4. 경찰행정지원	합리적 조직관리 및 국민 신뢰를 바탕으로 치안역량을 향상시킨다.

② 2022년 경찰청의 "범죄예방및사회적약자보호" 성과지표 달성 현황 예시

성과지표	측정산식 (또는 측정방법)	목표대비 달성률	'19년	'20년	'21년	'22년
인구 10만명 당 4대범죄 발생건수 (건)(하향지표)	(4대범죄 발생건수/인구)×100,000 ➡ 4대범죄: 살인, 강도, 강간(추행), 절도	목표	382.5	402.9	382.3	379.2
		실적	413	394	364.3	400.6
		달성률(%)	92.0	102.2	104.7	94.4
청소년보호 지원율 (%)	청소년 보호지원 수혜자수/전체 소년범 수×100 ➡ 청소년 보호지원 수혜자수: 선도프로그램 참여, 선도심사위원회 대상자, 소년범 조사시 전문가 참여 학생 수	목표	55.6	55.6	57.1	58.2
		실적	60.9	57.0	68.0	74
		달성률(%)	109.5	102.5	119.1	127.1

Notice

성과지표의 종류(허웅·김강배, 국가재무제표 분석을 통한 프로그램과 성과관리체계의 연계현황 분석 및 개선방안(2021) 참조)

- 투입(input)지표: 사업추진에 투입된 재원과 인력, 기타의 자원을 나타내는 것으로 예산집행과 사업 진행과정상의 문제점을 발견하는데 도움이 된다. 일반적으로 투입지표는 예산액의 직접적인 투입과 관련되는 경우가 많은데, 투입액 자체나, 총사업비 대비 투입액이라는 투입률 형태로 성과지표가 이루어진다. (실제 성과지표 예: 광역관광자원개발사업 공정률(=총사업비 대비 누적투자액)(%))
- 과정(process)지표: 사업진행과정에서 나타나는 산출물 양을 나타내는 것으로 사업 진도 중 사업추진 정보를 중간 점검하는데 활용된다. 다만, 실무적으로 과정지표를 활용하는 사례는 많지 않다.
- 산출(output)지표: 사업완료 후 나타나는 1차적 결과 또는 산출물을 나타내는 것으로 사업이 의도한 1차적 목표를 달성하였는가를 점검하는 지표를 의미한다. 문제는 1차적 결과 또는 산출물이 통제될 수 있는지의 여부에 따라 산출지표가 세분화 될 수 있다. 실무적으로는 ㉠ 산출물을 계속 누적적으로 관리하는 산출지표인지(고속도로망 완성도, 광역도로 추진율, 지하철 연장 확충 등), ㉡ 단기 산출지표로서 정부가 산출결과를 직접 통제할 수 있는지(점검 건수, 단속 건수, 활동 건수, 회의 및 심의 건수 등), ㉢ 단기 산출지표로서 정부 정책의 산출 효과이지만 산출결과를 직접 통제할

수 없는지(참여자 수, 시스템 접속 건수, 지원 업체수, 관련 시설 면적 등) 등으로 구분할 수 있다. (실제 성과지표 예: 국외도피사범송환인원(명), 다문화치안활동실적(점), 국민신고 신속처리도(초))

• 결과(outcome)지표: 사업완료 후 나타나는 궁극적인 결과를 나타내는 것으로 사업이 의도한 최종목표 달성정도를 측정하는 지표를 의미한다. 결과지표 역시 실무적으로 세분화될 수 있는데, ㉠ 정책 산출물에 대한 반응을 나타내는 만족도 지표(7점 척도 측정 만족도 등), ㉡ 정책 산출물로 인한 직접적인 효과를 발생하는 지표(통행시간 단축률, 운행장애 건수, 교통혼잡 개선율, 특허등급 지수, 학술지 게재 논문수 등), ㉢ 정책의 효과로 인해 시장현황이 개선되는 지표(취업율, 매출액증가율, 기술관련 계약건수, 기술사업화 효과, 외국인 방문객 수, 운동경기 관람객 수 등) 등이 있다. (실제 성과지표 예: 인구 10만명당 4대범죄 발생건수(건), 청소년보호지원율(%), 치안고객만족도-수사분야(점))

현행 중앙관서별 성과보고서는 성과목표 체계와 프로그램 예결산 체계의 밀접한 연계, 정책사업별 성과지표 개수 및 종류의 증가, 중앙관서별 특성을 반영한 성과지표의 지속적 개발, 자율평가 및 심층평가 제도 확립 등 어느 정도 체계화된 모습을 보이고 있다. 그럼에도 아직까지 정책사업에 대한 성과평가 결과가 정책의사결정에 유용하게 사용되고 있는 경우가 활발하지 않을 뿐 아니라, 국회에서도 예산안을 심의하는 과정에서도 현행 성과지표에 대한 성과평가 결과는 잘 활용되지 못하고 있는 실정이다. 그 원인에 대해 살펴볼 필요가 있다.

첫째, 이미 목표 대비 달성률이 100%를 초과하는 성과지표를 계속하여 사용하는 경우가 빈번하게 존재한다. 물론 해당 성과지표가 그 정책사업(단위사업)을 가장 잘 나타내는 측정산식일 수도 있기는 하겠지만, 계속하여 달성률이 100%를 초과하고 있다면 가장 바람직한 성과지표인지 고민할 필요가 있다. 혹시 성과지표의 설정 과정에 문제가 있거나, 성과목표가 지나치게 낮게 설정된 것은 아닌지 의심스러운 부분이다. 거의 대부분의 성과가 달성되었다는 성과보고서는 이를 활용할 유인을 감소시키게 한다. 게다가 실제 2016년~2020년 동안 문화체육관광부, 국토교통부, 산업통상자원부의 모든 성과지표의 달성률을 연구한 허웅·김강배(2021)에 따르면(하기 표 참조), 매년 80% 이상 성과가 달성한 지표가 해당 중앙관서 내 전체 지표의 95% 내외로서 현재의 성과보고서가 과연 정책사업에 얼마나 피드백효과가 있을지 의문시스럽기도 하다. 성과가 달성되었다는 결과가 중요한 것이 아니라 성과평가의 결과가 정책사업을 결정하는데 제대로 활용되지 못한다는 점이 더 중요할 것으로 보인다.

중앙관서	구분	2016년	2017년	2018년	2019년	2020년
문화체육관광부	달성률 측정가능 성과지표 수(개)	131	146	187	212	236
	80% 이상 달성 성과지표 수(개)	128	144	180	204	200
	80% 성과달성 성과지표 비율(%)	98%	99%	96%	96%	85%
국토교통부	달성률 측정가능 성과지표 수(개)	181	205	241	287	355
	80% 이상 달성 성과지표 수(개)	179	191	225	269	309
	80% 성과달성 성과지표 비율(%)	99%	93%	93%	94%	87%
산업통상자원부	달성률 측정가능 성과지표 수(개)	134	178	207	241	274
	80% 이상 달성 성과지표 수(개)	131	175	198	233	245
	80% 성과달성 성과지표 비율(%)	98%	98%	96%	97%	89%

출처: 국가재무제표 분석을 통한 프로그램과 성과관리체계의 연계현황 분석 및 개선방안 연구(허웅·김강배(2021))

(주1) 2020년의 경우 코로나19 사태로 인하여 정책사업의 효과가 미달한 경우가 많아 예외적이라고 할 수 있음

둘째, 목표 대비 달성률 방식의 성과지표는 정책의 효율성이 아닌 효과성 측정에만 중점을 둔다. 효과성은 경제적 자원의 투입과는 상관없이 결과의 달성 정도만을 측정하는 것에 비해 효율성은 경제적 자원의 투입액 대비 결과의 달성 정도를 측정하는 것을 말한다. 어떠한 성과지표의 경우 이미 한계에 도달하여 아무리 예산을 투입하더라도 성과의 개선이 없을 수도 있고, 예산이 너무 과도하게 투입되어 실질적인 성과의 가성비가 낮게 나타날 수도 있는데, 이를 측정할 수 있는 방법이 효율성 성과지표인 것이다.

성과지표를 효율성 성과지표로 변환할 경우 특정 정책사업의 시계열분석을 통해 정책사업이 효율적으로 진행되고 있는지 아니면 비효율적으로 진행되고 있는지 여부를 판단하여 해당 정책사업의 유지, 폐지, 확대, 축소 의사결정의 기초정보를 제공할 수 있다. 게다가 효율성 성과지표의 또 다른 장점은 표준화된 결과값을 가지게 되어 중앙관서 내 및 중앙관서 간 유사 정책사업에 대한 비교분석도 가능해질 수 있다는 점이다. 현재의 성과관리제도가 프로그램 예결산제도와 밀접하게 연계되어 각 성과목표별로 정책사업원가(단위사업원가)까지 산출될 수 있는 시스템적인 환경까지 마련

되어 있는 현실을 볼 때, 효율성 성과지표로의 변환을 모색해 볼 수 있을 것으로 보인다.

정책사업에 대한 성과평가 및 정부회계정보 활용방안에 대한 자세한 내용은 본서의 '제8장 정부회계감사와 정부회계정보 활용' 부분을 참고한다.

3. 국가회계 재무제표의 이해

(1) 국가회계 재정상태표

① 재정상태표와 저량정보, 비교식 재무정보

재정상태표는 재정상태표일(일반적으로 회계연도말을 의미한다. 단, 반기 재정상태표의 경우 6월 30일을 의미할 수도 있다) 기준 자산과 부채의 명세 및 상호관계 등 재정의 현재 상태를 나타내는 재무제표로서 저량정보(stocks)인 자산, 부채 및 순자산의 계정과목별 회계정보가 표시된다. 이는 기업회계에서의 재무상태표(舊 대차대조표)에 해당하며, 재정상태표는 '자산=부채+순자산'의 등식이 성립된다. 재정상태표는 기업회계에서의 재무상태표와 상당 부분 유사하고, 회계·기금단위, 중앙관서단위 및 국가(통합)단위의 형식이 모두 동일하다. 다만, 국가회계실체에 따라 특정 자산·부채가 있는 경우도 있고 없는 경우도 있다는데 주의할 필요가 있다. 예를 들어 국토교통부와 경찰청을 비교하면, 일반유형자산은 국토교통부와 경찰청 둘 다 존재하지만, 도로·철도 등 사회기반시설은 국토교통부에만 존재하고 경찰청에는 존재하지 않는다.

재정상태표는 전년도와 당년도 회계정보를 비교하여 표시하며, 이는 재정운영표나 순자산변동표도 마찬가지이다. 한편, 자산 및 부채와 달리 순자산의 경우 국가회계실체의 특성에 따라 부(-)의 금액으로 표시될 수도 있다. 예를 들어 국채의 발행이 많은 기획재정부나 연금충당부채를 인식하는 인사혁신처는 자산보다 부채가 많아 부(-)의 순자산을 보고하는 대표적인 중앙관서이다.

② 유동성배열법(「국가회계기준」 제8조①)

재정상태표상 자산 및 부채는 유동성배열법에 따라 표시된다. 유동성배열법이란 현금화가 가장 빠른 자산 또는 현금으로 가장 빨리 지급하여야 하는 부채부터 나열하는 방식을 말한다. 이에 따라 자산은 크게 유동자산과 비유동자산으로 구분되며, 부채 역시 유동부채와 비유동부채로 구분된다. 시간의 경과에 따라 비유동자산에서 유동자산으로, 비유동부채에서 유동부채로 재분류하게 되는데, 이를 유동성대체라고 한다.

유동성구분	자산	부채
유동성	유동자산	유동부채
비유동성	투자자산, 일반유형자산, 사회기반시설, 무형자산, 기타비유동자산	장기차입부채, 장기충당부채, 기타비유동부채

➡ 기업에서는 유동자산을 당좌자산과 재고자산으로 구분하는 것이 일반적이나, 국가회계에서는 재고자산의 중요성이 낮기 때문에 기타유동자산의 일부에 포함한다.

➡ 지방회계에서는 사회기반시설 외에 주민편의시설이 별도 분류항목으로 추가되는 반면, 무형자산은 기타비유동자산에, 장기충당부채는 기타비유동부채에 포함되어 있다.

➡ 재정상태표상 자산에서 부채를 차감한 것을 순자산이라고 하는데, 개념적으로 순자산은 유동·비유동의 구분이 없다. 국가회계에서는 순자산은 기본순자산, 적립금및잉여금, 순자산조정으로 구분된다. 이와 비교하여 지방회계에서는 순자산은 고정순자산, 특정순자산, 일반순자산으로 구분된다.

③ 총액표시와 차감항목표시(「국가회계기준」 제8조②)

재정상태표의 자산, 부채, 순자산은 총액(總額)으로 표시하는 것을 원칙으로 한다. 총액으로 표시하기 때문에 자산항목과 부채항목을 임의로 상계하여 순액(純額)으로 표시하지 않는다. 이러한 원칙은 일부 자산 및 부채항목에서 나타나는 차감항목의 형태에도 영향을 미친다. 차감항목이란 해당 자산 및 부채항목에 부(-)의 효과가 발생할 때, 해당 자산 및 부채에서 직접 차감하지 아니하고 해당 계정과목 바로 하단에 부(-)의 표시를 하고 나타내는 것을 말한다. 이는 총액으로 나타내는 것이 더 유용한 회계정보가 되기 때문이다. 차감항목으로 표시되는 대표적인 항목은 다음과 같으며, 이러한 특성 역시 국가회계와 지방회계가 거의 유사하다. 차감항목의 특성에 따라 시간이 경과하면서 자연스럽게 조정되는 경우도 있고(융자보조원가충당금, 현재가치할인차금, 감가상각누계액, 사용수익권, 국공채할인발행차금 등), 특정 회계사건이 발생되어야 조정되는 경우도 있다(대손충당금, 퇴직보험예치금, 자기국채·공채 등).

차감항목	자산	부채
1. 대손충당금	미수채권, 대여금 등	해당사항 없음
2. 융자보조원가충당금	대여금 중 융자금	해당사항 없음
3. 현재가치할인차금	장기미수채권, 장기대여금 등	장기미지급금 등
4. 감가상각누계액	일반유형자산, 사회기반시설	해당사항 없음
5. 사용수익권	일반유형자산, 사회기반시설	해당사항 없음
6. 국공채할인발행차금	해당사항 없음	국채·공채
7. 퇴직보험예치금	해당사항 없음	퇴직급여충당부채
8. 자기국채·공채	해당사항 없음	국채·공채

- 차감항목은 다음과 같은 양식으로 재정상태표에 표시된다. 아래는 감가상각누계액 경우의 사례이며, 다른 차감항목도 마찬가지이다.

계정과목	금 액	
기계장치	1,000,000	
기계장치감가상각누계액	(400,000)	600,000

- 국(공)채는 차감항목인 국공채할인발행차금 외에 반대로 가산항목인 국공채할증발행차금도 발생하며, 이는 총액으로 가산되는 형태로 표시한다. 지방회계에서 나타나는 지방채도 마찬가지이다.

- 유가증권, 재고자산, 무형자산, 외화자산, 외화부채, 파생상품의 경우 해당 자산·부채의 특성으로 인해 자산·부채의 평가결과는 해당 자산·부채 계정과목에서 직접 조정한다.

- 자기국채·자기공채의 경우 회계와 회계 간 통합과정에서 발생하게 된다. 예를 들어 국가회계에서 A회계가 국채를 발행하고 B기금이 이를 취득하였을 때, A회계와 B기금이 통합되는 경우 B기금에서 자산으로 인식된 국채(유가증권)는 A회계에서 부채로 인식된 국채(차입부채)의 차감항목으로 표시된다. 만일 차감항목으로 표시되지 않고 직접 차감하는 경우 재무제표상에는 A회계가 발행한 전체 국채의 규모를 파악하기 어렵게 되고, 국가부채를 과소 공시하게 될 위험이 발생하게 된다.

- 일부 차감항목의 경우 시간이 경과함에 따라 자동적으로 증가 또는 감소하게 되는 항목이 있다. 융자보조원가충당금(감소), 감가상각누계액(증가), 사용수익권(감소), 현재가치할인차금(감소), 국공채할인발행차금(감소)이 이에 해당한다. 증가하게 되는 경우 차감항목 금액은 궁극적으로 원 계정과목의 금액과 동일하게 되고, 감소하게 되는 경우는 0이 된다. 이를 회계적으로 '상각(償却)'이라고 한다. 자동 증가 또는 감소하면서 발생하는 상대 계정과목은 각각 이자수익(융자보조원가충당금), 감가상각비(감가상각누계액), 정부외자산수증(사용수익권), 이자수익 또는 이자비용(현재가치할인차금 및 국공채할인발행차금 상각) 등이다. 이들 모두 발생주의 결산조정사항이다.

④ 재정상태표에 공시되는 계정과목 명칭(「국가회계기준」 제11조~제16조, 제19조~제22조)

재정상태표에 표시되는 개별 자산 및 부채에 대한 계정과목 명칭은 「국가회계기준」 제11조 내지 제16조, 제19조 내지 제22조에서 언급한 명칭을 사용하고 있는데, 법령에서 규정하고 있는 계정과목 명칭을 그대로 사용해야 하기 때문이다. 이에 따라 각 중앙관서에서 사용하는 계정과목의 명칭은 통일적이며, 국가통합 재무제표 작성을 수월하게 한다. 만약 공시될 필요가 있는 새로운 자산이나 부채가 발생하는 경우 「국가회계기준」을 개정하여야 한다.

➡ 재정상태표, 재정운영표, 순자산변동표 모두 재무계정과목은 5단계의 레벨 체계로 이루어져 있다. 자산의 경우를 예로 들면, 1단계(대분류)는 자산을 의미하고 2단계(중분류)는 유동자산, 투자자산, 일반유형자산, 사회기반시설, 무형자산, 기타비유동자산으로 구분되는 것을 의미한다. 3단계(회계과목)는 유동자산을 예로 들면, 현금및현금성자산, 단기금융상품, 단기투자증권, 미수채권, 단기대여금, 기타유동자산으로 세분화되는데, 이 3단계 계정과목이 공시되는 최소 단위가 된다. 4단계와 5단계는 관리과목이라고 하여 공시되지는 않지만, 실무적으로 사용되는 계정과목을 의미한다. 4단계(관리과목)는 현금및현금성자산을 예로 들면, 현금및현금등가물, 국고금으로 세분화된다. 5단계(세부관리과목)는 국고금을 예로 들면, 한국은행국가예금, 금고은행국가예금, 국고예금, 국고금여유자금운용액, 기타국고금으로 세분화된다. 이러한 체계를 COA(Chart of Accounts)라고도 한다.

⑤ 국가회계 재정상태표 사례(2022회계연도 경찰청 사례)

당기말: 2022년 12월 31일 현재 / 전기말: 2021년 12월 31일 현재 (단위: 원)

계정과목	2022		2021	
자산				
Ⅰ. 유동자산		1,215,843,295,594		1,102,089,125,864
1. 현금및현금성자산		19,256,416,973		22,022,829,865
2. 미수채권	1,165,201,243,266		1,056,248,227,544	
미수채권대손충당금	24,029,367,533	1,141,171,875,733	25,225,607,502	1,031,022,620,042
3. 기타유동자산		55,415,002,888		40,043,675,957
Ⅱ. 투자자산		0		0
Ⅲ. 일반유형자산		16,077,235,899,256		15,696,525,007,983
1. 토지		11,681,691,141,015		11,473,317,388,809
2. 건물	3,111,010,385,090		2,755,184,455,409	
건물감가상각누계액	139,601,040,473	2,971,409,344,617	8,649,280,536	2,746,535,174,873
3.~4. 생략		……		……
5. 집기·비품·차량운반구	1,742,912,192,217		1,625,320,598,398	
집기 등 감가상각누계액	924,534,858,224	818,377,333,993	833,731,629,907	791,588,968,491

6. 기타일반유형자산	473,279,844,448		446,335,239,062	
기타일반유형자산감가상각누계액	319,924,057,542	153,355,786,906	305,588,751,217	140,746,487,845
7. 건설중인일반유형자산		317,853,990,789		398,733,228,244
Ⅳ. 무형자산		**90,549,486,822**		**75,225,654,519**
1. 소프트웨어		90,088,005,394		75,206,487,853
2.~3. 생략		……		……
Ⅴ. 기타비유동자산		**37,716,996,820**		**35,637,265,761**
1. 기타의기타비유동자산		37,716,996,820		35,637,265,761
자산계		17,421,345,678,492		16,909,477,054,127
부채				
Ⅰ. 유동부채		**42,175,753,634**		**36,866,172,283**
1. 유동성장기차입부채		32,673,570,947		30,705,830,031
2. 기타유동부채	14,041,909,059		7,788,724,361	
기타유동부채현재가치할인차금	4,539,726,372	9,502,182,687	1,628,382,109	6,160,342,252
Ⅱ. 장기차입부채		**68,939,095,727**		**58,841,730,506**
1. 장기차입금		68,939,095,727		58,841,730,506
Ⅲ. 장기충당부채		**89,553,992,746**		**88,696,448,974**
1. 퇴직급여충당부채		89,553,992,746		88,696,448,974
Ⅳ. 기타비유동부채		**147,290,643,755**		**84,026,354,327**
1. 장기미지급금	187,255,027,790		96,472,809,645	
장기미지급금현재가치할인차금	40,065,705,322	147,189,322,468	12,549,011,323	83,923,798,322
2. 기타의기타비유동부채		101,321,287		102,556,005
부채계		347,959,485,862		268,430,706,090
순자산				
Ⅰ. 기본순자산		**6,898,650,203,656**		**6,898,650,203,656**
Ⅱ. 적립금 및 잉여금		**3,287,423,115,669**		**2,906,180,579,410**
Ⅲ. 순자산조정		**6,887,312,873,305**		**6,836,215,564,971**
순자산계		**17,073,386,192,630**		**16,641,046,348,037**
부채와순자산계		**17,421,345,678,492**		**16,909,477,054,127**

(3) 국가회계 재정운영표

① 재정운영표와 유량정보

재정운영표는 한 회계연도 동안 수행한 프로그램별 원가(프로그램직접원가)를 중심으로 동 사업과 관련한 직접수익(프로그램수익), 행정운영성경비(관리운영비 및 간접원가), 특정 프로그램에 직·간접적인 대응관계가 없는 비용(비배분비용) 및 수익(비배분수익)을 포함한 재정운영순원가와 비교환수익등을 고려한 재정운영결과를 나타내는 국가회계실체의 재무제표를 말한다. 기업의 손익계산서와 비교할 수 있다. 재정운영표는 유량정보(flows)인 정책사업(프로그램)에 대한 원가정보 제공을 주된 목적으로 하는 국가회계 특성이 반영되어 있다.

국가회계에서 회계·기금단위 및 중앙관서단위 재정운영표와 국가(통합)단위 재정운영표는 형식적인 측면에서 차이가 있다. 회계·기금단위 및 중앙관서단위 재정운영표가 정책사업(프로그램)별 원가를 제공하는 방식으로 작성되는 반면에, 국가단위 재정운영표는 각 중앙관서별 재정운영순원가를 나타내며 국세수익 등 모든 비교환수익이 재정운영표에 표시된다. 재정운영표는 정책사업(프로그램)별 또는 중앙관서별로 원가정보의 제공을 목적으로 하며(일종의 기능별 재정운영표라고 볼 수 있다), 원가를 구성하는 성질별(계정과목별) 회계정보는 필수보충정보(수익·비용 성질별 재정운영표)로 추가 작성된다.

② 국가회계 재정운영표의 특성 및 구조

국가회계 재정운영표는 국가가 국민을 위해 제공하는 프로그램(정책사업)별 원가를 표시하는 것을 주된 목적으로 하여 작성된다(프로그램의 구분과 명칭은 단식부기·현금주의 프로그램예결산 체계의 프로그램 구분과 명칭을 따른다). 따라서 수익 위주가 아닌 비용(원가) 위주로 작성되는데, 이는 재정운영표가 제공하는 회계정보의 목적이 국가가 얼마만큼의 수익을 창출하는지에 있는 것이 아니라, 국가가 행정서비스를 제공하는데 국민의 세금이 어느 정도 소요되어야 하는가가 중요하기 때문이다(따라서 총 발생원가(비용)에서 교환수익인 프로그램수익과 비배분수익을 차감한 재정운영순원가 및 재정운영결과가 도출되는 것이다). 이는 기업의 손익계산서가 그 기업의 이윤이 얼마인지 알 수 있는 당기순이익과 당기순이익의 근간이 되는 매출액 등의 정보를 중요시하는 것과 많은 차이가 있다. 재정운영표의 작성은 발생주의 원칙이 적용되므로 모든 비용(원가)과 수익은 관련된 현금의 유출·유입시기와 관련 없이 거래나 사실이 발생한 기간에 표시한다.

재정운영표의 구조(회계·기금·중앙관서단위)는 다음과 같으며, 국가단위 재정운영표는 중앙관서별로 재정운영순원가를 표시하므로 다소 차이가 있다.

〈 국가회계 재정운영표 구조(회계 · 기금 · 중앙관서단위)〉		
	Ⅰ. 프로그램총원가	• 프로그램총원가: 프로그램과 관련하여 발생하며 프로그램별로 배부가 가능한 원가. 직접원가와 간접원가로 구성. 프로그램을 수행하는데 있어 경제적 자원의 총 소비액
(−)	프로그램수익	• 프로그램수익: 교환수익으로써 특정 프로그램에 직접적인 추적이 가능한 수익. 해당 프로그램의 수행에 투입되어야 하는 조세 부담을 줄이는 역할을 함
=	**프로그램순원가**	• 프로그램순원가: 프로그램 수행에 필요한 조세 부담액
(+)	Ⅱ. 관리운영비	• 조직운영 및 개별 프로그램 수행을 지원하는 비용
(+)	Ⅲ. 비배분비용	• 프로그램에 직접적으로 대응하기 어려운 비용
(−)	Ⅳ. 비배분수익	• 프로그램에 직접적으로 대응하기 어려운 수익
=	**Ⅴ. 재정운영순원가**	• 해당 국가회계실체의 운영에 필요한 조세 부담액
(−)	Ⅵ. 비교환수익 등	• 직접적 반대급부 없이 발생하는 부담금 등의 비교환수익 등(단, 기금 및 기업특별회계에서만 발생)
=	**Ⅶ. 재정운영결과**	• 해당 국가회계실체를 운영하는데 있어 실질적으로 필요한 조세등 부담액(회계·기금·중앙관서단위) ➡ 국가단위의 경우 해당 회계연도 국가 전체를 운영하고 남은 잔액

➡ 기업의 손익계산서, 중앙관서단위 및 국가단위 재정운영표를 비교하면 다음과 같다.

〈기업의 손익계산서〉		〈회계 · 중앙관서 재정운영표〉		〈국가단위 재정운영표〉	
매출액(사업수익)	xxx	프로그램 A		**재정운영순원가**	**xxx**
매출원가(사업원가)	(xxx)	**총원가**	**xxx**	A중앙관서	xxx
매출총이익	**xxx**	차감: 교환수익	(xxx)	B중앙관서	xxx
판매비와관리비	(xxx)	**순원가**	**xxx**	......	xxx
영업이익	**xxx**	프로그램 B	xxx	내부거래금액	
영업외수익	xxx	....	...	− 내부거래원가	xxx
영업외비용	(xxx)	관리운영비	xxx	− 내부거래수익	(xxx)
법인세비용차감전		비배분비용	xxx	**비교환수익 등**	**(xxx)**
순이익	**xxx**	차감: 비배분수익	(xxx)	1. 국세수익	(xxx)
법인세비용	(xxx)	**재정운영순원가**	**xxx**	2. 부담금수익	(xxx)
당기순이익	**xxx**	비교환수익 등	(xxx)	3. 기타재원조달등	(xxx)
		재정운영결과	**xxx**	**재정운영결과**	**xxx**

③ 회계·기금·중앙관서단위와 국가단위 재정운영표상 재정운영결과 의미 차이

회계·기금·중앙관서단위에서의 재정운영표상 재정운영결과와 국가단위 재정운영표상 재정운영결과는 실질적인 의미의 차이가 있어 이를 명확하게 이해할 필요가 있다(다만, 「국가회계기준」 및 「재무제표의 표시와 부속서류의 작성에 관한 지침」에서는 재정운영결과를 단지 재정운영순원가에서 비교환수익등을 빼서 산출한다고만 규정하고 있음(「국가회계기준」 제25조④ 및 제26조①, 「재무제표의 표시와 부속서류의 작성에 관한 지침」 문단22 및 문단25)).

우선 회계·기금·중앙관서단위에서의 재정운영결과는 해당 회계·기금 또는 중앙관서가 고유의 정책사업을 수행하고 조직을 운영하기 위해서 필요한 발생주의 관점의 자원(즉, 경제적 관점의 자원)이 얼마나 필요한가를 의미한다. 이 재원의 거의 대부분은 국세가 차지하므로(물론 재원으로서 부담금, 벌과금 등 기타비교환수익도 있다) 결국 재정운영결과는 얼마의 국세를 징수(발생주의 관점의 징수를 의미)해야 하는지와 밀접하게 관련된다고 볼 수 있다.

이에 비해 국가단위에서의 재정운영결과는 국가 전체의 정책사업 및 행정활동에 소요된 발생주의 관점의 자원에 대비하여 국세와 기타비교환수익 등 발생주의 관점의 징수 결과가 충분한지를 나타낸다고 할 수 있다. 가장 이상적인 상태는 당해연도 국가를 운영하는데 필요한 발생주의적 자원 소요액은 현재세대로부터 징수하는 발생주의 관점의 국세 등이 되어야 할 것이므로 재정운영결과가 0일 것이다. 만약 국가단위의 재정운영결과가 정(+)의 값을 가질 경우 '자원 소요액 > 국세 징수액'이 되어 이 차이는 부채가 증가할 수밖에 없고 결국 미래세대의 부담이 된다. 반면, 국가단위의 재정운영결과가 부(−)의 값을 가진다면 현재세대로부터 징수한 국세 등에 비해 현재 국가를 운영하는데 소요된 경제적 자원이 적기 때문에 그 차이는 미래세대들에게 일종의 혜택이 된다.

➡ 국가단위 국가재무제표가 공시된 2011년 이후 최근까지 10년간의 국가단위 재정운영순원가, 비교환수익, 재정운영결과의 시계열적인 흐름을 보면, 기본적으로 정부는 국가단위 재정운영결과가 0으로 수렴하도록 노력하고 있는 모습을 볼 수 있다. 최근 COVID-19 사태로 인하여 재정운영결과가 급증하였으나, 그럼에도 지속적으로 0으로 최대한 수렴하도록 관리하려고 하는 추세를 보이고 있다.

(단위: 조원)

회계연도	13년	14년	15년	16년	17년	18년	19년	20년	21년	22년
재정운영순원가	275	265	247	363	345	343	395	448	476	513
비교환수익	246	257	274	305	324	351	352	348	413	465
재정운영결과	29	8	(27)	58	21	(8)	43	100	63	48

④ 기업회계의 손익계산서와 국가회계의 재정운영표 비교

손익계산서와 재정운영표는 수익 및 비용과 같은 유량정보로 구성된다는 점에서는 유사하지만, 기업과 국가의 본질적인 차이로 인해 다른 유형의 회계정보를 제공한다.

구분	국가회계의 재정운영표	기업회계의 손익계산서
1. 기업과 국가의 운영목적의 차이	국민의 삶의 질을 향상시키기 위한 공공 서비스의 제공	영리추구
2. 정보이용자에게 유용한 회계정보 차이	정책사업(프로그램)에 대한 원가 정보(행정서비스의 효율적 집행) 및 조세로 부담해야 하는 수준에 대한 정보	매출액, 당기순이익(영업이익) ➡ 당기순이익이 중요한 이유 – 주주: 배당규모 결정 – 채권자: 원리금의 회수 – 과세당국: 조세징수규모 결정
3. 수익창출 근거 및 작성 차이	조세 등 비교환수익이 국가수익창출의 대부분임. 비교환수익은 성격 및 국가회계실체에 따라 재정운영표 표시 여부가 결정됨	교환수익의 형태로서 손익계산서에 표시되며, 수익·비용대응 원칙 적용
4. 계정과목 표시 방향 차이	'원가(비용)–수익=재정운영결과' 방향으로 계정과목 표시 ➡ 재정운영결과가 (+)이면 순비용을, (–)이면 순수익을 의미함	'수익–비용=순이익' 방향으로 계정과목 표시
5. 개별과 연결(통합) 실체의 양식 차이	회계·기금·중앙관서단위와 국가단위 양식이 다름	차이 없음
6. 기능별 분류와 성질별 분류의 선택	기능별 분류가 원칙 ➡ 성질별분류는 필수보충사항임	기능별 분류기준과 성질별 분류기준 선택 (대부분 성질별 분류)

⑤ 비교환수익이 계상되는 재무제표

재정운영표에는 재정운영순원가를 구성하는 프로그램총원가와 프로그램수익, 관리운영비, 비배분비용 및 비배분수익 외에 비교환수익이 계상되기도 한다. 그런데 모든 비교환수익이 아니라 비교환수익의 특성, 국가회계실체의 종류, 재정운영표 작성 단위 등의 여러가지 고려 요인에 따라 재정운영표 인식 여부가 결정된다. 이는 기업에서는 매출 등 모든 영업수익이 손익계산서에 인식되는 것과 차이가 있다.

비교환수익이란 직접적인 반대급부 없이 법령에 따라 납부의무가 발생한 금품의 수납 또는 자발적인 기부금 수령 등에 따라 발생하는 순자산의 증가를 의미한다(「국가회계기준」제28조①). 대표적인 비교환수익으로 국세수익(법인세·소득세·부가가치세 등), 부담금수익(환경개선부담금·물이용부담금·국민건강증진부담금 등), 제재금수익(벌금·과료·몰수금·위약금·가산금 등), 사회보험수익(산재보험수익·고용보험수익 등), 무상이전수입(전입금·자산수증·기부금 등), 채무면제이익, 기타재원조달 등이 있다. 이 중 국세수익은 회계·기금단위 및 중앙관서단위에서는 필수보충정보인 국세징수활동표에서 인식된다(현재 국세를 징수하는 국세청, 관세청, 기획재정부에서만 발생한다). 이를 제외한 다른 비교환수익은 회계·기금의 종류와 비교환수익의 성격에 따라 재정운영표에서 인식될 수도 있고, 순자산변동표에서 인식될 수도 있다. 그러나 국가단위에서는 모든 비교환수익이 재정운영표에서 인식된다.

구분	일반회계·기타특별회계	기금·기업특별회계	중앙관서	국가
1. 재정운영표상 비교환수익 인식	비교환수익을 인식하지 않음	대부분 비교환수익(경상운영목적 등)	기업특별회계·기금 부분 비교환수익	모든 비교환수익(국세수익도 포함)
2. 순자산변동표상 비교환수익 인식	모든 비교환수익(단, 국세수익 제외)	일부 비교환수익(자본형성목적 출연금)	소관 회계·기금의 순자산변동표에서 인식된 비교환수익	없음
3. 참고 기준	재무제표의 표시와 부속서류의 작성에 관한 지침			

⑥ 기능별 표시(기능별 분류)

현행 국가회계의 재정운영표는 프로그램(정책사업)별로 원가가 집계·표시되며(기능별 분류), 필수보충정보로 수익·비용 성질별 재정운영표가 작성(성질별 분류)된다. 세출거래의 세부내역을 인건비, 운영비, 여비, 업무추진비, 공공요금, 이전경비, 출연금, 이자비용 등으로 분류하는 것을 바로 성질별 분류라고 한다. 이에 비해, 세출거래를 목적별로 A프로그램원가, B프로그램원가, 관리운영비, 비배분비용 등으로 분류하면 이를 기능별 분류라고 한다.

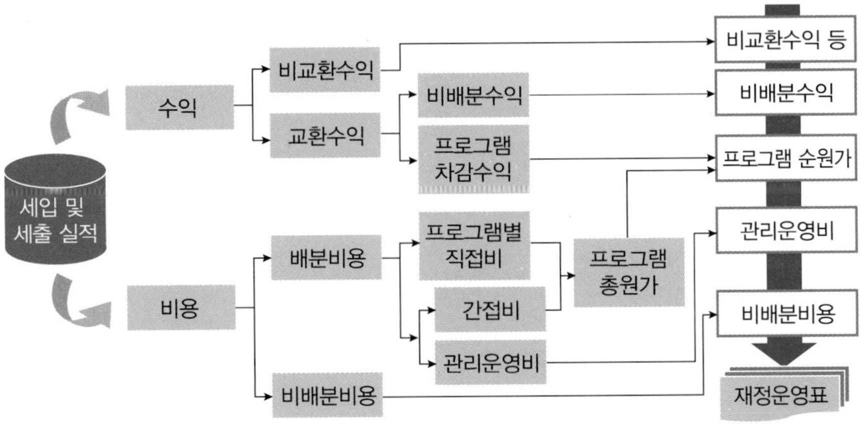

⑦ 국가회계 재정운영표(회계·기금·중앙관서단위) 사례(2022회계연도 경찰청 사례)

당기: 2022년 1월 1일 부터 2022년 12월 31일 까지 (단위: 원)

계 정 과 목	2022		
	총원가	수익	순원가
Ⅰ. 프로그램순원가	1,618,672,569,807	(37,253,720,601)	1,581,418,849,206
1. 범죄예방및사회적약자보호	12,763,565,603	–	12,763,565,603
2. 범죄수사활동	299,422,197,496	–	299,422,197,496
3. 교통안전·소통확보	283,325,346,127	–	283,325,346,127
4. 자치경찰지원	131,961,081,203	–	131,961,081,203
5. 사회질서유지	154,342,423,374	–	154,342,423,374
6. 치안인프라구축	434,755,842,647	–	434,755,842,647
7. 경찰병원운영	78,759,267,041	(37,253,720,601)	41,505,546,440
...(하략)...	......	......	......
Ⅱ. 관리운영비			11,962,060,632,327
1. 인건비			9,313,558,475,240
2. 경비			2,648,502,157,087
(1) 복리후생비			1,631,678,375,483
(2) 소모품비			69,293,830,135
(3) 지급수수료			31,063,926,670
(4) 수도광열비			64,318,706,376
(5) 수선유지비			62,136,802,991
(6) 업무추진비			431,583,388,867
(7) 보조비			42,295,000,000
(8) 감가상각비			126,678,272,903
(9) 이자비용			3,899,782,955
(10) 평가손실			25,052,445,176
(11) 기타비용			65,314,200,912
...(하략)...			......
Ⅲ. 비배분비용			7,121,094,151
1. 대손상각비			6,656,394,351
2. 기타비용			464,699,800
Ⅳ. 비배분수익			88,123,220,599
1. 재화및용역제공수익			7,959,918,692
2. 자산처분이익			12,596,850,589
3. 기타수익			67,566,451,318
Ⅴ. 재정운영순원가(Ⅰ+Ⅱ+Ⅲ-Ⅳ)			13,462,477,355,085
Ⅵ. 비교환수익등			167,099,940
1.제재금수익			12,748,840
2.기타재원조달및이전			154,351,100
Ⅶ. 재정운영결과(Ⅴ-Ⅵ)			13,462,310,255,145

(주1) 상기 재정운영표는 원래 당기와 전기 비교식으로 표시하여야 하나, 편의상 당기만 표시하였음

⑧ 국가회계 재정운영표(국가통합단위) 사례(2022회계연도 국가통합 사례)

당기: 2022년 1월 1일부터 2022년 12월 31일까지
전기: 2021년 1월 1일부터 2021년 12월 31일까지 (단위: 원)

	2022년	2021년
Ⅰ. 재정운영순원가	**512,518,247,038,087**	**476,088,377,301,021**
1. 교육부	99,476,992,037,991	79,173,545,994,651
2. 행정안전부	86,798,880,392,861	74,032,622,312,653
3. 중소벤처기업부	50,454,871,943,042	23,051,457,358,727
4. 국방부	46,853,491,149,469	49,413,822,744,048
5. 보건복지부	41,723,682,523,502	34,438,255,287,271
...(하략)...	......	......
Ⅱ. 비교환수익 등	**464,750,009,088,191**	**412,672,191,884,148**
1. 국세수익	398,559,147,168,366	347,874,276,332,635
2. 부담금수익	19,276,120,280,376	18,916,142,215,933
3. 제재금수익	5,096,787,523,834	5,542,878,422,406
4. 사회보험수익	24,440,660,510,310	21,434,253,663,540
5. 기타재원조달및이전 등	17,377,293,605,305	18,904,641,249,634
Ⅲ. 재정운영결과(Ⅰ－Ⅱ)	**47,768,237,949,896**	**63,416,185,416,873**

(주1) 재정운영순원가는 2022년을 기준으로 원가가 가장 많이 계상되어 있는 상위 5개 중앙관서 순서로 편집하였음
(주2) '비교환수익 등'의 '기타재원조달및이전 등'은 채무면제이익, 기타비교환수익, 기타재원조달및이전 계정과목의 합임
(주3) '국세수익'의 경우 국세수익, (국세)대손상각비, (국세)대손충당금환입으로 구성되어 각각 총액으로 계상되어 있어야 하나, 편의상 순액으로 표시함

(4) 국가회계 순자산변동표

① 순자산변동표의 역할

순자산변동표는 한 회계연도 동안 순자산의 변동사항을 표시하는 재무제표로서 기업회계에서의 자본변동표와 유사하다. 순자산변동표는 크게 세 가지의 역할을 한다. 첫째, 자산 또는 부채의 증감을 가져오는 수익, 비용 또는 이에 준하는 손익 등 유량정보(flows)의 결과를 재정상태표상 저량정보(stocks) 성격으로 변환시킨다. 둘째, 일반회계와 기타특별회계의 비교환거래에서 발생하는 수익과 비용을 인식한다. 이를 '재원의조달및이전'이라고 하는데, 일반회계에서 기타특별회계에서 발생하는 각종 비교환수익과 무상이전지출 등(단, 정책사업과 직접 관련되는 보조금 및 출연금은 제외한다)이 이에 해당한다(기금 및 기업특별회계의 경우 재원의 조달 및 이전과 관련한

비교환수익이나 무상이전지출 등은 재정운영표상의 '비교환수익등'에서 인식한다). 국고금회계와 관련되는 국고수입 및 국고이전지출도 '재원의조달및이전'의 일종이며, 정부부처간 자산·부채 이전에 따른 정부내자산수증이나 정부내자산기부 역시 이에 속한다. 셋째, 유량 성격의 계정과목이지만, 재정운영표 계정과목으로 보기 어려운 경우 순자산변동표에서 인식하게 된다. 이에 대한 대표적인 계정과목으로는 투자증권평가손익, 자산재평가이익(단, 자산재평가손실은 재정운영표 계정과목이다), 기타순자산의증감 등이 있다.

② 국가회계 순자산변동표 공시의 특성

회계·기금단위 및 중앙관서단위 순자산변동표는 기초순자산, 재정운영결과, 재원의조달및이전, 조정항목, 기말순자산으로 구분하여 표시하며. 이는 기본순자산, 적립금및잉여금, 순자산조정 항목으로 다시 분류된다. 이러한 정보제공의 구조적 특성으로 인해 순자산변동표는 매트릭스(matrix) 구조로 되어 있다. 순자산변동표상 재정운영결과는 재정운영표상 재정운영결과와 동일하며, 순자산변동표상 기본순자산, 적립금및잉여금, 순자산조정은 재정상태표상의 기본순자산, 적립금및잉여금, 순자산조정과 각각 동일하다. 이러한 순자산변동표는 각 구분 항목에 따라 다음과 같이 발생 가능 여부가 결정된다.

➡ 국가단위 순자사변동표에서는 모든 비교환수익이 재정운영표에 나타나기 때문에 회계·기금·중앙관서단위 순자산변동표에서 인식되는 '재원의조달및이전'은 나타나지 않는다.

구분	기본순자산	적립금및잉여금	순자산조정
Ⅰ. 기초순자산			
1. 보고금액	O	O	O
2. 전기오류수정손익	O	O	O
3. 회계변경누적효과	O	O	O
Ⅱ. 재정운영결과	X	O	X
Ⅲ. 재원의조달및이전			
1. 재원의조달	X	O	X
2. 재원의이전	X	O	X
Ⅳ. 조정항목			
1. 납입자본의증감	O	X	X

구분	기본순자산	적립금및잉여금	순자산조정
2. 투자증권평가손익 등	X	X	O
3. 기타순자산의증감	O	O	O
V. 기말순자산	O	O	O

③ 순자산변동표와 단식부기·현금주의 세입세출결산과의 관계

현행 순자산변동표의 숨겨진 기능 중의 하나가 회계(국고금 회계처리를 수행하는 일반회계와 기타특별회계에 한한다) 또는 중앙관서단위 순자산변동표상 국고수입과 국고이전지출의 금액은 해당 회계 또는 중앙관서의 세출결산액(지출액)과 세입결산액(수납액)과 밀접한 관련이 있다는 점이다. 이는 대한민국 중앙정부의 국고통일주의 및 국고금회계처리 특성에 기인하는데(자세한 구조 및 내용은 '제7장 제1절 국고금과 국고금회계' 부분을 참조한다), 세출결산액은 국고수입 금액과 동일하며, 세입결산액은 국고이전지출 금액과 동일하다. 즉, 순자산변동표만 보고도 해당 회계 또는 중앙관서의 세출결산액과 세입결산액을 파악할 수 있으며, 현행 복식부기·발생주의 국가재무제표는 일부 단식부기·현금주의 세입세출결산을 아우른다고 볼 수 있다.

➡ 하기 2022회계연도 경찰청 순자산변동표상의 국고수입액은 12,002,569 백만원, 국고이전지출은 1,277,253 백만원인 것을 볼 수 있다. 이는 이 장의 부록으로 있는 "정부회계 전문가 과정 5-①: 총잉여금·재정운영결과조정표의 이해"의 2022회계연도 경찰청 총잉여금·재정운영결과조정표의 주기를 보면 일반회계와 기타특별회계 세출합계액(기업특별회계는 제외함)은 12,002,569 백만원, 세입합계액(역시 기업특별회계는 제외함)은 1,277,253 백만원으로 서로 동일한 것으로 확인할 수 있다.

④ 국가회계 순자산변동표 사례(2022회계연도 경찰청 사례)

당기: 2022년 1월 1일 부터 2022년 12월 31일 까지 (단위: 원)

계정과목	기본순자산	적립금및잉여금	순자산조정	합계
Ⅰ. 당기 기초순자산	**6,898,650,203,656**	**2,906,180,579,410**	**6,836,215,564,971**	**16,641,046,348,037**
1. 보고금액	6,898,650,203,656	2,906,180,579,410	6,836,215,564,971	16,641,046,348,037
Ⅱ. 재정운영결과		**13,462,310,255,145**	**0**	**13,462,310,255,145**
Ⅲ. 재원의조달및이전		**13,843,552,791,404**	**0**	**13,843,552,791,404**
1. 재원의조달		15,144,733,418,407		15,144,733,418,407
(1) 국고수입		12,002,568,842,920		12,002,568,842,920
(2) 제재금수익		1,372,541,975,420		1,372,541,975,420
(3) 무상이전수입		53,416,941,857		53,416,941,857
(4) 기타재원조달		1,716,205,658,210		1,716,205,658,210
2. 재원의이전		1,301,180,627,003		1,301,180,627,003
(1) 국고이전지출		1,277,253,292,630		1,277,253,292,630
(2) 무상이전지출		23,927,334,373		23,927,334,373
Ⅳ. 조정항목	**-**	**-**	**51,097,308,334**	**51,097,308,334**
1. 자산재평가이익	-	-	51,097,308,334	51,097,308,334
Ⅴ. 당기 기말순자산 (Ⅰ-Ⅱ+Ⅲ+Ⅳ)	6,898,650,203,656	3,287,423,115,669	6,887,312,873,305	17,073,386,192,630

(주1) 상기 순자산변동표는 원래 당기와 전기 비교식으로 표시하여야 하나, 편의상 당기만 표시하였음

(주2) 상기 순자산변동표 사례와 앞부분의 재정운영표 및 재정상태표 사례는 모두 같은 회계연도의 같은 중앙관서 재무제표임. 상기 순자산변동표의 재정운영결과와 앞부분 재정운영표의 재정운영결과, 상기 순자산변동표의 기말순자산과 앞부분 재정상태표의 순자산 부분을 연결하여 보면, 재정운영표 → 순자산변동표 → 재정상태표의 연결 고리를 쉽게 이해할 수 있을 것임

(5) 국가회계 주석, 필수보충정보, 부속명세서 등

① 국가회계 주석

재무제표에 대한 주석(Notes)은 국가의 재무제표 정보이용자에게 충분한 회계정보가 제공되고, 각 계정과목에 대한 상세한 이해가 가능하도록 계정과목의 정의 및 중요한 회계정책, 재무제표에 중대한 영향을 미치는 사항을 설명하는 역할을 한다. 주석은 일반적으로 재무제표 바로 뒤에 위치한다. 「국가회계기준」 제55조②에서는 각 회계실체가 주석으로 기재하여야 하는 기본적인 사항이 규정되어 있으나, 각 회계지침의 개별 조문에서 특별히 주석을 기재하여야 할 것으로 규정하고 있는 경우 이를 추가하여야 한다.

구분	국가회계에서의 주석 사항
「국가회계기준」 제55조	•중요한 회계처리방법 •장기차입부채 상환계획 •장기충당부채 •외화자산 및 외화부채 •우발사항 및 약정사항(지급보증, 파생상품, 담보제공자산 명세를 포함) •전기오류수정 및 회계처리방법 변경 •순자산조정명세
기타 「국가회계기준」 및 각 국가회계 예규에서 보완하는 주석	•자산의 감액명세(기준 제32조③) •선입선출법인 아닌 재고자산 평가방법(기준 제35조②) •압수품·몰수품 명세(기준 제36조) •중요한 외화자산과 외화부채의 내용, 평가기준, 평가손익(기준 제47조⑥) •재무제표 통합시 공시방법의 결정에 따라 개별 국가회계실체 재무제표와 공시방법이 상이해진 내용(예: 우체국예금 및 우체국보험적립금 표시 등)(재무제표의 통합에 관한 지침) •위험회피 목적의 파생상품 거래의 경우 위험회피 대상항목, 대상범위, 위험회피 활동 및 회계처리방법 등(금융자산과 금융부채 회계처리지침) •자산재평가(일반유형자산과 사회기반시설 회계처리지침) •일반유형자산, 사회기반시설, 무형자산의 평가, 종류별 상각방법, 내용연수(일반유형자산과 사회기반시설 회계처리지침, 무형자산 회계처리지침) •퇴직급여충당부채 산정내역, 추계액 및 지급액(기타의 자산과 기타의 부채 회계처리지침) •4대연금사업의 현황 및 주요 내용, 공무원 및 군인연금의 경우 연금충당부채 산정·변동내역 및 제반 가정, 국민 및 사학연금의 경우 장기대정추계 등(연금 회계처리지침) •보험사업의 경우 보험의 주요 내용, 보험충당부채 변동내역, 구상채권의 내용, 사회보험사업의 경우 보험의 주요 내용, 종류별 사회보험수익·비용 등(보험 회계처리지침) •보증사업의 주요 내용, 보증충당부채 산정·변동내역·지급보증잔액 등(보증 회계처리지침) •융자사업의 개요, 규모, 이자율, 지원액·회수액·잔액, 융자보조비용 등(융자 회계처리지침) •만건투자사업과 관련한 MRG(최소운영수입보장) 주요 내용, 최근 3년간 MRG 지급액 등(민간투자사업 회계처리지침) •세입·세출외현금 내역, 회전자금 내역(세입·세출외거래 회계처리지침) •조직이관의 개요, 이관 자산·부채 내역, 이관받은 사업(프로그램 등)과 관련하여 1월 1일부터 정부조직 개편일 전일 및 정부조직 개편일로부터 12월 31일까지의 프로그램총원가·수익 등(정부조직개편 회계처리지침)

② 국가회계 필수보충정보

국가회계에서의 필수보충정보(Required Supplementary Information; RSI)는 재무제표에는 표시하지 아니하였으나, 재무제표의 내용을 보완하고 이해를 돕기 위하여 필수적으로 제공되어야 하는 정보로서 재무제표 부속서류의 일종이다(「국가회계기준」 제5조②). 이는 재무제표상 금액에 대한 중요한 정보, 재무제표에 중요하게 영향을 미칠 수 있는 정보, 그리고 중요한 회계정책 등을 설명하는 주석과 차이가 있다. 필수보충정보는 기업회계에서는 없는 개념으로 비계량정보, 연금·사회보험정보, 유산자산정보 등을 추가적으로 공시하는 국가회계의 특징이라 할 수 있으며, 지방회계에서도 유사하게 작성되고 있다. 「국가회계기준」 제54조②에서는 필수보충정보에 포함되어야 하는 항목을 규정하고 있으며, 일부 국가회계예규에서도 규정하고 있는 부분이 있다.

국가회계에서의 필수보충정보 사항
• 유산자산의 종류, 수량 및 관리상태
• 총잉여금·재정운영결과조정표
• 수익·비용 성질별 재정운영표
• 연금보고서 (공무원연금, 군인연금, 국민연금, 사학연금)
• 보험보고서 (농어업재해보험, 무역보험 등)
• 사회보험보고서 (산재보험, 고용보험)
• 국세징수활동표 (국세청, 관세청, 기획재정부만 작성)
• 기타 (감가상각대체 사회기반시설 내역, 국유재산 위탁개발사업 등)

③ 국가회계 부속명세서

부속명세서는 재무제표에 표시된 회계과목에 대한 세부 내역을 명시할 필요가 있을 때에 추가적인 정보를 제공하기 위한 것으로서 재무제표 부속서류의 일종이다(국가회계기준 제5조②). 부속명세서의 종류, 작성기준 및 서식은 기획재정부장관이 정하는 바에 따른다. 현금및현금성자산, 금융상품, 장·단기투자증권, 미수채권, 대여금, 일반유형자산, 사회기반시설, 무형자산, 국채및공채, 차입금, 출연비 등의 명세서가 작성된다.

④ 「국가회계법」상 재무제표 부속서류(「국가회계법」 제15조의2④)

「국가회계기준」 제5조②에서는 규정하고 있지 않지만, 「국가회계법」 제15조의2④에서는 재무제표 부속서류로서 ㉠ 국가채무관리보고서(「국가회계법」 제15조의2④), ㉡ (국가)채권현재액보고서(「국가채권관리법」 제36조), ㉢ 국유재산관리운용보고서(「국유재산법」 제69조), ㉣ 물품관리운용보고서(「물품관리법」 제21조)를 첨부하도록 규정하고 있다. 이러한 4개 부속서류는 발생주의 국가회계제도가 도입되기 이전부터 각 개별 법령에 따라 작성하여 왔던 보고서로서 예전에는 세입세출결산에 첨부되었으나, 현재는 재무제표의 부속서류로 첨부된다.

이 4개의 부속서류는 작성기준이 국가회계기준이 아니라 각 개별법령이라는 점에 주의할 필요가 있다. 국유재산이나 물품의 경우 각 개별법령(「국유재산법」, 「물품관리법」)에서 평가방법으로 재평가나 감가상각제도를 도입하였기 때문에 평가방법상으로는 큰 차이가 없으나, 건설중인자산 등은 개별법령에서 국유재산으로 인정하지 않기 때문에 다소 차이가 존재한다. 국가채권의 경우에는 개별법령(「국가채권관리법」)에서 대손충당금 평가방법을 도입하지 않고 있으며, 법령상 국가채권의 범위와 국가회계기준상 미수채권 및 대여금의 범위가 상이하기 때문에 차이가 존재한다. 이는 「국가재정법」에서 규정하고 있는 국가채무의 경우에도 마찬가지이다(일부 평가방법과 부채 인식범위가 상이하다).

그럼에도 불구하고 상기 4개의 보고서를 재무제표의 부속서류로 포함시키는 이유는 평가방법이나 인식범위에 있어 다소 차이가 있을 뿐 국가재무제표의 자산 및 부채의 근간이 되기 때문이며, 국가재무제표라는 회계정보가 생성되는 과정인 내부통제 측면에서 아주 밀접하게 연결되어 있기 때문이다. 앞서 언급되었지만 국가회계제도를 이해하기 위해서는 「국가재정법」이나 「국가회계법」 외에 「국유재산법」, 「물품관리법」, 「국가채권관리법」 등의 개별 재산·채무 관련 법령의 이해가 필수적이다. 개별 법령에 따른 4개 부속서류상의 국유재산, 물품, 국가채권, 국가채무의 금액과 국가재무제표에서의 해당 계정과목 금액의 차이를 설명하기 위한 자산부채조정명세서가 내부 관리목적으로 작성된다.

➡ 각 개별법령상의 재산·채무와 국가자산·국가부채와의 관계 및 상세한 사항은 이후 제7장의 해당 계정과목 부분에서 자세히 설명하기로 한다.

국가채무관리보고서 사례는 다음과 같다.

(금액단위: 십억원)

구부	전년도말 현재액(A)	본년도분				본년도말 현재액 (D=A+B−C)	이자 지급액
		한도액	채무행위액(B)	차액	상환 또는 소멸액(C)		
국채	937,036	197,100	183,075	14,025	88,634	1,031,477	18,699
……	……	……	……	……	……	……	……

(국가)채권현재액보고서 사례는 다음과 같다.

(금액단위: 십억원)

채권종류	전년도말 현재액	본년도 발생액			전년도 이전 발생액			합계		
		이행기한 도래액	이행기한 미도래액	계	이행기한 도래액	이행기한 미도래액	계	이행기한 도래액	이행기한 미도래액	계
경상이전 수입	10,406	1,449	1,080	2,529	3,959	4,766	8,725	5,408	5,846	11,254
……	……	……	……	……	……	……	……	……	……	……

국유재산관리운용보고서 사례는 다음과 같다.

(수량단위: 백만, 금액단위: 십억원)

재산의 종류	수량 단위	전년도말현재 (A)		본년도증감						본년도말현재 (A+B-C)	
				증가(B)		감소(C)		비교증감(B-C)			
		수량	금액	수량	금액	수량	금액	수량	금액	수량	금액
토지	m^2	24,057	435,733	10,170	387,945	9,990	389,066	180	(1,121)	24,237	434,611
……	……	……	……	……	……	……	……	……	……	……	……

물품관리운용보고서 사례는 다음과 같다.

(수량단위: 개, 금액단위: 천원)

구분		전년도말 (수량/금액) (A)	당년도증감(수량/금액)			당년도말 (수량/금액) (D=A+B-C)
			증가(B)	감소(C)	비교증감 (B-C)	
전기.통신기기	(수량)	8,475	119	58	61	8,536
	(금액)	4,568,821	2,369,757	2,832,424	(462,667)	4,105,154
……	……	……	……	……	……	……
	……	……	……	……	……	……

제 2 절 지방자치단체의 결산절차와 결산서

1. 지방자치단체의 결산절차

(1) 지방정부내 결산절차

지방회계에서의 결산은 자치단체별로 한 회계연도의 각종 회계거래를 정리하여 예산회계결산서, 재무제표 및 기타 회계정보를 산출하는 과정이다. 이는 「지방자치법」에서 규정하고 있는 절차에 따라 이루어져야 하며, 「지방회계법」에서 규정하고 있는 결산서가 작성되어야 한다. 결산은 회계연도가 종료된 이후 진행하는 절차로서 지방회계에서는 당 회계연도 출납폐쇄일(2015회계연도부터 회계연도 종료일이다) 이후 80일 이내에 결산서를 작성하고 지방의회가 선임한 검사위원의 검사의견서를 첨부하여 지방의회의 승인을 받아야 한다.

결산절차	세입세출출납 완결	결산서 제출	결산검사	결산검사결과 자치단체 제출	결산승인 신청 (지방의회 제출)
결산수행 주체	자지단체장	자지단체장	결산검사위원	결산검사위원	자치단체장
일자	익년 2월10일	폐쇄일+80일	20일~25일	결산검사 종료 후 10일 이내	익년 5월 31일
비고	2015회계연도 부터 적용	공인회계사의 재무제표 검토 보고서 포함	지방의회가 결산검사위원 선임	검사의견서 첨부	1차정례회기내 결산승인 처리. 한편, 결산승인일부터 5일 이내에 시·도 → 행정안전부 시·군·구 → 시·도 보고

지방회계의 결산절차를 국가회계와 비교할 때, 가장 큰 차이는 결산검사 수행과 관련된 사항이다. 국가회계에서는 기획재정부장관이 감사원에 국가결산보고서를 제출하면 감사원이 결산검사를 수행하고 동 결과가 반영된 (수정)국가결산보고서가 국회에 제출되는 것으로 종료된다. 그러나 지방회계에서는 자치단체의 장이 결산서를 작성한 시점부터 지방의회에 결산서를 제출하는 시점 사이에 2번의 결산검사가 이루어진다. 우선 지방회계 재무제표(결산서 중 하나)의 경우 자치단체의 장이 이를 작성

한 후 공인회계사의 검토가 이루어진다. 검토가 완료된 재무제표는 다른 결산서(세입세출결산, 결산개요, 성과보고서)와 함께 지방의회가 선임한 결산검사위원이 검사한다. 즉, 국가회계에서는 결산보고서가 국회에 제출하기 전까지의 모든 과정이 정부내 결산과정으로 진행되는 것에 비해, 지방회계에서는 결산서가 지방의회에 제출하기 전에 1차적으로 공인회계사가 한 번 검토하고(지방회계 재무제표 회계검토 및 (지방)공기업 특별회계 회계감사), 2차적으로 지방의회가 결산검사위원을 통해 결산서에 대한 검사에 관여한다는 점이 특징이다.

➡ 국가회계에서도 일부 기금(중앙관서의 장이 관리하지 않는 기금으로 직전연도 기금운용규모가 5천억원 이상인 기금)은 반드시 공인회계사의 감사를 받도록 규정하고 있으며(「국가회계법」 제13조②), 감사원의 국가결산보고서 결산검사시 공인회계사를 보조자로서 일부 활용하고 있기는 하다. 그러나 지방회계에서는 해당 자치단체의 재무제표를 반드시 공인회계사가 검토한다는 점에서 분명 차이가 있다.

(2) 검사위원의 결산검사

지방회계에 대한 결산검사는 지방의회가 선임한 검사위원이 「지방자치법시행령」 제84조 규정에 의한 결산내용(결산 개요, 세입·세출결산, 재무제표, 성과보고서, 결산서의 첨부서류, 금고의 결산)을 검사하는 것을 말한다. 자치단체의 장은 출납폐쇄기한 이후 80일 이내 결산서와 증빙서류를 작성하여 지방의회가 선임한 검사위원에게 제출하여야 한다(「지방자치법」 제150조①). 검사위원에 의한 결산검사는 보통 20~25일간 이루어지며, 검사 종료 후 10일 이내에 대표검사위원은 결산검사의견서를 자치단체의 장에게 제출하여야 한다. 이 결산검사의견서를 첨부한 해당 지방자치단체 결산서는 익년 5월 31일까지 지방의회에 제출되어야 한다. 지방의회는 1차 정례회의의 회기 내에 결산승인 여부를 처리한다(「지방자치법시행령」 제82조).

지방자치단체에서 결산검사는 지방의회가 선정한 검사위원이 수행한다. 자치단체의 장은 지방의회로부터 검사위원 선임통보를 받으면 대표위원과 검사일정을 협의하여 수검 장소를 정하고 ㉠ 결산개요, ㉡ 세입·세출의 결산, ㉢ 재무제표, ㉣ 성과보고서, ㉤ 결산서의 첨부서류, ㉥ 금고의 결산에 대한 검사를 받게 된다(「지방자치법시행령」 제84조①). 이때 검사위원은 결산서가 장부와 증빙을 잘 갖추고 있는지, 금고 등의 자금과 일치하는지, 회계가 진실되고 적정하게 처리되어 있는지, 회계사무가 법령 등에 따라 제대로 집행되었는지, 재무제표가 「지방회계법」 등 관계 법령에 따라 적정하게 작성되었는지 등을 검사한다(「지방자치단체 결산검사 기준」 제8조~제9조). 결산검사는 회계업무 분장 및 자체감사 등 수검기관의 회계부정방지를 위한 내부통제 관리의 평가가 포함된다.

➡ 검사위원의 수는 광역자치단체는 5명이상 10명이하, 기초자치단체는 3명이상 5명이하로 하되, 기타 필요한 사항은 조례로 정한다. 한편, 지방의회 의원은 검사위원 수의 1/3을 초과할 수 없으며, 자치단체 상근직원은 결산검사위원이 될 수 없다(「지방자치법시행령」 제83조).

(3) 지방의회의 결산승인

지방자치단체 결산의 승인은 자치단체가 검사위원의 의견서를 첨부하여 제출한 결산서를 지방의회에서 의결함으로써 이루어진다. 이러한 결산승인의 의의는 다음과 같이 정리할 수 있다(행정안전부, 2014 참고).

㉠ 결산승인은 세입·세출예산 집행의 결과를 최종적으로 확인·검증하고 재정효과와 행정효과를 객관적으로 판단하려는 것이며, 그 과정에서 나타난 오류나 개선사항을 다음연도의 예산편성과 재정운영에 활용하고, 지방의회의 입장에서 예산심의와 재정운영에 관한 비판과 지도에 도움을 주는데 있다.

㉡ 결산승인은 예산집행의 책임자이며 동시에 회계처리 책임자인 자치단체의 장이 행정집행이나 사무처리에 신중을 기한다는 의미에서 사후통제와 사후감시의 역할을 다함과 동시에 결산을 승인함으로써 자치단체 장의 집행 책임을 주민에 대하여 해소시켜주는 효과를 갖고 있다.

㉢ 결산승인은 결산심사를 하는 의회를 통해 주민에게 해당 자치단체의 재정상황을 알리고 이해와 협조를 얻을 수 있다는 의미에서 재정민주화를 제고할 수 있다.

㉣ 결산승인은 그 결과가 해당 자치단체의 재정운영상황을 한층 더 건전하게 하고 적정화 하는데 도움을 준다.

자치단체에서의 결산승인의 효과는 정치적 책임을 해제하는 것에 불과하므로 특정사항에 대한 회계적·법적 책임은 별개의 것이다. 불승인시에도 이미 집행한 수지는 유효하고 당해 결산의 효력에는 영향을 미치지 아니한다. 의회가 결산을 승인한 경우 자치단체의 장은 이를 5일 이내에 광역자치단체에 있어서는 행정안전부장관에게, 기초자치단체에 있어서는 광역자치단체의 장에게 각각 보고하고 그 내용을 고시하여야 한다(「지방자치법」 제150조②). 자치단체의 장은 결산승인 후 2개월 이내에 세입·세출예산의 운용상황(성과보고서를 포함함), 재무제표, 채권관리 현황, 기금운용 현황, 공유재산의 증감 및 현재액, 지역통합재정통계, (지방)공기업 및 자치단체 출자·출연기관의 경영정보, 중기지방재정계획, 성인지 결산서, 예산편성기준별 운영상황, 주민참여예산제도의 운영현황 및 주민의견서, 재정운용상황개요서, 재정건전화계획 이행현황, 재정건전성관리계획 이행현황, 투자심사사업·지방채 발행사업·민간자본 유치사업·보증채무사업의 현황, 지방보조금 관련 현황(교부현황, 성과평가 결과, 지방보조금으로 취득한 중요재산의 변동사항, 교부결정의 취소 등 중요 처분내역) 등을 주민에게 공시해야 한다(「지방재정법」 제60조①).

2. 지방회계 결산서 및 재무제표의 이해

(1) 지방회계 결산서의 개요

지방회계에서의 결산서는 자치단체별로 결산이 완료되고 자치단체의 장의 승인을 받은 후 지방의회에 제출하는 결산 관련 각종 서류를 말한다. 「지방회계법」상 결산서는 자치단체를 기준으로 작성하며, 개별 회계·기금 결산서를 따로 보고하지 않는다.

지방회계에서의 결산서는 크게 ㉠ 결산개요, ㉡ 단식부기·현금주의 예결산 방식에 의한 세입·세출결산, ㉢ 복식부기·발생주의 재무제표 및 ㉣ 성과보고서로 구성된다. 2016년 11월 「지방회계법」의 제정으로 인하여 결산서의 구조, 성과보고서의 첨부 등 국가회계와 상당히 유사하게 되었다. 특히, 세입·세출결산과 성과보고서는 지방회계와 국가회계가 거의 유사하기 때문에 이는 국가회계 부분을 참고한다.

분류의 기준	세부내역
1. 결산개요	• 예산의 집행결과, 재정의 운영내용과 재무상태가 분명하게 파악되도록 작성
2. 세입·세출결산	• 세입결산서 • 세출결산서
3. 재무제표	• 재무제표(주석 포함) • 재무제표의 부속서류: 필수보충정보, 부속명세서 ➡ 재무제표에는 공인회계사의 검토보고서가 첨부됨
4. 성과보고서	성과보고서
결산서 첨부서류	㉠ 계속비 결산명세서, ㉡ 수입대체경비 사용명세서, ㉢ 이월명세서 및 명시이월비 집행명세서, ㉣ 성인지 결산서, ㉤ 지방세지출보고서(실적 기준), ㉥ 국고보조금 또는 시·도보조금의 반납명세서, ㉦ 지역통합재정통계 보고서(결산), ㉧ 지방채 발행 보고서, ㉨ (지방)공기업에 대한 출자·출연 보고서, ㉩ 지방자치단체 출자·출연기관에 대한 출자·출연 보고서, ㉪ 공유재산 및 물품 관련 보고서, ㉫ 그 밖에 기타 서류

• 근거규정: 「지방회계법」 제15조~제18조, 「지방회계법시행령」 제12조~제15조, 「지방자치단체 회계기준에 관한 규칙」

(2) 지방회계 재무제표의 개요

지방회계의 재무제표는 국가회계의 재무제표와 마찬가지로 재정상태표, 재정운영표, 순자산변동표로 구성된다(주석을 포함하며, 현금흐름표는 작성되어야 하나 현재까지 유예된 상태임). 한편, 재무제표 산출 과정, 세입거래와 세출거래와의 관계, 시산표의 이해, 발생주의 결산조정사항, 예산과목과 재무계정과목의 연계 등 기본적인 사항은 국가회계 부분을 참고한다.

(3) 지방회계 재정상태표

① 지방회계 재정상태표와 국가회계 재정상태표

재정상태표는 재정상태표일(회계연도말) 기준 자산과 부채의 잔액(평가액) 및 상호관계 등 재정의 현재 상태를 나타내는 재무제표로서 저량정보(stocks)인 자산, 부채 및 순자산의 계정과목별 회계정보가 표시된다. 재정상태표는 지방회계와 국가회계가 거의 유사하기 때문에 대부분의 사항은 국가회계 부분을 참고(저량정보의 성격, 유동성 배열, 총액표시 등)한다.

지방회계의 재정상태표가 국가회계와 다른 점은 ㉠ 자산, 부채 및 순자산의 분류기준이 상이하고, ㉡ 국가회계에 없는 주민편의시설이 지방회계에는 있는 반면, ㉢

국가회계에 존재하는 유가증권의 평가(공정가치 평가), 재고자산의 평가(저가법), 융자보조원가충당금 평가(인식 및 상각), 연금·보증·보험충당부채 평가 등은 지방회계에 없으며, ㉣ 다열식 재무제표 양식으로 표시한다는 점이다.

② 자산·부채의 분류 및 주민편의시설

지방회계 재정상태표의 자산 및 부채는 유동성배열법에 따라 표시된다. 이에 따라 자산은 크게 유동자산과 비유동자산으로, 부채 역시 유동부채와 비유동부채로 구분된다. 이는 다음과 같이 좀 더 세부적으로 구분되는데, 국가회계와 비교하여 주민편의시설이 추가로 분류되고, 장기충당부채가 별도로 구분되지 않는다는 특성을 보인다. 국가회계에서는 국가회계실체가 각종 연금·보증·보험사업을 수행하기 때문에 장기충당부채가 중요하게 다뤄지지만, 지방회계에서는 이러한 사업들을 거의 수행하지 않기 때문이다. 반대로 주민편의시설의 경우 국가회계에서는 없는 특수한 자산이기 때문에 별도의 자산항목으로 분류된다.

유동성구분	자산	부채
유동성	유동자산	유동부채
비유동성	투자자산	장기차입부채
	일반유형자산, 사회기반시설, 주민편의시설	기타비유동부채(장기충당부채 포함)
	기타비유동자산(무형자산 포함)	

➡ 재정상태표상 자산에서 부채를 차감한 것을 순자산이라고 하는데, 개념적으로 순자산은 유동·비유동의 구분이 없다. 대신 지방회계에서는 순자산을 고정순자산, 특정순자산, 일반순자산으로 구분한다(이와 비교하여 국가회계에서는 기본순자산, 적립금및잉여금, 순자산조정으로 구분한다). 자세한 것은 지방회계의 순자산변동표 부분에서 설명한다.

③ 차감항목표시

현행 지방회계에서는 국가회계에서 존재하는 융자보조원가충당금, 자기국·공채의 개념이 없기 때문에 이와 관련한 차감항목이 존재하지 않는다. 이를 제외하고는 지방회계와 국가회계가 거의 유사하다(지방회계에서는 국공채할인발행차금 대신 지방채할인발행차금이 존재한다). 한편, 차감항목의 특성에 따라 시간이 경과하면서 자연스럽게 조정되는 경우도 있고(감가상각누계액, 현재가치할인차금, 지방채할인발행차금이 이에 해당하며, 이러한 평가과정을 '상각'이라고 한다), 특정 회계사건이 발생되어야 조정되는 경우도 있다(대손충당금, 퇴직보험예치금 등).

차감항목	자산	부채
1. 대손충당금	미수채권, 대여금 등	해당사항 없음
2. 현재가치할인차금	장기미수채권, 장기대여금 등	장기미지급금 등
3. 감가상각누계액	일반유형자산, 사회기반시설	해당사항 없음
4. 사용수익권	일반유형자산, 사회기반시설	해당사항 없음
5. 지방채할인발행차금	해당사항 없음	지방채
6. 퇴직보험예치금	해당사항 없음	퇴직급여충당부채

➡ 지방채의 경우 차감항목인 지방채할인발행차금 외에 반대로 가산항목인 지방채할증발행차금이 발생하기도 한다. 이 역시 총액으로 표시하며, 가산되는 형태로 표시한다.

④ 지방회계 재무제표 양식의 특수성

지방회계는 소관 회계·기금에 대한 내역과 이들 간의 내부거래 내역을 보여주는 다열식 재무제표 형태를 가지고 있다. 이는 국가회계에서 통합단위라고 할 수 있는 중앙관서단위 또는 국가단위의 재무제표가 단열식 형태를 가지고 있는 것과 비교된다.

과 목	일반회계	기타특별회계	기금회계	(지방)공기업 특별회계	내부거래	계
XX계정과목	xxx,xxx	xx,xxx	xx,xxx	x,xxx	(xx,xxx)	xxx,xxx

⑤ 지방회계 재정상태표 사례(2022회계연도 천안시 사례; 편의상 당기만 표시)

당해연도 2022년 12월 31일 현재 (단위: 백만원)

과 목	당 해 연 도					
	일반회계	기타 특별회계	기금회계	(지방)공기업 특별회계	내부거래	계
자 산						
Ⅰ. 유동자산	**633,205**	**192,964**	**243,967**	**339,511**	**(152,760)**	**1,256,887**
현금및현금성자산	234,848	44,684	37,992	30,921	0	348,445
단기금융상품	300,024	0	188,142	166,481	0	654,647
미수세금	45,309	0	0	0	0	45,309
미수세금대손충당금	(4,159)	0	0	0	0	(4,159)
......(하략)......	......	......	......	......	......	......
Ⅱ. 투자자산	**81,838**	**29,030**	**16,280**	**0**	**(115,421)**	**11,727**
기타투자자산	73,419	0	0	0	(71,784)	1,635
......(하략)......	......	......	......	......	......	......
Ⅲ. 일반유형자산	**737,811**	**100,913**	**1,027**	**1,445**	**0**	**841,196**
토지	332,354	94,849	0	1,332	0	428,535
건물	244,871	5,283	0	0	0	250,154
건물감가상각누계액	(56,797)	(2,402)	0	0	0	(59,199)
......(하략)......	......	......	......	......	......	......
Ⅳ. 주민편의시설	**1,920,476**	**235,689**	**2,882**	**0**	**0**	**2,159,047**
도서관	90,698	0	0	0	0	67,786
도서관감가상각누계액	(31,325)	0	0	0	0	(14,015)
......(하략)......	......	......	......	......	......	......
Ⅴ. 사회기반시설	**5,899,008**	**368,266**	**14,744**	**1,035,112**	**0**	**7,317,130**
도로	4,764,300	330,616	3,074	0	0	5,097,990
폐기물처리시설	218,516	10,462	0	0	0	228,978
폐기물처리시설감가상각누계액	(45,473)	(1,901)	0	0	0	(47,374)
폐기물처리시설사용수익권	(31,550)	0	0	0	0	(31,550)
......(하략)......	......	......	......	......	......	......
Ⅵ. 기타비유동자산	**7,794**	**114**	**190**	**2,008**	**–**	**10,196**
자산총계	9,280,132	926,976	279,090	1,378,166	(268,181)	11,596,183
부 채						
Ⅰ. 유동부채	**90,150**	**19,484**	**126,782**	**11,845**	**(152,761)**	**95,500**
유동성장기차입부채	22,644	15,000	126,761	0	(152,761)	11,644
......(하략)......	......	......	......	......	......	......
Ⅱ. 장기차입부채	**129,876**	**3,800**	**43,637**	**0**	**(43,637)**	**133,676**
장기차입금	129,876	3,800	43,637	0	(43,637)	133,676
Ⅲ. 기타비유동부채	**80,095**	**54**	**0**	**99,264**	**0**	**179,413**
부채총계	**300,121**	**23,338**	**170,419**	**111,109**	**(196,398)**	**408,589**
순 자 산						
Ⅰ. 고정순자산	8,354,536	701,182	18,653	930,986	(71,783)	9,933,574
Ⅱ. 특정순자산	**0**	**0**	**90,018**	**0**	**0**	**90,018**
Ⅲ. 일반순자산	**625,475**	**202,456**	**0**	**336,071**	**0**	**1,164,002**
순자산총계	8,980,011	903,638	108,671	1,267,057	(71,783)	11,187,594
부채및순자산총계	9,280,132	926,976	279,090	1,378,166	(268,181)	11,596,183

(4) 지방회계 재정운영표

① 지방회계 재정운영표와 국가회계 재정운영표

지방회계의 재정운영표는 한 회계연도 동안 수행한 정책사업별 원가(사업총원가)를 중심으로 동 사업과 관련한 직접수익(사업수익), 관리운영비, 특정 프로그램에 직·간접적인 대응관계가 없는 비용(비배분비용) 및 수익(비배분수익)을 가감한 재정운영순원가를 산출하고 여기에 수익(2018회계연도까지는 일반수익이라고 하였음)을 차감하여 재정운영결과를 나타내는 지방회계실체의 재무제표를 말한다. 재정운영표는 한 회계연도(「지방재정법」상 1월1일부터 12월31일까지이다) 동안의 비용(원가)와 수익의 유량정보(flows)가 표시되는데, 지방자치단체가 주민을 위해 제공하는 정책사업별 원가를 표시하고 이를 위하여 주민의 세금과 중앙정부 또는 상위 지방정부로부터 지원이 어느 정도 되는지의 정보를 나타낸다(따라서 총 발생원가(비용)·관리운영비·비배분비용에서 교환수익인 사업수익·비배분수익과 비교환수익인 수익을 차감한 재정운영결과가 도출된다). 재정운영표는 지방회계와 국가회계가 거의 유사하기 때문에 대부분의 사항은 국가회계 부분을 참고(재정운영표의 목적, 유량정보의 성격, 기능별 표시 등)한다.

다만, 지방회계의 재정운영표가 국가회계와 다른 점은 ㉠ '프로그램'이라는 용어 대신 '사업'이라는 용어를 사용하고 있고, ㉡ 국가회계에서는 회계실체의 특성에 따라 양식이 다른 재정운영표를 작성하는데 비하여, 지방회계에서는 회계실체의 특성과 상관없이 동일한 재정운영표 양식을 사용한다. 다만, 지방회계의 재정운영표에서는 '분야'수준에서 원가를 공시하는 것에 비해, 필수보충정보인 회계·기금단위 재정운영표에서는 '분야-부문-(정책)사업'수준의 원가정보를 추가로 공시한다. ㉢ 국가회계에서는 국가회계실체(기업특별회계 및 기금)의 특성에 따라 비교환수익의 일부만 재정운영표에 표시되지만, 지방회계에서는 일부 계정과목의 특성에 따라 비교환수익이 순자산변동표에서 인식되는 것을 제외하고는 대부분의 비교환수익이 '수익(舊 일반수익)'의 명칭으로 재정운영표에 표시된다는 점이다.

➡ 지방회계의 (기능별)재정운영표는 다른 재무제표와 달리 단열식 재무제표 양식으로 되어 있다. 이에 비해 필수보충정보인 성질별 재정운영표에는 다른 재무제표와 마찬가지로 일반회계, 기타특별회계, 기금회계, (지방)공기업특별회계를 표시한 다열식 재무제표 양식으로 되어 있다.

② 지방회계 재정운영표 구조의 특성

지방정부의 재정운영표의 목적 및 구조는 국가회계의 재정운영표와 거의 유사하다. 그러나, 국가회계에서는 '프로그램'이라는 용어를 사용하지만, 지방회계에서는 정책사업을 줄여서 '사업'이라는 용어를 사용한다. 즉, 프로그램총원가, 프로그램수익, 프로그램순원가라는 용어 대신에 사업총원가, 사업수익, 사업순원가라는 용어를 사용한다. 또한, '비교환수익'이라는 용어 역시 '수익(舊 일반수익)'이라는 용어를 사용한다. 그러나 이는 용어만 다를 뿐이지 정책사업과 비교환수익을 의미한다는 점에 있어서 동일하다.

한편, 지방회계에서는 국가회계와 달리 회계·기금단위의 재정운영표와 통합단위의 재정운영표 양식이 동일하다(국가회계에서는 회계·기금·중앙관서단위와 국가단위의 재정운영표 양식이 차이가 있다). 이는 외부로 정부결산서가 공시되는 회계실체의 특성에 차이가 있기 때문이다. 지방자치단체는 그 자체가 재정을 운영하고 관리하는 하나의 독립적인 실체이다. 즉, 정책사업을 위해 예산을 집행하고, 이에 대한 재원을 마련하기 위한 지방세징수 및 상위 정부로부터의 보조금 수령 등의 과정이나, 여유재원의 운영 역시 독립적으로 이루어진다. 이에 비해 국가회계에서는 정부결산서 공시의 기본단위인 중앙관서의 경우 정책사업 운영을 기준으로는 독립적인 실체이나 재정관리 측면에서는 독립적이지 못하다. 국가회계에서는 재원을 마련하는 수단인 국세나 벌금 등 기타 비교환수익이 발생하는 중앙관서가 각기 상이하고(국가회계에서는 국세를 징수하는 중앙관서가 3개(국세청, 관세청, 기획재정부) 뿐이고, 벌금 등의 비교환수익이 발생하는 중앙관서 역시 모든 중앙관서에서 발생하는 것이 아니다), 재원마련은 기획재정부의 전체 예산배정 과정에 종속적이며, 여유자금 운영 역시 모든 중앙관서에서 이루어지는 것도 아니다. 따라서 지방회계 재정운영표를 기준으로 할 때, 사업총원가(프로그램총원가)부터 재정운영순원가까지는 국가회계의 회계·기금·중앙관서단위 재정운영표와 거의 유사하지만, 수익(비교환수익) 부분은 오히려 국가단위 재정운영표와 유사하다고 볼 수 있다.

지방회계 재정운영표 구조	
Ⅰ. 사업총원가	• 사업총원가: 정책사업과 관련하여 발생하며 정책사업별로 배부가 가능한 원가. 직접원가와 간접원가로 구성. 사업을 수행하는데 있어 경제적 자원의 총 소비액
(−) 사업수익	• 사업수익: 교환수익으로서 특정 정책사업에 직접적인 추적이 가능한 수익(서비스 요금수익, 경상보조금). 해당 사업의 수행에 투입되어야 하는 지방세 등 비교환수익의 부담을 줄이는 역할을 함
= 사업순원가	• 사업순원가: 사업 수행에 필요한 비교환수익 부담액
(+) Ⅱ. 관리운영비	• 조직운영 및 개별 사업 수행을 지원하는 비용
(+) Ⅲ. 비배분비용	• (정책)사업에 직접적 대응이 어렵거나 우발적인 비용
(−) Ⅳ. 비배분수익	• (정책)사업에 직접적 대응이 어려운 수익
= **Ⅴ. 재정운영순원가**	• 해당 자치단체의 운영에 필요한 비교환수익 부담액
(−) Ⅵ. (일반)수익	• 직접적 반대급부 없이 발생하는 비교환수익(지방세, 과태료, 부담금, 지방교부세, 재정보전금, 전입금수익 등)
= **Ⅶ. 재정운영결과**	• 해당 회계연도의 자치단체를 운영하고 남은 잔액

➡ 지방회계 재정운영표, 국가회계 중앙관서단위 및 국가단위 재정운영표를 비교하면 다음과 같다.

〈지방회계의 재정운영표〉	
사업 A	
총원가	xxx
차감: 교환수익	(xxx)
순원가	xxx
사업 B	xxx
....	...
관리운영비	xxx
비배분비용	xxx
차감: 비배분수익	(xxx)
재정운영순원가	xxx
수익	(xxx)
재정운영결과	xxx

〈국가회계 중앙관서 재정운영표〉	
프로그램 A	
총원가	xxx
차감: 교환수익	(xxx)
순원가	xxx
프로그램 B	xxx
....	...
관리운영비	xxx
비배분비용	xxx
차감: 비배분수익	(xxx)
재정운영순원가	xxx
비교환수익 등	(xxx)
재정운영결과	xxx

〈국가회계 국가단위 재정운영표〉	
재정운영순원가	xxx
A중앙관서	xxx
B중앙관서	xxx
......	xxx
내부거래금액	
− 내부거래원가	xxx
− 내부거래수익	(xxx)
비교환수익 등	**(xxx)**
1. 국세수익	(xxx)
2. 부담금수익	(xxx)
3. 기타재원조달등	(xxx)
재정운영결과	xxx

③ 지방회계 재정운영표 사례(2022회계연도 천안시 사례; 편의상 당기만 표시)

당해연도 2022년 1월 1일부터 2022년 12월 31일까지 (단위: 백만원)

과 목	당 해 연 도				
	총원가	사업수익	순원가	내부거래	계
Ⅰ. 사업순원가	**1,820,934**	**1,062,987**	**757,947**	**0**	**757,947**
일반공공행정	80,022	8,130	71,892	0	71,892
공공질서및안전	15,674	14,779	895	0	895
교육	67,306	23,257	44,049	0	44,049
문화및관광	85,102	26,128	58,974	0	58,974
환경보호	273,604	168,380	105,224	0	105,224
사회복지	795,680	565,971	229,709	0	229,709
보건	64,980	44,973	20,007	0	20,007
농림해양수산	101,481	58,293	43,188	0	43,188
산업·중소기업	86,504	32,150	54,354	0	54,354
수송및교통	154,886	33,718	121,168	0	121,168
국토및지역개발	95,572	87,208	8,364	0	8,364
기타	123	0	123	0	123
Ⅱ. 관리운영비			**310,057**	**(79,884)**	**230,173**
1. 인건비			214,647	0	214,647
급여			142,335	0	142,335
복리후생비			39,512	0	39,512
퇴직급여			1,473	0	1,473
...(하략)...			......	......	......
2. 경비			14,197	0	14,197
도서구입및인쇄비			313	0	313
지급수수료			1,326	0	1,326
출장비			1,245	0	1,245
...(하략)...			......	......	......
3. 정부간이전비용			0	0	0
시도비보조금			0	0	0
...(하략)...			......	......	......
4. 민간등이전비용			81,213	(79,884)	1,329
민간보조금			655	0	655
전출금비용			80,084	(79,884)	200
...(하략)...			......	......	......
Ⅲ. 비배분비용			**71,589**	**(7,542)**	**64,047**
1. 운영비			14,422	(7,542)	6,880
이자비용			14,422	(7,542)	6,880
2. 기타비용			57,167	0	57,167
자산처분손실			660	0	660

일반유형자산감가상각비			6,808	0	6,808
주민편의시설감가상각비			25,028	0	25,028
사회기반시설감가상각비			12,235	0	12,235
대손상각비			5,864	0	5,864
......(하략)......			......	......	......
Ⅳ. 비배분수익			98,537	(7,542)	90,995
1. 자체조달수익			44,948	(7,542)	37,406
경상세외수익			16,142	(7,542)	8,600
임시세외수익			28,806	0	28,806
2. 기타수익			53,589	0	53,589
기타수익			12,092	0	12,092
기타비배분수익			41,495	0	41,495
......(하략)......			......	......	......
Ⅴ. 재정운영순원가(Ⅰ+Ⅱ+Ⅲ-Ⅳ)			**1,041,056**	**(79,884)**	**961,172**
Ⅵ. 수익			**1,409,690**	**(79,884)**	**1,329,806**
1. 자체조달수익			697,511	0	697,511
지방세수익			649,606	0	649,606
경상세외수익			15,123	0	15,123
임시세외수익			32,782	0	32,782
2. 정부간이전수익			628,278	0	628,278
지방교부세수익			439,456	0	439,456
조정교부금수익			157,968	0	157,968
......(하략)......			......	......	......
3. 기타수익			83,901	(79,884)	4,017
전입금수익			79,884	(79,884)	0
기타일반수익			4,017	0	4,017
Ⅶ. 재정운영결과(Ⅴ-Ⅵ)			**(368,634)**	**0**	**(368,634)**

(5) 지방회계 순자산변동표

① 지방회계 순자산변동표와 국가회계 순자산변동표

순자산변동표는 한 회계연도 동안 순자산의 변동사항를 표시하는 재무제표로서 첫째, 자산 또는 부채의 증감을 가져오는 수익, 비용 또는 이에 준하는 손익 등 유량정보(flows)의 결과를 재정상태표상 저량정보(stocks) 성격으로 변환시킨다. 둘째, 유량 성격의 계정과목이지만, 재정운영표 계정과목으로 보기 어려운 경우 이를 인식하는 역할을 하는데, 이에 대한 대표적인 계정과목으로는 '재산이관·관리전환으로 생긴 자산의 증감', '양여·기부로 생긴 자산의 증감', '기타순자산의 증감' 등이 있다.

➡ 지방회계에서는 국가회계와 달리 지방세수익 등 비교환수익을 재정운영표에서 인식한다(국가회계에서는 비교환수익의 성격 및 국가회계실체에 따라 재정운영표, 순자산변동표, 국세징수활동표에서 나타난다).

지방회계의 순자산변동표와 국가회계의 순자산변동표는 그 목적은 유사하지만, 형식으로는 많은 차이가 있다. 국가회계에서는 순자산증감이 발생한 원천에 따라 기본순자산, 적립금및잉여금, 순자산조정으로 분류하며 이러한 구분은 순자산변동표에서도 이루어지는 반면, 지방회계에서는 순자산을 기능과 용도에 따라 고정순자산, 특정순자산, 일반순자산으로 분류하며 순자산변동표에서는 별도로 구분하지 않고 재정상태표에서만 구분한다. 이는 재정관리의 독립성과 관련이 있다. 지방자치단체는 그 자체가 재정운영 및 재정관리의 독립된 실체로서 재정건전성 관리의 측면에서 순자산을 주민편의시설·사회기반시설 등의 투자와 투자재원 마련을 위한 지방채 등을 고려한 고정순자산, 채무상환 목적 등 적립성기금의 원금관리 목적인 특정순자산, 그리고 기타 일반순자산으로 구분하는 것이 의미가 있다. 이에 비해 국가회계는 국토교통부 등 사회기반시설을 보유하는 중앙관서가 한정되어 있고, 기획재정부 등 국채 등의 채무를 관리하는 중앙관서도 한정되는 특성으로 인해 굳이 지방회계와 같은 순자산의 기능 또는 용도별 구분이 의미가 없다.

➡ 고정순자산은 일반유형자산, 주민편의시설, 사회기반시설 및 무형자산에 대한 투자액(장부가액 기준)에서 관련 차입금(장기차입금, 지방채, 금융리스부채 등)을 차감하여 계산한다. 이는 자치단체에서 장기적으로 사용되는 비금융자산의 미래세대에 대한 순효과를 의미한다. 이미 투자된 비금융순자산이므로 미래세대가 정책의사결정에 활용하기는 쉽지 않다고 볼 수 있다.

➡ 특정순자산은 법령 또는 조례에 의해 운용목적이 공공서비스 제공으로 제한되어 있는 순자산으로 고정순자산을 제외한다. 특정 목적을 위해 설립된 기금은 기금 원금의 운용에 따른 수익으로 관련 지출을 충당해야 하므로 특정순자산으로 분류한다.

➡ 일반순자산은 전체 순자산 중 고정순자산 및 특정순자산을 제외한 잔여액으로 계산한다. 일반순자산은 일종의 미래세대가 정책의사결정에 자유로이 활용할 수 있는 순자산이라 볼 수 있다.

② 지방회계 순자산변동표 사례(2022회계연도 천안시 사례; 편의상 당기만 표시)

당해연도 2022년 1월 1일부터 2022년 12월 31일까지 (단위: 백만원)

과 목	당 해 연 도					
	일반회계	기타 특별회계	기금회계	(지방)공기업 특별회계	내부거래	계
Ⅰ. 기초순자산	8,606,418	756,946	99,065	1,237,065	(71,783)	10,627,711
Ⅱ. 재정운영결과	(311,763)	(85,152)	(8,924)	37,205	0	(368,634)
Ⅲ. 순자산의증가	71,457	66,866	1,047	67,197	0	206,568
재산이관·관리전환으로 생긴 자산증가	0	6	0	0	0	6
양여·기부로생긴자산증가	12,053	0	0	2,907	0	14,960
기타순자산의증가	59,404	66,861	1,047	64,290	0	191,602
Ⅳ. 순자산의감소	9,627	5,327	365	0	0	15,319
양여·기부로생긴자산감사	6	0	0	0	0	6
기타순자산의감소	9,621	5,327	365	0	0	15,313
Ⅴ. 기말순자산	8,980,011	903,638	108,671	1,267,057	(71,783)	11,187,594

(주1) 고정순자산, 특정순자산, 일반순자산의 구분은 순자산변동표가 아닌 재정상태표에서 이루어짐
(주2) 상기 순자산변동표 사례와 앞부분의 재정운영표 및 재정상태표 사례는 모두 같은 회계연도의 같은 자치단체의 재무제표이므로 상호 연결해서 파악할 수 있음

(6) 지방회계 주석, 필수보충정보, 부속명세서

① 지방회계 주석

재무제표에 대한 주석(Notes)은 자치단체의 재무제표 정보이용자에게 충분한 회계정보가 제공되고, 각 계정과목에 대한 상세한 이해가 가능하도록 계정과목의 정의 및 중요한 회계정책, 재무제표에 중대한 영향을 미치는 사항을 설명하는 것을 의미한다. 주석은 일반적으로 재무제표 바로 뒤에 위치한다. 「지방회계기준」 제41조②에서는 주석으로 기재하여야 하는 기본적인 사항이 규정되어 있으나, 기타 법령 등에서 특별히 주석을 기재하여야 할 것으로 규정하고 있는 경우 이를 추가하여야 한다. 현재 「지방회계기준」에서 규정하고 있거나 기타 실무적으로 포함되는 주석사항은 다음과 같다.

구분	지방회계에서의 주석 사항
「지방회계기준」 제41조②	• 지방자치단체 회계실체간 주요 거래내용 • 타인을 위하여 제공하고 있는 담보보증 • 천재지변, 중대한 사고, 파업, 화재 등에 관한 내용과 결과 • 채무부담행위 및 보증채무부담행위 등의 종류와 구체적 내용 • 무상사용허가권이 부여된 기부채납자산의 세부내용
「지방회계기준」 각 조항에서 규정한 주석 사항	• 자산의 손상차손과 관련한 감액내역(제45조②) • 미수세금 등의 대손충당금 내역(제46조①) • 재고자산 관련 선입선출법이 아닌 개별법 등을 적용한 경우 그 내역(제47조) • 감가상각을 하지 않는 사회기반시설의 사유 및 유지보수에 투입된 비용(제50조②) • 퇴직급여충당부채의 평가, 퇴직금 지급규정·산정내역·실제지급액 등(제55조②) • 채권·채무의 현재가치 평가, 할인율, 기간 및 회계처리 방법(제56조③) • 주요 우발상황과 관련한 내용(제59조③) • 회계변경과 오류수정의 회계처리에 대한 사항, 중대한 오류를 수정한 경우 근거, 과거 회계기간 수정금액, 비교재무제표 재작성 사실(제60조③) • 회계정책·회계추정을 변경한 경우 그 사유 및 재무제표에 미치는 영향(제60조①)
보충적 주석사항	• 재정자금, 미수세금, 미수세외수입금, 장단기대여금, 재고자산, 장기투자증권, 토지, 일반재산, 장기차입금, 지방채증권, 순자산의 세부내역 등 • 내부거래의 내역 • 출납폐쇄기간 중의 자금거래 • 세입세출외보관현금의 내역 • 금융리스(완공후 BTL 포함), BTO 계약 내역, 미완공 BTL 계약 내역, BTO·BTL로 취득한 자산 내역 • 우발채무 등 • 지방공기업특별회계 원가정보 • 사용이 제한된 재정자금 등

② 지방회계 필수보충정보

지방회계에서의 필수보충정보(Required Supplementary Information; RSI)는 재무제표에는 표시하지 아니하였으나, 재무제표의 내용을 보완하고 이해를 돕기 위하여 필수적으로 제공되어야 하는 정보로서 재무제표 부속서류의 일종이다(「지방회계기준」 제42조②). 이는 재무제표상 금액에 대한 중요한 정보, 재무제표에 중요하게 영향을 미칠 수 있는 정보, 그리고 중요한 회계정책을 설명하고 있는 주석과 차이가 있다. 필수보충정보는 기업회계에서는 없는 개념으로 비계량정보, 예결산정보 등을 공시할 필요가 있는 지방회계의 특징이라 할 수 있으며, 국가회계에서도 유사하게 작성되고 있다. 「지방회계기준」 제42조②에서는 필수보충정보에 포함되어야 하는 항목을 규정하고 있으며, 이해 차원에서 국가회계에서의 규정하고 있는 필수보충정보 항목과 비교하면 다음과 같다.

지방회계	비교	국가회계
관리책임자산명세서	유사	유산자산의 종류, 수량 및 관리상태
예산회계와 재무회계의 차이에 대한 명세서 ➡ 일명 '차이조정명세서'라고도 함	유사	총잉여금·재정운영결과조정표
성질별 재정운영표	유사	수익·비용 성질별 재정운영표
개별 회계실체의 재정운영표(사업별)	상이	없음 ➡ 단, 기금과 기업특별회계는 재정운영표를 포함한 재무제표 별도 공시
예산결산요약표(세입결산총괄, 세출결산총괄)	상이	없음
없음	상이	연금보고서(국민연금, 공무원연금 등)
없음	상이	보험보고서(농어업재해보험, 무역보험 등)
없음	상이	사회보험보고서(산재보험, 고용보험)
없음 ➡ 지방세수익은 재정운영표에 반영	상이	국세징수활동표(국세청, 관세청, 기재부)
기타 중요하다고 판단되는 정보	상이	기타(감가상각대체 사회기반시설 내역 등)

③ 지방회계 부속명세서

부속명세서는 재무제표에 표시된 회계과목에 대한 세부내역를 명시할 필요가 있을 때에 추가적인 정보를 제공하기 위한 것으로서 재무제표 부속서류의 일종이며(「지방회계기준」 제43조), 부속명세서의 종류, 작성기준 및 서식은 행정안전부장관이 정하는 바에 따른다. 기본적으로 지방자치단체 복식부기·재무회계 운영규정(행정안전부 훈령)에는 ㉠ 일반유형자산명세서, ㉡ 주민편의시설명세서, ㉢ 사회기반시설명세서, ㉣ 감가상각명세서, ㉤ 회계별 재무제표 총괄요약 명세서 등을 부속명세서로 규정하고 있다. 한편, 미수세금명세서, 미수세외수입금명세서, 대여금명세서, 전출금명세서, 장기투자증권명세서, 기타비유동자산명세서, (유동성)장기차입부채명세서 등은 주석으로 표시할 경우 부속명세서에서 생략이 가능하다.

정부회계 전문가 과정 5-① 총잉여금·재정운영결과조정표(국가회계)

1. 국가회계에서의 총잉여금·재정운영결과조정표의 이해

총잉여금·재정운영결과조정표(이하 '조정표')는 세입세출결산 기준의 총잉여금(=결산상 잉여금=세입액-세출액)과 발생주의·복식부기 기준의 재정운영표상 재정운영결과와의 차이에 대한 상세 정보를 제공하는 것으로 국가회계 필수보충정보의 하나이다. 차이 내역은 복식부기·발생주의 조정과 관련된 자산·부채의 증감, 발생주의 기간수익·비용의 조정, 전기 결산상잉여금의 세입이입액 조정, 순자산변동 항목의 조정, 기타 내부거래 조정 등으로 구성된다.

2022회계연도 경찰청(예시)의 총잉여금·재정운영결과조정표 사례는 다음과 같으며, 조정표의 주기항목으로 총잉여금의 산출내역(회계·기금별 구분하여 세입액과 세출액을 각각 표기)을 기재한다.

(단위: 원)

	2022	
I. 총잉여금(*)		(10,706,066,466,730)
II. 차이 항목		(2,756,243,788,415)
1. 자산·부채의 증감	693,719,143,736	
(1) 현금및현금성자산의 증가(감소)	(3,454,892)	
(2) 일반유형자산의 증가(감소)	703,368,435,736	
(3) 차입금의 감소(증가)	(12,065,106,137)	
......(하략)......	......	
2. 발생주의 기간수익·비용 차이	(309,713,649,537)	
(1) 제재금수익 차이	111,786,995,249	
(2) 재화및용역제공수익 차이	(2,187,321,568)	
(3) 퇴직급여 차이	(8,080,905,172)	
(4) 감가상각비 차이	(351,131,480,659)	
(5) 대손상각비 차이	(6,656,394,351)	
......(하략)......	......	
3. 전기 결산상잉여금 세입이입액	(22,012,041,560)	
4. 순자산변동	(3,082,300,21,054)	
(1) 제재금수익	(1,372,541,975,360)	
(2) 기타재원조달	(1,716,205,658,210)	
(3) 무상이전지출	59,864,334,373	
......(하략)......	......	
5. 내부거래 차이	(35,937,000,000)	
III. 재정운영결과(I+II)		(13,462,310,255,145)

(주1) 상기 총잉여금·재정운영결과조정표는 당기와 전기 비교식으로 표시해야 하나, 편의상 당기만 표시하였음

(*) 총잉여금(주기사항) (단위: 원)

	2022
Ⅰ. 일반회계	**(10,720,607,550,290)**
(1) 세입	1,277,253,292,630
(2) 세출	(11,997,860,842,920)
Ⅱ. 특별회계	**14,541,083,560**
1. 기타특별회계	(4,708,000,000)
(1) 세입	0
(2) 세출	(4,708,000,000)
2. 책임운영기관특별회계	19,249,083,560
(1) 세입	97,435,189,700
(2) 세출	(78,186,106,140)
Ⅲ. 총잉여금(Ⅰ+Ⅱ)	**(10,706,066,466,730)**

㉠ 조정표는 총잉여금에서 시작하여 자산 및 부채의 증감을 가감하고, 발생주의 기간수익·비용 차이 및 순자산변동 등을 반영하여 재정운영결과를 도출한다.

㉡ 조정표는 자산 및 부채의 증감은 증가 및 감소를 총액으로 구분하지 않고 순액으로 표시한다.

㉢ 조정표는 ㉠ 및 ㉡의 각 조정항목에 대하여 별도의 활동별(영업·투자·재무활동) 세분화가 없다(기업회계 현금흐름표에서는 활동별로 세분화된 정보를 공시한다).

㉣ '자산처분손익'은 발생주의 조정항목이 아니므로 조정표에 표시하지 않는다.

㉤ 조정표에서는 발생주의에 따라 인식된 기간손익관련 이자수익·이자비용 및 선급비용·선수수익 관련 손익을 가감하여 표시하기 때문에 이와 관련된 자산·부채의 증감은 표시하지 않는다.

㉥ 순자산변동표의 '재원의조달및이전(비교환거래)' 항목은 현금 유출입을 수반하기 때문에 세입(수입) 또는 세출(지출)에 포함된다. 그러나 재정운영표의 재정운영결과에는 반영되지 않기 때문에 조정표에서는 이들 항목 금액을 표시하여야 한다(실제 현금 유출입이 발생한 금액이 기재됨). 국세수익 수납액 항목이 있는 회계 및 중앙관서는 국세수익이 재정운영표 항목이 아니기 때문에 조정항목에 포함해야 한다(발생주의 기준 국세수익이 아님에 주의한다).

➡ 예를 들어 국세청의 경우 국세징수활동표(필수보충정보)를 작성하여 국세수익을 보고하지만, 실제 국세수익 수납액은 기획재정부에서 인식하기 때문에 실제 국세청의 조정표에는 국세수익 또는 국세수입 수납액과 관련한 조정항목이 없다. 기획재정부 등 국세수익 수납액을 세입으로 인

식하는 회계 및 중앙관서에서만 동 조정항목이 나타난다.

ⓢ 조정표에서 전년도이월금(=결산상잉여금의 세입이입액)의 표시와 관련하여 회계·기금·중앙관서별로 다소 차이가 있다. 기금의 경우 수입액과 지출액이 항상 동일하기 때문에 총잉여금은 0으로 보고하며, 대신 현금및현금성자산의 증감항목이 나타난다. 일반회계 및 특별회계의 경우 전년도이월금이 있는 경우 세입에 포함되는 반면, 재정운영표에는 나타나지 않기 때문에 이를 별도로 조정하는 항목(전기 결산상잉여금 세입이입액)이 필요하다.

2. 기업회계에서의 현금흐름표와 비교

기업회계에서의 현금흐름표(Cash Flows)는 기업의 현금흐름을 나타내는 재무제표로서 당해 회계기간에 속하는 현금의 유입과 유출에 대한 정보가 표시된다. 국가회계기준에 의한 총잉여금·재정운영결과조정표와 기업회계(국제회계기준 또는 일반기업회계기준)에 의한 현금흐름표는 발생주의 회계제도에 의한 재정운영결과 또는 당기순손익과 현금주의 결산에 따른 총잉여금 또는 현금변동액의 차이에 대한 정보를 제공한다는 측면에서 유사하나, 다음과 같은 차이가 있다(현금흐름표는 작성방법에 따라 직접법과 간접법으로 구분되며, 일반적으로 간접법에 의하여 작성되기 때문에 이하의 차이는 간접법을 기준으로 설명한다).

차이점	세부 설명
① 조정방향의 차이	• 조정표는 총잉여금(현금주의) → 재정운영결과(발생주의) 방향으로 전환 과정 분석(자산증가 가산, 부채증가 감소) • 반면, 현금흐름표(간접법)는 당기순손익(발생주의) → 현금흐름의 변동 내역(현금주의) 방향으로 전환 과정 분석(자산증가 차감, 부채증가 가산)
② 활동별 세분화 (영업·투자·재무) 차이	• 조정표는 별도의 활동별 세분화가 없으며, 자산·부채 증감은 순액으로 표시 • 반면, 현금흐름표(간접법)는 현금흐름을 영업활동·투자활동·재무활동으로 구분하여 작성되며, 투자 및 재무활동의 경우 자산 및 부채의 증가 및 감소는 각각 총액으로 표시
③ 재정운영결과 (당기순이익) 조정항목 차이	• 조정표에서는 처분손익 부분은 조정항목이 아님 • 현금흐름표(간접법)에서는 처분손익 부분은 조정항목임

차이점	세부 설명
④ 순자산변동 항목 차이	• 조정표에서는 재정운영결과에 포함되지 않는 순자산변동 항목(비교환거래)에 대한 조정이 필요 조정 • 기업에서는 비교환거래가 없기 때문에 현금흐름표에서도 고려 대상이 아님
⑤ 잉여금 조정 차이	• 조정표에서는 전년도이월금에 조정사항 발생(전기 결산상 잉여금 세입이입액) • 현금흐름표에서는 잉여금에 대한 조정사항이 없음

■ 기업회계기준에 의한 현금흐름표 양식(국제회계기준 적용 가정)

계정과목	당기		전기	
영업활동으로 인한 현금흐름		XXX		XXX
당기순이익	XXX		XXX	
이자수익	(XXX)		(XXX)	
이자비용	XXX		XXX	
감가상각비	XXX		XXX	
법인세비용	XXX		XXX	
유형자산처분차손	XXX		XXX	
외화환산이익	(XXX)		(XXX)	
매출채권(순액)의 감소(증가)	(XXX)		(XXX)	
선급보험료의 감소(증가)	XXX		XXX	
상품의 감소(증가)	XXX		(XXX)	
매입채무의 증가(감소)	(XXX)		XXX	
미지급영업비용의 증가(감소)	XXX		XXX	
선수금의 증가(감소)	(XXX)		XXX	
법인세 지급	(XXX)		(XXX)	
이자수입	XXX		XXX	
………	………		………	
투자활동으로 인한 현금흐름		(XXX)		(XXX)
비품의 처분	XXX		XXX	
비품의 구입	(XXX)		–	
장기대여금의 대여	(XXX)		(XXX)	
………	………		………	
재무활동으로 인한 현금흐름		XXX		XXX
유상증자	XXX		XXX	
장기차입금의 상환	(XXX)		(XXX)	
배당금의 지급	(XXX)		(XXX)	
………	………		………	
현금및현금성자산 순증감액		XXX		XXX
기초 현금및현금성자산		XXX		XXX
외화현금의 환산이익		XXX		XXX
기말 현금및현금성자산		XXX		XXX

정부회계 전문가 과정 5-② 차이조정명세서(지방회계)

1. 지방회계에서의 차이조정명세서의 개요

지방회계의 '예산회계와 재무회계의 차이에 대한 명세서'는 일명 '차이조정명세서'라고 하며, 예산회계의 세출 및 세입과 재무회계의 비용 및 수익의 차이내역을 규명하는 보고서이다. 세출과 비용의 불일치 항목과 세입과 수익의 불일치 항목을 규명하면 차이조정명세서의 작성이 가능해 진다. 국가회계의 총잉여금·재정운영결과조정표와 유사한 개념이라고 볼 수 있다. 차이조정명세서는 지방회계 재무제표의 필수 보충정보에 해당한다.

2. 차이조정명세서의 분석

차이조정명세서는 크게 세출액에서 재정운영표상 비용으로의 조정과정과 세입액에서 수익으로의 조정과정으로 크게 구분할 수 있다.

구분	조정항목	내용
세출조정	1. 자금유출이 없는 비용의 조정 ➡ 세출액에 가산하여 비용 (+)영향	•발생주의 평가 회계처리에 의한 조정(퇴직급여, 감가상각비, 대손상각비, 자산처분손실 등) •발생주의 기간비용 조정(미지급비용, 선급비용)
	2. 자산취득 또는 부채상환으로 인한 자금유출 ➡ 세출액에서 차감하여 비용 (−)영향	•자산취득 또는 부채상환으로 인한 현금유출액 가산(재정운영표상 비용이 아님)
세입조정	1. 전기 순세계잉여금 및 이월금 조정 ➡ 세입액에서 차감하여 수익 (−)영향	•세입세출결산은 전기이월 재정자금을 세입액에 포함(재정운영표상 수익이 아님)
	2. 자금유입이 없는 수익의 조정 ➡ 세입액에 가산하여 수익 (+)영향	•징수결정액과 수납액의 차이(징수결정액 〉 수납액 경우 수익에 (+)영향 발생) •발생주의 평가 회계처리에 의한 조정(자산처분이익, 대손충당금환입 등) •발생주의 기간수익 조정(미수수익, 선수수익)
	3. 자산처분 또는 부채증가 등으로 인한 자금유입 ➡ 세입액에서 차감하여 수익 (−)영향	•자산처분 또는 부채증가 등으로 인한 현금유입액 차감(재정운영표상 수익이 아님)

▶ 실제 2022회계연도 천안시 차이조정명세서 사례는 다음과 같다.

2022년 1월 1일부터 2022년 12월 31일까지

(단위: 원)

구분	일반회계	기타 특별회계	기금	공기업 특별회계	내부거래	계
Ⅰ. 2022회계연도의 세출액	2,311,040,766,101	232,937,223,746	56,055,084,439	314,295,784,961	(459,161,246,240)	2,455,167,611,007
Ⅱ. 세출 조정사항	(336,366,783,576)	(184,707,538,867)	(44,992,974,969)	(145,660,416,265)	371,735,715,000	(340,013,996,697)
1. 자금유출이 없는 비용 가산	72,759,027,664	5,591,076,613	314,231,138	64,641,979,380		143,306,314,795
자산처분손실	22,153,381	0	0	690,612,590		712,765,971
자산손상차손	25,388,642	0	0	0		25,388,642
감가상각비	61,563,972,622	5,384,791,743	313,186,548	62,628,574,360		129,890,525,273
대손상각비	5,521,810,649	68,422,790	0	274,119,428		5,864,352,867
퇴급급여	1,168,978,102	18,817,180	0	285,232,300		1,473,027,582
기타 자금유출이 없는 비용	4,573,987,098	105,325,410	775,810	749,833,171		5,429,921,489
발생주의 기간비용 조정사항	(117,262,830)	13,719,490	268,780	13,607,531		(89,667,029)
2. 자산취득으로 인한 자금유출액 차감	(271,375,044,869)	(49,688,888,490)	(45,296,271,977)	(199,252,669,154)	179,230,387,000	(386,382,487,490)
판매용 재고자산의 취득	0	0	0	(42,789,403)		(42,789,403)
장·단기대여금 및 보증금 취득	(63,614,000)	(28,030,387,000)	(43,390,000,000)	(108,900,000,000)	179,230,387,000	(1,153,614,000)
일반유형자산 취득	(32,679,914,437)	(94,929,260)	(301,796,260)	0		(33,076,639,967)
주민편의시설 취득	(72,467,541,446)	(12,507,977,080)	0	0		(84,975,518,526)
사회기반시설 취득	(164,159,917,706)	(8,750,719,810)	(1,604,475,717)	(89,727,452,770)		(264,242,566,003)
기타 자산취득으로 인한 자금 유출	(2,004,057,280)	(304,875,340)	0	(582,426,981)	0	(2,891,359,601)
3. 부채 상환으로 인한 자금유출액 차감	(137,752,766,371)	(140,609,726,990)	(10,934,150)	(11,057,776,631)	192,505,328,000	(96,925,876,142)
차입부채 상환	(98,920,000,000)	(140,500,000,000)	(5,328,000)	(10,317,422,518)	192,505,328,000	(57,237,422,518)
보조금 반납	(29,914,249,986)	(109,726,990)	(5,606,150)	0		(30,029,583,126)
퇴직금 또는 퇴직보험료 지급	(2,218,175,330)	0	0	(251,559,640)		(2,469,734,970)
기타 부채상환으로 인한 자금 유출	(6,700,341,055)	0	0	(488,794,473)		(7,189,135,528)
4. 순자산감소로 인한 자금 유출액 차감	0	0	0	(11,949,860)		(11,949,860)
자본잉여금 반납	0	0	0	(11,949,860)		(11,949,860)
5. 기금예치로 인한 자금 유출액 차감	0	0	0	0		0
기금예치의 적립	0	0	0	0		0
Ⅲ. 재정운영보고서의 비용 (Ⅰ+Ⅱ)	1,974,671,982,525	48,229,664,879	11,062,108,450	168,615,368,696	(87,425,533,240)	2,115,153,612,310

CHAPTER

6

정부재무제표의 특성: 정부자산, 정부부채, 정책사업원가, 비교환수익

제1절 정부자산의 특성
제2절 정부부채의 특성
제3절 정책사업(프로그램(국가회계), 사업(지방회계)) 원가의 특성
제4절 국세·지방세수익과 기타비교환수익의 특성

CHAPTER

6

정부재무제표의 특성: 정부자산, 정부부채, 정책사업원가, 비교환수익

제 1 절 정부자산의 특성

1. 정부자산의 개념과 특성

(1) 정부자산 및 정부재산의 비교와 정부회계이론적인 의미

자산(資産)은 회계적 관점에서의 개념이다. 법적인 의미가 강한 재산(財産)과 유사하지만 좀 더 포괄적인 개념이다. 재산은 자산이 될 수 있으나, 모든 자산이 재산은 아니다. 재산은 법적인 관점에서의 소유(所有)가 전제가 되는 것에 비해, 자산은 소유권이 있는 경우는 물론이고 소유권이 없다고 하더라도 회계실체가 통제(統制)할 수 있다면 자산으로 보기 때문이다. 따라서 소유권이 없는 건설중인자산이나 금융리스자산은 재산은 아니지만 통제를 할 수 있으므로 자산에는 포함된다. 정부회계 분야에서 재산과 자산이라는 용어를 혼용해서 사용되는 이유는 복식부기·발생주의 정부회계제도를 도입하기 이전부터 각 법령(「국유재산법」, 「물품관리법」, 「공유재산 및 물품관리법」 등)에서 재산이라는 용어가 사용되었고, 이러한 법령은 현재에도 정부회계 분야에서 중요하게 자리잡혀 있기 때문이다. 또한, 이러한 법령은 자산의 취득·관리·처분 등 일련의 내부통제 역할을 하면서 복식부기·발생주의 정부재무제표와도 밀접하게 관련된다. 법령에 근거한 각종 보고서(국유재산관리운용보고서, 물품관리운용보고서 등)에서는 '재산'이라는 용어가 사용되며, 정부재무제표에서는 '자산'이라는 용어가 사용된다. 따라서 정부회계를 좀 더 잘 이해하기 위해서는 각 항목별로 재산과 자산의 차이는 물론이고 재산과 자산의 밀접한 관계에 대한 이해도 요구된다고 할 수 있다.

예를 들어, 건물의 소유권을 주장하기 위해서는 등기가 필요하고, 등기를 위해서는 준공 허가가 있어야 하는데, 건설중인건물은 준공되지 않은 상태이므로 결국 소유권이 없는 상태이다. 다만, 「국유재산법」에서는 건설중인자산은 국유재산으로 보지 않으나, 「공유재산 및 물품관리법」에서는 건설중인자산도 공유재산으로 간주하도록 규정하고 있다.

금융리스는 해당 물품의 주된 사용자와 그 물품의 소유자가 다른 계약 또는 거래를 의미한다.

「국가회계기준」에서 자산의 정의는 과거의 거래나 사건의 결과로 현재 국가회계실체가 소유(실질적으로 소유하고 있는 경우를 포함한다) 또는 통제하고 있는 자원으로서, 미래에 공공서비스를 제공할 수 있거나 직접 또는 간접적으로 경제적 효익을 창출하거나 창출에 기여할 것으로 기대되는 자원을 말한다(「국가회계기준」 제9조①). 「지방회계기준」에서는 회계실체가 소유하고 이들 자산을 일정기간 보유하거나 사용함으로써 공공서비스 잠재력이나 경제적 효익을 창출할 수 있는 자원을 말한다(「지방회계기준」 제11조①). 이러한 자산은 그 가액을 신뢰성 있게 측정할 수 있을 때 재무제표상 자산으로 인식한다(「국가회계기준」 제10조①, 「지방회계기준」 제12조①). 국가안보와 관련한 자산은 기획재정부장관과의 협의 하에 자산으로 인식하지 않을 수 있다(「국가회계기준」 제10조③).

국가회계와 지방회계에서의 정부자산의 정의는 표현이 약간 상이하지만, 실질적인 의미에 있어서는 동일하다. 이러한 정의는 미래 경제적 효익의 창출(일반적으로 현금의 유입 또는 수익의 창출을 의미한다)이라는 측면에서는 기업회계에서의 자산의 정의와 거의 유사해 보일 수 있으나, 공공서비스의 제공이 추가된다는 점에서 중요한 차이가 있다. 미래 경제적 효익은 거의 없으나 공공서비스 제공의 측면이 강조되는 자산으로 전비품(군사자산), 사회기반시설(SOC자산), 주민편의시설, 그리고 유산자산(문화재 등; 단, 유산자산은 재무제표가 아닌 필수보충정보로 공시한다) 등이 있으며, 이는 정부만이 가지고 있는 특수자산이라 할 수 있다. 그런데, 사실 「국가회계기준」 및 「지방회계기준」에서 언급하는 자산의 정의는 기업회계에서 규정하는 자산의 정의에 공공서비스 제공의 개념을 추가한 정도라고 볼 수 있다. 정부의 자산을 이렇게만 표현하기에는 세대간 재무정보의 제공이라는 측면에서 정부자산의 의미를 확장하는데 한계가 있다.

(2) 정책적인 관점에서 정부자산의 해석

정부의 예산집행 관점에서 보면, 정부자산의 정의는 현재 예산집행의 효과를 미래에 나타내도록 하는 지출의 결과라고 재해석할 수 있다. 즉, 자산은 미래세대에 대한 혜택이 되는 것이다(이에 비해 부채는 미래세대에 대한 부담이다). 예를 들어 미수채권의 경우 현재가 아닌 미래에 현금화가 가능한 자산으로서 미래의 예산집행, 즉, 미래시점에 정책사업 수행을 위한 재원으로서 활용이 가능하다. 현재시점의 현금, 금융상품, 유가증권, 융자금, 재고자산 모두 이와 유사한 성격의 자산이며, 모두 현금화가 가능하다는 특징을 가지고 있다. 이러한 자산들이 많을수록 미래세대들은 그들이 원하는 정책사업을 더욱 여유롭게 수행할 수 있게 된다. 본서에서는 이를 '금융성자산'이라고 규정한다.

또 다른 유형의 자산인 일반유형자산, 사회기반시설, 주민편의시설, 무형자산은 당연히 현재세대들에게도 필요한 자산이기는 하지만, 그 효과가 미래에도 지속적으로 영향을 미치기 때문에 이 역시 미래세대들에 대한 혜택이라고 볼 수 있다. 현재세대의 입장에서는 예산집행의 효익을 전부 누리지 못하는 것이고, 미래세대의 입장에서는 향후 지출하여야 할 것을 절약할 수 있어 남은 재원으로 다른 정책사업을 수행할 수 있는 기회를 가지게 된다. 본서에서는 이를 '비금융성자산'이라고 부르기로 한다.

결국 자산은 현재세대가 잘 관리하여 미래세대가 향후 많은 정책사업을 수행할 수 있도록 재원을 확보해 주거나, 다양한 정책사업을 수행할 수 있도록 하는 미래 의사결정의 기회를 주는 것이라고 볼 수 있다. 향후 재원의 역할을 하는 금융성자산인 미수채권이나 유가증권 등이 실질적으로는 가치가 없다고 판단되는 경우 이에 대한 정확한 회계정보를 산출할 수 있어야 미래세대들이 잘못된 정보를 바탕으로 왜곡된 의사결정을 하게 되는 상황을 사전에 방지할 수 있다(미수채권의 대손충당금 평가, 유가증권의 공정가치평가 또는 감액손실평가 등이 의미가 있는 이유가 된다). 또한, 불필요하거나 잘못된 대규모 투자의사결정으로 비금융성자산을 취득하게 되는 경우 이는 미래세대들에 대한 혜택이 아니라 오히려 다양한 정책의사결정의 기회를 빼앗는 계기가 될 수도 있다. 여기에 정부자산의 경제적 가치를 정확히 평가해야 하는 발생주의 관점의 자산평가의 의의가 있는 것이다.

그런데 금융성자산이던지 비금융성자산이던지 정부자산으로서 잘 관리만 한다면 미래세대 입장에서는 동일한 혜택인가에 대해서는 다른 차원에서 한 번 더 고민해 볼 필요가 있다. 사실 정부회계이론적인 관점에서는 금융성자산과 비금융성자산이 차이가 있다고 보기는 어렵다. 왜냐하면 모두 정부자산의 정의에 부합되기 때문이다. 그러나 향후 정책의사결정을 하는 집단이 될 미래세대 관점에서는 금융성자산과 비금융성자산을 동일한 선상에 놓을 수만은 없다. 금융성자산과 비금융성자산은 정책적인 관점에서 중요한 차이가 있기 때문이다. 금융성자산은 미래세대가 사회에서 주체적으로 정책의사결정을 하게 되는 시점에 정책을 수행하기 위한 재원이 될 수 있다. 이에 비해 비금융성자산의 경우 취득에 대한 정책의사결정은 현재세대가 수행하는 것이고 미래세대는 이 정책의사결정을 따라야 한다. 만일 비금융성자산의 취득에 필요한 재원을 사용하지 않고 미래세대에게 금융성자산의 형태로 물려준다면 미래세대는 그 재원을 그들이 원하는 정책사업에 사용할 수 있을 것이다. 즉, 미래세대는 금융성자산을 정책의사결정 과정에 능동적으로 활용할 수 있지만, 비금융성자산의 경우에는 현재세대의 선택을 수동적으로 받아들일 수밖에 없는 큰 차이가 있게 되는 것이다.

그렇다고 현재세대가 모든 정부자산을 금융성자산의 형태로만 미래세대에게 물려줄 수는 없다. 중요한 것은 비금융성자산의 경우 대규모 재원이 들어가는 경우가 많기 때문에 그 비금융성자산으로부터 혜택을 받게 되는 현재세대와 미래세대가 동시에 의사결정에 참여할 필요가 있다. 그래야 현재세대에게는 필요하지만 미래세대 입장에서는 불필요하다고 여겨지는 비금융성자산의 무분별한 취득에 제동을 가할 수 있다. 결국 자산이라는 것이 정부회계이론적으로 차이가 없다고 하더라도 정책적인 관점에서 미래세대가 주체적으로 활용할 수 있는 자산인지 아니면 수동적으로 받을 수밖에 없는 자산인지를 구분할 수 있는 개념도 추가로 정립될 필요가 있다.

많은 회계전문가들은 대규모 사회기반시설을 건설하는데 있어 그 재원을 국채를 발행하여 마련한다면 회계적으로 미치는 영향은 거의 없다고 주장한다. 그러나 발행된 국채의 상환을 부담할 집단은 미래세대이지만 국채 발행을 통해 마련된 재원이 사회기반시설 건설에 사용되는 의사결정 과정에서 현재세대만 전적으로 참여하고 미래세대는 배제된다면, 미래세대에게는 불필요한 혜택(자산)과 막대한 부담(부채)이라는 이중의 부담을 짊어지는 상황이 발생할 수 있다. 결국 정부자산이라는 것은 미래 경제적 효익이라던가 행정서비스의 제공이라는 정의도 중요하지만, 그 자산이 미래세대가 정말로 필요한 혜택이 될 수 있는가도 반드시 고려되어야 할 것으로 보인다.

2. 정부자산과 채권·국(공)유재산·물품·군수품의 관계

(1) 정부자산별 관련 법령 및 재무제표 표시의 개요

복식부기·발생주의 회계제도에 따른 자산이라는 개념이 도입되기 이전에도 정부는 각 개별 법령을 통해 세입세출결산과 별도로 채권, 국(공)유재산, 물품, 군수품 등을 관리·결산하여 왔다. 현재에도 실제 이들 재산에 대해서는 취득, 관리, 대여, 처분 등 일련의 내부통제과정이 각 법령에서 규정되어 있으며, 실무적으로도 법령에서 규정된 용어가 많이 사용된다. 따라서 해당 자산의 재무계정과목 특성을 이해하기 위해서라도 그러한 재산들이 어떠한 법령에서 어떻게 규정되고 있는지에 대한 이해가 필요하다. 이를 주요 항목별로 비교하면 다음과 같다.

구분	관련법령	재무제표 관련 계정과목	비고
국가채권	국가채권관리법	미수채권, 대여금, 장·단기금융상품	국가회계
국유재산	국유재산법	일반유형자산, 사회기반시설(이상 건설중인자산 제외), 무형자산, 보증금, 투자증권	국가회계
물품	물품관리법	일반유형자산, 사회기반시설	국가회계
군수품	군수품관리법	일반유형자산(전비품), 기타일반유형자산 등	국가회계
채권	지방재정법	미수세외수입금, 융자금, 기타유동자산, 보증금 등	지방회계
공유재산, 물품	공유재산 및 물품 관리법	일반유형자산, 사회기반시설, 주민편의시설(이상 건설중인자산 포함), 보증금, 무형자산, 투자증권	지방회계

(2) 정부자산의 법령상 평가방법 및 국가·지방회계기준과의 비교

복식부기·발생주의 정부회계제도가 도입되기 전에는 「국유재산법」 등 법령에서 재산의 평가방법을 각각 규정하고 있었다. 복식부기·발생주의 정부회계제도가 도입된 이후 「국가회계기준」과 「지방회계기준」을 준용하는 것으로 법령이 개정된 경우도 있고 그렇지 않은 경우도 있다. 「국유재산법」, 「물품관리법」(이상 국가회계 관련), 「공유재산 및 물품관리법」(이상 지방회계 관련)에서는 국유재산, 물품, 공유재산의 평가를 「국가회계기준」 또는 「지방회계기준」에 따른다고 규정하고 있다. 따라서 유형자산에 해당하는 국(공)유재산 및 물품은 감가상각을 해야 한다(토지·건물과 같은 국유재산의 경우 자산재평가도 가능하다). 국가회계에서는 유가증권의 경우 「국가회계기준」에 따라 공정가치 평가(단, 투자목적이고, 신뢰성있는 공정가치가 산출되는 경우에 한한다)도 해야 한다(「지방회계기준」에서는 유가증권의 공정가치 평가에 대한 별다른 규정이 없어 취득원가로 평가된다). 반면, 채권의 경우 「국가채권관리법」이나 「지방재정법」에서는 대손충당금 또는 현재가치평가 등에 대한 규정이 없으므로 재무제표상 미수채권 등의 평가방법(대손충당금 평가, 현재가치평가, 융자보조원가충당금 평가를 의미한다)과 차이가 존재한다. 국가회계에만 존재하는 전비품은 「국가회계기준」에서 평가방법을 국방부에서 결정할 수 있도록 하였기 때문에(「국가회계기준」 제32조④) 「군수품관리법」과 실질적인 차이는 없다(군수품별로 감가상각을 실시하거나 또는 감가상각대체방법을 적용하고 있다).

(3) 국가회계에서의 국유재산·물품의 개념과 재무제표와의 관계

① 국유재산과 물품의 개념

국유재산(國有財産)이란 지출로 인한 취득, 기부채납, 법령 또는 조약에 따라 국가 소유로 된 「국유재산법」상의 재산을 말한다. 국유재산은 발생주의 회계 관점에서 토지·건물 등의 유형자산(有形資産; 국가회계에서는 일반유형자산 및 사회기반시설을 의미한다)과 유사한 개념으로 볼 수 있으나, 실질적으로 약간의 차이는 있다. 국유재산이지만 유형자산이 아니라 무형자산, 유가증권, 기타투자자산 등인 경우도 있으며, 반대로 유형자산이지만 국유재산이 아닌 경우도 있다(건설중인 자산 등). 국유재산은 행정고유업무에 사용되는 행정재산(공용재산, 공공용재산, 기업용재산, 보존용재산)과 행정재산이 아닌 일반재산으로 구분된다. 기획재정부(국유재산법에서는 '총괄청'이라 함)는 국유재산에 관한 사무를 총괄하며, 행정재산은 각 중앙관서에서 관리하지만, 일반재산은 기획재정부에서 관리·처분한다.

물품(物品)이란 국가가 소유하는 동산(動産)과 국가가 사용하기 위하여 보관하는 동산(국유재산에서 개별적으로 분리된 동산을 포함)으로 「물품관리법」의 적용을 받는 재산을 말한다. 물품은 발생주의 회계 관점에서 이동성 기계장치나 집기비품 등의 유형자산과 유사한 개념으로 볼 수 있다. 물품은 국유재산과 같이 행정재산과 일반재산으로 구분하지는 않는다. 물품은 원칙적으로 매각할 수 없으나, 매각을 목적으로 하는 물품이나 불용품일 경우에는 매각이 가능하다. 물품관리의 제도와 정책에 관한 사항은 기획재정부장관이 하지만, 물품관리에 관한 업무를 총괄·조정은 조달청장(반면, 국유재산 관련 업무 총괄은 기획재정부장관이 수행한다)이 한다. 각 중앙관서의 장은 소관 물품을 관리하며, 최소 연 1회 이상의 재물조사가 이루어져야 한다. 이외에 군수품도 있는데, 군수품은 물품과 유사하게 관리가 이루어지나, 업무의 총괄은 국방부장관이 수행하며, 군수품의 특성으로 인해 발생하는 업무상의 특성은 「군수품관리법」에 규정되어 있다.

➡ 국유재산은 그 용도에 따라 행정재산과 일반재산으로 구분되며, 일반재산은 행정재산 외의 모든 국유재산을 말한다(물품은 별도의 분류기준이 없다). 행정재산은 그 용도 또는 목적에 장애가 없는 한도 내에서 사용 또는 수익을 허가하는 경우를 제외하고는 이를 매각·양도하거나 사권(私權)을 설정하지 못한다. 행정재산은 다시 성격에 따라 공용재산, 공공용재산, 기업용재산 및 보존용재산으로 구분한다. 이에 비해 일반재산은 대부·매각·교환·양여할 수 있으며, 법률에 따라 현물로 출자할 수도 있다. 행정재산 등의 종류와 국가회계기준에 의한 자산 분류를 비교하면 다음과 같다.

구분	「국유재산법」상 설명	국가회계기준상 자산
공용재산	국가가 직접 사무용·사업용 또는 공무원 주거용으로 사용하거나 대통령령으로 정하는 기한(5년)까지 사용하기로 결정한 재산 (➡ 행정기관 청사, 공관, 학교 등)	일반유형자산
공공용재산	국가가 직접 공공용으로 사용하거나 대통령령으로 정하는 기한(5년)까지 사용하기로 결정한 재산 (➡ 도로, 철도, 항만, 하천, 공항 등)	사회기반시설
기업용재산	정부기업이 직접 사무용·사업용 또는 그 기업에 종사하는 직원 주거용으로 사용하거나 대통령령으로 정하는 기한(5년)까지 사용하기로 결정한 재산 (➡ 조달, 양곡, 우편, 우체국예금 등 사업을 운영하는데 사용되는 재산)	일반유형자산
보존용재산	법령이나 기타 필요에 따라 국가가 보존하는 재산((➡ 국립공원, 문화재 등)	일반유형자산, 유산자산
일반재산	행정재산 외의 모든 국유재산 (➡ 임대사업 대상 건물, 보유 유가증권은 기본적으로 일반재산임)	일반유형자산, 무형자산, 유가증권 등

② 국유재산(물품)과 국가회계기준상 관련 계정과목의 관계

국가회계에서 국유재산 또는 물품은 「국가회계기준」상 일반유형자산·사회기반시설·무형자산과 관련되는 것이 일반적이다. 다만, 국유재산(물품)이지만, 일반유형자산·사회기반시설·무형자산이 아닐 수도 있고(유가증권, 기타투자자산 등), 반대로 「국가회계기준」상 일반유형자산이지만 국유재산이 아닐 수도 있다.

국유재산(물품)의 구분	국유재산 · 물품	「국가회계기준」상 자산 유형 분류
1. 부동산 및 그 종물 (토지, 건물, 공작물, 입목)	국유재산	일반유형자산(토지, 건물, 구축물, 입목), 사회기반시설(도로, 철도, 항만, 공항, 기타)
2. 선박, 부표(浮標), 항공기 등	국유재산	일반유형자산(구축물, 선박및항공기), 사회기반시설(항만, 공항)
3. 기계와 기구 (기관차·전차 등 궤도차량)	국유재산	일반유형자산(기계장치, 운반건설기계및차량 등)
4. 지상권, 지역권, 전세권, 광업권 등 무체재산	국유재산	무형자산(광업권, 기타무형자산), 장·단기지급 보증금(임차보증금, 전신전화가입권 등)
5. 특허권, 저작권, 상표권, 실용 신안권 등 무체재산	국유재산	무형자산(산업재산권, 기타무형자산)
6. 유가증권	국유재산	장·단기투자증권
7. 건설중인 국유재산	국유재산·물품 아님	일반유형자산(건설중인일반유형자산), 사회기반시설(건설중인사회기반시설)
8. 각종 기기, 집기, 기계, 장비	물품	일반유형자산(기계장치, 집기·비품)
9. 운반·건설기계 및 차량	물품	일반유형자산(운반건설기계및차량 등)
10. 전비품(또는 군수품)	군수품	일반유형자산(전비품)
11. 금융리스	국유재산·물품 아님	일반유형자산, 사회기반시설

③ 국유재산관리운용보고서 및 물품관리운용보고서

국유재산은 「국유재산법」 제69조에 따라 국유재산관리운영보고서가 작성되며, 이는 재무제표 부속서류의 일종이다(「국가회계법」 제15조의2, 동법시행령 제5조⑥). 국유재산관리운용보고서에는 ㉠ 국유재산종합계획에 대한 집행 실적 및 평가 결과, ㉡ 연도말 국유재산의 증감 및 보유 현황, ㉢ 「국유재산특례제한법」 제9조에 따른 운용실적, ㉣ 그 밖에 국유재산의 관리·처분 업무와 관련한 중요 사항이 포함되어야 한다. 실무적으로 국유재산관리운용보고서는 종류별, 회계별, 관리청(중앙관서)별 국유재산 증감 및 현재액 내역이 포함되어 있다. 물품은 「물품관리법」 제21조에 따라 물품관리운용보고서가 작성되며, 이 역시 재무제표 부속서류의 일종이다. 동 보고서에는 물품의 취득 및 처분 현황과 소관별·품종별·회계별 물품 현황이 포함되어 있다.

(4) 지방회계에서의 공유재산·물품의 개념

국가회계에서의 국유재산 및 물품과 관련된 부분이 지방회계에서는 공유재산과 물품에 해당한다. 국유재산(물품)과 공유재산(물품)은 분류, 관리 및 평가 등에 있어 거의 유사하며, 세부적인 부분에서 약간 차이가 있으나(건설중인자산의 경우 국유재산에는 포함되지 않으나, 공유재산에는 포함된다), 정부회계 관점에서는 크게 중요하지 않으므로 구체적인 설명은 생략한다. 한편, 국가회계에서는 관련 법령이 「국유재산법」과 「물품관리법」으로 나누어져 있으나, 지방회계에서는 하나의 「공유재산 및 물품관리법」으로 관리된다.

(5) 국가회계 및 지방회계에서의 채권의 개념과 재무제표와의 관계

「국가채권관리법」의 국가채권 및 「지방재정법」의 지방채권과 재무제표의 미수채권(대여금 포함)은 그 범위가 거의 유사하지만 상이한 측면도 있다. 국가채권 또는 지방채권을 기준으로 「국가회계기준」 또는 「지방회계기준」에서의 미수채권의 관계를 나타내면 다음과 같다. 예를 들어 국가회계에서 경상이전수입채권은 「국가채권관리법」상의 국가채권과 「국가회계기준」상 미수채권 모두 해당되지만, 국세채권은 「국가채권관리법」상의 국가채권에는 포함되지 아니하나 미수채권에는 포함된다.

➡ 국세채권은 「국가채권관리법」 상의 국가채권에는 포함되지 않으나, 실무적으로 채권현재액보고서에는 포함하여 보고되고 있다는 점에 주의할 필요가 있다(「국가채권관리법」 제3조① 및 동법시행령 제2조). 이에 비해 지방세채권은 지방재정법령 상의 지방채권에도 포함되지 않으며, 채권현재액보고서에도 보고되지 않는다.

➡ 국세채권과 같이 국가의 채권으로 보이지만, 국가채권에 포함되지 않은 채권으로서 ㉠ 벌금, 과료, 형사추징금, 과태료 등 제재금 채권, ㉡ 증권으로 되어 있는 채권, ㉢ 국가의 예금 및 예탁금에 대한 채권(한국은행에 대한 국가의 예금 및 예탁금에 대한 채권을 의미한다. 국가채권관리법시행령 제3조의2), ㉣ 보관금 채권, ㉤ 기부금 채권, ㉥ 국세 및 관세채권이 있다.

구분	채권 세부 항목	국가채권/ 지방채권	미수채권/ 대여금	재무제표 계정과목
국가회계	국세채권(*)	해당되지 않음	해당됨	미수국세
	사회보장기여금채권	해당됨	해당됨	미수사회보험수익
	재산수입채권	해당됨	해당됨	미수재화및용역제공수익, 미수이자수익 (이자지불기간 도래분 중 미회수 부분)
	경상이전수입채권	해당됨	해당됨	미수연금수익, 미수부담금수익
	재화및용역판매수입 채권	해당됨	해당됨	미수재화및용역제공수익, 미수보험수익, 미수보증수익
	관유물매각대채권	해당됨	해당됨	기타의미수금
	융자회수금채권	해당됨	해당됨	대여금
	예금 및 예탁금	해당됨	일부 해당	예금은 현금, 금융상품 등 ➡ 예탁금은 대여금 등
	기타수입채권	해당됨	해당됨	미수기타수익 등
지방회계	지방세채권	해당되지 않음	해당됨	미수세금(미수취득세, 미수지방소득세, 미수주민세, 미수재산세 등)
	미수금채권	해당됨	해당됨	미수임대료수익, 미수사용료수익, 미수사업수익, 미수공유재산매각대금 등
	융자금채권	해당됨	해당됨	대여금
	보증금채권	해당됨	해당되지 않음	기타유동자산, 기타비유동자산 (세입세출보관현금 또는 보증금)
기타	발생주의 미수이자	해당되지 않음	해당됨	미수이자수익(국가회계), 미수수익(지방 회계)(이자지불기간 미도래분)
	벌금, 과태료, 형사추징금, 과료 등	해당되지 않음	일부 해당	국가회계나 지방회계 모두 미수제재금수 익, 미수과태료 등이 발생할 수 있음 ➡ 일부 벌금수익은 미수채권 미발생
	증권	해당되지 않음	해당되지 않음	유가증권으로 분류
	국고금, 예탁금 등	해당되지 않음	해당되지 않음	현금, 금융상품 등 분류 ➡ 한국은행에 대한 국가예금 등
	보관금	해당되지 않음	해당되지 않음	보관금은 정부의 자산이 아님
	기부금 관련 채권	해당되지 않음	이론상가능 (국가), 해당됨(지방)	미수기타수익(국가회계) 또는 미수기부금(지방회계)

(주1) 국가회계에서는 발생주의 미수수익과 미회수 이자수익 모두 "미수이자수익" 계정과목을 사용하나, 지방회계에서는 발생주의 미수수익은 "미수수익", 징수결의된 미회수 이자수익은 "미수이자수익"으로 계상함

이외에도 법령상 채권과 재무제표 미수채권은 채권인식시점(법령상 채권은 법적으

로 국가의 권리가 확정된 시점 vs. 미수채권은 경제적 거래가 발생한 시점), 채권평가방법(법령상 채권은 불납결손 평가 vs. 미수채권은 대손충당금, 현재가치, 융자보조원가충당금 평가) 등과 관련해서도 차이가 있다. 또한, 회계실체 상호간 채권이나 정부간이전수익 등의 경우 채권현재액보고서상 채권으로 표시하지 않으나, 「국가회계기준」이나 「지방회계기준」에서는 개별 회계실체를 기준으로 미수채권 등으로 표시한다(물론 내부거래 제거 대상이다).

Notice

〈미수채권의 발생 원인: 세입과정과 세출과정〉

채권(債權)은 크게 세입과정과 관련한 채권과 세출과정과 관련한 채권으로 구분할 수 있다. 보통 전자를 미수채권이라고 하고, 후자를 대여채권(융자금)이라고 한다. 미수채권은 세입으로 들어와야 하는(즉, 징수결의가 완료된) 금액이 징수되지 못했을 때 발생한다. 조세채권, 재산수입채권, 경상이전수입채권, 재화및용역판매수입채권 등이 이에 해당한다. 미수채권은 ㉠ 수익의 인식과 관련한 채권과 ㉡ 자산의 매각 등의 과정에서 발생한 채권으로 다시 세분될 수 있다.

이에 비해 대여채권은 현금의 지출이 먼저 전제된 후 발생하는 채권(즉, 세출이 이루어진 후 발생하는 채권)으로 융자금 등이 이에 해당한다. 정부에서는 특정 정책적 목적 또는 여유자금운영 목적에 따라 발생하는 것이 일반적이다. 이러한 대여채권은 보통 이자율과 만기가 부여되어 있다. 재무제표 관점에서는 부여되는 이자율에 따라 대여채권(저리의 융자금)의 평가가 이루어지기도 한다(국가회계에서의 융자보조원가충당금).

3. 발생주의 국가재무제표에서의 자산 분류 및 평가

(1) 국가재무제표에서의 자산 분류

발생주의 국가재무제표에서의 자산은 「국가회계기준」에 의거 크게 유동자산, 투자자산, 일반유형자산, 사회기반시설, 무형자산, 기타비유동자산으로 분류되며(「국가회계기준」 제9조②), 이는 각각 재무제표 공시과목으로 세분화되고, 공시과목은 다시 공시되지 않지만 시스템적으로 관리되는 관리과목으로 세세분화된다. 재무제표상 자산이므로 개별 법령에서 규정되지 않은 발생주의 회계기준에 따른 자산도 당연히 포함된다.

중분류	세분류(공시과목)	세세분류(관리과목)	상세내용
유동자산	현금및현금성자산	현금및현금등가물	중앙관서의 장이 관리하지 않는 기금이 보유하고 있는 현금 등의 자산
		국고금	일반·특별회계 및 중앙관서 장이 관리하는 기금이 한국은행에 보관하고 있는 현금 등의 자산
	단기금융상품	정기예금, 정기적금	금융기관이 취급하는 정기예금, 정기적금, 정형화된 금융상품 등
	단기투자증권	지분증권, 채무증권	국가회계실체가 보유하고 있는 주식, 출자금, 채권, 수익증권 등
	미수채권	미수국세, 미수부담금수익, 미수재화수익, 미수이자 등	행정활동, 재화 및 용역제공활동 등을 통해 장래에 현금을 수취할 권리를 가지는 채권(세입활동과 관련)
	단기대여금	융자금, 예탁금, 전대차관대여금	유상으로 자금을 대여한 금전 채권(세출과정에서 발생). 융자금은 정부외거래에서, 예탁금·전대차관대여금은 정부내거래에서 발생
	기타유동자산	재고자산, 저장품, 소모성군수품 등	생산 및 판매를 목적으로 보유하는 자산으로서 생산용·판매용·행정서비스제공 재고자산으로 구분
		선급금, 선급비용	계약 등 과정에서 선지급하거나(선급금), 일정기간 효익을 누리기 위하여 선지급한 자산(선급비용)
		지급보증금, 임차보증금 등	계약시점에 지출하고 만료시점에 회수하는 자산 등
		기타의 유동자산	기타 유동자산 성격을 가지는 항목
투자자산	장기금융상품, 투자증권, 장기대여금	정기예금, 정기적금, 지분증권, 채무증권, 장기대여금	만기가 1년 이상인 ㉠ 금융기관의 금융상품, ㉡ 주식, 채권 등, ㉢ 자금을 대여한 금전 채권
	기타투자자산	투자회원권, 파생상품자산	투자목적의 회원권 구입 및 파생상품 계약자산
일반유형자산	토지, 건물, 기계장치, 집기·비품·차량운반구, 전비품, 건설중인자산 등	이동성/고정성기계장치, 전기통신기기, 사무용기기, 운반건설기계및차량, 선박및항공기 등	행정서비스의 제공, 재화·용역의 제공 등을 위하여 1년 이상 사용할 것으로 예상되는 자산으로 감가상각 대상임(토지, 건설중인자산, 입목 제외)

중분류	세분류(공시과목)	세세분류(관리과목)	상세내용
사회기반시설	도로, 철도, 항만, 공항, 댐, 기타사회기반시설, 건설중인 사회기반시설	각 공시과목의 토지, 건물, 구축물, 기타로 구성	국가의 기반형성을 위하여 대규모 투자로 건설되고 파급효과가 장기간에 걸쳐 나타나는 자산으로 기능적 분류에 따른 명칭으로 공시
무형자산	산업재산권, 광업권, 소프트웨어, 영업권 등	내부개발소프트웨어, 외부구입소프트웨어 등	국가회계실체가 일정기간 독점적·배타적으로 이용할 수 있는 무형의 자산
기타 비유동자산	장기미수채권	장기미수국세, 장기미수부담금, 장기미수이자 등	회수기일 1년 이상인 미수채권
	기타	장기선급금, 장기선급비용, 지급보증금 등	회수기일 또는 자산정리기한이 1년 이상인 선급금, 선급비용, 지급보증금 등

(2) 국가재무제표에서의 자산 평가

「국가회계기준」상 자산은 외부환경의 변화 및 시간의 경과 등으로 인하여 그 실질적인 가치가 변화될 수 있으므로 지속적인 평가가 필요하다. 그런데 자산의 종류나 성격에 따라 평가방법이 상이하며, 이에 따라 자산별 주요 평가방법은 다음과 같다. 한편, 자산의 특성으로 인해 특정한 평가방법이 존재하지 않으면 취득가액으로 평가하며, 모든 자산은 항상 감액손실평가(자산회수가능액이 현저히 미달할 경우) 대상이 된다.

자산종류	평가방법
유가증권	• 채무증권: 상각후원가 • 투자목적의 유가증권 중 공정가액을 측정할 수 있는 경우: 공정가액 평가(단, 평가손익은 순자산변동표에 반영) • 그 밖의 유가증권: 취득원가 평가 ➡ 현행 「국가회계기준」에서는 지분법평가 관련 규정은 없음
저리의 융자금	• 정책적 목적으로 시장이자율보다 낮은 이자율의 융자금으로부터의 추정 순현금유입액(원리금과 채무불이행 예상액 고려)을 시장이자율로 할인한 가액으로 평가 • 실질적으로는 융자보조원가충당금이나, 공시되는 계정과목은 대손충당금임
미수채권	• 대손충당금 평가(미수채권의 회수가능성을 확률적으로 평가)
재고자산	• 저가법(시가가 취득원가보다 낮은 경우 시가평가)
압수품·몰수품	• 압수품 및 몰수품은 국가에 귀속되는 시점의 공정가액 반영(국가 귀속 이전에는 압류 또는 몰수시점의 공정가액으로 주석 공시)
외화자산	• 화폐성 외화자산은 재정상태표일 기준 적정 환율 평가

자산종류	평가방법
일반유형자산, 사회기반시설, 무형자산	• 정액법 등 방법으로 감가상각 실시(단, 무형자산은 정액법만 인정) • 재평가를 하는 경우(5년 주기. 주기 내에서는 30% 이상 변동되는 경우) 공정가액 평가 • 취득 당시의 용역 잠재력을 그대로 유지할 수 있는 일부 사회기반시설(도로 등)은 감가상각하지 아니하고 관리·유지에 투입되는 비용으로 감가상각비용 대체 가능 • 취득후지출은 실질적인 자산가치 또는 내용연수 증가 여부에 따라 자본적지출과 수익적(경상적)지출로 구분 • 민간사업자 등에 관리운영권을 부여할 경우 사용수익권을 계상(해당 자산의 차감계정)하고 관리운영권이 부여된 기간 동안 상각 • 금융리스자산은 일반유형자산 등의 평가방법을 준용 • 건설중인자산에 대한 차입원가자본화(건설과정 차입금이자 자본화)는 인정하지 않음
장기채권	• 장기채권 중 명목가액과 현재가치의 차이가 중요한 경우 현재가치 평가 • 단, 연부연납 및 분납 미수국세의 경우 현재가치 평가를 하지 않음
파생상품자산	• 공정가액 평가
무주부동산 취득, 교환자산 등	• 취득 당시의 공정가액을 취득원가로 간주

4. 발생주의 지방재무제표에서의 자산 분류 및 평가

(1) 지방재무제표에서의 자산 분류

발생주의 지방재무제표상 자산은 「지방회계기준」에 의거 크게 유동자산, 투자자산, 일반유형자산, 사회기반시설, 주민편의시설, 기타비유동자산으로 분류되며(「지방회계기준」 제14조), 이는 각각 재무제표 공시과목으로 세분화되고, 공시과목은 다시 공시되지는 않지만 시스템으로 관리되는 관리과목으로 세세분화된다. 재무제표상 자산이므로 개별 법령에는 없는 발생주의 회계기준에 따른 자산도 포함된다. 지방회계의 자산 분류는 국가회계와 비교하여 미수채권을 좀 더 세분화하는 반면, 투자증권은 장기투자증권으로만 분류하고 있다. 또한, 주민편의시설 개념이 존재한다는 점도 중요한 차이점이다.

중분류	세분류(공시과목)	세세분류(관리과목)	상세내용
유동자산	현금및현금성자산	현금과예금, 전도금, 기타현금및현금성자산	지방자치단체가 보유하고 있는 현금 등 자산
	단기금융상품	단기금융상품	금융기관의 정기예금, 정기적금 등
	미수세금	미수취득세, 미수주민세, 미수지방소득세, 미수재산세 등	지방세 징수방식에 상관없이 징수결의를 통해 발생하였으나 수납되지 않은 채권(세입활동과 관련) ➡ 지방회계기준에서는 모든 미수세금을 유동자산으로 분류하며, 징수결의 이전에 수납시 부채로 처리
	미수세외수입금	미수재산임대료수익, 미수사용료수익, 미수사업수익, 미수부담금, 미수과태료 등	지방세 징수를 제외한 행정활동, 재화및용역제공활동 등을 통해 장래 현금수취 권리를 가지는 채권(세입활동과 관련)
	미수징수교부금	미수시·도세징수교부금, 미수사용료징수교부금 등	시·군·자치구가 시·도의 지방세 및 사용료 등을 대신하여 징수한 금액 중 위임징수에 대한 대가 중 미수취액(세입활동과 관련) ➡ 대손충당금 미설정대상 채권(정부간거래 일종)
	미수정부간이전수익	미수지방교부세, 미수조정교부금, 미수국고보조금, 미수시·도비보조금 등	교부결정 등의 확정 통지는 되었으나 수납되지 않은 국가 또는 상급자치단체로부터의 각종 보조금 등(세입활동과 관련) ➡ 대손충당금 미설정대상 채권(정부간거래 일종)
	단기대여금	단기민간융자금, 단기지방공공기관융자금 등	금전소비대차계약으로 융자한 금전에 대한 채권(세출과정에서 발생)
	재고자산	판매용부동산, 저장품, 판매용물품 등	판매 및 행정서비스 제공을 목적으로 보유하는 자산(미분양상업용지, 미사용쓰레기봉투, 수입증지, 사격장용 탄약 등)
	기타유동자산	선급금, 선급비용	계약 등 과정에서 선지급하거나(선급금), 일정기간 효익을 누리기 위하여 선지급한 자산(선급비용)
		미수수익	발생주의 관점에서 인식되는 기간손익 관련 채권으로 미수이자(정기예·적금 등) 및 미수임대료 등 ➡ 국가회계에서는 미수채권에 포함되나, 지방회계에서는 기타유동자산으로 분류
		세입세출외단기보관현금	계약 및 법률상 지방자치단체가 세입세출외로 보관 중인 현금성자산 또는 단기금융상품 ➡ 동일한 금액을 부채(단기예수보관금)로 계상 ➡ 국가회계에서는 자산으로 인식하지 않음(주석공시)

중분류	세분류(공시과목)	세세분류(관리과목)	상세내용
투자자산	장기금융상품·장기대여금	장기금융상품, 장기민간융자금, 장기지방공공기관융자금 등	민기가 1년 이상인 ㉠ 금융기관의 정기예금, 정기적금 등, ㉡ 금전소비대차계약으로 융자한 금전에 대한 채권(세출과정에서 발생)
	장기투자증권 ➡ 지방회계에서는 단기투자증권 없음	출자금	지방공기업법에 의해 간접경영방식으로 운영하는 지방공사·지방공단 등에 출자한 금액
		투자주식	민간기업 등과 공동으로 주식회사를 설립하여 운영하는 민관공동출자기업에 대해 출자한 금액과 투자목적으로 소유하는 주식
		투자채권	투자 목적으로 소유하는 채권
	기타투자자산	회원권, 기타투자자산	투자목적의 회원권 등
		공기업특별회계자본전출금	지방공기업특별회계(상수도, 공영개발 등)에 대한 자본형성적 전출금(예산과목상 "공기업자본전출금") ➡ 지방재무제표 작성시 내부거래로 상계 제거됨
일반유형자산	토지, 입목, 건물, 기계장치, 집기비품, 임차개량자산, 건설중인자산 등	토지, 입목, 건물, 기계장치, 집기비품, 임차개량자산, 건설중인자산 등	행정서비스의 제공, 재화·용역의 제공 등을 위하여 1년 이상 사용할 것으로 예상되는 자산으로 감가상각 대상임 ➡ 국가회계에 존재하는 전비품은 없음
주민편의시설	도서관, 주차장, 공원, 동물원, 사회복지시설, 의료시설, 체육시설 등	토지, 토지를 제외한 해당 주민편의시설	지역주민이 공동으로 이용하는 편의시설로서 자산의 기능적 분류에 따른 명칭으로 공시 ➡ 국가회계에서는 주민편의시설 없음
사회기반시설	도로, 도시철도, 상수도시설, 수질정화시설, 농수산기반시설 등	토지, 토지를 제외한 해당 사회기반시설	지역사회의 기반형성을 위하여 대규모 투자로 건설되고 파급효과가 장기간에 걸쳐 나타나는 자산으로 자산의 기능적 분류에 따른 명칭으로 공시
기타 비유동 자산	무형자산	용익물권, 소프트웨어, 지적재산권 등	지방회계실체가 일정기간 독점적·배타적으로 이용할 수 있는 무형의 자산 ➡ 용익물권은 전세권, 구분지상권, 지상권, 광업권 등을 의미하며 감가상각이 원칙이나, 전세권과 구분지상권은 감가상각을 하지 않음
	기타비유동자산	기타생물자산, 기타유산자산 등	기타생물자산/기타유산자산은 전시목적으로 취득한생물자산 및 유산자산임

(2) 지방재무제표에서의 자산 평가

「지방회계기준」상 자산 역시 외부환경의 변화 및 시간의 경과 등으로 인하여 그 실질적인 가치가 변화될 수 있으므로 지속적인 평가가 필요하다. 그런데 자산의 종류나 성격에 따라 평가방법이 상이하며, 이에 따라 자산별 주요 평가방법은 다음과 같다. 한편, 자산의 특성으로 인해 특별한 평가방법이 존재하지 않으면 취득가액으로 평가하며, 모든 자산은 항상 감액손실 평가(자산회수가능액이 현저히 미달할 경우) 대상이 된다.

자산종류	평가방법
유가증권	• 취득원가 평가 ➡ 국가회계와 같은 공정가치 평가 규정 없음
미수세금, 대여금, 미수세외수입금 등	• 대손충당금 평가 ➡ 융자금의 경우 국가회계와 같은 융자보조원가충당금 평가 규정 없음
재고자산	• 취득원가 평가 ➡ 국가회계와 같은 저가법 평가 규정 없음
외화자산	• 화폐성 외화자산은 재정상태표일 기준 적정 환율 평가
일반유형자산, 주민편의시설, 사회기반시설, 무형자산	• 정액법 방법으로 감가상각 실시 • 도로, 도시철도, 하천부속시설 등은 감가상각하지 아니하고 관리·유지에 투입되는 비용으로 감가상각비용 대체 가능 • 취득후지출은 실질적인 자산가치 증가 여부에 따라 자본적지출과 수익적(경상적)지출로 구분 • 민간사업자 등에 관리운영권을 부여할 경우 사용수익권을 계상(해당 자산의 차감계정)하고 관리운영권 부여기간 동안 상각 • 금융리스자산은 일반유형자산 등의 평가방법을 준용 • 건설중인자산에 대한 금융비용자본화(건설과정에서 발생한 차입금이자의 자본화)는 인정하지 않음 ➡ 국가회계와 같은 자산재평가 규정 없음. 감가상각은 정액법만 인정함
장기채권	• 장기채권 중 명목가액과 현재가치의 차이가 중요한 경우 현재가치 평가
공기업특별회계 보유자산	• 일반기업회계기준에 준하여 평가
교환, 기부채납, 관리전환 자산 등	• 취득 당시의 공정가액을 취득원가로 간주

5. 국가회계·지방회계 자산의 비교, 정부회계와 기업회계의 비교 등

(1) 국가회계 자산과 지방회계 자산의 분류 및 평가방법의 비교

국가회계와 지방회계의 재무제표상 자산의 개념, 분류 및 평가방법은 유사한 부분이 많지만, 다음과 같은 차이점도 다소 존재한다.

구 분	국가회계	지방회계
1. 자산의 개념	• 자산의 정의, 분류 및 인식기준에 대해 「국가회계기준」과 「지방회계기준」이 거의 유사	
2. 자산의 분류	• 국가회계 특성인 국고금, 전비품 존재 • 유가증권은 장단기투자증권으로 각각 분류 • 미수국세, 미수채권은 장단기 구분 필요 • 지방회계에 존재하는 주민편의시설 없음 • 무형자산은 중분류 단위임	• 국가회계에 존재하는 국고금, 전비품 없음 • 유가증권은 장기투자증권으로만 분류 • 미수세금채권은 유동자산으로만 분류 • 미수채권이 미수세금, 미수세외수입금, 미수징수교부금 등으로 세분화되어 공시됨 • 무형자산의 경우 공시과목임(기타비유동자산)
3. 자산의 평가	• 유가증권은 공정가치 평가를 수행해야 하는 경우도 있음 • 재고자산은 저가법 적용 • 저리의 융자금에 대한 융자보조원가충당금 평가 수행 • 감가상각은 정액법 외에 다른 방법도 인정 • 일반유형자산 등에 대한 재평가 수행	• 유가증권, 재고자산은 원칙적 취득원가 평가 • 융자금 관련 융자보조원가충당금 평가기준 없음 • 감가상각은 정액법만 적용 • 일반유형자산 등에 대한 재평가 규정 없음 • 공기업특별회계의 경우 기업회계 방식의 평가방법 인정

(2) 국가·지방회계 자산 평가방법과 기업회계 자산 평가방법의 비교

지금까지 살펴본 국가회계 및 지방회계상 자산의 평가방법과 기업회계(국제회계기준을 대상으로 한다)상 자산의 평가방법은 리스, 유가증권, 차입원가자본화 등 많은 차이가 있는데, 이 중 대표적인 부분을 정리하면 다음과 같다(정부와 기업의 회계실체 목적, 이해관계자 다양성, 회계정보 활용성 등의 차이로 인해 더 많은 차이점이 있으나, 여기서는 정부회계와 기업회계의 자산 평가방법 차이를 비교한다는 목적에서 중요 사항만 정리한다).

구 분	국가회계 · 지방회계	기업회계(국제회계기준)
1. 리스의 분류	• 리스는 금융리스와 운용리스로 구분되며, 일정 조건이 충족되면 금융리스로 분류	• 리스계약은 특별한 사정(단기리스, 소액리스)이 없는 한, 금융리스로 간주하여 회계처리
2. 대손충당금 평가	• 발생손실모형에 따라 대손충당금 평가	• 기대신용손실모형에 따라 대손충당금 평가
3. 유가증권의 분류와 평가	• 국가회계에서는 유가증권을 장단기로 구분하지만 평가방법 및 평가손익 회계처리 등에 있어 특별한 차이는 없음 • 국가회계에서는 투자목적이고 공정가치를 신뢰성 있게 측정할 수 있는 경우에만 공정가액 평가 수행하고 이외는 취득원가 평가 • 국가회계에서는 순자산변동표상 평가손익이 유가증권 처분손익에 영향을 끼침 • 지방회계에서는 유가증권은 장기투자증권으로만 분류하고 취득원가로 평가	• 유가증권을 당기손익-공정가치측정 금융자산, 기타포괄손익-공정가치측정 금융자산, 상각후원가측정 금융자산으로 분류 평가손익에 대한 회계처리 방법을 달리 규정 • 유가증권의 평가는 원칙적으로 공정가액 평가 • 평가손익이 기타포괄손익으로 회계처리할 경우 해당 유가증권 처분시 평가손익이 당기처분손익에 영향을 미치지 않음
4. 지분법평가	• 지분법평가와 관련한 규정 없음	• 연결대상을 제외하고 지분을 20% 이상 취득하였거나, 실질적으로 관계회사 경영권에 영향을 미칠 경우 지분법평가 수행
5. 차입원가자본화	• 건설기간 동안 발생한 차입금 등의 이자에 대한 차입원가자본화 규정 없음	• 적격자산의 건설과정에서 발생한 차입원가(이자비용)는 반드시 자본화해야 함
6. 유형자산 취득후지출	• 일반유형자산 등에 대한 취득후지출을 자본적지출과 수익적지출로 구분하여 자산화 또는 비용으로 회계처리	• 취득후지출이 발생하는 경우 자산의 정의에 부합하면 자산으로 인식(자본적지출·수익적지출 구분 개념이 없음)
7. 재평가모형	• 국가회계에서는 원가모형(취득원가+감가상각)을 원칙으로 하고, 주기적으로 모든 토지·건물 등에 대해 재평가 회계처리 수행 • 정기적 재평가 주기(5년) 사이 기간은 개별 자산별로 조건 충족하면 재평가 수행 가능 • 재평가이익(순자산변동)은 감가상각 또는 처분시 발생하는 비용(수익)과 상계함	• 원가모형과 재평가모형을 선택할 수 있고, 병행하여 사용할 수 없음 • 특정 자산을 재평가할 때는 해당 자산이 포함된 유형자산 분류 전체를 재평가 수행 • 재평가이익(잉여금)은 감가상각 또는 처분시 비용(수익)과 상계하지 않고 이익잉여금으로만 대체가 가능함
8. 이연법인세	• 이연법인세 평가 규정 없음	• 이연법인세 평가 수행

(3) 정부자산 범위에서 제외되는 자산

상식적으로 볼 때는 정부의 자산인 것처럼 보이지만, 정부의 재무제표에는 계상하지 않는 자산이 존재한다. 이들 자산은 기업이 아니라 정부이기 때문에 보유하게 되는 특수한 부외(簿外)자산인 것이 대부분이다. 이들 자산을 재무제표에 계상하지 않는 이유에 대하여 논쟁이 없는 것은 아니지만, 현재 「국가회계기준」 또는 「지방회계기준」에서는 재무제표에 표시하지 않고, 이들 자산의 일부만 필수보충정보로 공시하도록 하고 있다.

구 분	내용 및 정의	재무제표 제외 이유	비고
유산(遺産)자산·관리책임자산	현 세대 및 미래 세대를 위하여 정부가 영구히 보존하여야 할 자산으로서 역사적, 자연적, 문화적, 교육적 및 예술적으로 중요한 자산(문화재, 국립공원, 보호구역 등)	유산자산 가치를 신뢰성 있게 측정할 수 없음	필수보충정보에 종류 및 현황 공시
천연자원	천연적으로 존재하여 행정활동 등에 이용할 수 있는 물자·에너지 형태 자산(지하자원, 대기, 해양자원, 동·식물 등)	천연자원 범위를 객관적으로 파악하기 어려우며, 가치 역시 신뢰성 있게 측정할 수 없음	국가회계는 별도 공시 사항 없음. 지방회계는 일부 자연자원 필수보충정보 공시
국가안보 자산	국가안보와 관련한 자산은 기획재정부장관과 협의를 통해 재무제표에 계상하지 않을 수 있음(안보관련 중요한 군사자산, 국가정보원 관련 자산·부채 등)	안보정책 목적상 공시대상에서 제외	자산 내역 별도 관리

제 2 절 정부부채의 특성

1. 정부부채의 개념과 주요 이슈사항

(1) 정부부채의 정의와 정부회계이론적 이슈사항 ① – 교환부채와 비교환부채

부채(負債)는 회계적 관점에서의 개념이다. 금융부채의 성격인 채무(債務)과 유사하나 더 포괄적인 개념이다. 채무는 부채가 될 수 있으나, 모든 부채는 채무가 아니다. 일반적으로 부채는 금융부채(≒채무)에 (발생주의)충당부채를 더한다. 부채란 과거의 거래나 사건의 결과로 회계실체가 부담하는 의무로서 그 이행을 위해 미래에 자원의 유출 또는 사용이 예상되는 현재의 의무를 말한다(「국가회계기준」 제17조①, 「지방회계기준」 제11조②). 즉, 정부의 부채가 되기 위해서는, 다음 세 가지 조건이 모두 충족되어야 한다.

㉠ 과거 거래나 사건이 발생하였어야 하며,
㉡ 미래 경제적 자원의 유출 또는 사용이 예상되어야 하고,
㉢ 현재 의무가 존재해야 한다.

이러한 부채는 정부회계실체가 향후 그 이행을 위하여 지출할 가능성이 매우 높고(거의 확실하고) 그 금액을 신뢰성 있게 측정할 수 있을 때 재무제표에 인식한다(「국가회계기준」 제18조①, 「지방회계기준」 제12조③). 다만, 국가안보와 관련한 부채는 기획재정부장관과의 협의 하에 부채로 인식하지 않을 수 있다(「국가회계기준」 제18조②).

현재 국가회계나 지방회계에서의 부채의 정의는 기업회계에서의 정의와 거의 동일하다. 그런데 자산과 달리 부채의 경우 여러 정부회계기준마다 차이가 있다. 특히, 미국연방재무회계기준(SFFAS)의 경우 한국의 「국가회계기준」과 많은 차이가 있다. SFFAS No.5에서는 교환거래와 비교환거래를 구분하여 교환거래에서 발생하는 부채는 일반적인 부채의 정의를 적용하지만, 비교환거래에서 발생하는 부채의 정의는 실제 지급기일이 도래하였으나 미지급된 경우(이를 due and payable 이라고 한다)에 한하여 부채로 인식한다. 예를 들어 물품의 구입이나 유형자산의 건설과정에서 발생하는 부채는 일반적인 부채의 정의에 따라 인식하지만, 민간이나 하위 정부에 일방적으로

지원하는 정책사업의 경우 부채 정의의 3가지 요건이 충족되었다고 해서 부채로 인식하지 않고, 실제 지급되었어야 했는데 지급되지 않은 경우에 한해서만 부채로 인식한다. 비교환거래의 부채를 이렇게 정의할 경우 정부가 인식해야 하는 부채의 범위는 다소 축소되겠지만, 비교환거래라는 정부회계의 특성을 고려하면 합리적인 부분이라고 여겨진다. 그러나 현행 한국의 「국가회계기준」이나 「지방회계기준」에서는 교환거래와 비교환거래를 구분하지 않고 부채를 정의하고 있으며, 이에 따라 비교환거래에서 발생하는 부채 역시 부채 정의의 3가지 요건을 충족하면 부채로 인식하여야 한다. 참고 목적으로 부채의 정의 및 인식기준과 관련하여 주요 회계기준별로 비교하면 다음과 같다.

구분	한국 국가회계기준	SFFAS (미국연방재무회계기준)	IPSAS (국제공공부문회계기준)	IFRS (국제회계기준)
1. 정의	㉠ 과거의 거래·사건 결과로 부담하는 의무로서, ㉡ 그 이행을 위하여 미래에 자원 유출·사용이 예상되는, ㉢ 현재의무	㉠ 교환거래 과정에서 발생한 미래자원유출 예상액은 부채이나, ㉡ 비교환거래에서 발생하는 미래비교환 지급액 예상치는 부채가 아님	㉠ 과거 사건에 의하여 발생하였으며, ㉡ 경제적 효익 또는 잠재적 서비스 제공을 갖는 자원이 유출됨으로써, ㉢ 이행될 것으로 기대되는 현재의무	㉠ 과거 사건에 의하여 발생하였으며, ㉡ 경제적 효익을 갖는 자원이 유출되어, ㉢ 이행될 것으로 기대되는 현재의무
2. 근거	「국가회계기준」 제17조~ 제18조	SFFAS No.5	IPSAS 1, 문단7	개념체계 문단 49
3. 인식기준	㉠ 국가회계실체가 부담하는 현재의무 중 향후 이행을 위해 지출이 발생할 가능성이 매우 높고, ㉡ 그 금액을 신뢰성 있게 측정할 수 있을 때 인식	㉠ 교환거래 경우 부채는 미래 지급이 거의 확실(probable)하고 측정가능할 때(Measurable) 인식하나, ㉡ 비교환거래의 경우 지급기일이 도래하고 미지급시(Payment is Due & Payable) 부채인식	명시적으로 규정되어 있지는 아니하나, IPSAS가 IFRS를 근간으로 하였으므로 인식기준도 유사함	㉠ 현재의무의 이행에 따라 경제적 효익을 갖는 자원의 유출 가능성이 높고, ㉡ 결제될 금액에 대해 신뢰성 있게 측정할 수 있을 때 부채인식
4. 특징	국가안보관련 부채를 제외하고 기업회계(국제회계)와 유사	교환거래와 비교환거래에서 발생하는 부채구분	IFRS와 비교하여 부채의 결제 수단에 경제적 자원의 유출 외에 잠재적 서비스 제공으로 인한 자원의 유출도 포함됨	부채의 결제는 경제적 효익을 갖는 자원의 유출임

(2) 정부부채의 정의와 정부회계이론적 이슈사항 ② – 현재의무의 해석

「국가회계기준」이나 「지방회계기준」상 부채의 정의와 관련하여 가장 큰 논란이 될 수 있는 부분이 '현재의무'와 관련한 해석이다. 회계이론적으로 현재의무는 '법적의무' 또는 '의제의무(또는 간주의무)'를 말한다. 법적의무는 명시적 또는 암묵적 조건에 따른 계약, 법률, 기타 법적 효력을 의미한다. 의제의무는 과거의 실무관행, 발표된 경영방침, 구체적이고 유효한 약속 등으로 회계실체가 특정 책임을 부담할 것이라고 상대방에게 표명하고, 그 결과로 회계실체가 해당 책임을 이행할 것이라는 정당한 기대를 상대방이 갖도록 하는 의무를 의미한다(K-IFRS 제1037호 문단10, 일반기업회계기준 제14장 용어정의). 쉽게 말해서 의제의무에서 의무란 행위자가 부담하여야 하는 책임에 대해 상대방이 인지하는 '정당한 기대'를 의미한다. 즉, 의무를 부담하는 실체가 인식하는 의무가 아니라 상대방이 의무부담자가 의무를 행사할 것이라고 기대하는 것이 의제의무라는 점이 중요하다. 특히, 현행 「국가회계기준」에서도 충당부채에 대한 인식 요건과 관련하여 현재의무를 법적의무 또는 의제의무라고 규정하고 있는 점에 주의할 필요가 있다(「충당부채, 우발부채, 우발자산 회계처리지침」 문단4.(1)).

사실 국가부채의 정의에서 의제의무가 적용되는 것이 타당하다고 한다면, 국민연금과 관련한 충당부채 문제가 심각하게 제기될 수 있다(현행 「국가회계기준」에서는 공무원연금과 군인연금 등 고용관계와 관련된 연금만 연금충당부채를 인식한다). 국민연금의 경우 법적으로 반드시 지급해야 하는지에 대한 의무규정이 없고, 다른 국가에서도 국민연금에 대한 충당부채를 설정하고 있는 사례가 없다는 점을 들어 현재 연금충당부채를 설정하고 있지 않다. 그러나, 현행 「국가회계기준」상 부채의 정의만 놓고 본다면, ㉠ 국민연금대상자로서 국민연금을 납부하였다는 과거의 사건이 발생하였고, ㉡ 보험수리적 기법의 발달로 국민연금대상자에게 미래에 지급할 경제적 자원의 유출액을 합리적으로 예측할 수 있다는 2개의 부채 정의 요건에 대해서는 이견(異見)이 없다. 문제는 현재의무인데, 설령 법령상에서 지급의무가 규정되어 있지 않더라도(심지어는 국가가 국민연금을 지급할 생각이 없다고 하더라도) 국민연금대상자가 국민연금을 받을 것이라는 '정당한 기대'를 한다면 의제의무가 성립된다고 볼 수 있다. 특히, 국민연금대상자는 매년 국민연금공단으로부터 지금까지의 국민연금보험료 납부내역 및 향후 받게 될 예상연금월액(향후 60세까지 계속 국민연금을 납부할 경우 65세 이후 매월 받게 될 국민연금액)이 기재된 통지서를 받고 있는 현실에서 국민연금대상자가 받을 국민연금을 기대하는 것은 충분히 '정당한 기대'라고 할 수 있다. 2023년 현재 최근 국민연금의 고갈 문제와 이에 대한 개혁 논의를 진행하면서 재정안정론 vs. 소득보장강화론, 소득대체율 인하 vs. 보험료율 인상 등과 같은 대립되는 주장과 어려운 용어가 난무하고 있지만, 정말로 간과하고 있는 것은 국민연금 관련 충당부채 인식 여부와 향후 국가재정에 미치는 영향에 대한 부분이라고 판단된다.

➡ 최근 국민연금 관련 미적립부채라는 개념이 등장했다. 미적립부채란 국민연금액의 향후 지출 추계액의 현재가치에서 미래 납부할 보험료의 현재가치와 현재 국민연금기금의 적립자산액을 차감한 것으로 아직 이론적으로 채계화된 것은 아니다. 정부 역시 미적립액 정보를 공개하지 않고 있다.

(3) 정부부채의 정의와 정부회계이론적 이슈사항 ③ – 충당부채와 연금충당부채

2022년 말 기준으로 국가의 총부채는 2,326조원, 이 중 (장기)충당부채는 1,243조원으로서 총부채의 약 53%를 차지한다. 충당부채는 지급의무가 확정된 금융부채(≒채무)와 달리 지출시점 또는 금액이 확정되지 않은 부채를 말한다(「충당부채, 우발부채, 우발자산 회계처리지침」 문단3.(1)). 최근 정부부문에서 충당부채를 이야기할 때 부정적 의미를 내포하고 있는 '비확정부채'라는 용어를 많이 사용하고 있는데, 지출시점 또는 금액이 확정되지 않았다는 의미에서 '비확정부채'라는 명칭이 반드시 틀린 것은 아니다.

그러나 현재시점에서 미래 지출시점이 구체적으로 언제인지가 확정되지 않았다는 의미이지 언젠가는 지출되는 것이며(지출가능성이 매우 높지 않다면 처음부터 부채 자체를 인식하지 않는다(「충당부채, 우발부채, 우발자산 회계처리지침」 문단4.(2))), 현재시점에서 금액이 확정되지 않았을 뿐이지 보험수리적인 통계기법의 발달 등으로 지출예상액을 충분히 예측할 수 있는(금액을 신뢰성 있게 추정할 수 없다면 역시 부채 자체를 인식하지 않는다(「충당부채, 우발부채, 우발자산 회계처리지침」 문단4.(3))) '부채'라는 점은 이론적으로 분명하다. 그래서 마치 부채가 아닌데, 부채처럼 억지로 인식한 것과 같이 오해를 가질 수 있는 '비확정부채'라는 용어를 사용하는 것은 적절하다고 볼 수 없다. 이와 비교해서 기업회계에서는 충당부채를 '불확실성이 존재하는 부채'라고 불리기도 하는데, 더 정확한 표현이라고 할 수 있다.

➡ 충당부채(provisions)를 '비확정부채'라고 하는 것은 우발부채(contingent liability)와의 차이를 이해하지 못하고 있는 현상이 아닌가 판단된다. 우발부채는 국가회계실체가 통제할 수 없는 불확실한 미래사건의 발생 여부로만 그 존재 유무를 확인할 수 있는 잠재적 의무이거나 미래 자원의 유출 가능성이 높지 않거나 신뢰성 있게 측정할 수 없는 의무를 말한다(「충당부채, 우발부채, 우발자산 회계처리지침」 문단 3.(3)). 일부 기사(아시아경제; 2023.4.8.)에서는 충당부채를 비확정부채라고 설명하면서 잠재적부채라고 부연하고 있는 것을 보아도 충당부채와 우발부채를 혼동하는 경우가 많은 것 같다. 참고로 일반적인 우발부채는 재무제표에 계상하지 않고 주석으로 공시한다.

문제는 부채 개념에 대한 정확한 이해 없이 '채무=나라빚'이라는 이해만을 가진 입장에서는 충당부채라는 것이 학술적이나 이론적으로만 존재하는 부채라고 치부해 버리는 경향이 있다는 점이다(인사혁신처 공식블로그의 카드뉴스(2023.4.5.)에서 연금충당부채를 '나랏빚이 아닌 가상의 수치'라고 표현하고 있는 것이나, 연금충당부채보다 '연금지출예산총액'이라는 용어가 더 적합하다는 주장을 기사화한 아시아경제(2023.4.8.), 충당부채는 '정부가 갚아야 하는 나랏빚'이 아니라는 정부의 주장을 기사화한 한겨레(2021.4.10.) 등이 대표적인 사례이다). 충당부채가 현재시점에서 불확실성을 가진 부채라는 표현에서 주목할 부분은 바로 '현재시점'이다. 충당부채를 부채로 인정하고 싶지 않은 입장에서는 지금 당장 갚아야 할 채무는 아니라는 점을 강조한다(다수의 언론(서울경제(2023.4.4.), 한국경제(2023.4.4.), 주간조선(2023.4.4.), 아시아경제(2023.4.8.), 이데일리(2023.4.4.) 등)에서 연금충당부채는 향후 70년 이상에 걸쳐 지급해야 할 돈의 현재가치라고 언급하고 있는 것이 대표적인 사례이다). 이는 '현재시점'에서는 의무가 확정된 채무(≒금융부채)가 아닌 것은 맞지만, '미래시점'에서는 의무가 확정될 가능성이 매우 높은 채무(≒금융부채)가 될 수 있다는 점을 간과하고 있다. 부채는 현재세대도 당연히 고민해야 하는 부분이기는 하지만, 부채가 부담이 되는 것은 바로 미래세대라는 점을 명심할 필요가 있다.

한편, 충당부채라고 하면 가장 먼저 떠올리는 것이 바로 공무원·군인연금에 대한 연금충당부채이다. 연금충당부채는 앞서 언급한 충당부채 논란의 대표라고 할 수 있다. 그런데 충당부채 개념 자체에 대한 논란을 차치하더라도 연금충당부채를 설명하면서 가장 많은 오류를 범하는 것이 향후 70년간 공무원·군인에 지급할 연금총추정액을 현재가치로 계산한 것을 연금충당부채라고 하며, 여기에는 향후 공무원·군인들이 납부해야 할 피고용자기여금과 정부가 그 기여금에 매칭하여 납부하여야 할 고용주부담금의 연금수입을 고려하지 않아 연금충당부채가 과대로 계상되어 있다는 것이다(연금수입에는 피고용지기여금과 고용주부담금 외에 매년 연금수령액이 연금지급액에 미달하여 국가가 추가로 보전해야 하는 보전금도 있다).

그런데 연금충당부채는 그렇게 계산하지 않는다. 일단 연금총추정액이 연금충당부채가 아니다. 향후 70년간 공무원·군인에 지급할 연금 총추정액의 현재가치를 산출하기는 하지만, 그 금액을 충당부채로 인식하는 것이 아니라 공무원·군인들의 실제 근속한 기간에 해당되는 부문만 충당부채를 계산하다. 이를 예측단위적립방식(PUCM; Projected Unit Credit Method)라고 한다.

또한, 피고용자기여금과 고용주부담금의 연금수입이 누락되었다는 주장도 잘못된 것이다. 현재의 연금충당부채에는 공무원·군인이 미래에 근속함에 따라 증가될 연금충당부채는 포함되어 있지 않으므로 미래 수령하게 될 피고용자기여금이나 고용주부담금도 당연히 고려할 필요가 없다. 결국 연금충당부채가 과대로 계상되어 있다는 주장은 연금충당부채 이해의 부족에서 기인한 완전히 잘못된 주장이다. 현재의 연금충당부채는 적으면 적었지 결코 많다고 할 수 없다(이같은 오해는 국가결산보고서 관련 기획재정부의 보도자료에서 연금충당부채를 '미래연금 지급액 추계치'라고 부연 설명하고 있는 것에 기인한 것으로 추정된다. 틀린 말은 아니지만 충분히 오해의 소지를 가지고 있는 설명으로 보인다).

진짜 문제는 현재 계상되어 있는 연금충당부채에 대응되는 적립자산이 충분히 확보되어 있는가 하는 것이다. 공무원연금을 관리하고 있는 공무원연금기금 재무제표에 계상되어 있는 2022년 연금충당부채는 987조원인데 비하여(군인연금충당부채 247조원과 다른 장기충당부채(보험·보증·퇴직급여충당부채 등) 9조원을 더하면 앞서 언급한 장기충당부채 1,243조원이 된다), 공무원연금기금의 총자산은 21조원에 불과하다(실제 적립자산은 더 적을 것이다). "발생주의 회계 개념으로 볼 때 충당부채는 상응한 자산을 가지고 있지 않으면 결국 국가가 갚아야 할 빚이다"라는 주장(김용하(2023; 매경이코노미스트))이 정확한 표현이다. 국가가 충분한 적립자산을 보유하고 있지 않은 것은 미래세대로 하여금 연금충당부채의 부담을 더욱 가중시킨다고 볼 수 있다.

추가로 국가(통합)재무제표의 연금충당부채에 계상되어 있는 금액이 실질적인 연금충당부채가 아니라는 점도 알아둘 필요가 있다. 2022년 말 현재 국가(통합)재무제표상 연금충당부채는 1,181조원이 계상되어 있는데, 실질적인 연금충당부채는 여기에 퇴직수당충당부채 53조원(=공무원 47조원+군인 6조원)을 더해야 한다. 퇴직수당충당부채는 기타장기충당부채에 포함되어 있다. 퇴직수당은 「공무원연금법」 제62조와 「군인연금법」 제37조에서 각각 규정되어 있으며, 공무원·군인이 퇴직할 때 재직기간에 비례하여 지급하는 후불 성격의 임금이다(퇴직수당충당부채가 연금충당부채에 포함되지 않은 것은 공무원·군인연금제도와 재원이 구분되어 있어 별도로 관리하기 때문이다). 퇴직수당충당부채는 실질적인 성격이 연금충당부채와 거의 유사하고 계산방식도 동일하기 때문에 이를 모두 고려하여 연금충당부채라고 하는 것이 더 타당할 것이다.

(4) 정부부채의 정의와 정부회계이론적 이슈사항 ④ – 미래 소비패턴에 영향

2022년 말 기준 국가채무가 1,000조원을 돌파하고 국가부채가 2,300조원을 넘어가면서 미래세대가 부담하여야 하는 부채의 심각성에 대해 관심이 증가하고 있다. 정부회계이론적으로 볼 때 현재세대의 부채는 실질적으로 현재세대에게 상환의무가 있는 것이 아니라 대부분 미래세대가 부담해야 하는 부분이다(정부부채는 차입자와 상환자가 다를 수 있는 특징을 가진다. 본서 '제1장 제2절 2. 정부회계의 특성'을 참고한다). 부채가 정말로 무서운 것은 현재시점에서 갚아야 할 빚이 얼마 있다는 걱정이 아니라, 부채는 미래의 소비패턴에 중대한 영향을 미친다는 점이다. 소비패턴에 영향을 미친다는 의미는 현재의 국가부채는 현재의 정책사업에 영향을 미치는 것이 아니라, 현재의 국가부채로 인해 미래의 정책사업에 영향을 미친다는 점이다. 미래 상환이 필요한 시점에는 부채상환이 먼저 이루어져야 하므로 현재세대가 그에 상응하는 자산을 물려주지 않는 이상 미래세대는 그들이 징수한 조세를 그들의 일반적인 정책사업 수행에 전부 사용하지 못하게 된다.

현재세대가 국가부채보다 국가채무를 중요하게 생각하는 이유는 국가채무는 확정된 것이므로 현재세대에게도 일정한 책임이 있다고 여기기 때문이다. 이에 비해 국가부채는 아직 확정되지 않은 것이라고 판단하여 현재세대가 미래세대에게 전가하는 부담으로 생각하지 않는 경향이 있다. 그러나 채무나 부채가 무서운 것이 미래 상환지출 시점에 일반적인 정책사업 수행에 지장을 주는 것이기 때문에 미래세대가 느끼는 부담의 측면에서는 채무보다는 부채가 더 정확한 개념이 된다. 그나마 국가채무는 현재세대도 심각성을 인식하여 대비라도 할 수는 있지만, 국가부채는 심각성을 느끼지 못해 대비조차 하지 못할 가능성이 높다.

➡ 국가채무는 적자성채무와 금융성채무로 구분된다(2021년 국가채무는 971조원, 이 중 적자성채무는 598조원(61.6%), 금융성채무는 373조원(38.4%)이다). 융자금·외화자산 등 대응 자산이 있어 자체 상환이 가능한 것을 금융성채무라고 하고, 대응 자산이 없어 상환 시 조세 등으로 재원을 마련해야 하는 것을 적자성채무라고 한다. 국가채무를 이렇게 구분하는 이유는 미래세대를 위한 대비 정도와 관련되기 때문이다. 이에 비해 2022년 말 현재 공무원연금충당부채(987조원)가 공무원연금기금 총자산(21조원)보다 훨씬 큰 상태에서 연금충당부채를 미래의 공무원기여금 및 정부부담금으로 충당할 수 있다는 잘못된 주장 자체가 국가부채의 심각성과 대비할 자세를 느끼지 못하는 반증이라 할 수 있다.

결국 미래세대는 추후 그들이 사회의 주도적인 집단이 되었을 때 현재세대가 전가한 국가부채와 이에 상당히 부족한 대응 자산으로 인해, 미래세대는 스스로 징수한 조세를 스스로를 위한 정상적인 정책사업에 사용하지 못하는 상황에 직면하게 될 것이다. 2010년대 초반 그리스 등 남부 유럽의 재정위기 사례가 이와 유사한 상황이라 할 수 있다. 특히, 똑같은 국가부채에 대해 해석하고 고민하는 정도가 현재세대와 미래세대가 다르다는 것은 향후 심각한 문제를 초래할 수 있다. 국가채무가 아닌 국가부채와 관련하여 현재세대와 미래세대가 같이 논의하고 사회적인 합의를 도출할 수 있는 환경이 필요하다고 할 수 있겠다.

(5) 정부부채의 정의와 정부회계이론적 이슈사항 ⑤ – D1, D2, D3의 오해

정부부채와 관련하여 가장 많이 사용되는 용어가 D1(국가채무), D2(일반정부 부채), D3(공공부문 부채)와 관련한 사항이다. D1, D2, D3라는 것은 각 국가의 부채의 정도를 비교하기 위한 재정통계자료로서 부채의 포괄범위와 인식기준에 따라 구분되는 개념이다. 특히, 2000년대 후반 글로벌 금융위기 이후 각 국가의 재정적자 및 공공부문 부채비율이 증가함에 따라 정부부문의 통계수치의 비교가 더욱 중요하게 제기되었다. D1는 'GFS 1986(A Manual on Government Finance Statistics)'을 기준으로 작성되어야 하고, D2는 'GFS 2001(Government Finance Statistics Manual 2001)'을, D3는 'PSDS(Public Sector Debt Statistics)'에 근거하여 작성되어야 한다. D1, D2, D3 각각의 작성기준인 GFS 1986, GFS 2001, PSDS 그리고 현행 국가회계기준의 부채 대상 범위와 인식기준 내용을 비교하면 다음과 같다(2023 대한민국 재정(국회예산정책처, 2023), 알기 쉬운 재정통계(한국조세재정연구원, 2022)의 내용을 참고하였다).

구분	GFS 1986	GFS 2001	PSDS	국가회계기준
부채대상범위	중앙정부,지방정부 비영리공공기관	중앙정부,지방정부 비영리공공기관	중앙정부,지방정부 비영리공공기관,공기업	중앙정부
관련국제기구	IMF	IMF	OECD	–
채무증권 (국채, 차입금)	발행가액	시장가치, 명목가치	시장가치, 명목가치	발행가액. 단, 할증, 할인발행차금 조정
발생주의 금융부채	미인식	인식	인식	인식
연금충당부채(공무원)	미인식	인식	인식	인식
연금충당부채(국민)	미인식	미인식	미인식	미인식
기타 충당부채	미인식	미인식	미인식	인식

이에 따라 정부가 산출하는 D1, D2, D3의 부채 인식 범위 및 기준은 다음과 같다.

구분	D1(국가채무)	D2(일반정부 부채)	D3(공공부문 부채)
규모(2021년 기준)	971조원	1,066조원	1,427조원
기준	GFS 1986	GFS 2001	PDSD
포괄범위	중앙정부, 지방정부 (교육청)	중앙정부, 지방정부(교육청) 비영리공공기관	중앙정부, 지방정부(교육청) 비영리공공기관, 비금융공기업
국채 및 차입금	포함	포함	포함
공채(주1)	제외	포함	포함
발생주의 금융부채	제외	포함	포함
연금충당부채 (공무원)	제외	제외	제외
연금충당부채(국민)	제외	제외	제외
기타 충당부채	제외	제외	제외

(주1) 중소기업진흥채권 등 중앙관서의 장이 관리하지 않은 기금에서 발행한 채권을 의미함

GFS 1986, GFS 2001, PSDS와 비교하여 한국 정부가 산출하는 D1, D2, D3는 부채 대상 범위와 인식기준이 거의 유사해 보이기는 하지만, 다음과 같은 차이가 있다. 첫째, GFS 1986에서는 비영리공공기관을 포함하도록 하고 있으나, D1에는 중앙정부와 지방정부(지방교육청 포함)만을 포함하고 있다. 그런데 사실 이 부분은 중요하지 않은데, 현재 GFS 1986에 따른 통계수치를 IMF에 보고하지 않으며, D1은 국내 통계 목적으로만 사용하기 때문이다. 실무적으로 D1에서 지방정부 채무를 제외하면, 「국가재

정법」상의 국가채무와 동일하게 된다. 정말 심각한 것은 다음의 두 번째 사항이다.

둘째, GFS 2001이나 PSDS에서는 공무원 및 군인에 대한 연금충당부채를 포함시키도록 하고 있다. 대신 국민연금 등과 같은 사회보장성기금에 대한 충당부채는 인식하지 않도록 하고 있으며, 기타 충당부채도 인식하지 않고 있다. 그런데 D2는 연금충당부채를 포함한 모든 충당부채를 포함시키지 않고 산출한다. 사실 D2를 산출할 때 공무원 및 군인에 대한 연금충당부채를 제외하는 이유는 대부분의 국가에서 연금충당부채를 인식하지 않고 있어 국제적 비교가능성을 높이기 위한 것이며, 한국도 GFS 2001에 따른 통계수치에서 연금충당부채 인식을 유예하고 있다(알기 쉬운 재정통계(한국조세재정연구원, 2022)). 그러나 2020년 기준으로 연금충당부채를 계상하고 있는 국가도 있는데, 미국, 영국, 호주, 캐나다, 스웨덴, 헝가리, 라트비아, 룩셈부르크가 이에 해당한다.

국민연금 등에 대해 연금충당부채의 인식 여부 타당성에 대한 논란과 관계없이(현재 한국의 국가재무제표에서는 국민연금 및 사학연금에 대한 연금충당부채를 산출하지 않는다) GFS 2001이나 PSDS에서도 이를 인식하지 않도록 하고 있어 문제가 되지는 않는다. 또한, 기타 충당부채에 대해서도 국가재무제표에서는 인식하고 있으나, GFS 등에서는 이를 인식하지 않도록 하고 있어 국가재무제표상 부채에서 기타 충당부채를 차감하면 되므로 이 역시 문제가 되지는 않는다. 그런데, 공무원·군인에 대한 국가재무제표상 연금충당부채의 경우 원칙적으로는 D2에 포함하는 것이 타당하며, 실제 연금충당부채를 포함하여 재정통계를 공시하는 국가가 소위 발생주의 정부회계의 선진국들이 대부분이므로 이를 포함시키는 것이 오히려 비교가능성을 제고시킬 수 있다.

반면, 한국에서 PSDS에 따른 D3를 산출할 때 범위를 중앙정부, 지방정부, 비영리공공기관 외에 비금융공기업도 포함시키고 있다. 이렇게 비금융공기업을 부채 범위에 포함시키고 있는 국가는 한국, 영국, 호주, 캐나다, 일본 등 8개 국가인데, 오히려 포함시키지 않는 OECD 국가는 미국을 포함하여 31개국이나 된다. 연금충당부채를 D2에 포함시키지 않는 이유가 대다수 국가에서 연금충당부채를 제외하고 있다는 것인데, D3의 부채 대상 범위와 비교하면 논리적인 일관성은 없어 보인다.

더 심각한 문제는 D2에서 현행 국가제무제표상 연금충당부채를 의도적으로 제외(유예)시키고 있음에도 불구하고, 마치 D2에서 연금충당부채가 제외되는 것이 당연한 것처럼 착각하고 있는 경우가 많다는 것이다. 이들은 국제적인 회계기준에서도 연금충당부채를 부채로 보지 않은데, 한국의 국가재무제표에는 연금충당부채를 부채로 포함시키는 것은 문제가 있다고 주장한다. 분명, 연금충당부채를 포함시키는 것이 GFS 2001이나 PSDS에서도 규정하고 있는 사항이다. 한국은 실제로 연금충당부채를 산출하고 있음에도 불구하고 다른 국가와의 비교가능성을 내세워서 굳이 산출한 연금충당부채를 포함시키지 않고 있는 점은 이해가 되지 않는 부분이다.

따라서 한국 정부가 산출하는 D2 및 D3는 당연히 연금충당부채를 포함시키도록 할 필요가 있으며, 연금충당부채를 제외하는 것이 국제적인 회계기준이라고 하는 주장들에 대해 정부가 나서서 잘못된 오류를 잡아 줄 필요가 있다. 또한, D2를 '일반정부 부채'라고 하면서 이 부채는 발생주의 정부회계제도의 도입에 기초한다고 언급하는 것도 정보이용자의 오해의 소지를 불러일으킬 수 있다(부채와 관련하여 발생주의 정부회계제도의 핵심은 충당부채의 인식인데, 단순히 미지급비용 등 기간손익 조정만 포함한 것을 발생주의 정부회계제도라고 부르기에는 무리가 많다). 재정당국이 국제적인 기준에 부합하여 재정통계 수치를 제시하는 것이 국가의 위상 제고와 관련되는 것이라 판단한다면, 정확한 정보를 제공할 수 있도록 해야 하는 것이 타당하다고 본다.

(6) 정부부채의 정의와 정부회계이론적 이슈사항 ⑥ – 공공기관 부채 관련 영향

최근 중앙정부의 공공기관 및 지방정부의 공기업의 부채가 급격하게 증가하고 있다. 국내외 인건비 및 원자재 가격 등 물가 인상, 이에 대응하는 공공요금 인상의 억제, 수익성이 낮은 공공·임대주택 공급 증대 등 다양한 원인이 복합적으로 작용한 결과이다. 특히, 정부의 물가안정 정책으로 인해 원자재 가격의 인상이 공공요금의 인상과 연계되지 않는 상황에서 공공기관의 부채가 증가하는 것은 불가피한 것일 수 있다. 사실 공공기관의 재무현황은 중앙정부나 지방정부 재무제표에 직접적으로 반영되는 것은 아니기 때문에 정부는 공공기관을 활용하여 재무부담을 줄이면서 정책적 효과를 가져오게 할 수 있는 방법으로 활용되어 온 것도 부인할 수 없다. 문제는 무분별한 공공기관을 활용한 재무부담의 전가는 다음과 같은 중요한 회계적 이슈를 불러일으킬 수 있다는 점이다.

첫째, 한국은 PSDS에 근거한 D3 정보를 재정통계수치로 산출하고 있는데, 이 D3 정보에 비금융공기업이 포함된다(비금융공기업까지 재정통계 정보를 공시하는 국가는 OECD 국가 전체 39개국 중 한국, 영국, 호주 등 8개 국가에 불과하다). 만일 정책을 수행하는 과정에서 정부가 부담할 수도 있는 부채를 적절한 방법으로 공공기관에 실질적으로 이전시킨다면, 정부는 정부부채의 변화 없이 정책을 수행하였다고 대대적으로 홍보할 수 있다. 물론 D3 금액을 산출하면 결국 부채는 증가된 것으로 나타겠지만, D3 금액을 단순히 국제기구에 비교목적상 제출하는 금액이라고 치부할 수도 있다(현재도 D1 및 D2에 비해 D3는 상대적으로 중요하게 생각하지 않을뿐더러 D3는 지방정부 및 지방정부 공공기관까지 포함되어 있어 계산과정도 복잡하므로 정확한 효과 파악은 쉽지 않다). 그럼 결국 정부부채의 증가 없이 정책 수행이라는 결과만 남게 되는데, 이는 실질적 정부부채 과소계상이라는 문제가 제기될 수 있다.

둘째, 공공기관의 경우 차입할 때 국가가 보증을 제공하는 경우가 많다. 물론 공공기관의 차입금에 대한 1차적인 책임은 공공기관에 있는 것이므로 공공기관의 차입금를 국가가 인식할 필요는 없다. 그런데 공공기관의 부채가 전반적으로 급증하여 차입금의 상환이 어려운 경우가 발생하게 된다면 국가가 그 차입금을 인수하게 될 가능성도 있고, 또한 직접적으로 차입금을 인수하는 것이 아니라 일정한 기간 동안 정책사업원가로 지원하는 방식을 취할 수도 있다. 만약 후자의 방법으로 국가가 공공기관의 차입금을 인수하는 형태가 된다면 실질적으로 국가가 차입금을 상환할 책임이 있음에도 불구하고 국가는 차입금을 인식하지 않아 국가의 부채가 과소계상되는 문제가 발생한다.

같은 논리로 공공기관이 차입한 원금은 공공기관에서 부담하더라도 지급이자는 매년 국가의 정책사업원가로 지원함으로서 실질적으로 국가가 부담하는 경우가 발생하기도 한다. 금융기관 차입금의 경우 변동이자로 결정되는 경우가 많아 현재가치평가를 하지 않은 경우가 일반적인데(금융기관이 변동이자 방식으로 대출하게 되면, 분자의 이자율과 분모의 이자율이 동일하므로 현재가치 평가를 하더라도 명목가액과 동일한 결과나 나온다), 만약 지급이자가 실질적으로 국가가 부담하는 것이라면 분자의 이자관련 현금흐름은 없는 것으로 되어(즉, 무이자로 간주된다) 현재가치평가를 하게 되면 명목가액보다 금액이 훨씬 적게 산출된다(동 차이는 현재가치할인차금이 아니다. 무이자가 아니라 이자관련 현금흐름이 0원인 것뿐이다. 동 차이는 부채가 된다). 이 경우 명목가액과 현재가치 평가액의 차이를 누구의 부채로 인식해야 하는 것인가가 문제가 된다. 실질적으로 지급이자를 국가가 부담하는 것이므로 공공기관에서 인식하는 차입금의 일부가 실제는 국가의 부채가 되어야 하는 상황이 발생하게 된다. 이를 매년 지급이자

부분을 정책사업원가로 지급한다고 하더라도 국가는 매년 정책사업원가가 발생하는 것으로 처리하는 것이 아니라 처음부터 국가가 전체 차입금의 일정액을 부채로 인식했어야 한다는 의미이다.

지금까지 정부와 공공기관 간의 정부부채 관련 이슈라고 한다면 일반적으로 보증채무에 관한 것이라고 여겨져 왔다. 그런데 정부와 공공기관 간 관계의 특수성을 활용하여 정부의 정책을 공공기관으로 하여금 수행하게 함으로써 정부부채를 실질적으로 전가시키는 문제가 발생할 수 있다. 반대로 공공기관이 부담하여야 하는 부채의 원금 또는 이자를 정부가 매년 정책사업원가로 지원함으로써 실질적으로 정부가 그 부채를 부담할 수도 있다. 정부와 공공기관과의 밀접한 관계를 고려할 때, 공공기관에 문제가 발생하여 정부가 부채를 인수해야 하는 상황(보증채무의 인수)은 물론이고, 정부가 의도적으로 부채를 공공기관으로 전가시키거나 반대로 공공기관에 대한 변형된 지원 방식으로 실질적인 부채를 부담하는 상황도 충분히 고려해 보아야 할 것이다.

Notice

한국수자원공사('수공')에 대한 금융비용 및 채무원금 지원
(2022회계연도 국가결산보고서 주석5 참조)

환경부 일반회계는 국가정책조정회의 결과(09년9월)에 따라 수공이 4대강 살리기 사업 추진을 위하여 09년부터 8조원 규모로 발행한 회사채에서 발생하는 금융비용을 지원하고 있으며, 지난 15년 9월 국가정책조정회의에서 수공의 4대강 부채에 대한 지원방안을 결정함에 따라 16년부터는 채무원금을 포함하여 지원하고 있다. 15년 9월 국가정책조정회의에서는 4대강 사업에 투자한 8조원의 부채는 수공의 자구노력으로 채무원금의 70%(5.6조원)를 우선 상환(15~36년, 22년간)하고, 중앙정부가 나머지 채무원금의 30%(2.4조원)를 지원(16~31년, 16년간)하도록 했으며, 이와는 별도로 금융비용은 09년 국가정책조정회의 결정대로 계속 전액 지원하고 있다. 최근 4개년 동안 지원된 금액은 매년 3,400억원이었다.

국가가 매년 발생이자는 물론이고 채무원금의 30%도 매년 지원하겠다는 의미인데, 이와 관련해 국가는 어떠한 부채도 인식하지 않고 있다. 정부회계이론 측면에서 볼 때, 원금의 30%와 발생이자 전액에 대한 미래현금흐름의 현재가치를 고려한다면, 정부의 부채로 인식 여부를 심각하게 고민할 필요가 있다.

(7) 정부부채의 정의와 정부회계이론적 이슈사항 ⑦ – 비교환부채 관련 예산안 의결

앞서 '정부부채의 정의와 정부회계이론적 이슈사항 ①'에서 정부부채를 교환부채와 비교환부채로 구분할 필요성에 대해 언급하였다. 사실 정부부채를 이렇게 구분할 필요가 있는 또 다른 이유는 현행 한국의 국가회계나 지방회계의 정부부채 정의를 그대로 사용하게 되면, 이론적으로 볼 때, 의회가 내년도 예산을 당년도 12월에 확정(예산안 의결)하는 시점에 비교환비용과 관련한 정책사업의 일정 부분은 정부부채로 인식해야 하는 문제가 발생할 수 있기 때문이다.

기초연금 정책을 예로 들면, 기초연금은 법령에 근거하여 65세 이상 노인에게 매달 30만~40만원을 지급하는 정책으로서 2023년 본예산 기준 약 18.5조원이 설정되어 있는 한국의 주요 복지정책이다. 기초연금은 전형적인 비교환부채와 관련되는 것으로서(즉, 정부가 어떠한 대가 수령 없이 지급하는 것을 말한다) 정부부채의 정의를 기준으로 볼 때, ㉠ 법령에 의해 65세 이상 노인에게 기초연금을 매월 지급하도록 규정되고 있다는 것 자체가 과거에 사건이 발생한 것으로 해석할 수 있고, ㉡ 예산안이 통과되었다는 것은 미래 경제적 자원의 유출의 가능성과 그 금액을 충분히 예측할 수 있다는 것을 의미하며, ㉢ 청구 여부와 상관없이 한국의 65세 이상 노인 입장에서는 기초연금을 당연히 수령할 것이라는 합리적인 예상을 한다는 것 자체가 의제의무가 성립되는 것으로 볼 수 있다.

즉, 현행 정부부채의 정의 관점에서 볼 때, 기초연금 예산이 의회를 통과하는 시점에 모든 조건을 충족하게 된다. 그렇다면 매년 18.5조원 이상(매년 기초연금의 예산은 증가하고 있다)의 금액을 부채로 인식해야 한다(매년 추가로 설정하는 것이 아니라, 처음에만 익년도 기초연금 예산액 전체를 부채로 인식하고, 이후에는 증가된 부분만 추가로 인식한다). 유사한 정책으로 2023년 본예산 기준 '아동수당' 2.3조원, '기초생활급여' 6.1조원, '영아수당' 1.6조원, '장애수당' 0.2조원 등 사회적 취약계층에 대한 수당 지원 정책이 있다. 또한, 해석에 따라서는 각종 고정적인 일반출연금, 의료복지정책 등도 이에 해당될 수 있다.

전문적으로 기업회계를 연구하는 입장에서는 예산이 확정되었다고 해서 과거의 사건이 발생한 것은 아니므로 예산의 확정이 부채의 인식과 아무런 관련이 없다고 주장할 수 있을 것인데, 이는 정부의 비교환거래의 특성을 잘 이해하지 못한 상태에서 내린 성급한 결론일 수 있다. 기업회계에서는 교환거래가 기본원칙이므로 예산의 확정이 부채를 인식해야 하는 사건과는 관련이 없는 것이 당연할 것이다. 그러나, 정부회계 관점에서는 일정한 자격 요건만 충족하면 무조건 지급해야 하는 비교환거래가 중요한 정책활동인 경우가 많기 때문에 정부부채 정의에 대한 심각한 고민이 필요하게 된다. 미국연방재무회계기준에서 부채를 교환부채와 비교환부채로 구분하여 달리 정의를 내리는 것도 이러한 고민의 결과라고 보인다. 한국의 국가회계 및 지방회계에서 정부부채 정의에 대한 연구가 절실히 필요한 부분이다.

➡ 미국 SFFAS No.5 에서는 부채를 교환부채와 비교환부채로 구분하여, 비교환부채의 경우 지급기일이 도래하고 미지급시(Payment is Due & Payable) 부채로 인식한다.

2. 국가회계 부채의 이해

(1) 국가채무와 국가부채

① 국가채무와 국가부채의 비교

2011년 발생주의 국가회계제도가 도입되었으나, 현재까지도 여전히 논란이 계속되는 이슈 중의 하나가 국가채무와 국가부채의 개념 차이에 대한 부분이다. 이를 이해하기 위해서는 우선적으로 국가채무와 국가부채에 대한 개념을 먼저 확인할 필요가 있다. 한국의 국가채무는 「국가재정법」 제91조②에서 그 범위가 규정되어 있는데(이는 앞서 언급한 D1에서 중앙정부에 해당되는 부분이다), 국가의 회계(일반회계·특별회계) 및 중앙관서의 장이 관리하는 기금이 발행하는 채권(국채), 동 회계·기금이 일으킨 차입금과 국고채무부담행위로 이루어진다(따라서 같은 국가회계실체이지만, 중앙관서의 장이 관리하지 않는 기금이 발행한 공채(중소기업진흥채권 및 예금보험기금채권상환기금채권 등)과 동 기금이 차입한 차입금은 국가채무에 포함되지 않는다).

이러한 「국가재정법」상 국가채무와 비교하여 「국가회계기준」에서의 국가부채는 그 범위가 훨씬 넓다. 국가부채는 「국가재정법」상 국가채무를 포함한 금융부채와 충당부채로 구성된다. 물론, 금융부채 부분 역시 「국가재정법」 하에서의 금융부채에 비해 「국가회계기준」상 금융부채가 더 포괄적인데, 이는 미지급비용·미지급금·금융리스부채 등 발생주의 회계제도에 의한 부채와 중앙관서의 장이 관리하지 않는 기금의 각종 금융부채도 포함되기 때문이다. 「국가재정법」상 국가채무와 「국가회계기준」상 국가부채를 비교하면 다음과 같다.

구분	「국가재정법」상 국가채무	「국가회계기준」상 국가부채
1. 범위	국채, 차입금, 국고채무부담행위	국채, 차입금, 국고채무부담행위 외에 미지급금(미지급비용), 선수금(선수수익), 충당부채, 기타장기부채 등
2. 채무인식 회계실체	일반회계, 특별회계, 중앙관서의 장이 관리하는 기금(공공기금) ➡ 중앙관서의 장이 관리하지 않는 기금의 채무는 제외됨	일반회계, 특별회계 및 국가재정법상 기금(공공기금 및 민간기금) ➡ 중앙관서의 장이 관리하지 않는 기금의 부채도 포함
3. 재정증권과 한은일시차입금	국가채무 불포함	원칙적으로 국가부채에 포함(단, 기말시점에서는 잔액이 0원이 되는 것이 일반적이나, 0원이 되지 않는다면 당연히 국가부채에 포함되어야 할 것임)
4. 회계·기금 간 발생 채무	국가채무 불포함	국가부채 포함(단, 중앙관서 관점이며, 국가통합보고서 작성시 내부거래 제거로 관련 자산과 부채가 상계됨)
5. 발생주의 기간 손익	국가채무 불포함	국가부채에 포함(미지급비용, 선수수익 등)

세부항목별 국가채무와 국가부채 포함 여부를 비교하면 다음과 같다.

세부항목	국가채무	국가부채	설명
국채	포함	포함	국고채권, 국민주택채권 등
공채	제외	포함	민간기금이 발행한 채권(중소기업진흥채권 등)
국채·공채에 대한 할인(할증)발행차금	제외	포함	발행가액과 만기가액의 차이
차입금	포함	포함	국내차입금, 해외차입금(전대차관 포함)
국공채 및 차입금에 대한 미지급이자	제외	포함	발생주의 기간손익
재정증권 또는 한국은행일시차입금	제외	포함	기말 상환이 원칙이므로 실질적인 잔액 없음
타 국가회계실체로부터의 차입금	제외	포함	정부내예수금(단, 내부거래 제거 대상)
민간기금의 부채	제외	포함	중앙광서의 장이 관리하지 않는 기금의 부채
국고채무부담행위-계약이행분	포함	포함	미지급금
국고채무부담행위-계약미이행분	포함	제외	계약미이행부분은 부채로 볼 수 없음
선수금, 선수수익 등 기간수익 관련	제외	포함	발생주의 조정사항
정부의 대지급 이행이 확정된 보증채무	포함	포함	국가가 인수하기로 확정된 금융부채

세부항목	국가채무	국가부채	설명
정부의 대지급 이행이 확정되지 않았으나, 대지급 가능성이 매우 높은 경우	제외	포함	발생가능성이 매우 높은 충당부채. 단, 가능성이 매우 높지 않으면 우발부채 주석공시
장기계속공사의 기성완료분	제외	포함	미지급금
물품, 용역 등의 검수가 완료되었고, 지급청구 여부와 관계없는 미지급금	제외	포함	미지급금
원인행위가 발생하였으나 아직 지급청구가 없는 경상적 비용	제외	포함	미지급비용
금융리스 및 BTL 관련	제외	포함	금융리스부채, 기타의장기미지급금(BTL)
장기연불방식의 자산 취득 관련	제외	포함	장기미지급금(현재가치평가 포함)
퇴직급여충당부채	제외	포함	퇴직금지급 대상자
연금·보험·보증충당부채	제외	포함	국가회계기준 부합되는 경우 충당부채 인식
우체국예금 및 우체국보험 관련 부채	제외	원칙적 포함	회계·기금단위에서는 부채, 중앙관서단위에서는 부채에서 제외(주석공시)
파생상품 평가 부채	제외	포함	스왑, 옵션, 선물, 선물환 등 거래
미지급국세	제외	포함	국세징수활동표 작성 과정에서 발생

② 국채(國債)

국채는 재정수지상 세입부족액을 보전하고 수지의 균형을 도모하기 위해 국가가 발행하는 채권을 말한다. 국채의 종류는 「국채법」 제4조①제1호에 따른 국고채권(기획재정부 공공자금관리기금의 부담으로 기획재정부장관이 발행한다), 「주택도시기금법」 제7조에 따른 국민주택채권(1종)(국토교통부 주택도시기금의 부담으로 국토교통부장관의 요청에 따라 기획재정부장관이 발행한다) 및 「외국환거래법」 제13조⑦에 따른 외국환평형기금채권(일명 '외평채', 기획재정부 외국환평형기금의 부담으로 기획재정부장관이 발행한다)이 있다.

국고채권은 각 회계 및 기금에 필요한 자금을 공급하기 위하여 공공자금관리기금에서 발행하고 있는 국채로서, 만기는 주로 3년~10년인 경우가 일반적이며, 만기까지 유가증권을 발행하여 주기적으로 이자를 지급하고 만기에 원금을 상환한다. 원금과 이자가 고정된 일반적인 채권 형태의 국고채와 원금과 이자가 물가(소비자물가지수; CPI)에 따라 변동하는 물가연동국고채가 있다.

국민주택채권은 「주택도시기금법」에 근거한 국토교통부 소관 주택도시기금의 부담으로 발행되는 국채로서 국가 또는 지방자치단체로부터 면허·인가·허가 등을 받거나 등기·등록을 신청하는 자 또는 국가 등과 건설공사 도급계약을 체결하는 자에게 강제로 발행되며(「주택도시기금법」 제8조), 보통 5년 만기로 발행된다. 국민주택채권은 국고채권과 달리 액면으로 발행된다(따라서 국채할인·할증발행차금 개념이 없다). 외국환평형기금채권은 외국환평형기금 재원을 마련하기 위한 목적으로 발행한다(외국환관리법 제13조②).

이외에 국채와 유사한 것으로 '재정증권'이 있는데, 이는 「국고금관리법」에 근거하여 국고금 출납상의 일시 부족자금의 조달 목적으로 일반회계 또는 특별회계의 부담으로 발행된다. 재정증권으로 조달한 금액은 그 회계연도 내의 세입으로 상환하여야 하므로(「국고금관리법」 제32조②) 일반적인 경우 국가채무에는 포함되지 않는다.

Notice

물가연동국채의 이해

물가연동국채(inflation-linked korean treasury bond)는 물가 변동분을 반영하여 원리금을 재계산함으로써 이자지급 및 만기시에도 물가의 변동에 따라 조정된 원리금을 지급하여 투자액의 실질 가치를 보장하는 국채를 말한다. 즉, 채권 보유기간 동안 물가가 상승한 만큼 이자와 원금을 추가적으로 지급하는 국채를 말한다. 물가연동국채 원금은 매 결산일마다 조정하되, 결산일의 물가연동계수로 조정액을 산출하고 국채와 국채물가연동손익으로 인식한다.

회계이론적으로 볼 때 물가연동국채는 내재파생상품과 관련된다. 내재파생상품이란 파생상품계약을 별도로 체결하지 아니하였으나 주계약의 위험(risk)의 노출 정도를 고려할 경우 미래에 불확실한 거래 상황이 포함되어 있는 것을 말한다. 물가연동국채는 물가의 변동에 따라 원리금이 변동하기 때문에 이는 미래의 불확실한 상황에 충분히 노출(exposure)되어 있는 것으로 볼 수 있다. 그러나 국가회계에서는 이에 대해서는 별도로 언급하고 있지 아니하다.

③ 공채(公債)

국채와 유사한 개념으로 공채가 있다. 공채는 넓은 의미에서는 국가, 공공기관을 포함하는 정부부문의 금전적 채무 전부를 말하기도 하지만, 「국가회계기준」에서 언급되어 있는 공채는 그 금전적 채무 중에서 재원조달을 목적으로 하는 재정공채(財政公債)를 의미한다. 그 종류로는 ㉠ 중소기업진흥채권(중소벤처기업부 소관 중소기업창업및진흥기금에서 발행한다)과 ㉡ 예금보험기금채권상환기금채권(금융위원회 소관 예금보험기금채권상환기금에서 발행한다)이 있다. 공채를 발행하는 실체는 중앙관서의 장이 관리하지 않는 기금이기 때문에 「국가재정법」상 국가채무에는 포함되지 않는다. 대신 발생주의 국가재무제표에는 부채로 인식되며, 국채와 동일한 방법으로 평가 및 회계처리 된다.

④ 국고채무부담행위(國庫債務負擔行爲)

국고채무부담행위란 국가가 예산의 확보 없이 미리 채무를 지는 행위로서 사전에 국회의 의결을 받은 범위 내에서 발생한다. 이는 공사, 제조 및 물품구입 등에 장기간이 소요되는 사업을 추진하는 경우, 당해 사업 추진에 필요한 재원이 반영되어 있지 않더라도 계약을 맺고 미리 사업을 추진할 수 있도록 허용하는 제도이다(강태혁, 2010 참고). 「국가재정법」 제25조에서는 ㉠ 국가가 법률에 따른 것과 세출예산 또는 계속비의 총액의 범위 안의 것 외에 채무를 부담하는 행위 또는 ㉡ 재해복구를 위하여 채무를 부담하는 행위라고 규정하고 있다.

국고채무부담행위는 미리 예산으로써 국회의 의결을 얻어야 하며, 사항마다 사유, 행위연도 및 상환연도, 채무부담액을 표시하여야 한다. 국고채무부담행위는 채무를 부담할 권한만을 부여한 것으로 채무부담과 관련한 실제 지출에 대해서는 다시 국회의 의결을 얻어야 한다. 과거 외교부의 재외공관건축사업, 해양경찰청의 함정건조사업, 국방부의 급식·장비유지 등 경상운영비 등이 국가채무부담행위의 형태로 이루어지는 대표적인 사업이었다. 2022년말 현재에는 주한미군기지이전특별회계 0.05조원만 남아 있다.

국고채무부담행위는 예산편성과 관련한 개념이므로 발생주의 국가부채와 다소 차이가 있다. 국고채무부담행위는 「국가재정법」상의 국가채무에는 포함되지만, 발생주의 관점에서는 계약이행이 완료된 국고채무부담행위만 국가부채로 인식해야 한다. 국고채무부담행위로 설정되어 있으나 계약이 아직 이행되지 않았다면 국가부채로 인식하지 않는다.

(2) 국가회계 부채 분류

국가회계에서의 부채는 「국가회계기준」에 따라 유동부채와 장기차입부채, 장기충당부채 및 기타비유동부채로 분류된다(「국가회계기준」 제17조②). 이는 각각 재무제표 공시과목으로 세분화되고, 공시과목은 공시되지 않지만 시스템적으로 관리되는 관리과목으로 세세분화된다. 재무제표상 부채이므로 「국가재정법」에서 규정되지 않은 발생주의 회계기준에 따른 부채도 당연히 포함된다.

중분류	세분류(공시과목)	세세분류(관리과목)	상세내용
유동부채	단기국채·단기공채	–	발행된 국채 또는 공채(만기 1년 이내)
	단기차입금	국내·해외단기차입금 정부내단기차입금 등	국내외 금융기관 등으로부터 차입(1년 이내)
	유동성장기차입부채	유동성장기국채 등	장기차입부채 중 상환이 1년이내 도래하는 차입부채
	기타유동부채	미지급금	물품구입, 기성·용역완료 등 지급기일 도래한 경우
		미지급비용	용역 등을 먼저 제공받고 일정 기간 후에 지급해야 하는 부채(이자비용, 임차료, 전기료 등)
		예수금·예수보증금	특정 목적에 따라 일시적·임시적 보유 현금 등
		선수수익·선수금	용역제공 등 전체 대금을 먼저 수수하는 경우 인식
		기타	기타 유동부채 성격을 가지는 항목
장기차입부채(비유동)	국채·공채	–	국채 또는 공채의 발행(만기 1년 초과)
	장기차입금	국내·해외차입금	국내외 금융기관 등으로부터 차입
		정부내장기차입금	전대차관, 정부내예수금 포함
		금융리스부채	금융리스관련 부채
장기충당부채(비유동)	연금충당부채	–	공무원·군인에 대한 연금지급 추정액(보험수리적 가정에 따른 연금충당부채 평가)
	퇴직급여충당부채	–	공무원·군인연금 대상이 아닌 자에게 퇴직시 지급해야 하는 퇴직금 상당액
	보험·보증충당부채	–	보험·보증사업 미래예상 지출 추정액 또는 준비금
기타비유동부채	기타	장기미지급금, 장기임대보증금, 기타부채	지급시기의 도래가 1년 이상인 부채 등

(3) 국가회계 부채별 평가방법

국가부채는 원칙적으로 만기에 상환해야 하는 가액으로 평가한다. 다만 다음의 경우에는 별도의 평가과정이 필요하다.

부채종류	평가방법
국채·공채	• 발행수수료 및 발행과 관련하여 직접 발생한 비용을 뺀 발행가액으로 평가 • 국채 및 공채의 액면가액과 발행가액의 차이는 국공채할인(할증)발행차금 과목으로 액면가액에 빼거나 더하는 형식으로 표시 • 그 할인(할증)발행차금은 발행한 때부터 최종 상환할 때까지의 기간에 유효이자율로 상각 또는 환입하여 국채에 대한 이자비용에 가감함
외화부채	• 화폐성 외화부채는 재정상태표일 기준 적정 환율 평가
퇴직급여충당부채	• 퇴직금 지급대상자가 일시에 퇴직할 경우 지급하여야 할 퇴직금으로 평가 • 퇴직연금운용자산 또는 퇴직보험예치금은 퇴직급여충당부채의 차감계정으로 표시함
연금충당부채	• 연금지급대상 공무원 및 군인에 대하여 보험수리적 가정(장래 추정보수, 전체추정근무기간, 할인율, 임금상승률, 퇴직률, 승진률, 사망률 등)에 따른 연금충당부채 평가 • ㉠ 확정급여채무(미래지급예상 채무; 예측급여채무(PBO) 방식에 따라 계산)의 현재가치를 산출하는 단계와 ㉡ 이를 근속기간 동안의 연금충당부채로 인식(예측단위적립방식(PUCM) 방식)하는 2단계 절차에 따라 평가됨 • 현행 기준상 국민연금과 사립학교교직원연금(사학연금)은 충당부채를 설정하지 않음
보험·보증충당부채	• 보험·보증사업관련 미래예상 지출 추정액 또는 준비금
장기채무	• 장기채무 중 명목가액과 현재가치의 차이가 중요한 경우 현재가치 평가
파생상품부채	• 공정가액 평가

3. 지방회계 부채의 이해

(1) 지방채

지방채란 지방자치단체가 재정수입의 부족을 보충하거나 특수목적을 달성하기 위하여 자금을 차입하는 부채이다. 지방채는 재원조달, 적자재정의 보전, 세대간 부담의 형평성 기능 및 지역간 균형개발을 촉진하는 기능을 수행한다. 「지방회계기준」상 지방채는 「지방재정법시행령」 제7조에 의한 지방채 중 증권발행 방법에 의하여 차입한 것(외국정부·국제기구 등으로부터 차관(현물차관 포함)을 도입하는 경우를 포함한다)으로서 만기가 1년을 초과하는 것을 말한다. 「지방재정법시행령」 제7조에 의해 지방채는 지방채증권과 차입금으로 구분되나, 편의상 지방채증권을 지방채라고 한다.

(2) 지방회계 부채 분류

지방회계에서의 부채는 「지방회계기준」에 따라 유동부채, 장기차입부채, 기타비유동부채로 분류된다(「지방회계기준」 제21조). 지방자치단체는 연금·보험·보증사업을 수행하지 않기 때문에 국가회계에서와 같이 연금충당부채 및 보험·보증충당부채 등이 없어 상대적으로 간단하며(따라서 장기충당부채라는 분류가 없다), 이를 제외하면 거의 유사하다고 볼 수 있다.

중분류	세분류(공시과목)	세세분류(관리과목)	상세내용
유동부채	단기차입금	단기차입금, 단기예수금	금융기관 등으로부터 차입(1년 이내)하거나, 자치단체 내 회계·기금간 발생하는 자금이전을 통한 차입
	유동성장기 차입부채	유동성장기차입금, 유동성지방채증권 등	장기차입부채 중 상환이 1년이내 도래하는 차입부채
	기타유동부채	일반미지급금	물품구입, 기성·용역완료, 보조금 반납 등으로 인해 지급기일이 도래한 경우 인식
		일반미지급비용	용역 등을 먼저 제공받고 일정 기간 후에 지급하여야 하는 부채(이자비용, 임차료, 전기·수도료 등 관련)
		단기예수보관금	특정 목적에 따라 일시적·임시적으로 현금 등을 보관할 때 인식 ➡ 세입세출외단기보관현금이 있는 경우 동일한 금액이 단기예수보관금으로 인식됨
		선수수익·선수금	용역제공 등 전체 대금을 먼저 수수하는 경우 인식
		기타의 유동부채	기타 유동부채 성격을 가지는 항목
장기차입 부채	지방채증권	지방채증권, 지방채할인(할증)발행차금	지방자치단체가 지방채 발행(만기 1년 초과)
	장기차입금	장기차입금, 장기예수금, 장기중앙정부차입금	금융기관 등으로부터 차입(1년 초과)하거나, 자치단체 내 회계·기금간 발생하는 자금이전을 통한 차입 ➡ 국가로부터 차입한 경우 장기차입금이 아닌 장기중앙정부차입금으로 계상
기타비유 동부채	퇴직급여충당부채	–	공무원연금 대상이 아닌 자(무기계약자, 예술단원, 운동부원 등)에게 퇴직시 지급해야 하는 퇴직금 상당액 ➡ 지방공무원은 공무원연금 대상으로서, 공무원연금기금에 일종의 DC 방식으로 비용(복리후생비 중 공무원연금부담금) 처리
	기타비유동부채	장기예수보증금, 장기미지급금 등	지급시기의 도래가 1년 이상인 부채 등

(3) 지방회계 부채별 평가방법

지방회계 부채는 원칙적으로 만기에 상환해야 하는 가액으로 평가한다. 다만 다음의 경우에는 별도의 평가과정이 필요하다.

부채종류	평가방법
지방채증권	• 발행수수료 및 발행과 관련하여 직접 발생한 비용을 뺀 발행가액으로 평가 • 지방의 액면가액과 발행가액의 차이는 지방채할인(할증)발행차금 과목으로 액면가액에 빼거나 더하는 형식으로 표시 • 그 할인(할증)발행차금은 발행한 때부터 최종 상환할 때까지의 기간에 유효이자율로 상각 또는 환입하여 지방채에 대한 이자비용에 가감함
외화부채	• 화폐성 외화부채는 재정상태표일 기준 적정 환율 평가
퇴직급여충당부채	• 퇴직금 지급대상자가 일시에 퇴직할 경우 지급하여야 할 퇴직금으로 평가
장기채무	• 장기채무 중 명목가액과 현재가치의 차이가 중요한 경우 현재가치 평가

4. 정부부채 범위에서 제외되는 부채

상식적으로 볼 때는 정부의 부채처럼 보이지만, 국가 또는 지방재무제표에는 계상하지 않는 부채가 존재한다. 이들 부채는 기업이 아니라 정부이기 때문에 부담하게 되는 특수한 부외(簿外)부채인 것이 대부분이다. 이들 부채를 재무제표에 계상하지 않는 이유에 대하여 논란이 없는 것은 아니지만, 현재 「국가회계기준」 또는 「지방회계기준」에서는 주석 및 필수보충정보 등에 그 내역을 공시하도록 하고 있다.

종류	내용 및 정의	재무제표 제외 이유	비고
국가안보부채	국가안보와 관련한 부채는 기획재정부장관과의 협의를 통해 재무제표에 계상하지 않을 수 있음(국가정보원 부채 등)	안보정책 목적상 공시대상에서 제외	부채내역 별도 관리
국민연금 및 사학연금 충당부채	국민연금 및 사학연금과 관련하여 향후 유출될 경제적 자원을 보험수리적 평가방법을 통해 평가한 충당부채	국민연금: 사회보장적 성격 비교환거래이며, 해외사례도 없어 부채설정 대상에서 제외 사학연금: 국가가 고용주가 아니고 재원부족에 대한 책임이 없어 제외	연금사업 재원조달 방법 및 운영성과, 장기재정추계 등을 필수보충정보 공시
공공기관 대한 보증채무	공공기관의 채무와 관련하여 국가 또는 자치단체가 제공한 보증채무	정부가 인수하기 전 보증채무는 회계이론상 부채가 아님	우발사항으로 주석 공시

제 3 절 정책사업(프로그램(국가회계), 사업(지방회계)) 원가의 특성

1. 정부회계에서의 원가계산

(1) 발생주의 프로그램(사업)원가의 의미와 원가계산의 목적

발생주의 프로그램(사업)원가는 정부의 예산집행을 프로그램(사업)예결산 제도를 통해 정책사업별(목적별 또는 기능별 분류)로 구분한 후, '현재세대의 국민(주민)들에게 영향을 끼친 실질적인 정책적 효과'에 대한 정보를 산출하는 것이다. 여기서 '현재세대의 국민(주민)들에게'란 복식부기를 통해 현재세대에 영향을 끼치는 비용발생 부분을 추출하는 것을 의미하고, '영향을 끼친 실질적인 정책적 효과'란 발생주의 효과를 반영하는 것을 의미한다. 정부 입장에서는 얼마의 예산을 집행하였는지가 중요한 것이겠으나(현금주의 세출은 정부 입장에서 예산을 집행한 것을 의미한다), 국민(주민) 입장에서는 예산집행의 결과 실질적으로 어느 정도의 혜택을 받았는가가 더 중요하다.

예를 들어, 저리의 융자금 정책이 있다고 할 때, 세입세출결산은 특정 시점에 융자금이 얼마나 집행되었는가를 나타내지만, 융자금은 나중에 해당 국민으로부터 회수하는 것이기 때문에 엄밀히 말하면 융자금 자체는 국민에게 혜택을 준 것이라고 보기는 어렵다. 실제 국민에게 혜택을 준 것은 해당 국민이 민간금융시장에서 대출받았을 때의 이자보다 낮은 이자율로 정부가 지원한 것이며, 이 이자율의 차이가 바로 '국민에게 영향을 끼친 실질적인 정책적 효과'가 된다. 현행 「국가회계기준」에서는 시장이자율과 정부의 낮은 정책이자율과의 차이를 융자보조원가라고 하고 발생주의 프로그램원가로 인식한다.

- 「국가회계기준」 및 「지방회계기준」에서는 '원가'를 정부회계실체가 프로그램의 목표를 달성하고 성과를 창출하기 위하여 직접적·간접적으로 투입한 경제적 자원의 가치를 말한다고 정의하고 있다(「원가계산에 관한 지침」 문단3.(1), 「지방회계기준」 제29조의2①). 다만, 이러한 정의는 정부 관점에서 서술하고 있는 것으로 본서에서는 같은 의미를 국민(주민)의 입장에서 서술하고 있다고 보면 된다. 그렇게 해야 원가를 복식부기 및 발생주의와 연관하여 해석할 수 있기 때문이다.

- 정부가 많은 이익을 창출하고자 한다면 첫째, 법·제도를 통해 조세 등의 비교환수익을 높이거나, 둘째,

정책사업을 수행하지 않으면 된다. 이는 수익과 비용·지출이 직접적으로 연계되지 않는 정부 거래의 특성에 기인한다. 그런데 이 두 방안 모두 국민들은 원하지 않는다. 이는 정부회계에서는 이익정보가 중요하지 않은 반증이며, 대신 국민 입장에서는 부담한 조세를 국가가 효과적·효율적으로 사용하였는지가 중대한 관심사항이 되므로 정책사업별 원가정보가 중요하게 된다.

Notice

이차보전(利差補塡) 정책와 융자보조원가의 유사성

이차보전(利差補塡) 정책이란 정부가 자금을 직접 조성해 융자하던 사업을 시중의 풍부한 민간자금을 활용하는 방식으로, 먼저 민간금융기관 등으로 하여금 민간자금을 저리로 융자시키고 정부가 해당 민간금융기관에 이자차액 부분(=시장이자율-정책이자율)을 지원하는 방식의 정책을 말한다. 이차보전 방식은 정부로 하여금 직접적인 재정지출액을 줄이면서 동시에 국민에는 융자사업과 동일한 저리융자 해택이 돌아가도록 한다. 이차보전으로 지출되는 전 기간의 금액을 현재가치로 계산하면, 이는 융자사업에서 저리융자로 인한 융자보조원가(=융자금원금-융자금의 현재가치평가액)와 동일하게 된다. 즉, 이차보전금액과 융자보조원가는 같은 금액이라고 할 수 있다(단, 융자보조원가는 융자금이 집행되는 시점에 전액 원가로 인식되지만, 이차보전정책의 경우 매년 이차보전금액이 지출되는 시점에 원가로 인식되는 차이점은 있다). 이는 융자사업 융자금 자체에 대한 재정지출 정보보다 융자보조원가 정보가 국민들 입장에서는 실질적으로 정부로부터 받는 혜택이 되는 것이라 할 수 있다.

정부회계에서의 원가계산의 목적은 다음과 같이 정리할 수 있다.

㉠ 프로그램(사업)관리자나 예산편성관계자 등 정책의사결정자(즉, 내부 정부회계정보이용자)에게 정책사업별 원가정보를 제공함으로써 자원을 효율적으로 사용하게 하는 의사결정을 할 수 있다.

㉡ 성과목표 수립, 평가 등 성과관리 중심의 재정운영, 특정 사업·활동의 효율적 수행 여부 및 관리운영 방법의 효율성 검증 등을 위한 자료로 사용될 수 있다.

㉢ 사용자 부담기준으로 제공하는 공공서비스에 대하여 원가회수 정도와 독립채산제의 운영 여부에 관한 회계정보를 제공하여 의사결정에 활용함으로써 더 나

은 사업관리와 사업계획 수립 등으로 사업목적을 달성하게 한다.

㉣ 궁극적으로 정책사업 등의 원가정보나 관리운영비 정보를 제공하여 의회와 국민(주민) 등 외부 정부회계정보이용자에게 더 나은 회계책임성(accountability) 평가를 하도록 하며 아울러 재정집행의 투명성을 개선할 수 있다.

➡ 상기 언급된 원가계산 목적의 자세한 내용은 국가회계의 경우 '「원가계산에 관한 지침」 문단4.'를 참고하며, 지방회계의 경우 '「지방자치단체 복식부기·재무회계 운영규정」 제1장 제2절 4) 재정운영표에서의 원가계산 의미' 부분을 참고한다.

Notice

기업회계에서의 원가계산과 정부회계에서의 원가계산의 중요성 비교

㉠ 기업회계에서의 원가계산의 중요성

기업회계에서 원가계산이 중요한 이유는 ⓐ 관리회계적인 측면에서 기업이 생산한 제품의 가격을 결정하는 역할을 하기 때문이며, ⓑ 재무회계적인 측면에서 매출원가를 산출하여 기업의 당기 경영성과를 측정하기 위해서이다. 제품가격은 보통 제품원가에 적정한 이윤을 더하여 결정된다. 제품원가는 크게 재료비, 인건비 등 직접비와 제조경비 등 간접비로 구성되는데, 특히, 제조경비의 배부방식 등에 따라 다양한 원가계산이론(종합원가계산, 표준원가계산, 활동기준원가계산 등)이 존재한다. 또한, 매출액에 대응되는 매출원가를 산출하여 기업의 당기순이익에 중요한 영향을 미치게 한다.

㉡ 정부회계에서의 원가계산의 중요성

정부는 기업처럼 제품의 생산 및 판매가 주된 목적이 아니며, 수익과 비용을 대응시켜 성과를 측정하는 것도 아니므로 기업과 같은 원가계산 과정이 반드시 필요한지 의문을 가질 수 있다. 그러나 정부회계에서 원가계산이 더욱 중요한 이유는 거시적인 측면에서 정책사업별로 경제적 자원의 소비가 어느 정도인지 산출되어야 정부의 정책사업의 종류와 방향성(집중성)을 파악할 수 있기 때문이다. 원가정보를 근거로 국민의 세금이 효율적으로 사용되는지, 징수하려는 세금의 규모는 적절한 것인지를 판단할 수 있게 된다. 또한, 미시적인 측면에서는 개별 정책에 대한 성과평가와 관련하여 효율성(투입 원가 대비 효과성)을 측정하여 분석하는데 활용될 수도 있다.

Notice

프로그램(사업)예산제도의 개요

국가회계 및 지방회계에서 프로그램원가(국가회계) 및 사업원가(지방회계)를 이해하기 위해서는 먼저 프로그램(사업)예산제도에 대한 이해가 우선 되어야 한다. 프로그램(사업)예산제도는 품목별 투입통제 중심이 아닌 정책 및 성과중심의 예산구조로서, 예산운영 전 과정에서 각 정부실체의 자율과 책임이 확보될 수 있도록 하고 사업 중심의 예산운영으로 해당사업의 생애주기(life-cycle) 전 과정을 관리하는 방식을 말한다. 프로그램(사업)이란 정부회계실체가 예산을 집행하는 정책사업 단위로서 일종의 기능별 분류를 의미한다. 국가에서는 2007년 프로그램예산제도가 도입되었으며, 지방자치단체에서는 2008년 사업예산제도가 도입되었다. 프로그램(사업)예산제도에 대한 구체적인 내용은 본서 '제4장 제1절 2. (3) 성질별 분류체계와 목적별 분류체계'를 참조한다.

이하에서는 논의 편의를 위하여 주로 국가회계 관점에서 서술을 진행하기로 하며, 필요한 경우 지방회계에서의 원가계산 특성을 보완하기로 한다.

(2) 현금주의 프로그램세출의 발생주의 프로그램원가로의 변환

국가회계에서는 실무적으로 단식부기·현금주의 프로그램세출이 다음과 같이 5단계의 과정을 거쳐 발생주의 프로그램원가로 변환된다.

단식부기 · 현금주의	프로그램원가 산출과정(5단계 과정)	복식부기 · 발생주의
프로그램세출	• 1단계: 복식부기를 통해 관련 세출(자산증가·부채감소·비용발생)에서 비용 부분을 추출 • 2단계: 비용을 직접정책사업원가, 행정운영성경비, 비배분 비용으로 구분 • 3단계: 행정운영성경비를 간접원가와 관리운영비로 구분하고 간접원가는 다시 각 정책사업별로 배분 • 4단계: 감가상각비, 기간귀속, 평가손익 등 발생주의 조정 사항을 반영하여 각 프로그램총원가 산출 • 5단계: 프로그램과 관련된 수익을 차감하여 프로그램순원가 산출	프로그램원가

㉠ 단식부기는 집행결과만 표기하기 때문에 지출의 발생원인을 세대별로 구분할 수 없으나, 복식부기에서는 집행결과와 집행원인을 동시에 기록하기 때문에 지출의 발생원인에 따라 '비용발생–현재세대', '자산증가–미래세대' '부채감소–과거세대'로 구분할 수 있다. 1단계에서는 복식부기 과정을 통해 비용발생 부분만 추출하며 프로그램원가를 산출하는 가장 근간이 된다. 결국 프로그램원가라는 것은 현재세대에 미치는 영향(정책적 효과)을 의미한다고 볼 수 있다.

■ 단식부기 세출·세입이 복식부기로 변화되는 회계시스템적인 로직은 다음과 같다.

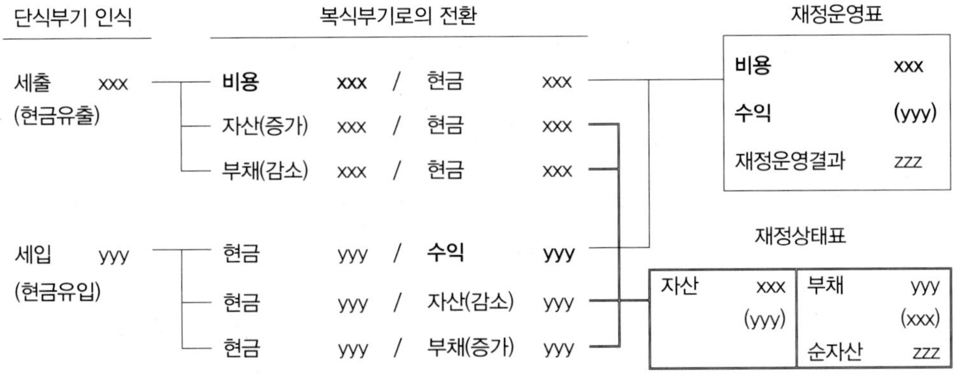

㉡ 2단계는 비용을 개별 프로그램원가(직접정책사업원가), 행정운영성경비, 비배분비용으로 구분하는 단계이다. 이는 프로그램예결산 제도와 밀접하게 연결되므로 먼저 프로그램세출 구조를 이해할 필요가 있다. 프로그램세출은 1000번부터 9800번까지 프로그램 코드로 관리되고 있는데, 코드별 내용은 크게 개별 정책별 프로그램, 행정지원 프로그램, 내부지출 프로그램, 보전지출 프로그램 등 네 가지 범주로 구분된다. 이는 프로그램 코드별로 비용이 구분되는 과정과 밀접하게 연결된다.

프로그램 구분	내용 및 특성
개별 정책별 프로그램 (1000~6000번대)	• 국가회계실체가 수행하는 개별 정책사업 집행을 위한 프로그램으로 재정운영표에서는 개별 프로그램총원가를 구성 • 국가회계실체의 프로그램예결산과 프로그램원가는 프로그램 구성 및 명칭은 동일함
행정지원 프로그램 (행정운영(성)경비) (7000번대)	• 행정지원 프로그램이란 조직의 기능수행과 행정지원을 위한 인건비와 운영경비를 예산부터 별도로 집계한 프로그램을 의미하며, 행정운영(성)경비란 행정지원 프로그램으로 집계된 비용을 의미함 • 재정운영표에서는 간접원가 또는 관리운영비 형태로 나타남(일반회계는 'XX행정지원', 기금은 '기금운영비') • 프로그램예결산은 하나의 코드이지만, 프로그램원가를 산출하는 과정에서 간접원가와 관리운영비로 1차 구분하고, 간접원가는 다시 각 정책별 프로그램원가에 2차 배부됨
내부지출 프로그램 (8000~9600번대)	• 국가회계실체간 거래와 관련된 프로그램(일반회계 → 기금 지원, 기금 ↔ 기금간 자금예탁 등)으로 일반적으로 통합재무제표(중앙관서·국가)에서는 내부거래로 제거됨 • 실체간 지원과 관련된 거래(전출금·전입금, 정부내자산기부·정부내자산수증, 무상이전지출·무상이전수입 등)는 비교환수익·비교환비용으로서 대부분 순자산변동표의 '재원의 조달 및 이전' 또는 재정운영표의 '비교환수익등'으로 분류될 것임 • 한편, 실체간 자금 예탁과 관련된 거래(예탁금·예수금)는 자산·부채 거래이므로 재정운영표에 나타나지 않음
보전지출 프로그램 (9700~9800번대)	• 국가회계실체 외부(금융기관 등)와의 여유자금운용 및 차입금 상환 등 거래와 관련된 프로그램으로 원금의 변동은 자산·부채거래이므로 재정운영표에 나타나지 않음 • 단, 이자비용·이자수익의 거래는 일반적으로 재정운영표의 비배분비용·비배분수익으로 나타날 수 있음

㉢ 3단계는 행정운영성경비를 정책사업에 간접적으로 영향을 미치는 간접원가와 행정조직을 운영하는데 필요한 관리운영비로 구분하고(이를 간접원가의 1차 구분이라 한다), 간접원가는 다시 각 개별 프로그램원가에 적절하게 배분하는(간접원가의 배분은 사업성 회계(기업특별회계, 기금)에서만 이루어지며, 이를 간접원가의 2차 배부라고 한다) 단계이다. 이렇게 2단계 및 3단계 과정을 통해 국가가 집행하는 비용은 개개 정책을 집행하는데 소요되는 정책사업원가와 조직을 운영하는데 필요한 관리운영비로 구분되어 정보이용자들에게 유용한 정보가 제공된다.

㉣ 4단계는 감가상각, 각종 자산·부채 평가(대손상각비, 융자보조원가, 재평가손실, 외화환산손익, 재고자산평가손실, 연금비용 등), 발생주의 기간귀속(미수수익, 미지급비용, 선급비용 등) 등 발생주의 결산조정 사항을 반영하는 단계이다. 발생주의 사항을 반영함으로써 국가가 국민에게 영향을 끼친 실질적인 정책적 효과가 어느 정도인지 알 수 있게 된다.

➡ 앞서 저리의 융자금 정책에 따른 융자보조원가가 어떠한 의미를 가지는지 언급하였다. 또 다른 발생주의 효과와 관련하여, 국가의 일반유형자산이나 사회기반시설에 대한 감가상각도 국민에 대한 실질적인 효과를 의미한다. 예를 들어 국가가 특정 연도에 1,000억원을 투자하여 공항을 건설하였다고 가정할 때, 현금주의 관점에서는 실제 투자한 시점에만 세출액으로 인식하게 된다. 그런데 공항이 실질적으로 50년 사용된다고 본다면 첫해에만 1,000억원을 집행하였다는 정보보다는 50년 동안 매년 20억원씩 국민들에게 혜택을 제공하였다고 보는 것이 타당할 수 있다. 매년 20억원씩 비용으로 인식하는 과정을 바로 감가상각이라고 한다.

㉤ 마지막 5단계에서는 해당 프로그램(총)원가에 직접적으로 관련되는 수익(프로그램수익)을 차감하여 프로그램순원가를 산출한다. 정책수행을 위해서는 경제적 자원의 소비가 따르게 되는데, 이를 근거로 국가는 국민으로부터 세금을 징수한다. 다만, 특정 정책의 경우 직접적인 정책 수혜자에게 재원의 일부를 받는 경우가 있으며(예를 들어 여권발행수수료, 국립대학교 등록금, 경찰병원 등 국가가 운영하는 병원에서의 용역제공수익, 양곡관리특별회계에서의 미곡판매수익 등), 그만큼 세금을 덜 징수할 수 있게 된다. 정책사업에 소요되는 경제적 자원의 총액을 프로그램총원가라고 하고, 정책사업을 수행하는데 있어 실질적으로 얼마의 세금이 투입되어야 하는가를 나타내는 것을 프로그램순원가라고 한다.

➡ 현행 세입세출결산 하에서는 세입결산과 세출결산이 따로 이루어진다(따라서 결산보고서도 세입결산서와 세출결산서로 각각 산출된다). 이는 각각 세입내역에 대한 집계와 통제, 세출내역에 대한 집계와 통제에 중점을 두고 있기 때문이다. 즉, 현재세대로부터 최적의 조세 징수의 규모를 파악하는데 한계가 있다. 세입결산서와 세출결산서 사례는 다음과 같으며, 각 결산서에 대한 해석은 본서의 '제4장 제1절 2. (2) 세출거래 프로세스의 이해 및 세출결산서의 해석'과 '제4장 제1절 5. (2) 세입거래 프로세스의 이해 및 세입결산서의 해석'을 참고한다.

〈세입결산서 사례: 2022년 경찰청 세입결산서 발췌〉

(단위: 백만원)

구 분	세입예산액	이체등 증감액	세입예산 현액	징수결정액	수납액	불납 결손액	미수납액
경찰청	1,079,654	0	1,079,654	2,544,104	1,374,688	7,850	1,161,566
일반회계	997,070	0	997,070	2,446,641	1,277,253	7,850	1,161,537
12관 경상이전수입	982,969	0	982,969	2,433,413	1,264,601	7,850	1,160,962
56항 벌금, 몰수금및 과태료	943,161	0	943,161	2,203,806	1,222,570	6,418	974,817
561목 벌금및과료	94,465	0	94,465	81,214	81,214	0	0
562목 과태료	848,674	0	848,674	2,122,089	1,141,266	6,418	974,404
564목 징계부가금	22	0	22	502	89	0	413
XX항	......	......	......		......	......	......

〈세출결산서 사례: 2022년 환경부 세출결산서 발췌〉

(단위: 백만원)

구 분	세출예산액	증감액(이월, 이체, 이용, 전용 등)	세출예산현액	지출액	다음연도 이월액	불용액
환경부	16,451,787	1,381,771	17,833,558	17,109,830	167,601	556,127
환경개선특별회계	6,741,462	266,491	7,007,953	6,835,886	89,358	82,709
070장(분야) 환경	6,741,462	266,491	7,007,953	6,835,886	89,358	82,709
079관(부문) 기후대기및환경안전	1,238,558	(-)10,429	1,228,129	1,170,927	33,544	23,658
1600항(프로그램) 대기환경 보전	883,836	(-)14,552	869,284	838,735	18,716	11,833
1700항(프로그램) 기후변화대응	17,309	0	17,309	17,032	28	249
2200항(프로그램) 환경보건관리	192,344	2,028	194,372	183,972	8,517	1,883
XXX관(부문)	......	......	......	......	......	......

2. 프로그램세출 정보와 프로그램원가 정보의 차이

(1) 프로그램세출과 프로그램원가의 차이가 (거의) 없는 경우

프로그램세출과 프로그램원가는 기록방식(단식부기 vs. 복식부기), 인식기준(현금주의 vs. 발생주의), 포함범위(직접지출액 vs. 직접원가+간접원가), 표시방식(행정운영성경비의 구분, 프로그램수익 차감 등) 등에 있어 분명 차이가 있다. 그런데 모든 정책사업에서 프로그램세출과 프로그램원가가 반드시 다르다고는 볼 수 없는데, 금액적 차이가 (거의) 없는 경우도 있고, 반대로 금액적 차이가 많이 있는 경우도 있다. 이하에서는 실제 각 중앙관서결산보고서상 실제 사례를 기준으로 차이가 (거의) 없으면 왜 (거의) 없는지, 반대로 많은 차이가 있으며 왜 많이 차이가 발생하는지 그 원인을 살펴보도록 한다.

우선 국가가 법적·제도적 근거에 따라 보조금 또는 연구개발출연금 등을 집행하거나 지방자치단체에 지방교부세를 교부하는 경우, 또는 책임운영기관(국립중앙극장, 국립과학수사연구원 등) 등에 일반적인 경상비를 지원하는 경우에는 프로그램세출과 프로그램원가는 거의 동일하게 된다. 물론 약간의 차이는 있을 수 있는데, 세출 중에서 비품 등의 자산을 구입하는 경우도 있고, 감가상각비나 기간귀속(미수수익, 미지급비용 등) 같은 발생주의 조정이 있을 수도 있기 때문이다. 한편, 지방교부세나 지방교육재정교부금과 같이 세계잉여금을 정산하는 과정에서 집행이 발생하는 경우(「국가재정법」 제90조②) 이는 세입세출외거래이므로 프로그램세출에는 기재되지 않으나, 프로그램원가에는 포함되기 때문에 차이가 발생하기도 하지만 실질적으로는 차이가 없다.

(금액단위: 백만원)

중앙관서	프로그램명	2022년 프로그램세출	2022년 프로그램원가	차이	차이분석
문화체육관광부	관광진흥기반확충	104,799	104,799	0	일치 대부분 보조금
	종교문화지원	55,873	55,866	7	거의 일치(➡ 0.01% 차이) – 대부분 보조금
	국립중앙극장운영	28,326	29,391	(–)1,065	거의 일치(➡ 3.4% 차이) – 경상운영비. 차이는 감가상각비 등 발생주의 조정액 등

중앙관서	프로그램명	2022년 프로그램세출	2022년 프로그램원가	차이	차이분석
국토교통부	기초주거생활보장	2,252,628	2,252,821	(−)193	거의 일치(➡ −0.01% 차이) − 대부분 보조금
	국토교통연구개발	572,732	583,908	(−)11,176	거의 일치(➡ −2.0% 차이) − 대부분 국가연구개발비
행정안전부	지방교부세	74,959,371	81,044,923	(−)6,085,552	세계잉여금 정산액 60,856억원을 고려하면 실제로는 일치 ➡ 세계잉여금 사용액은 세입세출외거래이나 총원가는 인식함
	과학수사	63,659	61,055	2,604	거의 일치(➡ 4.1% 차이) − 경상운영비. 차이는 국립과학수사연구원내 자산 취득 등
	재난안전기술개발	105,388	106,135	(−)747	거의 일치(➡ −0.7% 차이) − 대부분 국가연구개발비
교육부	지방교육재정교부금	76,044,956	81,297,589	(−)5,252,633	세계잉여금 정산액 52,526억원을 고려하면 실제로는 일치
인사혁신처	인재채용	19,695	19,946	(−)251	거의 일치(➡ −1.3% 차이) − 경상운영비. 차이는 감가상각비 등 발생주의 조정액 등

(주1) 상기 표에서의 프로그램원가는 재정운영표상 프로그램총원가를 의미함(이하 같음)
(주2) 행정안전부 및 교육부의 세계잉여금 정산액은 2021회계연도 결산에 근거한 잉여금이며, 2022년 중에 세계잉여금 정산 과정에서 집행된 것임(대한민국 정책브리핑, 2022.4.15. 내용 참고)

프로그램세출과 프로그램원가가 차이가 거의 없다는 것은 국가의 세출을 집행하는 시점에 세출액 자체가 현재세대 국민들에게 직접적으로 제공되는 혜택이 된다고 볼 수 있다. 프로그램세출과 프로그램원가가 원래 같은 것이 아니라(프로그램세출과 프로그램원가가 같은 것이라고 생각하는 사람들이 많다), 세출의 성격상 거의 전액 비용발생과 밀접하게 연결되어 있기 때문이다. 이는 특히, 보조금이나 국가연구개발사업, 민간에 대한 출연사업, 지방자치단체(지방교육청)에 대한 지방교부세(지방교육재정교부금) 교부 등과 같이 전형적인 비교환비용이 많이 발생하거나 책임운영기관 등에 경상적 운영비를 지원하는 정책활동이 많은 중앙관서(문화체육관광부, 보건복지부, 행정안전부, 여성가족부 등)에서는 프로그램세출과 프로그램원가가 거의 동일한 경우가 빈번하게 발생한다. 이 같은 성격의 정책사업을 분석할 때는 현금주의 예결산을 근간으로 프로그램원가를 분석해도 크게 문제가 되지 않는다. 그러나, 일부 차이가 발생하는 경우도 있으므로 자산취득 내역이나 발생주의 결산조정사항 등을 유의할 필요는 있다.

(2) 프로그램세출과 프로그램원가의 차이가 있는 경우 ① – 대규모 자산취득

이와는 달리 프로그램세출과 프로그램원가의 차이가 많이 발생하는 정책사업도 상당히 많다. 차이가 많이 있는 원인으로는 첫째, 대규모 사회기반시설의 건설이나 일반유형자산의 취득, 자산성격의 시스템개발 및 출자금이 있는 경우, 둘째, 프로그램세출과 프로그램원가가 전혀 관련이 없는 융자사업이나 연금사업, 보증사업 등을 수행하는 경우이다. 우선 정책의 목표가 대규모 자산취득과 관련된 것부터 살펴보도록 한다.

국토교통부, 해양수산부, 환경부, 행정중심복합도시건설청 등과 같이 사회기반시설 또는 행정기관 건설을 전담하거나 출자대상 소관 공공기관이 많은 중앙관서에서는 프로그램에 따라 프로그램세출과 프로그램원가가 상당히 많은 차이가 발생하게 된다. 건설 관련 정책사업을 예로 들면, 건설하는 기간 동안 건설과 관련한 세출은 대부분 자산취득과 밀접하게 연결되어 있기 때문에 프로그램세출이 프로그램원가 보다 훨씬 크게 나타나게 된다. 그런데 반대로 건설이 완료되면 감가상각비 등의 이유로 인하여 프로그램세출보다 프로그램원가가 크게 발생하는 특성도 가지고 있다.

(금액단위: 백만원)

중앙관서	프로그램명	2022년 프로그램세출	2022년 프로그램원가	차이	차이분석
국토교통부	국도건설	1,645,918	847,461	798,457	사회기반시설 건설(자산취득) 등 (➡ 48.5% 차이)
	고속철도건설	508,800	1,540,004	(–)1,031,204	기준공된 고속철도에 대한 감가상각비 등 차이 (➡ –202.7% 차이)
	광역철도건설	1,027,005	504,899	522,100	사회기반시설 건설(자산취득) 등 (➡ 50.8% 차이)
	일반공항건설 및 관리	113,771	521,772	(–)408,001	기준공된 공항에 대한 감가상각비 등 차이(➡ –358.6% 차이)
해양수산부	항만개발 및 관리	1,358,291	1,040,420	327,871	사회기반시설 건설(자산취득) 등 (➡ 24.1% 차이)

중앙관서	프로그램명	2022년 프로그램세출	2022년 프로그램원가	차이	차이분석
환경부	수자원정책 및 홍수관리	522,787	189,068	333,719	공공기관에 대한 출자금 증가(자산취득) 등(➡ 63.8% 차이)
	댐 운영 및 관리	266,185	389,173	(–)122,988	기준공된 댐에 대한 감가상각비 등 차이(➡ –46.2% 차이)
행정중심복합도시건설청	행정중심복합도시 건설	349,578	137,550	212,028	행정기관 등 일반유형자산 취득 등(➡ 60.7% 차이)

(주1) 출자금과 비슷한 용어로 출연금이 있는데, 출자금은 관련 공공기관 등의 자본과 관련되므로 자산으로 인식되지만, 출연금은 관련 공공기관이나 비영리기관 등의 경상운영비와 관련되는 지원액으로 비용으로 처리됨

프로그램이 주로 사회기반시설이나 행정기관, 시스템구축, 각종 일반유형자산의 취득 및 출자금 증가 등 보통 400번대 목의 지출과 많은 관련이 있는 경우 관련 프로그램세출은 상당 부분 자산으로 인식되고 프로그램원가로 인식되는 것이 아니므로 프로그램세출과 프로그램원가는 상당한 차이가 발생하게 된다. 이러한 프로그램의 경우 세출이 이루어지는 시점에서는 원가와 정(+)의 차이가 많이 발생(프로그램세출 > 프로그램원가)하지만, 세출 이루어진 이후에는 감가상각비 등으로 인하여 세출이 없어도 원가는 계속 발생하기 때문에 부(–)의 차이가 많이 발생(프로그램세출 < 프로그램원가)하게 된다는 특징도 있다.

(3) 프로그램세출과 프로그램원가의 차이가 있는 경우 ② – 지출과 비용의 성격상이

융자사업, 연금사업, 보증·보험사업 등의 경우 프로그램세출의 회계상 성격(지출)과 프로그램원가의 회계상 성격(비용)이 완전히 상이하여 프로그램세출과 프로그램원가의 차이가 발생하게 된다. 자산취득의 경우 세출이라는 현금거래를 자산으로 분류할 것인지 아니면 비용(원가)으로 분류할 것인지에 대한 일종의 '선택의 문제'라고 할 수 있다. 이에 비해 융자사업의 경우 융자사업으로 인한 현금의 지출은 당연히 자산으로 인식됨(즉, 선택의 문제가 아니다)과 동시에 시장이자율보다 낮은 명목이자율로 인한 융자보조원가충당금이 계상되면서 융자보조원가라는 비용항목이 발생하게 된다. 즉, 프로그램세출은 현금을 지출하면서 인식하게 되는 것이고 프로그램원가는 융자금 평가와 관련한 발생주의 비용을 별도로 산출하면서 인식하게 되는 것이며(즉,

세출과 비용의 성격이 다르다), 그에 따라 프로그램세출과 프로그램원가의 금액도 다르게 된다. 시간의 흐름상으로 보면 ㉠ 먼저 현금의 지출이 발생하여 프로그램세출이 인식되고, 그 다음으로 ㉡ 융자금을 평가하면서 프로그램원가가 인식된다.

융자사업 관련 현금의 집행(=프로그램세출)과 원가의 인식(=프로그램원가) 회계처리

회계처리 시간적 흐름		회계처리			
㉠ 융자금 지출	5,000원	차변) 대여금(융자금)	5,000	대변) 현금	5,000
㉡ 융자보조원가 인식	1,000원	차변) 융자보조원가(비용)	1,000	대변) 융자보조원가충당금	1,000

이는 연금사업이나 보증·보험사업도 마찬가지이다. 다만, 시간의 흐름상으로 보면 순서가 융자사업과 반대로 나타난다. 먼저 ㉠ 매년 공무원·군인의 근속기간 경과분에 대한 연금지출예상액을 추정(연금지출예상액 총액이 아님에 주의한다)하여 연금충당부채와 연금비용(즉, 발생주의 프로그램원가)을 먼저 인식한 후, 이후 ㉡ 실제 연금이 지급되면 기존에 설정한 연금충당부채를 차감하면서 현금이 지출된다. 이같이 융자사업과 비교하여 프로그램세출과 프로그램원가의 인식 순서가 반대가 된다는 것을 제외하면, 프로그램세출과 프로그램원가의 성격이 상이하다는 측면은 융자사업과 유사하다. 회계처리 구조상 보증·보험사업은 연금사업과 거의 같다(즉, 향후 보증사고를 대비하여 보증충당부채와 보증비용을 먼저 인식하고, 실제 보증사고가 발생하면 대지급의 형식으로 현금이 지출된다).

연금사업 관련 원가의 인식(=프로그램원가)과 현금의 집행(=프로그램세출) 회계처리

회계처리 시간적 흐름		회계처리			
㉠ 연금충당부채 인식	30,000원	차변) 연금비용	30,000	대변) 연금충당부채	30,000
㉡ 연금의 지급	10,000원	차변) 연금충당부채	10,000	대변) 현금	10,000

(금액단위: 백만원)

중앙관서	프로그램명	2022년 프로그램세출	2022년 프로그램원가	차이	차이분석
문화체육관광부	국내관광활성화	748,264	512,593	286,852	세출은 융자금(자산), 원가는 발생주의 융자보조원가 등 (➡ 38.3% 차이)
국토교통부	구입·전세자금	8,521,691	209,310	8,312,381	세출은 융자금(자산), 원가는 발생주의 융자보조원가 등 (➡ 97.5% 차이)
인사혁신처	공무원복지서비스운영	1,827,066	219,574	1,607,492	세출은 융자금(자산), 원가는 발생주의 융자보조원가 등 (➡ 88.0% 차이)
	공무원연금급여지급	20,985,905	53,401,129	(−)32,415,224	세출은 연금지급액(부채감소) 등, 원가는 발생주의 연금비용 등 (➡ −154.5% 차이)
금융위원회	주택금융지원	395,021	486,076	(−)91,055	세출은 보증지급액(부채감소) 등, 원가는 발생주의 보증비용 등 (➡ −23.1% 차이)
산업통상자원부	무역보험지원	538,204	781,032	(−)242,828	세출은 보험지급액(부채감소) 등, 원가는 발생주의 보험비용 등 (➡ −45.1% 차이)

융자사업, 연금사업, 보증·보험사업 등의 경우 프로그램세출은 자산의 증가(융자금 등) 또는 부채의 감소(연금충당부채, 보증·보험충당부채 등), 즉, 자산 또는 부채의 변동과 관련되며, 프로그램원가는 관련 자산·부채의 평가(융자보조원가충당금 설정과 관련한 융자보조원가, 연금충당부채와 관련한 연금충당부채전입액인 연금비용, 보증충당부채와 관련한 보증충당부채전입액인 보증비용 등)와 관련되므로 서로의 성격은 상이할 수밖에 없으며, 이에 따른 금액도 달라지게 된다. 따라서 이러한 성격의 프로그램원가를 분석할 때는 프로그램세출과는 다른 발생주의 국가회계의 특성을 감안하여 접근하여야 하며, 해당 자산·부채의 평가방식에 대한 이해가 먼저 이루어질 필요가 있다.

(4) 프로그램세출과 프로그램원가의 공시

① 세입세출결산상 프로그램세출 및 재정운영표상 프로그램원가 공시 수준

현행 프로그램원가는 프로그램예결산 제도와 밀접하게 연결되어 있으며, 기본적인 프로그램체계 구조인 '분야-부문-프로그램-단위사업-세부사업'의 체계 역시 동일하다. 현행 프로그램세출은 '분야-부문-프로그램-단위사업'까지 공시하고 있으며(즉, 결산보고서에 포함되어 있다), '세부사업'은 시스템인 dBrain에서만 관리되고 있다. 이에 비해 프로그램원가는 재정운영표상에서 프로그램만 공시하고 있다(분야-부문은 해당 중앙관서의 프로그램원가를 집계하면 되므로 공시하지 않는다고 할 수 없으나, 명시적으로 공시하지는 않는다. 사실 프로그램명칭만 보면 어떠한 분야-부문인지 파악하기 쉽지 않기 때문에 이에 대한 보완은 필요할 것으로 보인다). 프로그램세출에서도 공시하지 않는 세부사업은 물론이고 프로그램세출에서는 공시하고 있는 단위사업에 대한 발생주의 원가 정보는 공시하지 않고 있는 실정이다.

② 원가정보 공시 수준의 의미와 한계

프로그램 단위 원가정보의 공시는 중앙관서 단위에서 소관 회계·기금이 수행한 유사한 정책사업의 원가를 집계하여 정보이용자인 국민에게 공시한다는데 의의가 있다. 프로그램 단위는 정보이용자가 국가정책의 방향을 쉽게 이해할 수 있는 기본 단위이기 때문이다. 그러나 프로그램은 단위사업의 집합 개념이므로 실질적인 정책수행과 밀접하게 연계되는 것은 아니다. 즉, 프로그램 단위 자체가 포괄적이므로 충분한 원가정보를 제공하지 못하는 한계는 분명히 존재한다.

이에 비해 단위사업 단위는 예산편성 과정에서 재원을 배분하고 정책목적을 실행할 수 있는 단위라고 볼 수 있다. 실제 회계·기금에서 관리하는 단위로서 하나의 프로그램은 한 개 이상 다수의 단위사업으로 구성되어 있으며, 두 개 이상의 회계·기금이 해당 프로그램을 수행하는 경우 단위사업은 최소한 두 개 이상이 있어야 한다. 또한, 단위사업은 성과보고서상 일종의 관리과제와 밀접하게 연결되어 있는 성과분석의 가장 기본단위이기도 하다. 다만, 국회에서 예산을 심의하는 대상은 아니다(국회에서의 심의대상은 세부사업 단위이다). 현재 세출결산서에서는 단위사업별로 예산액과 지출액 등 세출내역을 공시하고 있는 것에 비해, 단위사업에 대한 발생주의 원가정보는 재정운영표에서는 공시하지 않고 있는 것은 물론이고 주석이나 필수보충사항 어디에도 공시하고 있지 아니하다. 물론 재정운영표에 단위사업 단위로 공시하면 너무 많은 정보의 제공으로 인해 오히려 더 혼란스러워질 수 있는 점은 분명 존재한다. 그럼에도 주석이나 필수보충사항 어디에도 공시하지 않고 있는 것은 정보이용자에게 충분한 정책사업 원가 정보를 제공하지 못한다는 측면에서 향후 개선이 필요한 부분이라고 보인다.

세부사업 단위는 정책집행의 기초단위이자, 국회에서 예산심의 대상이 되는 단위이다. 세부사업 단위의 특성상 하나의 단위사업 내에서도 무수히 많은 세부사업이 있을 수 있다. 그런데 세부사업은 일정한 정책목적이 수행되는 단위라고 보기 어려운 일종의 집행내역의 성격을 가지고 있으며, 국회에서 예산심의 과정에서나 정부 내에서 정책분석 또는 집행내역의 적정성을 검토하는 단위로서는 의미가 있을 수 있겠지만, 정보이용자에게 알려 주어야 하는 공시대상으로는 보기에는 무리가 있어 보인다. 또한, 매년 각 상황에 따라 수시로 신설, 변경, 폐지되기 때문에 일정한 추세분석을 수행하기도 쉽지 않다. 너무 많은 정보를 정보이용자에게 전달하게 되면 오히려 혼란을 야기할 수 있다는 문제도 있다.

3. 발생주의 프로그램원가의 구성

(1) 프로그램총원가

① 프로그램총원가의 개념

프로그램총원가는 국가회계에서 사용하는 개념이며, 지방회계에서는 사업총원가라는 용어를 사용한다. 프로그램이란 동일한 정책목표를 달성하기 위한 사업의 묶음으로서 국가 예산의 수립·집행·평가의 기본단위를 의미한다. 프로그램총원가는 회계·기금이 특정 정책이나 사업에 직·간접적으로 소요된 원가를 일종의 기능(또는 사업)별로 집계한 것을 말한다. 프로그램별 세출결산에서 자산·부채의 변동 부분, 행정운영성경비 중 관리운영비, 그리고 비배분비용을 차감한 후, 발생주의 회계에 따른 조정사항과 간접원가 배부액을 가감하면 프로그램총원가가 산출된다. 프로그램별 총원가의 산출은 국가가 현재세대의 국민들에게 영향을 끼친 실질적인 정책적 효과 측면에서 정보이용자에게 가장 유용한 회계정보를 제공하는 정부회계의 가장 큰 특징이라 할 수 있다. 재정운영표에서는 프로그램총원가에서 프로그램수익을 차감하여 프로그램순원가를 산출한다. 여기서 프로그램총원가는 해당 프로그램(정책사업)을 수행하는데 있어 필요한 총 경제적 자원의 소비액을 의미한다. 다만, 이 중 일부는 해당 프로그램을 진행하는 과정에서 수익자부담금 성격의 수익이 발생할 수도 있으므로 이를 차감한 프로그램순원가는 해당 프로그램을 수행하기 위해 필요한 조세 등이 얼마인지를 나타낸다고 할 수 있다.

② 프로그램총원가의 구성

프로그램총원가는 직접원가와 간접원가로 구성된다. 직접원가는 특정 사업을 수행하는 데 직접적으로 소요되는 인건비, 지급수수료, 수선유지비, 이전경비 등(일반적으로 현금주의 프로그램세출 중 비용에 해당되는 부분이다)과 특정 사업의 재화의 판매나 용역을 제공하는 데 사용된 재화및용역제공원가 및 특정 사업을 수행하는 데 사용한 장비의 감가상각비 등(일반적으로 발생주의 결산조정사항에 해당되는 부분이다)으로 구성되어 있다. 즉, 정책사업과 관련하여 직접 지출되거나 또는 직접 발생주의 조정사항이 반영된 원가라고 보면 된다. 간접원가는 사업형회계인 기금 및 기업특별회계에서 나타나며, 이들 회계·기금의 행정운영성경비 중 소관 프로그램과 관련된 부분

Notice

간접원가의 배부기준

간접원가의 배부기준과 관련하여 행정운영성경비(행정지원프로그램)는 ㉠ 인원수 비율, ㉡ 직접원가 비율, ㉢ 기타 합리적인 방법에 의한 비율을 적용하여 간접원가와 관리운영비로 1차 구분하며, 간접원가는 각 정책사업별로 ㉠ 인원수 또는 인건비, ㉡ 원가대상의 직접원가, ㉢ 사용면적 및 자산금액, ㉣ 생산품의 수량, ㉤ 기타 합리적인 방법을 적용하여 2차 배분한다(「원가계산에 관한 지침」 문단23.~문단25.). 간접비 배부 방식과 관련하여 한번 결정된 배부기준은 중요한 경제적 · 상황적 변동이 없는 한, 계속 유지하는 것이 기간간 비교가능성 입장에서 타당하다(「원가계산에 관한 지침」 문단 5.). 실무적으로 결정된 배부기준은 행정운영성경비를 구분(간접원가와 관리운영비의 1차 구분)할 때와 간접원가의 정책사업별 배부(2차 배부)할 때 동시에 적용하는 것이 일반적이나 더 합리적인 배부기준이 있는 경우 달리 적용할 수 있다. 지방회계에서의 간접원가의 배부기준도 국가회계와 거의 유사하다(굳이 차이가 있다면 국가회계에서의 2차 배분기준 중 ㉣ 생산품의 수량 대신 지방회계에서는 ㉣ 업무량 또는 근무시간을 규정하고 있으나, 중요한 차이는 아니다).

을 일정한 배부기준(1차 구분 및 2차 배부)에 따라 배부된 원가를 의미한다. 국가회계에서는 행정형회계(일반회계, 기타특별회계)의 경우 간접원가를 프로그램총원가에 배부하지 않지만, 지방회계에서는 행정형회계에도 간접원가 배부가 가능하다는 차이가 있다.

한편, 각 회계·기금은 최소 사업단위인 세부사업별로 원가를 집계하고 이는 다시 활동단위인 단위사업으로 집계한 후(단, 간접원가는 단위사업 단위부터 배분된다) 정책단위인 프로그램으로 집계하면 프로그램총원가가 산출되어 공시된다.

③ 프로그램총원가의 재정운영표 표시

국가회계에서의 프로그램총원가는 회계·기금단위 재정운영표와 중앙관서단위 재정운영표에서만 나타나며, 국가(통합)단위에서는 나타나지 않는다. 대신 국가(통합)단위 재정운영표에서는 재정운영순원가가 중앙관서별로 표시된다(이에 비해 지방회계의 경우 사업총원가는 '분야' 수준으로 나타내며, 모든 지방자치단체가 형식적인 측면에서 거의 유사하다). 정부회계의 특성상 프로그램총원가는 정(+)의 부호로 표시되는데, 이는 매출원가를 부(−)의 금액으로 표시하는 기업회계와 차이가 있다. 재정운영표에서의 프로그램 명칭은 프로그램예산 제도의 명칭과 동일하므로 예결산상 프로그램별 세출과 재정운영표상 프로그램별 원가의 1:1 비교도 가능하지만, 금액과 관련해서는 앞서 언급한 바와 같이 프로그램세출과 프로그램원가가 (거의) 동일한 것도 있고, 차이가 많이 나는 것도 있음에 주의한다(자세한 것은 본장의 '제3절 2. 프로그램세출 정보와 프로그램원가 정보의 차이' 부분을 참고한다).

(2) 프로그램수익

① 프로그램수익의 개요

프로그램수익은 프로그램차감수익이라고도 한다. 프로그램수익은 특정 프로그램의 운영에 따라 재화나 용역을 제공한 대가로 발생하는 수익(즉, 정책사업 수행의 직접적인 수익자로부터의 수익을 의미한다)으로, 프로그램총원가에서 차감할 수익을 말한다. 프로그램수익은 정부가 정책사업 수행, 일반행정업무 수행 및 조직관리 등을 위하여 필요한 재원을 마련하기 위하여 법령 및 제도의 강제성에 근거한 국세 등(국세,

부담금, 벌과금 등 비교환수익에 해당한다)이 필요한데, 이 규모를 일정 부분 줄여줄 수 있는 정보를 제공한다는 측면에서 중요하다(따라서 프로그램수익을 프로그램총원가에서 차감하는 것이다). 또한, 정책사업의 특성에 따라서는 해당 프로그램의 성과를 평가할 수 있을 측정수단도 될 수도 있다. 프로그램수익에 포함되는 항목과 관련하여 국가와 지방자치단체의 특성으로 인하여 국가회계와 지방회계가 다소 많은 차이가 있는 점은 주의할 필요가 있다.

② 프로그램수익의 종류

국가회계실체는 중앙관서 및 소관 회계·기금의 특성에 따라 다양한 행정활동 또는 사업활동을 수행하기 때문에 프로그램수익으로 인식되는 항목은 국가회계실체의 특성에 따라 상이할 수 있다. 「원가계산에 관한 지침」 문단12.에서는 프로그램수익의 사례로 재화및용역제공수익(면허료 및 수수료, 용수수익, 입학금 및 수업료, 병원수익 등), 연금수익, 보험및보증수익, 수입대체경비수입에 해당하는 수익 등을 제시하고 있으며(이와 같이 프로그램수익은 교환수익과 관련된다), 좀 더 구체적으로 동 지침 실무해설 6.에서는 비축물자사업수입(조달특별회계), 미곡판매수익(양곡관리특별회계), 우편사업수익(우편사업특별회계), 각 책임운영기관사업수익(책임운영기관특별회계) 등이 있다. 그러나 반드시 이에 한정하는 것은 아니며, 국가회계실체의 특성에 따라 다양할 수 있다.

예를 들어 저리의 융자금 관련 프로그램을 운영하는 기금의 경우 발생하는 이자수익(실제 이자수입+융자보조원가충당금상각액)은 프로그램수익이지만, 일반적인 기금의 여유자금을 운용하는 과정에서 발생하는 이자수익은 비배분수익으로 분류한다(물론 여유자금운용을 주된 정책사업으로 수행하는 일부 기금에서는 프로그램수익으로 인식한다). 또한, 평가이익(파생상품, 외화환산 등), 자산처분이익(유가증권, 일반유형자산 등), 기타수익(배당금, 대손충당금환입 등)의 경우 자산의 취득, 관리 및 처분, 외환관리, 자금관리 등이 주된 정책사업인 국가회계실체(공공자금관리기금, 국유재산관리기금 등)는 평가이익이나 자산처분이익 등을 프로그램수익으로 분류하는 것이 원칙이지만, 그렇지 않을 경우 비배분수익으로 인식한다.

한편, 일반회계에서 발생하는 수익의 경우 현재 「원가계산에 관한 지침」 문단 12.(1)에 의거하여 수입대체경비수입에 해당하는 수익만을 프로그램수익으로 분류하도록 하고 있다(즉, 일반회계의 경우 수입대체경비수입이 아니라면 프로그램과 관련이 있는 수익(입장료수익, 보조금반납액 등)이 있는 경우에도 프로그램수익으로 인식하지 않는다).

- 국가회계실체의 프로그램수익은 회계·기금의 특성에 따라 발생할 수도 있고, 발생하지 않을 수도 있으며, 발생하더라도 정도의 차이가 있으므로 회계·기금간 비교 또는 중앙관서간 비교가 의미가 없는 상황이 발생하기도 한다. 이에 비해 지방회계의 사업수익은 자치단체간 비교가 가능할 수 있다는 측면에서 국가회계와 지방회계가 차이가 있다고 할 수 있다.

Notice

수입대체경비수입

수입대체경비수입이란 「국가재정법」 제53조①에 의한 경비로 지출되는 수입으로서 항·목은 일반회계 세입코드와 동일하지만 14관 수입대체경비수입으로 별도로 편성되는 경우에만 수입대체경비수입으로 인정을 받을 수 있다. 대표적인 수입대체경비수입의 예로 교육활동수입, 주차장운영수입, 입장료수입 등을 들 수 있는데, 교육인원, 주차창이용실적, 궁능원입장객 등 사전에 수입의 규모를 파악하기 어려운 사업의 경우 수입이 확보되는 범위 안에서만 이루어지는 지출을 수입대체경비라고 하고, 이에 대응되는 것을 수입대체경비수입이라고 하는 것이다. 일반회계의 경우 수입대체경비수입으로 예산이 편성된 경우에 한하여 프로그램수익으로 인식할 수 있다(수입대체경비수입이 아닌 일반회계의 교환수익은 모두 비배분수익으로 계상됨). 한편, 수입대체경비수입이 예산을 초과 또는 초과예상 되는 경우 초과수입에 직접 관련되는 경비에 초과지출할 수 있다(예산총계주의 원칙의 예외).

③ 프로그램수익의 재정운영표 표시

프로그램수익은 재정운영표상 프로그램총원가 차감항목으로 표시되며 그 예시는 다음과 같다.

(단위: 천원)

구분	프로그램총원가(A)	프로그램수익(B)	프로그램순원가(C=A–B)
프로그램 A	50,767,794	(–)76,700,000	(–)25,932,206
프로그램 B	12,055,600	(–)8,100,000	3,955,600
프로그램 C	26,287,406	–	26,287,406
계	89,110,800	(–)84,800,000	4,310,800

프로그램수익을 프로그램원가에서 차감하는 형식으로 표시하는 것은 전형적인 정부회계의 특성이 반영되어 있는 것이다. 일반기업에서는 매출수익부터 시작하여 매출원가와 판매비와관리비 등을 차감한 후 당기순이익을 산출한다. 기업은 생존을 위하여 이익을 창출하여야 하므로 이익을 산출하는 방식으로 재무제표(손익계산서)가 작성된다. 이에 비해, 정부에서는 원가정보가 중요한데, 그 이유는 이론적으로 원가정보를 기초로 ㉠ 비교환수익(국세수익 등)의 크기를 결정하고, 비교환수익이 부족하면 ㉡ 미래세대로부터 재원을 이전받을 금액(채권의 발행)을 결정할 수 있기 때문이다. 즉, 정부에서는 교환수익을 창출하기 위하여 정책사업을 수행하는 것이 아니라 국민에게 필요한 정책집행 과정에서 원가보전 성격의 수익을 차감한 금액인 정책수행 필요금액(=재원)을 국세 등의 비교환수익으로 충당하여 현재세대에게만 부담시킬 것인지 아니면 국채발행 등을 통하여 미래세대에게도 부담시킬 것인지 등 어떠한 방식으로 마련해야 하는지에 대한 의사결정이 중요하다고 할 수 있다.

➡ 일반기업에서 이익정보가 중요한 이유는 기업의 회계정보이용자인 주주, 채권자, 국가(과세당국)가 각각 배당, 영업이익 및 당기순이익의 정보에 민감하기 때문이다.

4. 국가회계와 지방회계 원가계산구조의 비교

(1) 국가회계와 지방회계 원가계산구조의 차이

국가회계와 지방회계에서의 원가계산구조는 전형적인 정부회계의 특성이 강조되고 있어 전반적으로 유사한 부분이 많지만, 세부적인 부분에 있어 국가회계와 지방회계의 고유 차이로 인해 약간의 차이를 보이고 있다. 이를 비교하면 다음과 같다.

구분	국가회계	지방회계
1. 행정운영(성) 경비의 특성	• 행정지원프로그램으로 지정된 프로그램에서 발생한 각종 경비 • 행정운영(성)경비는 관리운영비와 간접원가로 구분됨 • 관리운영비는 인건비와 경비로 구성	• 행정운영(성)경비는 별도로 구분되야 하며, 인력운영비와 기본경비로 구성 • 기본경비는 정책사업 수행 부서(실·과)의 운영을 위한 행정사무비임 • 행정운영(성)경비는 기타 분야로 관리
2. 간접원가 배부 대상 차이	• 국가회계에서는 프로그램원가에 배부되는 것을 간접원가라고 함 • 행정운영성경비 = 간접원가 + 관리운영비 • 행정형회계(일반·기타특별)는 행정운영성경비 전액을 관리운영비로 간주 • 사업형회계(기업특별·기금)는 행정운영성경비를 간접원가와 관리운영비로 구분	• 지방회계에서는 관리운영비도 간접원가로 보고 있음. 즉, 간접원가는 사업총원가에 배분되는 간접원가와 배부되지 않는 간접원가(관리운영비)로 구분할 수 있음 • 지방회계에서는 행정형회계도 간접원가 배부 가능
3. 비교환수익 (일반수익) 인식대상	• 재정운영표상 비교환수익등은 기업특별회계와 기금에서만 나타남 • 비교환수익등이므로 일부 비교환비용 포함 • 국가(통합)단위 재정운영표상 비교환수익 항목은 지방회계의 (일반)수익과 유사함	• 재정운영표에서 인식되는 (일반)수익은 모든 자치단체에서 발생 가능 • 지방회계에서는 비교환수익을 (일반)수익이라고 함
4. 용어의 차이	프로그램총원가·프로그램순원가	사업총원가·사업순원가
	프로그램수익	사업수익
	비배분비용·비배분수익	비배분비용·비배분수익
	비교환수익등(= 비교환수익−일부 비교환비용)	(일반)수익

▶ 국가회계(회계·기금·중앙관서단위)와 지방회계의 재정운영표 구조의 비교

〈국가회계 재정운영표 구조〉
(회계·기금·중앙관서단위)

	Ⅰ. 프로그램총원가
(−)	프로그램수익
	= 프로그램순원가
(+)	Ⅱ. 관리운영비
(+)	Ⅲ. 비배분비용
(−)	Ⅳ. 비배분수익
=	Ⅴ. 재정운영순원가
(−)	Ⅵ. 비교환수익등
=	Ⅶ. 재정운영결과

〈지방회계 재정운영표 구조〉

	Ⅰ. 사업총원가
(−)	사업수익
	= 사업순원가
(+)	Ⅱ. 관리운영비
(+)	Ⅲ. 비배분비용
(−)	Ⅳ. 비배분수익
=	Ⅴ. 재정운영순원가
(−)	Ⅵ. (일반)수익
=	Ⅶ. 재정운영결과

▶ 국가회계(회계·기금·중앙관서단위)와 지방회계의 재정운영표 계정과목 계산방식 비교

국가회계	지방회계
㉠ 프로그램총원가 = 직접원가 + 간접원가	㉠ 사업총원가 = 직접원가 + 간접원가
㉡ 프로그램수익 = 프로그램과 직접관련 되는 수익	㉡ 사업수익 = 서비스요금수익 + 보조금
㉢ 프로그램순원가 = 프로그램총원가 − 프로그램수익	㉢ 사업순원가 = 사업총원가 − 사업수익
㉣ 재정운영순원가 = 프로그램순원가 + 관리운영비 + 비배분비용 − 비배분수익	㉣ 재정운영순원가 = 사업순원가 + 관리운영비 + 비배분비용 − 비배분수익
㉤ 재정운영결과 = 재정운영순원가 − 비교환수익등	㉤ 재정운영결과 = 재정운영순원가 − (일반)수익
▶ 비교환수익등: 기업특별회계 및 기금의 비교환수익을 의미하며, 일부 비교환비용도 포함됨	▶ (일반)수익: 지방세수익, 지방교부세수익, 과태료수익, 부담금수익 등

(2) 지방회계에서의 사업수익(※ 국가회계와 비교하여 가장 많은 차이가 있음)

지방회계의 경우 사업수익은 정책사업의 추진과정에서 직접 발생한 수익(서비스요금수익)과 국가나 상위자치단체로부터 정책사업과 관련하여 받은 수익(보조금 등)으로 구분된다. 국가회계에서는 프로그램의 운영에 따라 발생하는 교환수익을 근간으로 프로그램수익을 인식하고 있는 것에 비해(교환수익 중 비배분수익도 있을 수 있다), 지방회계의 경우 특정사업의 보조금이나 특정사업으로 용도가 제한된 기부금 등 비교환수익도 사업수익으로 인식될 수 있다는 점에서 중요한 차이가 있다.

서비스요금수익에는 ㉠ 재화판매수익 및 용역제공수익(입장료, 시설사용료, 관유물대여료 등), ㉡ 특정서비스의 대가(물이용, 쓰레기청소 등), ㉢ 특별한 면허료와 수수료(주류판매업 허가, 건축허가 등), ㉣ 자치단체 간 교환거래수익(타지역 주민을 위한 쓰레기소각장 공동이용 등), ㉤ (지방)공기업특별회계 등에서의 상하수도, 주차장, 버스, 주민체육시설, 의료시설, 공공주택 등과 관련한 각종 용역수익, ㉥ 수입대체경비수입 등이 이에 해당된다. 서비스요금수익은 원칙적으로 교환거래로 인한 수익을 의미하기 때문에 과태료와 과징금 등은 비록 경상세외수익에 포함되고 해당 정책사업의 재원에 사용된다고 하더라도, 이는 납부자의 비자발적인 의사로 납부한 것으로 교환거래에 근거한 사업수익으로 인식하지 않는다. 한편, 원칙적으로는 서비스요금수익이지만 원가대상별로 식별하기 곤란하고 금액의 크기가 중요하지 않을 때에는 제외할 수 있다(예를 들어 상징적 의미의 서비스요금 100원 등이 있다). 지방회계의 특성상 주민밀착형 사업이 많을 수밖에 없어 국가회계와 비교하여 상당히 다양한 사업수익이 발생하는 특성을 보이고 있다.

Notice

경상보조금과 자본보조금의 회계처리에 대한 논란

현행「지방회계기준」에 따라, 지방자치단체는 국가 또는 상위 자치단체로부터 보조금을 수령하는 경우 경상보조금과 자본보조금의 성격을 구분하지 않고 모두 사업수익으로 인식하고 있다(물론 예외는 있다). 그런데 자치단체의 자산을 형성하는데 사용되는 자본보조금(여기서 말하는 자본보조금은 자치단체의 자산 형성과 관련되는 것을 말하며, 민간기관 등에 교부하는 자본보조금을 의미하는 것은 아니다. 자본보조금이라도 민간기관 등에 교부하는 자본보조금은 경상보조금의 성격을 가지고 있으므로 자치단체의 비용으로 처리하는 것이 타당하다)의 경우 보조금의 수령을 사업수익으로 처리하게 되면 오히려 자치단체의 성과를 정확하게 나타내지 못할 가능성이 존재하게 된다. 특히, 재정자립도가 낮고 지역내 사회기반시설이나 주민편의시설이 부족한 자치단체의 경우 국가 또는 상위 자치단체로부터 시설확충과 관련한 자본보조금을 받을 수밖에 없는데, 자본보조금을 사업수익으로 처리하게 되면 재정자립도가 낮고 지역내 시설이 취약한 자치단체일수록 성과가 좋아지는 이상한 결과가 발생할 수 있다. 허웅 · 윤성식(2009)은 전체 지방자치단체를 대상으로 실증분석을 통해 자산취득에 사용된 국고보조금으로 인해 자치단체별 성과평가가 왜곡될 수 있음을 밝힌 바 있다.

따라서 자치단체의 자산 형성에 소요되는 자본보조금의 경우 사업수익이 아닌 다른 방법으로 회계처리하거나(순자산변동항목 처리 등), 최소한 사용목적에 따른 구분된 회계정보의 제공이 필요할 것으로 보인다(기업에 적용되는 국제회계기준에서도 수익관련 보조금과 자산관련보조금의 회계처리 방식을 다르게 규정하고 있다).

보조금 등은 국가 또는 상위자치단체로부터 특정 사업의 수행 등과 관련하여 이전받은 보조금 등을 말한다. 보조금은 일반적으로 특정 사업의 경상적 비용을 보전하기 위한 운영보조 목적의 보조금(경상보조금)과 특정 사업에 사용될 자산의 취득을 지원하기 위한 자본보조 목적의 보조금(자본보조금)으로 구분된다. 그러나 현행 지방회계에서는 경상보조금이나 자본보조금 모두 사업수익으로 인식하도록 한다(단, 특정 사업과 관련되지만 경상보조금(운영)과 자본보조금(시설) 성격이 동시에 이루어지는 보조금이나 여러 사업에 대응되는 국가균형발전특별회계 보조금은 사업의 내용에 따라 해당 사업수익으로 인식하나, 두 가지 이상의 목적으로 사용할 수 있는 보조금은 (일반)수익으로 처리한다.

원가비대상사업(관리운영비) 관련 보조금도 (일반)수익으로 처리한다). 이렇듯 지방회계에서는 일종의 비교환수익인 보조금 등을 사업수익으로 인식하고 있는데, 이는 비교환수익을 프로그램수익으로 인식하지 않는 국가회계와 가장 큰 차이라고 볼 수 있다. 그러나 보조금 등이 비록 비교환수익 성격을 가지고 있다고 하더라도 자치단체 입장에서는 주민들에 대한 정책사업에 직접적으로 대응되는 수익이고, 사업총원가에서 사업수익을 차감한 사업순원가의 의미가 자치단체가 수행할 정책사업을 위하여 어느 정도의 재원이 필요한지를 나타내는 것이라면 정책사업과 직접 대응되는 보조금 등을 차감하는 것은 논리적으로 타당한 부분이라고 할 수 있다.

제 4 절 국세·지방세수익과 기타비교환수익의 특성

1. 국세수익과 지방세수익의 재무제표 공시의 특성

국세수익은 「국가회계기준」에 따라 회계처리 및 재무제표(필수보충정보 포함)에 계상되어야 하며, 지방세수익은 「지방회계기준」에 따라 회계처리 및 재무제표 계상이 이루어져야 한다. 정부회계 관점에서 볼 때, 국세수익과 지방세수익의 가장 큰 차이는 지방세수익은 각 자치단체의 재정운영표에 계상되지만, 국세수익의 경우 중앙관서단위에서는 재정운영표가 아닌 필수보충정보인 국세징수활동표에 계상되며, 국가(통합)단위에서는 재정운영표에 계상된다는 점이다. 이렇게 조세수익이 계상되는 재무제표가 차이가 발생하는 이유는 징수한 조세수익을 해당 회계실체가 독자적으로 사용할 수 있는가의 여부와 관련이 있다. 지방세수익은 지방세를 징수하는 해당 자치단체의 재원으로서 직접 사용이 가능하므로 재정운영표에 포함되는 것이며, 이는 해당 자치단체의 순자산의 변동에도 영향이 미치게 된다.

이에 비해 중앙정부의 경우 국세수익을 인식하는 중앙관서는 국세청, 관세청, 기획재정부에 한정된다. 만일 국세수익이 재정운영표에 반영된다고 한다면, 이들 중앙관서의 성과는 비정상적으로 좋아질 수밖에 없어 왜곡된 정보를 제공할 수 있다(사실 국세청 등에서 조세를 징수할 수 있는 것은 조세징수의 업무를 법령 등을 통해 부여받았기 때문이다). 또한, 국세수익에서 발생하는 수입은 모두 국고로 귀속되어 모든 중앙관서 세출의 재원으로 사용되기 때문에 어느 특정 중앙관서의 성과로 보기 어려운 부분도 있다. 따라서 중앙관서 단위에서는 재정운영표에 반영하지 않고 별도의 재무정보(필수보충정보)를 제공하게 되는데, 이를 국세징수활동표라고 한다. 반면, 국가회계에서도 국가(통합)단위 재무제표 작성할 때는 국세수익을 재정운영표에서 인식하는데, 국가통합 관점에서는 국가가 국세수익을 독자적으로 사용할 수 있기 때문이다. 즉, 각 자치단체에서 지방세수익을 재정운영표에서 인식하는 논리와 같다고 볼 수 있다.

Notice

발생주의 국세수익과 현금주의 세입세출결산상 국세수입이 인식되는 중앙관서

세출이나 세입 모두 해당 중앙관서에서 이루어지는 것을 시작으로 해당 중앙관서의 국가재무제표가 작성되는 가장 일반적이다. 그런데 재무제표의 필수보충정보인 국세징수활동표는 국세청, 관세청, 기획재정부에서 작성되지만, 세입결산서상 국세수입은 거의 대부분 기획재정부 일반회계 세입결산서에 기록된다. 국세수입의 전부가 아닌 이유는 농어촌특별세와 주세는 각각 농림축산식품부의 농어촌구조개선특별회계 및 기획재정부의 국가균형발전특별회계의 세입결산서에 인식되기 때문이다. 이렇듯 국가회계에서는 발생주의 국세수익을 인식하는 중앙관서와 현금주의 국세수입을 인식하는 중앙관서가 상이함을 이해할 필요가 있다.

2. 국세수익과 국세징수활동표(국가회계)

(1) 국세수익의 수익인식기준

국세수익은 국가의 재정수입을 위하여 국가가 징수하는 (광의의)내국세 및 관세를 의미하는 것으로 전형적인 비교환수익이다. 국세수익은 해당수익에서 국세환급금을 차감한 잔액으로 표시된다(차감계정이 아니다). 해당 국세의 가산세는 본세의 과목에 포함(즉, 해당 국세수익에 가산한다)하며, 체납국세에 대한 가산금은 별도의 수익으로 처리한다. 국세수익은 발생주의에 따라 인식되는데, 세부 인식기준은 다음과 같다.

㉠ 신고·납부하는 방식의 국세: 납세의무자가 세액을 자진신고하는 때에 수익으로 인식한다. 단, 신고는 하였으나 납부하지 않은 경우에는 '미수국세'를 인식한 후, 납부가 이루어지는 시점에 '미수국세'를 상계처리 한다. 부가가치세, 법인세, 소득세 등 현재 대다수의 국세가 신고·납부방식의 국세이다.

㉡ 정부가 부과하는 방식의 국세: 국가가 부과고지하는 때에 수익으로 인식한다. 국가가 고지하기 전에 납세의무가가 국세를 납부하는 경우 부채(기타의선수수익)로 처리한다. 상속세·증여세, 종합부동산세, 관세(일부는 신고납부방식 적용)가 이에 해당하며, 과세당국에 의한 세무조사 등을 통해 관련 국세를 부과하는

경우 역시 부과고지 방식으로 회계처리한다.

㉢ 원천징수하는 국세: 원천징수의무자가 원천징수한 금액을 신고·납부하는 때에 수익으로 인식한다. 이와 유사하게 중간예납이 이루어지는 경우에도 자진신고(중간예납) 시점을 해당 국세수익 인식시점으로 간주한다. 한편, 원천징수 또는 중간예납이 이루어진 경우 해당 국세의 기말정산 시점에 차감절차가 이루어지게 되는데, 이 경우 차감납부세액만 해당 회계기간의 수익으로 인식하게 된다.

➡ 예를 들어 A회사가 2023년 회계연도에 중간예납 100원을 납부하고, 2024년 3월에 2023년 회계연도 분에 대한 법인세 300원을 신고하는 경우 국세청은 기납부된 100원(국세청은 2023년 수익으로 인식한다)을 제외한 200원(차감납부세액)만 2024년 국세수익으로 인식한다.

㉣ 연부연납(年賦延納) 또는 분납(分納)이 가능한 국세: 징수할 세금이 확정된 때에 그 납부할 세액 전체를 수익으로 인식한다.

Notice

분납(分納)과 연부연납(年賦延納) 관련 회계처리

국세의 일부를 법정신고기한을 경과하여 납부할 수 있도록 연장하여 주는 제도로서 분납과 연부연납이 있다. 분납은 단기간 분할 납부가 이루어지는 것이고(법인세, 소득세, 상속세 등), 연부연납은 장기간에 걸쳐 납부가 이루어진다(상속세 등). 분납이나 연부연납 모두 최초 신고시점 또는 부과고지시점에 전체 수익 및 채권을 인식하고, 실제 납입시점에 해당 채권의 상계 및 국고이전 회계처리를 수행한다. 한편, 연부연납의 경우 현행「국가회계기준」에서는 현재가치평가를 수행하지 않는다.

(2) 국세수익의 재무제표 표시

회계·기금·중앙관서단위에서는 국세수익은 필수보충정보인 국세징수활동표에서 인식되며, 국가(통합)단위에서는 통합조정분개 과정을 통해 재정운영표에서 인식된다. 국가통합 과정에서 국세징수활동표 상의 국세수익을 재정운영표에 표시하기 위해서는 국세수익별로 다음과 같은 대체분개(통합조정분개)가 필요하다.

차변)	××국세수익 (국세징수활동표)	×××	대변)	××국세수익 (재정운영표)	×××

(3) 국세징수활동표

① 국세징수활동표의 개요

국세징수활동표는 국가회계에서만 존재하는 것으로 필수보충정보의 일종이지만, 실질적으로 국세수익과 관련하여 시산표에서 직접 산출되는 재무제표의 일종으로 보아야 한다. 국세징수활동표는 국세를 징수하는 활동으로 인해 당해 발생한 회수가능 세금(국세수익) 중 실제로 징수하여 국고에 귀속된 세금(수납된 국세는 국고금회계처리를 통해 한국은행의 국고로 이전하면서 국고이전지출이라는 계정과목을 사용한다. 국고금회계처리에 대한 상세한 내용은 본서의 '제7장 제1절 국고금과 국고금회계' 부분을 참고한다)이 얼마인지를 나타내는 것으로 국세청, 관세청 및 기획재정부에서만 작성된다. 이에 비해 국가(통합)단위에서는 국세수익은 국가재정의 직접적인 수입원으로 보아 재정운영표의 '비교환수익등'에 표시되기 때문에 국세징수활동표가 작성되지 않는다.

② 국세징수활동표 관련 회계처리

납세자가 국세를 신고함과 동시에 납부하는 경우 국세청 등은 국세징수활동표에 해당세목의 국세수익으로 계상함과 동시에 국고이전지출의 계정과목으로 국고로 이전하는 회계처리를 한다. 부과고지되는 국세의 경우에는 부과고지 시점에 국세수익과 미수국세를 동시에 회계처리 하였다가 납부시점에 미수국세의 회수 회계처리와 수납액의 국고이전 회계처리를 수행한다.

㉠ 신고납부 방식 사례: A씨는 20×2년 5월 31일 기한이 마감되는 소득세 200만원을 신고납부하였다.

〈국세청 일반회계 회계처리(신고납부)〉

차변)	한국은행국가예금	200	대변)	소득세수익 (국세징수활동표 항목)	200
차변)	국고이전지출 (국세징수활동표 항목)	200	대변)	한국은행국가예금	200

㉡ 부과고지 방식 사례: B사는 20×2년 11월 30일 세무조사를 통해 법인세 300만원을 부과고지 받았으며, 당기말 현재 아직 납부는 하지 않았다(결산조정분개 포함).

〈국세청 일반회계 회계처리(부과고지)〉

차변)	미수채권 (재정상태표 항목)	300	대변)	법인세수익 (국세징수활동표 항목)	300

〈국세청 일반회계 회계처리(결산조정분개)〉

차변)	미수국세의 증감 (국세징수활동표 항목)	300	대변)	미지급국세 (재정상태표 항목)	300

(*) 미지급국세 관련 내용은 별도로 설명한다.

③ 국세수익의 처분

국세수익은 현금주의가 아닌 발생주의에 의하여 계상된 수익으로 미수채권을 포함하며, 실제 현금수입만을 국고금회계(한국은행 국고)로 이전하면서 국고이전지출을 인식한다. 따라서 발생주의 국세수익과 현금주의 관련 국고이전지출의 차이는 국세징수활동표에서 타회계이전(국고금회계가 아닌 타회계로 이전(일반회계→특별회계)하는 금액으로 농특세이전지출과 주세이전지출이 있다), 물납이전(상속세의 경우 현금이 아닌 현물로 대신 납부하는 경우를 말한다), 미수국세의 증감(결산시점까지 현금으로 납부되지 않고 미수채권 잔액으로 남아 있는 경우를 말한다), 미수국세대손충당금의 증감(대손충당금 잔액이 증가 또는 감소되는 경우를 말한다) 등으로 나타나게 된다. 즉, 국세징수활동표는 발생주의 국세수익과 현금주의 국세수입의 조정과정을 나타냄과 동시에 발생주의 국세수익의 실제 처분 과정이라고 볼 수 있다. 국세수익의 총계와 국세수익 처분 금액은 항상 동일하여야 한다.

국세징수활동표		
국세수익(발생주의 관점)		처분(현금주의 관점)
㉠ 국세수익의 발생	=	㉠ 국고이전지출(총현금수입－국세환급금)
㉡ 대손상각비		㉡ 타회계이전 ㉢ 물납이전
㉢ 대손충당금 환입		㉣ 미수국세의 증감 ㉤ 대손충당금의 증감

▶ 상기 타회계이전을 통하여 국세수입은 기획재정부가 아닌 농어촌구조개선특별회계(농림축산식품부 소관) 및 국가균형발전특별회계(기획재정부 소관)의 세입에서 인식하게 된다.

④ 국세징수활동표 사례

2022회계연도 국세청의 국세징수활동표 사례는 다음과 같다.

(단위: 백만원)

구 분	2022년		2021년	
Ⅰ. 국세수익		**317,639,054**		**280,836,205**
(1) 국세수익발생금액		322,818,824		286,269,078
1. 소득세수익	135,854,386		119,130,142	
2. 법인세수익	103,978,560		74,048,870	
3. 상속세수익	9,767,615		5,490,219	
4. 부가가치세수익	26,880,969		30,325,555	
...(하략)...	......		......	
(2) 대손상각비		(5,437,571)		(5,837,847)
(3) 대손충당금환입		257,801		404,974
Ⅱ. 처분		**317,639,054**		**280,836,205**
(1) 국고이전지출		303,749,513		270,253,727
(가) 총현금수입	406,341,733		354,331,244	
1. 소득세수입	138,767,441		124,904,110	
2. 법인세수입	110,819,436		78,503,545	
3. 상속세수입	7,659,096		6,991,139	
4. 부가가치세수입	103,870,473		89,249,261	
...(하략)...	......		......	
(나) 국세환급금	(102,592,220)		(84,077,518)	
(2) 타회계이전		8,697,780		9,614,069
(3) 물납이전		68,719		499,554
(4) 미수국세의 증감		8,740,848		1,882,470
(5) 대손충당금의 증감		(3,617,806)		(1,413,615)
Ⅲ. 차감계		–		–

(4) 국세수익 관련 세부 계정과목 해설

① 국세환급금

국세환급금이란 국가가 납세자에게 환급하여야 할 금액으로 그 발생 원인에 따라 과오납금과 환급세액의 두 가지로 나누어진다. 과오납금이란 납세자의 초과납부, 이중납부 또는 국가의 과다부과 등과 같이 세법에 따르지 않고 발생한 국세환급금을 말하고, 환급세액이란 세법에 따라 세액을 정상적으로 납부하였으나 기납부세액이 당해 전체 과세기간의 세액보다 많아 차액을 환급하는 등 적법한 절차에 의하여 발생한 국세환급금을 말한다. 국세와 관련해서는 과오납금과 환급세액의 경우를 구분하여 회계처리 하지 않으며(일반적인 수익의 과오납금반환금(위법)과 환급금(적법)의 회계처리는 다르다). 명칭도 '국세환급금'으로 통칭한다.

국세를 환급해야 하는 상황이 발생하면 국세청 등에서는 해당 국세수익의 '국세환급금'으로 처리하여 해당 국세수익에서 차감하고, 납세의무자에게 반환해야 하는 의무가 발생하므로 '기타의미지급금'의 부채로 계상한 후 실제 환급시에 상계처리한다(국고금회계로부터 국세환급금에 해당하는 금액 수령시 국고수입이 아닌 (-)국고이전지출로 처리한다). 만약 환급하기로 결정되었으나, 결산시점에 환급이 이루어지지 않은 경우 '미지급국세'와 '미수국세의증감'을 조정한다(미수채권이 발생한 경우와 비교하여 반대로 회계처리한다).

예를 들어 국세청이 Z사에 대하여 100백만원의 법인세환급을 하기로 결정한 후, 결산시점까지 실제 지급하였을 때와 지급하지 않았을 때의 회계처리 사례는 다음과 같다.

〈국세환급 결정시 회계처리〉

차변)	국세환급금 (국세징수활동표 항목)	100	대변)	기타의미지급금 (재정상태표 항목)	100

〈결산시점까지 국세환급금 지급시 회계처리〉

차변)	한국은행국가예금	100	대변)	국고이전지출_국세환급금 (국세징수활동표 항목)	100
	기타의미지급금	100		한국은행국가예금	100

〈결산시점까지 국세환급금 미지급시 회계처리〉

차변)	미지급국세 (재정상태표 항목)	100	대변)	미수국세의증감 (국세징수활동표 항목)	100

② 물납(物納)

상속세의 경우 세금를 금전으로 납부하기 곤란한 상황이 발생할 수 있어, 자산(부동산, 유가증권)으로 세금를 납부할 수 있도록 하는 물납 규정을 두고 있다. 국세청은 국세 징수과정에서 물납 받은 자산을 기획재정부로 이전하여야 한다(물납 대상인 부동산이나 유가증권은 국유재산 중 일반재산에 해당하므로 국유재산 총괄청인 기획재정부가 관리해야 하기 때문이다). 이 때 국세청은 '물납이전(국세징수활동표)'으로 회계처리하며, 그 가액은 징수하여야 하는 국세금액으로 한다(물납 자산의 공정가액이 아님에 주의한다). 향후 기획재정부에서 물납자산을 처분할 때, 처분손익은 국가에 귀속된다. 물납으로 수취한 부동산은 기획재정부 이관 후 본계정 대체시 일반유형자산의 상각규정에 따라 상각하며, 유가증권 역시 다른 유가증권과 동일하게 평가한다(단, 여유자금운용 목적이 아니므로 공정가액 평가는 하지 않는다).

예를 들어 국세청이 A씨에 대하여 상속세 100백만원을 부과고지하였고, 동 세액의 납부방법과 관련하여 전액 보유하고 있는 건물(시가 120백만원)로 물납하기로 결정하였을 때, 국세청의 부과고지시점과 기획재정부 이관시점의 회계처리 사례는 다음과 같다.

〈부과고지시점 회계처리〉

차변)	건설중인기타의유형자산 (재정상태표 항목)	100	대변)	상속세수익 (국세징수활동표 항목)	100

(*) 물납받은 부동산은 취득 시 건설중인기타의유형자산으로 처리한다(「비교환수익 회계처리지침」 실무해설10.).
(**) 건물의 시가가 120백만원이라고 하더라도 당초 상속세를 징수하여야 하는 금액으로 평가한다.

〈기획재정부 이관시점 회계처리〉

차변)	물납이전 (국세징수활동표 항목)	100	대변)	건설중인기타의유형자산 (재정상태표 항목)	100

③ 미지급국세

미지급국세는 국세징수활동을 하는 국세청, 관세청, 기획재정부에서만 발생하는 계정과목으로 징수결정하였으나 현금 등으로 회수하지 못한 미수국세가 존재하는 경우 나타나는 상대계정과목(재정상태표 항목)이다. 따라서 미수국세의 금액(단, 미수국세대손충당금 차감 후)과 미지급국세의 금액은 원칙적으로 동일하다(단, 미지급국세환급금이 발생하는 경우에도 부(-)의 미지급국세 항목을 사용해야 하므로 기말시점의 미지급국세와 미수국세가 일치하지 않을 수도 있다).

미지급국세가 발생하는 이유는 국세수익이 시산표(재무제표를 작성하기 전에 모든 회계처리를 집계한 표를 의미한다. 국세수익과 관련한 회계처리도 당연히 시산표에 집계된다)상 계정과목이지만 재무제표상 계정과목이 아닌 필수보충정보로 인식되기 때문이다. 국세징수활동 계정과목이 포함되어야 시산표상 차변합계와 대변합계가 일치하게 되는 상황에서 국세징수활동 계정과목이 재무제표에 인식되지 않으면, 재무제표에서 차변합계와 대변합계는 일치하지 않게 된다. 일반적인 시산표는 항상 차변합계 금액과 대변합계 금액이 일치하며, 재무제표 역시 궁극적으로 재정상태표를 통해 차변합계 금액과 대변합계 금액이 일치하게 된다. 그런데, 국세징수활동과 관련한 계정과목의 금액은 시산표에는 포함되지만 재무제표에는 포함되지 않기 때문에 국세청 등이 시산표를 통해 재무제표를 작성하는 과정에서 재정상태표의 차변합계 금액과 대변합계 금액이 미수국세 금액만큼 일치하지 않게 된다. 미수국세는 국세청의 자산으로 인식되지만, 이에 대응되는 국세수익은 재정운영표나 순자산변동표가 아닌 필수보충정보로 인식되기 때문이다. 미지급국세는 다음과 같이 분개를 통해 국세청 등의 재정상태표상 차변금액과 대변금액을 맞추는 역할을 함과 동시에 국세징수활동표상 국세수익 금액과 처분 금액을 일치시키는 역할도 한다.

차변)	미수국세의증감 (국세징수활동표 항목)	×××	대변)	미지급국세 (재정상태표 항목)	×××

국세청 등은 이렇게 미수국세에 대한 상대계정으로 부채인 미지급국세를 설정함에 따라 국세징수활동 과정에서는 순자산의 변동을 가져오지 않게 되어 국세청 등의 재무적 성과에 미치는 영향은 없다. 다만, 국세청 등은 미수국세를 자산으로 계상하기 때문에 이를 회수해야 하는 행정활동의 책임은 부여되어 있다고 할 수 있다.

사실 회계이론적으로 미지급국세가 부채의 성격을 가지는가의 논란은 있다. 미지급국세를 지급해야 하는 실체가 결정되어 있는 것도 아니고 미지급국세를 계상해야 하는 회계사건이 발생한 것도 아니기 때문이다. 그럼에도 불구하고 현행 국가회계에서 미지급국세를 부채로 계상할 수밖에 없는 이유는 국세징수활동표의 성격(재무제표의 지위를 가지지 않는다)에 기인한다는 점에 유의할 필요가 있다.

④ 미수국세대손충당금

미수국세 역시 일반채권과 동일하게 합리적인 방법에 의하여 회수가능가액을 평가하여 대손충당금을 설정하여야 하며(불납결손 처분을 의미하는 것이 아니다), 상대 계정과목은 대손상각비로 처리한다. 이렇게 처리된 대손상각비는 국세징수활동표에 반영되며(재정운영표 항목이 아님에 주의한다), 국세과목별로는 구분하지 않는다. 불납결손 처분에 따라 미수국세채권을 처리하여야 하는 경우 동 채권과 같은 금액의 대손충당금을 동시에 제거한다. 기말 결산시점에 대손충당금 잔액의 변동이 예상될 경우 '미지급국세(재정상태표)'와 '대손충당금의증감(국세징수활동표)'의 결산조정분개를 실시한다.

예를 들어 국세청이 소득세수익 국세채권과 관련하여 당기 중 200백만원의 대손충당금을 추가로 설정하기로 하였으며, 동시에 50백만원을 불납결손 처분하기로 결정하였을 때의 회계처리 사례는 다음과 같다(전기말 미수국세대손충당금 잔액 100백만원 가정).

〈불납결손 처분 결정시〉

차변)	미수국세대손충당금 (재정상태표 항목)	50	대변)	미수국세 (재정상태표 항목)	50

〈국세채권 대손충당금 추가 설정시〉

차변)	대손상각비 (국세징수활동표 항목)	200	대변)	미수국세대손충당금 (재정상태표 항목)	200

〈국세채권 대손충당금 관련 기말 결산조정분개〉

차변)	미지급국세 (재정상태표 항목)	50	대변)	미수국세의증감 (국세징수활동표 항목)	50
	미지급국세 (재정상태표 항목)	150		대손충당금의증감 (국세징수활동표 항목)	150

(*) 기말 대손충당금 잔액: 100(전기말)+200(당기 추가설정)−50(불납결손) = 250
따라서 당기 중 미수국세대손충당금의 증가액 = 대손충당금의증감 = 250−100 = 150

3. 지방세수익(지방회계)

(1) 지방세수익의 개요

지방세수익은 지방자치단체의 전형적인 비교환수익이자 자체조달수익으로 징수 방법에 따라 부과고지(보통징수), 신고납부, 특별징수로 구분하기도 한다. 국세수익의 경우 국세청, 관세청, 기획재정부의 소수 중앙관서에서만 발생하기 때문에 재정운영표에서 인식하는데 한계가 있어 별도의 국세징수활동표를 작성하는데 비해, 지방세수익은 모든 자치단체의 재정운영표상 (일반)수익 항목에서 인식한다. 단, 자치단체의 성격(특별시·광역시, 도, 특별자치도·자치시, 시·군, 구)에 따라 징수대상이 되는 지방세는 상이하며, 해당 지방세에 대한 수익만 해당 자치단체의 재정운영표에 표시된다.

➡ 지방회계에서는 국고금회계나 국세징수활동표 같은 개념이 없으므로 지방세수익 회계처리 관련해서는 일반적인 회계처리 방법과 동일하다.

Notice

광역·기초자치단체별로 징수할 수 있는 지방세의 구분

자치단체의 성격에 따라 징수할 수 있는 지방세가 다르다. 해당 자치단체의 성격에 따라 징수할 수 있는 지방세는 재정운영표상의 지방세수익 계정과목에도 당연히 영향을 미친다.

도세	시 · 군세	특별시 · 광역시세	구세	특별자치도 · 자치시세
ⓐ 취득세 ⓑ 등록면허세 ⓒ 레저세 ⓓ 지방소비세 ⓔ 지역자원시설세 ⓕ 지방교육세	ⓐ 주민세 ⓑ 재산세 ⓒ 자동차세 ⓓ 지방소득세 ⓔ 담배소비세	ⓐ 취득세 ⓑ 레저세 ⓒ 지방소득세 ⓓ 주민세 ⓔ 자동차세 ⓕ 지방소비세 ⓖ 담배소비세 ⓗ 지역자원시설세 ⓘ 지방교육세	ⓐ 등록면허세 ⓑ 재산세	11개 모든 세금 해당 ➡ 제주특별자치도, 세종특별자치시 (단, 강원특별자치도의 경우 기존처럼 도세와 시·군세 세목 유지)

※ 도농복합 광역시의 경우(광역시에 군이 있는 경우로서 부산광역시의 기장군, 인천광역시의 강화군, 옹진군, 대구광역시의 달성군 등) '광역시세-구세'의 체계가 아닌 '도세-시·군세' 체계를 따라야 함. 예를 들어 부산광역시 기장군은 시·군세 5개의 세금을 관리하고, 도세 6개의 세금은 부산광역시가 갖게 되는 것임

(2) 징수방법별 수익인식 기준과 회계처리

이론적으로 보면 부과고지 방식과 신고납부 방식은 국세수익에서 볼 수 있듯이 수익인식 시점이 달라져야 한다. 그러나 현행 「지방회계기준」에서는 신고납부 방식의 지방세수익도 자치단체의 징수결정이 있어야 수익을 인식하도록 하고 있어 부과고지 방식의 지방세와 신고납부 방식의 지방세의 수익인식 시점은 동일하다. 따라서 신고납부 방식의 지방세의 경우 자치단체의 징수결정이 이루어지기 전에 신고납부가 이루어졌다면 수납금액을 부채(선수지방세)로 처리해야 한다.

구분	징수방법별 주요내용 및 해당 지방세수익(괄호안의 숫자는 「지방세법」 조문임)
부과고지 (보통징수)	• 세무공무원이 납세고지서를 당해 납세의무자에게 교부하여 지방세를 징수하는 것 • 종류: 재산세(제116조), 자동차세(소유분; 제128조), 주민세(개인분; 제79조) 등
신고납부	• 납세의무자가 납부할 지방세의 과세표준과 세액을 신고하고 동시에 신고한 세금을 납부하는 것 • 종류: 취득세(제18조), 자동차세(주행분; 제137조), 등록면허세(제30조), 지방소득세(제95조, 제103조의5), 레저세(제43조), 담배소비세(제60조), 지방교육세(제152조), 주민세(사업소분; 제83조), 지방소비세(제70조) 등
특별징수	• 지방세의 징수에 있어서 그 징수의 편의가 있는 자로 하여금 징수시키고 그 징수한 세금을 납입하게 하는 것 • 종류: 각 지방세와 관련한 특별징수분

4. 기타비교환수익

(1) 부담금수익

① 부담금 개요

부담금은 「부담금관리기본법」 제2조에 따라 "법률에 의하여 금전적 부담의 부과권한이 부여된 국가회계실체(부담권자)가 분담금, 부과금, 예치금, 기여금 그 밖의 명칭에 불구하고 재화 또는 용역의 제공과 관계없이 특정 공익사업과 관련하여 법률이 정하는 바에 따라 부과하는 조세 외의 금전지급의무"를 의미한다. 단, 특정한 의무이행을 담보하기 위한 예치금 또는 보증금의 성격을 가지는 것은 제외한다. 부담금은 국가 전체적인 법령에 근거한 부담금이 많으므로 상대적으로 국가회계에서는 중요한 항목이나(따라서 '부담금수익'이라는 공시계정과목이 있다), 지방회계에서는 각종 처분이익, 제재금수익 등과 함께 임시세외수익의 일부로 처리한다. 현재 법령으로 규정되어 있는 부담금은 약 90여개 정도이며, 크게 수익자부담금, 원인자부담금, 조세성부담금으로 구분할 수 있다(실제로 부담금을 엄격하게 구분하는 것은 쉬운 일도 아닐뿐더러 정부회계 관점에서 중요하다고도 보기 어렵다. 다만, 부담금수익이 발생하게 되는 이유가 어떠한 것이 있는지를 좀 더 쉽게 이해한다는 차원에서 접근하는 것만으로도 충분하다고 본다).

㉠ 수익자부담금: 공공시설로 인해 특별한 이익을 받은 자에게 징수하는 법정부담금(예: 카지노사업자납부금, 대체산림자원조성비, 개발부담금, 자치단체 공공시설의 수익자분담금, 양곡수입(輸入)이익금 등)

㉡ 원인자부담금: 각종 시설의 건설 또는 유지관리비용을 충당할 목적으로 사용자에게서 징수하는 법정부담금(예: 환경개선부담금, 폐기물부담금, 사용후핵연료관리부담금, 소음부담금, 석면피해구제분담금, 학교용지부담금, 혼잡통행료, 광역교통시설부담금, 교통유발부담금 등)

㉢ 조세성부담금: 특정 공익사업을 수행하지만 부과대상과 사용내역 간 관계가 직접적이지 않은 법정부담금(예: 국민건강증진부담금, 국제질병퇴치기금납부금, 물이용부담금, 영화상영관입장권부과금, 장애인고용부담금, 전력산업기반기금부담금 등)

Notice

조세와 부담금의 비교

조세와 부담금은 공법상의 금전급여의무인 점에서는 같으나, 다음과 같은 점에서 차이가 있다.

㉠ 조세는 국가의 일반수입을 목적으로 하는 데 비하여 부담금은 특정사업의 경비에 충당함을 목적으로 한다.

㉡ 조세는 일반국민에게 균등하게 부과되는 데 비하여 부담금은 당해 사업에 특별한 이해관계를 가진 사람에게만 부과된다.

㉢ 조세는 개인의 담세능력을 표준으로 부과하는 데 비하여, 부담금은 사업소요경비 · 부담자의 재력 · 사업과의 관계 정도 등을 종합적으로 고려하여 부과한다.

② 국가회계에서의 부담금수익 회계처리

부담금수익은 국가의 법적·계약적·행정적 청구권이 확정된 때 수익을 인식한다. 부담금수익에 대한 행정적 청구권은 징수결의에 의하여 부과고지시 발생하므로, 부과고지시 수익과 미수채권을 인식하고 향후 수취 시 미수채권을 상계처리 한다. 한편, 일반회계 및 기타특별회계에서 징수하는 부담금수익은 순자산변동표상 '재원의 조달'의 부담금수익으로 인식하는데 비해, 기금 및 기업특별회계에서는 재정운영표의 '비교환수익등'으로 인식한다. 만약 특정 중앙관서의 기타특별회계와 기금에서 각각 부담금수익이 있는 경우 중앙관서단위 재무제표에서는 재정운영표와 순자산변동표에서 모두 부담금수익이라는 계정과목이 나타날 수 있다. 그러나 국가(통합)단위 재무제표에서는 통합조정분개를 통해 모든 부담금수익이 재정운영표에 표시되도록 한다.

③ 지방회계에서의 부담금수익 회계처리

지방회계에서는 부담금수익을 일반부담금수익과 자치단체간부담금수익으로 구분하는데, 일반부담금수익은 자체조달수익의 임시세외수익으로 분류하고, 자치단체간 부담금수익은 정부간이전수익의 자치단체간부담금수익(자치단체간의 각종 부담금 징수에 따른 수익을 의미)으로 분류한다. 일반부담금수익은 민간에 대한 수익자부담금 등 일반적으로 각종 부담금의 부과징수에 따른 수익을 의미하며, 개발이익환수금, 교통유발부담금, 광역교통시설부담금 등이 이에 해당한다.

(2) 제재금수익

① 제재금수익 개요

제재금수익은 법이나 규정 등을 위반한 자에게 부담시키는 지급의무에 따라 발생하는 수익으로 대표적인 비교환수익이다. 제재금수익 역시 일반회계 및 기타특별회계에서 징수하는 것은 순자산변동표상 '재원의조달'의 제재금수익으로 인식하며, 기금 및 기업특별회계에서는 재정운영표 '비교환수익등'으로 인식한다. 제재금수익 중 벌금, 몰수금 등 국가 전체적인 법령 체계에서 발생하는 경우가 많으므로 상대적으로 국가회계에서는 중요한 항목이나(따라서 '제재금수익'이라는 공시계정과목이 있다),

지방회계에서는 각종 처분이익, 부담금수익 등과 같이 임시세외수익의 일부로 처리한다. 제재금수익은 다음과 같이 분류된다.

㉠ 변상금수익: 법령과 계약에 의거하여 정부가 수납할 변상금
㉡ 위약금수익: 계약당사자의 특약에 따라 채무불이행의 경우에 채무자가 채권자에게 지급하기로 약정한 금전
㉢ 가산금수익: 세금 또는 공공요금 등을 납부하여야 할 행정법상의 의무가 있는 사람이 그 의무를 지체하는 경우 이에 대한 제재로 부과하는 할증된 금액
㉣ 벌금수익: 법령에 의하여 국가가 수납할 벌금(형벌), 범칙금(도로교통법 위반 등 경미한 범죄), 과태료(형벌의 성질을 가지지 않는 법령위반), 과징금(행정법상 의무를 위반하여 부당이득을 취한 경우), 징계부가금(국가공무원법상 징계 사유) 등
㉤ 몰수금수익: 법령에 의해 국가가 수납할 몰수금, 몰수품 및 압수품 공매대금 등

② 국가회계에서의 제재금수익 회계처리

제재금수익은 청구권 등이 확정되어 고지하는 때에 그 확정된 금액을 수익으로 인식하는 것이 일반적이다. 다만, 제재금수익 중 벌금(과료 포함)과 범칙금(이상 벌금수익) 또는 몰수금은 벌금 및 범칙금이 납부되거나 화폐성자산의 몰수금에 대한 몰수가 집행된 때, 비화폐성자산의 몰수품은 몰수 이후 몰수품이 처분된 때에 수익으로 인식한다. 이러한 수익은 세출예산의 재원은 되지만 그 관리절차는 일반세입과 달리 행형집행의 일환으로 관리하는 목적이 강하므로 다른 비교환수익의 수익인식 시기와 다소 차이가 발생한다. 회계처리의 방법은 부담금수익과 동일하다.

➡ 형법 등에 의거하여 범죄에 따라 신체형과 벌금형을 선택할 수 있는 경우도 있고, 벌금을 납부하지 않을 경우 신체를 구속할 수도 있다. 따라서 정부회계 관점에서 보면, 벌금은 실제 납부가 된 시점에서야 비로소 국가가 수익을 파악할 수 있게 된다.

③ 몰수금수익 관련 몰수품의 특성

몰수금은 몰수 시점에 그 금액의 측정이 가능하여 수익으로 인식하는 반면, 몰수품은 비화폐성자산으로서 금전으로 변환되는 과정에 많은 시일이 소요될 수 있다. 따라서 몰수품은 감정가액 또는 공정가액 등으로 평가하여 일단 주석으로 기재하였다가, 몰수판결이나 법령의 규정에 따라 처분되어 국고(國庫)에 귀속되는 때에 자산

및 수익을 인식한다. 국고 귀속 전에 국가가 몰수 또는 압수하여 보관하고 있는 몰수품·압수품은 주석으로 공시하여야 한다(「국가회계기준」 제36조).

(3) 무상이전수입

무상이전수입은 국가회계실체 내부거래로서 국가회계실체가 일반회계, 특별회계 및 기금 등으로부터 무상으로 받는 자금과 정부외자산수증 또는 기부금 등을 통한 순자산의 증가로 다음과 같이 분류된다.

➡ 무상이전수입은 국가회계가 좀 더 중요하게 다루고 있으므로 국가회계 위주로 설명한다(지방회계에서는 기타수익(회계간전입금수익 등)으로 처리한다).

㉠ 일반회계전입금: 내부거래로서 일반회계로부터 무상으로 받는 전입금

㉡ 특별회계전입금: 내부거래로서 특별회계로부터 무상으로 받는 전입금

㉢ 기금전입금: 내부거래로서 기금으로부터 무상으로 받는 전입금

㉣ 정부내자산수증: 국유재산 및 물품에 대하여 부처간의 관리전환을 통해 받는 것을 의미한다. 다만, 회계조직변경으로 인한 부처간 자산이관은 정부내자산수증에 해당하지 않으며, 기타무상이전수입으로 처리한다.

㉤ 정부외자산수증: 국가회계실체 이외의 자로부터 자산을 무상으로 수증받는 경우

㉥ 정부외기부금: 국가회계실체 이외의 자로부터 기부금을 수증받는 경우 발생

㉦ 출연금: 기금이 일반회계, 특별회계, 기금 또는 민간으로부터 재정상 원조의 목적으로 법령에 근거하여 반대급부 없이 제공받는 금적적인 재산. 단, 「부담금관리기본법」상 출연금은 제외한다(예를 들어 민간 금융기관이 기술보증기금에 출연하는 출연금은 '「기술보증기금법」 제13조에 근거한 출연금'으로서 명칭은 출연금이나, 이는 「부담금관리기본법」에서 언급하고 있는 부담금이다).

㉧ 기타무상이전수입: ㉠~㉦에 해당하지 아니하는 무상이전수입

㉨ 이외 계정 혹은 부처간의 무상이전수입으로 손익계정전입금, 자본계정전입금, 감가상각전입금, 당기순이익전입금, 농특세이전수입, 수세이전수입 등이 있다.

Notice

무주(無主)부동산(소유자 없는 부동산)과 취득 회계처리

무주부동산은 일본인 명의의 재산 등 관련 법규에 의하여 국가의 재산으로 되는 재산을 말한다. 총괄청(기획재정부) 또는 관리청(각 중앙관서)이 무주부동산을 취득할 때에는 부동산의 표시, 공고 후 6개월이 경과할 때까지 정당한 권리를 주장하는 자의 신고가 없는 경우에는 이를 국유재산으로 취득한다는 내용을 관보와 일간 신무지에 게재하고 관할 지방관서에 14일 이상 게시하여야 하며, 이의가 없는 경우에 한하여 소관청의 소유자 등록을 신청하도록 되어 있다. 무주부동산은 원칙적으로 취득일로부터 10년간 이를 매각하여서는 아니 되나 공익사업에 필요하게 된 경우 등 「국유재산법시행령」 제7조③ 각호의 사유에 해당될 때에는 그 전이라도 매각할 수 있다(감사원 자료 참고).

무주부동산은 「국가회계기준」 제32조①에 따라 취득당시의 공정가액에 따라 취득하며, 동 금액은 기타무상이전수입으로 처리한다.

(4) 정부간이전수익

정부간이전수익은 자치단체가 국가 또는 상위 자치단체의 교부에 의해 조달한 수익으로 전형적인 비교환수익이다(정부간이전수익은 자치단체가 자체 노력에 의해 조달한 수익이 아닌, 지방재정조정제도에 의한 수익이다). 대표적인 정부간이전수익으로 보조금수익(특정목적수행; 상위정부 → 하위정부), 지방교부세수익(일반목적수행; 중앙정부 → 지방정부), 조정교부금수익(일반목적수행; 광역자치단체 → 기초자치단체) 등이 있다. 정부간이전수익은 특정 목적의 정책사업을 수행하기 위하여 교부받은 보조금수익을 제외하고(특정 목적 보조금수익은 해당 사업수익으로 처리한다), 거의 대부분 지방세수익과 같이 (일반)수익으로 분류한다. 국고보조금이나 시도비보조금 중 특정 사업에 관련되지 않고 두 가지 이상의 목적으로 사용할 수 있는 보조금은 사업수익이 아닌 (일반)수익으로 처리한다(단, 국가균형발전특별회계보조금은 여러 사업에 대응되지만 실제 집행되는 사업의 내용에 따라 사업수익으로 처리한다).

구분		내용
(일반) 수익	지방교부세수익	자치단체가 「지방교부세법」에 의해 중앙정부로부터 교부받은 보통교부세, 특별교부세, 부동산교부세 및 소방안전교부세 수익을 의미
	지방소멸대응기금수익	자치단체가 「지방자치단체 기금관리기본법」 제25조에 따라 배분받은 수익을 의미
	자치구조정교부금수익	자치구가 「지방재정법」 제29조2에 의해 특별시·광역시로부터 교부받은 조정교부금 및 기타 재원조정 수익
	시·군조정교부금수익	시·군이 「지방재정법」 제29조에 의애 광역시·도로부터 교부받은 조정교부금 및 기타 재원조정 수익
	시도비반환금수익	시·도에서 전년도에 시·군·자치구에 보조한 시도비보조금 중 사용하고 남은 잔액에 대한 반환금 수령분을 수익으로 인식 ▷ 시도비보조금은 정부간이전비용의 일종이며, 정책사업의 규모 파악 및 반환금 수령 시기의 문제로 인하여 비용에서 차감하지 않고 수익으로 인식함
사업수익 (주1)	국고보조금수익	자치단체가 「보조금 관리에 관한 법률」에 의해 중앙정부로부터 국가시책의 효율적 시행을 위한 국고보조사업에 대하여 지원받은 국고보조금을 의미
	시도비보조금수익	시·군·자치구가 각 광역시·도로부터 교부받은 시·도비보조금

(주1) 보조금수익 중 특정 사업에 관련되지 않고 두 가지 이상의 목적으로 사용할 수 있는 보조금은 (일반)수익으로 인식하되, 국가균형발전특별회계 보조금은 실제 대응되는 사업의 사업수익으로 처리함

5. 세계잉여금(歲計剩餘金)

(1) 국가회계에서의 세계잉여금

① 국가 세계잉여금 개요

국가회계에서의 세계잉여금이란 매 회계연도 (현금주의)세입세출의 결산상 잉여금(=세입액−세출액)에서 세출예산이월액을 제외한 실제 사용가능한 금액인 순잉여금을 말한다(「국가재정법」 제90조②).

▷ 「국가재정법」 제90조①에 의하면, 당해 연도 초과 조세수입(당초 국세관련 세입예산액을 초과하여 징수한 국세수입)을 이용하여 국채(단, 일반회계 예산의 세입 부족을 보전(補塡)하기 위한 목적의 국채)를 상환할 수 있으며, 이는 세입세출외거래로 처리할 수 있다.

▷ 국가회계에서의 세출예산이월액(「국가재정법」 제48조 및 동법시행령 제20조)은 ㉠ 명시이월비, ㉡ 사고이월비, ㉢ 입찰공고 후 지출원인행위까지 장기간이 소요되는 경비, ㉣ 공익사업의 시행에 필요한 손실보상비, ㉤ 각 기관 또는 시설의 유지·운영에 소요되는 경상적 성격의 경비로서 기획재정부장관이 정하는 경비로 구성된다.

Notice

결산상 잉여금의 다른 이름 - 세계잉여금, 통합재정수지, 관리재정수지

현금주의 세입세출(수입지출)의 결산상 잉여금은 국가회계실체의 포함범위에 따라 세계잉여금, 통합재정수지, 관리재정수지로 다양하게 불리고 있어 혼란스러운 것이 사실이다.

세계잉여금은 일반회계 및 특별회계 각각 총세입에서 총세출을 차감한 것을 의미한다(물론 결산상 잉여금에서 세출예산이월액을 차감한 것을 의미하는데, 여기서는 편의상 총세입에서 총세출을 차감한 것을 세계잉여금이라 한다). 즉, 일반회계 세계잉여금이 있고, 각 특별회계별 세계잉여금이 있다고 보면 된다. 통합재정수지는 일반회계 세계잉여금, 각 특별회계별 세계잉여금, 그리고 기금별 세계잉여금을 모두 합친 것을 의미한다(단, 신용보증기금 등 8개 금융성기금과 외국환평형기금 등 총 9개 기금은 제외한다). 관리재정수지는 통합재정수지에서 사회보장성기금(국민연금기금, 사학연금기금, 고용보험기금, 산재보험기금)의 수지(즉, 세계잉여금)를 차감한 것을 의미한다.

② 세계잉여금의 사용순서 및 사용방법

「국가재정법」상 세계잉여금은 다음의 순서에 따라 사용할 수 있다. ㉠ 지방교부세 및 지방교육재정교부금의 정산(「국가재정법」 제90조②) → ㉡ 공적자금상환기금 출연(세계잉여금(㉠항목 제외)의 30%이상; 동법 제90조③) → ㉢ 국채·차입금의 원리금 상환, 국가배상금, 공공자금관리기금의 융자계정의 차입금 원리금(단, 2006.12.31. 이전의 차입금) 등의 채무상환(세계잉여금(㉠와 ㉡항목 제외)의 30%이상; 동법 제90조④) → ㉣ 추경경정예산편성(동법 제90조⑤)이 그 순서이다. 이 사용순서의 ㉠~㉢의 경우 세입세출외거래로 처리하며, ㉣의 추경경정예산에 사용될 경우에는 세출예산에 편입된다. 또한, 상기 ㉠~㉣을 처리하고 남은 세계잉여금은 세입예산에 이입해야 한다. 한편, 세계잉여금은 사용은 다른 법률에 불구하고 국가결산보고서에 대한 대통령의 승인(다음연도 4월 10일까지) 이후 가능하다(「국가재정법」 제90조⑦).

③ 세계잉여금 해석상 주의사항

세계잉여금의 사용과 관련하여 추경경정예산편성의 경우를 제외하고 전부 세입세출외거래에 해당된다. 추가경정예산을 사용하거나, 세계잉여금 잔액의 경우 다음연도 세입에 이입하여야 하는데 이와 관련한 발생주의 회계처리는 수행하지 않는다.

세계잉여금은 단식부기·현금주의 방식의 현행 예산결산상의 개념으로 세입액에는 이미 이전에 발생한 세계잉여금 잔액의 누적액이 포함되어 있으므로 세입액에서 세출액을 차감한 결산상 잉여금(≒세계잉여금)은 결국 회계연도말 현재 보유하고 있는 현금이라는 점이 중요하다. 이는 복식부기·발생주의 방식에 의한 재정운영결과의 개념과 크게 2가지 측면에서 차이가 있다. 첫째는 세계잉여금은 기말 현금 잔액과 동일하지만 재정운영결과는 당기 변동분만을 나타낸다. 둘째, 세계잉여금은 현금주의에 따라 산출되지만, 재정운영결과는 발생주의에 의거하여 산출된다. 한편, 국가결산보고서 작성시 현금주의에 의한 세계잉여금과 발생주의에 의한 재정운영결과의 차이를 나타내는 추가 정보를 산출될 필요가 있는데, '총잉여금·재정운영결과조정표(필수보충정보)'가 그 역할을 한다.

한편, 세계잉여금과 관련하여 주의할 것은 세입액에 이미 이전 세계잉여금 효과(엄밀히 말하면 세계잉여금 중 사용하고 남은 세입예산에 편입된 금액을 의미한다)가 포함되어 있으므로 당해 연도 세계잉여금은 당기뿐만 아니라 당기 이전 세계잉여금 효과가 포함되어 있다는 점이다. 예를 들어 20×1년도 세입액이 200원, 세출액이 120원이라고 가정할 경우 세계잉여금은 80원이 된다(세출예산이월액은 0이라고 가정). 20×2년도 세입액이 250원이고 세출액이 200원이라고 하면 20×2년말 세계잉여금은 50원이 된다. 그렇다면 20×2년에는 흑자재정을 운영하여 세계잉여금이 발생하였다고 해석해야 하는가? 그렇지 않다. 20×2년도 세입액 250원에는 이미 20×1년도 세계잉여금 80원이 포함되어 있다. 따라서 20×2년분 순수한 세입액은 170원(=250원−80원)이 되고, 결국 170원−200원=(−)30원의 적자재정을 운영한 결과가 된다. 즉, 20×2년말 기준 50원의 세계잉여금이 남았다고 해서 좋아할 것이 아니라 오히려 (−)30원의 순수 당기분 세입을 초과하는 지출이 있었다고 해석해야 한다.

이와 비교하여 복식부기·발생주의 국가재무제표에서의 잉여금('적립금및잉여금'을 의미한다)은 순수 당기 수익에서 비용을 차감한 효과의 누적이라는 점에서 세계잉여금과 차이가 있다(상기 사례에서 복식부기·발생주의 개념 하에서는 20×1년 수익은 80원이고, 20×2년 수익은 (−)30원으로 표시되며, 이에 따라 20×2년 적립금및잉여금은 80원+(−)30원=50원으로 표시된다). 이렇듯 세계잉여금과 잉여금의 차이는 단식부기와 복식부기 제도의 차이에 기인하는 것으로, 단식부기에서는 저량정보가 제공되지 않으므로 전년도 세계잉여금(세입편입분)도 모두 당기 유량정보화 해야 하기 때문이다(복식부기 제도 하에서는 전년도 잉여금은 저량정보로 제공되고, 순수 당해 연도 변동분만이 유량정보로 제공되며, 다시 당년도 잉여금이 저량정보로 제공된다). 단식부기 제도 하에서의 전년도 세계잉여금을 어쩔 수 없이 당기 세입에 포함하여야 한다고 하더라도 해석에 주의를 해야 하는 이유가 여기에 있다. 세계잉여금에 대한 해석을 잘못할 경우(즉, 과거부터 누적되어 온 잉여금이 아닌 순수하게 당년도 세입액에서 세출액을 차감한 순수 당년도 증가분이라고 잘못 해석하는 경우) 재정건전성 측면에서 정보이용자에게 잘못된 의사결정을 유도할 수 있기 때문이다.

Notice

세계잉여금 관련 신문기사의 해석시 주의할 사항

"올해(2023년) 정부 예산에서 국세 수입이 59조원 가량 부족할 전망이다...(중략)...우선 지난해 결산 후 남은 세계잉여금(약 4조원)과 환율을 방어할 때 쓰는 외국환평형기금 등 기금 여유재원(약 24조원), 예산으로 편성했지만 쓰지 않는 불용(약 8조원)을 활용한다. 세수 감소에 연동해 줄어드는 지방교부금(약 23조원)은 재정안정화기금을 활용해 보전하기로 했다(중앙일보 2023.9.18.)."

상기 신문기사에서 주목할 것은 '지난해 결산 후 남은 세계잉여금(약 4조원)'을 활용하여 세수 부족에 대응할 것이라는 점이다. 세계잉여금(엄밀히 말하면 세계잉여금 정산 후 남은 금액)이라는 것은 과거부터 누적되어 온 금액으로서(순수 지난해 결산 후 남은 금액이 아니다) 이는 현재 국가의 여유자금 자체를 의미한다고 보면 된다(기금 등 특정 목적에 따라 현금 잔액을 관리하는 경우 제외한다). 따라서 당년도 국세수입의 부족분에 대한 대응 방안으로 이 금액을 전부 사용하겠다고 하는 것은 마치 한 가계에서 올해 벌어들인 수입이 거의 없으니 그동안 모아둔 저축예금을 모두 사용하겠다는 것과 동일한 의미로 해석할 수 있다.

(2) 지방회계에서의 세계잉여금

① 자치단체 세계잉여금 개요

지방회계에서의 세계잉여금이란 지방자치단체의 매 회계연도 결산상 잉여금(=세입액－세출액; 현금주의 결산)에서 ㉠ 다른 법률에 의한 금액, ㉡ 세출예산이월액 및 ㉢ 지방채증권 또는 차입금의 상환해당액을 공제한 실제 사용가능한 금액인 순잉여금을 말한다(「지방회계법시행령」 제16조). 이는 다음연도 세입에 이입하여야 하되, 조례가 정하는 바에 의하여 그 잉여금의 전부 또는 일부를 재산 또는 기금에 편입할 수 있다. 한편, 세계잉여금에서 채무확정액을 차감한 금액은 당해 연도 세입·세출의 결산(출납 폐쇄 후 80일 이내) 이전이라도 다음 회계연도가 개시된 후 자금형편상 부득이한 경우에 한하여 다음 회계연도 세입에 이입할 수 있다. 기본적으로 지방회계의 세계잉여금이나 국가회계의 세계잉여금 개념은 거의 유사하다.

② 세계잉여금의 회계처리

지방회계에서는 결산상 잉여금과 재정자금이 일치하게 된다. 따라서 세계잉여금의 이입과 관련하여 별도의 회계처리를 수행하지 않는다. 한편, 국가회계에서의 '총잉여금·재정운영결과조정표'와 같은 기능을 하는 것이 지방회계에서는 '예산회계와 재무회계의 차이에 대한 명세서'이다. 다만, 세계잉여금부터 시작하는 것이 아니라 세출에서 비용으로의 조정, 세입에서 수익으로의 조정으로 구분되어 있다.

(3) 국가회계와 지방회계 세계잉여금의 비교

국가회계와 지방회계에서의 세계잉여금은 거의 유사하지만, 일부 내용에 있어 약간의 차이가 있다. 세계잉여금 정의, 사용순서, 사용시기 및 발생주의 회계처리 등을 비교하면 다음과 같다.

차이 항목		차이 내역
① 세계잉여금 정의 차이	국가	결산상 잉여금 – 세출예산이월액
	지방	결산상 잉여금 – 세출예산이월액 – 지방채·차입금 상환액
② 경상적 성격 경비의 세출 예산이월액 차이	국가	이월한도는 당해 경비에 대한 예산의 100분의 15 (「국가재정법시행령」 제20조③)
	지방	이월한도 없음
③ 세계잉여금의 사용항목 및 사용순서의 차이	국가	「국가재정법」 제90조에 따라 세계잉여금을 다음 연도 세입예산에 이입하기 전에 사용하여야 하는 항목의 순서가 있음
	지방	세계잉여금은 전액 다음 연도 세입예산에 이입하여야 함 (단, 조례에 정하는 바에 의해 재산 또는 기금에 편입할 수 있음)
④ 세계잉여금의 사용시기 차이	국가	국가결산보고서에 대한 대통령의 승인 이후 사용이 가능
	지방	세계잉여금의 세입예산 이입은 다음 연도 개시 후에 이루어질 수도 있음(자치단체의 결산 승인 전).
⑤ 발생주의 회계처리와의 관계 차이	국가	총잉여금·재정운영결과조정표를 통해 현금주의 세계잉여금과 발생주의 재정운영결과 관계의 정보가 산출됨
	지방	예산회계와 재무회계의 차이에 대한 명세서를 통해 세입·세출액과 발생주의 비용·수익 관계의 정보가 산출됨

CHAPTER

7

정부재무제표의 주요 세부항목별 해설과 회계처리

제 1 절 국고금과 국고금회계
제 2 절 재정자금과 결산상 잉여금
제 3 절 채권(債權) 평가: 대손충당금과 융자보조원가충당금
제 4 절 유가증권의 평가
제 5 절 일반유형자산·사회기반시설·주민편의시설의 취득 및 평가
제 6 절 일반유형자산 등 관련 특수 회계처리(관리전환 및 민간투자사업)
제 7 절 리스
제 8 절 국채·공채 및 지방채의 발행 및 회계처리
제 9 절 연금충당부채 및 연금회계처리
제10절 퇴직급여충당부채, 기타충당부채 및 우발부채
제11절 발생주의 기간손익 회계처리(미수수익, 선급비용, 미지급비용, 선수수익)
제12절 통합재무제표의 작성
제13절 회계변경과 오류수정
제14절 정부조직개편(정부결합거래) 회계처리

CHAPTER

7

정부재무제표의 주요 세부항목별 해설과 회계처리

제 1 절 국고금과 국고금회계

1. 국고금과 국고금회계의 개요(국가회계)

(1) 국고금

국고금은 국가가 한국은행에 보관하고 있는 현금 등을 의미한다. 「국고금관리법」에서는 국고금의 범위를 법령 또는 계약 등에 의하여 국가의 세입(일반·특별회계)으로 납입되거나 중앙관서의 장이 관리하는 기금에 납입된 모든 현금 등이라고 규정하고 있다. 국고금은 특정한 경우를 제외하고 국고통일주의 원칙에 따라 한국은행 국고계정에서 통합관리 되는 것을 원칙으로 한다(「국고금관리법」 제31조 및 「국고금관리법시행령」 제50조의2). 동시에 국고금은 국가재무제표에서의 계정과목으로도 사용된다.

➡ 국고금은 국가회계에만 있는 개념으로 이와 관련하여 지방회계에서는 재정자금이라는 개념을 사용한다. 국고금은 국고통일주의에 의해 통합관리 측면의 특성이 있는 것이 비해, 재정자금은 각 자치단체가 독자적으로 통제한다는 측면에서 국고금의 성격과 분명 차이가 있다. 재정자금에 대한 상세 해설은 본 장의 '제2절 재정자금과 결산상잉여금'을 참고한다.

(2) 국고금회계와 국고금회계처리

국고통일주의 원칙에 따라 각 중앙관서의 장은 법률에 특별한 규정이 없는 한, 해당 중앙관서에서 발생하는 세입을 국고에 납부해야 하며 직접 사용하지 못한다. 또한 세출의 경우에도 예산배정에 의하여 통합 국고금에서 자금을 받아 집행하여야 한다. 이렇듯 국고자금의 통합관리를 위한 자금관리 회계(계정)를 국고금회계(national treasury accounts)라고 하며, 세입의 국고납입과 세출을 위한 예산배정 관련 회계처리를 국고금회계처리하고 한다. 다만, 국고금회계처리는 자금운용의 특수성을 인정하여야 하는 기업특별회계(책임운영기관특별회계를 포함한다), 세입·세출예산의 적용을 받지 않는 모든 기금(중앙관서의 장이 관리하는 기금 및 중앙관서의 장이 관리하지 않는 기금 모두 해당된다)과 세입세출외 거래로 처리되는 우체국보험특별회계(기타특별회계)의 국고금은 국고금회계처리 적용대상에서 제외한다.

▶ 일반적으로 국고금회계는 국고금회계(accounts)와 국고금회계처리(accounting)의 개념이 혼재되어 사용되고 있어, 의미를 분명하게 하기 위해 각각 국고금회계와 국고금회계처리로 구분한다.

Notice

국고금 통합계정에 대한 이해

(「국고금관리법」 제31조, 제34조 및 동법시행령 제50조의2)

국고금에서 통합계정이란 「국고금관리법」 제31조에 근거하여 일반회계와 특별회계의 자금을 통합관리하는 계정을 말한다. 다만, 다음의 특별회계의 자금은 통합계정에 포함하지 않는다.

㉠ 기타특별회계 중 우체국보험특별회계
㉡ 기업특별회계 중 우체국예금특별회계 및 양곡관리특별회계

기획재정부장관은 국고금의 출납상 지장이 없다고 인정되는 때에는 통합계정의 자금을 세입세출예산외로 다음의 방법으로 운용할 수 있다(「국고금관리법」 제34조①).

㉠ 국공채 및 통화안정증권의 매매
㉡ 금융기관에 대한 예치 또는 단기 대여
㉢ 증권금융회사 또는 종합금융회사가 발행하는 채무증서의 매매
㉣ 그 밖에 대통령령이 정하는 유가증권의 매매

한편, 기획재정부장관은 통합계정의 자금의 운용으로 생긴 수익금을 세입세출예산 외로 다음의 용도에 사용할 수 있다(「국고금관리법」 제34조②).

㉠ 통합계정의 자금조달비용 및 이자의 지급

㉡ 그 밖에 국고금의 운용에 관련되는 경비의 지급

(3) 국고금의 재무제표 표시

일반회계와 기타특별회계(단, 우체국보험특별회계는 제외한다)의 경우 세입 및 세출이 국고금회계에 의해 국고에서 관리됨에 따라 재정상태표에는 국고금이 표시되지 않는다. 이는 일반회계나 기타특별회계로 징수된 세입은 모두 한국은행 국고금회계로 이전하며, 중앙관서에서 지출되어야 하는 예산집행관련 세출은 모두 한국은행 국고금회계로부터 이전받기 때문이다. 따라서 일반회계와 기타특별회계만 있는 중앙관서는 원칙적으로 국고금이라는 계정과목이 재정상태표에 나타나지 않는다.

한편, 기업특별회계(책임운영기관특별회계를 포함한다)는 「국고금관리법」상 통합계정에 포함되지만(단, 우체국예금특별회계와 양곡관리특별회계는 통합계정에 포함되지 않는다), 자금운용의 특수성으로 인해 국고회계처리를 수행하지 않는다. 따라서 기업특별회계 재무제표에는 국고금이라는 계정과목이 나타나게 된다. 중앙관서의 장이 관리하는 기금의 경우에도 국고금이라는 계정과목을 사용하지만(단, 통합계정에는 포함되지 않는다), 국고금회계처리 역시 수행하지 않기 때문에 자연스럽게 재정상태표에 국고금이 나타나게 된다.

- 국고금은 사용이 제한되어 있다고 할지라도 장·단기금융상품으로 분류하지 않고 현금및현금등가물의 국고금으로 계상한다.

- 기업특별회계 및 중앙관서의 장이 관리하는 기금(일명 '공공기금'이라고도 한다)이 보유하는 국고금은 장부상으로 해당 회계 및 기금의 소유라는 것을 의미한다. 중앙관서의 장이 관리하지 않는 기금(일명 '민간기금'이라고도 한다)은 「국고금관리법」 적용 대상이 아니기 때문에 국고금이라는 계정과목이 존재하지 않는다.

(4) 회계·기금별 국고금회계의 특성 비교

실무적으로 국가회계실체의 구분에 따른 국고금의 분류 및 국고금회계와의 관계는 다소 복잡하다. 각 국가회계실체별로 국고금회계와 관련하여 어떠한 특성이 있는지를 숙지할 필요가 있다.

<table>
<tr><th rowspan="3">구분</th><th rowspan="3">일반회계</th><th colspan="5">특별회계</th><th colspan="2">기금</th></tr>
<tr><th colspan="3">기업특별회계</th><th colspan="2">기타특별회계</th><th rowspan="2">중앙관서장이 관리하는 기금</th><th rowspan="2">민간기금</th></tr>
<tr><th>책임운영기관 특별회계</th><th>우체국예금, 양곡관리 특별회계</th><th>우편사업, 조달특별회계</th><th>우체국보험 특별회계</th><th>나머지</th></tr>
<tr><td>국고금관리법상 국고금 여부</td><td>○</td><td>○</td><td>○</td><td>○</td><td>○</td><td>○</td><td>○</td><td>×</td></tr>
<tr><td>통합계정 여부</td><td>○</td><td>○</td><td>×</td><td>○</td><td>×</td><td>○</td><td>×</td><td>×</td></tr>
<tr><td>국고금회계처리 여부</td><td>○</td><td>×</td><td>×</td><td>×</td><td>×</td><td>○</td><td>×</td><td>×</td></tr>
<tr><td>재무제표상 국고금 잔여 가능 여부</td><td>×
국고금회계 집계</td><td>○</td><td>○</td><td>○</td><td>○</td><td>×
국고금회계 집계</td><td>○</td><td>×</td></tr>
</table>

2. 국고금회계처리의 이해(국가회계)

(1) 국고금회계처리

국고금회계처리가 적용되는 일반회계와 기타특별회계는 수입과 지출이 발생할 경우 한국은행 국고금회계로의 납입(국고이전지출) 및 국고금회계에서 각 회계로의 이전(국고수입)에 대한 회계처리를 수행하여야 한다. 이와 비교하여 한국은행 국고금회계에서도 각 회계로부터 국고금의 납입(국고이전수입) 및 각 회계로의 국고금의 이전(세출예산지출액)에 대한 회계처리가 이루어진다. 이러한 회계처리로 인해 국가(통합)재무제표를 작성하는 과정에서 국고이전지출(각 회계)과 국고이전수입(국고금회계), 국고수입(각 회계)과 세출예산지출액(국고금회계)은 서로 내부거래로 제거된다.

회계사건	일반회계 · 기타특별회계	한국은행 국고금회계
수입	차) 한국은행 국가예금 대) XX수익 등	
	차) 국고이전지출 대) 한국은행 국가예금	차) 한국은행 국가예금 대) 국고이전수입
지출	차) 한국은행 국가예금 대) 국고수입	차) 세출예산 지출액 대) 한국은행 국가예금
	차) XX 비용 등 대) 한국은행 국가예금	

- 각 회계에서의 국고금회계처리와 관련하여 「국고금 회계처리지침」에서나 실제 디지털예산·회계시스템에서는 '한국은행국가예금'이 상계되어 직접 "국고이전지출 / XX수익" 또는 "XX 비용 / 국고수입"와 같이 회계처리가 이루어진다. 그러나 단순히 이렇게만 회계처리를 보여 주면 이해하기가 쉽지 않으므로 이해를 돕기 위해 상기 회계처리 예시를 통한 '한국은행국가예금'의 흐름을 표시한 것이다.
- 한국은행 국고계정과 해당 회계 및 중앙관서 간의 국고금 자금거래의 흐름은 그림과 같다.

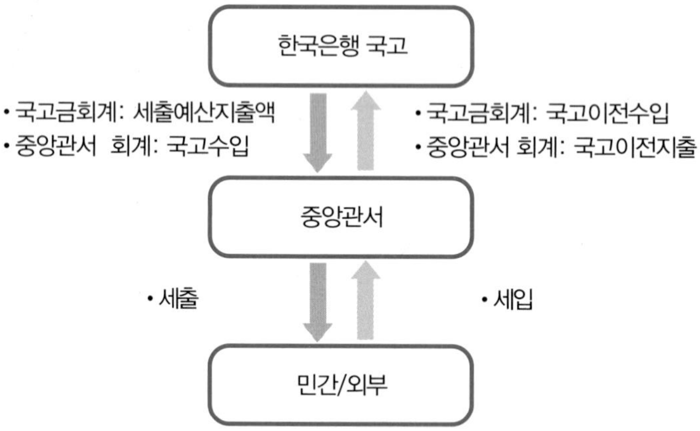

(2) 국고금회계처리의 재무제표 표시

일반회계·기타특별회계(단, 우체국보험특별회계는 제외한다)에서의 세입·세출의 경우 국고금회계처리와 관련되는 계정과목인 국고이전지출 및 국고수입은 순자산변동표에 나타난다. 그러나 필수보충정보인 국세징수활동표를 작성해야 하는 국세청·관세청·기획재정부의 국세징수활동 과정에서 발생하는 국고이전지출은 국세징수활동표에 표시된다. 즉, 국세가 아닌 수입의 경우 순자산변동표상의 국고이전지출 계정과목과 관련되지만, 국세수입의 경우에는 국세징수활동표상의 국고이전지출 계정과목에 표시된다.

(3) 국고금회계의 국가재무제표 반영

국고금회계는 중앙관서와 독립된 회계로서 결산은 수행되지만, 중앙관서단위 재무제표 어디에도 공시되지 않으며, 국가(통합)재무제표 작성시에만 통합대상에 포함된다(2022년말 기준 중앙관서는 61개인데, 국가(통합)재무제표는 이 61개 중앙관서에 1개의 국고금회계가 더해져서 작성된다). 이때, 각 회계에서의 국고금회계처리 관련 계정과목과 국고금회계에서의 관련 계정과목은 내부거래로 제거(국고이전지출↔국고이전수입, 국고수입↔세출예산지출액)되므로 결국 국고금 잔액과 국고금여유자금 운영수익만 국가(통합)재무제표에 반영된다.

국고금회계에서의 국고금은 한국은행국가예금과 국고금여유자금운용액으로 구성된다. 한국은행국가예금은 세입에서 세출을 차감한 세계잉여금(엄밀히 말하면 결산상 잉여금이라고 할 수 있다)을 의미한다. 국고금여유자금운용액은 국고금여유자금의 운용목적으로 보유하고 있는 금융자산이나 현금을 의미한다. 국고금여유자금의 운용은 세입세출외거래이지만, 운용과정에서 발생한 수익 및 비용은 국고금회계 재무제표에 인식된다.

제 2 절 재정자금과 결산상 잉여금

재정자금이란 자치단체가 결산시점에 보유하고 있는 현금및현금성자산, 단기금융상품 및 장기금융상품 잔액의 합계액으로 자치단체의 연간 세입세출결산에 의한 결산상 잉여금과 동일하다. 재정자금이라는 용어는 지방회계 재무제표상의 계정과목 명칭은 아니며, 개념적으로만 불리는 명칭이다. 지방회계에서는 재정자금의 금액과 세입세출결산에 따른 결산상 잉여금은 항상 같다. 한편, 자치단체가 소유하지 않고 일시적으로만 보관하고 있는 현금 및 금융상품의 경우 자치단체의 자산이 아님은 당연하다.

- 재정자금은 사전적으로 정부의 재정지출에 충당되는 모든 자금을 의미한다. 국가에서의 국고금이나 자치단체의 재정자금이 여기에 속한다. 그러나 실무적으로 국가회계에서는 재정자금이라는 용어는 거의 사용하지 않으며, 국고금이라는 표현을 사용하기 때문에 일반적으로 재정자금은 지방회계에서만 사용되는 용어라고 볼 수 있다.

- 지방회계에서는 각 자치단체가 독자적으로 재정자금을 통제하기 때문에 국가회계에서 적용되는 국고통일주의나 국고금회계처리와 같은 개념이나 회계처리 및 프로세스는 존재하지 않는다.

이러한 재정자금의 이해를 위하여 2022년 실제 천안시 사례를 보면 다음과 같다.

회계구분	세입세출결산상 잉여금(백만원)	재정상태표상의 금액(백만원)			
		현금및현금성자산	단기금융상품	장기금융상품	계(B)
일반회계	534,872	234,848	300,024	0	534,872
기타특별회계	44,684	44,684	0	0	44,684
기금회계	226,134	37,992	188,142	0	226,134
공기업특별회계	197,402	30,921	166,481	0	197,402
계	1,003,092	348,445	654,647	0	1,003,092

동일(A=B)

- 잉여금이 어떠한 구성요소로 되어 있는지 설명해 주는 것이라 할 수 있음

제 3 절 채권(債權) 평가: 대손충당금과 융자보조원가충당금

1. 대손충당금(국가회계·지방회계)

(1) 대손충당금의 개요

대손충당금이란 미수채권, 미수세금 및 미수세외수입금, 대여금 등 채권(債權)의 회수가능성을 평가한 금액과 채권의 액면금액과의 차이를 말한다. 이는 실제 회수가 불가능한 것으로 확정된 금액이라기보다는 회수불가능에 대한 확률적인 개념이다. 이에 비해 불납결손(不納缺損)은 소멸시효 등 회수불가능 상황이 확정되어 실제 채권잔액을 장부에서 제거시키는 것을 말한다(회계적으로 대손처리라고 한다).

일반적으로 대손충당금은 신뢰적(합리적)이고 객관적인 기준에 따라 산출하여야 한다(국가회계기준 제34조 및 지방회계기준 제46조①). 지방회계에서는 실무적으로 채권액면금액(채권잔액)의 과거 3년간 평균 대손실적경험율을 사용한다. 이에 비해 국가회계에서는 국가회계실체의 특성에 따라 연령분석법, 채권잔액비례법, 대손실적률법을 적용할 수 있으며, 기타 합리적이라고 판단되는 방법도 가능하다. 지방회계실체와 달리 국가회계실체의 다양한 사업 성격에 따라 대손충당금 설정율이 각기 다를 수 있기 때문이다. 대손충당금은 해당 채권의 차감형식으로 표현하며, 산출방식에 대한 내용은 주석으로 공시한다.

➡ 대손충당금의 재무제표 표시 사례

미수채권	500,000	→ 액면금액
대손충당금	(40,000)	→ 확률적 개념의 회수불가능액
	460,000	→ 회수가능 잔액

➡ 일부 국가회계실체에서는 연령분석법, 채권잔액비례법, 대손실적률법 외에 금융기관의 자산건전성 평가 방법을 준용하기도 하는데, 이는 기타 합리적인 방법으로 인정되는 방법이라 할 수 있다.

➡ 최근 기업에서 적용하는 국제회계기준(IFRS)에서는 대손충당금을 기대신용손실모형(Expected Loss Model)에 따라 설정하도록 하고 있다. 이는 앞으로 손실이 기대될 것으로 보이는 채권에 대해서도 대손충당금을 설정해야 하므로 현재 시점에서 정상채권인 경우에도 대손충당금을 설정해야 한다. 국가회계나 지방회계에서는 아직 이에 대한 논의는 없는 실정이다.

Notice

대손충당금의 이론적 개념

회계이론적으로 채권에 대한 대손충당금은 ㉠ 신용정도, ㉡ 시간가치, ㉢ 회수비용에 대한 개념이 종합된 확률적 개념이다. 실제 회수가 불가능할 것으로 판명되기 이전에 확률적으로 어느 정도 손실이 예상되는가 하는 것에 대한 추정이다. 예를 들어 친구에게 1,000,000원을 빌려줬을 경우와 1,000,000원을 은행에 예치한 경우를 비교하면 쉽게 이해할 수 있다. ㉠ 신용정도 측면에서 은행과 친구를 비교하면 당연히 친구의 신용이 낮을 수밖에 없다. ㉡ 시간가치 측면에서 일반적으로 대여금에는 이자 개념이 포함되기 마련인데, 친구에 대해서는 무이자 또는 적은 이자만 받는다면 은행에 예치한 것과 차이가 있다. ㉢ 회수비용 측면에서 은행 예치금은 큰 비용 없이 현금화될 수 있으나, 친구로부터 회수는 상대적으로 많은 정신적 · 신체적 비용이 소요될 수밖에 없다. 따라서 은행 예치금과 친구에 대한 대여금은 개념적으로 차이가 발생할 수밖에 없으며, 이 차이가 바로 대손충당금이라고 보면 된다. 대손충당금을 설정하게 되면, 설정하는 시점에 비용이 인식되며, 향후 불납결손으로 판명되는 시점에는 비용은 적게 인식된다.

(2) 대손충당금의 계산

대손충당금 설정은 일반적으로 재정상태표 접근방식이 선호되는데, 기말의 채권 잔액을 기준으로 대손설정율을 곱하여 대손충당금을 산출한다. 당기말 대손충당금과 전기말 대손충당금의 차이는 당기의 대손상각비로 인식하며(만일, 부(−)의 금액일 경우에는 대손충당금환입을 인식한다), 기중에 결손처분이 발생하는 경우에는 채권 잔액과 동일 금액의 대손충당금을 상계 제거한다.

㉠ 당기말 대손충당금 = 당기말 채권 잔액 × 당기말 대손설정율
㉡ 당기의 대손상각비 = 당기말 대손충당금 − 전기말 대손충당금

(3) 대손충당금 회계처리 사례(하기의 ㉠~㉣사례는 서로 연결되어 있다)

㉠ 20×2년말 미수채권 잔액 100,000천원에 대해 최초로 대손충당금을 설정하기

로 하였다. 대손설정율은 1%로 가정한다.

차변) 대손상각비	1,000	대변) 미수채권대손충당금	1,000

(*1) 20×2년말 대손충당금=100,000×1%=1,000

㉡ 20×3년말 현재 미수채권 잔액이 100,000천원이고, 대손설정율은 1.5%를 가정한다.

차변) 대손상각비	500	대변) 미수채권대손충당금	500

(*1) 20×3년말 대손충당금=100,000×1.5%=1,500

(*2) 20×3년 대손상각비=1,500−1,000=500

㉢ 20×4년 중 미수채권 잔액 400천원을 불납결손 처리하기로 하였다.

차변) 미수채권대손충당금	400	대변) 미수채권	400

㉣ 20×4년말 현재 미수채권 잔액은 40,000천원이고, 대손설정율은 2%를 가정한다.

차변) 미수채권대손충당금	300	대변) 대손충당금환입	300

(*1) 20×4년말 대손충당금=40,000×2%=800

(*2) 20×4년말 직전 대손충당금 잔액=1,500−400=1,100

(*3) 20×4년 환입할 대손상각비=800−1,100=(300)

2. 융자보조원가충당금(국가회계)

(1) 융자보조원가충당금 평가 대상 융자금(저리의 융자금)

국가회계에서의 대여금 중 정부내예탁금 및 전대차관대여금을 제외한 대여금을 융자금이라고 하는데, 일반적으로 국가회계실체가 아닌 제3자에게 대여한 금액을 융자금이라고 할 수 있다. 융자금은 다시 융자사업과 관련한 융자금(일명 '저리의 융자금'이라고 한다)과 융자사업에 해당하지 않는 융자금(일명 '일반융자금'이라고 한다)으로 구분된다. 융자사업이 아닌 융자금은 융자보조원가충당금으로 평가하지 않고, 일반적인 미수채권과 같이 대손충당금 평가를 수행한다.

- 지방회계에서는 예탁금, 자치단체간융자금, 민간융자금 등을 통칭하여 융자금이라고 한다. 현행 지방회계기준에서는 융자사업과 관련하여 융자보조원가충당금 평가를 하지는 않는다.

- 정책적 목적의 저리의 융자사업은 정부 고유의 행정활동이기 때문에 기업회계에서는 존재하지 않는다.

국가회계실체가 융자사업을 통해 제3자에게 지급하는 융자금은 「융자 회계처리지침」에 따라 평가 및 회계처리가 수행되어야 한다. 융자사업이란 국가회계실체가 유효이자율(시장이자율이라고도 한다)보다 낮은 이자율로 융자를 제공하는 사업(즉, 저리의 융자사업)을 말한다. 실무적으로 융자사업을 수행하는 대표적인 국가회계실체는 주택도시기금, 중소기업창업및진흥기금, 근로복지진흥기금, 농지관리기금, 사학진흥기금, 전력산업기반기금 등이 있는데, 이들은 서민, 중소기업, 근로자, 농민, 사학기관, 특정산업에 속한 기업 등에 대하여 저리의 융자사업을 수행한다(참고로 2022년 말 기준 국가 전체의 저리의 융자금의 규모는 약 114조원이고, 융자보조원가충당금은 약 11조원이었다). 한편, 유효이자율보다 낮은 이자율로 융자를 제공하는 사업에는 중앙관서 및 기금관리주체에 소속되어 근로를 제공하는 자를 대상으로 한 저리의 융자사업도 포함된다.

융자사업 융자금의 경우 정책이자율(액면이자율)과 유효이자율(시장이자율)의 차이(정책이자율 < 시장이자율)는 결국 국민에 대한 실질적인 정책사업 효과를 의미한다. 현금주의 세입세출 관점에서는 융자금 지원 자체를 국민에 대한 정책이라고 볼 수 있으나, 융자금 원금은 일정기간 경과 후에 국가에 상환되어야 하므로 진정한 의미의 지원 정책이라 보기 어렵다(국가회계실체는 융자금을 자산으로 인식하게 된다). 오히려, 국민의 입장에서는 일반 금융기관에서 빌리는 것과 비교하여 정부에서 빌리는 것이 이자 측면에서 유리하다는 효과가 진정한 의미의 지원 정책이라 할 수 있다. 예를 들어 융자금 원금이 1,000만원일 경우 낮은 이자율 정책으로 인해 실질적인 융자금의 가치가 800만원이라고 한다면, 국민의 입장에서는 그 차액인 200만원이 실질적으로 혜택을 받은 것(시장이자율 보다 낮은 정책이자율로 인한 차이이다)이라고 볼 수 있는 것이다(반대로 국가 입장에서는 동 금액은 손실이라 할 수 있다. 그러나 이는 국가가 잘못 정책을 수행함에 따른 손실이 아니라 정상적인 정책활동 과정에서 발생한 비용이므로 정책사업원가가 되는 것이다). 국가회계실체는 동 차액을 융자보조원가충당금으로 인식함과 동시에 정책사업에 대한 원가(비용)로 인식하게 된다.

Notice

이차보전 정책과 융자보조원가충당금 평가와의 유사성

이차보전(利差補塡) 정책이란 정부가 자금을 직접 조성해 융자하던 사업을 시중의 풍부한 민간자금을 활용하는 방식으로, 먼저 민간금융기관 등으로 하여금 민간자금을 저리로 융자시키고 정부가 해당 민간금융기관에 이자차액 부분(=시장이자율-정책이자율)을 지원하는 방식의 정책을 말한다. 이차보전 방식은 정부로 하여금 직접적인 재정지출액을 줄이면서 동시에 국민에는 융자사업과 동일한 저리융자 해택이 돌아가도록 한다. 이는 마치 융자사업에서 저리융자로 인한 융자보조비용과 유사한 효과를 가진다고 볼 수 있다. 융자사업과 관련하여 국가회계실체는 실질적인 국민에 대한 정책효과를 융자보조원가의 항목으로 원가로 계상하는데, 이차보전과 관련하여 이차보전 금액을 원가로 인식하는 것과 결국 금액적 효과는 동일하다(융자보조원가가 금액적 효과를 한 번에 인식하는 반면, 이차보전정책은 매년 집행될 때마다 비용으로 인식한다는 점만 상이하다. 이차보전금액을 현재가치로 계산하면 융자보조원가 금액과 동일하게 된다). 이는 융자사업 융자금 자체에 대한 재정지출 정보보다 융자보조비용 정보가 실질적으로 더 유용한 정보라는 것을 보여 준다고 할 수 있다.

(2) 융자보조원가충당금의 평가 및 회계처리

융자보조원가충당금이란 융자사업과 관련하여 원리금에서 추정순현금유입액의 현재가치를 차감한 금액을 의미한다(융자보조원가충당금=융자원금-추정순현금유입액의 현재가치). 융자보조원가충당금이 최초 발생하는 경우 동 충당금은 해당 융자금의 차감계정으로 표시하고, 상대계정은 융자보조비용(프로그램직접원가)으로 인식한다.

융자보조원가충당금은 매년 유효이자율법에 따라 상각하며, 동 상각액은 융자보조원가충당금환입으로 인식(프로그램수익)한다. 만기시점에 융자보조원가충당금은 영(0)이 된다. 순현금유입액은 융자금의 원금과 이자, 채무불이행 예상액 및 기타 직접비용을 가감하여 추정한다. 추정순현금유입액의 현재가치를 계산하기 위하여 사용되는 유효이자율은 융자금과 만기가 유사한 국채이자율을 적용하는 것을 원칙으로 하며(단, 해당 융자사업을 위해 직접적으로 조달된 재원이 있는 경우 해당 재원의 조달이자율을 적용할 수 있다), 최초 인식시 적용한 유효이자율은 변경 없이 계속 적용한다.

융자보조원가충당금으로 평가하는 융자금은 별도의 대손충당금을 설정하지 않으며, 정책적 목적에 따라 원리금 지급유예, 채무의 면제, 이자율의 조정, 만기연장 등 융자조건이 변경되는 경우 조정 전 장부가액과의 차이는 융자보조비용과 융자보조원가충당금으로 반영된다. 융자금이 대손처리되는 경우 융자원금과 융자보조원가충당금을 동시에 장부에서 제거한다(융자원금과 관련 융자보조원가충당금이 차이가 있는 경우 융자보조비용을 추가 반영한다). 한편, 융자사업의 관리에 필요한 신용조사비용 및 법률자문비용 등은 융자보조비용이 아닌 해당 국가회계실체의 관리운영비에 포함한다.

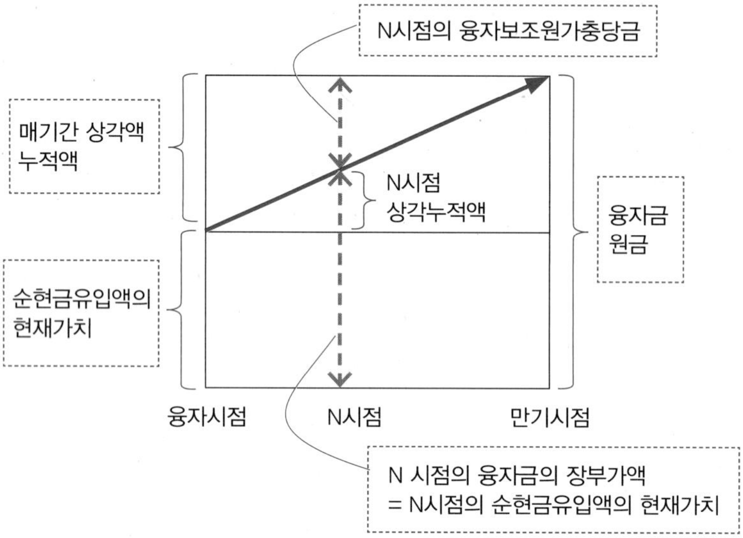

융자보조원가충당금과 관련한 회계처리 사례는 다음과 같다.

㉠ 융자금 최초 평가시(원금 1,000원, 추정순현금유입액 현재가치 800원 가정)

차변)	융자보조비용 (프로그램원가)	200	대변)	융자보조원가충당금	200

㉡ 매 회계연도말 융자보조원가충당금 상각시(상각액 30원 가정)

차변)	융자보조원가충당금	30	대변)	융자보조원가충당금환입 (프로그램수익)	30

Notice

현재가치평가

현재가치평가란 미래에 발생할 금전에 대하여 현재의 금전가치로 평가하는 것을 의미한다. 예를 들어, 자금의 100만원과 1년 후의 100만원은 명목상 금액은 동일하지만, 실질적인 가치의 측면에서는 분명 차이가 있다. 만일, 100만원을 연이자율 10% 정기예금에 예치하였다면, 1년 후의 금액은 110만원(=100×(1+0.1))이 될 것이다. 이는 반대로 1년 후의 110만원은 현재시점의 100만원(=100÷(1+0.1))이 된다는 것을 의미한다. 즉, 미래의 110만원은 현재시점의 100만원과 동일하게 되는데, 이를 현재가치평가라고 한다.

만일, 정부가 농민에게 100만원을 3년간 빌려주면서 연 2%의 이자를 받기로 했다면(시장이자율 10% 가정), 동 채권은 빌려줌과 동시에 80만원($=\frac{100\times2\%}{1.1}+\frac{100\times2\%}{1.1^2}+\frac{100\times2\%}{1.1^3}+\frac{100}{1.1^3}$)의 현재가치로 평가된다.

제 4 절 유가증권의 평가

1. 유가증권의 취득 및 분류(국가회계·지방회계)

정부가 주식이나 채권(債券)과 같은 유가증권을 취득하는 과정은 크게 ㉠ 여유자금의 운용, ㉡ 공공기관 출자, ㉢ 담보권 등 행사, ㉣ 국세 물납(物納)에 따른 취득 등이 있다.

첫째, 여유자금의 운용 목적으로 유가증권을 취득하는 경우란 일반적으로 여유자금이 있는 기금에서 경제적 수익 창출의 목적으로 취득하는 경우로서 경제적 상황에 따라 재산상 손해를 발생시킬 위험이 존재하기 때문에 엄격한 절차에 따라 이루어진다(외부 전문기관을 통해 투자하는 경우가 일반적인데, 연기금투자풀이 대표적이다).

둘째, 정부 정책의 일부(전력, 가스, 도로, 주택, 공항, 항만, 철도 등)를 공공기관이 수행하도록 하는 경우 안정적인 집행을 위하여 정부가 해당 공공기관에 출자한다. 정부가 공기업 등 공공기관이나 지방공기업의 주식을 보유하고 있는 경우가 이에 해당한다.

셋째, 보증사업 등을 수행하는 경우 담보물 확보 또는 구상권을 행사(보증을 제공한 회사가 금융기관에 대한 채무불이행시 정부가 대신 상환하고 그에 대한 대가로 해당 회사의 주식을 취득하는 경우가 있다)하는 과정에서 유가증권을 취득하기도 한다.

넷째, 상속세 같은 경우 기업이나 개인이 국세를 납부할 현금이 부족한 경우 대신해서 유가증권으로 납부하는 경우도 있다(이를 물납(物納)이라 한다).

이렇게 유가증권을 취득하는 경우가 다양함에 따라, 유가증권의 취득·보유목적에 따라 분류 및 평가방법도 상이하고 복잡하다. 즉, 여유자금운용을 위한 목적인지, 안정적인 공공정액 유지의 목적인지, 채권을 만기까지 보유하기 위한 목적인지 등에 따라 유가증권의 성격과 회계처리가 달라진다. 심지어 동일한 유가증권이라고 하더라도 취득 목적이 상이할 경우 회계처리 역시 달라질 수 있다(예를 들어 한국전력공사 주식의 경우 산업통상자원부를 통해 보유하고 있는 경우(안정적인 정책수행)와 국민연금기금이 보유하고 있는 경우(여유자금운용)의 회계처리는 상이하다). 분류체계가 복잡한 국제회계기준을 중심으로 국가회계기준과 지방회계기준의 유가증권 분류 및 특성을 살펴보면 다음과 같다.

구분	국제회계기준(IFRS)	국가회계기준	지방회계기준
1. 분류	• 당기손익인식금융자산(주식·채권) • 매도가능증권(주식·채권) • 지분법적용투자주식(주식) • 만기보유증권(채권)	• 단기투자증권(주식·채권) • 장기투자증권(주식·채권)	• 장기투자증권 (주식·채권) ➡ 단기투자증권 없음
2. 분류기준	• 경영진의 유가증권 보유 목적	• 만기 및 처분 의도(유동성분류)	• 장기투자증권 분류
3. 특성	• 유가증권은 공정가액 평가가 원칙 • 유가증권 분류에 따라 평가손익 인식방법(당기손익 또는 포괄손익) 상이	• 지분법평가 없음 • 보유목적에 따라 평가방법 상이 • 평가손익은 순자산변동 처리	• 공정가액 평가, 지분법 평가 없음 (취득원가만 인정)

2. 유가증권의 평가와 회계처리(국가회계·지방회계)

(1) 유가증권의 평가

유가증권은 금전적 가치의 변동이 심한 자산 중의 하나이며, 따라서 다른 자산에 비하여 유가증권의 평가과정이 더욱 중요하다. 유가증권의 평가는 취득과 처분시점의 단가결정방법과 기말시점의 공정가치 평가방법으로 구분할 수 있다. 유가증권의 평가와 관련하여 국가회계와 지방회계가 다소 차이가 있다.

구 분	상이여부	국가회계기준(제33조)	지방회계기준(제48조)
1. 장·단기구분	상이	장기·단기투자증권 구분	장기투자증권만 규정
2. 단가결정 방법	상이	종목별 총평균법 등(개별법, 이동평균법 모두 인정)	종목별 총평균법만 인정
3. 채무증권과 지분증권 구분	상이	채무증권, 지분증권, 기타증권으로 구분	구분 없음
4. 평가원칙	상이	채무증권은 상각후취득원가, 지분증권과 기타증권은 취득원가	취득원가로만 평가 규정
5. 공정가액 평가	상이	장·단기투자증권은 ㉠ 투자목적이고, ㉡ 신뢰성 있는 공정가액이 존재하는 경우 공정가액으로 평가하고 그 차이는 순자산변동표 반영	공정가액 평가 규정 없음
6. 투자증권 감액	동일	회수가능가액이 ㉠ 장부가액에 미달하고 ㉡ 그 미달액이 중요한 경우 감액손실 인식(재정운영표 반영)	회수가능가액이 ㉠ 장부가액에 미달하고 ㉡ 그 미달액이 중요한 경우 감액손실 인식(재정운영표 반영) 동일
7. 지분법 평가	동일	인정하지 않음	인정하지 않음

Notice

유가증권의 종목별 총평균법과 이동평균법

유가증권은 그 종류가 다양하고, 같은 종류라도 여러 번에 걸쳐 빈번하게 취득할 수 있다. 예를 들어 A종목 주식 100주를 1,000천원에 구입한 후 다시 동 주식 200주를 1,700천원에 구입하였다고 가정한다. A종목 주식 총 개수는 300주이고 금액은 2,700천원이 된다. 즉, 주당 평균 9천원이라는 것을 알 수 있다. 모든 매입이 이루어졌다고 가정하고 주당 단가를 새롭게 산출하는 방식을 총평균법이라고 하고, 매각 시점마다 보유하고 있는 주식의 단가를 결정하는 것을 이동평균법이라고 한다. 동 사례에서 A종목 100주 구입 후 30주를 매각하고, 이후 200주를 구입한 후에 다시 90주를 매각하였다고 가정할 때, 기말시점의 주식의 가액은 총평균법일 때와 이동평균법일 때가 달라진다.

㉠ 총평균법: 전체 구입액(100주×@10,000+200주×@8,500=2,700,000; @9,000)을 기준으로 매각된 주식의 장부가액은 120주×@9,000=1,080,000원이 된다. 따라서 기말에 남아 있는 주식의 장부가액은 180주×@9,000=1,620,000원이 된다.

㉡ 이동평균법: 100주를 구입하였을 때의 단가는 @10,000원이고 처음 30주는 @10,000일 때 매각한 것이므로 30주 매각 후 장부가액은 70주×@10,000=700,000원이 된다. 이후 200주를 주당 8,500원에 매입하였으므로 장부가액은 70주×@10,000+200주×@8,500=2,400,000원이 된다. 이 때 90주를 매각할 경우 장부가액은 90주×(2,400,000÷270주)=800,000원이 된다. 따라서 기말 보유주식의 장부가액은 1,000,000−300,000+1,700,000−800,000=1,600,000원이 된다.

지방회계에서는 유가증권을 취득원가로만 평가하지만(「지방회계기준」 제48조), 국가회계에서는 유가증권의 종류에 따라 다음과 같이 평가방법이 다양하다(「국가회계기준」 제33조). 다만, 국가회계나 지방회계 모두 유가증권의 회수가능가액이 장부가액에 중요하게 미달하는 경우 감액손실을 인식하여야 한다는 점은 동일하다(「국가회계기준」 제32조③, 「지방회계기준」 제45조②).

㉠ 투자목적이 아닌 채무증권: 상각후취득원가 평가

㉡ 투자목적이 아닌 지분증권: 취득원가 평가(즉, 구입한 금액 변동 없이 그대로 평가)
㉢ 투자목적의 장·단기투자증권: 공정가액을 신뢰성 있게 측정할 수 있는 경우에 한해 공정가액으로 평가하며, 장부가액과의 차이는 순자산조정 항목으로 표시

여기서 주의할 점은 국가회계에서 투자증권이 기말시점에 공정가액으로 평가되기 위해서는 ㉠ 투자목적으로 인한 취득과 ㉡ 신뢰성 있는 공정가액의 측정이라는 2가지 조건이 동시에 충족해야 한다는 것이다. 따라서 상장주식을 보유하고 있더라도 투자목적이 아니라면 공정가액으로 평가하지 않는다(따라서 정부가 안정적인 전력정책을 수행하기 위해 한국전력공사 주식(상장)을 보유하였더라도 공정가액 평가 대상이 아니다).

(2) 유가증권 회계처리 사례

① 할인발행된 국채의 상각후취득원가 회계처리 사례

보건복지부(국민연금기금)는 20×1년 1월 1일 다음과 같은 국고채권을 취득하였으며, 발행가액은 93,925천원으로 할인발행되었다(액면가액 100,000천원, 액면이자율 연 10%). 국채 이자는 연 1회 매년 말에 지급하는 조건이며, 취득당시 유통수익률은 12%이다. 원금은 만기(20×4.12.31)에 일시 회수한다.

〈유효이자율법에 의한 상각표: 상각후취득원가 평가위한 기초 자료〉

(단위: 천원)

일자	장부가액 (전기장부가+상각액)	유효이자 (장부가액 x 시장이율)	액면이자 (액면가액 x 표시이율)	상각액 (유효이자 – 액면이자)
20×1.01. 01	93,925	–	–	–
20×1.12.31	95,196	11,271	10,000	1,271
20×2.12.31	96,620	11,424	10,000	1,424
20×3.12.31	98,214	11,594	10,000	1,594
20×4.12.31	100,000	11,786	10,000	1,786

〈20×1.1.1 회계처리〉

차변) 장기투자증권_채무증권(*1) 93,925 대변) 현금 93,925

(*1) 이하에서는 장기투자증권 또는 단기투자증권으로만 표시함

〈20×1.12.31 회계처리〉

차변)	현금	10,000	대변) 이자수익(*1)	11,271
	장기투자증권(*2)	1,271		

(*1) 이자수익: 93,925(기초채권 장부가액)×12%=11,271 (상각표 참고)
(*2) 채권증가분: 11,271−10,000=1,271 (유효이자액과 액면이자액의 차이)

〈20×2.12.31 회계처리〉

차변)	현금	10,000	대변) 이자수익(*1)	11,424
	장기투자증권(*2)	1,424		

(*1) 이자수익: 95,196×12%=11,424 (상각표 참고)
(*2) 채권증가분: 11,424−10,000=1,424 (유효이자액과 액면이자액의 차이)

〈20×3.12.31 회계처리〉

차변)	현금	10,000	대변) 이자수익(*1)	11,594
	장기투자증권(*2)	1,594		
차변)	단기투자증권(*3)	98,214	장기투자증권	98,214

(*1) 이자수익: 96,620×12%=11,594 (상각표 참고)
(*2) 채권증가분: 11,594−10,000=1,594 (유효이자액과 액면이자액의 차이)
(*3) 유동성대체(=93,925+1,271+1,424+1,594=98,214)

〈20×4.12.31 회계처리〉

차변)	현금	10,000	대변) 이자수익(*1)	11,786
	단기투자증권(*2)	1,786		
차변)	현금	100,000	단기투자증권	100,000

(*1) 이자수익: 98,214×12%=11,786 (상각표 참고)
(*2) 채권증가분: 11,594−10,000=1,786 (유효이자액과 액면이자액의 차이)

② 상장주식의 공정가액 평가 및 회계처리 사례

20×1년 2월 1일 국토교통부(주택도시기금)는 장기투자목적으로 A사가 발행한 시장성 주식 10주를 40,000원에 취득하였다. 20×1년 결산일 현재 A사 주식의 공정가액은 42,000원이다. 또한, 20×2년 9월 1일 보유중인 A사 주식 중 5주(50%)를 25,000원에 처분하였으며 20×2년 12월 31일(결산일) 현재 보유중인 A사 주식 5주의 공정가액은 18,000원이다. 국토교통부는 매 결산기 시점에서 상기 주식을 시장상황에 따라 매각하려고 한다.

〈20×1.2.1 회계처리〉

차변)	장기투자증권_지분증권(*1)	40,000	대변)	현금(국고금)	40,000

(*1) 이하에서는 장기투자증권 또는 단기투자증권으로만 표시함

〈20×1.12.31 회계처리〉

차변)	장기투자증권	2,000	대변)	투자증권평가이익(*1) (순자산조정표 항목)	2,000

(*1) 투자증권평가이익(순자산조정항목)=42,000(공정가액)−40,000(장부가액)

〈20×2.9.1 회계처리〉

차변)	현금(국고금)	25,000	대변)	장기투자증권(*1)	21,000
	투자증권평가이익(*2) (순자산조정표 항목)	1,000		장기투자증권처분이익 (재정운영표 항목)	5,000

(*1) 처분된 장기투자증권의 장부가액=42,000×50%=21,000

(*2) 순자산항목에 계상된 투자증권평가이익의 정리=2,000×50%=1,000

〈20×2.12.31 회계처리〉

차변)	투자증권평가이익(*1) (순자산조정표 항목)	1,000	대변)	장기투자증권	3,000
	투자증권평가손실(*1) (순자산조정표 항목)	2,000			

(*1) 투자증권평가손실=21,000(장부가액)−18,000(공정가액)=3,000. 그러나 투자증권평가이익에 1,000원이 계상되어 있으므로 먼저 상계하고 나머지 2,000원만 투자증권평가손실(순자산조정표 항목)로 인식함

제 5 절 일반유형자산·사회기반시설·주민편의시설의 취득 및 평가

1. 일반유형자산·사회기반시설·주민편의시설 취득 및 표시(국가회계·지방회계)

(1) 일반유형자산·사회기반시설·주민편의시설의 개요

일반유형자산은 국가 또는 지방자치단체가 고유한 행정활동 또는 공공서비스의 제공을 위해 1년 이상 계속적 또는 반복적으로 사용하기 위하여 보유하는 물리적인 실체를 가지는 자산을 말한다. 사회기반시설은 국가 또는 지역사회의 기반을 형성하기 위하여 대규모로 투자하여 건설하고 그 경제적 효과가 장기간에 걸쳐 나타나는 자산을 말한다. 주민편의시설은 지방회계에서만 존재하는 개념으로 주민의 편의를 위하여 1년 이상 반복적 또는 계속적으로 사용되는 자산을 의미한다. 일반유형자산, 사회기반시설 및 주민편의시설의 성격 및 대응되는 재무제표 계정과목을 비교하면 다음과 같다.

구분	성격	재무제표 세부계정과목
일반유형자산	• 정부가 국민(주민)에 대한 공공서비스를 창출하기 위해여 보유하는 자산 • 국유(공유)재산 중 공용재산(행정재산), 일반재산 • 재무제표상 성질별(토지, 건물, 기계장치 등) 분류	토지, 건물, 구축물, 입목, 기계장치, 차량운반구, 집기비품, 기타
사회기반시설	• 파급효과가 장기간에 걸쳐 지속되는 국가, 지역사회의 인프라 기반시설(SOC) • 국유(공유)재산 중 공공용재산(행정재산) • 재무제표상 기능별(도로, 공항, 상수도 등) 분류	도로, (도시)철도, 공항, 상수도, 수질정화시설, 하천부속시설, 폐기물처리시설, 농수산기반시설, 댐, 어항및항만시설, 기타
주민편의시설	• 지역주민이 이용하는 공동체자산(community asset) • 공유재산 중 공공용재산(행정재산) • 재무제표상 기능별(주차장, 공원, 도서관 등) 분류 • 지방회계에서만 있음	도서관, 주차장, 공원, 동물원, 박물관및미술관, 수목원및휴양림, 체육시설, 사회복지시설, 의료시설, 교육시설, 문화및관광시설, 기타

▶ 일반유형자산은 국가회계와 지방회계의 재무제표 계정과목의 분류기준이 다소 상이하다. 국가회계상에서는 지방회계에 없는 전비품의 항목이 있으며, 같은 계정과목이라고 하더라도 공시 및 관리되는 계정과목의 레벨이 다른 것도 있다. 예를 들어, '입목'이나 '임차개량자산'의 경우 국가회계에서는 기타일반유형자산(공시과목)의 일부이지만(즉, 관리과목이다), 지방회계에서는 각각 공시되는 계정과목이다.

(2) 일반유형자산·사회기반시설·주민편의시설의 재무제표 표시

일반유형자산, 사회기반시설, 주민편의시설은 건설원가 또는 매입원가에 부대비용을 가산하여 취득원가를 산정하며, 합리적인 내용연수 동안 정액법 등에 따라 감가상각을 수행한다(일부 사회기반시설은 감가상각을 수행하지 않고 감가상각대체방법을 적용하기도 한다). 매 회계연도 계상하는 감가상각비는 누적되어 '감가상각누계액'의 과목으로 해당 자산의 차감항목으로 표시한다. 일반유형자산은 재무제표에 표시되는 계정과목을 자산성질별 기준(토지, 건물, 기계장치, 집기비품 등으로 표시한다)으로 분류하는 반면, 사회기반시설과 주민편의시설의 경우 사용목적(기능)별 기준(도로, 철도, 항만, 도서관, 공원 등으로 표시한다)으로 분류하는 특징을 가지고 있다.

▶ 일반유형자산의 재무제표 표시 사례

건물	500,000 → 취득원가
건물감가상각누계액	(150,000) → 감가상각비 누적액
	350,000 → 순장부가액

(3) 일반유형자산·사회기반시설·주민편의시설의 취득원가 산정방식 및 기타사항

① 일반유형자산 등 취득과정의 각 유형 및 내용

일반유형자산 등을 취득하는 가장 일반적인 과정은 세출을 통한 매입이다. 그러나 매입 외에도 일반유형자산 등을 취득할 수 있는 경우는 다양하다. 각각의 상황에 따라 회계처리에 영향을 미칠 수 있는 주요 사항을 정리하면 다음과 같다.

구분	주요 내용
일반매입	• 일반유형자산 등을 매입하기 위한 지출가액이 취득원가로 계상 • 일반유형자산 등의 취득은 자산의 검수시점(단, 실무적으로 검수시점과 자산대장 등재시점의 차이가 거의 없는 경우 대장 등재시점. 이하 같음)에 인식하므로 매입대금을 전액 지급하지 않았다고 하더라도 전체 금액을 자산 인식(상대계정과목은 미지급금) • 매입과정에서 발생한 직접부대비용은 취득원가 가산
건설	• 건설을 통해 일반유형자산 등을 취득하는 경우 기성이 완료될 때마다 건설중인자산을 인식하고 건설 완료 후 사용가능한 시점에 해당 자산과목으로 계상 • 실무적으로는 건설을 시행하는 실체로부터 기성완료보고 또는 세금계산서 발행시점마다 건설중인자산으로 인식 • 건설기간 중 차입원가(금융비용)에 대해서는 자본화(취득원가 가산)하지 않음 ▶ 국제회계기준에서는 건설기간 중에 발생한 차입원가에 대하여 자본화를 실시하여야 함

구분	주요 내용
자산 취득대금을 장기에 걸쳐서 지급하는 경우	〈명목금액이 1,000백만원이고 장기미지급금의 현재가치가 700백만원인 경우 일반유형자산(토지)의 취득가액 및 회계처리〉 차변) 토지 700 대변) 장기미지급금 1,000 현재가치할인차금 300 (*) 토지가액=장기미지급금 명목가액-현재가치할인차금 자산의 매입대금을 장기에 걸쳐서 지급하는 경우 매입대금의 명목금액과 현재가치의 차이가 중요한 때에는 현재가치를 평가하여 취득가액을 계산하고 현재가치할인차금의 상각에 따른 금액을 이자비용으로 인식
자가제작	• 자가제작을 통해 취득한 자산의 취득가액은 투입원가를 기초로 한 자산 등재시점의 평가액임. 단, 금액측정이 불가능하거나 중요하지 않을 경우 자산으로 인식하지 않을 수 있음 • 여기서 자가제작이란 건설과 같이 외부제작사에게 대금을 지급하는 것이 아니라 회계실체가 순수 자체 제작하는 것을 의미
일괄취득	• 여러 일반유형자산 등을 일괄취득 하는 경우에는 각 자산의 공정가액 비율로 안분하여 취득원가를 계상. 만약 일부 자산만 공정가액을 알 수 있는 경우 공정가액을 알 수 있는 자산의 공정가액을 우선 배분하고, 잔액은 나머지 자산에 배분함 • 자산마다 내용연수 등이 상이하기 때문에 취득원가 안분이 중요
관리전환	• 제6절 일반유형자산 등 관련 특수 회계처리 중 관리전환 참고
금융리스	• 제7절 리스 참고
교환	• 취득한 자산의 원가는 제공한 자산의 공정가액으로 측정. 다만, 제공한 자산의 공정가액이 불확실할 경우 취득한 자산의 공정가액으로 측정할 수 있음 • 교환은 국가회계 또는 지방회계실체 외의 실체와의 거래에서 발생하는 것으로 동일 회계실체 내 거래에서 발생하는 상호교환은 관리전환으로 간주
대여금 등 설정된 담보권 행사	• 담보권 행사로 인하여 취득한 자산의 취득원가는 담보권 행사시점의 공정가액으로 평가(담보권 설정금액과의 차이는 기타비용 또는 기타수익으로 처리) • 이 때 관련 대여금 또는 융자금 등은 일반유형자산 등으로 대체
무상취득(무상관리전환, 교환, 자가제작 제외)	• 무상취득의 경우: 무주부동산의 취득, 자산수증, 기부채납 • 자산수증 또는 무상취득한 자산은 공정가액으로 취득원가 인식 • 기부채납과정에서 사용수익권이 부여된 경우 일반유형자산 등의 차감계정으로 인식하고 무상사용기간에 걸쳐 '정부외자산수증(국가회계)' 또는 '양여·기부로생긴자산증가(지방회계)' 인식
기존건물을 철거하고 공사를 하는 경우	• 건물을 신축하기 위하여 사용 중인 기존 건물을 철거하는 경우에는 건물의 장부가액은 전액 제거하여 자산처분손실로 반영하고, 철거비용은 전액 당기비용으로 처리 • 새 건물을 신축하기 위하여 기존 건물이 있는 토지를 취득하고 그 건물을 철거하는 경우 기존 건물의 가치는 토지의 취득원가에 가산하며, 기존 건물의 철거관련 비용에서 철거된 건물의 부산물을 판매하여 수취한 금액을 차감한 가액 역시 토지의 취득원가에 산입
물납	• 물납으로 인한 취득인 경우 미수국세 등의 금액을 취득원가로 인식(공정가액이 아님에 주의) • 국가회계에서는 국세청이 일반유형자산 등을 물납으로 받는 경우 일시적으로 국세청의 건설중인자산으로 인식하고 기획재정부에 이관할 때, 국세징수활동표상 '물납' 계정과목으로 계상

구분	주요 내용
사용수익권 수반	• 완공 후 자산이 국가에 귀속되면서 공사시행자에게 사용수익권이 부여되는 공사의 경우 완공시 국가는 자산을 인식함과 동시에 사용수익권(해당 자산의 차감계정)을 인식 • 사용수익권은 일반유형자산 또는 사회기반시설 등의 차감계정으로 인식하고 무상사용기간에 걸쳐 '정부외자산수증(국가회계)'또는 '양여·기부로생긴자산증가(지방회계)'로 인식 • 완공 전에 국가가 직접 부담한 공사지출금은 선급금으로 처리하며, 완공 후 자산 취득시 취득원가 전체를 자산으로 계상하고, 국가가 부담하지 않은 부분은 사용수익권으로 처리(기인식한 선급금 제거 수행) • 공사에 직접 투입된 공사지출금이 아닌 "출자금" 형태로 지원한 경우 지원시 선급금이 아닌 투자자산의 "출자금"으로 처리하며, 해당 자산의 완공시 자산 가액 전체를 인식함과 동시에 사용수익권으로 전체 인식(즉, 출자금은 제거하지 않음)
민간대행사업을 통합 취득	• 민간대행사업을 통한 지출로 인해 해당 자산이 완공되는 경우 투입된 전체 금액을 취득원가로 함(기중에 민간대행사업비는 선급금으로 인식하였다가 완공시 해당 자산으로 대체) • 사용수익권은 인식하지 않음
BTO·BTL로 인한 자산취득	• 제6절 일반유형자산 등 관련 특수 회계처리 중 민간투자사업 참고

(2) 취득부대비용

취득부대비용이란 일반유형자산 등의 취득과 관련하여 직접적으로 소요되는 비용으로 취득원가에 가산된다. 일반적으로 설계수수료, 감리수수료, 설치비(설치장소 준비를 위한 지출 포함), 운반비, 시운전비, 시설부대비, 유형자산 취득과 직접 관련되는 수수료와 제세공과금(취득세 등) 등이 포함한다. 예를 들어 물품의 구입비용이 1,000천원이고 이에 대한 취득과 관련한 각종 수수료가 100천원이라고 한다면 재정상태표의 일반유형자산에 계상하여야 하는 물품가액은 1,100천원이 된다. 만일 시운전 과정에서 부산물이 생산되어 수익이 발생하는 경우 이는 차감된다.

▶ 실무적으로 일반유형자산 등을 취득하는 경우 해당 일반유형자산의 지출 예산과목(예: 400번대 목)과 취득관련 수수료 지출 예산과목(예: 200번대 목)이 다를 수 있다. 이 경우 취득관련 수수료가 취득 부대비용으로 인식되지 못할 가능성이 있으므로 주의가 필요하다.

(3) 취득후지출(자본적지출·수익(경상)적지출)

정부가 일반유형자산, 사회기반시설 및 주민편의시설을 취득한 후 동 자산에 대한 추가 지출이 발생할 수 있다. 동 지출이 해당 자산의 내용연수를 연장시키거나 자산의 가치를 실질적으로 증가시키는 경우 자산의 증가(즉, 일반유형자산 등의 장부가액에 가산한다)로 처리하는데, 이를 자본적지출이라 한다. 반면, 원상회복이나 능률유지를 위한 지출의 경우 비용으로 처리하며, 이를 수익적(경상적)지출이라 한다. 반면, 재정상태표에 계상되지 아니하는 유산자산, 관리토지, 천연자원 등과 관련하여 발생한 수선비 등은 전액 수익적지출로서 처리한다.

실무적으로 자본적지출과 수익적지출을 구분하는 거래를 파악하는 것은 쉽지 않을 수 있다. 이 경우 일반적으로는 「법인세법시행령」 제31조 및 동법 시행규칙 제17조에서 규정하고 있는 사례를 활용한다.

자본적지출의 거래	수익적지출의 거래
• 본래의 용도를 변경하기 위한 개조 • 엘리베이터 또는 냉난방장치의 설치 • 건물 등에 있어서 피난시설 등의 설치 • 재해 등으로 인해 멸실 또는 훼손되어 본래의 용도에 이용할 가치가 없는 건축물·기계·설비 등의 복구 • 기타 개량·확장·증설 등과 유사한 성질의 것	• 건물 또는 벽의 도장 • 파손된 유리나 기와의 대체 • 기계의 소모된 부속품 또는 벨트의 대체 • 자동차 타이어의 대체 • 재해 자산에 대한 외장 복구·도장 및 유리 삽입 • 기타 조업가능한 상태의 유지 등과 유사한 것

한편, 기중에 자본적지출이 발생하여도 월할 상각하지 않는다. 이는 기중에 자본적지출이 발생하여도 기초에 자본적지출이 발생하였다고 가정하고 감가상각을 수행해야 한다는 의미이며(「일반유형자산과 사회기반시설 회계처리지침」 문단제정근거6.), 국가회계와 지방회계 모두 동일하게 적용된다.

(4) 차입원가자본화(금융비용자본화)

국가회계 및 지방회계 모두 차입원가자본화를 인정하고 있지 않다. 차입원가자본화란 일반유형자산 등의 건설 및 매입에 필요한 자금을 차입하여 이자 등 금융비용이 발생하는 경우 이를 취득원가에 산입하는 것을 의미한다. 세법에서는 '건설중인이자'라는 용어를 사용한다. 국가 및 지방회계에서는 이러한 차입원가를 취득원가에 산입하지 않고 발생시점에 비용으로 처리한다.

➡ 민간기업이 적용하는 국제회계기준(IFRS)에서는 상기와 같은 차입원가를 반드시 취득원가에 포함하도록 하고 있다. 예를 들어 총 1,000억원의 청사(廳舍)를 건축하는 과정에서 600억원을 건축의 재원으로 민간 금융기관으로부터 차입하였고, 동 차입금에 대한 발생이자가 50억원이었다고 가정할 때, 국가나 자치단체에서는 청사의 취득원가를 1,000억원으로 인식하지만, IFRS를 적용하는 기업의 경우라면 청사의 취득원가는 1,050억원이 된다. 이를 차입원가자본화 또는 금융비용자본화라고 한다.

(5) 소액자산의 취득

국가나 자치단체는 소액의 물품을 구입하는 상황이 발생할 수 있다. 실무상으로 국가회계나 지방회계 모두 일반유형자산 등의 종류와 상관없이 건당 취득원가가 50만원 이상인 경우에는 일반유형자산 등으로 인식하고, 50만원 미만인 경우에는 비용으로 처리한다(단, 관리전환의 경우 50만원 미만의 경우에도 자산취득으로 인식한다).

(6) 사용수익권

사용수익권은 민간투자사업, 기부채납, 공사비 부담 등의 과정을 통해 국가 또는 자치단체에게 소유권이 귀속된 일반유형자산이나 사회기반시설 등의 시설을 국가 또는 자치단체 이외의 자가 일정한 기간 동안 운영하여 그 수익을 얻을 수 있게 하는 권리를 말한다. 일반적으로 권리를 부여받은 자는 동 가치를 무형자산으로 인식하여 일정기간 동안 효익을 누리게 된다.

이러한 사용수익권과 관련하여 국가회계와 지방회계의 회계처리 방식은 유사하다. 국가 또는 자치단체는 시설의 소유권은 있으나, 그 시설로부터 누릴 수 있는 실질적인 효익은 없으므로 해당 자산 가치에서 동 사용수익권을 차감하는 회계처리를 수행한다(단, 국가 또는 자치단체가 직접 부담한 부분(출자금 형식으로 지원한 부분은 제외)에 대해서는 사용수익권으로 인식하지 않는다). 자산의 차감계정으로 인식된 사용수익권은 시간이 경과함에 따라 권리의 제공기간에 걸쳐 수증자와 동일한 금액으로 상각하며, 이를 '정부외자산수증(국가회계)' 또는 '양여·기부로생긴자산증가(지방회계)'로 처리한다. 권리의 제공기간이 종료되면 사용수익권도 0으로 수렴하게 된다.

예를 들어 국토교통부가 국가철도공단에 철도 공사를 다음과 같은 조건으로 위탁하였다고 가정할 때, 관련된 국토교통부의 회계처리는 다음과 같다.

〈위탁 조건 및 철도의 공사 관련 지출 내역〉

구분	금액	비고
토지매입비	1,000억원	
공사비	3,000억원	
합계	4,000억원	
국가부담(35%)	1,400억원	국토교통부에서 건설비 일부 부담(단, 출자금은 아님)
공단부담(65%)	2,600억원	공단이 외부에서 차입하여 부담
합계	4,000억원	사용수익권 20년(정액상각), 감가상각대체방법 가정

〈국가부담 부분 지출시〉

차변)	선급금	1,400	대변)	현금(국고금)	1,400

〈철도 공사 완공 및 국가 이전시〉

차변)	철도	4,000	대변)	선급금	1,400
				철도사용수익권 (철도의 차감계정)	2,600

〈사용수익권 상각시〉

차변)	철도사용수익권	130	대변)	정부외자산수증	130

(*1) 연상각액 = 2,600 ÷ 20년=130

(7) 전비품(戰備品; 군사자산)

① 전비품의 개요

전비품은 전쟁의 억제 또는 수행에 직접적으로 사용되는 전문적인 군사장비와 탄약 등을 말하는 것으로 일반적인 기업에서는 볼 수 없는 국가회계만의 고유자산이다(지방회계에서도 없는 개념이다). 전비품은 국가회계에서 일반유형자산의 일종으로 분류되며, 원칙적으로는 감가상각을 실시하여야 한다. 그러나 「국가회계기준」 제32조 ④에 따라 국방부장관이 정하는 별도 기준을 적용할 수 있도록 하고 있어 감가상각이 원칙이기는 하지만, 경우에 따라서는(모듬장비 및 비소모성 물품 등) 재고법 등 대체적인 방법에 따라 감가상각을 대신할 수도 있다. 전비품은 국방부, 방위사업청 등이 보유하고 있다.

➡ 전비품과 유사한 것으로 치안유지자산(기타일반유형자산)이 있으며, 주로 경찰청, 법무부, 해양경찰청 등에서 치안유지목적으로 보유한 총기류 및 탄약 등을 말한다. 이들은 전비품이 아니므로 전비품에 적용되는 회계처리 방법을 적용하지 않고 일반적인 일반유형자산과 같이 처리한다.

Notice

재고법

재고법이란 매각 · 폐기되는 자산금액을 감가상각비로 인식하며, 매 결산시에 별도의 감가상각 인식은 하지 않는 방법을 말한다. 예를 들어 탄약과 같이 단가는 높지 않지만, 다량을 보유하고 있고 매 회계연도마다 교체가 빈번할 경우 개별 탄약별로 감가상각을 수행하는 것이 바람직하지 않을 수 있다. 일반기업에서는 호텔의 린넨류(수건 등) · 식기류, 철도의 부목 등에 대한 평가시 많이 활용된다.

② 전비품과 통상품의 비교

「군수품관리법」상 군수품 중 전비품 이외의 것은 통상품으로 구분한다. 통상품은 국방부 등이 보유하고 있는 일반적인 물품 및 차량 등을 의미한다. 전비품 및 통상품은 그 성격에 따라 다음과 같이 세분화되는데, 각 항목별로 계정과목명, 회계처리, 평가방법 등이 상이하다(전비품이라는 명칭은 공시계정과목명으로도 사용되나, 통상품은 개념적인 의미로서 성격에 따라 소모성군수품 또는 일반유형자산의 각 계정과목으로 재무제표에 계상된다).

구분	전비품	통상품
1년이내 (소모성)	전비품(일반유형자산) ➡ 탄약: 전투탄과 교탄 – 감가상각대체방법(재고법 등) 가능 – 표준단가 적용(단, 취득단가와 표준단가 차이는 비용화)	소모성군수품(기타유동자산) ➡ 수리부속, 급식 등
1년이상 (비소모성)	전비품(일반유형자산) ➡ 완성장비: 8대품종(화력, 함정 등) – 감가상각대체방법(재고법 등) 가능 – 등록장비는 취득단가, 비등록장비는 표준단가 적용	일반유형자산 각 계정 ➡ 건물, 차량 등 – 일반적인 감가상각 실시 – 일반적인 취득가액

(8) 유산자산(遺産資産)과 관리책임자산

유산자산은 현재 세대와 미래 세대를 위하여 정부가 영구히 보존하여야 할 자산으로서 역사적, 자연적, 문화적, 교육적 및 예술적으로 중요한 가치를 갖는 자산을 말한다. 국가회계에서의 유산자산은 실무적으로 ㉠ 유·무형문화재, 기념물, 민속자료 등 「문화재보호법」에 의한 국가지정문화재(단, 민간귀속 제외), ㉡ 「자연공원법」에 따른 국립공원, ㉢ 「자연환경보전법」·「습지보전법」·「야생생물 보호 및 관리에 관한 법률」 등에 따른 보호구역(단, 관리주체가 국가인 경우에 한한다)으로 구분된다. 현행 「국가회계기준」에서는 유산자산을 자산으로 인식하지 않는데, 이는 유산자산의 가치를 합리적으로 측정하기 어렵기 때문이다. 대신 필수보충정보로서 종류, 수량 및 관리상태를 기록하도록 하고 있다. 유산자산을 취득하기 위한 지출금액은 유산자산취득비 또는 관리토지취득비로로 처리하며, 기존 유산자산을 관리·유지하기 위하여 소요되는 지출금액은 유산자산수선유지비로 처리한다.

지방회계에서는 유산자산을 관리책임자산이라고 한다. 내용적으로도 거의 유사하며, 재무제표에 표시하지 않고 필수보충정보에만 공시하는 것도 동일하다.

➡ 국가회계에서는 국가가 전시 등의 목적으로 보유하고 있으나 「문화재보호법」을 적용받지 않아 유산자산의 정의를 충족하지 않는 정부미술품·정부미화물품은 기타일반유형자산으로 처리한다. 이러한 정부미술품·정부미화물품은 감가상각하지 않는다. 이에 비해 지방회계에서는 전시목적으로 신규 취득한 예술작품, 미술품 등을 기타비유동자산의 기타유산자산으로 처리한다.

2. 일반유형자산 등에 대한 감가상각(국가회계·지방회계)

(1) 감가상각(減價償却)의 개념

일반적으로 유·무형자산은 경제적 효익의 감소분을 경제적 내용연수 동안 합리적이고 체계적인 방법으로 배분하여 당기비용으로 처리하는 절차가 필요한데, 이러한 유·무형자산의 취득원가를 기간별로 배분하는 절차를 감가상각이라고 한다. 즉, 감가상각이란 유·무형자산의 경제적 효익의 감소를 통해 창출되는 수익에 대하여 대응되는 비용이라 할 수 있다. 회계이론적으로 감가상각은 원가의 배분과정으로 자산의 평가과정은 아니지만, 「국가회계기준」 및 「지방회계기준」에서는 평가방법의 하나로 간주하고 있다. 감가상각은 토지, 입목, 정부미술품, 건설중인자산에 대해서는 적용하지 않는다. 주민편의시설이나 사회기반시설 경우에도 감가상각을 수행해야 하며, 다만, 일부 사회기반시설은 감가상각대체방법을 사용할 수 있다(주민편의시설은 감가상각대체방법을 적용하지 않는다). 한편, 일반유형자산 등은 감가상각의 결과를 감가상각누계액 계정과목을 사용하여 해당 자산의 차감계정으로 표시하지만, 무형자산은 해당 자산에서 직접 차감한다.

(2) 감가상각의 방법 및 회계처리

현행 「지방회계기준」에서는 정액법만을 인정하는 것에 비해, 「국가회계기준」에서는 정액법 외에 다양한 감가상각방법을 사용할 수 있다(실무적으로는 정액법을 많이 사용한다). 정액법은 감가상각대상액(=취득원가－잔존가액)을 내용연수에 걸쳐 균등하게 배분하는 방법을 말한다. 예를 들어 기계장치의 취득원가 1,000천원, 잔존가액 0원, 내용연수 5년이라면 매년 인식할 기계장치의 감가상각비는 200천원(=1,000천원÷5년)이 된다. 이를 회계처리하면 다음과 같다.

차변) 감가상각비	200	대변) 기계장치감가상각누계액	200

Notice

정률법

정률법은 상각률에 잔존가치가 반영되어 있어 상각완료 후의 장부가액이 잔존가치와 일치하도록 정률을 계산한 후 미상각잔액에 정률을 곱하여 감가상각비를 계산하는 방법이다. 국가회계에서 정률법을 인정한 것은 2009년 복식부기·발생주의 국가회계제도 도입(기금 및 기업특별회계 먼저 도입) 전부터 많은 기금들이 기업회계기준 등을 준용하여 정률법을 사용하고 있었기 때문이다. 정액법에서는 실무적으로 잔존가치를 0으로 간주하지만, 정률법 하에서는 잔존가치를 0으로 할 경우 상각률 자체가 산출되지 않기 때문에 보통 취득원가의 5%를 가정한다.

- 매기 감가상각비＝직전년도미상각액(취득원가－직전년도 감가상각누계액)×상각률
- 매기 감가상각상각률＝1－(잔존가치÷취득원가)$^{(1÷내용연수)}$

(3) 감가상각대체방법

사회기반시설 중 관리·유지 노력에 따라 취득당시의 용역잠재력을 그대로 유지할 수 있는 사회기반시설에 대하여는 감가상각하지 않고 유지보수에 투입되는 비용(사회기반시설수선유지비)으로 감가상각비용을 대체할 수 있다. 이를 감가상각대체방법

Notice

감가상걕대체방법의 필수보충정보 사례((일반)국도 포장물 사례)
(2022회계연도 국가결산보고서 필수보충정보7 참조)

국토교통부는 일반국도의 구성물로서 도로포장 일반국도 14,175km중 관리구간 12,016㎞에 대하여 감가상각대체방안을 적용하였습니다. 도로포장의 유지보수를 위하여 PMS(Pavement management system)를 활용하고 있어 사회기반시설관리시스템의 요구 사항을 모두 충족하였습니다. 도로포장은 유지보수 결정 흐름도에 의하여 포장의 상태를 유지관리하고 있으며, 도로포장관리시스템을 통하여 관리하고 있으며, 기타 도로구조물에 대하여는 도로관리통합시스템(HMS)을 통하여 관리하고 있습니다...(중략)...

국토교통부는 감가상각대체 사회기반시설을 유지관리하기 위하여 최근 5개년도의 추정 수선유지비와 실제 지출된 수선유지비의 내역은 다음과 같습니다. 수선유지비는 일상적 수선유지 및 도로 재포장 등과 같은 원상을 회복시키거나 기능유지 또는 개선하기 위한 지출도 포함하고 있습니다.

(단위: 백만원)

회계연도	국비	
	예산	실제
2022 회계연도	1,690,730	1,623,938
2021 회계연도	1,524,932	1,503,071
2020 회계연도	1,512,617	1,469,109
2019 회계연도	1,644,104	1,588,634
2018 회계연도	1,544,363	1,518,374
합 계	7,916,746	7,703,126

참고로 일반국도 중 미관리구간은 민자도로에 해당하며, 이 미관리구간은 감가상각대상이 된다.

이라 한다. 다만, 모든 사회기반시설이 아니라 효율적인 사회기반시설 관리시스템으로 인해 사회기반시설의 용역 잠재력이 취득 당시와 같은 수준으로 유지된다는 것이 객관적으로 증명되는 사회기반시설에 한정한다. 2022년말 현재 국가회계에서는 도로(국도, 고속국도)와 하천(시설)에 적용하고 있으며, 지방회계에서는 도로, 도시철도, 하천부속시설에 적용하고 있다.

3. 일반유형자산 등에 대한 자산재평가(국가회계)

(1) 자산재평가의 개요 및 적용대상

일반유형자산이나 사회기반시설에 대한 재평가는 국가회계에서만 존재하는 평가방법이다. 자산재평가란 일반유형자산이나 사회기반시설의 공정가액이 장부가액에 비해 현저하게 낮거나 높을 경우 공정가액에 따라 자산의 가치를 재조정하는 것을 의미한다. 특히, 2011회계연도에 최초로 국가재무제표를 작성하는 과정에서 기존부터 관리가 되어 있지 않거나, 현저히 낮은 가액으로 관리되어 온 일반유형자산 등에 대해 새로운 공정가액을 기준으로 재무제표에 계상할 필요가 있었기 때문에 도입된 제도이다. 재평가하는 자산의 금액은 재평가기준일의 공정가액이 원칙이나, 대체적인 방법으로 토지의 공시지가, 건물의 공시가격 또는 시가표준액 등을 적용한다(「일반유형자산과 사회기반시설 회계처리지침」 문단52.~문단58.).

자산재평가 대상은 일반유형자산과 사회기반시설인데, 전비품, 집기·비품·차량운반구(단, 선박 및 항공기는 제외), 이동성기계장치, 건설중인자산은 재평가 대상에서 제외한다. 또한, 「국가회계기준」이 아닌 다른 법령의 규정에 의하여 가격을 개정하는 자산 역시 재평가 대상이 아니다. 이를 제외한 일반유형자산 및 사회기반시설은 다음 중 하나의 사유가 존재하는 경우 재평가를 수행해야 한다. 실무적으로는 5년을 주기(국가회계에서는 2011년, 2016년, 2021년 재평가를 수행하였다)로 재평가 대상이 되는 전체 자산을 재평가하되(하기 ㉡에 해당한다), 5년 주기 내에서도 재평가가액이 장부가액의 30% 이상 변동되고 그 차액이 1억원 이상인 경우에는 반드시 재평가를 수행하여야 한다(하기 ㉠에 해당한다).

㉠ 취득이후 공정가액과 장부금액의 차이가 중요하게 발생한 자산

㉡ 국유재산 관리 총괄청이 일정주기를 정하여 재평가하기로 한 자산

(2) 자산재평가 회계처리

자산을 재평가할 때, 토지와 같이 감가상각누계액이 없는 경우에는 장부가액을 직접 조정하고, 건물 등과 같이 감가상각누계액이 있는 경우에는 기존의 감가상각누계액을 먼저 제거한 후, 취득가액을 조정한다. 예를 들어 취득가액 100백만원, 감가상각누계액 20백만원인 건물이 150백만원으로 재평가될 경우 회계처리는 다음과 같다.

차변)	건물	50	대변)	자산재평가이익 (순자산조정표 항목)	70
	건물감가상각누계액	20			

자산의 장부금액이 재평가로 인하여 증가된 경우에 그 증가액은 자산재평가이익(순자산조정)으로 인식하며, 만일 동일한 자산에 대해 이전에 인식한 자산재평가손실(재정운영순원가)이 있었다면 그 금액을 한도로 자산재평가손실환입(재정운영순원가)을 우선 인식한다. 반대로 자산의 장부금액이 재평가로 인하여 감소된 경우에 그 감소액은 자산재평가손실(재정운영순원가)으로 인식하며, 만일 동일한 자산에 대해 이전에 인식한 자산재평가이익(순자산조정)이 있었다면 그 금액을 한도로 자산재평가이익(순자산조정)에서 우선 차감하고 나머지 잔액을 자산재평가손실(재정운영순원가)로 인식한다.

예를 들어 100백만원 토지가 20×1년 150백만원으로 재평가된 후, 20×2년 중 공시지가가 급락하여 70백만원으로 재평가되었다고 가정하면, 20×1년과 20×2년 인식할 회계처리는 다음과 같다.

㉠ 20×1년 자산재평가이익: 자산재평가이익(순자산조정) (+)50백만원
〈20×1년 회계처리〉

차변)	토지	50	대변)	자산재평가이익 (순자산조정표 항목)	50

㉡ 20×2년 자산재평가손실: 자산재평가이익(순자산조정) (−)50백만원(즉, 잔액이 0이 됨) 및 자산재평가손실(비배분비용) 30백만원

〈20×2년 회계처리〉

차변)	자산재평가이익 (순자산조정표 항목)	50	대변)	토지	80
	자산재평가손실 (재정운영표 항목)	30			

한편, 자산재평가로 인식한 자산재평가이익(순자산조정)은 해당 자산이 감가상각 또는 처분될 때 관련 손익과 상계처리한다. 감가상각대상 자산의 경우 재평가로 인한 자산증가분에 해당하는 감가상각비는 자산재평가이익(순자산조정)과 상계하며, 처분시 인식한 처분 손익은 이전에 인식한 자산재평가이익(순자산조정)과 상계한다.

예를 들어 취득가액 100백만원 및 감가상각누계액 20백만원인 건물이 20×1년 150백만원으로 재평가된 후 감가상각이 이루어진다고 가정할 경우 20×1년의 감가상각비 및 회계처리는 다음과 같다(최초 취득시점에서의 내용연수는 10년이고, 잔존가액은 0원이며, 재평가로 인한 총 내용연수의 변경은 없다고 가정).

㉠ 20×1년 중 최초 인식 자산재평가이익(순자산조정): 70백만원(=150－(100－20))

㉡ 20×1년말 현재 감가상각누계액: 18.75백만원(=150÷8년; 총 10년에서 2년 경과)

㉢ 20×1년 중 자산재평가이익(순자산조정)과 상계할 감가상각비: 8.75백만원(=70÷8년)

㉣ 20×1년 인식할 감가상각비: 10백만원(=18.75−8.75)

㉤ 20×1년말 인식할 자산재평가이익(순자산조정): 61.25백만원(=70−8.75)

〈20×1년 감가상각 관련 회계처리〉

차변)	감가상각비 (재정운영표 항목)	18.75	대변)	건물감가상각누계액	18.75
	자산재평가이익 (순자산조정표 항목)	8.75		감가상각비 (재정운영표 항목)	8.75

➡ 일반기업에 적용되는 국제회계기준에서는 재평가이익이 반영된 것을 감가상각하는 경우 감가상각비와 재평가이익을 상계하지 않는다. 국제회계기준에서는 감가상각비에 해당하는 비율만큼 재평가이익을 제거할 수는 있으나, 감각상각비가 아닌 이익잉여금으로 대체하여야 한다.

4. 감액손실·손상차손(Impairment)(국가회계·지방회계)

감액손실이란 일반유형자산, 사회기반시설, 주민편의시설 뿐만 아니라 모든 자산에 대하여 자산의 진부화(재고자산 등), 재해로 인한 물리적인 파손(유형자산 등) 또는 시장가치의 급격한 하락(유가증권, 미수채권 등) 등으로 해당 자산의 회수가능가액이 장부가액에 미달하고 그 미달액이 중요한 경우 장부가액과 회수가능가액의 차액을 말한다. 여기서 회수가능가액이란 당해 자산의 순실현가능가액(당해 자산의 매각대가에서 매각시까지 정상적으로 발생하는 비용을 차감한 금액)과 사용가치(당해 자산의 사용으로부터 예상되는 미래현금흐름의 현재가치) 중 큰 금액을 말한다. 감액손실은 국가회계에서 사용하는 용어이고, 지방회계에서는 손상차손이라고 한다. 감액손실(손상차손)은 재정운영표상의 과목으로 반영하며, 동 감액손실(손상차손)만큼 해당 자산에서 직접 차감한다. 만일 일정 부분 가치가 회복되는 경우에는 당초 감액 전 장부가액을 한도로 감액손실환입(손상차손환입)을 인식한다.

감액손실(손상차손) 여부를 판단하여야 하는 대상은 모든 자산에 해당한다. 따라서 자산별로 공정가액 평가, 대손충당금, 감가상각, 현재가치 평가 등과 상관없이 감액손실이 발생할 수 있다. 물리적인 손상이 감액사유가 되는 것이 일반적인 유형자산의 경우 감액손실 추정액을 취득원가에서 직접 차감한다(물론 취득가액에서 감가상각누계액을 차감한 장부가액이 한도가 된다). 감액손실을 인식하는 대표적인 경우로 천재지변에 의한 일반유형자산·사회기반시설·주민편의시설의 파손, 급격한 경제위기로 인한 주식가치의 급락, 주식 투자된 회사의 부도·파산·완전자본잠식 등이 있다.

Notice

사회기반시설의 감액손실 규정에 대한 논란

정부회계에서 자산은 과거의 거래나 사건의 결과로 현재 정부회계실체가 소유 또는 통제하고 있는 자원으로서, 미래에 공공서비스를 제공할 수 있거나 직접 또는 간접적으로 경제적 효익을 창출하거나 창출에 기여할 것으로 기대되는 자원으로 규정하고 있다. 이에 따라 미래의 공공서비스 제공이라는 관점에서 사회기반시설은 정부회계에서 자산으로 인식된다.

일부 사회기반시설의 경우 그 경제적 가치가 극히 낮은 상황이 발생하기도 하는데, 이 때 미래의 공공서비스 제공이라는 의미를 어떻게 해석할 것인가가 문제가 될 수 있다. 경제적 가치가 극히 낮은 사회기반시설을 공공성을 가진 자산으로 인정할 것인지, 아니면 경제적 가치를 측정하여 감액손실을 인식할 것인지가 논란이 되기 때문이다. 경제적 가치가 낮다고 하더라도 국민 1명 이상 사회기반시설을 이용한다면 공공서비스 제공이 없다고는 할 수 없기 때문이다.

사회기반시설의 경우 대규모 예산이 투입되기 때문에 사전에 충분한 타당성 분석이 이루어져야 한다(이를 보통 예비타당성분석 이라고 한다). 잘못된 타당성 분석으로 인해 사회기반시설 이용자가 예상치에 상당 부분 밑도는 상황에서 적은 수의 국민이 이용한다고 자산가치를 인정한다는 것은 예산의 낭비를 가져올 수 있다. 사회기반시설에 대한 자산의 정의와 감액손실 정의의 개념적인 상충을 어떻게 해결할 것인지 깊이 생각해 볼 필요가 있다.

제 6 절 일반유형자산 등 관련 특수 회계처리 (관리전환 및 민간투자사업)

1. 관리전환(국가회계·지방회계)

(1) 관리전환의 개념

관리전환은 중앙관서단위간 또는 회계(일반회계·특별회계·기금)간 국유재산 및 물품을 이관하는 것을 말한다. 이는 국유재산 및 물품의 처분 또는 효율적인 사용을 위하여 이루어지는 것으로 세입세출외거래이다(예를 들어 교육부에서 국립대학교를 건설해야 하는데, 기존의 교육부가 확보한 부지 옆에 환경부의 토지가 있었고, 국립대학교 건설을 위해서는 기존 환경부의 토지가 필요하다고 한다면, 환경부에서 교육부로 관리주체가 전환되는 것을 말한다). 자치단체에서는 관리전환이라는 용어는 사용하지 않는 대신, '회계간의 재산 이관' 및 '물품 소관의 전환'이라는 용어를 사용하는데, 기본적으로 유사한 개념이다(「공유재산및물품관리법」 제12조 및 제63조).

(2) 국유재산의 관리전환

국가회계에서 서로 다른 회계·기금에 국유재산을 관리전환하는 경우에는 유상관리전환이 원칙이나, 다음 사항의 경우 무상관리전환으로 할 수 있다(「국유재산법」 제17조).

㉠ 직접 도로, 철도, 항만, 공항, 기타 공공용으로 사용하기 위하여 필요한 경우
㉡ 국유재산의 감정평가비용이 과다할 것으로 예상되는 경우(단, 중앙관서간 합의)
㉢ 상호교환의 형식으로 관리전환할 때 유상으로 관리전환하는 데에 드는 예산을 확보하기가 곤란한 경우(단, 중앙관서간 합의)
㉣ 특별회계 및 기금에 속하는 일반재산의 효율적인 활용을 위하여 필요한 경우로서 국유재산정책심의위원회의 심의를 거친 경우
㉤ 중앙관서가 상이하더라도 같은 회계 간에 국유재산을 관리전환하는 경우(예를 들어 A중앙관서의 일반회계에서 B중앙관서의 일반회계로의 관리전환을 의미한다)

유상관리전환의 경우 공정가액으로 평가하며(「국유재산법시행령」 제43조~44조), 무상관리전환의 경우 관리전환전 국유재산대장가액(감가상각이 반영된 장부가액; 「국유재산법」 제68조)으로 국유재산 가액을 결정한다. 「국가회계기준」에서도 무상거래일 경우 장부가액으로, 유상거래일 경우 자산의 공정가액으로 평가하도록 하고 있다.

(3) 물품의 관리전환

회계·기금 간에 물품을 관리전환 하는 경우에는 유상으로 하는 것을 원칙으로 하나, 특정 상황 하에서는 무상으로 할 수도 있다(조달청장과의 협의에 따른 무상관리전환 등). 한편, 물품의 관리전환을 유상으로 정리할 때의 가액은 해당 물품의 대장가격(臺帳價格)으로 한다. 다만, 대장가격으로 정리하기 곤란할 때에는 시가(時價)로 정리할 수 있다.

(4) 관리전환 회계처리

무상관리전환의 경우 해당 자산의 취득원가는 관리전환으로 자산을 제공하는 실체의 장부가액으로 하며, 총액으로 표시한다. 유상관리전환의 경우는 관리전환 대상자산의 공정가액 등으로 평가되어 지불된 대가를 취득가액으로 하며, 대가와 장부가액의 차이는 자산처분손익으로 처리한다.

㉠ 국토교통부 일반회계가 소유중인 건물(취득원가 600억원, 감가상각누계액 200억원, 재평가이익 100억원)을 기획재정부 일반회계로 무상관리전환 처리하였다.

〈국토교통부 일반회계 회계처리〉

차변)	건물감가상각누계액	200	대변)	건물	600
	건물재평가이익 (순자산변동표 항목)	100			
	정부내자산기부 (순자산변동표 항목)	300			

〈기획재정부 일반회계 회계처리〉

차변)	건물	600	대변)	감가상각누계액	200
				건물재평가이익 (순자산변동표 항목)	100
				정부내자산수증 (순자산변동표 항목)	300

㉡ 국토교통부 교통시설특별회계가 상기 ㉠사례의 건물을 기획재정부 일반회계로 유상관리전환 처리하면서 공정가액으로 평가된 450억원을 지급받았다.

〈국토교통부 일반회계 회계처리〉

차변)	감가상각누계액	200	대변)	건물	600
	건물재평가이익 (순자산변동표 항목)	100		일반유형자산처분이익 (재정운영표 항목)	150
	현금(국고금)	450			

〈기획재정부 일반회계 회계처리〉

차변)	건물	450	대변)	현금(국고금)	450

(5) 관리전환과 내부거래 제거 특례

유상관리전환의 경우 관리전환 대상 회계·기금에서 발생한 자산처분손익은 이론적으로 통합과정에서 발생한 미실현손익이 되므로 내부거래 제거시 조정될 필요가 있다. 그러나 국가회계에서는 유상관리전환에서 발생한 미실현손익을 재무제표 통합과정에서 제거하지 않도록 규정하고 있다. 다만, 무상관리전환에서 발생하는 '정부내자산기부'와 '정부내자산수증' 계정과목은 통합재무제표 작성시 내부거래로서 제거된다.

2. 민간투자사업(BTO·BTL) 회계처리(국가회계·지방회계)

(1) 민간투자사업의 이해

민간투자사업은 도로, 철도, 교량, 터널, 학교, 병원, 공연시설 등 사회기반시설을 민간사업자의 자금으로 건설하고 민간사업자가 운영하며, 이에 따라 민간사업자가 장기간에 걸쳐 투자자금의 원리금을 회수하도록 하는 제도이다. 정부의 공공기능과 민간기업의 자본 및 기술의 융합을 통해 공공시설물을 건설·운영함으로써 국민들에게 주요 공공시설을 적기에 공급하여 사회적 효용을 제공하고 정부는 부족한 재정을 보완하는 역할을 수행하는데 의의가 있다. 민간투자사업은 투입된 자금의 회수방식에 따라 크게 BTO사업(Build-Transfer-Operate; 수익형 민자사업)과 BTL사업(Build-Transfer-Lease; 임대형 민자사업)으로 구분된다.

BTO사업은 민간사업자가 건설(Build)하여 소유권을 정부에 이전(Transfer)한 대가로 일정 기간 동안 운영(Operate)하도록 하여, 민간사업자가 직접 사용료를 징수하고 이를 통해 투자자금을 회수하도록 하는 방식을 말한다. 다만, 민간사업자 입장에서는 사용료 징수가 당초 예측한대로 이루어지지 않을 가능성이 있기 때문에 과거에는 별도로 정부와 MRG (Minimum Revenue Guarantee; 최소운영수입보장)계약을 체결하는 경우가 많았다. MRG계약이 체결되면, 매년 일정한 수입이 정해지고 사용료 징수액이 이에 미달할 경우 정부는 민간사업자에게 그 차액을 지불해야 한다. 만일 민간사업자의 사용료 징수액이 최소운영수입을 초과할 경우에는 정부가 지불하게 되는 금액은 없다. MRG계약은 민간사업자로 하여금 사용료 수익의 증대를 위해 운영에 최선을 다하도록 하되, 혹시 발생할지 모르는 경영상의 손실 위험을 최소화할 수 있도록 해서 많은 민간사업자가 BTO사업에 안정적으로 참여할 수 있도록 유도하고자 하는데 의의가 있었다. MRG계약 제도는 외환위기 직후인 1999년 도입되었으나, 막대한 재정지출이 발생한다는 이유로 2009년 폐지되었다(그러나 그 이전에 민간투자사업이 이루어진 부분에 대해서는 계약이 파기되지 않는 이상 향후 효과가 지속된다). 최근에는 MRG 대신 MCC(Minimun Cost Compensation; 최소비용보전) 방식을 많이 활용하고 있는데, MRG가 일정한 운영수입(비용+이윤)을 보장하는 것이라면 MCC는 실제 운영수입이 최소사업운영비에 미달할 경우 그 부족분을 보장하는 제도이다. MCC는 MRG

에 비해 상대적으로 정부의 재정부담이 적다는 장점이 있으나, 해당 민간투자사업 사회기반시설의 실제수요량이 예상수요량에 미달할 경우 정부가 손실을 보전해야 한다는 측면에서 정도의 차이만 있을 뿐이지 근본적인 차이는 없다고 할 수 있다.

- 2022년말 현재 MRG계약 유효한 대표적인 국가 BTO사업으로 국토교통부 관련 대구-부산고속도로(~2025년), 수도권제1순환고속도로(~2027년), 부산-울산고속도로(~2038년), 서울-춘천고속도로(~2024년), 인천대교(~2024년) 등 5건의 사업과 해양수산부 관련 8건의 항만(울산신항(1-1단계) 등) 사업이 있다. MRG계약의 대표적인 사례였던 인천국제공항고속도로와 천안-논산고속도로는 각각 2020년 및 2022년 MRG계약이 종료되었다.

- 최근 5개년(2018년~2022년)간 국가의 MRG계약에 따른 지급액은 다음과 같다(단위: 백만원).

구분	2018년	2019년	2020년	2021년	2022년
국토교통부	258,300	297,100	411,616	327,027	76,529
해양수산부	91,716	42,526	102,102	70,874	65,459
계	350,016	339,626	513,718	397,901	141,988

(*) 출처: 2018~2022회계연도 국가결산보고서

- MCC(최소비용보전) 제도는 2014년 정부의 민간투자사업 재구조화를 추진하는 과정에서 도입된 제도로서 사업운영에 필요한 최소사업운영비(투자원리금과 운영비)를 기준운영비로 설정하고, 실제 운영수입이 여기에 미치지 못할 경우 정부가 민간사업에게 그 차액을 보전하는 방식을 말한다. MRG와 달리 MCC 제도로 인한 정부의 손실보전액이 어느 정도인지 국가결산보고서 및 각 자치단체 결산보고서에서는 명확히 공시하고 있지 않다. 다만, 2021년 10월 5일자 뉴스1 기사에 따르면, 2020년까지 MGR지급액(누적액)은 2조 3,931억원, MCC지급액(누적액)은 2조 8,245억원이라고 언급되어 있다. 한편, MCC 제도는 기존 BTO 외에 BTO-rs(위험분담형)과 BTO-a(손익공유형) 등 다양한 방식의 사업 형태에 응용되고 있다.

BTL사업은 민간사업자가 건설(Build)하여 소유권을 정부에 이전(Transfer)함과 동시에 관리운영권이 부여되어 민간사업자가 관리운영하게 되는데, 정부는 마치 민간사업자에게서 동 시설(엄밀히 말하면 관리운영권)을 임차(Lease)하여 사용하는 것처럼 정부가 민간사업자에게 사용료를 지급하는 방식을 말한다. BTO사업이 사용료 수익을 징수할 수 있는 사회기반시설에 주로 활용되었던 것에 비해 BTL사업은 수익에 취약한 교육, 문화, 복지 등 생활기반시설 분야까지 확대될 수 있다. BTO사업이 매년 사용료 수익이 불확실한 것에 비하여(따라서 MRG계약이나 MCC계약을 체결한 경우 재정지출 역시 불확실하다), BTL사업은 매년 고정적인 임대료 및 시설유지관리비용으로 정부 입장에서는 안정적인 재정지출을 예측할 수 있고, 민간사업자 역시 안정적인 수익을 보장받을 수 있는 장점이 있다.

➡ 2021년말 기준 완공되어 운영 중인 사업은 BTO 208개, BTL 479개로 총 687개 사업이다. 또한, 2021년말 기준 BTO 32개, BTL 27개로 총 59개 사업이 시공 중 또는 시공 준비 중에 있다(2023 대한민국 재정(국회예산정책처, 2023)).

구 분	수익형 민간투자사업(BTO)	임대형 민간투자사업(BTL)
대상시설 및 성격	최종이용자에게 사용료 부과로 투자비 회수가 가능한 시설	최종사용자에게 사용료 부과로 투자비회수가 어려운 시설
적용사업	고속도로, 항만, 경전철, 지하철, 하수처리장, 환경시설 등	학교, 군인주거시설, 문화복지시설, 하수관 등
투자비 회수	최종이용자의 사용료(수익자부담원칙)	정부 시설임대료(정부재정부담)
민간사업자 리스크	민간이 수요위험부담, 운영수입 변동 위험성	민간의 수요위험 배제, 운영수입의 확정
사용료 책정	총사업기준(고시 협약체결 시점 가격)으로 기준사용료 산정 후, 물가변동분 별도 반영	총민간투자비 기준(시설의 준공시점가격)으로 임대료 산정 후 균등 분할하여 지급
재정지원	건설 분담금과 토지보상비 또한, MRG 또는 MCC계약할 경우 향후 재정지원 부분 우발부채 가능	예외적인 상황을 제외하고 재정지원 없음
소유권 이전시점에서 정부의 부채인식	부채인식할 것이 없음(정부가 민간사업자에게 부여한 사용수익권은 해당 사회기반 시설 등의 차감계정임)	정부는 해당 시설에 대한 자산을 인식함과 동시에 부채도 인식(기타장기미지급금)
기타	BTO-rs, BTO-a 변형	–

(2) 민간투자사업 회계처리

① BTO사업 회계처리

BTO방식은 해당 일반유형자산이나 사회기반시설 준공 후 민간사업자가 국가에 기부채납할 때 정부는 해당 자산이 취득된 것으로 회계처리하며, 동시에 민간사업자에게 부여된 관리운영권은 자산의 차감계정인 사용수익권으로 계상한다. 자산의 취득원가는 공정가액으로 하되 민간투자비 총액과 취득부대비용을 공정가액으로 간주할 수 있다. 만약, MRG 또는 MCC계약이 체결되어 있는 경우 정부의 재정지출이 발생할 가능성이 매우 높고, 재정지출 추정액이 예측가능하고 신뢰성 있게 측정가능하다면 충당부채의 설정도 고민할 필요는 있다. 최소한 MRG계약에 대한 협약내용은 주석으로 공시해야 한다.

예를 들어 국토교통부가 1월 1일 BTO 방식으로 고속도로를 민간사업자로부터 취득하였다. 총민간투자비 5,000억원(감가상각대체방법을 적용하지 않음)이며, 내용연수 50년, 잔존가치 0원, 사용수익권 인정기간 20년이라고 한다면 회계처리는 다음과 같다.

〈국토교통부가 민간사업자로부터 소유권을 이전받으면서 사용수익권을 제공하였을 때 회계처리〉

차변)	고속도로	5,000	대변)	사용수익권 (고속도로의 차감계정)	5,000

〈회계연도말 회계처리〉

차변)	감가상각비	100	대변)	고속도로감가상각누계액	100
차변)	사용수익권	250	대변)	정부외자산수증 (순자산변동표 항목)	250

(*1) 감가상각비 = 5,000 ÷ 50 = 100
(*2) 사용수익권상각 = 5,000 ÷ 20(사용수익권 인정기간) = 250

〈소유권 이전시점 및 회계연도말 시점의 재정상태표 공시〉

BTO 소유권 이전시점		1차년도 회계연도말 시점	
고속도로	5,000	고속도로	5,000
감가상각누계액	0	감가상각누계액	(100)
사용수익권	(5,000)	사용수익권	(4,750)
	0		150

➡ 상기 BTO 방식 회계처리에서도 볼 수 있듯이 BTO 방식의 가장 큰 장점은 국가 또는 자치단체의 자금이 없어도 대규모 사회기반시설이 국가 또는 자치단체의 소유로 되면서 심지어는 부채도 발생하지 않는다는 점이다. 다만, 이러한 점은 두 가지 문제가 발생할 수 있는데, 첫째 정부의 부담이 거의 없다고 판단하여 BTL 방식에 비해 쉽게 사업의사결정을 내릴 수 있다는 점과, 둘째, MRG 또는 MCC 계약이 수반되는 경우, 미래세대에게 예상치 못한 부담을 전가시킬 수도 있다는 점을 심각하게 고려할 필요가 있다.

② BTL사업 회계처리

BTL 방식에 의해 일반유형자산, 사회기반시설 및 주민편의시설을 취득하는 경우 정부는 민간사업자에게 부여된 관리운영권을 임차한 대가로 지급하는 임대료를 실질적인 자산의 취득대가로 보아 장기연불조건으로 시설물을 취득한 것으로 회계처리한다. 민간투자비를 자산의 취득원가로 계상하고 임대료지급액의 명목가액을 부채로 계상한다. 그리고 임대료지급액 명목가액과 민간투자비의 차이를 현재가치할인차금으로 계상한다. 이 때 정부지급금을 구성하는 시설임대료(민간투자비에 해당)와 운영비 중 임대료에 대해서는 명목가액을 부채로 계상하고 현재가치로 평가하는 것에 비해, 운영비는 지급시점에 비용으로 회계처리한다.

➡ BTL 사업의 경우 자산과 동시에 부채가 발생하는 사업구조이기 때문에 국가나 자치단체 입장에서는 큰 메리트를 느끼지 못해 무분별한 의사결정이 이루어지지 않을 수 있다. 게다가 미래의 경제적 자원의 유출의 범위도 충분히 예측할 수 있어 감당할 수 있는 재정지출 범위 내에서만 의사결정이 이루어지게 된다. 그러다 보니 BTL 사업은 대규모의 사회기반시설 사업이 아닌 소규모 사업에 많이 활용되는 편이다.

예를 들어 교육부가 1월 1일 BTL 방식으로 총민간투자비 100억(건물(기숙사) 가정, 내용연수 20년, 잔존가치 0원), 임대기간 10년, 매년 임대료지급액 13억(매년 현재가치할인차금상각액 3억 가정하며, 10년간 총 130억원 지급 가정), 연간 운영비 2억이라고 한다면 회계처리는 다음과 같다.

〈국토교통부가 민간사업자로부터 소유권을 이전받으면서 사용수익권을 제공하였을 때 회계처리〉

차변)	건물	100	대변)	장기미지급금 (BTL임대료장기미지급금)	130
	현재가치할인차금	30			

〈임대료 지급시 회계처리〉

차변)	장기미지급금	13	대변)	현금	13
	이자비용 (BTL임대료이자비용)	3		현재가치할인차금	3

〈연간 운영비 지급시 회계처리〉

차변)	운영비	2	대변)	현금	2

〈연간 감가상각비 회계처리〉

차변)	감가상각비	5	대변)	건물감가상각누계액	5

제 7 절 리스

1. 리스거래의 이해 및 분류(국가회계 · 지방회계)

(1) 리스거래의 이해

리스(lease)란 리스제공자(lessor)가 자산의 사용권을 합의된 기간 동안 리스이용자(lessee)에게 이전하고 리스이용자는 그 대가로 사용료를 리스제공자에게 지급하는 계약을 말한다. 리스물품 등의 사용과 관련하여 리스전문회사와 맺는 계약이 일반적이나, 보통 부동산임대차나 렌탈 역시 실질적으로 리스거래의 일종이다. 리스는 리스자산의 소유에 따른 대부분의 위험과 보상이 리스이용자에게 이전되는 금융리스(finance lease, capital lease)와 금융리스 이외의 운용리스(operating lease)으로 구분된다.

리스거래를 하면 정부나 기업은 필요로 하는 자산을 일정 기간 동안 사용하면서 사용료만 분할지급하기 때문에 자산을 취득하는 경우에 비해서 초기의 자금 부담을 줄일 수 있는 이점이 있다. 또한 기술발전의 속도가 빠른 컴퓨터 등과 같은 자산을 굳이 취득하지 않고 리스계약을 통해서 일정 기간 동안 사용한 후 이를 리스제공자에게 반환함으로써 자산 소유에 따르는 진부화의 위험도 회피할 수 있다는 장점이 있다.

(2) 리스거래의 분류

① 금융리스(capital lease)와 운용리스(operating lease)

금융리스는 리스이용자가 리스제공자로부터 자금을 차입하여 그 자금으로 리스자산을 취득하고, 차입한 자금의 원금 및 이자를 상환하는 금융거래와 본질적으로 차이가 없어 실질적으로 장기할부매매거래와 유사하다. 즉, 리스이용자가 필요로 하는 설비자금을 융자하는 대신에 리스제공자가 설비자체를 대부하는 물적 금융이라 할 수 있다. 리스제공자는 취득금액에 이자 및 수수료를 가산한 금액을 리스기간 동안 회수하며, 원칙적으로는 중도해지는 인정하지 않는다(또는 중도해지시 많은 비용을 부담하는 것도 중도해지를 인정하지 않는 것으로 간주한다). 일반적으로 다음의 요건 중 하나 이상을 충족하는 경우 금융리스로 분류하며, 그렇지 않을 경우 운용리스로 분류한다.

금융리스 분류 기준(다음 요건 중 1개 이상 해당되면 금융리스로 간주)
㉠ 리스기간 종료시 또는 그 이전에 리스자산의 소유권이 리스이용자에게 이전되는 경우
㉡ 리스실행일 현재 리스이용자가 염가매수선택권을 가지고 있고, 이를 행사할 것이 확실시 되는 경우
㉢ 리스기간이 리스자산 내용연수의 상당부분을 차지하는 경우(일반적으로 리스자산 내용연수의 75% 이상)
㉣ 리스실행일 현재 최소리스료를 내재이자율로 할인한 현재가치가 리스자산 공정가치의 대부분을 차지하는 경우(일반적으로 리스자산 공정가치의 90% 이상)
⑤ 리스이용자만이 중요한 변경없이 사용 가능한 특수한 용도의 리스자산인 경우

Notice

국제회계기준(IFRS)에서의 리스 회계처리: K-IFRS 제1116호

민간기업에서 적용하고 있는 국제회계기준(IFRS)에서는 K-IFRS 제1116호의 제정으로 인해 리스거래에서 금융리스와 운영리스의 개념을 사용하지 않고 원칙적으로 모든 리스거래(단, 1년 미만의 단기리스와 연 5천불 미만의 소액리스는 제외한다. 단기리스와 소액리스는 리스료 지급시점에 모두 비용으로 인식한다)를 금융리스로 처리하도록 하고 있다(엄밀히 말하면 리스이용자 측면에서만 적용된다). 따라서 소유권이전 약정이 없더라도, 염가구매선택권이 없더라도, 리스자산의 내용연수의 일부만 사용하더라도, 리스료의 현재가치가 리스자산의 공정가치에 현저하게 미달하더라도, 특수한 용도의 리스자산이 아니더라도 금융리스처럼 자산과 부채를 동시에 인식하는 회계처리를 해야 한다. 이는 리스거래를 자산의 사용통제권을 일정 기간 동안 부여하는 계약으로 보기 때문이다.

예를 들어 10층 건물 중 1개 층만 2년 임차하여 사용한다고 가정할 때, 예전 금융리스 규정에 따르면 공정가액의 90%나 내용연수의 75%, 염가구매선택권 등의 조건과는 전혀 상관이 없으므로 운영리스로 분류하였었다. 그런데, 자산의 사용통제권 개념으로 볼 때는 2년 동안은 해당 임차자산에 대한 사용통제권이 전적으로 리스이용자에게 있는 것이며, 타인이나 리스제공자는 이를 사용할 수 없다. 리스이용자는 이 임차거래에 대해 리스자산과 리스부채를 동시에 인식하여야 한다.

정부회계(국가회계, 지방회계)와 기업회계(IFRS)의 회계처리 규정을 비교할 때 가장 차이가 많이 나고 있는 규정 중의 하나가 바로 리스거래 회계처리이다. 한편, IFRS를 적용하고 있는 공공기관의 경우 이 K-IFRS 제1116호의 제정으로 인하여 부채가 상당히 많이 증가하는 효과를 가져오게 되었다(허웅 외 2인(2020), 최근 K-IFRS 개정(금융상품, 수익, 리스)이 공공기관 재무제표에 미친 효과 연구).

② 금융리스와 BTL사업

BTL사업이란 민간자금으로 건설(Build)하고 소유권은 정부로 이전(Transfer)됨과 동시에 민간사업자에게 관리운영권이 부여되는데, 정부는 이 관리운영권을 민간사업자로부터 임차(Lease)한 것으로 간주하여 대가를 지급하는 민간투자사업을 말한다. 금융리스와 BTL사업을 비교하면 정부가 민간사업자에게 리스에 대한 사용료를 지급하며 장기부채를 인식한다는 측면에서는 유사하지만, BTL사업의 경우 시설에 대한 소유권이 정부에게 있다는 점에서 금융리스와 차이가 있다(즉, BTL사업에서의 lease는 실제 리스계약을 의미하는 것이 아니라 리스계약과 유사한 것으로 간주한다는 의미로 보아야 한다. 자세한 내용은 본 장의 '제6절 2. 민간투자사업(BTO · BTL) 회계처리'를 참고한다).

2. 리스거래 회계처리(국가회계 · 지방회계)

(1) 금융리스자산 및 금융리스부채의 산정

금융리스는 법적으로 자산의 소유권이 이전되는 것은 아니지만 경제적으로는 자산의 소유에 따른 모든 효익과 위험이 리스이용자에게 이전된 것을 전제로 회계처리한다. 따라서 리스이용자는 리스실행일에 최소리스료(*)의 현재가치와 리스자산의 공정가치 중 작은 금액을 금융리스자산(**)과 금융리스부채(**)로 각각 인식한다.

(*) 최소리스료(리스기간 동안 리스이용자가 리스제공자에게 지급해야 하는 금액)
= 연간리스료 + 보증잔존가치 + 행사가 확실시 되는 염가매수선택권의 행사가격

(**) 금융리스자산 = 금융리스부채 = Min[최소리스료의 현재가치, 리스자산의 공정가치]

리스이용자가 최소리스료의 현재가치를 계산할 때 적용할 할인율은 리스제공자의 내재이자율이며, 만약 리스제공자의 내재이자율을 알 수 없다면 리스이용자의 증분차입이자율을 적용한다. 리스이용자는 보증잔존가치를 제외한 최소리스료를 금융리스부채 원금상환부분과 유효이자율법으로 계산한 이자비용을 구분하여 매 회계연도 인식해야 한다.

▶ 리스거래에서 내재이자율이란 리스실행일 현재 리스제공자가 수령하는 최소리스료와 보증잔존가치의

합계액을 리스자산의 공정가치와 일치시키는 할인율을 말한다. 좀 더 쉽게 설명하면, 시장이자율과 리스제공자의 수익률을 합한 개념이라 할 수 있다.

(2) 금융리스 회계처리

경찰청 일반회계(이하 "리스이용자")는 A리스제공자와 기계장치에 대하여 다음과 같은 해지불능 리스계약을 체결하였다. 국고금 회계처리는 생략한다.

ⓐ A리스제공자의 자산 취득일: 20×1.12.31
ⓑ 기계장치 취득가액: 100,000천원(당해 기계장치는 범용성 이동성기계장치임)
ⓒ 내용연수: 6년 내용연수 종료 후 추정잔존가액은 없음
ⓓ 리스실행일: 20×2.1.1, 만료일: 20×5.12.31, 리스기간: 4년
ⓔ 리스자산(기계장치)의 공정가치: 100,000천원
ⓕ 리스기간 종료시 추정잔존가액 및 보증잔존가치: 각각 20,000천원
ⓖ 연간리스료: 31,790천원 (리스료지급방법: 매년말 후지급)
ⓗ 소유권 이전약정, 염가매수선택권: 없음
ⓘ 리스제공자의 내재이자율: 16%(단, 리스이용자는 이 내재이자율을 알고 있음)
ⓙ 리스이용자의 감가상각방법: 정액법

㉠ 상기 리스거래에 대한 리스이용자의 20×2.1.1 및 20×2.12.31 회계처리

〈리스분류 판단 기준〉

구분	소유권 이전	염가매수선택권	내용연수(75%)	공정가치(90%)	특수자산	결론
해당유무	×	×	×	○(*1)	×	금융리스

(*1) 연간 최소리스료의 현재가치(31,790천원×연금현가계수(16%,4년)+20,000천원×현가계수(16%,4년) = 100,000천원)≥리스자산 공정가치의 90%(90,000,천원)

〈금융리스 상각표〉

연도	리스료	금융리스이자	채권원금회수	미회수채권
20×2.1	–	–	–	100,000
20×2.12	31,790	16,000	15,790	84,210
20×3.12	31,790	13,474	18,316	65,894
20×4.12	31,790	10,543	21,247	44,647
20×5.12	31,790	7,143	24,647	20,000
합계	127,160	47,160	80,000	0

(*1) 리스자산 및 부채가액 결정=Min(최소리스료 현가(100,000), 리스자산 공정가치(100,000))=100,000
(*2) 리스자산의 감가상각비=(리스자산가액−보증잔존가치)÷Min[리스기간, 내용연수]
=(100,000−20,000)÷4년=20,000

〈20×2.1.1 리스실행일 회계처리〉

차변)	기계장치	100,000	대변)	금융리스부채	100,000

〈20×2.12.31 리스료지급, 감가상각, 유동성대체 회계처리〉

차변)	금융리스이자비용	16,000	대변)	현금(국고금)	31,790
	금융리스부채	15,790			
차변)	금융리스부채	18,316	대변)	유동성금융리스부채	18,316
차변)	감가상각비	20,000	대변)	기계장치감가상각누계액	20,000

㉡ 만일 상기 리스거래가 운용리스로 판명될 경우 20×2년 12월 31일 회계처리

〈20×2.12.31 리스료지급 회계처리〉

차변)	지급임차료_운용리스료	31,790	대변)	현금(국고금)	31,790

제8절 국채·공채 및 지방채의 발행 및 회계처리

1. 국채·공채 및 지방채의 발행(국가회계·지방회계)

(1) 국채·공채 및 지방채의 할인발행과 할증발행

국채·공채나 지방채는 액면으로 발행되기도 하지만, 발행시점에 채권의 액면(표시)이자율과 시장(유효)이자율의 차이로 인하여 할인 또는 할증발행도 빈번하게 발생한다. 할인발행이란 국채 등의 발행으로 유입된 실수령금액이 원금에 미치지 못하는 것을 의미하며, 할증발행이란 원금이상으로 실수령금액이 유입되는 것을 말한다. 보통 액면이자율보다 시장이자율이 높을 경우 할인발행되고, 시장이자율이 낮을 경우 할증발행된다. 이를 정리하면 다음과 같다.

발행조건	수요와 공급	수령금액	차액
액면이자율 = 시장이자율	수요 = 공급	실수령금액 = 액면가액	차액 없음
액면이자율 > 시장이자율	수요 > 공급	실수령금액 > 액면가액	할증발행차금 발생
액면이자율 < 시장이자율	수요 < 공급	실수령금액 < 액면가액	할인발행차금 발생

발생주의 회계 관점에서는 실수령금액이 액면가액보다 적은 경우 그 차액을 국채(공채, 지방채)할인발행차금이라 하고 실수령금액이 액면가액보다 많을 경우 그 차액을 국채(공채, 지방채)할증발행차금이라 한다. 재정상태표에 국채, 공채, 지방채를 표시할 때에는 국채, 공채, 지방채의 액면가액과 할인 또는 할증발행차금을 별도로 각각 표시한다. 이 때 국채(공채, 지방채)할인발행차금은 국채·공채 및 지방채의 액면가액에서 차감하는 형식(차감계정)으로 표시하고, 국채(공채, 지방채)할증발행차금은 국채의 액면가액에 가산하는 형식(가산계정)으로 표시한다. 이렇게 함으로써 재무제표에는 실제 국채, 공채, 지방채가 발행된 금액으로 계상된다.

▶ 국채(공채, 지방채)할인발행차금 및 할증발행차금의 재무제표 표시 사례

국채	1,000,000	→ 액면금액	국채	1,000,000	→ 액면금액
할인발행차금	(100,000)	→ 할인발행차금	할증발행차금	150,000	→ 할증발행차금
	900,000	→ 실제발행금액		1,150,000	→ 실제발행금액

(2) 할인·할증발행차금과 채무와의 관계

국채는 국가채무에 포함되며(단, 공채는 중앙관서의 장이 아닌 기금이 발행하기 때문에 국가채무에 포함되지 않는다), 지방채는 지방채무에 포함된다. 다만, 재정상태표에서는 국채 및 지방채는 할인·할증발행차금이 차감·가산된 금액으로 평가되기 때문에 액면가액으로 표시되는 국가채무 또는 지방채무와 할인·할증발행차금만큼 차이가 발생하게 된다.

☞ 국가채무나 자치단체채무는 만기 상환가액으로만 관리된다. 즉, 할인·할증발행으로 관리되는 것이 아니라는 점에서 재무제표상의 정보가 더 유용하다고 볼 수 있다.

☞ 할인·할증발행된 국채·지방채의 채무금액과 재무제표상 금액의 비교

국채	1,000,000	→ 채무금액	국채	1,000,000	→ 채무금액
할인발행차금	(100,000)		할증발행차금	150,000	
	900,000	→ 재무제표 금액		1,150,000	→ 재무제표 금액

2. 국채(공채·지방채)할인·할증발행차금 관리 및 회계처리(국가회계·지방회계)

(1) 국채(공채·지방채)할인·할증발행차금의 관리

할인발행차금 또는 할증발행차금은 국채, 공채, 지방채 발행시부터 최종상환시까지의 기간에 유효이자율법 등을 적용하여 상각 또는 환입하고, 동 상각 또는 환입액은 이자비용에 가감한다(국채 및 공채에 적용되는 「국가회계기준」에서는 유효이자율법만 인정하고, 지방채에 적용되는 「지방회계기준」에서는 유효이자율법 외에 정액법도 가능하다). 국채 등과 관련한 유효이자율이란 만기일까지 기대되는 현금유출액의 현재가치를 발행가액과 일치시키는 이자율이다. 국채 등을 할인(할증)발행한 경우 유효이자율법에 따라 액면이자와 유효이자의 차이를 기간에 걸쳐 상각(할인발행의 경우) 또는 환입(부(-)의 상각; 할증발행의 경우)하게 되면 만기 시점에 재정상태표상 국채, 공채, 지방채는 액면가액으로 수렴하게 된다(즉, 만기 시점에 할인·할증발행차금은 0이 된다). 한편, 채권발행시 발생하는 인쇄비, 수수료 등은 별도의 비용으로 처리하지 아니하고 국채 등의 발행가액에서 차감하여 기재한다.

➡ 국채 등 할인·할증 발행시 재무제표상 당기 이자비용은 다음과 같다(3가지 모두 금액이 동일하다).

- 국채 등 기초장부가액(=액면가액－기초할인발행차금)×유효이자율
- 국채 등 기초장부가액(=발행가액+전기말 할인발행차금상각 누적액)×유효이자율
- 국채 등 액면이자(=만기상환액×액면이자율)+할인발행차금 상각액

(2) 국채(공채·지방채)할인발행차금의 유효이자율법 상각 및 회계처리

예를 들어 20×1년 7월 1일 액면가액 100,000원, 액면이자율 8%(단, 매년 말에 1회 이자지급 가정), 시장이자율 10%, 만기 3년의 국채를 발행할 경우 유효이자율법에 따라 매년 인식하는 이자비용 및 회계처리는 다음과 같다(국고금회계처리 및 유동성대체 생략).

㉠ 발행가액: $100,000\times 8\%\div 1.1^{1}+100,000\times 8\%\div 1.1^{2}+100,000\times 8\%\div 1.1^{3}+100,000\div 1.1^{3}=95,026$

(다른 부대경비가 없다는 가정하에 채권을 발행하여 유입되는 실수령금액)

㉡ 국채할인발행차금: 100,000천원－95,026천원=4,974천원

㉢ 연도별 상각액 현황(20×1.7~20×4.6)

구분	유효이자 (국채장부가액 ×유효이자율)	액면이자 (국채액면가액 ×액면이자율)	연 상각액 (유효이자 –액면이자)	국채장부가액 (전기 장부가액 +당기 상각액)
20×1.7. 1				95,026
20×2.6.30	9,503	8,000	1,503	96,529
20×3.6.30	9,653	8,000	1,653	98,182
20×4.6.30	9,818	8,000	1,818	100,000

➡ 상기 상각표를 그림으로 도식화하면 다음과 같다.

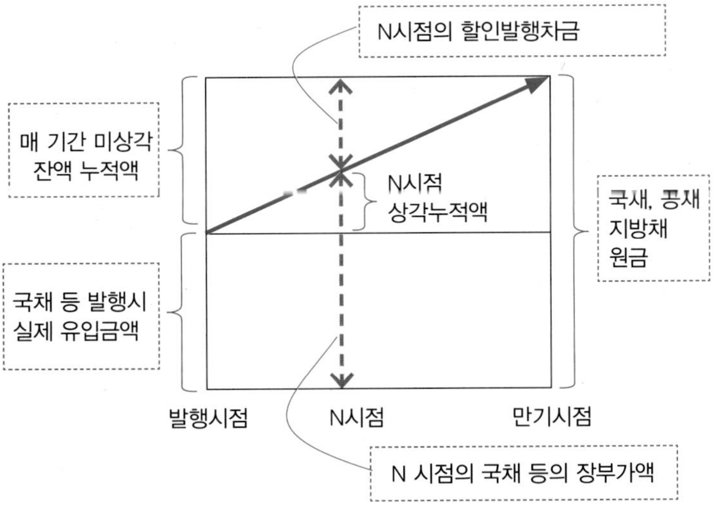

〈국채 발행시 회계처리〉

차변)	현금및현금성자산	95,026	대변)	국채	100,000
	국채할인발행차금	4,974			

〈20×1.12.31 미지급이자비용 인식 회계처리〉

차변)	국채이자비용	4,752	대변)	미지급이자비용	4,000
				국채할인발행차금	752

(*1) 미지급이자비용=8,000×6÷12=4,000

(*2) 국채이자비용=9,503×6÷12=4,752

(*3) 국채할인발행차금=1,503×6÷12=752 (연도 중에는 정액으로 상각된다고 가정)

〈20×2.6.30 이자지급시 회계처리〉

차변)	국채이자비용	4,751	대변)	현금및현금성자산	8,000
	미지급이자비용	4,000		국채할인발행차금	751

(*1) 이자지급 부분 = 100,000×8% = 8,000

(*2) 국채이자비용 = 9,503×6÷12 = 4,751

(*3) 국채할인발행차금 = 1,503×6÷12 = 751 (연도 중에는 정액적으로 상각된다고 가정)

〈20×4.6.30 이자지급시 회계처리〉

차변)	국채이자비용	4,909	대변)	현금및현금성자산	8,000
	미지급이자비용	4,000		국채할인발행차금	909

(*1) 이자지급 부분=100,000×8%=8,000

(*2) 국채이자비용=9,818×6÷12=4,909

(*3) 국채할인발행차금=01,818×6÷12=909 (연도 중에는 정액적으로 상각된다고 가정)

〈20×4.6.30 원금상환시 회계처리〉

차변)	유동성국채	100,000	대변)	현금및현금성자산	100,000

(*1) 국채할인발행차금=4,974−752−751−827−826−909−909=0 (국채할인발행차금은 만기 시점에 0임)

(*2) 20×3.12.31에 국채를 유동성국채로 유동성대체한 회계처리가 있었다고 가정함

(3) 국채, 공채, 지방채의 기타 주의사항

국채, 공채, 지방채가 외화로 발행될 경우 결산일 시점에서 적정하게 외화환산을 하여야 하며, 결산일 시점에서 상환 일자가 1년 미만일 경우 반드시 유동성대체를 하여야 한다(단, 최초에 만기가 1년 초과 장기 국공채 및 지방채의 경우). 한편, 국채, 공채, 지방채의 연도별 상환스케쥴, 관련 명세서, 외화발행 내역은 주석으로 공시해야 한다.

제 9 절 연금충당부채 및 연금회계처리

1. 공적연금과 연금충당부채(국가회계)

(1) 공적연금의 개요

공적연금이란 연금관련 법령에 따라 기금을 통해 재원을 조성하여 국가가 운영주체인 연금제도를 의미한다. 한국 중앙정부는 일반국민을 대상으로 한 국민연금과 국가를 위해 근무한 종사자를 대상으로 하는 공무원연금 및 군인연금, 그리고 사학연금 등 4대 연기금을 운영 중에 있다. 공적연금은 재정상태의 투명성과 장래 재정의 지속가능성에 대한 분석이 항시 요구되고 있으며, 거래의 성격상 교환거래와 비교환거래의 성격이 혼재되어 있다. 연금충당부채란 공적연금제도를 운영하는 과정에서 미래에 지출이 예상되는 금액에 대하여 설정하는 충당부채라고 할 수 있다. 한국 중앙정부에서는 2011년부터 공무원연금과 군인연금에 대해서만 연금충당부채를 설정하고 있다.

- 연금(Pension)이란 연금대상자가 소정의 기여금을 일정기간 납부하고 퇴직하거나, 노령·장애 등의 보험사고가 발생하였을 때, 일정 기간마다 계속적으로 급여를 지급받는 것을 말한다.

- 연금제도는 운영주체가 국가인 공적연금제도와 국가가 아닌 사적연금제도로 나눈다. 사적연금제도는 다시 직장이 운영주체인 기업연금과 개인이 주체인 개인연금으로 구분된다.

Notice

한국의 4대 연기금과 연금충당부채

한국에서는 국민연금, 사학연금(사립학교교직원연금), 공무원연금 및 군인연금이 기금의 형식으로 운용 중에 있다. 이들 연기금은 미래에 재정의 부담이 된다는 측면에서 현 시점에서 충당부채를 설정할 필요가 있나는 논의가 계속해서 제기되어 왔다. 특히, 국민연금의 경우 그 파급효과가 국민 전체에 미칠 수 있고, 2050년을 전후로 하여 재원이 고갈된다는 여러 예측결과에 따라 이에 대한 부채인식 여부에 모든 관심이 모아졌다. 그러나 지금까지 기획재정부에서는 국민연금의 경우 해외에서도 부채로 인식한 사례가 없고 비교환거래 성격의 사회보장적인 특성으로 인해 연금충당부채를 설정하지 않고 있으며, 사학연금의 경우 국가가 재원부족분을 반드시 부담할 필요가 없다는 측면에서 충당부채 설정 대상에서 제외하고 있다. 그러나 일부 전문가는 국민연금 및 사학연금에 대해서도 공무원연금이나 군인연금처럼 연금부채를 인식하여야 하며, 현재의 회계처리를 통해 정부가 국가부채를 과소로 계상시켜 진정한 의미의 연금부채에 대한 위험성을 회피하고 있다는 지적을 지속적으로 제기하는 실정이다.

(2) 연금충당부채와 국가채무

연금충당부채(공무원·군인연금)는 전형적인 발생주의 회계 하에서의 부채이다. 충당부채(provisions)란 지출의 시기 또는 금액이 확정되지 아니한 비확정부채이다(엄밀히 말하면 비확정부채라는 표현보다는 '불확실성이 존재하는 부채'가 더 정확하다고 볼 수 있다). 확정부채가 아니기 때문에 금융부채로 분류되지 않으며, 법령상으로도 국가채무로 보지 않는다. 발생주의 회계제도 관점에서는 ㉠ 과거 국가를 위해 근속하였고, ㉡ 국가가 미래에 지급할 것이라고 충분히 예상되며, ㉢ 국가의 의무를 현재 제도로서 보장하고 있는 공무원 및 군인연금은 부채의 정의에 충분히 부합된다. 그럼에도 불구하고 국가채무로는 인식되지 않기 때문에 연금충당부채는 국가채무와 국가부채의 개념상 차이를 일으키는 대표적인 계정과목이 되고 있다.

한편, 한국에서는 연금사업을 중앙정부에서만 운영하고 있기 때문에 지방회계에서는 연금충당부채라는 계정과목이 발생하지 않는다. 물론 자치단체 소속 공무원들은 공무원연금 대상이기는 하지만, 자치단체에서는 국가회계실체인 공무원연금기금에 고용주부담금을 지급함으로써 그 의무를 다하기 때문에 고용주부담금만을 비용으로 처리한다(일종의 확정기여형(DC형) 퇴직급여제도에 가입한 것처럼 처리한다. 반대로 국가의 공무원연금충당부채에는 지방공무원에 대한 연금충당부채도 인식하고 있다).

(3) 연금충당부채와 퇴직급여충당부채의 비교

연금충당부채와 퇴직급여충당부채는 다음 2가지 측면에서 비교할 수 있다.

첫째, 일반적으로 공무원 및 군인은 공무원연금 또는 군인연금 대상이기 때문에 퇴직금을 지급하지 않는다(물론 공무원 등에 대해서도 퇴직시 일정한 퇴직수당을 지급하기는 한다). 국가회계실체나 지방회계실체에서 퇴직금지급 대상은 일반적인 공무원이나 군인이 아닌 계약직·임시직 등의 직원이 되며, 이들에 대해서는 퇴직급여충당부채를 설정하여야 한다(단, DB형일 경우).

둘째, 공무원연금기금과 군인연금기금이 국가회계실체이기 때문에 국가회계에서는 연금충당부채를 설정하는 기준이 마련되어 있다. 이에 비해 자치단체 소속 공무원의 경우 공무원연금기금에서 연금제도를 운영하고 있기 때문에 지방회계에서는 연금충당부채에 대한 별도의 기준이 마련되어 있지 않다. 오히려, 자치단체에서는 일정 금액은 고용주부담금을 공무원연금지금에 납입하는 것으로 모든 의무는 종결되기 때문에 이는 퇴직연금제도의 확정기여형(DC형)과 아주 유사하다.

2. 연금충당부채 관련 회계이론(국가회계)

(1) 연금충당부채 인식대상

공무원 및 군인은 국가가 제공받은 근로에 대한 고용주로서의 보상의 성격이 강하고 국가가 연금재원의 부족분에 대한 보전의무를 법률화하고 있으므로 공무원연금 및 군인연금에 대한 연금충당부채는 부채의 정의에 부합된다. 이에 비해 사학연금의 대상인 교직원의 경우 국가가 고용주가 아니고, 연금재원 부족분에 대하여 지급의무가 없다는 이유로(그러나 지급의무의 여부에 대해서는 논란의 소지가 있다) 연금충당부채를 설정하지 않는다. 국민연금의 경우 교환거래가 아닌 사회보장적인 성격을 가지고 있고(그러나 사회보장적 성격이 정말로 맞는지 아니면 보험의 성격은 아닌지에 대한 논란의 소지가 있다), 발생주의 정부회계제도를 도입한 어느 국가에서도 이에 대한 연금충당부채를 설정한 사례가 없으므로 한국에서도 설정대상에서 제외하고 있다(국민연금제도를 운영하고 있는 국가별로 운영하는 제도의 성격이 다르다는 점은 고려하지 않고 있다. 국민들로부터 징수하는 국민연금을 일종의 조세로 보는 관점(이를 부과식이라고도 한다)과 보험으로 보는 관점(이를 적립식이라고도 한다)에 따라 달라질 수 있다).

➡ 공무원연금에 대한 충당부채는 지방공무원에 대해서도 설정하고 있으나, 이는 국가가 고용주가 아니라는 관점에서 논란의 소지가 있다.

(2) 연금충당부채의 2단계 평가방법

연금대상자의 장래 연금지급액에 대해 보험수리적 평가방법을 적용하여 연금충당부채와 연금비용을 산정한다. 연금충당부채를 산정하기 위해서는 크게 2단계의 과정을 거치게 되는데, ㉠ 확정급여채무 결정 및 현재가치로 변환하는 1단계와 ㉡ 이를 근속기간 동안 연금비용과 연금충당부채로 인식하는 2단계로 구분된다.

➡ 많은 사람들이 공무원연금충당부채에 대해 오해를 하고 있는 부분이 상기 1단계인 확정급여채무의 결정 및 현재가치의 산출 단계에서 연금충당부채가 산출되는 것으로 착각하기 때문이다. 실제 연금충당부채는 1단계에서 산출된 확정급여채무의 현재가치액을, 2단계에서 실제 근속기간에만 해당하는 부분만 고려하여 산출되므로 1단계에서 산출된 금액보다 훨씬 적어지게 된다는 점을 간과하고 있다.

(3) 1단계 확정급여채무 결정(예측급여채무(PBO))

확정급여채무(미래추정연금지급액)란 향후 임금상승률, 근로기간, 연금수급권 확보 여부 등이 반영되어 있는 미래 지급예상 채무를 의미한다. 확정급여채무의 개념은 예측급여채무(PBO; Projected Benefits Obligation), 누적급여채무(ABO; Accumulated Benefits Obligation) 및 보장급여채무(VBO; Vested Benefits Obligation)가 있으나, 현재 국가회계기준에서는 발생주의 회계제도에 가장 충실하다고 보이는 예측급여채무(PBO) 개념을 채택하고 있다.

㉠ 예측급여채무(PBO) 방식: 연금가입자(현 시점의 연금수급권자+미수급권자)에 대해 장래의 임금상승분을 반영한 급여수준을 기준으로 연금산식에 따라 산출한 연금급여액의 현재가치를 산정하는 방식으로 기준일 현재의 기발생 연금급여액과 미래의 근로기간에서 발생될 연금급여액을 감안하여 측정한다.

㉡ 누적급여채무(ABO) 방식: 연금가입자(현 시점의 연금수급권자+미수급권자)에 대해 장래의 임금상승분을 고려하지 않고 측정일 시점의 급여수준에 기초하여 연금급여액의 현재가치를 산정하는 방식으로 기준일 현재의 기발생 연금급여액과 미래의 근로기간에서 발생될 연금급여액을 감안하여 측정한다.

㉢ 보장급여채무(VBO) 방식: 현재 연금수급권자(미수급권자 제외)에 대해 장래의 임금상승분을 고려하지 않고 기준일 현재의 기발생 연금급여액만을 측정한다.

그림 7-1 확정급여채무(미래추정연금지급액) 측정방법

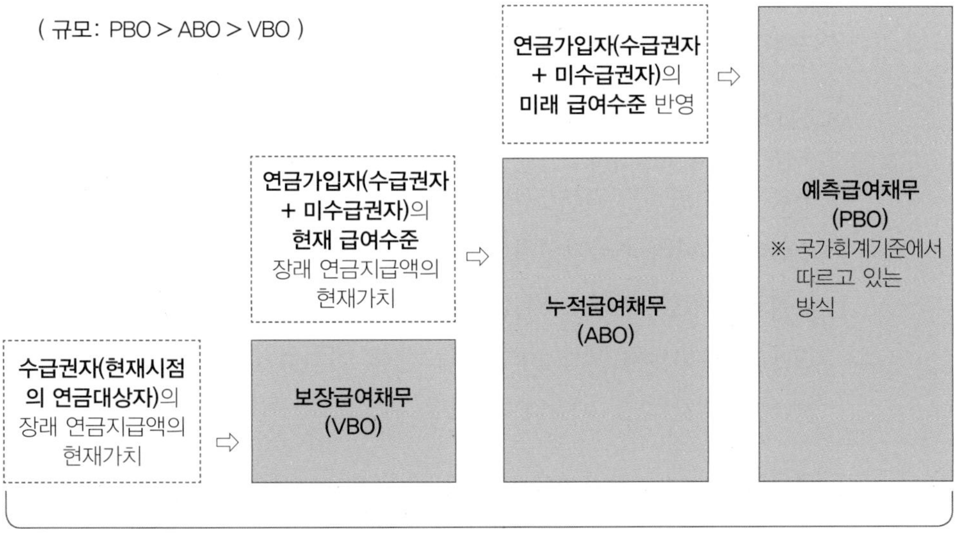

(4) 2단계 연금충당부채의 인식(예측단위적립방식(PUCM))

확정급여채무에 대해 연금비용 및 연금충당부채를 인식해 가는 방법으로 가장 널리 알려진 방법은 예측단위적립방식(PUCM; Projected Unit Credit Method)이다. 예측단위적립방식은 확정급여채무의 현재가치를 근속연수에 따라 매기 당기근무원가와 이자원가로 구분되어 발생한 연금충당부채를 누적적으로 인식해 가는 방식으로 국제회계기준(IFRS), 미국연금회계기준, 영국공무원연금기준 등에서 적용하고 있다.

구분	예측단위적립방식(PUCM)
당기근무원가 산정방식	㉠ 미래추정연금지급액(확정급여채무)의 연금개시시점 현재가치 산출 ㉡ 총 근무연수로 균등하게 나눔 ㉢ 매 기말시점에 '㉡의 균등액×경과 근무연수' 금액을 산출한 후 재정상태표일 기준 현재시점 가치 산출. 동 금액은 해당 기말시점의 연금충당부채의 금액임 ㉣ 당기근무원가=해당 기말시점의 연금충당부채 금액÷경과근무연수
당기근무원가 성격	매년 다름(연금개시일에 가까워질수록 점차 증가함)
기말 연금충당부채 및 당기 증가분 회계처리	당기근무원가 누적액+이자원가 누적액(상기 당기근무원가 산정방식의 ㉢의 결과와 동일) 차변) 연금비용(당기근무원가) ××× / 대변) 연금충당부채 ××× 차변) 연금비용(이자원가) ××× / 대변) 연금충당부채 ×××
장점	발생주의 회계에 가장 근접

3. 연금회계의 특성 및 회계처리(국가회계)

(1) 연금회계 이해를 위한 주요 개념 정리

연금회계의 이해를 위한 주요 개념을 정리하면 다음과 같다.

㉠ 연금사업이란 「공무원연금법」, 「군인연금법」, 「사립학교교직원연금법」 및 「국민연금법」에 따라 연금가입자의 퇴직, 노령, 장애 또는 사망에 대하여 연금을 지급하는 사업을 말한다. 연금기금은 연금사업을 수행하는 국가회계실체로서 상기 각각의 법령에 따른 공무원연금기금, 군인연금기금, 사립학교교직원연금기금(사학연금기금) 및 국민연금기금을 말한다.

㉡ 연금가입자란 연금사업에 가입한 자를 말하며, 연금수급자와 연금미수급자를 포함한다. 연금수급자란 법률에 따라 재정상태표일 현재 연금을 지급받는 자를 말한다. 연금미수급권자는 연금가입자 중 연금수급자를 제외한 자를 말한다(공무원연금의 경우 국가 또는 자치단체를 위해 현재 근무하고 있는 공무원를 말한다).

㉢ 연금충당부채란 공무원·군인연금과 관련하여 미래추정연금지급액에 대한 연금개시시점 기준 현재가치(여기까지가 1단계이다)를 총추정근속연수로 나누고 재정상태표일까지 재직기간를 곱한 후 재정상태표일 시점의 현재가치로 산출한 금액(여기여기까지가 2단계이다)을 말한다(현재가치를 2번 계산한다). 여기서 미래연금추정지급액이란 연금가입자에게 예상퇴직시점 이후 지급해야 할 총연금지급금액으로 예상퇴직시점의 추정보수와 전체추정근무기간 등 보험수리적 가정을 반영하여 산정한다. 이를 확정급여채무라고 한다. 보험수리적 가정은 할인율(이자율), 임금상승률, 물가상승률, 퇴직률, 승진률, 사망률 등 재무적·인구통계적 가정을 의미한다. 이에 비해 사학연금과 국민연금의 경우 연금충당부채를 계상하지 않으며, 재정상태표일 현재 지급기일이 도래하였으나 지급하지 않은 연금지급액만을 연금미지급금으로 인식한다.

연금비용 구분	내용
당기근무원가	•당기 중 연금가입자가 근무용역을 제공하여 발생하는 연금충당부채의 현재가치 증가액
이자원가	•직전 재정상태표일보다 1회계연도만큼 연금개시일에 더 가까워짐에 따라 발생하는 연금충당부채의 현재가치 증가액
과거근무원가	•연금산출방법의 변경에 따라 과거의 근무용역에 대한 연금충당부채의 재계산액

㉣ 공무원연금 및 군인연금에서 연금비용이란 전기 재정상태표일 현재 연금충당부채에서 당기 중 지급의무가 확정된 금액을 차감한 금액과 당기 재정상태표일 현재 연금충당부채의 차이를 말한다. 연금충당부채의 변동을 가져오는 연금비용(프로그램원가)은 당기근무원가, 이자원가, 과거근무원가로 구성된다.

➡ 연금충당부채의 변동을 가져오는 또 다른 항목으로 보험수리적손익이 있다. 이는 보험수리적 가정과 실제로 발생한 결과의 차이 및 보험수리적 가정의 변경에 따른 연금충당부채의 증감액을 말한다. 그러나 다른 연금비용 항목과 달리 보험수리적손익은 프로그램원가로 인식하지 않고 순자산변동표상 조정항목으로 처리한다. 보험수리적 손익이 발생하는 원인은 사망률, 임금상승률 등과 관련하여 실제값이 가정과 다를 경우 또는 할인율, 물가상승률 등 보험수리적 가정이 변화되는 경우가 있다.

㉤ 공무원연금기금 및 군인연금에서의 연금수익이란 기금이 인식하는 수익으로서 크게 피고용자기여금, 고용주부담금 및 보전금으로 구분된다. 피고용자기여금은 연금 대상이 되는 자가 급여의 일정 부분을 납부하는 것이고, 고용주부담금은 인사혁신처 또는 국방부가 고용주로서 부담하는 부분을 의미한다. 보전금은 연금기금이 재원부족 등으로 소관 국가회계실체(인사혁신처·국방부의 일반회계)로부터 보조받는 금액이다. 이를 비교하면 다음과 같다.

구분	피고용자기여금	고용주부담금	보전금
1. 납부주체	공무원 및 군인 당사자	인사혁신처 및 국방부 일반회계	인사혁신처 및 국방부 일반회계
2. 수익인식(기금관점)	프로그램차감수익	프로그램차감수익	비교환수익등
3. 내부거래	내부거래 아님	국가공무원: 내부거래, 지방공무원: 내부거래 아님	내부거래
4. 비용인식 주체	국가회계실체는 비용을 인식하지 않음	각 국가회계실체	인사혁신처, 국방부 일반회계
5. 비용인식 계정	국가회계실체는 비용을 인식하지 않음	복리후생비 (각 국가회계실체 재정운영표)	무상이전지출 (인사혁신처 및 국방부 순자산변동표)

ⓑ 사학연금과 국민연금의 경우 연금비용은 전기 재정상태표일 현재 연금미지급금에서 당기 중 지급액을 차감한 금액과 당기 재정상태표일 현재 연금미지급금의 차이로 계산하며, 이는 재정운영표상 프로그램원가로 인식한다.

ⓢ 사학연금 및 국민연금기금에서의 연금수익이란 기금이 인식하는 수익으로 피고용자기여금, 고용주부담금, 보전금 외에 국가기여금이 있다. 국가기여금은 사학연금과 관련하여 사립학교교직원의 경우 피고용자기여금(본인부담금), 고용주부담금 외에 국가가 부담하는 부분을 말한다. 비정규직 공무원의 경우 국민연금 대상이 되며, 이 때 고용주는 국가를 의미한다.

ⓞ 「공무원연금법」 제62조 및 「군인연금법」 제37조의 퇴직수당은 연금충당부채 산정대상에서 제외하지만, 같은 산정방식에 따라 퇴직수당충당부채를 인식한다. 이에 비해 「사립학교교직원연금법」 제42조에 따라 지급하는 퇴직수당은 재정상태표일 현재 지급기일이 도래하였으나 지급하지 않은 금액을 미지급금으로 인식한다.

(2) 연금기금의 주석공시 및 필수보충정보 항목

연금사업과 관련하여 주석으로 공시할 사항 및 필수보충정보(연금보고서)에 포함하여야 하는 사항을 정리하면 다음과 같다.

주석		필수보충정보 (연금보고서 공통)
공무원연금 · 군인연금	사학연금 · 국민연금	
• 연금의 현황 및 주요 내용 • 연금충당부채 변동내역 • 연금충당부채 산정내역 • 보험수리적 가정	• 연금의 현황 및 주요 내용 • 장기재정추계의 주요 내역	• 연금사업의 개요 • 연금사업의 재원조달 방법 • 연금사업 운용의 성과 • 보유중인 투자자산의 구성 • 공무원·군인연금의 경우 연금충당부채 설명자료 • 사학·국민연금의 경우 장기재정추계

(3) 연금충당부채 회계처리 사례

연금충당부채 및 회계처리와 관련하여 다음 사항을 가정하며, 이를 바탕으로 20×1년 및 20×2년 연금충당부채 및 연금비용의 산출금액 및 회계처리는 다음과 같다.

ⓐ 연금가입자는 20×1년부터 20×5년까지 5년 재직하고 퇴직하여 연금수급권을 갖게 됨
ⓑ 연금수급권자의 임금은 20×1년 말 10,000원이며, 임금상승률과 승급률을 합한 비율로 증가함
ⓒ 첫 연금지급액은 퇴직 전 최종임금의 연금지급률 1%에 근무연수를 곱하여 산정함(제도 변동 없음)
ⓓ 연금수급자는 20×6년 말부터(즉, 연금지급 시점은 매년 말임) 5년 동안 퇴직연금을 수령하며(유족연금 생략), 매년 물가상승률로 증가함
ⓔ 연금급여 지급의무 확정액: 매년 연금지급액
ⓕ 보험수리적 가정 : 임금상승률 5%, 승급률 2%, 할인율 10%, 물가상승률 5%

㉠ 20×1년말 연금충당부채·당기근무원가 및 연금비용 측정과 회계처리

1단계: 예상퇴직시점에 연금추정지급액 산정

✓ 20×6년말 첫 연금지급액=10,000×1.07^4×1%×5년(=×1~×5년간 5년 근속)=655

✓ 20×5년말 시점 연금추정지급액(확정급여채무의 20×5년말 현재가치)
=596+569+543+518+494=2,720

	20X6	20X7	20X8	20X9	20X0
20×6년말 연금급여액 기준	655	655	655	655	655
연금성장률(물가상승률로 가정)	–	1.05	1.05^2	1.05^3	1.05^4
예상 연금지급시점 연금급여액	655	688	722	758	796
20×5년말 시점으로 할인(할인율: 10%)	596	569	543	518	494

2단계: 20×1년 재정상태표일 현재까지 재직기간에 해당하는 귀속분으로 배분

✓ 연금추정지급액÷(근무연수비율 혹은 근무연수에 상응한 비율)
=2,720×(1÷5)=544

※ 연금지급률이 일정하므로 근무연수비율과 근무연수에 상응한 비율이 동일함

3단계: 연금충당부채·당기근무원가·이자원가 산출 및 회계처리

✓ 재직기간 고려한 연금개시시점 연금충당부채를 20×1년도 말로 할인
=544×1÷$(1.1)^4$=372

✓ 당기근무원가=372×1÷1=372

✓ 기초연금충당부채=0

✓ 이자원가=기초 연금충당부채×할인율=0×0.1=0

✓ 과거근무원가=0, 보험수리적 손익=0, 연금급여 지급의무 확정액=0

✓ 기말 연금충당부채=기초연금충당부채+당기근무원가+이자원가+보험수리적 손익
=0+372+0=372

〈20×1.12.31 연금회계처리〉

차변)	연금비용(당기근무원가)	372	대변)	연금충당부채	372

㉡ 20×2년말 연금충당부채·당기근무원가 및 연금비용 측정과 회계처리

1단계: 예상퇴직시점에 연금추정지급액 산정(㉠과 동일)

✓ 20×6년말 첫 연금지급액=$10,000 \times 1.07^4 \times 1\% \times 5$년(=11~15년간 5년 근속)=655

✓ 20×5년말 시점 연금추정지급액=596+569+543+518+494=2,720

2단계: 20×2년 재정상태표일 현재까지 재직기간에 해당하는 귀속분으로 배분

✓ 연금추정지급액÷(근무연수비율 혹은 근무연수에 상응한 비율)=2,720×(2÷5) =1,088

※ 연금지급률이 일정하므로 근무연수비율과 근무연수에 상응한 비율이 동일함

3단계: 연금충당부채·당기근무원가·이자원가 산출 및 회계처리

✓ 재직기간 고려한 연금개시시점 연금충당부채를 20×2년도 말로 할인 $=1,088 \times 1 \div (1.1)^3 = 817$

✓ 당기근무원가=817×1÷2=408

✓ 기초연금충당부채=372

✓ 이자원가=기초 연금충당부채×할인율=372×0.1=37

✓ 과거근무원가=0, 보험수리적손익=0, 연금급여 지급의무 확정액=0

✓ 기말 연금충당부채=기초연금충당부채+당기근무원가+이자원가+보험수리적손익 =372+408+37=817

<20×2.12.31 연금회계처리〉

차변)	연금비용(당기근무원가)	408	대변)	연금충당부채	445
	연금비용(이자원가)	37			

(4) 공무원 및 군인연금비용 지출 관련 회계처리

연금회계는 연금기금을 운영하는 공무원연금기금 및 군인연금기금에서 이루어지는 측면이 강조되고 있으나, 실무적으로 이와 관련하여 각 연금기금에 기여금·부담금·보전금 등을 지급하는 각 국가회계실체의 회계처리도 이해할 필요가 있다. 특히, 피고용자기여금, 고용주부담금, 보전금 등은 재원이나 예산과목 관리 등이 각각 상

이하기 때문에 세부적인 내용과 각각의 상황에 대한 회계처리 역시 상이함에 주의하여야 한다.

<table>
<tr><th rowspan="2">구분</th><th colspan="2">지급실체</th></tr>
<tr><th>내용</th><th>회계처리</th></tr>
<tr><td rowspan="2">피고용자기여금</td><td>• 연금가입자가 연금기금에 납부해야 할 금액</td><td>• 각 국가회계실체는 급여 지급시 예수금 처리 후 해당 기금에 납부</td></tr>
<tr><td colspan="2">㉠ 국가회계실체가 피고용자기여금을 예수할 경우(수익처리 하지 않음에 주의)
차변) 현금 ××× / 대변) 기타예수금 ×××
㉡ 국가회계실체가 해당 기금 납입할 경우(비용처리 하지 않음에 주의)
차변) 기타예수금 ××× / 대변) 현금 ×××</td></tr>
<tr><td rowspan="2">고용주부담금</td><td>• 각 국가회계실체가 연금기금에 납부하여야 하는 금액
• 실제 지출은 인사혁신처 또는 국방부 일반회계에서 연금기금으로 이루어지나, 비용은 해당 국가회계실체에서 인식
• 국가통합시 내부거래로 제거</td><td>• 인사혁신처·국방부 일반회계: 순자산변동항목인 기타재원이전 처리
• 국가회계실체: 순자산변동항목인 기타재원조달과 재정운영표상 복리후생비 인식</td></tr>
<tr><td colspan="2">㉠ 인사혁신처·국방부 일반회계가 각 국가회계실체의 고용주부담금을 기금에 납입하는 경우
차변) 기타재원이전 ××× / 대변) 현금 ×××
㉡ 각 국가회계실체의 고용주부담금를 복리후생비로 인식할 경우
차변) 현금 ××× / 대변) 기타재원조달 ×××
차변) 복리후생비 ××× / 대변) 현금 ×××
➡ ㉠의 기타재원이전과 ㉡의 기타재원조달은 국가통합 재무제표 작성시 내부거래로 제거된다.
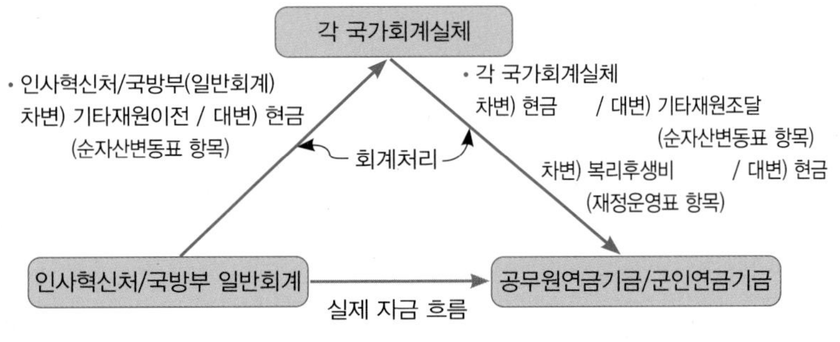
</td></tr>
</table>

<table>
<tr><th rowspan="2">구분</th><th colspan="2">지급실체</th></tr>
<tr><th>내용</th><th>회계처리</th></tr>
<tr><td rowspan="2">보전금</td><td>• 연금기금이 재원부족 등으로 소관 국가회계실체(인사혁신처·국방부 일반회계)로부터 보조받는 금액
• 중앙관서 통합시에도 내부거래로 제거</td><td>• 인사혁신처·국방부 일반회계에서는 순자산변동항목인 무상이전지출로 처리함</td></tr>
<tr><td colspan="2">㉠ 인사혁신처·국방부 일반회계가 연금기금에 보전금을 지출하는 경우
차변) 무상이전지출 ××× / 대변) 현금 ×××
(순자산변동표 항목)
㉡ 연금기금이 인사혁신처·국방부 일반회계로부터 보전금을 수령하는 경우(연금기금은 기금이므로 보전금과 같은 비교환수익은 재정운영표상 '비교환수익등'에 인식함)
차변) 현금 ××× / 대변) 무상이전수입 ×××
(재정운영표 항목)
➡ ㉠의 무상이전지출과 ㉡의 무상이전수입은 중앙관서 재무제표 작성시 내부거래로 제거된다.</td></tr>
</table>

제10절 퇴직급여충당부채, 기타충당부채 및 우발부채

1. 퇴직급여충당부채(국가회계·지방회계)

(1) 퇴직급여충당부채의 개념

퇴직급여충당부채는 재정상태표일 현재「공무원연금법」및「군인연금법」을 적용받지 아니하는 퇴직금 지급대상자(「근로자퇴직급여보장법」의 퇴직금 지급대상자로서 특정한 규정이 없는 경우 1년 이상 근속하는 경우에 해당된다)가 일시에 퇴직할 경우 지급하여야 할 퇴직금을 추정하여 계상하는 것을 말한다. 퇴직급여충당부채는 현금주의 회계제도 하에서는 없는 개념으로 발생주의 회계제도 하에서의 부채라고 볼 수 있는데, 현재 퇴직하지 않았다고 하더라도 매년 근속에 따른 금액만큼 비용으로 인식하게 되고 이에 대한 누적금액이 퇴직급여충당부채가 되는 것이다. 만약 실제 퇴직하여 퇴직금이 지출되는 경우에는 비용을 인식하는 것이 아니라 기설정된 퇴직급여충당부채를 차감한다. 일반적인 공무원의 경우 공무원연금 지급대상이 되기 때문에 이들에 대한 퇴직급여충당부채는 설정하지 않는다(연금충당부채 설정 대상이 된다). 따라서 퇴직급여충당부채를 설정하여야 하는 대상으로 계약직·임시직·예술단원 등의 직원과 국가회계의 경우 중앙관서의 장이 관리하지 않는 기금의 직원 등이 해당된다.

사실 퇴직급여충당부채의 경우 해당 직원(공무원연금 대상이 아닌 직원)이 당장 퇴직할 것이 아니기 때문에 확정된 부채라고 볼 수는 없다(그래서 비확정부채라고도 한다). 그러나 해당 직원은 영원히 국가회계실체에 근무할 수는 없으며 정확한 일자는 확정되지 않았으나 미래 언젠가는 퇴직을 할 수밖에 없다(퇴직은 크게 정년, 자발적퇴직, 해고, 사망이 원인이며, 다른 경우는 없다). 또한, 퇴직할 때 지급해야 하는 퇴직금은 연평균 급여에 근속연수를 곱한 것으로 계산되는데, 근로제공에 대한 대가로 국가회계실체가 매년 준비한다면 역시 크게 문제가 되지는 않는다. 이러한 퇴직금을 수령할 권리는 법적으로 보호받고 있을 뿐만 아니라 해당 직원도 '정당한 기대'를 하게 된다. 즉, 퇴직급여충당부채는 부채의 일반적인 정의에 모두 부합되므로 충당부채이고, 비확정부채라고 해서 무시할 것이 아니라 당연히 미래세대가 짊어져야 하는 부채로 재무제표에 인식되어야 하는 것이다.

➡ 일반적으로 재정상태표일 현재 근속연수가 1년 미만인 근로자는 제외한다. 이에 비해 단기계약 근로자라 할지라도 1년 이상 근속하여 「근로자퇴직급여보장법」상 퇴직금 지급대상자일 경우에는 퇴직급여충당부채를 설정하여야 한다. 한편, 해당 국가회계실체 및 자치단체와 직접적으로 계약하지 않은 용역업체 소속의 인원은 퇴직급여충당부채 설정대상이 아니다.

(2) 퇴직급여충당부채 계산방식

「근로자퇴직급여보장법」상 근로자가 퇴직할 경우 퇴직 직전 3개월 급여의 월평균액과 퇴직 직전 1년간 수당의 월평균액의 합산금액에 근속연수를 곱하여 퇴직금을 지급하게 된다(이를 퇴직급여추계액이라고 한다). 따라서 근로자가 재정상태표일 현재 계속 근로를 제공하고 있는 상태라도 마치 동 시점에 퇴직하는 경우를 추정하여 충당부채를 설정한다. 근속연수는 매년 증가하므로 퇴직급여충당부채는 매년 증가하는 것이 일반적이다.

➡ 일반적으로 계속 근무하고 있는 근로자에 대한 퇴직급여충당부채가 감소하는 경우는 거의 없다. 다만, 급여나 수당이 감소하게 될 경우 자연적으로 퇴직급여충당부채가 감소할 수 있는데, 이때는 감소된 금액만큼 이익(퇴직급여충당부채환입)을 인식한다.

➡ 기업에서 적용되는 국제회계기준(IFRS)이나 일반기업회계기준에서는 모두 퇴직급여를 보험수리적 평가에 기초한 확정급여형퇴직연금제도(DB형-퇴직급여충당부채 계상) 또는 확정기여형퇴직연금제도(DC형-당기 비용으로 처리)에 가입하도록 하고 있다. 현행 국가회계나 지방회계 모두 퇴직급여를 보험수리적 평가로 측정하도록 하고 있지 않으므로 기업회계와 차이가 있는 부분이라 할 수 있다. 다만, 국가회계실체가 해당 직원에 대해 퇴직연금제도에 가입할 경우 실무적으로 이를 인정하고 있다(국가회계에서 퇴직연금운용자산이라는 계정과목을 사용할 수 있다는 것 자체가 퇴직연금제도를 인정하고 있는 것이라고 판단할 수 있다). 따라서 특정 정부회계실체가 DC형 퇴직연금제도를 운용한다고 하면, 「국가회계기준」이나 「지방회계기준」에 따른 퇴직보험충당부채를 설정하지 않더라도 문제가 되지는 않는다.

(3) 퇴직급여충당부채의 계산 및 회계처리

퇴직급여충당부채 관련 계산 및 회계처리 사례는 다음과 같다.

㉠ A시에 근무하고 있는 무기계약직인 B씨(공무원연금대상자 아님)는 20×1년 12월 31일 현재 10년 근속하고 있다. B씨의 20×1년 10월, 11월 12월 급여는 각각 1,500천원, 1,550천원 및 1,570천원이며, 지난 1년 동안 총 6,000천원의 상여금을 받았다. B씨의 20×0년 말 현재 퇴직급여충당부채는 19,000천원이었다고 가정할 때, B씨와 관련하여 A시가 20×1년에 인식하여야 하는 퇴직급여 회계처리는 다음과 같다.

〈20×1년말 현재 퇴직급여충당부채의 계산〉

10월 급여	11월 급여	12월 급여	평균 급여	연 상여금	월평균	합계	근속 연수	20X1년 퇴충	20X0년 퇴충	20X1년 추가설정
1,500	1,550	1,570	1,540	6,000	500	2,040	10년	20,400	19,000	1,400

(*1) 평균급여=(1,500+1,550+1,570)÷3개월=1,540
(*2) 상여평균=6,000÷12개월=500

〈20×1.12.31 재정상태표일 회계처리〉

차변) 퇴직급여 1,400 대변) 퇴직급여충당부채 1,400

㉡ 만일, ㉠의 B씨가 2011년 1월 2일 퇴직하였다고 한다면 회계처리는 다음과 같다.

〈20×2.1.2. 퇴직시점 회계처리〉

차변) 퇴직급여충당부채 20,400 대변) 현금 20,400

(4) 퇴직급여충당부채 관련 기타 주의사항

퇴직급여충당부채와 관련한 기타 주의사항은 다음과 같다.

㉠ 퇴직급여충당부채는 결산조정사항이다. 퇴직급여충당부채 설정 과정에서는 현금 등의 지출이 없기 때문에 기말 시점에 충당부채 계상이 누락되지 않도록 한다.

㉡ 중간정산이 이루어진 경우 재정상태표일 현재 새로 기산된 근속연수가 1년 미만일지라도 전체 근속연수가 1년 이상일 경우에는 퇴직급여충당부채를 설정해야 한다. 다만, 퇴직급여충당부채 계산 과정에서의 근속연수는 중간정산을 실시한 근속연수를 차감한 새로 기산된 근속연수이어야 한다.

㉢ 퇴직급여충당부채는 개인별로 설정하는 것이 아니라 조직 전체에 대하여 설정하는 것이다. 따라서 근로자가 퇴직할 경우 해당 개인의 퇴직급여충당부채가 실제 지급할 퇴직금에 미달하는 경우에도 개인별 퇴직급여충당부채와 퇴직금 지급액의 차이를 비용으로 인식하는 것이 아니라 전액 퇴직급여충당부채를 차감한다. 한편, 동 차이는 결산조정시 자연스럽게 추가 퇴직급여로 반영된다.

㉣ 국가회계실체 또는 지방회계실체가 확정급여형(DB형) 퇴직연금제도에 가입할

경우 퇴직연금과 관련되어 운용되는 자산은 퇴직연금운용자산으로 하여 퇴직급여충당부채의 차감계정으로 표시하여야 한다. 그러나 지방회계에서는 실무적으로 '퇴직연금운용자산'이라는 계정과목을 사용하지 아니하므로 '퇴직금전환금및예치금'의 계정과목을 사용하여야 할 것이다. 만일 퇴직연금운용자산의 가치가 퇴직급여충당부채를 초과할 경우에는 초과부분에 대하여 투자자산 등으로 계상한다.

퇴직급여충당부채	1,000,000	
퇴직연금운용자산	(800,000)	(※ 지방회계에서는 퇴직금전환금및예치금)
	200,000	

➡ 퇴직연금제도는 확정급여형(DB형; defined benefit)과 확정기여형(DC형; defined contribution) 제도가 있다. 확정급여형 제도는 근로자가 받을 퇴직금 규모와 내용이 사전에 약정되는 제도로서 이를 채택한 회계실체는 '퇴직급여충당부채'와 '퇴직연금운용자산'을 인식한다. 기존의 퇴직급여충당부채 회계처리 방식과 거의 유사하다. 확정기여형 제도는 회계실체의 부담금이 사전에 확정되는 제도로서 근로자가 적립금 운용에 대한 책임을 진다. 따라서 이 경우 회계실체는 부담금을 납부하면 모든 의무가 종료되기 때문에 부담금 납부시 퇴직급여(비용)로 인식한다(따라서 퇴직급여충당부채, 퇴직연금운용자산 등의 계정과목은 나타나지 않는다).

2. 충당부채(provisions)와 우발부채(contingent liability)(국가회계 · 지방회계)

발생주의 회계제도에 익숙하지 못한 이들이 많이 혼돈스러워 하는 용어가 충당부채와 우발부채의 개념이다. 충당부채와 우발부채 모두 '비확정부채'이다 보니 같거나 유사한 것으로 치부해 버리는 경우가 종종 발생한다. 물론 충당부채와 우발부채가 모두 '비확정부채'인 것은 맞으나, 충당부채는 발생가능성이 매우 높고 그 금액을 신뢰성있게 측정할 수 있기 때문에 재무제표상 부채로 인식되는 것을 말한다. 이에 비해, 우발부채는 발생가능성은 있지만 국가회계실체가 전적으로 통제할 수 없거나, 불확실한 미래 사건의 발생 여부로만 존재 유무를 확인할 수 있거나, 해당 의무를 이행하기 위해 필요한 금액을 신뢰성 있게 측정할 수 없어 재무제표상의 부채로 인식하기 어려운 것을 말한다. 우발부채는 주석공시를 원칙으로 한다.

충당부채가 재정상태표상 부채가 되기 위해서는 다음 조건을 모두 충족해야 한다. 앞서 언급한 연금충당부채나 퇴직급여충당부채 외에 국가회계실체가 피고로서 1심과 2심을 동시에 패소한 경우 소송충당부채를 설정하는 것이나, 국가가 수행하는 각종 보증 또는 보험사업(신용보증기금, 기술보증기금, 농림수산업자신용보증기금, 주택신용보증기금, 무역보험기금, 근로복지진흥기금 등)에서 발생하는 보증충당부채 또는 보험충당부채가 국가회계에서 발생하는 주요 충당부채이다. 모두 아래의 조건을 모두 충족한다.

㉠ 과거의 거래나 사건의 결과로 현재의무(법적의무 또는 의제의무)가 존재한다.
㉡ 해당 의무를 이행하기 위하여 경제적 효익의 자원을 유출할 가능성이 매우 높다.
㉢ 해당 의무를 이행하기 위하여 필요한 금액을 신뢰성 있게 추정할 수 있다.

이에 비해 우발부채는 재정상태표상에 부채로 인식하지 않는 대신, 주석으로 공시하는 것을 원칙으로 한다(물론 발생가능성이 희박할 경우 주석으로도 공시하지 않는다). 충당부채가 인식되는 상황과 우발부채로 인식되는 상황을 비교하면 다음과 같다.

구분	신뢰성있는 금액 추정 가능	신뢰성있는 금액 추정 불가능
자원 유출가능성 매우 높음	충당부채 인식	우발부채로 주석공시
자원 유출가능성 희박하지 않음	우발부채로 주석공시	우발부채로 주석공시
자원 유출가능성 희박함	공시하지 않음	공시하지 않음

현재 국가(통합)재무제표와 관련하여 주석으로 공시하고 있는 중요한 우발부채 관련 사항은 다음과 같은 것들이 있다(2022회계연도 국가결산보고서 참고. 다만, 이렇게 주석공시된 우발부채 상황이 충당부채로 인식될 필요가 없는지는 논란의 대상이 될 수 있다).

㉠ 최소운영수입보장(MRG) 관련(국토교통부, 해양수산부)
㉡ 해외 부동산개발 사업 투자 관련 운용사에 대한 자금보충약정(보건복지부)
㉢ 4대강 살리기 사업 관련 한국수자원공사에 대한 금융비용 및 채무원금 지원(환경부)
㉣ 철도운영자의 공공서비스(벽지노선 운영 등) 제공에 따른 손실 부담(국토교통부)

제11절 발생주의 기간손익 회계처리 (미수수익, 선급비용, 미지급비용, 선수수익)

1. 발생주의 기간손익 관련 자산·부채(국가회계·지방회계)

발생주의 정부회계제도가 도입되면서 기존에 관리하던 재산 및 채무와 비교되는 가장 특징 있는 자산 및 부채가 발생주의 기간손익 관련 미수수익·선급비용(이상 자산)과 미지급비용·선수수익(이상 부채)이다. 이들 자산·부채는 현금주의 회계제도 하에서는 생각할 수 없으며, 오로지 발생주의 회계제도 하에서만 가능한 개념이다.

예를 들어 금융기관에 100,000천원을 정기예금으로 7월 1일 예치(이자율 5%, 이자는 1년 후에 수령)한다고 할 때, 현금주의 회계제도 하에서는 이자수익을 실제 현금으로 수령하는 시점인 다음연도 6월 30일에 인식하게 된다. 그러나 발생주의 회계제도 하에서는 12월 31일 시점에 비록 현금화되지 않았다고 하더라도 일정 기간 경과분–즉, 당해연도 7월 1일부터 12월 31일까지에 대하여 이자수익(수익)과 아직 현금으로 받지 못한 미수수익(자산)을 인식하게 된다.

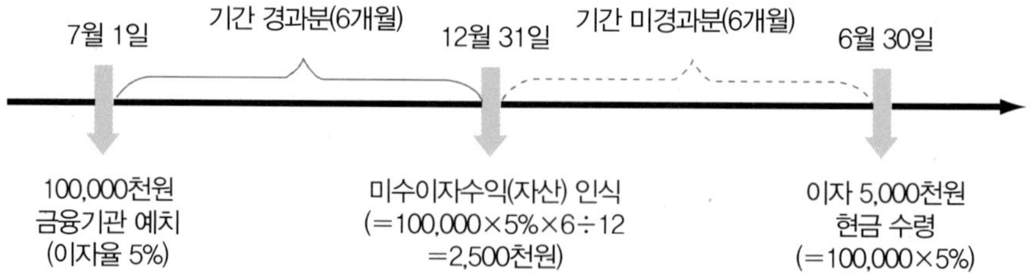

선급비용 역시 마찬가지이다. 예를 들어 1년분 자동차보험료 1,000천원을 10월 1일 지출하였다고 할 때, 현금주의 회계제도 하에서는 당해 연도에 전액 비용으로 인식하지만, 발생주의 회계에서는 당해연도 12월 31일 시점에서 다음연도 1월 1일부터 9월 30일까지의 기간이 경과하지 아니하였기 때문에 이 부분에 대한 자산을 인식할 필요가 있다.

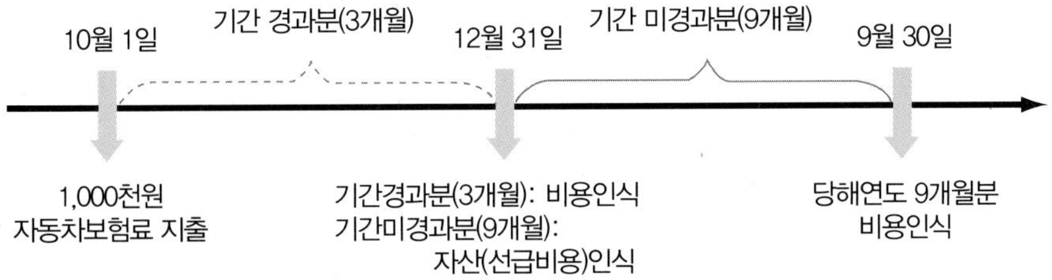

미지급비용 및 선수수익은 발생주의 부채로서 각각 미수수익과 선급비용의 개념과 유사하다고 할 수 있다.

2. 미수수익·선급비용·미지급비용·선수수익 개념 및 특성(국가회계·지방회계)

(1) 미수수익·선급비용·미지급비용·선수수익의 개념 정리

미수수익, 선급비용, 미지급비용, 선급비용의 개념과 현금거래와의 관련성 및 이들 계정과목이 발생하게 되는 원천이 되는 계정과목을 정리하면 다음과 같다.

구분	개념	현금거래 관련	관련 계정과목
미수수익 (미수이자수익)	이자수익 등 정해진 시간이 경과하여 수익이 발생하는 경우 현금수입이 없다고 하더라도 특정 기간 경과분에 대한 수익 인식분	과거 현금수입 없음 향후 현금수입 발생	금융상품, 채무증권, 대여금(융자금) 등
선급비용 (선급보험료)	비용 성격의 현금지출 선지급분 중 잔여기간에 해당하는 부분을 말하는 것으로서 동 잔여기간의 경과시 비용으로 전환됨	이미 현금지출 발생 향후 비용으로 전환	보험료, 간행물비, 운용리스료, 임차료, 선지급 이자비용 등
미지급비용 (미지급이자비용)	이자비용 등 정해진 시간이 경과하여 비용이 발생하거나 공공요금과 같이 매월 일정한 비용이 지출되는 경우 현금지출이 없더라도 특정 기간 경과분에 대한 비용 인식분	과거 현금지출 없음 향후 현금지출 발생	국공채·지방채(채무), 차입금, 공공요금 등
선수수익 (선수임대료수익)	수익 성격의 현금수입 선수분 중 잔여기간에 해당하는 부분을 말하는 것으로서 동 잔여기간의 경과시 수익으로 전환됨	이미 현금수입 발생 향후 수익으로 전환	선수임대료수익 등

(2) 미수수익·선급비용·미지급비용·선수수익의 회계처리 사례

선급비용 및 미지급비용의 회계처리 사례는 다음과 같다.

㉠ 법무부는 민간사업자로부터 20×1년 8월 1일에 토지를 임차하고 1년 임차료에 대하여 20×1년 8월 1일에 12,000천원을 지출하였다. 20×1년 8월 1일, 20×1년 12월 31일 및 20×2년 7월 31일 시점의 회계처리는 다음과 같다(국고금회계처리 생략).

〈20×1.8.1 회계처리〉

차변)	임차료(토지)	12,000	대변)	현금(국고금)	12,000

〈20×1.12.31 회계처리〉

차변)	선급비용(*1)	7,000	대변)	임차료(토지)	7,000

(*1) 12,000천원(임차료 지출액)－12,000천원×5÷12(기간경과분)=7,000(기간미경과분)

〈20×2.7.31 회계처리〉

차변)	임차료(토지)	7,000	대변)	선급비용	7,000

㉡ A자치단체는 20×1년 5월1일 지방채 100,000천원을 발행하였다. 동 지방채의 만기는 5년이고, 연 이자율은 6%이다. 이자는 매년 10월 31일과 4월 30일에 지급한다(연 2회 후급). 20×1년 10월 31일, 20×1년 12월 31일 및 20×2년 4월 30일의 이자비용 관련 회계처리는 다음과 같다.

〈20×1.10.31 회계처리〉

차변)	이자비용(*1)	3,000	대변)	현금	3,000

(*1) 100,000천원×6%×6÷12=3,000천원

〈20×1.12.31 회계처리〉

차변)	이자비용(*1)	1,000	대변)	미지급이자비용	1,000

(*1) 100,000천원×6%×2÷12=1,000천원 (11월 1일부터 12월 31일까지의 기간경과분)

〈20×2.4.30 회계처리〉

차변)	이자비용(*1)	2,000	대변)	현금(*2)	3,000
	미지급이자비용	1,000			

(*1) 이자비용 인식액＝100,000천원×6%×4÷12＝2,000천원 (차년도 1월1일부터 4월30일까지 기간경과분)

(*2) 현금지급액＝100,000천원×6%×6÷12＝3,000천원

(*3) 20×1년 인식한 미지급이자비용과 20×2년 인식한 이자비용 인식액의 합계액은 현금지급액과 동일함

제12절 통합재무제표의 작성

1. 통합재무제표의 개요(국가회계·지방회계)

통합재무제표(combined financial statements)는 개별 회계실체가 합하여 새로운 회계실체 재무정보를 산출하기 위해 작성된다. 기업회계에서의 연결회계 개념과 유사하다. 정부회계에서의 통합회계는 국가회계와 지방회계로 구분되며, 다음과 같이 정리할 수 있다.

회계구분	통합구분	통합대상	내부거래제거	통합조정분개
국가회계	중앙관서통합	소관 일반회계, 특별회계 및 기금	회계간 내부거래 제거	자기국공채 조정
	국가통합	모든 중앙관서 및 국고금회계	중앙관서간 내부거래 제거	국고금회계 조정, 자기국공채 조정 등
지방회계	광역 또는 기초자치단체내 통합	자치단체내 일반회계, 기타특별회계, 기금, (지방)공기업특별회계	회계간 내부거래 제거	없음
	광역자치단체내 기초자치단체 통합	통합 재무제표 작성대상 아님(단, 참고목적으로 동일 광역자치단체 내 기초자치단체 재무정보를 단순 합산한 정보 제공(내부거래 미제거)		

상기 표에서 볼 수 있듯이 통합재무제표를 작성하기 위해서는 크게 두 가지의 회계처리가 이루어져야 한다. 첫째, 통합실체간 거래에서 발생한 내부거래에서 발생한 자산·부채 및 수익·비용의 제거이고, 둘째, 통합과정에서 발생할 수 있는 특수 조정 회계처리이다. 다만, 국가회계의 경우 내부거래는 해당 계정과목에서 직접 제거되지만(단열식 재무제표), 지방회계의 경우 내부거래 부분을 별도의 항목으로 제시하면서(다열식 재무제표) 제거된다는 차이가 있다. 한편, 정부회계에서의 통합 대상은 일반적인 기업과 달리 지분(equity)의 관계로 연계되어 있는 것은 아니기 때문에 기업회계에서의 투자·자본 상계처리와 같은 회계처리는 존재하지 않는다.

Notice

정부회계에서의 통합회계와 기업회계에서의 연결회계 비교

국가회계 및 지방회계에서의 통합대상은 예산편성의 범위와 밀접하게 관련된다. 예를 들어 중앙관서의 소관 회계 · 기금의 경우 해당 중앙관서의 장이 예산(또는 기금운영계획)에 상당한 영향을 끼치기 때문에 중앙관서는 하나의 통합대상 실체가 된다. 다만, 이러한 기준은 통합실체에 대한 기준으로 모호할 수 있기 때문에 법령에서 이를 명백하게 규정하고 있다(「국가회계법」 제3조 및 제13조, 「지방재정법」 제9조 등). 이에 비해 일반기업에서는 반드시 지분관계가 있어야 한다. 특수한 상황을 제외하고는 자회사의 지분을 50% 초과하여 보유하고 있는 모회사는 자회사를 연결한다. 결국, 정부회계에서는 예산으로 통합대상 실체를 통제하고, 기업회계에서는 지분으로 자회사를 통제한다고 볼 수 있는데, 이는 정부회계와 기업회계의 중요한 차이 중 하나가 된다.

Notice

우체국예금과 우체국보험적립금의 표시 및 통합재무제표 반영 여부

우체국예금과 우체국보험적립금은 실질적으로 예금가입자와 보험계약자의 자산으로 해당 국가회계실체(우체국예금특별회계 및 우체국보험특별회계)가 관리책임을 부담할 뿐 실질적인 소유권은 해당 예금가입자와 보험계약자에 있으므로 국가가 임의적으로 사용할 수 없다.

이러한 자산 및 그와 관련된 부채를 우체국예금특별회계와 우체국보험특별회계가 속하는 중앙관서 재무제표에 포함할 경우 타인소유 자산 · 부채로 인해 해당 중앙관서 재무제표의 자산 · 부채가 과대표시되어 중앙관서의 재정상태 및 재정운영 성과 등 재무정보의 왜곡을 초래할 가능성이 있으므로 관련 자산 · 부채, 순자산, 수익 · 비용을 재무제표 본문에 포함하지 않고 주석으로 표시하도록 한다(국가(통합)재무제표도 마찬가지이다).

다만, 세입 · 세출로 관리되는 우체국예금 관련 수익 · 비용은 실제 예수금 운용에 따른 수익인 국가에 귀속되므로 중앙관서 및 국가통합 재정운영표에 반영하되, 별도 계정과목(우체국예수금운영수익, 우체국예수금운용비용)으로 표시하도록 한다. 이에 비해 세입 · 세출외로 관리되는 우체국보험적립금 관련 수익 · 비용은 국가회계실체에 귀속되지 않고 고객에게 배당되며 보험충당부채 전입(보험비용) 등으로 사용되기 때문에 중앙관서 및 국가통합 재정운영표에 반영하지 않는다.

〈우체국예금 및 우체국보험특별회계 관련 주석공시 사례〉

재무제표 본문에 미반영한 내역은 다음과 같습니다.

우체국예금특별회계의 경우 고객예수금 관련 부채는 민간예수금 78,785,728백만원과 기타유동부채 932,933백만원 등 총 79,718,661백만원이며, 이와 관련하여 발생한 순자산은 순자산조정 6,917,097백만원입니다. 이와 대응되는 자산은 장·단기금융상품 19,811,189백만원, 장·단기 투자증권 64,147,640백만원 및 기타 미수채권 등을 포함하여 총 86,635,758백만원입니다. 한편, 세입·세출 내 거래로 관리되는 우체국예금특별회계의 고객예수금 운용에 따른 손익은 우체국예수금운용수익으로 3,993,179백만원을, 우체국예수금운용 비용으로 1,798,350백만원을 재정운영표에 반영하였습니다.

우체국보험특별회계의 경우 책임준비금 등 보험적립금 관련 부채는 보험충당부채 57,287,775백만원과 파생상품 등 총 57,919,561백만원이며, 이와 관련하여 발생한 순자산은 적립금및잉여금 등 3,175,149백만원입니다. 관련 부채에 대응되는 자산은 장·단기투자증권 56,646,125백만원 등 총 63,575,007백만원입니다. 보험적립금과 관련 세입·세출 외로 관리되는 수익과 비용은 재무제표에 반영하지 않았으며 금액은 각각 10,357,014백만원과 8,839,122백만원입니다.

▶ 실제 과학기술정보통신부 2020회계연도 결산보고서상 재무제표 주석에 기재되어 있는 내용임

2. 내부거래의 제거(국가회계·지방회계)

(1) 프로그램(사업)·세출목상 내부거래

정부회계에서의 자산·부채·수익·비용의 내부거래를 파악하기에 앞서 정부의 프로그램(사업)상 회계·기금간 이루어지는 수입·지출의 내역을 먼저 확인할 필요가 있다. 정부회계의 특성상 내부거래가 예상되는 세출은 예산편성시부터 이를 구분하기 때문이다. 다만, 프로그램(사업)·세출목상 내부거래와 관련한 내용은 본서의 '제4장 제1절 2. (5) ⑥ 내부거래와 보전거래' 부분에서 상세히 설명하였으니 이를 참고한다.

(2) 수익 및 비용 관련 내부거래

국가회계실체 간의 수익 및 비용과 관련한 내부거래는 일반적으로 거래 금액이 일

치하기 때문에 내부거래의 제거로 인해 통합실체에서의 재정운영결과가 변동되는 경우는 원칙적으로 없다. 다만, 재정운영표와 순자산변동표 간의 계정과목이 서로 상계되는 경우에는 재정운영결과 등의 금액이 변동될 수 있으나, 이 경우에도 통합 실체의 순자산에 미치는 영향은 없게 된다. 수익 및 비용 관련 내부거래의 유형은 다음과 같다.

구분	관련 계정과목 예시	비고
1. 회계·기금간 지원	• 전출금(출연비) ↔ 전입금(출연금) • 정부내자산기부 ↔ 정부내자산수증 • 무상이전지출 ↔ 무상이전수입	재정운영표상 '비교환수익등' 항목 및 순자산변동표상 '재원의조달및이전'항목 관련
2. 자산·부채거래 관련 수익 및 비용	• 정부내전대차관이자비용 ↔ 정부내전대차관이자수익 • 정부내예수금이자비용 ↔ 정부내예탁금이자수익	관련 자산·부채도 내부거래제거 대상임
3. 국고금 관련 (국가회계)	• 세출예산지출액 ↔ 국고수입 • 국고이전지출 ↔ 국고이전수입	국가통합 재무제표 작성시 제거
4. 기타	• 공무원연금 관련 고용주부담금 • 국유재산·물품 무상관리전환 • 국세징수 관련 타회계이전 및 물납	대부분 중앙관서 간 내부거래로서 국가통합시 제거

(3) 자산 및 부채 관련 내부거래

국가회계에서 소관 회계·기금 또는 중앙관서간 자산·부채와 관련된 내부거래와 관련하여 가장 빈번하게 발생하는 계정과목은 정부내예탁금과 정부내예수금이다. 이는 특정 회계·기금에서 여유자금이 있는 경우 효율적으로 투자수익을 얻기 위해서나, 회계·기금간 자금수요 불균형을 해소하기 위하여 특정 회계나 기금(공공자금관리기금 등)에서 일괄적으로 운용하는 과정에서 발생한다. 지방회계에서는 기타자산인 공기업특별회계자본전출금과 순자산으로 계상되어 있는 고정순자산이 전형적인 자산 및 부채(순자산) 내부거래라고 할 수 있다.

예탁금과 예수금 거래와 관련하여 주의해야 하는 점은 관련되는 미수(이자)수익과 미지급(이자)비용 역시 내부거래로서 제거되어야 한다는 것이다. 이들 발생주의 조정과정에서 발생하는 계정과목의 경우 원천이 되는 자산·부채가 제거되는 경우 같이 제거되어야 논리적으로 타당하기 때문이다. 자산 및 부채와 관련한 내부거래 제거는 실제 재정운영결과 등이나 순자산에 미치는 경우는 거의 없다.

(4) 내부거래 제거의 사례

예를 들어 A중앙관서의 B회계가 C기금에 100백만원을 대여하고 회계연도말 현재 10백만원의 미수이자수익이 발생하였다고 가정한다. B회계와 C기금 각각의 회계처리와 이를 통합하는 과정에서 발생하는 내부거래 제거 회계처리는 다음과 같다.

A중앙관서 B회계			A중앙관서 C기금		
〈대여시〉			〈차입시〉		
차) 정부내예탁금	100		차) 현금	100	
대) 현금(국고금)		100	대) 정부내예수금		100
〈발생주의 미수이자수익 인식시〉			〈이자비용 상환시〉		
차) 미수이자수익	10		차) 정부내예수금이자비용	10	
대) 정부내예탁금이자수익		10	대) 미지급이자비용		10
〈기말 내부거래 제거〉					
차) 정부내예수금	100		대) 정부내예탁금	100	
차) 정부내예탁금이자수익	10		대) 정부내예수금이자비용	10	
미지급이자비용	10		미수이자수익	10	

상기 사례에 대해 실제 B회계 및 C기금, 이를 통합한 A중앙관서 재무제표에 미치는 영향을 표로 정리한다. B회계와 C기금의 재무정보를 단순히 합한 후에 상기 내부거래 제거 회계처리를 하게 되면 실질적으로 A중앙관서에 미치는 영향은 없는 것을 볼 수 있다.

B 회계				C 기금				A 부처(B+C 단순합계)				A 부처 (내부거래 제거)	
차변		대변		차변		대변		차변		대변		차변	대변
예탁금	100	현금	100	현금	100	예수금	100	예탁금	100	예수금	100	–	–
미수수익	10	이자수익	10	이자비용	10	미지급비용	10	미수수익	10	미지급비용	10	–	–
								이자비용	10	이자수익	10	–	–

Notice

정부회계에서의 내부거래 미실현손익

현행 국가회계 및 지방회계에서는 내부거래 제거와 관련하여 미실현손익을 제거하도록 규정하고 있지는 않다. 미실현손익이란 통합되는 개별회계실체 간 내부거래를 통해 손익이 발생하였으나, 통합후 통합실체의 관점에서는 아직 실현되지 않은 손익을 말한다. 예를 들어 A회계의 장부가액 100원의 토지를 B기금에 110원에 매각한 후 B기금이 계속 보유하고 있는 경우 A회계와 B기금을 통합한 통합실체 관점에서는 토지 가액에 대한 변동은 전혀 없다고 보는 것이 타당할 것이다(즉, 100원), 이 때 당초 토지가액과 B기금이 구입한 토지가액의 차이인 10원을 미실현손익이라고 한다(통합실체 관점에서는 외부로 유출된 적이 없으므로 손익이 실현되었다고 볼 수 없다). 그런데 통합실체 관점에서 토지가액을 100원으로 만들기 위해서는 A회계에서 인식한 10원의 토지처분이익과 B기금에서 인식하고 있는 토지 110원 중 10원을 서로 제거해야 한다(이를 미실현손익의 제거라고 한다). 기업회계에서는 이 미실현손익은 반드시 제거해야 하지만, 국가회계나 지방회계에서는 이를 제거해야 한다는 규정은 없는 실정이다(따라서 통합실체 관점에서의 토지가액은 100원에서 110원으로 증가하게 된다).

3. 국가통합 재무제표 작성시 추가 회계처리 사항(국가회계)

국가회계에서의 중앙관서통합 재무제표 작성 및 국가통합 재무제표를 작성할 때는 내부거래 제거 외에 다음과 같은 통합 조정 회계처리가 추가로 필요하게 된다.

회계처리 구분	회계처리 설명	특이사항
1. 국고금회계의 통합	• 국고금회계는 국가통합 재무제표 작성시에만 포함됨	• 국고금회계는 어느 중앙관서에도 소속되지 않음 • 각 중앙관서와 국고금회계의 거래에서 발생하는 모든 내부거래 제거
2. 재원의조달및이전 계정과목 조정	• 각 중앙관서의 순자산변동표에서 인식된 모든 재원의조달및이전 관련 계정과목은 재정운영표에서만 표시되는 것으로 조정	• 국가통합 과정에서 모든 비교환수익은 재정운영표 계정과목으로 전환됨 ➡ 세대간의 관점에서 보면 재정운영순원가에 대응되는 현재세대로부터의 재원조달 관점에서 볼 때,비교환수익은 재정운영표에서 원가와 함께 표시 • 국가통합 순자산변동표에는 유가증권평가손익 등 순자산변동 항목만 표시됨
3. 국세수익 조정	• 국세징수활동표(필수보충정보)상 인식되었던 국세수익을 재정운영표상 비교환수익으로 인식 조정 • 국가통합 재무제표상에서는 국세징수활동표가 작성되지 아니함	• 국가통합 재무제표에서 국세수익 및 관련 대손상각비는 재정운영표 항목으로 전환되며, 순자산 증감에 영향을 미침 ➡ 세대간의 관점에서 보면 재정운영순원가에 대응되는 현재세대로부터의 재원조달 관점에서 볼 때,비교환수익은 재정운영표에서 원가와 함께 표시 • 중앙관서 단위의 '미지급국세'과목은 국세징수활동표상 '미수국세의 증감'항목과 상계됨 • 국세징수활동표상 '물납', '타회계이전' 과목은 기획재정부 및 농림축산식품부의 관련 계정과목과 내부거래 제거됨
4. 자기국공채 조정	• 국채·공채를 발행한 국가회계실체와 이를 보유한 국가회계실체가 통합할 경우 국채·공채 발행액에서 보유한 국채·공채를 차감하여 표시함	• 내부거래 제거와 같이 국채·공채발행액에서 보유액을 직접 차감하지 않음(차감계정으로 표시) ➡ 국채·공채 전체 발행액을 파악하기 위함 • 일부 중앙관서단위에서도 자기국공채 조정 회계처리가 발생할 수 있음

제13절 회계변경과 오류수정

1. 회계변경(국가회계·지방회계)

(1) 회계변경(회계정책의 변경, 회계추정의 변경)과 오류수정의 차이

재무제표의 작성과 관련하여 회계변경과 오류수정은 모두 기존의 회계정보를 변경(수정)한다는 측면에서 유사한 것처럼 보일 수 있다. 그러나 회계변경은 적법한 회계정책 또는 회계추정에서 적법한 회계정책 또는 회계추정으로 변경하는 것을 의미하며, 오류수정은 위법한 회계정책 또는 회계정보의 오류를 수정한다는 측면에서 중요한 차이가 있으므로 이에 대한 명확한 구분이 필요하다. 기본적으로 회계변경의 경우 오류는 아니지만, 적정한 회계연도별 재무정보의 비교 차원에서 전기 재무제표를 수정한다(단, 회계정책의 변경에 한한다). 회계변경은 회계정책의 변경과 회계추정의 변경으로 구분된다. 오류수정은 전기 재무제표상의 재무정보에 오류가 있기 때문에 이를 수정해야 하는 것을 말하는데, 다만, 오류의 정도에 따라 전기 재무제표를 수정하는 경우도 있고 또는 당기 재무제표만 반영하는 경우도 있다.

(2) 회계정책의 변경

회계정책은 정부가 재무제표를 작성 및 표시하기 위하여 선택한 회계기준과 그 적용방법을 말한다. 회계정책의 변경은 기존에 존재하지 않았던 새로운 회계기준이 제정되거나 변경·폐지되는 경우(이는 환경적으로 불가피한 경우라고 할 수 있음), 재무제표를 보다 적절히 표시할 수 있기 위하여 정부가 적용해 오던 회계정책에서 더 합리적인 방법으로 회계정책을 변경하는 경우(이는 실무적으로 극히 제한적인 상황에서만 가능하다)를 의미한다. 회계정책의 변경은 적법한 회계정책에서 적법한 회계정책으로의 변경을 의미하기 때문에 오류의 수정이라 할 수 없는 대신, 새로운 회계정책의 적용은 그 이전 기간의 재무제표와의 비교가능성이 문제가 될 수 있으므로 이전 재무제표를 수정해야 하는 상황이 발생한다. 따라서 회계정책이 변경되는 상황에서는 전기 재무제표를 수정해야 하며, 그 효과는 당기 순자산에 반영한다(회계적으로 이를 소급법이라 한다).

회계정책의 변경에 대한 회계처리와 관련하여 국가회계에서는 '기초순자산'의 항목으로 '회계변경누적효과'를 반영한다. 기초순자산을 조정한다는 의미는 전기 재무제표가 수정되었기 때문인데, 기초순자산이 '보고금액'과 '회계변경누적효과'로 구성되는 상황에서 '보고금액'이 전기 수정전 재무제표상의 기말순자산 금액으로 고정되어 있으므로 전기 재무제표 수정효과가 바로 '회계변경누적효과'에 반영되는 것이다. 과거 국가회계에서 대표적인 회계정책의 변경 사례는 회계기준 개정에 따른 연금충당부채 계산방식의 변경(누적급여채무 → 예측급여채무), 융자보조원가충당금 설정대상의 확대(공무원에 대한 융자금도 융자보조원가충당금 설정 대상으로 확대) 등이 있었다.

이에 비해, 지방회계에서는 회계변경누적효과를 '순자산의 증가' 또는 '순자산의 감소' 항목으로 반영한다. 이는 회계정책의 변경이 발생하더라도 기초순자산의 변경은 없다는 것을 의미한다. 이로 인해 비교표시된 전기 재무제표가 수정되어 전기 기말순자산가액이 변경되지만, 이는 당기 기초순자산과는 일치하지 않는 문제가 발생할 수 있으므로 회계처리의 개선이 필요할 것으로 보인다.

▶ 회계정책의 변경은 원칙적으로 전기 재무제표를 수정하여야 하지만, 회계정책의 변경에 따른 누적효과를 추정하기 어려운 경우에는 회계정책의 변경에 따른 영향을 해당 회계연도와 그 회계연도 후의 기간에 반영할 수 있다(전진법). 그러나 이는 누적효과 추정이 어렵다는 합리적인 사유가 전제되어야 한다(「회계정책·회계추정의 변경과 오류수정에 관한 지침」 문단6. 후단).

(3) 회계추정의 변경

회계추정은 환경이 불확실한 상황에서 미래의 재무적 결과를 사전적으로 예측하는 것을 말한다. 회계추정의 변경은 환경의 변화, 새로운 정보의 획득, 경험의 축적 등에 따른 회계적 추정방법의 변경을 의미한다. 기본적으로 회계추정의 변경과 관련하여 처음에는 획득 가능한 최선의 정보를 근간으로 재무적 결과를 예측하였으나, 시간이 경과하면서 추가적인 정보의 획득 등으로 더 합리적인 재무적 결과 예측이 가능한 상태로 변한 것을 의미하기 때문에 기존의 재무정보가 틀렸다고는 할 수 없다. 따라서 회계추정의 변경은 해당 회계연도와 그 회계연도 후의 기간에 미치는 것으로 한다(회계적으로 이를 전진법이라 한다). 대표적인 사례로 대손충당금 관련 대손율 변경, 감가상각 관련 내용연수의 변경, 융자보조원가충당금 관련 이자율의 변경, 연금충당부채 관련 기본 가정의 변경 등이 이에 해당한다. 회계추정의 변경 효과는 회계정책의 변경과 달리 특정한 계정과목을 사용하여 기재하지 않으며, 원래 사용하는 해당 계정과목으로 반영한다(예를 들어 대손율의 변경이 발생하는 경우 그 효과는 당기 대손상각비에 자연스럽게 반영된다). 국가회계나 지방회계 모두 회계추정의 변경과 관련해서는 규정의 차이는 거의 없다.

2. 오류수정(국가회계·지방회계)

(1) 오류수정

오류수정은 전기오류수정이라고도 하는데, 전기 또는 그 이전 기간의 재무제표를 작성할 때 발생하였던 회계기준에 합당하지 아니한 회계처리를 당기에 발견하여 이를 수정하는 것을 의미한다. 오류의 수정에는 회계기준 적용의 오류, 추정의 오류, 계정분류의 오류, 계산상의 오류, 사실의 누락 및 사실의 오용 등의 수정이 있다. 오류라는 것이 과거 재무제표에서 산출되는 재무정보가 잘못되었다는 것을 의미하므로 반드시 수정되어야 하는 것인데, 다만, 그 오류의 중대성을 판단하여 전기 재무제표를 수정할 것인지 아니면 당기에 그 효과를 반영할 것인지를 판단해야 한다.

중대한 오류의 경우 전기 재무제표를 재작성해야 하며, 그 효과를 당기의 순자산변동표에 반영한다(소급법). 다만, 국가회계와 지방회계가 다소 상이한데, 국가회계에서는 오류수정 효과를 '기초순자산'의 '전기오류수정손익'에 반영하며, 이는 회계변경누적효과 회계처리 방법과 유사하다. 지방회계에서는 '순자산의 증가' 또는 '순자산의 감소'의 전기오류수정손익에 반영하므로 회계변경누적효과와 마찬가지로 수정된 전기 기말순자산가액이 당기 기초순자산가액과 달라지는 문제가 발생한다.

한편, 중대하지 않은 오류의 경우 국가회계나 지방회계 모두 당기 재정운영표상의 적정한 계정과목으로 반영한다(전진법).

(2) 오류수정 및 회계변경의 주석 공시

회계변경(회계정책의 변경 및 회계추정의 변경 모두 해당)의 경우 그 변경내용, 변경사유 및 변경이 해당 회계연도의 재무제표에 미치는 영향을 주석으로 표시한다. 오류수정의 경우에는 그 사항을 주석으로 표시하되, 중대한 오류의 경우에는 ㉠ 중대한 오류로 판단한 근거, ㉡ 비교재무제표에 표시된 과거 회계기간에 대한 수정금액, ㉢ 비교재무제표가 다시 작성되었다는 사실을 반드시 포함하여야 한다.

Notice

국가회계 재무제표 작성 단위에 따른 중대한 오류 판단의 차이

국가회계는 재무제표를 공시하는 단위(즉, 보고실체)는 중앙관서의 장이 관리하지 않는 기금, 중앙관서, 국가(통합)이다. 문제는 중앙관서단위에서는 중대한 오류일 수 있으나, 국가(통합)단위에서는 중대하지 않은 오류인 상황이 발생할 수 있다. 예를 들어 중앙관서단위에서는 중앙관서의 규모에 비추어 중대한 오류라고 판단되어 전기 재무제표를 수정할 수 있다. 그런데 중앙관서를 통합한 국가(통합)단위는 그 규모가 훨씬 크기 때문에 그 오류가 중대하지 않을 수 있다. 만일 중앙관서단위에서 전기 재무제표를 수정하였을 경우 국가통합단위의 전기 재무제표도 반드시 수정되어야 하는가의 논란이 제기될 수 있다. 이는 국가(통합)단위의 재무제표를 단순 중앙관서 재무제표의 합산으로 볼 것인지, 아니면 국가(통합)재무제표 자체적으로 독자적인 의미를 가지는 것으로 볼 것인지에 따라 달리 해석되어야 할 것이다.

제14절 정부조직개편(정부결합거래) 회계처리

1. 정부조직개편(국가회계)

정부조직개편이란 「정부조직법」 등 관련 법령의 제·개정에 따른 중앙관서 및 소관 회계·기금의 변동을 의미하는 것으로 이에 대한 회계처리란 정부조직개편시 중앙관서 및 소관 회계·기금의 자산, 부채 및 순자산의 이관 및 승계 등에 관한 회계처리를 의미한다. 현재 한국의 정부회계에서는 국가회계에서만 규정하고 있는 개념으로서 중앙관서가 폐지 및 신설되는 경우와 중앙관서간 기능의 이전이 대표적인 사례이다.

구분	대표적인 사례
중앙관서가 자산·부채를 이관하고 폐지되는 경우	2017년 舊국민안전처, 舊행정자치부, 舊미래창조과학부, 舊중소기업청 등
중앙관서가 신설되어 자산·부채를 이관받는 경우	2017년 행정안전부, 과학기술정보통신부, 중소벤처기업부, 해양경찰청, 소방청 등
기존 중앙관서(명칭 변경 없음)에서 분할되어 새로운 중앙관서 신설되면서 자산·부채를 이관받는 경우	2020년 질병관리청(보건복지부에서 분할)
중앙관서 간 기능 및 관련 자산·부채만 이관되는 경우 (이관하는 중앙관서 및 승계받은 중앙관서 명칭 변경 없음)	2018년 및 2020년 국토교통부로부터 환경부로 수자원 관리 및 하천에 관한 사무 기능 이관

- 정부조직개편은 일종의 정부에서의 결합거래(Combinations)를 의미한다. 결합거래란 M&A, 사업분할 등 실체(또는 실체의 사업) 자체의 변동과 관련한 회계거래를 말한다.
- 지방회계에서도 자치단체 간 통폐합 등의 과정을 통해 정부결합거래가 발생할 수 있다(2010년 창원시, 마산시, 진해시가 통합되어 창원시가 되었거나, 2014년 청주시와 청원군이 통합되어 청주시가 된 사례가 있다). 그러나 현행 지방회계기준에서는 이러한 지방정부결합거래에 대한 명확한 규정은 없는 실정이다.

2. 정부조직개편(정부결합거래) 회계처리(국가회계)

(1) 정부조직개편 회계처리 이론

정부조직개편은 일종의 정부에 발생하는 M&A(Mergers & Acquisitions; 인수와 합병) 과정이라 할 수 있다. 일반적인 기업에서는 상대 기업의 지분을 취득하거나(인수),

자산·부채의 흡수(합병), 자신이 보유하고 있는 자산·부채의 분할 등이 이에 해당한다(이를 통칭하여 기업결합(Combinations)이라 한다). 정부에서는 지분이라는 개념이 없으므로 법령에 의한 중앙관서의 신설, 폐지, 분할, 기능이관 등을 의미한다고 보면 된다.

기본적으로 기업에서의 M&A과정에서는 인수한 자산·부채를 M&A시점의 공정가액으로 평가한다. 즉, A기업이 B기업의 자산·부채를 인수할 경우 B기업의 재무제표에 기재되어 있는 장부가액이 아니라 인수되는 자산·부채를 공정가액으로 평가하여 A기업의 재무제표에 인식하게 된다. 예를 들어 B기업의 장부가액 100원의 자산의 공정가액이 120원이고 A기업이 이를 150원에 인수하였다면 A기업 재무제표 계상되어야 하는 자산의 가치는 120원이고, 지급액 150원과의 차이 30원은 영업권으로 인식된다.

기업의 M&A과정과 비교하여 정부에서는 정부조직개편에 따른 자산·부채의 이관 및 승계는 「정부조직법」 등 법령 등에 따라 이루어지게 되며, 대가의 수수는 이루어지지 않는 것이 일반적이다. 그렇다면 기업과 같이 자산·부채를 승계받은 중앙관서는 해당 자산·부채를 공정가액으로 인식할 필요가 있는지가 문제가 될 수 있다. 이와 관련하여 IPSAS(국제공공부문회계기준)는 정부의 최상위실체가 통합재무제표를 작성하는 경우 하위 정부 또는 중앙관서간 결합거래는 장부가액으로 수행하도록 하고 있다. 이러한 동일지배 하에서의 결합거래(이를 UCC(under common control)라 한다)는 지배실체 입장에서 변하는 사항이 하나도 없어 굳이 공정가액으로 평가할 이유가 없기 때문이다. 한국 중앙정부의 경우 국가(통합)단위에서 재무제표가 작성되기 때문에 중앙관서 간 정부조직개편에서 발생하는 자산·부채의 이관 및 승계는 장부가액으로 이루어지고 있는 실정이다.

(2) 정부조직개편(정부결합거래)이 재무제표에 미치는 효과

현행 「국가회계기준」(「정부조직개편 회계처리지침」)에서 규정하고 있는 정부조직개편으로 인한 효과는 크게 두 부분으로 구분하여 볼 수 있다. 첫째, 정부조직의 신설, 분할신설, 기능분할 및 폐지 등의 개편이 발생할 경우 이전 정부조직의 재무제표와 이후 정부조직의 재무제표를 어떻게 보고해야 하는지에 대한 사항이다(특히, 회계연도 중에 정부조직개편이 발생하는 경우가 문제가 된다). 둘째, 개편된 정부조직 간에 자산·

부채·순자산을 이관하는 과정에서 어떻게 회계처리를 해야 하는가이다.

① 조직개편일 시점의 재무제표 작성 여부

회계연도 중에 기존의 중앙관서가 일부 기능 및 관련 자산·부채를 다른 중앙관서로부터 이관받으면서 새로운 중앙관서가 되는 경우 조직개편일까지의 기존 중앙관서 재무제표(이를 '개편전 기간에 대한 재무제표'라고 한다)와 조직개편일 이후 신설 중앙관서 재무제표(이를 '개편후 기간에 대한 재무제표'라고 한다) 모두 작성될 필요가 있다. 대표적인 사례는 2017년 7월 정부조직개편시 舊행정자치부가 舊국민안전처의 안전과 관련한 기능을 이관 받으면서 행정안전부로 변경된 것으로, 2017년 초부터 7월까지 舊행정자치부 재무제표와 7월부터 회계연도말까지 행정안전부 재무제표가 각각 작성되었다.

폐지되는 경우에는 폐지시점까지의 재무제표를 작성해야 한다(즉, '개편전 기간에 대한 재무제표'를 작성해야 한다). 대표적인 사례로 2017년 7월 정부조직개편시 舊국민안전처가 폐지되었는데, 회계연도초부터 2017년 7월까지 舊국민안전처 재무제표가 작성되었다. 새롭게 신설되는 경우에는 신설시점부터 회계연도말까지의 재무정보 변동 내역이 포함된 재무제표를 작성해야 한다(즉, '개편후 기간에 대한 재무제표'를 작성해야 한다). 대표적인 사례로 2017년 7월 정부조직개편시 소방청이 신설되었는데, 2017년 7월부터 회계연도말까지 소방청 재무제표가 작성되었다. 새로운 중앙관서인지의 여부는「정부조직법」상 중앙관서의 명칭 변경여부와 관련된다.

중앙관서 명칭의 변동이 없는 조직의 분할이나 기능이관의 경우에 기존의 중앙관서는 정부조직개편 시점을 기준으로 구분하여 재무제표를 작성하지 않는다(이를 '전체 기간에 대한 재무제표'라고 한다). 대표적인 사례로 2020년 9월 보건복지부 내 질병관리본부가 분할되어 질병관리청이 신설되었는데, 질병관리청은 새로이 신설되는 중앙관서이므로 2020년 9월부터 회계연도말까지 재무제표가 작성되었다. 문제는 조직이 분할된 보건복지부였는데, 중앙관서 명칭의 변화가 없었기 때문에 보건복지부는 정부조직개편과 관련하여 '전체 기간에 대한 재무제표'를 작성하였고, 다만, (질병관리청으로의) 자산·부채의 이관사항만 주석으로 공시하였다. 2018년 및 2022년에는 국토교통부에서 환경부로 수자원 관리 및 하천에 관한 사무 기능이 두 차례에 걸쳐 이관되었는데, 국토교통부 및 환경부 모두 중앙관서 명칭의 변동은 없었으므로 두 중앙관서 모두 '전체 기간에 대한 재무제표'를 작성하였고, 기능이관에 따른 자산·부채의 이관사항만 주석으로 공시하였다.

한편, 회계연도 중에 정부조직개편이 발생하는 경우 조직의 신설, 폐지 등에 따라 재무제표가 작성되어야 하기 때문에 회계연도 중에 결산을 수행할 필요가 있게 된다. 이는 해당 중앙관서의 소관 일반회계와 특별회계도 마찬가지이다. 그러나, 현행 기준에서는 기금은 실무상 결산의 어려움으로 인해 기중 결산은 수행하지 않도록 규정하고 있다.

Notice

정부조직개편과 관련한 회계연도 중간 결산시 기금 결산 미수행의 논란

정부조직개편으로 인해 기금이 소속된 중앙관서가 변경될 경우 엄밀히 말하면 회계연도 중간 결산을 수행하여 개편일 전의 중앙관서와 개편일 후의 중앙관서에 각각 통합될 수 있도록 해야 하지만, 실무상 개편 이후의 중앙관서에 1회계연도 재무효과가 모두 포함될 수 있도록 하고 있다. 예를 들어 2017년 7월 정부조직개편시 기술보증기금이 금융위원회 소관에서 중소벤처기업부 소관으로 변경되었는데, 실제 기술보증기금의 1년치 재무효과가 모두 중소벤처기업부 재무제표에 포함되었다. 이 결과 분명 중소벤처기업부는 2017년 7월에 신설되었는데, 실제 중소벤처기업부의 재무제표에는 1월 1일부터 개편일 시점(7월)까지의 프로그램원가 등이 일부 포함되는 문제가 발생하였다.

② 정부조직개편(정부결합거래)의 자산·부채의 이관 및 승계 관련 회계처리

정부조직개편에 따라 이관하고 승계되는 자산·부채 및 순자산은 장부가액으로 하며, 재정상태표에 총액으로 표시한다. 즉, 임의로 자산 항목과 부채 또는 순자산 항목을 상계하지 않는다. 장부가액 결정 시점은 조직개편일 기준으로 결정하지만, 기금의 경우 1월 1일 기준의 장부가액으로 한다. 이관 및 승계되는 자산·부채에 대한 상대계정과목은 순자산변동표 항목인 '정부조직개편등에따른순자산증감'으로 하는데(이관되는 경우 조정항목의 '정부조직개편등에따른순자산의감소'로 처리하고, 승계받은 경우 기초순자산의 '정부조직개편등에따른순자산의증가'로 처리함), 이 때, 동 계정과목은 순자산의 종류별(기본순자산, 적립금및잉여금, 순자산조정)로 구분한다. 이 경우 해당 자산·부채의 성격에 따라 직접 대응하는 것을 원칙으로 하며, 직접 대응이 불분명할 경우에는 일정한 안분비율에 따라 조정한다. 이 '정부조직개편등에따른순자산증감' 계정과목은 국가통합 재무제표 작성시 자산·부채를 이관한 중앙관서와 동 자산·부채를 승계받은 중앙관서 간에 내부거래로서 제거된다(따라서 회계연도 중에 정부조직개편이 있었다고 하더라도 국가(통합)재무제표에 미치는 영향은 없는데, 이는 앞서 언급한 동일지배하에서의 결합거래(UCC)이기 때문이다).

〈정부조직개편에 따른 자산·부채 이관시 회계처리〉

차변)	××부채	×××	대변)	××자산	×××
	정부조직개편등에따른순자산의감소 (순자산변동표 항목)	×××			

〈정부조직개편에 따른 자산·부채 승계시 회계처리〉

차변)	××자산	×××	대변)	××부채	×××
				정부조직개편등에따른순자산의증가 (순자산변동표 항목)	×××

〈국가통합 재무제표 작성시 내부거래 제거〉

차변)	정부조직개편등에따른 순자산의증가 (순자산변동표 항목)	×××	대변)	정부조직개편등에따른 순자산의감소 (순자산변동표 항목)	×××

③ 정부조직개편 관련 주석사항

정부조직개편과 관련하여 승계받은 사업(프로그램 등)에 대해 정부조직이 개편된 회계연도의 1월 1일부터 정부조직개편일 전일, 정부조직개편일로부터 12월 31일까지의 프로그램총원가 및 프로그램수익을 주석으로 공시한다. 이 외에 직무범위 변동 등 정부조직개편의 개요, 이관하는 또는 승계받은 자산·부채의 내역 및 이와 관련한 순자산의 구성내역 등도 주석으로 공시한다.

CHAPTER

8

정부회계감사와 정부회계정보 활용

제 1 절 정부회계감사이론 및 실제
제 2 절 한국의 정부회계감사제도
제 3 절 정부회계정보의 활용방안과 성과평가·성과감사

CHAPTER

8

정부회계감사와 정부회계정보 활용

제1절 정부회계감사이론 및 실제

1. 정부회계감사의 개요

전통적으로 정부실체에 대한 감사는 감사대상의 특정 업무나 행위에 대하여 당사자 이외의 제3자가 그 내용의 적정여부 내지 옳고 그름을 조사하여 그 결과를 보고하는 것(편호범, 2010)이라고 알려져 있다. 특정 업무나 행위는 재무 및 회계 사항뿐만 아니라 정부활동의 전반적인 사항까지 포함한다. 내용의 적정여부 내지 옳고 그름이란 업무의 정당성 내지는 적정성을 강조하는 것으로 이에 대한 판단기준은 법률 및 규정 또는 경제성·효율성 및 효과성에 의하게 된다(윤성식·권수영, 1998). 이러한 측면에서의 감사는 광의의 측면에서의 감사라고 정의라고 할 수 있는데, 이는 재무 또는 회계감사와 감찰(Inspection)의 개념이 포함된다. 이에 비하여 협의의 관점에서는 재무 또는 회계감사를 의미한다(이하에서는 이를 정부회계감사라 한다).

- 한국의 「감사원법」에서도 감사원의 중요한 2대 기능을 결산검사 또는 회계검사(「감사원법」 제21조~제23조)와 직무감찰(「감사원법」 제24조)로 구분하고 있다.
- 정부회계감사는 감찰(Inspection)과 구분된다. 감찰은 공무원의 비위에 관한 조서와 정보의 수립, 비위공

무원에 대한 징계처분과 그 소속장관에 대한 정부의 제공 또는 처분의 요청 및 수사기관에의 고발 등을 내용으로 하는 감사기관의 직무행위를 말한다.

이론적으로 회계감사는 회계실체(정보생산자)가 작성한 재무제표에 독립적인 제3자에 의한 신뢰성(reliability)이 부여되는 과정이라고 할 수 있다. 독립적인 관점에서 신뢰성을 부여하는 과정을 통해 정보이용자는 그 재무제표를 신뢰하여 적시에 의사결정에 활용할 수 있게 되고, 왜곡된 의사결정을 최소화할 수 있게 된다. 또한, 정보생산자 역시 개별 정보이용자들을 대상으로 자기가 생산한 재무제표가 적정하다는 것을 하나하나 이야기하지 않아도 된다. 그래서 회계감사는 정보생산자와 정보이용자의 사회적 비용을 줄이는 역할을 하는 것이며, 정보생산자·정보이용자·회계감사인은 상호 대립적인 관계가 아닌 협력적인 관계가 이루어지는 것이다.

정부회계감사도 마찬가지이다. 물론 정부회계감사라는 것이 전통적인 의미에서 보듯이 내용의 적정여부 내지 옳고 그름을 조사하는 과정이 없는 것은 아니지만, 정부회계감사는 정부가 생산한 정부재무제표 등 회계정보에 신뢰성을 부여하는 과정으로 한단계 더 나가야 한다. 즉, 진정한 의미의 감사(audit)인 정부실체의 경제적 행위와 사건에 대한 주장(재무제표 등)과 미리 설정된 기준(회계기준)과의 일치 정도를 확인하기 위하여 이에 관한 증거를 객관적으로 수집하고 평가하여 그 결과를 이해관계가 있는 이용자(정부, 의회, 국민 등)에게 전달해야 한다. 감사결과의 전달은 일반적으로 감사의견(opinion)을 표명함으로써 이루어지며, 이를 위해서는 어떠한 감사인이 감사해도 동일한 결과가 나타날 수 있는 표준화되고 객관화된 감사기준이 마련되어 있어야 한다. 또한, 감사인은 독립적인 입장(독립성)에서 전문적인 지식(전문성)을 가지고 감사를 수행해야 한다. 즉, 정부회계감사가 정착되기 위해서는 ㉠ 독립적이고 전문적 지식을 가지고 있은 감사인이, ㉡ 표준화된 감사기준에 근거한 감사절차를 수행하여, ㉢ 감사결과에 대한 감사의견을 제시할 수 있어야 하는 것이다.

➡ 감사의견(opinion)은 회계실체의 주장인 재무제표에 대한 전반적인 의견을 제시하는 것으로 적정의견(unqualified opinion), 한정의견(qualified opinion), 부적정(adverse opinion), 의견거절(disclaimer of opinion)로 구분된다. 한편, 회계감사는 통계적 방법에 근거(중요성기준의 설정, 표본감사 등)하여 이루어지기 때문에 정확하다(correct 또는 exact)는 결론을 내리지는 않는다. 통계적으로 무시할 정도의 오류(statistical error)는 있을 수 있으나, 그 오류가 정보이용자의 의사결정에 중요한 영향을 끼치지는 않는다는 의미에서 '적정하다'는 용어가 사용된다.

2. 회계감사의 종류

(1) 다양한 관점에서 회계감사의 종류

일반적으로 감사는 다음과 같이 다양한 관점에서 분류될 수 있다.

분류 기준	감사의 분류
1. 감사대상	• 재무제표감사(Audit of Financial Statements) • 내부통제감사(Audit of Internal Control) • 합법성감사(Audit of Compliance with Laws and Regulations) • 성과감사(Performance Audit)
2. 감사수준	• 감사(Audit): 경제적 행위와 사건에 대한 주장에 대해 전반적으로 합리적인 확신을 제공하기 위한 절차로서 감사의견을 제시 • 검토(Review): 낮은 수준의 확신(limited assurance)을 제공하며, 검토절차 역시 감사절차에 비하여 단순함 • 합의된 절차(AUP): 어떠한 확신도 제공하지 않으며, 사전에 합의된 절차만 수행하기 때문에 발견된 사항만 제시함
3. 피감사실체	• 기업감사: 일반적인 기업을 대상으로 하는 감사로서 GAAS(Generally Accepted Auditing Standards)를 적용 • 정부감사: 중앙정부, 지방정부를 대상으로 하는 감사로서 보통 GAS (Government Auditing Standards)를 적용 • 비영리기관감사: 기타 공공기관, 학교, 비영리기관 등을 대상으로 하는 감사
4. 감사수행주체	• 외부감사(External Audit): 감사인은 감사대상 실체와 독립적인 제3자이어야 하며, 독립성 준수가 중요함 • 내부감사(Internal Audit): 감사인은 회계실체내 조직임
5. 감사수행 강제성	• 법정감사(Statutory Audit): 법률 등에서 감사수행 의무 부과 • 임의감사(Voluntary Audit): 자발적인 감사

(2) 재무제표감사(Audit of Financial Statements)

재무제표감사란 독립적인 감사인이 회계감사기준에서 규정된 방법으로 재무제표가 중요성(materiality)의 관점에서 일반적으로 인정된 회계기준에 따라 작성되었는지에 대해 합리적인 확신(reasonable assurance)을 제공하는 의견(opinion)을 표명하는 감사를 의미한다. 일반적으로 회계감사라고 함은 재무제표감사를 말하며, 다음의 절차가 수행된다.

재무제표 (입증)감사 절차
① 질문(Inquiries): 회계실체 내·외부자료로부터 정보를 습득하는 행위
② 관찰(Observation): 재고자산 실사에 대한 입회 등
③ 검사(Inspection): 기록, 문서, 자산 실체에 대한 조사 등
④ 조회(Confirmation): 제3자에게 정보를 요청하고 회신을 받는 절차
⑤ 분석적 절차(Analytical Procedures): 유의적인 비율 및 추세 분석
⑥ 역진법(Vounching)과 전진법(Tracing): 역진법은 실제성에 대한 검증(회계기록 → 회계자료) 방법이며, 전진법은 완전성에 대한 검증(회계자료 → 회계기록) 방법임
⑦ 실사(Counting): 현금, 재고자산 등에 대한하여 직접 수량이나 금액을 확인하는 절차
⑧ 재계산검증/합계검증(Recalculation, Footing): 재계산 확인 및 합계검증 절차
⑨ 대사(Reconciliation): 독립적인 자료 간 금액·수량의 확인 절차
⑩ 기타검토(Subsequent Events Review, Other Common Procedures 등)

(3) 내부통제감사(Audit of Internal Control)

기업의 경영자 또는 정부의 관리자가 채택한 모든 정책 및 절차(내부통제)와 관련하여 정책의 준수, 자산의 보호, 부정과 오류의 예방 및 적발, 회계기록의 정확성·완전성·신뢰성·적시성 등의 측면에서 체계적이고 효과적으로 수행되고 있는지 검토하고 평가하는 감사를 말한다. 일정한 규모 이상의 상장기업에서는 내부회계관리제도에 대한 감사(일명 SOX 감사라고 한다)가 별도로 수행되기도 하지만, 보통 재무제표감사의 일부분으로 간주된다. 미국 연방정부의 경우 감사인은 내부통제감사를 재무제표감사의 일부분으로 수행하며, 감사의견을 제시하지 않지만 감사결과 문제점이 발견되는 경우 이를 감사보고서에 기재한다. 영국 중앙정부의 경우 감사인은 각 부처별 내부통제보고서를 검토(review)하는 수준에서 감사가 이루어지며, 이에 대한 감사의견은 제시하지 않는다. 뉴질랜드 중앙정부의 경우 내부통제에 대한 감사를 재무제표감사의 일부분(보고서상 명시적 표현은 없다)으로 간주한다.

(4) 합법성감사(Audit of Compliance with Laws and Regulations)

법규 등의 준수 여부에 대한 검토와 평가를 위주로 수행하는 감사로서 주로 국가, 지방자치단체 등을 대상으로 이루어진다. 여기서 합법성감사란 협의의 관점에서 재무제표의 작성과 관련하여 법규 등의 준수 여부에 대한 감사를 의미하는 것으로 성과감사의 대비되는 개념으로서의 광의의 합법성감사와는 다소 차이가 있다. 미국연방정부 감사보고서에는 합법성감사 결과가 포함되지만 의견은 제시하지 않는다. 이에 비해 영국 정부부처 감사보고서에서는 재무거래에 한정된 합법성감사를 실시하며, 이에 대한 의견도 표명하고 있다.

(5) 검토(Review)

검토는 감사보다 낮은 수준의 확신을 제공한다. 정보생산자의 주장에 대한 신뢰성을 검토하기 위해 질문 및 분석적 절차를 수행하는 것으로, 필요한 모든 증거를 수집하기 위한 절차가 아닌 제한된 절차를 수행하여 검토된 재무정보가 중요성의 관점에서 일반적으로 인정된 회계기준에 준거하여 작성되지 않았다고 판단할 수 있는 사실이 있었는지 여부에 대한 제한적 확신(limited assurance)을 표시하는 절차를 말한다. 검토는 다음의 절차를 취하는 것이 일반적이다. 기업에서는 분기 또는 반기에 이루어지는 절차가 바로 검토이다(감사는 보통 1년에 한 번 회계연도 종료 후 이루어진다).

재무제표 검토 절차
① 회계정책 및 실무에 대한 이해(Understanding of accounting principles and practices)
② 회계실체의 환경·목적·사업에 대한 이해(Understanding of entity's business)
③ 재무제표의 숙독(Reading the Financial Statements)
④ 대사(Reconciliation): 독립적인 자료 간 금액·수량 확인 절차
⑤ 질문(Inquiries): 회계실체 내·외부자로부터 정보를 습득하는 행위
⑥ 분석적 절차(Analytical Procedures): 유의적인 비율 및 추세 분석)

(6) 합의된 절차(AUP; Agreed Upon Procedure)

합의된 절차란 사전에 합의된 절차 수행업무에 따라 감사인이 수행해야 하는 절차로서, 발견된 사실(findings)을 보고해야 하며(따라서 감사의견 및 검토의견은 제시하지 않는다), 작성된 보고서의 용도는 해당 절차를 합의한 당사자에게만 활용되는 것으로 제한하는 것이 일반적이다. 왜냐하면 절차에 대한 이해가 없는 제3자는 보고서를 잘못 해석할 수 있기 때문이다.

제 2 절 한국의 정부회계감사제도

1. 정부회계제도의 변화에 따른 감사제도의 변화

복식부기·발생주의 정부회계제도의 도입으로 인해 회계정보에 대한 감사제도 역시 많은 변화를 가져왔다. 한국 중앙정부의 경우 기존 중앙관서 및 국가결산서에 대한 감사원의 결산검사 범위가 세입세출결산서에서 재무제표로 확장되었으며, 이 과정에서 감사원은 민간의 전문회계사를 활용하여 결산검사를 수행하고 있는 실정이다. 그러나 국회에 제출하는 결산검사보고에는 결산검사 결과에 대한 감사의견(opinion)은 표명하지 않고 있으며, 결산검사 절차를 규정한 공식적인 정부회계감사기준도 마련하고 있지 않다. 한국 지방정부의 정부회계감사제도는 중앙정부와는 다소 다른데, 2007회계연도부터 재무제표가 작성된 이후 「지방자치단체 재무제표 검토기준」(현재는 폐지되었으나, 다른 형태로 검토기준은 유지고 있다)에 근거하여 공인회계사에 의한 재무제표 검토(review)를 받도록 하고 있다. 다만, 이는 회계감사(audit)보다는 한 단계 낮은 수준의 절차이다. 공인회계사에 의한 지방자치단체 재무제표에 대한 검토보고서는 그 자체로서 지방자치단체 결산검사를 종료하는 것은 아니며, 지방의회 결산검사위원의 결산검사시 활용된다.

즉, 한국의 중앙정부 및 지방정부 모두 일반적인 정부회계감사(audit)를 위한 정부회계감사기준(GAS; Government Auditing Standards)은 제정되어 있지 않으며(기존 「지방자치단체 재무제표 검토기준」은 감사기준이라 볼 수 없다), 이에 따라 감사결과에 따른 감사의견(opinion) 역시 표명되지 않고 있다(지방자치단체 재무제표에 대한 검토의견은 감사의견이 아니다). 회계감사가 정보이용자에게 독립적인 제3자에 의한 재무정보에 신뢰성을 부여하는 과정이라는 점을 감안한다면, 중앙정부나 지방정부 모두 향후 정부회계감사제도 도입을 심각하게 고려할 필요가 있다(미국·영국·호주 등 정부회계제도가 정착된 국가 모두 정부회계감사기준이 마련되어 있으며, 감사결과에 따른 감사의견이 표명되고 있다).

이하에서는 향후 한국의 중앙정부 및 지방정부가 도입하여야 할 정부회계기준 모형과 감사절차에 대해서 이론적으로 알아보고, 현재 한국의 중앙정부 및 지방정부에서는 정부회계감사제도를 대신하여 어떠한 방식으로 제도가 운영되고 있는지 살펴보도록 한다.

2. 정부회계감사의 이론적 모형과 세부감사절차

(1) 정부회계감사의 이론적 모형의 개요

이론적으로 정부회계감사는 재무제표의 신뢰성을 제고하고, 내부통제의 효과성 및 관련 법규의 준수여부를 확인하기 위해 '감사계획 수립'→'내부통제 평가'→'입증감사 수행'→'감사결과 보고'의 4단계로 이루어지는 것이 일반적이다. 이는 일반적인 기업의 회계감사나 미국연방정부 및 지방정부 등에서도 유사하다. 각각의 단계별 감사절차의 목적과 주요 절차를 요약하면 다음과 같다.

➡ 현재 국가회계나 지방회계에서는 정부회계감사와 관련한 체계적인 제도가 정착되지 않았기 때문에 이론적으로 접근할 수밖에 없다.

구분	감사계획 수립	내부통제 평가	입증감사 수행	감사결과 보고
목적	중요한 감사대상을 식별하고 효율적인 감사절차 설계	재무제표 신뢰성 제고를 위한 회계실체 내부통제 목표의 달성여부 확인	재무제표의 중요한 왜곡여부 확인	내부통제·법규준수 미흡부분과 재무제표 오류부분의 발견사항에 대한 마무리 절차와 보고서 작성
주요절차	• 감사대상실체의 내·외적 환경 및 주요 영향요인에 대한 이해 • 중요 계정과목 및 잠재적 위험 파악 • 파악된 위험에 대한 구체적인 감사계획의 수립	• 예산집행과정 관련 법령규정 이해 • 특정 통제위험의 수준 평가 • 검증할 통제절차 선택 • 통제절차에 대한 구체적인 검증 (sampling test)	• 세입세출결산과 재무제표의 비교 • 모든 계정과목에 대한 분석적 검토절차 수행 • 중요 계정과목 입증감사 수행 • 주석 및 필수보충 정보 등 공시의 적정성 검토	• 감사 전 과정에 대한 타당성 점검 • 감사절차 수행결과에 기초한 발견사항 평가 • 감사의견 확정 및 감사보고서의 작성

(2) 감사계획의 수립

감사인은 감사대상 정부회계실체의 재무제표감사에 필요한 증거자료를 효과적이고 효율적으로 획득하기 위한 방법을 찾아내기 위해 감사계획을 수립하여야 한다.

Notice

미국연방정부 감사 모형(Federal Audit Model)

(Federal Government Auditing, Edward F. Kearney외 3인(2006) 참고)

미국연방정부(각 부처 및 정부통합)에 대한 감사는 다음과 같이 크게 4단계에 걸쳐 이루어진다.

I. Planning Phase (감사계획 단계)	II. Internal Control Phase (내부통제 단계)	III. Testing Phase (입증감사 단계)	IV. Reporting Phase (감사보고 단계)

I. Planning Phase (감사계획 단계)

- Understand the Agency (감사대상기관에 대한 이해: 조직, 고유위험, 운영, 통제활동 등)
- Perform Preliminary Analytical Procedure (예비 분석적 검토절차의 수행)
- Determine materiality types (중요성 금액의 결정)
- Identify other significant factors, cycles, and applications (기타 중요요인, 거래유형, 회계사건 발생 과정의 파악)
- Identify significant management data (주요 정보시스템 및 자료 관리 통제의 파악)
- Identify significant laws and regulations (일반적인 감사 관련 및 해당 감사대상기관에 특히 영향을 미칠 수 있는 법령과 각종 제도의 이해)
- Identity relevant budget restrictions (예산통제 또는 예산제약에 대한 파악)
- Assess risk factors (감사위험 요소의 평가: 고유위험 · 통제위험 · 적발위험, 부정위험(fraud risk), 재무제표에 미치는 영향, 감사절차에 미치는 영향 등)
- Determine likelihood of effective systems control (효과적인 시스템 통제의 이해)
- Identify planned tests of operations and controls (계획된 운영 및 통제테스트의 파악)
- Plan other audit procedures (기타 감사절차의 계획)

II. Internal Control Phase (내부통제 단계)

- Understand information system (정보시스템의 이해)
- Identify control objectives (내부통제-재무 · 접근 · 합법성 · 예산 · 운영통제-의 정의)
- Identify and understand control activities (내부통제활동의 정의와 이해)
- Nature, timing, and extent of control tests and systems (내부통제와 시스템 테스트 수행의 성격, 시기, 범위의 결정)

- Perform non-sampling financial control and system compliance test (비표본 내부통제감사 수행)
- Assess controls on a preliminary basis (실제 표본테스트 감사 전 내부통제 정도 사전 평가)

III. Testing Phase (입증감사 단계)

- Consider nature, timing and extent of needed audit tests (필수 감사 테스트의 성격(내부통제감사, 합법성감사, 기말 재무제표감사를 위해 무엇을 테스트할 것인가?), 시기(언제 테스트할 것인가?), 범위(얼마나 테스트할 것인가?)의 결정)
- Sampling control test (내부통제절차에 대한 표본감사 수행)
- Compliance test (합법성감사 수행)
- Substantive audit test (기말 입증감사 수행)

IV. Reporting Phase (감사보고 단계)

- Perform overall analytical procedures (감사전반에 대한 최종적인 분석적 절차 수행)
- Determine adequacy of audit procedures and audit scope (감사절차 및 범위의 적정성 평가)
- Evaluate misstatements/types of misstatements (내부통제의 문제점, 주요 법규 위반사항 및 재무제표 오류에 대한 평가)
- Conclude other audit procedure (기타 감사절차–부외부채 · 주요 약정사항 · 소송현황 · 재정상태표일 이후 사건, 특수관계자 거래, 감사결과에 대한 관리자확인절차 등–에 대한 결론)
- Draft reports (감사보고서 초안 작성)
- Issue audit reports, opinions, and assertions (감사의견의 확정과 감사보고서 발행)

감사계획 수립은 감사자원(인력 및 시간 등)의 제약 속에서 감사목적을 효율적으로 달성할 수 있도록 감사와 관련된 제반사항을 감사 착수 전에 설계하는 활동을 말한다. 감사계획은 전체 감사의 방향을 설정하고 전 감사과정을 통제하며, 감사대상 실체의 고유위험(inherent risk)를 파악한다는 측면에서 중요하다. 이론적으로 감사계획 수립과 관련한 구체적인 절차는 다음과 같이 생각해 볼 수 있다.

항목	세부내용
1. 감사대상 정부회계실체의 선정 및 통지	• 감사대상 정부회계실체를 선정하고, 감사일정 및 감사준비사항 목록 등이 기재된 공문 발송
2. 감사위험의 예비적 평가 및 고유위험 파악	• 감사업무를 개시하기 이전에 사전 인지된 정보를 바탕으로 감사위험을 예비적으로 평가 • 감사대상 실체의 자체적인 고유위험(inherent risk) 파악
3. 감사대상 정부회계실체에 대한 이해	• 해당 정부회계실체 조직, 운영에 영향을 미치는 주요 외부요소 및 내부요소, 회계정책 및 회계쟁점사항들의 분석을 통해 감사위험을 파악하고, 사전 파악된 감사위험에 대한 대응방안을 마련
4. 예비 분석적 검토	• 재무제표에 대한 예비 분석적 검토를 통하여 당해 연도 주요 거래들과 사건 등을 이해하고 감사대응 방안을 마련
5. 중요성 금액의 산정	• 감사인이 계획하고 있는 감사절차의 성격, 시기 및 범위를 판단하는데 필요한 주요 도구인 중요성 금액을 산정
6. 회계 프로세스에 대한 이해 및 예비적 평가	• 주요 업무 프로세스별로 거래의 흐름 및 주요 통제활동을 이해함으로써 재무제표에 중요한 영향을 미치는 것으로 파악된 통제활동에 대해서 내부통제평가를 계획하고 입증감사계획에도 반영
7. 과거 감사결과의 검토를 통한 감사위험의 파악	• 과거 감사인 또는 타감사인이 지적한 감사결과를 검토하고, 이에 따른 재무제표 감사위험을 파악하여 대응방안 마련
8. 잠재적 오류에 대한 감사위험의 파악	• 감사계획 단계에서 주요 잠재적 오류에 따른 감사위험을 파악함으로써 효율적인 감사를 계획
9. 감사업무분장표 작성	• 정부회계실체별 각 감사참여자의 경험, 지식, 역량을 종합적으로 고려하여 감사분야별로 업무를 적절히 분장
10. 감사계획조서의 작성	• 해당 정부회계실체 감사팀장은 감사계획에 대한 전반적인 내용을 문서화

(3) 내부통제의 평가

정부회계실체는 다양한 회계사건을 반영하여 재무제표를 작성한다. 그러나 현실적으로 모든 회계사건의 타당성을 감사할 수는 없다. 이렇게 재무제표의 구성 내용을 전수로 감사하지 못함에 따라 대안적으로 제시되는 방법 중 하나가 통계적 방법을 활용한 표본감사(sampling test)이고, 또 다른 하나가 내부통제제도에 대한 평가이다.

내부통제제도는 조직 내의 자산을 보호하고 정보의 정확성과 신뢰성을 높이며 조직의 목표를 효율적으로 수행할 수 있도록 조직 내에서 수립된 계획, 규정, 절차, 수단 등을 의미한다(유성식·권수영, 1998). 협의의 관점에서 내부통제는 회계사건 또는 회계거래가 발생하고 이를 장부에 반영하는 일련의 과정(process)에 대한 통제절차라고도 할 수 있다. 어떠한 특정 거래과정에 대한 내부통제가 적절하다고 판단되는 경우 그 거래와 관련한 회계기록 역시 적절하다고 신뢰할 수 있다. 만일 내부통제제도가 제대로 갖춰져 있지 아니하거나, 제도는 있는데 이에 대한 운영이 제대로 이루어지지 아니할 경우 감사인은 관련 재무제표 항목에 대한 입증감사를 더욱 정밀하게 수행할 수밖에 없게 된다. 내부통제에 대한 감사는 결국 재무제표에 대한 감사를 신뢰성 있고 효율적으로 수행하기 위한 필수 과정이 되는 것이다.

➡ 내부통제에 대한 평가 결과에 따라 기말 입증감사에는 다음과 같은 영향이 미치게 된다.

내부통제평가 결과	감사절차		
	성격(nature)	시기(timing)	범위(extent)
내부통제 취약	입증감사 의존	재정상태표일 직전·직후 집중	입증감사 범위 증가
내부통제 우수	입증감사 축소	어느 시점에도 감사 가능	입증감사 범위 축소

➡ 기업의 회계감사와 관련하여 회계감사 일환으로 수행되는 내부통제제도 평가를 제도화한 것을 '내부회계관리제도'라고 한다. 내부회계관리제도의 구축(설계) 및 운영은 재무제표 작성 프로세스에 전반적으로 영향을 미치는 전사적 수준통제 및 전산일반통제를 우선 식별하고, 재무제표상 일정금액 이상의 계정과목에 대한 상당한 영향을 미치는 업무프로세스 하에서의 재무제표 왜곡표시위험을 감소시키는 통제를 구축하여 업무수행 과정에서 운영하는 것을 의미한다. 한국에서는 2019년부터 자산 2조원 이상인 상장기업부터 순차적으로 기업의 내부회계관리제도에 대한 외부감사인의 '감사의견'을 받도록 하고 있다.

재무제표에 대한 입증감사가 계정과목별로 이루어지는 것에 비해, 내부통제에 대한 감사는 거래유형별로 구분하여 내부통제제도의 프로세스 구축과 실제 운영과정을 감사하게 된다. 일반적으로 기업에서는 이러한 거래 유형을 ㉠ 매출 프로세스, ㉡ 매입 프로세스, ㉢ 제품생산(원가) 및 재고자산 관리 프로세스, ㉣ 급여(인건비)관리 프로세스, ㉤ 자금관리 프로세스, ㉥ 유형자산 취득·관리·처분 프로세스 등으로 구분한다. 정부에서 발생하는 거래 역시 이러한 프로세스와 유사할 수 있으나, 기업과 다른 정부에서의 거래 특성이 존재하고 대부분 거래의 흐름이 법률에 규정되어 있으므로 다소 다르게 고려되어야 한다. 정부에서의 거래유형은 다음과 같이 구분할 수 있다(아래 표의 내용은 중앙정부나 지방정부 모두 대동소이하다).

거래유형	세부 거래유형	관련 법령	관련 계정과목
징수·수입·채권	징수, 납입고지, 가산금 부과, 분납, 오류정정(감), 반환 및 환급, 대리징수, 채권회수, 불납결손처리 등	국고금관리법, 내부통제 일반원칙	수익(교환수익, 비교환수익), 미수채권
지출·채무	일반지출, 부대비용 및 자본적지출, 관서운영경비 지출, 정부구매카드의 사용, 선사용자금, 수입대체경비, 국고채무부담행위, 세출예산의 이월 및 불용 등	국고금관리법, 국가재정법, 내부통제 일반원칙	프로그램원가, 관서운영비, 미지급금, 일반유형자산, 사회기반시설
자금	여유자금의 예수와 예탁, 국공채 매입과 관리, 기금여유자금운용, 융자, 국내차입, 국공채발행, 해외차입, 국고금운용 등	공공자금관리기금법, 국고금관리법, 국가재정법, 내부통제 일반원칙	금융상품, 대여금, 차입금(국공채 포함), 이자수익, 이자비용
조달 및 계약	선급, 검수	국고금관리법, 국가계약법	선급금, 건설중인자산, 각종 지출계정과목
국유재산	국유재산관리 업무분장, 취득, 교환, 관리전환, 용도폐지, 대부, 매각, 양여, 현물출자 등	국유재산법, 내부통제 일반원칙	일반유형자산, 사회기반시설, 장·단기투자증권, 자산처분손익 등
물품	물품관리 업무분장, 취득, 교환, 대부, 관리전환, 재물조사, 출납관리, 처분(매각 및 폐기)	물품관리법, 군수품관리법, 내부통제 일반원칙	일반유형자산(전비품 포함), 사회기반시설, 자산처분손익 등
인건비	급여정보관리, 인건비 비용처리(원가구분), 지급과 기록, 임시직 직원에 대한 퇴직금 지급	근로자퇴직급여 보장법, 내부통제 일반원칙	퇴직급여충당부채, 인건비, 예수금 등

거래유형별 내부통제는 내부통제활동별로 적정하게 설계 및 운영되고 있어야 한다. 내부통제활동은 ㉠ 권한부여와 승인, ㉡ 문서화, ㉢ 업무분장, ㉣ 접근통제, ㉤ 독립적인 확인이 있다. 이러한 내부통제활동은 거래별로 정도의 차이는 있으나 대부분 모두 적용된다. 예를 들어 유형자산(예시: 물품) 취득과 관련한 내부통제활동은 다음과 같다. 권한이 부여된 자(물품관리관)가 취득을 승인함으로써 취득거래가 이루어지며, 동 취득거래와 관련한 의사결정과정은 문서로 기록되어야 하고, 취득자산의 검수와 기록은 서로 업무가 분장되어 다른 자가 수행하여야 하며, 취득된 물품은 제한된 자만 접근 및 관리하여야 하고, 그 과정을 독립된 제3자가 주기적으로 확인하여야 한다. 이 모든 활동이 적절하게 설계되고 운영되어야 유형자산(물품)의 취득은 적절한 내부통제가 구축·운영되고 있다고 보는 것이다. 주요 내부통제활동은 다음과 같이 알려져 있다.

주요 내부통제활동	세부내용
1. 권한부여와 승인	법규 혹은 정책적으로 권한이 부여되어 있는 자에 의하여 정해진 기준에 따라 이루어지는 거래 통제 절차
2. 문서화	주요 거래의 과정은 문서로 관리하는 절차
3. 업무분장	동일한 자가 자산관리 및 기록을 동시에 접근하지 못하도록 하는 절차
4. 접근통제	자산과 기록을 물리적 손상, 절도 또는 권한 없는 변경으로부터 보호하기 위한 절차
5. 독립적인 확인	처리된 데이터의 유효성, 정확성 및 완전성에 대한 독립적인 확인 절차

내부통제에 대한 감사는 상기의 거래유형별로 주요 내부통제활동이 적절하게 설계되어 있고(설계평가), 운영되고 있는지를 평가(운영평가)하는 것이라 할 수 있다. 설계평가는 내부통제가 재무제표의 왜곡표시를 적시에 예방 또는 발견할 수 있도록 구축되어 있는지를 평가하는 것을 말한다. 운영평가는 내부통제제도가 설계된 대로 실제로 효과적으로 운영되고 있는지 기준 거래를 표본으로 테스트를 수행하는 것을 의미한다. 이렇게 수행된 내부통제의 평가 결과에 따라 감사인은 내부통제위험(control risk)을 파악하여 입증감사의 의존도 여부(성격), 입증감사 시기 및 범위를 결정한다. 한편, 내부통제에 대한 감사과정에서 발견된 중요한 내부통제상의 미비점이나 문제점, 또는 개선권고할 사항이 있는 경우 해당 정부회계실체의 회계책임자(회계책임관 등) 또는 감사담당관에게 이를 전달하여 취약한 내부통제가 향후 개선될 수 있도록 해야 한다.

(4) 입증감사의 수행

입증감사는 회계연도말 직후 작성되는 재무제표가 적정한지를 확인하는 감사절차이다. 내부통제감사가 거래유형별로 내부통제활동의 적정성을 내부통제의 설계 및 운영의 측면에서 이루어지는 감사에 비하여 입증감사는 재무제표 계정과목별로 계정과목 분류 및 평가가 적정한지를 감사한다. 입증감사 과정에서는 감사계획 과정에서 파악된 고유위험(inherent risk)과 내부통제감사에서 파악된 내부통제위험(control risk)을 근간으로 감사범위를 결정하게 된다.

입증감사는 재무제표상의 계정과목별로 감사를 수행하는데, 계정과목의 특성상 회계처리의 특성, 분류의 복잡성, 평가방법의 다양성을 감안하여야 한다. 예를 들어 자산과목과 관련한 감사위험은 자산의 과대·과소계상 가능성과 실재(實在)하는지의 여부에 있는 반면, 부채과목과 관련한 감사위험은 부채의 과소계상 가능성과 모든 부채가 완전(完全)하게 재무제표에 계상되어 있는지에 있다. 정부회계에서의 각 계정과목별로 수행되어야 하는 입증감사절차를 예시하면 다음과 같이 정리할 수 있다(아래 표는 국가회계 위주로 정리하였으나, 지방회계 측면에서도 거의 유사하다).

대구분	계정과목	입증감사목적	입증감사방법	세부 감사절차
자산	현금및 현금성 자산, 금융상품	• 자산의 실재성 • 공정가액 평가 • 계정분류 적정성 • 공시의 적정성	• 분석적 검토 • 대사 (세입세출결산 등) • 조회 • 실사 • 재계산 • 거래검증(vouching)	• 현금 및 금융상품의 분석적 검토 절차 수행 (세입세출결산과의 비교 포함) • 국고금(국가회계) 또는 재정자금(지방회계) 실물 확인 및 평가 • 분류 및 장단기 구분의 적정성 확인 • 수익 및 미수수익, 선수수익 계정 확인 • 외화표시 금융상품 등의 외화환산 적정성 • 주석, 필수보충정보, 부속명세서 검토
자산	유가증권	• 자산의 실재성 • 공정가액 평가 • 계정분류 적정성 • 공시의 적정성	• 분석적 검토 • 대사 (세입세출결산 등) • 조회 • 실사 • 재계산 • 거래검증(vouching)	• 유가증권의 분석적 검토 절차 수행 (세입세출결산과의 비교 포함) • 유가증권 분류 정책 및 취득원가 결정 정책의 계속성 검토 • 유가증권의 실물확인 및 증감내역 검토 • 유가증권 평가 및 평가관련 회계처리의 적정성 검토 • 주석, 필수보충정보, 부속명세서 검토
자산	미수채권, 대여금	• 자산의 실재성 • 공정가액 평가 • 계정분류 적정성 • 공시의 적정성	• 분석적 검토 • 대사 (세입세출결산 등) • 조회 • 평가과정 검토 • 재계산 • 거래검증(vouching)	• 미수채권 등에 대한 분석적 검토 수행 (세입세출결산, 채권현재액보고서 비교) • 미수채권 및 대여금의 세부계정과목별 구분의 적정성 검토 • 미수채권 및 대여금 잔액의 조회 확인 • 회수가능성 및 대손충당금 설정 검토 • 융자보조원가충당금 평가의 적정성 검토 • 주석, 필수보충정보, 부속명세서 검토
자산	기타유동자산, 재고자산, 기타비유동자산	• 자산의 실재성 • 공정가액 평가 • 계정분류 적정성 • 공시의 적정성	• 분석적 검토 • 대사 (세입세출결산 등) • 관찰 • 재계산 • 거래검증(vouching)	• 기타유동자산에 대한 분석적 검토 수행 (세입세출결산과의 비교 포함) • 기타유동자산 세부 계정과목별 구분 및 잔액 확인의 적정성 검토 • 재고자산 분류, 기록, 원가배분, 기말평가에 대한 감사절차 • 임차보증금, 투자회원권 등 특수성 감사 • 주석, 필수보충정보, 부속명세서 검토

대구분	계정과목	입증감사목적	입증감사방법	세부 감사절차
자산	일반 유형자산, 사회 기반시설, 주민 편의시설, 무형자산	•자산의 실재성 •공정가액 평가 •계정분류 적정성 •공시의 적정성	•분석적 검토 •대사 (세입세출결산 등) •평가과정 검토 •계정대체의 타당성 검토 •재계산 •거래검증(vouching)	•일반유형자산 및 사회기반시설의 분석적 검토 수행(세입세출결산 및 국유/공유재산 관리운용 보고서 등과 비교 포함) •세부계정과목별 구분의 적정성 검토 •일반유형자산 및 사회기반시설에 대한 잔액 (취득원가) 확인 •감가상각, 처분손익의 적정성 검토 •취득후지출 회계처리의 적정성 검토 •주석, 필수보충정보, 부속명세서 검토
부채	국공채, 지방채, 차입금	•부채의 완전성 •공정가액 평가 •계정분류 적정성 •공시의 적정성	•분석적 검토 •대사 (세입세출결산 등) •조회 •재계산 •평가과정 검토 •거래확인(tracing) •Subsequent test	•국공채(지방채) 및 차입금 분석적 검토 (세입세출결산 및 채무관리보고서 비교) •국공채(지방채) 및 차입금 잔액과 채무관리 보고서와 대사 및 조회확인 •지급이자 및 미지급이자비용 검사 •국채(지방채)할인·할증발행차금상각 검토 •금융리스부채 평가의 적정성 •장·단기 구분의 적정성 검토 •외화표시 차입금의 평가 •주석, 필수보충정보, 부속명세서 검토
부채	기타 유동부채, 기타비유동 부채	•부채의 완전성 •공정가액 평가 •계정분류 적정성	•분석적 검토 •대사 (세입세출결산 등) •재계산 •거래확인(tracing) •Subsequent test	•기타유동부채 및 기타비유동부채에 대한 분석적 검토 절차 •기타유동부채 및 기타비유동부채 항목에 대한 잔액확인 검사절차 •재정상태표일 이후에 지급된 금액에 대한 검토 (subsequent test) •주석, 필수보충정보, 부속명세서 검토
부채	충당부채	•부채의 완전성 •공정가액 평가 •계정분류 적정성 •공시의 적정성	•분석적 검토 •대사 (세입세출결산 등) •재계산 •평가과정 검토 •거래확인(tracing) •Subsequent test	•퇴직급여충당부채 등 각종 충당부채에 대한 분석적 검토 및 잔액확인 절차 •기중 퇴직금 지급액 및 연금 지급액에 대한 검사절차 •연금충당부채 평가관련 각종 보험수리적 가정의 적정성 확인 •보증·보험충당부채 산정의 적정성 확인 •소송충당부채 등 우발부채 부채인식 검토 •주석, 필수보충정보, 부속명세서 검토
순자산	순자산, 순자산변동	•계정분류 적정성	•대사 (세입세출결산 등)	•기말 순자산에 대한 분석적 검토 및 기중 순자산변동의 적정성 검토 •순자산변동항목 중 순자산조정항목과 관련 자산·부채의 관계 파악 •순자산 분류의 적정성 검토

대구분	계정과목	입증감사목적	입증감사방법	세부 감사절차
비용	프로그램 총원가, 사업총원가	•원가분류, 배분적정성 •비용인식 기준타당성 •자산·부채 항목연계성 •계정분류 적정성	•분석적 검토 •대사 (세입세출결산 등) •원가재분류 및 배분 검토 •거래검증(vouching, tracing)	•재정운영표상 프로그램(사업)총원가 분석적 검토(세입세출결산과의 비교) •배부된 간접원가에 대한 입증검사절차 •프로그램별 총원가 세부 내역(비용귀속 기간의 타당성 검토, 관련 자산·부채와 관계 검토 등)에 대한 입증검사절차 •프로그램(사업)순원가 계상의 적정성 •성질별재정운영표와 비교
수익	프로그램 수익 사업수익	•수익인식 기준타당성 •자산·부채 항목연계성 •계정분류 적정성	•분석적 검토 •대사 (세입세출결산 등) •원가재분류 •거래검증(vouching, tracing)	•재정운영표상 프로그램수익에 대한 분석적 검토 절차의 수행(세입세출결산과 비교 포함) •프로그램별 수익의 세부 내역에 대한 입증감사 절차 (수익인식기준의 타당성, 관련 자산·부채와 관계 검토 등) •지출금반납액 회계처리 적정성
비용	관리운영비	•원가분류, 배분적정성 •비용인식 기준타당성 •자산·부채 항목연계성 •계정분류 적정성	•분석적 검토 •대사 (세입세출결산 등) •원가재분류 •거래검증(vouching, tracing)	•관리운영비에 대한 분석적 검토 절차의 수행 (세입세출결산과의 비교 포함) •차감된 간접원가에 대한 입증검사절차 •관리운영경비 세부 내역 입증검사절차 (비용귀속기간의 타당성 검토, 관련 자산·부채와의 관계 검토 등) •인건비와 복리후생비 지급 및 계상 적정성, 퇴직급여 계상의 적정성 등
비용 수익	비배분 비용, 비배분수익	•원가분류, 배분적정성 •비용·수익 인식기준 •자산·부채 항목연계성	•분석적 검토 •대사 (세입세출결산 등) •원가재분류 •거래검증(vouching, tracing)	•재정운영표상 비배분비용과 비배분수익의 발생 현황 파악 및 분석적 검토 절차 •관련 재정상태표 계정과목과 연계검토 •기타 비배분비용 및 비배분수익 검사절차
수익	비교환 수익, (일반)수익	•수익인식 기준타당성 •자산·부채 항목연계성 •계정분류 적정성	•분석적 검토 •대사 (세입세출결산 등) •원가재분류 •거래검증(vouching, tracing)	•해당 회계실체의 비교환거래의 파악 •국세징수활동항목의 적정성 파악 •재정운영표 및 순자산변동표상 비교환수익에 대한 분석적 검토의 수행 •비교환수익 세부 내역 입증검사절차 (비교환수익별 수익인식기준 타당성 등)
기타	우발 부채 등	•완전성 •공시의 적정성	•분석적 검토 •조회 •Subsequent test	•우발상황 존재여부 검토 및 우발부채의 재무제표 또는 주석 공시 타당성 검토 •재정상태표일 이후 발생한 주요 사건에 대한 검토
기타	통합 재무제표	•계정분류 적정성 •공시의 적정성	•분석적 검토 •내부거래파악	•개별회계 자료의 입수 및 검토(타 감사인 감사보고서의 입수 및 검토 포함) •관련 회계실체간 내부거래 검토 •통합조정사항의 적정성 검토 •필수보충정보, 주석 및 부속명세서 검토

(5) 감사결과의 보고

내부통제감사와 입증감사가 종료되면 감사인은 감사계획대로 전체 감사과정이 적정하게 이루어졌는지 검토하고 감사의견 및 감사보고서를 확정하는 절차를 취하여야 한다. 또한, 재무제표에 직접 영향을 미치지 아니하지만, 중요한 사건이나 거래가 빠짐없이 검토되었는지 마지막으로 점검한다. 감사결과 보고와 관련한 제반 감사절차는 일반적으로 다음과 같이 이루어진다.

항목	세부내용
감사계획의 변경 타당성 검토	• 감사수행과정에서 감사계획의 중요한 변경이 있었다면, 이는 감사과정에서 어떻게 반영되었는지 기술
감사위험에 대한 결론	• 감사계획단계에서 파악된 위험에 대한 감사결론을 기술
계류 중인 소송사건 감사	• 계류 중인 소송사건을 집계하여 재무제표 및 주석에 적정하게 반영되었는지 검토
우발부채 및 약정사항 감사	• 우발부채 및 주요약정사항이 재무제표 및 주석에 적정하게 반영되었는지 검토
재정상태표일 이후 사건 감사	• 재정상태표일 이후 발생한 중요사건을 파악하여 재무제표 및 주석에 적정하게 반영되었는지 검토
수정사항 집계 및 미반영 사항 평가	• 미반영 수정사항이 재무제표 전반에 미치는 영향 평가
정산표의 작성	• 최초제시 재무제표, 수정사항 및 최종 재무제표를 표시하는 정산표 작성
최종 재무제표의 분석적 검토	• 최종 재무제표의 특이사항 여부를 파악하기 위하여 분석적 검토 실시
재무제표 표시 및 공시사항 최종 점검	• 재무제표 표시 및 주석이 회계기준 및 관련 준칙 등에 의거 작성되었는지 최종 점검 • 정부회계실체로부터 최종 확정된 날인된 재무제표 징구
감사업무수행의 최종 점검	• 감사 완료 이전에 각 감사기준별 업무수행 여부를 최종 점검
감사절차의 충분성에 대한 평가	• 수행한 검사업무 범위 및 감사증거가 감사의견 형성의 근거로 충분한지 최종적으로 결론
타 감사인 활용 (예: 통합재무제표감사 등)	• 통합재무제표 감사시 소관(또는 관련) 회계 감사업무를 담당한 타 감사인의 감사결과를 입수하여 검토한 후 조서화
감사의견 최종 확정	• 감사의견(적정, 한정, 부적정, 의견거절) 최종 확정
감사결과요약 조서 및 감사보고서 작성	• 상기 수행된 절차에 의거, 감사결과를 요약하고 감사보고서를 작성함

3. 국가회계 및 지방회계에서의 대체적 감사제도 현황

(1) 국가회계에서의 감사원 결산검사

국가결산보고서에 대한 감사원의 결산검사는 크게 세가지 측면에서 진행된다. 첫째는 세입세출결산에 대한 검사, 둘째는 국가재무제표에 대한 검사, 셋째는 성과보고서에 대한 검사이다. 감사원이 결산검사 후 작성하는 '결산검사보고' 역시 이러한 내용이 주를 이룬다(다만, 감사원이 제출하는 결산검사보고에는 여기에 국가결산검사보고 개요, 국가결산 총괄, 주요 재정사업의 감사결과, 국회감사요구사항 감사결과 등이 포함된다). 이는 「대한민국 헌법」 제99조, 「감사원법」 제21조~제23조에 근거한 감사원의 고유 권한이다. 2008회계연도까지는 단식부기·현금주의에 의한 세입세출결산만 결산검사를 수행하였으나, 2009회계연도부터는 성과보고서 검사가 추가되었고, 2011회계연도부터는 국가재무제표에 대한 검사가 추가되어 현재에 이르고 있다.

세입세출결산에 대한 결산검사는 일반회계, 특별회계, 기금에 대한 세입·세출(수입·지출) 결산 계수의 정확성을 확인한다. 이는 정부 결산액과 감사원이 계산증명자료에 의해 파악한 결산액과의 일치 여부, 정부 결산액과 한국은행 국고금 출납액과의 일치 여부를 확인하는 것이다. 또한, 예산 성립 이후 이용·전용 등을 통한 증감내역, 기능별·성질별 지출내역, 예비비 사용내역, 기타 부속서류 등에 대한 분석도 실시한다. 성과보고서 결산검사는 중앙관서의 프로그램 목표, 단위사업에 대한 성과달성 현황에 대한 종합적인 분석내용을 담고 있다, 아울러 성과정보의 객관성을 검증하기 위해 성과지표의 타당성, 성과목표치의 적정성, 성과실적치의 진실성 등도 검사하고 문제가 있는 부분을 지적한다(김찬수, 2023).

- 세입세출결산에 대한 결산검사는 기본적으로 국가(통합)단위 관점에서 결산 계수의 정확성을 검증한다.

- 감사원의 실제 성과보고서 결산검사 결과 지적사항 내용의 사례는 다음과 같다(2022회계연도 결산검사보고 참조). 이 중 성과계획과 다른 실적치를 사용하여 목표를 초과 달성한 것으로 보고한 사례, 예산 비중이 큰 사업의 성과정보 누락 사례, 성과계획과 일치하지 않는 측정방법으로 실적치 산정 사례, 성과지표 산정방식을 잘못 적용하여 미달성된 목표를 달성한 것으로 보고한 사례, 성과계획과 달리 측정방법 임의변경 사례 등은 다른 중앙관서에서도 주의하여야 할 중요한 성과보고서상의 오류라고 할 수 있겠다.

중앙관서	성과보고서 결산검사 지적사항
농림축산식품부	성과측정이 어려운 성과지표 설정
통일부	성과계획과 다른 실적치를 사용하여 목표를 초과 달성한 것으로 보고
산업통상자원부	예산비중이 큰 연구개발 사업의 성과지표 누락
중소벤처기업부	예산 비중이 큰 사업의 성과정보 누락
인사혁신처	성과계획과 일치하지 않는 측정방법으로 실적치 산정
국토교통부	성과지표 산정방식을 잘못 적용하여 미달성된 목표를 달성한 것으로 보고
개인정보보호위원회	목표치 초과달성 지표에 대한 원인분석 미제시
방위사업청	성과 초과달성 성과지표 원인분석 미제시
문화체육관광부	목표치 미달성 성과지표에 대한 원인분석 미제시
국방부	성과계획과 달리 측정방법 임의변경
문화재청	성과지표 산정방법과 다른 실적치

국가재무제표에 대한 결산검사는 1차적으로 중앙관서단위의 재무제표를 검사하고 2차적으로 국가(통합)단위의 재무제표를 검사하는 방법으로 수행한다(기업회계에서 연결대상 기업 개개를 대상으로 별도재무제표를 감사하고, 이어서 연결조정 및 내부거래제거 검토 등 연결회계감사를 수행하는 방식과 유사하다). 따라서 중앙관서단위 재무제표를 결산검사하는 과정에서 자산의 과대·과소계상, 부채의 과소·과대계상, 수익·비용 분류 오류 등을 파악한 후(따라서 일반적으로 자산·부채 등의 오류 사항이 중앙관서 단위별로 파악된다), 국가(통합)단위 재무제표를 결산검사하는 과정에서 내부거래제거나 통합조정회계처리의 적정성을 검사한다.

그런데 현행 국가재무제표 결산검사는 이론적으로 알려진 회계감사 절차(감사계획의 수립 → 내부통제의 평가 → 입증감사의 수행 → 감사결과의 보고)를 따르지 않고 국가재무제표가 「국가회계기준」에 부합하는지 여부를 확인하는 방법으로 주로 이루어진다. 이렇게 할 수밖에 없는 가장 큰 이유는 회계감사 절차를 표준적으로 규정하고 있는 정부회계감사기준이 공식적으로 마련되어 있지 않기 때문이다. 공식적인 정부회계감사기준이 없으므로 회계감사 과정에서 중요한 절차인 중요성기준(materiality)의 설정이나 통계적 표본감사 방법 등도 규정되어 있지 않으며, 이에 따라 국가재무제표에 대한 결산검사에는 감사의견(audit opinion)을 표명하는데 한계가 있다. 이는 복식부기·발생주의 정부회계제도가 정착된 미국이나 영국, 프랑스, 호주 등에서 감사보고서에 감사의견을 표명하고 있는 것과 대비되는 부분이다.

대신 국가재무제표 결산검사는 국가재무제표상 자산·부채나 수익·비용이 「국가회계기준」에 부합되는지를 검사하고 오류가 발견되는 경우 기획재정부를 통해 이를 수정토록 함과 동시에 오류사항을 게시(揭示)하는 방법으로 결산검사보고가 작성된다. 이론적으로 볼 때 현행 국가재무제표 결산검사는 감사(audit)나 검토(review)라기보다는 일종의 합의된 절차(AUP)에 가깝다고 할 수 있다.

➡ 미국연방정부의 경우 각 중앙관서는 해당 중앙관서 내부감찰관(Inspector General)이나 민간 회계법인이 회계감사를 수행하고 감사의견을 표명하며, 연방정부 통합 재무제표에 대해서는 미국 감사원(GAO)이 감사의견을 표명한다. 영국은 민간 회계법인의 지원을 받아 영국 감사원(NAO)이 각 중앙관서 및 국가통합 재무제표를 직접 감사하고 감사의견을 표명한다. 호주나 뉴질랜드는 정부회계 전문 회계법인 등이 1차적으로 회계감사를 수행하고 감사원이 이를 확인하는 방식으로 회계감사가 진행되며, 역시 감사의견을 표명하고 있다.

➡ 회계감사에서 중요성기준 설정이 중요한 것은 정부가 생산한 국가재무제표가 다소 틀리더라도, 그 오류금액이 중요성기준을 넘지 않는다면 정보이용자의 의사결정에 심각한 왜곡을 가져오지 않을 것이라는 확신에 대한 일종의 가이드라인이기 때문이다. 사실 한국 중앙정부의 재무제표를 감사하는 감사원이 감사의견(opinion)을 도입하는데 어려움을 느끼는 이유 중의 하나가 조금이라도 틀려도 무조건 틀렸다고 보는 시선 때문인 것으로 추측된다. 정확한 것만을 강조하고 '적정'이라는 용어 사용을 꺼려할 경우 감사의견 제도를 도입하기에는 쉽지 않아 보인다.

한편, 법령상으로는 국가재무제표 결산검사의 주체는 감사원이지만, 실무적으로는 민간 회계법인의 보조 지원을 받아서 결산검사가 진행된다. 국가재무제표 결산검사는 세입세출결산에 대한 결산검사에 비하여 많은 인원과 시간이 필요할 수밖에 없기 때문이다. 다만, 민간 회계법인은 결산검사에 대한 책임이 없고 실무적인 지원만 하므로 결산검사보고 어디에도 회계법인의 이름이나 서명은 없다. 이러한 측면에서 보면 한국 중앙정부의 결산검사는 영국의 방식과 유사한 측면이 있다(미국연방정부는 감사보고서에 민간 회계법인의 서명이 들어간다).

이러한 이유로 인하여 국가재무제표와 관련한 감사원의 결산검사보고는 오류 적발 및 발생한 사유에 대하여 이를 기재하는 방식으로 작성되어 있다. 감사원이 그 동안 결산검사보고에 게시하였던 오류사항의 내역은 다음과 같으며(허웅, 2020), 아울러 그동한 결산검사보고에 게시되었던 주요 오류사례를 살펴 보도록 한다.

(오류수: 건, 금액: 억원)

분류	구분	2013년	2014년	2015년	2016년	2017년	2018년	2019년
1. 자산누락 및 중복 계상 등 오류	오류수	21	23	30	24	24	9	18
	금액	40,596	47,712	18,569	94,089	31,796	89,332	52,787
2. 자산재평가, 대손 등 자산평가 오류	오류수	22	32	34	21	16	19	24
	금액	39,835	32,944	9,107	18,316	3,546	21,877	19,754
3. 건설중인자산 대체, 자본적 지출 등 오류	오류수	25	21	19	16	24	26	23
	금액	30,559	10,875	8,162	1,637	2,303	3,223	11,731
4. 부채누락 및 중복 계상 오류	오류수	23	23	14	14	7	7	4
	금액	14,221	14,488	9,013	2,478	215	12,091	2,107
5. 계정재분류 오류	오류수	9	8	6	6	6	8	6
	금액	5,611	1,919	8,910	3,301	1,485	725	33,424
6. 수익,비용 인식 등 오류	오류수	16	18	13	14	22	14	13
	금액	12,344	204,873	18,454	12,705	13,185	3,886	10,170
7. 내부거래 미제거 등 오류(통합제외)	오류수	10	2	1	1	1	4	3
	금액	5,519	654	289	214	8	3,670	3,504
합 계	오류수	126	127	117	96	100	87	91
	금액	148,685	313,465	72,504	132,740	52,538	134,804	133,477

(주1) 상기 표에서의 오류금액은 오류발생금액에 절대값을 취한 금액이며, 기본적으로 감사원의 결산검사보고상의 금액을 인용하였으나, 일부 금액은 적절하게 표시하기 위하여 조정한 부분도 있음

Notice

감사원 결산검사 국가재무제표 오류사례 연구(1): 대손충당금 과소설정과 감사기법

① 국가재무제표 오류 국가회계실체, 오류발생 회계연도, 사례 주제

고용노동부 임금채권보장기금, 2018회계연도, 분석적 검토, 통계분석, 전산감사 등 다각적 회계감사 방식을 활용한 구상채권 대손충당금 과소 설정 오류

② 오류의 상황 및 문제제기

2018회계연도 고용노동부 임금채권보장기금(이하 '임채기금')에서는 실질적으로 구상채권의 연령별로 회수율을 고려하여야 함에도 불구하고 전체 대손실적율을 산정하여 대손충당금이 과소 설정되어 있었다. 임채기금의 주된 업무는 민간업체가 부도 등으로 사용인에게 임금채권을 지급하지 못하는 경우 국가가 사용자를 대신하여 사용인에게 임금채권을 지급하는 업무이다. 이 때 임채기금은 사용자에 대한 구상채권

이 발생하게 되는데, 사용자의 대부분이 부도, 폐업 등의 상황이므로 실질적인 구상채권의 회수가 상당히 어려운 경우가 많게 된다. 감사원 결산검사 전 임채기금이 제시한 구상채권 대손충당금율은 63%에 불과했는데(2018년 기준 임채기금의 구상채권 잔액은 1조 7,527억원이었으며, 결산검사 전 대손충당금은 1조 989억원이었다), 구상채권이 발생하고 있는 다른 기금들(신용보증기금, 기술보증기금 등)의 평균 대손충당금 설정율이 80%~90%인 점을 감안하면 임채기금의 구상채권 대손충당금율은 상대적으로 상당히 낮은 수준이었다. 이에 임채기금의 구상채권 대손충당금 설정율이 적정한 것인지에 대한 문제가 제기되었다.

③ 해석 및 검토

구상채권 대손충당금율의 산출 과정을 분석하기에 앞서 우선 임채기금의 구상채권 채권자에 대한 개별 회수가능성 분석을 실시하여 회수가 가능한 상태인지 우선 분석할 필요가 있었다. 개별 분석을 통해 사용자가 구상채권을 상환할 능력이 없다면(휴업, 부도, 폐업 등 상태) 대손충당금율을 산출하여 대손충당금을 설정하는 방식은 문제가 있을 수 있기 때문이었다. 문제는 채권발생 거래 건수가 당시 약 120,000건으로 수작업에 의한 확인은 현실적으로 불가능했다. 이에 채권금액이 큰 순서대로 약 3,000여 건을 sampling하여 수작업으로 검토하여 해당 업체의 약 90%가 휴폐업 등 상황임을 확인하였고, 이를 근거로 국세청 전산데이터를 활용하여 120,000여 건 전수 조사하기에 이르렀다. 전수 조사 결과 거래 건수 기준 약 75%가 휴폐업 상황이었고, 채권 금액 기준으로는 약 86%가 휴폐업 상황임을 파악하게 되었다.

이를 근거로 왜 구상채권 대손충당금율이 상당히 낮게 산출되는지 임채기금이 제시한 대손충당금 설정내역을 상세히 검토하였는데, 임채기금은 매년 구상채권 발생금액(이를 '체당금'이라고 한다)의 누적액(미회수 구상채권 잔액이 아닌 체당금의 누적액)과 매년 총회수 누적액을 근간으로 한 회수율의 5년 평균비율을 모든 구상채권 잔액에 일률적으로 적용했다는 것을 알게 되었다. 이러한 방식의 가장 큰 문제는 그 해 발생한 구상채권 중 그 해 회수한 금액이 40%를 상회하는데, 이 효과로 인해 결국 매년 회수율이 40%에 육박하는 것으로 비교적 높게 산출된다는 점이다. 구상채권의 회수가능성 문제는 정상적인 구상채권의 회수 여부가 아닌 손상가능성이 높은 구상채권(즉, 기말까지 회수되지 못한 구상채권)의 회수 여부가 중요하다는 점이다. 그리고 구상채권이라는 채권의 특성상 회수가 되지 않는 시일이 경과할수록 실제 회수율을 급격하게 낮아지는 특성이 있다. 이 사례에서 임채기금의 구상채권 미회수 잔액이 발생한 연령별로 실제 회수액(미회수 구상채권의 회수액)을 분석한 결과 1년이 경과한 구상채권에 대한 회수율은 20%, 2년이 경과한 구상채권에 대한 회수율을 10%에 불과하였고, 약 5년이 경과한 구상채권은 회수율이 거의 1%~2%에 불과한다는 사실을 알게 되었다. 이렇게 구상채권 잔액의 연령별로 회수율을 산출하여 대손충당금을 재계산한 결과 기말 구상채권 잔액의 약 85%가 대손가능성이 상당히 높은 것으로 산출되었다. 이는 당초 120,000여 건의 데이터 전수의 휴폐업 상태를 비교한 결과(금액기준 86%)와도 유사하였다.

④ 결론 및 검사 결과의 의미

감사원은 기획재정부로 하여금 고용노동부 임금채권보장기금의 구상채권에 대한 대손충당금을 추가로 3,875억원을 설정하도록 조치를 취하였고, 이렇게 함으로써 다른 기금들의 구상채권 대손충당금율 80%~90%인 것과도 형평을 맞출 수도 있게 되었다. 이는 임채기금의 구상채권 대손충당금의 오류를 수정하였다는 점 이외에 타 기금과의 비교를 통해 대손충당금 과소 설정의 문제를 파악하여(분석적 검토) 이를 통계적 표본감사를 통해 1차 확인하고(sampling 검토), 다시 국세청 전산데이터를 활용하여 문제를 2차 확인(전산감사)한 다음 실제 충당금 설정 과정의 문제를 논리적으로 접근(정밀감사)하는 등 분석적 검토, 통계분석, 전산감사 등 회계감사에서 활용할 수 있는 모든 방법을 활용하여 오류를 밝혔다는데 그 의의가 있었다고 볼 수 있다.

Notice

감사원 결산검사 국가재무제표 오류사례 연구(2): 취득후지출의 자산성 문제와 문헌 분석

① 국가재무제표 오류 국가회계실체, 오류발생 회계연도, 사례 주제

해양수산부 교통시설특별회계. 2019회계연도. 사회기반시설의 자산성 범위 논란과 관련한 항만의 취득후지출의 회계처리 오류

② 오류의 상황 및 문제제기

2019회계연도 해양수산부에서는 2000년대 중반 건설이 완료되어 사용 중인 부산 신항만의 근처에 있는 토끼섬(兎道(토도))이 대형선박의 이동안전성을 저해함에 따라 대형선박의 안전을 확보하고 이에 따른 물동량을 증가 등의 이유로 동 섬을 민간으로부터 매입하여 이를 제거하는 공사가 진행되고 있었다. 2019년말 기준 감사원의 결산검사 전 해양수산부 재정상태표에는 동 취득후지출 건과 관련하여 구축물 1,230억원, 건설중인일반유형자산(구축물) 971억원 등 총 2,228억원이 자산으로 계상되어 있었다. 이와 관련하여 토끼섬 매입 및 제거에 소요된 금액의 자산성 여부가 중요한 회

계이슈로 등장하였는데, 동 금액은 자산성이 없으므로 비용으로 인식한다는 주장과 사회기반시설인 항만의 가치를 증가시키는 자본적지출 성격으로 봐야 한다는 주장이 대립되었다.

③ 해석 및 검토

토끼섬의 매입 및 제거 공사는 부산신항만 취득 이후 발생한 사건이며, 동 지출의 목적이 선박이 안전하게 항만을 정상적으로 이용하기 위한 것이므로 항만의 내용연수를 증가시키거나 해당 자산의 가치를 실질적으로 증가시키는 것으로 볼 수 없으므로 자본적지출이라고 보기 어렵다(「일반유형자산과 사회기반시설 회계처리지침」 문단 26). 설령 신항만의 취득과 관련한 필수불가결한 취득부대비용으로 본다고 하더라도 이는 ㉠ 설치장소 준비를 위한 지출, ㉡ 외부 운송 및 취급비, ㉢ 설치비, ㉣ 설계 관련 수수료, ㉤ 취득세 · 등록세 등 관련 제세공과금에 해당한다고 보기 어려운 것도 사실이다(「일반유형자산과 사회기반시설 회계처리지침」 실무해설 5). 왜냐하면 2000년대 중반 부산신항만 건설시 토끼섬 제거 논란이 있었으나, 당시 해양수산부는 토끼섬을 제거하지 않더라도 항만 운영에 문제가 없다고 해명하였고, 2006년 신항터미널 1-1단계를 개장하였기 때문이다.

이는 토끼섬 매입 및 제거 공사에 소요된 지출액은 신항만의 자산 활용에 필수불가결한 것이 아닌 것을 증명한다. 토끼섬의 매입 및 제거 공사가 신항만에 대한 선박의 이용횟수를 증가시킬 수는 있을 수 있지만, 동 공사가 신항만 자체의 선석(접안시설) 등 시설을 증가시키는 것은 아니며, 동 시설의 성능을 직접적으로 향상시키는 지출이라고 보기도 어렵다. 「항만법」 제2조에서도 '항만'이란 선박의 출입, 사람의 승선 · 하선, 화물의 하역 · 보관 및 처리, 해양친수활동 등을 위한 시설과 화물의 조립 · 가공 · 포장 · 제조 등 부가가치 창출을 위한 시설을 갖추어진 곳을 말한다고 규정하고 있어 항만 주변 환경에 소요된 지출은 '항만'이라고 보기 어렵다고 해야 할 것이다. 즉, 사회기반시설에 대한 자본적 지출은 사회기반시설 자체의 성능 향상에 국한해서 해석할 필요가 있다.

부산일보 2005.04.06. 기사

- (중략)...6일 부산노신사업회(회장 송○○)에 따르면 "신항 항로의 폭이 420m로 설계돼 있으나 선박이 속도를 늦출 경우 바람의 영향을 받아 횡방향으로 밀릴 가능성이 높아 대형사고 가능성이 높다"면서 최근 신항 개장 전에 토도를 제거해줄 것을 해양수산부에 요청했다. 동명정보대 박남규 교수도 "토도와 남컨테이너부두의 폭은 1만2천 TEU급 선박이 겨우 통과할 수 있는 420m에 불과하다"며 "기상이 갑자기 악화되거나 예인선이 제대로 기능하지 않으면 좌초 등 사고위험이 있다"고 경고했다.

이에 대해 해양부 박○○ 항만개발과장은 "지난해 토도와 호란도 사이 항로 폭을 300m에서 420m로 늘이기로 한 만큼 굳이 어장과 해양생태계 파괴를 유발할 수 있는 토도를 제거할 필요는 없다"고 말했다. 부산신항만㈜ 관계자도 "신항 입항로 420m는 편도항로인 만큼 대형선박 입출항에 아무 문제가 없을 것"이라며 토도 제거에 부정적인 입장을 밝혔다.

④ 결론 및 검사 결과의 의미

감사원은 기획재정부로 하여금 해양수산부가 인식한 2,228억원 자산을 수선유지비 등 해당 프로그램원가로 수정하도록 하였다. 이는 사회기반시설에 대한 취득부대비용 또는 취득후 지출은 사회기반시설과 관련된 지출액을 확대 해석하는 것을 경계하며, 사회기반시설 자체의 자산성 또는 성능 향상에 기초하여 자산으로 인식할 필요가 있다는 방향을 제시한 것으로 결산검사의 의미가 있다고 볼 수 있다.

Notice

감사원 결산검사 국가재무제표 오류사례 연구(3): 부외자산 누락과 정부프로세스 감사

① 국가재무제표 오류 국가회계실체, 오류발생 회계연도, 사례 주제

행정안전부 일반회계, 2019회계연도, 사업구조 및 프로세스 분석을 통한 부외자산(전자정부 관련 소프트웨어 무상양수) 누락 오류의 파악

② 오류의 상황 및 문제제기

2019회계연도 행정안전부 일반회계에서는 출연기관인 한국정보화진흥원으로부터 전자정부지원사업의 일환으로 개발된 소프트웨어 및 기타 시스템의 소유권을 무상으로 양수받았다. 그런데 2019년말 기준 감사원의 결산검사 전 행정안전부 재정상태표에는 일부 무상양수받은 소프트웨어 등이 누락되어 있었는데, '행정정보공유 확대를 위한 범정부 정보유통 허브 구축', '행정서비스 통합제공시스템 구축(2단계2차)', '국가기준데이터 관리체계 구축' 등이 이에 해당되었다. 이와 관련하여 어떠한 원인으로 전자정부 관련하여 개발한 중요 소프트웨어가 국가재무제표에 누락될 수 있었는지 거래 프로세스에 대한 이해, 문제점 파악, 개선사항 제시가 중요 회계이슈로 등장하였다.

③ 해석 및 검토

만일 행정안전부가 예산과정을 통해 국가 중요 소프트웨어의 개발에 지출이 이루어졌다면 소프트웨어 자산을 누락할 가능성은 매우 낮아졌을 것이다. 일반적인 감사원의 결산검사 오류지적사항 사례를 보면, 해당 부처에서 소프트웨어 개발 지출이 이루어졌으나 이를 자산으로 인식하지 않고 연구개발비 등의 비용으로 처리하여 이를 수정하는 사례는 많이 있었다. 그런데, 행정안전부가 총괄하는 전자정부 관련 사업의 경우 행정안전부가 직접 개발을 진행한 것이 아니라 출연기관인 한국정보화진흥원에 출연금을 지원하고 한국정보화진흥원이 개발 계획에 따라 주도적으로 시스템 등을 개발한 후에 행전안전부에 무상으로 양도하는 거래방식을 취하고 있었다.

행정안전부가 한국정보화진흥원에 출연하는 출연금은 그 특성상 직접적인 반대급부가 존재하는 것이 아니며 출연기관이 출연금을 자유롭게 사용할 수 있으므로 행정안전부는 이를 당해연도 비용으로 인식한다(동 출연금과 관련하여 한국정보화진흥원은 이를 출연금수익으로 인식하고, 시스템 개발을 위해 지출된 금액은 당기 사업비용으로 인식한다. 진흥원 자산이 아니기 때문이다). 이와는 별도로 「전자정부지원사업 관리지침」 제27조(계약목적물의 귀속)에 따르면 한국정보화진흥원은 해당 사업의 추진 결과 취득한 시스템, 보고서 및 사업추진의 결과로 발생한 물건 등에 대하여 주관기관의 장에게 소유권을 무상으로 양도하도록 규정하고 있다.

이렇게 2019년 중에 행정안전부의 각 과에 각각 소유권을 이전한 시스템이 '행정정보공유 확대를 위한 범정부 정보유통 허브 구축', '행정서비스 통합제고시스템 구축(2단계2차)', '국가기준데이터 관리체계 구축' 등이다. 문제는 시스템을 이전받으면서 하드웨어적인 물품은 행정안전부의 재산(물품)으로 등재하면서 더욱 중요한 소프트웨어 부분은 누락되어 있다는 점이다. 진흥원도 관련 시스템을 행정안전부에 무상양도시 어떠한 회계처리를 하지 않게 되며, 이로 인해 해당 소프트웨어의 무상양수도가 어디에도 인식되지 않는 결과가 초래되었던 것이다. 「일반유형자산 및 사회기반시설 회계처리지침」 문단 9.에 따르면, 무상으로 취득한 자산에 대하여는 취득한 자산의 공정가액 및 취득부대비용을 취득원가로 한다고 규정하고 있다. 개별적으로 개발된 소프트웨어이므로 공정가액을 측정하기 어려울 것이므로 소트프웨어 개발에 소요된 비용이 무상으로 취득한 자산의 취득원가가 된다고 할 수 있다.

④ 결론 및 검사결과의 의미

감사원은 기획재정부로 하여금 행정안전부가 무형자산으로 인식하지 않은 86억원을 무형자산과 정부외자산수증을 인식하도록 조치하였다. 그러나 이렇게 출연기관에 출연하는 것과는 별개로 향후 소프트웨어 등을 무상양수한 경우 국가가 이를 누락하지 않고 자산으로 인식할 수 있도록 전반적인 회계프로세스의 개선이 필요하다. 예산 집행이 직접적으로 이루어지지 않고, 출연금과 무형자산 무상취득이 직접적으로 연결되어 있지 않기 때문에 향후 계속해서 주의하여야 할 사항이다. 또한, 시스템의 양수도는 실제 사업부서 간에 이루어지기 때문에 회계처리가 적시에 이루어질 수 있는 환경의 개선도 필요한 부분이라 할 수 있겠다.

Notice

감사원 결산검사 국가재무제표 오류사례 연구(4): 보조금반환액 누락과 업무감사

① 국가재무제표 오류 국가회계실체, 오류발생 회계연도, 사례 주제

여성가족부 일반회계, 2020회계연도, 확정된 보조금반환액의 반환 업무처리 지연으로 인한 자산인식 누락의 오류(동 오류 건은 이후 감사원 업무감사까지 확대되었고 언론을 통해 보도 되기도 하였다(서울신문 2021.7.8.))

② 오류의 상황 및 문제제기

2020회계연도 여성가족부 일반회계에서는 여성가족부 주요 정책사업인 '아이돌봄지원사업'과 관련하여 각 자치단체에 2019년에 교부된 국고보조금(보조사업비 2,244억원) 중 각 지방자치단체에서 실제 집행하지 못한 불용액은 2020년 중 확정 · 반납되었어야 했다. 이와 관련하여 여성가족부는 각 자치단체에 집행실적 및 정산실적을 보고하라는 공문을 발송하기도 하였다. 그런데, 일부 자치단체에서 e나라도움(국고보조금관리시스템) 조작미숙 등의 사유로 2020년 12월 31일까지 e나라도움상 미집행액에 대한 정산 확정을 진행하지 못했고, 이에 따라 여성가족부에서 관련 징수결의를 진행하지 못해 총 교부액의 약 10%를 초과하는 233억원에 대한 자산(미수기타수익)과 수익(지출금반납금)이 누락되었다.

③ 해석 및 검토

현재 국고보조사업은 e나라도움 시스템을 통하여 교부, 집행, 정산 및 반납이 이루어지고 있다. 각 자치단체에서 수행한 '아이돌봄지원사업' 역시 미집행잔액에 대해 일반적으로 해당 자치단체에서 시스템적으로 반납처리를 진행해야 동 정책사업을 총괄하는 여성가족부가 이를 국가재무제표에 반영할 수 있게 된다. 문제는 여기서 자치단체에서 반납처리를 진행하지 않아 여성가족부가 관련 회계처리를 진행하지 못하였을 경우 과연 문제로 제기될 수 있는가가 논란의 핵심이 되었다.

2019년 교부된 '아이돌봄지원사업' 보조사업비의 관련 법령상에서는 익년도인 2020년 3월말까지 보조사업비 정산을 완료하고 미집행잔액에 대한 반납처리를 진행하여야 한다. 그런데 이러한 절차를 9개월이 경과한 2020년 12월말까지도 진행하지 아니하였다. 물론 절차 지연에 대한 1차적인 책임은 해당 자치단체에 있는 것이 당연하다. 그러나 여성가족부는 동 사업의 총괄 관리하는 부처로서 제때 이루어지지 않은 행정절차에 대해 자치단체 책임으로만 미룰 것이 아니라 정산 및 반납이 이루어지도록 적극적으로 조치를 진행했어야 했다. 특히, 절차 지연의 원인이 특수한 사정이 있었던 것이 아니라 단순히 시스템 조작 미숙으로 인한 것이었다는 것도 여성가족부의 책임이 더욱 부각될 수 있는 부분이었다.

여성가족부 입장에서는 국고보조금의 교부, 집행, 정산, 반납이 모두 시스템적으로 이루어지고 있고, 시스템적으로 반납 처리가 진행되어야 dBrain에서 징수결의가 이루어질 수 있다는 점에 기초하여 자치단체가 취하지 않은 절차에 대해 여성가족부는 파악하기 어렵다고 주장하였다. 그러나, 법령상 행정절차 처리 기간이 정해져 있고, 처리 기간 이후 여성가족부에서 해당 자치단체에 정산 확인 공문을 발송하는 등 여성가족부 입장에서 충분히 동 상황을 파악하고 있었으며, 이를 대처할 수 있는 시간적인 여유도 충분하였기 때문에 최소한 2020회계연도 재무제표에 결산시 발생주의에 근거한 회계처리는 수행했어야 했다.

한편, 동 오류상황은 2020회계연도 국가재무제표 결산검사시 파악된 사항이었으나, 이후 감사원에서 동 건으로 업무감사를 계속 진행한 결과, 이렇게 반납처리 지연으로 인한 사례가 2019년에 교부한 것 뿐만 아니라 2017년 및 2018년 교부액 중 미집행잔액의 일부가 계속하여 반납처리를 수행하지 않은 것도 발견하였다. 이에 따라 감사원은 총 339억원의 반납 지연액을 적발하였다(서울신문 2021.7.8.).

④ 결론 및 검사결과의 의미

감사원은 기획재정부로 하여금 여성가족부가 누락한 미수기타수익 및 수익(지출금 반납금) 233억원을 재무제표에 반영하도록 조치하였다. 이는 단순히 누락된 자산 및 수익을 인식하도록 한 것뿐만 아니라 중앙정부가 취하여야 할 절차를 특별한 사유 없이 지연하는 경우에도 재무제표의 왜곡 상황이 발생할 수 있음을 보여주는 사례라고 할 수 있다. 또한, 국가재무제표에 대한 결산검사가 결산심사보서만 끝나는 것이 아니라 이후 업무감사로 계속하여 이어질 수 있는 사례 중 하나가 되었다는 점에서 의미가 있었다고 할 수 있다.

Notice

감사원 결산검사 국가재무제표 오류사례 연구(5): 해외현장 공사관리상의 문제

① 국가재무제표 오류 국가회계실체, 오류발생 회계연도, 사례 주제

문화체육관광부 관광진흥개발기금, 2017회계연도, 미사용 해외문화원 공사 대금의 관리 및 회계처리 오류(해외에서 정책사업이 진행되는 경우 국고 지출시점과 실제 집행시점이 다를 경우 회계처리의 문제)

② 오류의 상황 및 문제제기

2017회계연도 문화체육관광부의 관광진흥개발기금에서는 해외 주요 도시 해외문화홍보원 건립·운영과 관련하여, 뉴욕, 파리 등 일부 문화원에서 공사비 일부가 실제 건립에 사용되지 않고 해외문화원의 은행계좌에 보관되어 있었으나, 마치 공사에 투입된 것처럼 건설중인자산으로 회계처리하고 있었다. 해외에서 자금 집행이 이루어지는 경우 관리 절차가 국내보다 취약한 경우가 발생할 수 있다는 회계이슈가 등장하였다.

③ 해석 및 검토

뉴욕문화원의 경우 2010년부터 2017년까지 총 343억원의 금액이 건설하는데 집행되어 건설중인자산으로 계상되어 있었다. 그런데 실질적으로는 미국 철도청의 인허가 지연으로 설계업무 이후 공사가 중단되었으며, 당초 공사에 투입되었다고 회계처리한 343억원 중에서 139억원만 집행내역이 확인되었고 나머지 204억원은 뉴욕문화원이 관리하고 있는 은행계좌에 보관되어 있었다. 이렇게 별도 금융상품으로 보관되어 있는 금액은 건설중인자산으로 보기 어려우므로 적정한 계정과목으로 인식할 필요가 있다. 이와 같은 사례는 파리문화원에서도 발생하였다.

일반적으로 정책사업 목적으로 국고에서 예산이 지출되는 경우 동 시점에 당연히 지출 목적으로 사용되었을 것으로 예상하여 회계처리를 하게 되는데, 해외에서 정책사업을 수행하는 경우 아무래도 국고의 지출 시점과 실제 해외에서 사용 시점의 시간적 차이가 존재할 수 있다는 점에 유의할 필요가 있었다. 또한, 원 정책사업에 사용되지 못하고 있는 자금은 적정한 절차에 따라 사용될 때까지 철저하게 관리되어야 하며, 혹시라도 발생할 수 있는 사고에 대한 대비도 반드시 필요하다.

④ 결론 및 검사결과의 의미

감사원은 기획재정부로 하여금 문화체육관광부에서 실제 공사에 투입되지 않고 별도의 계좌로 관리하고 있던 327억원(뉴욕문화원 204억원, 파리문화원 123억원)을 기타국

고금으로 변경하도록 조치를 취하였다. 이는 단순한 계정재분류 오류수정 이상으로 건설중인자산 중에는 실제 공사에 투입되지도 않은 현금성자산이 있을 수 있고, 상대적으로 통제력이 약한 해외에서 현금성자산 관리가 중요할 수 있음을 시사하였다는 데 그 의의가 있었다.

▶ 상기 5개의 오류사례 연구는 감사원의 결산검사보고(2017~2020회계연도), 국가재무제표 자산·부채 평가 오류사례 연구 및 감사원 결산검사의 의의(허웅, 2021), 2019회계연도 국가재무제표 결산검사 업무보조 용역(Ⅲ)의 추가과제 보고서(이정회계법인 컨소시엄) 및 기타 해당 결산검사 업무에 참여한 공인회계사와의 인터뷰 등을 근간으로 하였다.

(2) 지방회계에서의 공인회계사에 의한 재무제표 검토

지방자치단체 결산보고서의 결산검사는 지방의회에서 선임한 결산검사위원이 수행한다. 다만, 결산보고서 중 재무제표 부분은 공인회계사가 먼저 검토(review)를 수행하여 검토보고서를 작성하고, 이 검토보고서는 결산보고서에 첨부되어 결산검사위원에게 제출된다. 재무제표에 대한 결산검사의 궁극적인 책임은 결산검사위원에게 있으나, 실무적으로는 공인회계사의 검토보고서를 상당 부분 활용한다는 점에서 정부회계감사의 대체적 절차로서 지방자치단체 재무제표 검토와 관련한 제도 및 절차에 대해 살펴볼 필요가 있다.

한편, 검토업무의 기준이 되는 「지방자치단체 재무제표 검토기준」은 2008년 제정되어 계속 활용되었으나, 2021년 1월 1일부터 시행되는 「지방자치단체 복식부기·재무회계 운영규정(행정안전부훈령)」에 동 내용이 포함됨(재무회계 운영규정 제5장 재무제표에 대한 공인회계사의 검토(이하 '재무제표 검토기준'이라 한다))에 따라 2021년 1월 1일자로 폐지되었다. 그러나 내용은 기존 검토기준과 거의 동일하다.

검토업무를 수행하는 검토인은 회계법인 또는 개업한 공인회계사로서 해당 지방자치단체 등으로부터 독립성을 유지하여야 하며, 지방자치단체의 재무회계에 관한 전문교육을 이수하여야 한다(회계법인인 경우 이사 1인 반드시 포함). 검토인은 재무제표가 왜곡될 수 있다는 전문가적인 의구심(skepticism)을 가지고 검토업무를 수행하여야 하며, ㉠ 성실성과 공정성, ㉡ 전문가적 적격성과 정당한 주의, ㉢ 비밀누설금지, ㉣ 전문가로서의 품위를 훼손하는 행위 금지 등 윤리기준을 지켜야 한다.

검토업무의 범위와 관련하여 재무제표 검토는 재무제표(주석 포함), 필수보충정보 등 재무제표의 전반에 걸쳐 실시하되, 재무제표를 제외한 필수보충정보(성질별 재정운영보고서는 제외) 및 부속명세서는 계산의 정확성을 검증하고 재무제표와 대조하는 절차를 수행하면 검토업무를 수행한 것으로 간주한다. 재무제표상 계정과목별 구체적인 검토절차는 「지방자치단체 복식부기·재무회계 운영규정」 부록1(재무제표 주요 검토사항 및 검토보고서 표준양식)에서 규정하고 있다. 검토인은 검토과정에서 발견된 회계처리, 재무회계 제도운영에 관한 문제점에 대하여 보고하고 수정방안 및 개선대안을 권고해야 한다.

검토업무의 시기와 관련하여 자치단체의 장은 출납폐쇄기한(12월31일) 경과 후 60일 이내에 재무제표 등 결산서류를 검토인에게 제출해야 하며, 검토인은 결산검사위원회 개최 7일 전까지 검토 완료하여야 한다.

검토업무의 방법과 관련하여 검토인은 지방자치단체가 제출한 재무회계 결산에 관련된 서류를 근거로 수행하며, 검토인은 검토업무 계약서, 「지방회계기준」 및 「지방자치단체 복식부기·재무회계 운영규정」 등에서 요구하는 사항을 고려하여야 한다. 검토업무는 검토의 대상이 되는 정보가 「지방회계기준」 등에 중요하게 위배되어 표시된 점이 발견되었는지의 여부를 보통수준의 확신을 제공할 수 있도록 계획되며, 이와 같은 확신은 소극적 확신(limited assurance)의 형태로 검토보고서에 표시한다. 재무제표 검토기준에서 규정하고 있는 재무제표 검토절차는 다음과 같으며, 재무제표상 각 계정과목 등에 대한 구체적인 검토사항은 「지방자치단체 복식부기·재무회계 운영규정」 부록1(재무제표 주요 검토사항 및 검토보고서 표준양식)에서 규정하고 있다.

Notice

지방자치단체 재무제표 검토절차

㉠ 지방자치단체 및 지방자치단체의 구성부분인 회계실체에 대한 이해
㉡ 지방자치단체의 회계처리기준 및 회계실무 등 회계정책에 관한 질문
㉢ 세입결산, 세출결산, 예산외거래 등 관련 세입세출결산서 및 부속서류와의 충분한 대사 검증
㉣ 회계기록, 거래의 분류 및 요약, 재무제표 공시를 위한 정보의 축적, 그리고 재무

제표의 작성 등과 관련된 지방자치단체의 절차에 관한 질문
ⓜ 재무제표 관련 지방자치단체의 장의 모든 중요한 주장과 관련된 질문
ⓑ 비경상적인 개별항목이나 상호 연관성을 확인하기 위하여 수립한 분석적 절차(직전회계연도 재무제표와 당해회계연도 재무제표의 분석적 비교, 필수보충정보의 분석적 검토 등을 포함)

지방자치단체 재무제표에 대한 검토보고서 사례는 다음과 같다.

지방자치단체 재무제표에 대한 검토보고서

○○시장/도지사/군수/구청장 귀하

우리는 첨부된 ○○시/도/군/구의 20××년 12월 31일로 종료되는 회계연도의 재무제표(현금흐름표는 「지방자치단체 회계기준에 관한 규칙」의 부칙에 따라 작성되지 아니하였습니다)를 검토하였습니다. 이 재무제표를 작성할 책임은 지방자치단체의 장에게 있으며, 우리의 책임은 동 재무제표에 대하여 검토를 실시하고 이를 근거로 이 재무제표에 대하여 검토결과를 보고하는데 있습니다.

우리는 「지방자치단체 복식부기·재무회계 운영규정」에 따라 검토를 실시하였습니다. 이 기준은 우리가 재무제표가 중대하게 왜곡표시되지 아니하였다는 것에 관해 보통수준의 확신을 얻도록 검토를 계획하고 실시할 것을 요구하고 있습니다. 검토는 주로 질문과 분석적 절차에 의거 수행되므로 감사보다는 낮은 수준의 확신을 제공합니다. 우리는 감사를 실시하지 않았으므로 감사의견을 표명하지 아니합니다.

우리의 검토결과 상기 재무제표는 「지방자치단체 회계기준에 관한 규칙」 및 「지방자치단체 복식부기·재무회계 운영규정」에 중요하게 위배되어 표시되었다는 점이 발견되지 아니하였습니다.

○○도 ○○시(군) ○○구 ○○-○○번지
××회계법인 대표이사 ○○○
○○○○년 ○월 ○○일

제 3 절 정부회계정보의 활용방안과 성과평가·성과감사

1. 정부회계정보의 활용과 성과평가

(1) 정부회계정보를 활용하지 못하는 현실과 향후 활용방안 방향성

복식부기·발생주의 정부재무제표에서 산출되는 재무정보는 다양한 정보이용자에게 활용될 수 있어야 함에도 지금까지 재무정보를 활용하는 방법과 관련한 연구는 활발히 이루어지지 못한 부분이 있다. 기업회계에서는 재무정보를 대외적인 관점에서 기업에 대한 지분투자, 차입, 채권발행, 기업간 인수·합병, 기업홍보, 과세자료, 보조금이나 R&D자금의 지원 등에 다양하게 활용하고 있으며, 대내적인 관점에서도 기업내부 임직원에 대한 성과평가, 기업의 목표설정, 제품의 생산여부 결정, 제품가격의 결정 등에 이용되고 있는 것과 비교된다고 할 수 있다.

➡ 대외적인 관점에서 회계정보를 다루는 분야를 일반적으로 "재무회계"라고 하며, 대내적인 관점에서 회계정보를 다루는 분야를 "관리회계(원가회계 포함)"라고 한다.

정부회계에서 복식부기·발생주의 재무제표가 산출된지도 10년이 훌쩍 경과되었음에도 불구하고 재무정보를 어떻게 활용할 것인가를 기업회계 관점에서만 접근하다 보니, 재무비율 분석이나 세부사업 원가분석에만 초점이 맞추어져 온 것이 현실이다. 재무비율은 정부의 특성이 반영되지 않고 기업의 재무비율을 변형하는 수준에 그쳤으며, 세부사업 원가분석은 표준화된 분석방법(다른 정책사업에도 적용될 수 있는 방법을 의미한다)과도 거리가 멀었다(허웅·김강배, 2021).

그러다 보니 복식부기·발생주의 정부재무제표를 굳이 작성할 필요가 있는지에 대한 회의론이 없지 않은 것도 사실이다. 이는 반대로 정부회계정보를 어떻게 활용할 것인지에 대한 좀 더 실질적인 연구가 절실히 필요한 시점이기도 하다. 비록 현재는 복식부기·발생주의 정부재무정보를 공식적으로 활용되는 경우가 많지는 않지만, 활용방안에 대한 논의는 필요하므로 이하에서는 정부재무제표를 어떻게 활용할 것인가에 대한 방향성을 모색해 보기로 한다. 한편, 정부재무정보의 활용은 이론적인 측면에서 국가회계나 지방회계가 거의 유사하기 때문에 국가회계정보의 활용 측면을 위주로 논의하고, 필요한 경우 지방회계와 관련한 사항을 언급하기로 한다.

(2) 국가회계정보 활용방안 ① – 재무회계 측면에서의 활용 가능성

국가회계정보를 활용한 재무정보는 크게 두 가지 방향에서 활용될 수 있는데, 첫째는 재무정보 또는 재무비율을 직접적으로 활용하여 분석하는 재무회계 측면에서의 활용이고, 둘째는 성과지표에 재무정보를 보완하여 정책에 대한 성과를 평가하는데 활용할 수 있는 관리회계 측면에서의 활용이다.

첫째, 재무회계 측면에서의 활용은 다시 거시적인 측면에서 ㉠ 국가 전체적인 관점에서의 재무정보의 활용과 미시적인 측면에서 ㉡ 회계·기금 또는 중앙관서 관점에서의 재무정보의 활용으로 세분화할 수 있다.

우선 거시적인 관점에서, 국가 전체적인 관점에서의 재무정보의 활용과 관련한 대표적인 사례로 국가통합 재무정보를 활용하여 '현재세대 국민에 대한 실질적 정책 효과 대비 국세 등 부담 정도와 이에 따른 미래세대에 대한 부담 정도'를 생각해 볼 수 있다. 이는 특정 시점에서의 분석도 가능하지만, 시계열분석(time-series analysis)을 활용할 경우 그 효과는 증대된다. 이론적으로 국가통합 재정운영표에서 재정운영결과가 0인 것이 이상적인데, 이는 현재세대 국민에게 실질적으로 제공된 정책적 효과(=재정운영순원가)만큼 현재세대 국민이 국세 등(=비교환수익)으로 부담했다는 것을 의미한다. 만일 재정운영결과(=재정운영순원가−비교환수익)가 정(+)의 값이라면 국민에게 제공된 정책적 효과 대비 비교환수익(국세, 부담금 등)을 적게 인식(징수)하여 결국 미래세대에게 부담시키는 정도를 나타내는 것이며, 반대로 부(−)의 값이라면 비교환수익(국세, 부담금 등) 인식(징수)액이 국민에 대한 실질적인 혜택보다 더 많다는 것이고 미래세대에게 혜택(즉, 부(−)의 부담)을 제공했다는 것을 의미하게 된다. 실제 한국 중앙정부의 2022회계연도 기준 과거 10년간(2013년~2022년) 국가통합 재정운영결과를 살펴보면 아래의 표와 같다. 시계열적인 측면에서 특정 회계연도에 발생한 특정 사건이 국가재무제표에 어떠한 영향을 끼친 적도 있었으나, 중앙정부는 지속적으로 재정운영결과를 최대한 0으로 유지하려고 노력해 왔다는 것을 읽어볼 수 있다. 물론 재무정보 분석을 통해 모든 원인이 바로 파악되는 것은 아니지만, 최소한 상세한 분석이 필요하다는 계기로서의 1차적인 분석은 가능하다는 점이 중요한 부분이다.

(단위: 조원)

구분	13년	14년	15년	16년	17년	18년	19년	20년	21년	22년
재정운영순원가	275	265	247	363	345	343	395	448	476	513
비교환수익	246	257	274	305	324	351	352	348	413	465
재정운영결과	29	8	(–)27	58	21	(–)8	43	100	63	48

(*) 출처: 2013~2022 국가결산보고서(기획재정부)

(주1) 2015년부터 2021년까지 재정운영결과의 추세를 보면, 특정 정책사건로 인해 재정운영결과가 증가(미래세대 부담 증가)하더라도 이후 연도에는 이 효과를 줄이려고 하는 국가의 의지를 볼 수 있음

상기와 같은 방식으로 국가 전체적인 관점에서 '금융자산과 비금융자산 구성비율의 시계열적인 변화(이는 같은 자산이라고 하더라도 미래세대가 정책에 활용할 수 있는 자산의 질의 변화를 측정할 수 있다)', '부채별(차입부채, 충당부채 등) 변화속도에 대한 사계열적인 분석(부채 증가의 속도를 파악함으로써 미래세대 부담 정도의 특성을 파악할 수 있다)', '국가의 경제규모(GDP 등) 대비 특정 회계정보의 변화' 등 다양한 방식의 국가회계정보 활용을 모색해 볼 수 있을 것이다.

▶ 참고로 거시적 측면에서의 각종 재무비율 분석은 단일의 지표값만 산출이 가능한 국가회계 보다는 지방회계 차원에서 더 활발하게 활용될 수 있다. 지방회계의 경우 유사 자치단체간 재무비율 분석 및 비교가 가능하기 때문이다. 이로 인해 지방회계에서는 재무비율 자료가 제시되고 있는 현실이다. 다만, 현행 재무비율이 너무 기업회계 관점에서 개발된 부분이 없지 않아 널리 활용되고 있지는 않으나, 지방정부 및 지방회계정보의 특성을 고려한 재무비율이 개발될 수 있다면 아무래도 국가회계 보다는 좀 더 활용도가 높을 것으로 보인다. 다음은 현행 지방회계에서 사용되고 있는 각종 재무비율 지표와 산출방식이다.

분야	지 표 명	산 식
재정상태	총자산 대비 총부채 비율	총부채 / 총자산 * 100
	총부채 대비 차입부채 비율	차입부채 / 총부채 * 100
	유형고정자산 대비 부채 비율	부채 / 유형고정자산 * 100
	재정자금 대비 금융상품 비율	장·단기 금융상품 / 재정자금(주2) * 100
	현금창출자산 대비 총부채 비율	총부채 / 현금창출자산(주1) * 100
	재정자금 대비 차입부채 비율	차입부채 / 재정자금(주2) * 100
	유동자산 대비 유동부채 비율	유동부채 / 유동자산 * 100
	미수세금 대비 대손충당금 비율	미수세금 대손충당금 / 미수세금(대손충당금 차감전) * 100
	단기민간융자금 비율	단기민간융자금 / 장·단기 민간융자금 * 100

분야	지표명	산식
재정운영	예산 대비 세출 비율	세출액(일반+기타) / 예산현액(일반+기타) * 100
	경상수익 대비 경상비용 비율	경상비용(주4) / 경상수익(주5) * 100
	경상비용 대비 이자비용 비율	이자비용(주3) / 경상비용(주4) * 100
	이자수익 대비 이자비용 비율	이자비용(주3) / 이자수익 * 100
	총수익 대비 경상수익 비율	경상수익(주5) / 총수익 * 100
	경상수익 대비 경상자체조달수익 비율	경상자체조달수익(주6) / 경상수익(주5) * 100
	자체조달수익 대비 채권 비율	미수자체조달수익(대손충당금 차감후)(주7) / 자체조달수익 * 100
	세외수익 대비 채권 비율	미수세외수익(대손충당금 차감후)(주8) / 세외수익 * 100
	총비용 대비 경상비용 비율	경상비용(주4) / 총비용 * 100
	지출액 대비 자산취득 비율	자산취득액 / 지출액 * 100
회계책임	주민 1인당 총자산	총자산 / 인구수(회계연도말 인구수)
	주민 1인당 총부채	총부채 / 인구수(회계연도말 인구수)
	주민 1인당 실질부채	실질부채 / 인구수(회계연도말 인구수)
	주민 1인당 총수익	총수익 / 인구수(회계연도말 인구수)
	주민 1인당 자체조달수익	자체조달수익 / 인구수(회계연도말 인구수)
	주민 1인당 지방세수익	지방세수익 / 인구수(회계연도말 인구수)
	주민 1인당 총비용	총비용 / 인구수(회계연도말 인구수)
	주민 1인당 민간등이전비용	민간등이전비용 / 인구수(회계연도말 인구수)
	공무원 1인당 총수익	총수익 / 공무원(현원 = (기초 + 기말) / 2)
	공무원 1인당 총비용	총비용 / 공무원(현원 = (기초 + 기말) / 2)
	공무원 1인당 총급여	총급여 / 공무원(현원 = (기초 + 기말) / 2)

(주1) 현금창출자산=(유동자산-기타유동자산+일반미수금)+장기금융상품+(장기대여금-학자금위탁대여금)+기타투자자산

(주2) 재정자금=현금및현금성자산+장·단기금융상품

(주3) 이자비용=차입부채 이자비용

(주4) 경상비용=인건비+운영비+재정보전금+조정교부금+교육비특별회계전출금

(주5) 경상수익=지방세수익+경상세외수익+지방교부세+재정보전금+조정교부금

(주6) 경상자체조달수익=지방세수익+경상세외수익

(주7) 미수자체조달수익=미수세금+미수세외수입금+일반미수금

(주8) 미수세외수익=미수세외수입금+일반미수금

➡ 지방회계의 경우 2012회계연도부터 (정책)사업원가정보가 공시됨에 따라 각 자치단체별로 사업원가정보를 비교할 수 있는 재무비율 개발이 필요할 수 있다. 자치단체의 재정운영표는 12개의 사업분야로 구분하여 사업원가정보를 공시하는데, 유사 사업별로 범주화하여 자치단체별로 전체 사업원가에서 차지하는 비율을 산출하여 비교할 수 있다면 자치단체간 비교도 좀 더 수월하게 이루어질 수 있을 것으로 보인다(허웅·김현준, 2020).

자치단체 개별사업 분야	사업 분야 범주화	신규 재무비율(안)	지표의 특성
사회복지	사회복지분야	사회복지원가비율 =사회복지사업순원가 ÷총사업순원가	㉠ 모든 자치단체에서 쉽게 산출할 수 있는 비율임 ㉡ 해당 자치단체 재정의 방향성 및 사업성을 파악할 수 있음 ㉢ 자치단체간 중점 정책사업을 비교할 수 있음 ㉣ 유사한 비율값을 가지는 자치단체별로 범주화하는(특정 사업을 중시하는 자치단체 등) 기초 데이터를 제공할 수 있음 ㉤ 자치단체의 장의 선거공약의 달성을 위한 노력도를 파악할 수 있음
보건			
환경보호	경제산업분야	경제산업원가비율 =경제산업사업순원가 ÷총사업순원가	
농림해양수산			
산업·중소기업			
수송및교통			
국토및지역개발			
과학기술			
교육	교육문화분야	교육문화원가비율 =교육문화사업순원가 ÷총사업순원가	
문화및관광			
일반공공행정	행정안전분야	행정안전원가비율 =행정안전사업순원가 ÷총사업순원가	
공공질서및안전			

다음으로 미시적인 측면에서 회계·기금 또는 중앙관서 단위의 재무정보 활용은 각종 재무비율(재무지표)의 중앙관서 간 횡단면분석(cross-section analysis)을 통한 비교분석의 기초자료로 활용될 수 있거나, 중앙관서 내에서의 시계열분석(time-series analysis)을 위한 기초자료로의 활용과 관련된다. 중앙정부의 특성이 반영된 재무지표 활용이 이에 해당한다. 특히, 인건비나 경비 등 행정운영성비용는 성과평가 대상이 되지 않으므로(성과보고서상 성과관리 비대상으로 지정되어 있다) 이러한 항목을 중심으로 재무지표 개발이 필요하다. 아직까지 한국의 중앙정부에서는 공식화된 국가회계정보 재무비율 또는 재무지표는 없으나, 예를 들어 다음의 재무비율 또는 재무지표를 활용해 볼 수도 있을 것이다.

㉠ 1인당 관리운영비: 당해연도 관리운영비÷해당 국가회계실체내 평균인원수
- 1인당 관리운영비의 회계실체간 비교 및 실체내 시계열분석을 통해 행정관리 효율성 추구

㉡ 세출액 대비 재정운영순원가율: 재정운영순원가÷세출액 × 100
- 세출액 대비 당년도 자원 소비액 파악하여 회계실체간 비교를 통해 과다 자산 구입 여부 등에 대한 내역을 분석할 수 있음

㉢ 프로그램자체재원확보율: 프로그램차감수익÷프로그램총원가 × 100
- 프로그램(정책사업)별로 프로그램수익이 있는 프로그램에 대해 시계열적으로 자체 재원 마련을 위한 노력의 정도를 비교할 수 있음

㉣ 장래세대부담비율: 부채총계÷(일반유형자산+사회기반시설+무형자산) × 100
- 비율이 높을수록 미래세대의 부채 부담이 가중되는 것으로 해석되며, 회계실체간 시계열분석이 유용할 것으로 보임

(3) 국가회계정보 활용방안(2) – 관리회계 측면에서의 활용 가능성

둘째, 관리회계 측면에서의 활용은 현재 중앙관서의 정책사업 성과평가에 재무정보를 활용하는 것을 말한다. 현재 성과보고서상 성과평가를 위한 성과지표는 대부분 '목표치 대비 실적치'의 달성률 중심의 효과성을 측정하는데, 이는 투입자원을 고려하지 않은 결과만 측정한다. 재무정보는 효과성 성격의 성과지표를 효율성 성격의 성과지표로 변환하게 할 수 있으므로 자원의 투입과 정책의 성과를 동시에 평가할 수 있게 된다. 이는 의외로 간단하게 산출될 수 있는데, 효과성 성격의 성과평가 결과치를 재무정보(원가 정보 또는 예결산 정보)로 나누는 것으로 충분할 수 있다. 이렇게 되면 '투입된 자원 대비 결과치 달성율'로 변환되며, 바로 효율성 성격의 성과지표가 되는 것이다. 예를 들어 어떠한 정책사업은 그 성과가 한계에 다다르게 되어 아무리 예산을 투입하여도 더 이상 정책사업 성과의 향상을 기대할 수 없는 경우가 있다. 이 경우 정책사업의 효과성 성과지표는 항상 목표가 달성되는 것으로 보일 수밖에 없겠지만, 투입된 예산이 물가상승률 등을 감안하여 계속 증가하고 있다면 효율성 성과지표는 오히려 하락하는 결과를 가져오게 되어 해당 정책사업의 한계성 여부를 면밀히 조사하는 계기가 될 수 있다.

즉, 효과성 성과지표를 효율성 성과지표로 변환할 경우 특정 정책사업의 시계열분석을 통해 정책사업이 효율적으로 진행되고 있는지 아니면 비효율적으로 진행되고 있는지 여부를 판단하여 해당 정책사업의 유지, 폐지, 확대, 축소 의사결정의 기초정보를 제공할 수 있다. 게다가 효율성 성과지표의 또 다른 장점은 표준화된 결과값을 가지게 되어 중앙관서 내 및 중앙관서 간 유사 정책사업에 대한 비교분석도 가능해질 수 있다는 점이다. 이는 각 중앙관서에서 수행되는 연구개발사업이나 보조사업의

경우 등에 활용될 수 있는데, 효율성 성격의 성과지표 결과값의 시계열적인 흐름을 유사 사업 간에 비교하면 벤치마킹 대상이 되는 정책사업의 특성을 파악할 수도 있다. 또한, 궁극적으로 정책사업별 단위당 표준원가 산출을 통해 정책수행의 낭비적 요소의 분석도 가능해질 수 있다.

- 효과성(效果性)이란 목표의 성취도를 의미하는 것에 비해, 효율성(效率性)이란 경제적 자원(예산액 등)의 투입 대비 효과성을 의미한다.

- 허웅·김강배(2021) 연구에 의하면, 현행 효과성 성격 성과지표의 경우 많은 중앙관서에서 목표치 대비 결과치가 80% 이상 달성율 비율이 거의 100%에 가까워 실질적인 성과평가가 이루어지기 어렵다는 것을 보여주고 있다(단, 2020년의 경우 코로나19 사태로 인하여 정책사업의 효과가 미달한 경우가 많아 예외적이라고 할 수 있다)(하기 사례는 허웅·김강배(2021) 연구에서 인용).

㉠ 사례1: 문화체육관광부 성과지표 달성률 현황(2016~2020 회계연도)

구분	2016년	2017년	2018년	2019년	2020년
달성률 측정가능 성과지표 수(개)	131	146	187	212	236
80% 이상 달성 성과지표 수(개)	128	144	180	204	200
80% 성과달성 성과지표 비율(%)	98%	99%	96%	96%	85%

㉡ 사례2: 국토교통부 성과지표 달성률 현황(2016~2020 회계연도)

구분	2016년	2017년	2018년	2019년	2020년
달성률 측정가능 성과지표 수(개)	181	205	241	287	355
80% 이상 달성 성과지표 수(개)	179	191	225	269	309
80% 성과달성 성과지표 비율(%)	99%	93%	93%	94%	87%

㉢ 사례3: 산업통상자원부 성과지표 달성률 현황(2016~2020 회계연도)

구분	2016년	2017년	2018년	2019년	2020년
달성률 측정가능 성과지표 수(개)	134	178	207	241	274
80% 이상 달성 성과지표 수(개)	131	175	198	233	245
80% 성과달성 성과지표 비율(%)	98%	98%	96%	97%	89%

- 효과성 성격의 성과지표를 효율성 성격의 성과지표로 변환하는데 사용되는 재무정보는 현금주의 예결산 정보와 발생주의 원가 정보가 있다. 일반적으로 정책의 효과가 미래세대에 지속적으로 영향을 미치는 것(대규모 투자 정책)이라면 ㉠ 현금주의 예결산 정보가 중요할 수 있으나, 현재세대에 미치는 영향(경상적인 정책)이라면 ㉡ 발생주의 원가 정보가 논리적으로 더 타당할 것이다(허웅·김강배(2021)).

- 성과지표 중에는 효율성 성격의 성과평가를 위해 필요한 재무정보를 활용하기 어려운 성격의 성과지표가 있다. 당초에 재무정보(투입액 등)로 이루어진 성과지표, 하향지표(실적치가 하락 또는 감소할수록 정책적 효과가 있는 지표를 의미; 미임대율, 재해발생 건수, 사고발생률, 주행시간 감소 등), 누적산출량지표(공정률, 진척률 등), 범위지표(일정 범위 안에 있으면 목표가 달성되는 지표), 수치화할 수 없는 지표 등이 이에 해당한다(허웅·김강배(2021)).

- 현행 효과성 성격의 성과지표에 재무정보(예결산 정보, 발생주의 원가 정보)를 고려한 효율성 성격의 성과지표의 예시로서, 2018년부터 2020년까지 국토교통부의 '지역개발' 프로그램 중 '개발제한구역지원' 단위사업과 관련하여 현행 성과지표의 달성률, 예결산 정보를 활용한 효율성지표의 결과값, 발생주의 단위사업 원가 정보를 활용한 효율성지표의 결과값을 비교하면 다음과 같다(허웅·김강배(2021) 참고). 중요한 것은 동 단위사업에 대한 3개의 성과지표 모두 효과성지표의 달성률은 모두 100%를 초과하고 있어, 성과평가 결과 모두 목표를 달성한 것으로 보인다. 그러나, 발생주의 원가 정보를 고려한 효율성지표의 경우 산출가능한 2개의 지표 모두 결과값이 모두 감소하는 것으로 나타나고 있다. 이를 통해 동 정책사업이 예산의 낭비는 없는 것인지, 아니면 이미 한계에 다다른 정책인지, 아니면 성과지표의 대표성에는 문제가 없는 것인지 면밀하게 검토할 필요가 있다는 정보가 제공된다고 할 수 있다. 효과성지표만으로는 알 수 없는 성과평가 결과가 효율성지표로 변환할 경우 재검토가 필요할 수 정책사업으로 해석될 수 있다.

성과지표	성과결과 구분	2018년	2019년	2020년
① 삶의 질 향상도(%)	효과성지표 달성률	101.4%	100.9%	103.2%
	예결산액 효율성 결과값	0.4706	0.4677	0.4755
	발생주의 원가 효율성 결과값	0.6839	0.5158	0.4993
② 매수토지 불법시정률(%)	효과성지표 달성률	111.0%	105.4%	105.0%
	예결산액 효율성 결과값	0.6354	0.6396	0.6453
	발생주의 원가 효율성 결과값	0.9234	0.7054	0.6776
③ 기반시설 확충률(%)(주1)	효과성지표 달성률	104.2%	101.0%	101.4%
	예결산액 효율성 결과값	–	–	–
	발생주의 원가 효율성 결과값	–	–	–

(주1) '③ 기반시설 확충률(%)'은 성과지표가 누적산출량지표이므로 단순히 특정 회계연도의 예결산 정보나 원가 정보를 활용한 효율성 성격 성과지표로의 변환은 의미가 없음

이상에서 언급한 국가회계정보의 활용방안을 재무회계 측면과 관리회계 측면으로 구분하여 정리하면 다음과 같다.

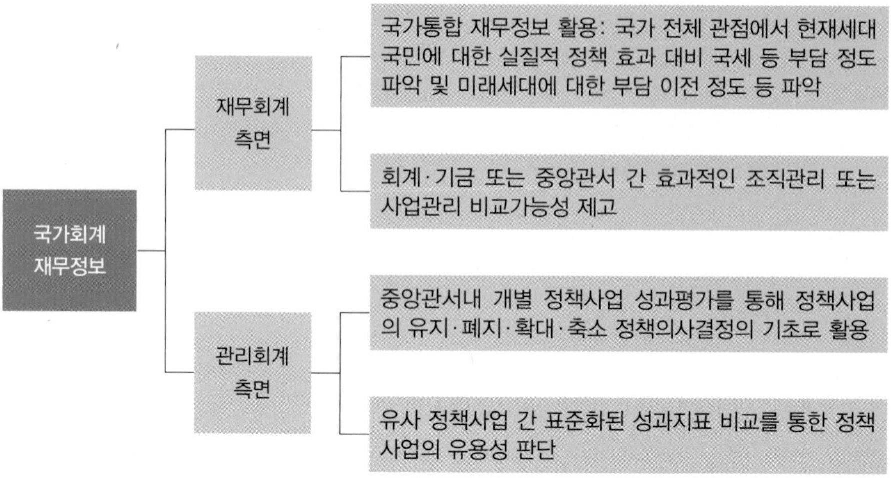

2. 향후 성과감사의 방향(이론적 접근)

➡ 아직 한국의 중앙정부 및 지방정부 모두 실무적으로 공식적인 성과감사를 수행하지 않고 있다. 하기의 내용은 성과감사와 관련한 이론적인 측면에서 접근한 것임에 주의한다.

(1) 성과평가와 성과감사

감사는 평가와 점점 접근하고 있다. 감사는 전통적으로 부정과 오류를 적발하는 재무감사 또는 회계감사(financial audit)와 합법성감사(compliance audit) 위주로 진행되었지만 현대에 와서는 성과를 평가하는 성과감사로 전환되고 있다. 성과감사는 정책사업(프로그램 또는 사업)의 효과성과 효율성을 평가하는 감사이다. 정책평가는 정책의 효과성과 효율성을 평가하며 이점에 있어서 성과감사와 구분이 모호하다. 만약 평가가 성과를 대상으로 이루어지게 되면 성과평가와 성과감사는 사실상 구분이 모호해진다. 성과평가는 개인과 조직(집단, 부서, 부처)을 평가하지만 개인과 조직을 평가할 때 개인과 조직이 담당하는 정책을 외면할 수 없게 된다. 따라서 성과평가가 조직을 평가할 때는 물론 개인을 평가할 때도 정책을 평가하는 것을 피할 수 없다. 이런 점에서 정책의 효과성과 효율성을 평가하는 성과감사와 유사하다.

감사가 정책의 성과를 감사하게 되면 정책을 담당하는 개인에 대한 평가와 조직에 대한 평가를 외면할 수 없게 된다. 예를 들어 정책의 담당자가 비윤리적이고 부패하며 전문성이 전혀 없는데 해당 정책이 효과적이고 효율적이라는 평가결과가 나올 수 없을 것이다. 따라서 성과감사가 정책을 평가한다고 해도 개인에 대한 성과평가와 조직에 대한 성과평가와 유리되기 어렵다. 이런 점에서 개인과 조직을 평가하는 성과평가와 유사하다. 정책평가라는 용어 대신에 사업평가라는 용어를 일반적으로 더 많이 사용한다. 정책은 평가의 단위가 되기 어렵기 때문에 정책의 구체적인 구현 수단인 사업을 평가한다. 예를 들어 외교정책을 평가한다기보다는 외교정책을 위해 수행하는 수많은 개별사업을 각각 평가하고 그 다음에 필요하다면 총체적인 외교정책을 평가할 수 있겠지만 통상적으로 정책의 효과성과 효율성을 평가할 때는 사업을 단위로 하는 사업평가가 보다 일반적이다.

(2) 성과감사(Performance Audit)의 개념

성과감사는 효과성과 효율성을 평가하는 감사로서 성과평가, 정책평가와 유사한 개념이지만 아직도 셋은 다른 맥락에서 이해되고 다른 환경과 절차를 통해 수행되고 있다. 성과감사는 영국의 VFM(Value for Money) 감사와 동일하며 전통적 감사인 재무감사와 합법성감사를 포함하는 현대적 의미의 감사이다. 성과감사는 실제운영과 성과기준을 비교하고, 효과성과 효율성을 평가하며, 효과적 예산도구가 된다.

성과감사는 사회, 경제, 정치적 환경에 비추어 현재의 정책과 예산의 적절성에 대해 검토한다. 감사인은 사업전문가의 기술적 의사결정은 분석하지 않지만 그들이 적절한 정보를 최대한 사용하여 결정했는가를 조사한다. Franklin C. Pinkleman은 성과감사는 조직의 목표에 따라 사업이 효과적이고 효율적으로 집행될 수 있도록 자금이 사용되는가를 조사하는 것이라고 말한다. Lennis M. Knighton은 성과감사 목적을 효과성, 효율성, 성실성(faithfulness)이라고 정의하는데 성실성이란 법제정의 의도에 부합하게 사업이 집행되는가를 말하기 때문에 사업목표달성을 의미하는 효과성에 포함될 수 있을 것이다. 성과감사의 대상은 교육, 복지, 치안 등의 기능이 될 수도 있고 예산, 인사, 사새 등의 기능이 될 수도 있다(Dittenhofer, 1988).

의회의 감독수단으로 인식되는 사후평가는 성과감사의 형태로 행해지며 다른 주체에 의한 평가와는 달리 독립성과 소환능력(subpoena power)이 있기 때문에 성격이 다르다. 독립성을 위해서는 정치적 과정으로부터 영향을 받지 않아야 하며 이를 위해 여러 가지 제도적 장치를 하고 있다. 이미 독립성이 갖추어진 재무감사를 담당하는 의회 감사인에게 성과감사를 추가함으로서 독립성을 갖추도록 하는 것이 가장 전형적 방법이다. 또한 의회에 의한 사후평가는 변화의 필요성을 전달하기 때문에 행동지향적이다. 성과감사의 결과 특정 사업의 예산을 감소하거나 사업을 폐지하기도 한다(Brown & Pethtel, 1988).

민간부문에서는 시장이 책임을 가장 적절하게 테스트할 수 있는 수단을 제공한다. 시장테스트(market testing), 내부시장(internal market), 규제된 시장(regulated market – 예: 독점공기업이 활동하는 시장)은 결국 효과성과 효율성을 증진하기 위한 수단이다. 시장이 효과성과 효율성을 보증하는 가장 바람직한 수단이라면 성과감사는 불필요하게 된다. 시장이 한계를 가지고 있을 때 시장의 역할을 대신하여 효과성과 효율성을 평가할 수단이 필요하다. 성과감사는 시장을 대리하여 효율성과 효과성의 달성을 위해 압력을 가하는 역할을 해야 한다(Hepworth, 1995).

성과감사는 공공부문에서 집중적으로 사용되었지만 민간부문에서도 활용할 수 있는 기법이다. 민간부문은 이익의 추구로 인하여 측정에 차이가 발생할 뿐 성과감사의 많은 부분은 기업에 유용한 정보를 제공할 수 있다(Sheldon, 1996). 감사인은 효과성을 감사하지만 정책자체에 대해 의문을 제기할 권한은 없고 정책의 효과와 효율에 대해 평가하는 것이다. 정책의 적절성에 대한 평가권한은 없다고 할지라도 정책결정시에 관련 정보와 이해당사자의 의견이 충분히 고려되었으며 정책목표가 명확하게 설정되었고 정책목표 간에 충돌이 없는가에 대해서는 감사할 수 있다고 보아야 한다(Coombs & Jenkins 1994).

Notice

미국 정부감사기준(GAS; Government Auditing Standards)에서의 성과감사 정의

Performance audits entail an objective and systematic examination of evidence to provide an independent assessment of the performance and management against objective criteria related to assessing ① program effectiveness and results; ② economy and effiency in the acquisition, protection, and use of resources; ③ management control (i.e., programmatic, financial, and compliance controls); compliance with legal or other requirements; and ④ objectives relating to providing prospective analyses, guidance, or summary information.

(3) 성과감사의 역사

성과감사는 학자나 감사인이 아닌 선거에 의해 당선된 정치인의 촉구에 의해 추진되었다. 성과감사와 사업평가 사이에 차이는 거의 없는데, 사업평가는 보다 장기적 관점에서의 검토이기 쉬우며, 사회과학분야와 기법에 보다 밀접하게 관련되어 있고, 독립성은 그다지 중요한 이슈가 아니다. 성과감사의 변형으로 내부감사인에 의한 운영감사가 있는데 미국의 경우 내부감사인협회(Institute of Internal Auditors)에 의해 수립된 감사기준에 의해 수행된다(Brown, 1988a). 영국에서는 법규에 의해 내부감사가 VFM감사를 수행하도록 규정하고 있다(Bowerman, 1996).

성과감사는 공공부문의 낮은 성과의 원인을 찾으려는 노력에서 촉발되었다. 1981년부터 캐나다의 감사원장(Auditor General of Canada)이었던 Dye는 정부가 결과의 달성에 매우 실망스러운 상태인데도 불구하고 고위관료들의 능력과 열성이 매우 뛰어난다는 모순을 발견하고 성과감사가 이러한 모순을 분석하여 낮은 성과의 원인을 규명해야 한다고 생각하게 되었다(Dye, 1990). Dye에 의하면 공공부문의 낮은 성과의 원인은 공무원에게 잘못이 있는 것이 아니라 환경에 잘못이 있다는 것이다.

첫째, 정치적 요인이 가장 우선순위를 점유한다.

둘째, 관리에 지나친 부담을 주는 규정과 규제가 존재한다. 어떤 규정들은 상호 모순되고 어떤 규정들은 지나치게 엄격하여 비효율적이다.

Notice

비효율적 결과를 가져오는 규제의 사례

캐나다 몬트리올에서 미국 보스턴으로 출장을 가야하는 공무원이 있는데, 그는 월요일 점심회의에 참석해야 하기 때문에 월요일 아침 비행기는 일등석밖에 없었다. 그래서 하루 전날인 일요일 오후에 출발하는 비행기를 알아보니 오직 17달러가 저렴할 뿐이었다. 그러나 일요일에 출발하면 호텔에서 하루 밤을 자야하고 저녁식사도 해야 하니까 호텔비용 85 달러, 저녁식사를 포함하면 17 달러보다 훨씬 비싸기 때문에 오히려 손해이지만 공무원은 일등석을 탈 수 없다는 규정 때문에 더 많은 비용이 소요되는 일요일 오후 비행기를 타야만 했다. 그에게 여행담당 공무원은 "일등석은 안 된다는 규정이 있지만 호텔에 머물지 말라는 규정은 없기 때문"이라고 말했는데 우리는 사실 그 여행담당 공무원을 비난할 처지가 못 된다.

그런데 일등석을 타고 여행한 것을 기자가 알아 보고했다고 하자. 하루 전날 출발하면 호텔비용이 더 소요된다고 하는 변명은 얼마나 궁색하게 들릴까? 그리고 국민은 세금이 더 소요되더라도 공무원이 일등석을 타는 것을 싫어할지도 모른다.

셋째, 성과향상을 위한 정(正)의 인센티브(예: 승진, 성과급)는 적고 부(否)의 인센티브(예: 징계)가 더 많다.

넷째, 기타 공공부문의 환경, 예를 들어 실패하면 위험하지만 가만히 소극적으로 있으면 안전한 환경과 풍토 즉 무사안일이 유리한 환경은 성과향상에 장애가 된다(Dye, 1990).

영국에서는 많은 공공부문에서 외부감사와 내부감사의 40~50%의 업무를 VFM감사, 즉 성과감사를 위해 수행하도록 요구하고 있다(Henry et al., 1989). Bowerman은 영국에서 VFM 감사는 감소할 것으로 예측하는데 이는 감사가 조사(inspection)로부터 인증 혹은 확인(certification)으로 방향이 전환되기 때문이라는 것이다. 조사하는 감사는 독립적이며, 산출지향적이고, 전문가업무이며, 피감사인과 대립적이고 비용이 많이 소요되는 데 반하여 인증하는 감사는 의존적이고, 시스템지향적이고, 일반적 업무이며, 피감사인과 상대적으로 편안한 관계이고, 비용이 적게 소요된다. 감사가 피감사인을 위한 것인지 국민을 위한 것인지에 따라 감사의 성격도 달라질 것이다. 피감사인을 위한 것이라면 컨설턴트의 역할에 초점을 맞출 것이고 국민을 위한다면 책임규명과 성과를 강조할 것이다. 감사는 국민을 위해 먼저 수행되어야 하며 피감사인에게 혜택이 따른다면 그것은 어디까지나 부수적인 것에 그쳐야 한다고 주장한다(Bowerman, 1996).

미국에서는 정부의 성과감사에 공인회계사가 참여하는 기회가 점점 증가하고 있다. 정부의 재무감사에 대한 경험이 있는 공인회계사는 성과감사수행에 적합하다. 원래 성과감사는 정부소속 감사인에 의해 주로 수행되었으나 1970년대 이후로 정부예산이 긴축재정을 실시함으로서 내부감사인에 대한 예산이 감축되었고, 정부는 외부감사인에게 성과감사를 의뢰하게 되었다. 연방정부만이 아니라 주와 지방정부도 정부회계기준위원회(GASB)가 서비스노력과 성취(Service Efforts and Accomplishments:

SEA) 정보를 보고하는 방향으로 미래의 재무보고의 초점을 맞추자 공인회계사들이 과거처럼 소극적 자세에서 벗어나 성과감사에 대한 관심과 적극적 참여 쪽으로 기울고 있다(Blessing, 1991).

(4) 성과감사의 내용

성과감사를 위해서는 회계에 대한 이해가 필수적이며, 예산, 기획, 예측, 조직, 인사, 통제, 비용편익분석, 현금흐름 할인법, 원가개념, 의사결정 등에 대해 지식이 있어야 하고, 주도적이고 독립적이며 호기심이 많고 상상력이 풍부한 성격이 필요하다. 성과감사인은 내부감사인과 동일한 업무를 수행하기 때문에 내부감사인에 대한 사항이 동일하게 적용될 수 있다. 내부감사인은 재무기록을 조사하는 폭이 좁은 기술자로서의 역할을 버리고 관리자로서의 넓은 관점을 소유해야 한다고 한다(Dittenhofer, 1988).

Dittenhofer는 성과감사의 구체적 내용에 대해 다음과 같이 상세하게 설명하고 있다. 성과감사는 모든 부분에 대해 매년 수행하는 것이 아니고 어떤 부분에 대해 선택적으로 2년에 한번, 3년에 한번 수행할 수 있다. 성과감사는 관찰, 사용된 절차의 검토, 관리자와 담당자와의 토론, 재무와 비재무기록의 검토, 실제운영과 성과기준의 차이분석 등을 통해 실시한다. 감사는 왜 그렇게 집행되었는가를 끊임없이 질문해야 한다. 성과감사는 기획과 통제가 올바르게 작동하는가를 확인하기 위해 재무거래를 조사해야 한다. 조직구조, 기획과 의사결정방법, 커뮤니케이션기법, 동기부여, 인적 자원관리, 통제방법 등을 조사해야 한다. 성과감사는 무엇보다도 발견된 잘못의 목록이 아닌 운영개선방법을 제안하는 처방의 성격을 지닌 보고서를 작성해야 하고, 관리자를 위한 감사이므로 단순하고 비전문용어로 작성되어야 한다(Dittenhofer, 1988).

성과감사는 결국 사업이 무엇을 어떻게 달성했는가를 조사하는 것이다. 공공부문에서 사업이 무엇을 달성했는가에 대한 증명이 상당부분은 한심한 경우가 많다. 증명이 희망, 소망적 사고, 사실에 대한 검증되지 않은 주장에 지나지 않는 경우가 많기 때문이다. 하와이에서는 외부에서 하와이로 들어오는 모든 개를 120일 동안 격리하는데 광견병을 막기 위한 것이다. 하와이에서는 그동안 광견병이 전혀 없었기 때문에 사업 담당자는 이 사업이 매우 효과적이었다고 주장했다. 그러나 의회에서 사업을 평가한 결과 지난 60년 동안 격리사업에 의해 광견병을 발견한 경우는 한 번도 없었다(Brown & Pethtel, 1988).

의회가 법규를 제정할 때 혹은 행정부에서 법규를 의회에 상정할 때 목표를 명확하게 설정하지 않아 사업의 의도가 모호한 경우가 많다. 하나의 법규에 여러 개의 목표가 있을 수 있으며, 시간이 지남에 따라 새로운 의미를 갖게 되는 경우도 있다. 이런 경우 성과감사인은 의회의 의도를 파악해서 사업집행자의 동의를 얻어 목표를 확정한다(Brown & Pethtel, 1988).

Bowerman은 6가지 유형의 VFM 감사를 소개하고 있다.

첫째 유형은 관리시스템을 검토하는 감사이다. 가장 전형적 VFM감사는 낭비, 비효율, 비효과의 사례를 발견하여 관리시스템의 문제점을 추적하는 방법이다. 혹은 의사결정과정, 기획과 예산과정, 내부통제과정, 구매과정, 입찰과정 등을 집중적으로 검토하는 방법도 있다.

둘째 유형은 내부 VFM감사과정을 검토하는 감사이다.

셋째 유형은 정책은 적합하고 정책목표가 달성되었으며 효율적인가를 평가하는 감사인데 정책감사(policy audit)라고 한다. 대부분의 감사기관은 포괄적이며 중요한 정책에 대한 평가는 스스로 삼가는 경향이 있지만 이스라엘의 감사원장처럼 정부가 특정정책을 시행하지 않았다고 혹은 정책의 강도가 약하다고 비판하는 사례도 있다. 1992년 캐나다의 감사원장은 정부가 인사정책의 시행을 3년 간이나 연기하고 있다고 비판하였다. 영국의 Westminster시의 감사관은 시 정부의 주택정책을 불법이라고 선언하였다. 감사기관은 감사가 아닌 연구를 통해서도 정부의 정책에 대해 비판을 할 수 있다. 1980년 후반에 성행하던 정책감사는 관리시스템감사, 성과보고서감사, 서비스질에 대한 감사를 선호하면서 퇴조하였다.

넷째 유형은 관리자가 작성한 효과성과 효율성에 대한 정보를 검토하는 감사이다. 최근 정부개혁의 결과 관리자가 연말보고서에 성과정보를 보고하기 때문에 이러한 유형의 감사가 증가하고 있다.

다섯째 유형은 조직간의 원가 혹은 성과를 비교하고 개선책을 제시하는 감사인데 효과성보다는 지나치게 효율성과 원가절감을 강조하는 문제점이 있다. 가장 바람직한 사례를 제시하기 때문에 벤치마킹 접근방법이라고도 한다.

여섯째 유형은 고객만족도나 조직의 품질관리프로그램을 조사하여 서비스의 질을 중심으로 성과를 평가하는 감사이다(Bowerman, 1996).

(5) 성과감사의 장점과 한계

체계적 자료의 부족, 적절한 계량 비계량지표와 성과기준의 결여 등이 성과감사의 문제점이다. 미국 펜실베니아주처럼 재무감사와 경영감사를 성과감사인에게 수행하도록 함으로서 성과감사가 재무와 관리로부터 유리될 수 없음을 보여주는 사례도 있다. 성과감사의 결과를 비디오테이프로 보고하는 사례도 있었다. 미국의 경우 감사원(GAO)과 많은 주에서는 더 이상 의회감사 최고책임자를 공인회계사로 요구하지 않고 있다. 전통적으로 법률가, 회계담당자, 사업전문가 등에 의해 수행되었던 성과감사는 행정학을 포함한 다양한 사회과학전공자들에 의해 수행되고 있다. 성과감사의 한계를 극복할 수 있는 방법의 하나는 3년이나 5년에 한 번 성과감사에 대한 재감사를 실시하는 것인데 이렇게 함으로써 정확한 행동과 추가감시가 가능하다(Brown & Pethtel, 1988).

Bowerman에 의하면 영국의 성과감사인 VFM감사는 기원전 5세기부터 시작되었다는 주장도 있지만 본격적으로 시작된 것은 20세기 후반부터이다. VFM감사는 최근 선진국 정부개혁에서 중요한 역할을 한다는 견해도 있지만, 관리자가 스스로 성과에 대해 책임을 지는 환경에서는 오히려 방해가 되며 문제를 발견하여 해결하기보다는 더 악화시키는 측면도 있다는 극단적 반대견해도 있다. 감사시에 문제점을 발견하지 못했는데 나중에 부정이나 낭비사례가 발견되면 감사를 담당했던 감사인이 무능하고 소임을 다하지 못했다는 비난을 받게 되므로 부정적 측면의 발견에 더 치중하게 된다(Bowerman, 1996). 성과감사도 감사의 일종이기 때문에 이러한 부정적 측면의 발견에 치우치는 문제가 있다.

참고문헌

감사원. 2011회계연도~2022회계연도 결산검사보고

감사원. (2019). 공공계약 실무가이드

강인재·신종렬·배득종. (2003). 복식부기회계제도 도입과 적용의 비용편익분석. 한국행정학보 제37권 제1호

강태혁. (2010). 한국예산제도론. 율곡출판사

과학기술정보통신부·한국과학기술기획평가원. (2022). 국가연구개발혁신법 매뉴얼

곽태원. (2000). 조세론. 법문사

국회예산정책처. (2012). 재정수첩

국회예산정책처. (2022). 대한민국 지방재정

국회예산정책처. (2023). 대한민국 재정

국회예산정책처. (2023). 대한민국 조세

권수영외 4인. (2001). 정부회계기준 제정운용기구의 설치 및 운영방안에 관한 연구. 고려대학교

기획재정부·한국공인회계사회. (2009). 국가회계 실무교육 I·II·III

기획재정부. (2022). 2023년도 예산안 편성 및 기금운용계획안 작성 세부지침

기획재정부. 2011회계연도~2022회계연도 국가결산보고서

김동기. (2008). 지방분권시대의 한국지방재정학. 법문사

김성태. (2019). 조세지출의 국민경제적 의의. 월간나라재정 2019년 11월호. 한국재정정보원

김완희·최원석·노희천·이정미. (2021). 정부·비영리회계 교육 개선방안 연구. 한국조세재정연구원

김인철. (2007). 해설 국가재정법. 동강사

김찬수. (2023). 국가 결산검사에 대한 소고. 한국재정정보원

대한민국정부. (2023). 2022회계연도 국가결산보고서

라휘문. (2021). 지방재정론. 대영문화사

박상님·허웅. (2007). 회계정보 유용성 관점에서의 국가회계·지방자치단체회계·기업회계의 비교분석, 생산성논집 제21권 제3호(2007.9), 한국생산성학회

박재환·허웅. (2013). 국가회계 원가정보 활용방안 연구. 한국회계학회

박홍엽. (2012). 성과관리 운영현황과 쟁점. 법제와 입법 제6호. 국제법연구회

배득종·최용락·강경훈·허웅·김상균. (2011). Fiscal Reform and Financial Management

Information System in Korea(기획재정부 연구보고서)
백태영. (2003). 원가관리회계. 신영사
서울특별시. (2022). 2021 회계연도 재무제표
신형균. (2002). 신제도주의 분파와 신제도경제학의 적용영역. 혜천대학 논문집 제28집
안일준·유희경·정영기. (2000). 현대원가회계. 박영사
윤성식. (1997). 최근 선진국 예산개혁의 교훈: 대리인이론의 관점. 한국행정학보 제31권 제2호
윤성식. (2003). 예산론. 나남출판
윤재원. (2011). 발생기준 예산제도 도입에 관한 연구. 조세연구원
안진회계법인(정민근·이주현·허웅·최준빈). (2009). 공공기관 국제회계기준 도입방안 보고서(기획재정부 연구보고서)
안진회계법인(정민근·김철호·허웅·남승호). (2010). 발생주의 국가회계제도 시행에 따른 재무제표 사전검증제도 도입방안(기획재정부 연구보고서)
안진회계법인(정민근·김철호·허웅·이동현·남승호·김태환). (2011). 국가재무제표 검사매뉴얼 개발(감사원 연구보고서)
안진회계법인(김철호·허웅 외 2인). (2013). 유형자산 외 8개 국가회계기준서 개편 연구(국가회계기준센터 연구보고서)
이경섭. (2007). 발생주의 정부회계. 영화조세통람
이만우. (2004). 신공공경제학. 율곡출판사
이재은. (2003). 신공공관리론과 행정개혁에 관한 이론적 고찰. 현대사회와 행정 제13권 제2호
이정회계법인(허웅·박형근·신창림). (2017). 지방자치단체 재무회계 관련 법령 체계 정비 용역 최종보고서(지방회계통계센터(한국지방재정공제회) 연구용역)
이준구. (1999). 재정학. 다산출판사
이준구. (2001). 미시경제학. 법문사
이창희. (2022). 세법강의(제20판). 박영사
이철재·정우승·유은종. (2018). 세법강의(2018년).. 세경사
재정경제부 국고국. (2006). 국가회계의 이해 및 실무. 재정경제부
성윤모외 3인. (2009). IFRS 중급회계. 경문사
정종암. (2000). 현대재무회계이론. 박영사
정태학 외 3인. (2020). 국가계약법. 박영사
차병권. (1988). 조세개론. 박영사
천안시. (2023). 2022 회계연도 재무제표
편호범. (2010). 정부 및 비영리회계. 법문사

한국공인회계사회. (2008). 한국과 주요 5개국 회계제도 비교분석
한국공인회계사회. (2010). 지방자치단체 재무보고서 검토(기본교육과정)
한국재정정보원. (2020). 재정 Talk Talk, 2020년 10월호 및 11월호
한국재정정보원. (2022). 2022 주요 재정통계
한국재정정보원. (2023). 2023 주요 재정통계
한국조세재정연구원(국가회계재정통계센터). (2017). 2017 우리나라 재정통계의 이해(GFS 및 PSDS)
한국증권선물거래소. (2005). 채권시장해설. 서중인쇄
행정안전부. (2010). 지방자치단체 재무회계 운영규정
행정안전부. (2010). 지방자치단체 결산작성통합기준
행정안전부. (2021). 2021 지방세통계연감
행정안전부. (2022). 2022년도 지방자치단체 통합재정 개요
행정자치부(행정안전부). (2017). 지방자치단체 재무회계 운영규정
허웅. (2007). 복식부기·발생주의 국가회계제도 개요. 감사 통권 제95호. 감사원
허웅. (2009). 신제도주의 관점에서의 복식부기·발생주의 정부회계제도 채택과정 및 분화과정에 관한 연구. 고려대학교 박사학위논문
허웅. (2011). 중앙정부 재무보고서 보고실체범위 분석. 조세연구원
허웅. (2021). 국가재무제표 자산·부채 평가 오류사례 연구 및 감사원 결산검사의 의의. 감사논집 제36호. 2021
허웅·윤성식. (2009). 지방자치단체의 국고보조금 재무보고에 관한 분석, 지방행정연구 제23권 제1호. 한국지방행정연구원
허웅·김현준. (2020). 발생주의 회계정보를 활용한 지방재정 추진방안(한국지방재정공제회 연구용역). 한국정부회계학회
허웅·김강배. (2021). 국가재무제표 분석을 통한 프로그램과 성과관리체계의 연계현황 분석 및 개선방안 연구(국회예산정책처 연구용역). 한국정부회계학회
허웅·박형근·신창림. (2020). 최근 K-IFRS 개정(금융상품, 수익, 리스)이 공공기관 재무제표에 미친 효과 연구
허웅·박형근·신창림. (2022). 공익법인 기타공공기관의 공익법인회계기준 적용 실태 연구. 공공기관의 혁신&ESG
현성수외 5인 역(Allen Schick 저). (2005). 미국연방예산론(The Federal Budget: Politics, Policy, Precess). 한울

Australian Government-Department of Finance and Administration. Requirement and

Guidance for the preparation of the Financial Statements of Australian Government Entities

Blessing, Linda J. (1991). New Opportunities: A CPA's Primer On Performance Auditing, Journal of Accountancy, 1991, Vol. 171 No. 5, pp. 58–68.

Boston J., John Martin, June Pallot, and Pat Walsh. (1996). Public Management, The New Zealand Model. Oxford University Press

Bowerman, Mary (1996). The Rise and Fall of Value for Money Auditing, The Public Sector, pp. 193–211.

Brown, Richard E. (ed.) (1988a). Accounting and Accountability in Public Administration, The American Society for Public Administration.

Brown, Richard and Ray D. Pethtel (1988). A Matter of Facts: State Legislative Performance Auditing. In Richard E. Brown (ed.), Accounting and Accountability in Public Administration, The American Society for Public Administration, 1988, pp. 182–202.

Coombs, H. M. and D. E. Jenkins (1994). Public Sector Financial Management, Second Edition, Chapman & Hall.

Cornelius E. Tierney, Edward F. Kearney, Jeffrey W. Green and Roldan Fernandez. (2007). Federal Accounting Handbook(2nd Edition). Wiley

Deloitte. (2008). IFRSs in your pocket 2008

Dittenhofer, Mortimer A. (1988). Performance Auditing Simplified, In Richard E. Brown (ed.), Accounting and Accountability in Public Administration, The American Society for Public Administration, 1988, pp. 173–181.

Dye, Kenneth M. (1990). Value for Money: Toward Improved Organizational Functioning. In A. Premchand (ed.), Government Financial Management: Issues and Country Studies, International Monetary Fund.

Edward F. Kearney, Cornelius E. Tierney, Jeffrey W. Green and Roldan Fernandez. (2006). Federal Government Auditing. Wiley

FASAB. Statement of Federal Financial Accounting Concepts No.1~No.4

FASAB. Statement of Federal Financial Accounting Standards No.1~No.34

GAO. 2009. Fiscal Year 2008 U.S. Government Financial Statements. GAO

GASB. (1999). Statement No.34 of the Governmental Accounting Standards Board

Henry, Douglas, Clive Holtham, Andrew Likierman and John Perrin (1989). Public Sector Accounting and Financial Control, 3rd ed., Van Nostrand Reinhold (International).

Hepworth, Noel P. (1995). The Role of Performance Audit, Public Money & Management,

October–December 1995, pp. 39–42.
HM Treasury. (2007). Annual Report and Accounts 06–07
HM Treasury. (2022). Whole of Government Accounts (year ensded 31 March 2020)
IFAC. (1991). Financial Reporting by National Government
IFAC. (2004). Budget Reporting
IMF. (2001). Manual on Government Finance Statistics.
IPSAS No.1 Presentation of Financial Statements
IPSASB. (2006). The Road to Accrual Accounting in the United States of America. Internal Federation of Accounts(IFAC)
Michael Chatfield(이정호 역). (1990). A History of Accounting Thought(회계사상사), 경문사
Minister of Finance of thr Commonwealth of Australia. (2020). Consolidated Financial Statements for the yaer ended 30 June 2020.
New Zealand Treasury. (2003~2008). Financial Statements of the Government of New Zealand 2003~2008
Sheldon, D. R. (1996). Achieving Accountability in Business and Government, Quorom Books.
Shyam Sunder(김갑룡 역). (1999). Theory of Accounting and Control(회계와 통제). 대영사
U.S. Department of the Treasury (2022). FY21 Financial Report of The United States Government.

감사원법
공공기관의 운영에 관한 법률
공유재산및물품관리법 및 동법 시행령
국가재정법 및 동법 시행령
국가채권관리법, 동법 시행령 및 시행규칙
국가회계기준에 관한 규칙
국가회계법 및 동법시행령
국가재정법 제정이유 및 제안경위(대한민국 국회 홈페이지)
국가회계법 제정이유(대한민국 국회 홈페이지)
국고금관리법, 동법 시행령 및 시행규칙
국유재산법 및 동법 시행령
군수품관리법, 동법 시행령 및 시행규칙
대한민국 헌법

물품관리법, 동법 시행령 및 시행규칙
재무제표의 표시와 부속서류의 작성에 관한 지침 등 22개 국가회계예규
정부기업예산법
지방공기업법
지방자치법
지방재정법 및 동법 시행령
지방회계법 및 동법 시행령
지방자치단체 기금관리기본법
지방자치단체 재무회계 운영기준
지방자치단체 회계기준에 관한 규칙
지방자치단체 결산검사 기준
책임운영기관설치·운영에관한법률
한국채택국제회계기준(K-IFRS)
감사원 홈페이지
기획재정부 홈페이지
열린재정 홈페이지
행정안전부 홈페이지
지방재정365 홈페이지
FASAB 홈페이지
IFAC 홈페이지

[저 자 약 력]

허 웅

〈학력〉
고려대학교 행정학과 졸업
고려대학교 행정학석사
고려대학교 행정학박사

〈경력〉
한국공인회계사 합격(제33회)
미국공인회계사 합격(New Hampshire주)
재정경제부 국고국 회계제도과 파견근무
(국가회계법 제정)
기획재정부 · 한국조세재정연구원 국가회계 전문강사
감사원, 기획재정부, 국회, 한국공인회계사회, 국세공무원교육원 등에서 정부회계관련 다수 강의
공공기관 경영평가위원(기획재정부)(2015~2016)
국가재무제표 결산검사용역 PM(감사원)(2012~2021)
(전)안진회계법인 이사(Director)
(전)국립과학수사연구원 운영위원
(전)국방부 정책자문위원
(현)이정회계법인 이사(Partner)
(현)행정안전부 정책자문위원
(현)고려대학교 행정학과 겸임교수
(현)국민대학교 재무금융 · 회계학부 겸임교수

瑞牛 윤 성 식

〈학력〉
고려대학교 행정학과 졸업
오하이오 주립대학(콜럼버스) 경제학과 졸업
일리노이대학(어바나 샴페인) 회계학석사
동국대학교 불교학석사
버클리대학 경영학박사
동국대학교 불교학박사

〈경력〉
미국공인회계사
(전)텍사스대학(오스틴) 경영대학원 교수
(전)정부혁신지방분권위원장
(전)고려대학교 행정학과 교수

정부회계학 [제4판]

2011년 11월 20일 초 판 발행
2014년 9월 15일 제2판 발행
2018년 8월 25일 제3판 발행
2024년 3월 25일 제4판 발행

저 자 허 웅 · 윤 성 식
발행인 배 효 선
발행처 도서출판 法 文 社

413-120 경기도 파주시 회동길 37-29
등 록 1957년 12월 12일 제2-76호(倫)
TEL (031)955-6500~6 FAX (031)955-6525
e-mail (영업) bms@bobmunsa.co.kr
(편집) edit66@bobmunsa.co.kr
홈페이지 http://www.bobmunsa.co.kr
조 판 (주) 성 지 이 디 피

정가 35,000원 ISBN 978-89-18-91505-0